Lothar Schröder/Petra Höfers

Praxishandbuch Künstliche Intelligenz

Das Buch enthält außerdem Gastbeiträge von:

Christiane Benner, Erste Vorsitzende der IG Metall
Karl-Heinz Brandl, Projektleiter BeDaX (Index Beschäftigtendat
Frank Bsirske, ver.di-Vorsitzender bis 2019
Yasmin Fahimi, Vorsitzende des DGB
Markus Hoppe, INPUT Consulting gGmbH
Prof. Dr. Martin Krzywdzinski, Weizenbaum-Institut für die vernetzte Gesellschaft und Helmut-Schmidt-Universität Hamburg
Daniel Kühn, Arbeitnehmerkammer Bremen
Christoph Schmitz-Dethlefsen, ver.di Bundesvorstand
Matthias Spielkamp, Journalist, Mitbegründer und Geschäftsführer von »Algorithmwatch«

Lothar Schröder
Petra Höfers

Praxishandbuch Künstliche Intelligenz

Handlungsanleitungen, Praxistipps, Prüffragen, Checklisten

2., überarbeitete und aktualisierte Auflage

BUND
VERLAG

Bibliografische Information der Deutschen Nationalbibliothek
Die Deutsche Nationalbibliothek verzeichnet diese Publikation in der Deutschen Nationalbibliografie; detaillierte bibliografische Daten sind im Internet über *http://dnb.d-nb.de* abrufbar.

2., überarbeitete und aktualisierte Auflage 2026
Nachdruck Januar 2026

Umschlag: Ute Weber, Geretsried
Umschlagabbildung: shutterstock/sdecoret
Satz: Dörlemann Satz, Lemförde
Druck: CPI books GmbH, Birkstraße 10, 25917 Leck

ISBN 978-3-7663-7500-1

kontakt@bund-verlag.de
www.bund-verlag.de

Natürliche Dummheit schlägt Künstliche Intelligenz

Der Argwohn gegenüber Systemen Künstlicher Intelligenz erinnert an den Argwohn, den manche von uns gegenüber den Einschränkungen in der Corona-Pandemie empfunden haben. Komplexe Systeme und unbekannte Phänomene, die wir nicht verstehen, rufen Ängste hervor. Ängste erleichtern irrationale und überspannte Reaktionen. Die Möglichkeiten moderner Rechnersysteme können solche Reaktionen verstärken. »Eine Studie der Carnegie Mellon University analysierte mehr als 200 Millionen Tweeds, in denen auf dem Höhepunkt der ersten Lockdowns über Covid-19 diskutiert wurde. 82 % der [...] Nutzer, die sich für [...] ein Ende der Corona-Maßnahmen aussprachen waren Bots.«[1]

Aber auch diese Bots hatten menschliche Väter und Mütter. Deren oft gefühlte Wahrnehmungen wurden in der Pandemie oft mit Fakten gleichgesetzt, das nicht Sichtbare wurde selbstgefällig interpretiert und »die da oben« sollten für den Kontrollverlust herhalten, den ein Virus auslöste. Bei KI ist das oft nicht anders. Möglicherweise ist eine derartige Haltung eine Kapitulation vor Komplexität oder ein Ausdruck dafür, dass uns Fake News den Verstand vernebeln und das komplexe System unserer Lebensumstände nicht mehr verstanden wird. Wir haben Angst vor Dingen, die wir nicht verstehen. Die Angst vor der digitalen Zukunft speist sich eher aus dem Ungewissen und dem Unbekannten, das da im Nebel der kommenden Jahre auf uns wartet.[2] Aber das Sprichwort sagt schon: »Angst ist ein schlechter Ratgeber«.

Auch Systeme Künstlicher Intelligenz sind komplex. Die Debatte über sie läuft Gefahr, Vorurteile zu bedienen, anstatt als Herausforderung zur Eigeninitiative zu wirken. Dabei sollten aus Angst Sorgen und aus Sorgen Gestaltungsmuster werden, die wir mitverantworten – bei Pandemien wie bei KI.

Mit Sorgen können wir eher umgehen. Sorgen macht uns, was wir zwar einordnen können, aber von dem wir noch nicht wissen wie. Gestaltungsmuster helfen dabei aus Sorgen Initiativen werden zu lassen. Sie sind notwendig, gerade um eine Entwicklung zu beeinflussen, die so vielfältig ist, dass sie in vielen Zweigen unserer Gesellschaft und unserer Arbeitswelt wirkt. Darum geht es in diesem Buch. Es soll Angst nehmen vor Künstlicher Intelligenz und die Entwicklung von Gestaltungsmustern unterstützen. Beteiligungsorientierung hilft dabei.

---

1 Mustafa Suleyman, Michael Bhaskar (2023): The Coming Wave, Künstliche Intelligenz, Macht und das größte Dilemma des 21. Jahrhunderts, C. H. Beck–Verlag, S. 202.

2 Olaf Kolbrück (2017): Gebete an die Cloud, epubli, S. 9.

Beteiligung ist eine Voraussetzung, um Argwohn, Polarisierung und Vertrauensverlust zu vermeiden. Vertrauen, Wissen, Eigeninitiative und Entschlossenheit sind für wirksame Einflussnahme erforderlich. Da gilt genauso, wenn es darum geht eine Pandemie in den Griff zu bekommen wie dafür, Künstliche Intelligenz zu unserem Vorteil zu nutzen. Vertrauen baut auf Verständnis auf. Das brauchen wir.

2025 haben wir es mit einer Informationsflut zu tun, die sich viral verbreitet und einige Menschen veranlasst, Fakten und Logik als dehnbare Meinung zu betrachten. Zudem ist der Aufstieg der KI vermutlich die größte Informationsrevolution in der Geschichte der Menschheit,[3] weil erstmals Lernen ohne menschliche Akteure oder Intermediäre möglich wird. Wir müssen erklären was dies bedeutet, verständlicher werden, uns mehr einmischen und mehr zuhören. In der Demokratie wie in der Technikgestaltung braucht es so etwas wie »eine wirksame Herdenimmunität gegen die viralen Gefährdungen des elektronischen Nervensystems.«[4]

Wenn wir der Sachlichkeit einen angemessenen Stellenwert einräumen, dann beeindruckt ein beachtlicher Zusammenhang zwischen Covid 19 und KI: Unsere DNA lässt sich wunderbar in Nullen und Einsen der digitalen Welt darstellen. Der Firma Moderna gelang es deshalb die ersten Fläschchen eines Impfstoffes gegen Covid 19 nur 31 Tage nach der Veröffentlichung der Virussequenz herzustellen. Innerhalb von 12 Monaten nach der Identifizierung des Virus waren sieben verschiedene Impfstoffe zugelassen und fast 24 Millionen Menschen geimpft.[5] Ohne moderne Algorithmen wäre der Erreger nicht innerhalb von Tagen analysiert und Wirkstoffe gefunden worden. Wir würden wahrscheinlich heute noch Jahre auf einen Impfstoff warten.

Von der ersten Beschreibung der Symptome von Masern im Gilgamesch-Epos, bis zur Bereitstellung eines Impfstoffes gegen die Krankheit, hat es rund 5000 Jahre gedauert. Diese geschichtliche Erfahrung lässt es heute gar nicht zu, auf Algorithmen als Beschleuniger in der Wirkstoffentwicklung zu verzichten, auch wenn diese uns nicht ganz geheuer sind. Es geht also um das Wie, nicht um das Ob.

Wer den »Bericht zur Risikoanalyse im Bevölkerungsschutz von 2012«[6] zu den Folgen einer Pandemie für Deutschland gelesen hat, war sicher verärgert darüber, wieviel wir schon vor 2020 und dem Ausbruch von Covid 19 wussten und wie wenig Schlussfolgerungen daraus gezogen wurden. Die Fähigkeit, aus Daten entscheidungsrelevante und hilfreiche Informationen zu gewinnen ist wertlos ohne die Bereitschaft, daraus praktische Konsequenzen zu ziehen und entsprechend zu handeln – bei einer Pandemie ebenso wie bei KI.

---

3 Yuval Noah Harari (2024): Nexus – Eine kurze Geschichte der Informationsnetzwerke von der Steinzeit bis zur künstlichen Intelligenz, Peguin Verlag, S. 33.

4 Paul Nemitz, Matthias Pfeffer (2020): Prinzip Mensch-Macht, Freiheit und Demokratie im Zeitalter der künstlichen Intelligenz, Dietz Verlag, S. 12.

5 Mustafa Suleyman, Michael Bhaskar (2023): s. o. S. 316.

6 BT-Drs. 17/12051 vom 3. 1. 2013.

Natürliche Dummheit schlägt Künstliche Intelligenz, wenn es an Handlungsbereitschaft fehlt. Der Theologieprofessor Ulrich Hemel plädiert in seinem Buch »Kritik der digitalen Vernunft« zurecht für eine neue digitale Aufklärung und den Mut sich des eigenen Verstandes zu bedienen. Das sollte im Hype um KI betont werden. »Mut steht für ausprobieren, explorieren, entdecken – für Eigenschaften also, sich dem Determinismus zu verweigern und die Dinge in die eigene Hand zu nehmen«.[7]

7 Alexander Karp, Jan Hiessenich, Paula Cipiere (2023): Von Artificial zu Augmented Intelligence, Campus-Verlag.

Was schnelles Lesen ermöglicht

Wenn Sie dieses Buch in der herkömmlichen Weise von vorne nach hinten lesen, liegen 620 anspruchsvolle Seiten vor Ihnen, auf denen Sie einen Überblick, aber auch eine Detaillierung finden. Das Lesen lohnt sich, wird aber Zeit kosten.

Der Anspruch der Autorin und des Autors ist es, eine Praxishilfe zu leisten, die den Leserinnen und Lesern die Gestaltungsarbeit erleichtert und es ihnen erspart, sich mühsam durch eine große Vielzahl von Quellen selbst durchzuarbeiten, um die richtigen Gestaltungsideen für die betriebliche Einflussnahme auf KI-Systeme zu entwickeln. Wir wollen zitierfähiges Argumentationsmaterial liefern, deswegen die große Anzahl von Quellenangaben. Aber wir wollen auch den schnellen Zugriff auf die jeweils hilfreichste Information erleichtern. Deshalb finden Sie in der nachfolgenden Gliederung und auch auf den jeweiligen Buchseiten Zuordnungen der einzelnen Kapitel zu den übergeordneten Fragen, »**Warum?**«, »**Wie?**«, »**Was?**«, »**Wofür?**« und »**Womit?**«.

Ohne ein Verständnis vom »**Was?**«, ohne eine Idee vom »**Wozu?**« und »**Wofür?**«, ist kaum eine Strategie vom »**Wie?**« und »**Womit?**« zu entwickeln. Deshalb finden Sie in diesem Buch ausführliche Erklärtexte vor der eigentlichen Beschreibung von Vorgehensmodellen und Prüfmechanismen.

Sie werden feststellen, dass sich ein Großteil dieses Buches aber der Frage widmet, **wie** KI-Systeme gestaltet werden können. Wenn Sie selbst schon Leitideen, ein Qualitätsmodell und ethische Maßstäbe entwickelt haben, macht es Sinn, sich vorrangig diesen Ausführungen zu widmen. Beim »**Wie?**« finden Sie die Begründung des KI-Lagom-Prinzips, Ideen für Vertrauensfaktoren und Vorgehensmodelle. Auch das lange Kapitel der Prüffragen ist dem »**Wie?**« zugeordnet. Bei diesen Fragen geht es nicht darum, alle Fragen zu allen Systemen zu stellen, sondern zu den von Ihnen priorisierten Qualitätsfaktoren die richtige Frage für das richtige System zu stellen. Betrachten Sie große Mengen an Prüffragen wie die Zeitschriften an Ihrem Kiosk. Nicht Jeder liest alles, sondern selektiert nach persönlichem Interesse und Nützlichkeit.

Die dem, »**Warum?**« zugeordneten Kapitel beschreiben den Zweck der Einflussnahme.

Kapitel, die dem »**Was?**« zugeordnet sind, beschreiben die Wirkungen, Besonderheiten, Funktionskategorien und die Definitionen von KI. Auf die Potenziale und Prognosen zu dieser Schlüsselinnovation wird eingegangen.

Kapitel, die dem Begriff »**Wofür?**« zugeordnet wurden, nehmen sich der Vielfalt der Gestaltungsanforderungen an, die publiziert sind und dabei helfen können,

Arbeit zu gestalten. Sie sind zum Teil im Wortlaut wiedergegeben, um es zu erleichtern im betrieblichen Dialog die eigene Anspruchsgrundlage zu untermauern. Dem Begriff »**Wofür?**« sind auch Kapitel zugeordnet, die sich mit dem Menschen und ihrer Ethik beschäftigen. Bei der Gestaltung technischer Systeme muss es nach Überzeugung der AutorInnen darum gehen, den Mensch, insbesondere den arbeitenden Menschen in den Mittelpunkt der Gestaltung zu stellen. Die dem Begriff »**Womit?**« zugeordneten Kapitel nehmen sich den rechtlichen Möglichkeiten, existierenden Gestaltungsmodellen und weitere Hilfen an, die auszugsweise und oft in Form von Übersichten wiedergegeben werden. Für die Leser wollen wir vermeiden, dass diese sich zunächst durch Berge von Kommentarliteratur quälen müssen, bevor sie mit der Gestaltungsarbeit beginnen können.

Petra Höfers und Lothar Schröder, März 2025

Suchbegriffe	Der Buchtext befasst sich damit,	Kapitel
Was?	**»um was es bei KI geht«** Definitionen, Einordnungen, Charakteristika, Funktionskategorien, Potenziale, Treiber und Stopper	3, 4, 5, 7, 19, 42
Warum?	**»warum die Einflussnahme erforderlich ist«** Architektur der Arbeitswelt, Ängste und Sorgen von ArbeitnehmerInnen, das Inventar der Möglichkeiten, die Haltung von Betriebs- und Personalräten	1, 6, 8, 35, 36
Wofür?	**»welche übergeordneten, wegweisenden Gestaltungsanforderungen es bereits gibt«** Anforderungen von Regierungen und Parlament, Expertenempfehlungen, Vorgaben der Aufsichtsbehörden, Forderungen der Gewerkschaften, Ethische Gebote	9, 10, 11, 41
Wie?	**»wie Einflussnahme organisiert werden kann«** Das KI-Lagom Konzept, Vertrauensfaktoren, Qualitätsindikatoren, Prüffragen, Vorgehensschritte	2, 18, 20, 21, 22, 23, 24, 25, 26, 27, 28, 29, 30, 31, 32, 33, 34, 41
Womit?	**»mit welchen Rechtsquellen und Ansätzen wir KI gestalten können«** Rechte und Vorgaben, Begründungsansätze, alternative Handlungsoptionen, Orientierungsmarken, Beteiligungsmodelle, gesetzgeberische Unterstützung	12, 13, 14, 15, 16, 17, 36, 37, 38, 39, 40, 43

Inhaltsverzeichnis

1 Lernende Maschinen im Betrieb – die neue Architektur der Arbeitswelt

1.1 Wobei dieses Buch helfen will: Mach KI zu deinem Projekt

Wir haben für die Entwicklung unserer Städte, Gemeinden und unserer Infrastruktur Flächennutzungspläne, Bauvorschriften und Beteiligungsverfahren entwickelt. Einen Hausbau ohne Baugenehmigung und Brandschutz lassen wir nicht zu. Schließlich sind Nachbarn, Straßenbild, öffentliche Versorgung und Gemeinwohl berührt. Wir akzeptieren, dass Regelwerke uns Gestaltungsprinzipien für die Architektur vorgeben, weil wir darüber ausdrücken, wie sich die Gesellschaft und wie wir uns alle unsere Lebensbedingungen vorstellen.
Dieses bewährte Gestaltungsmodell sollten wir aufgreifen, wenn heute Digitalisierung und Künstliche Intelligenz die Architektur unserer Arbeitswelt verändern. Mit der freien Selbstentfaltung aller Bauwilligen würde unser Bauwesen nicht auskommen. Wir entwickeln Vertrauen und Aufgeschlossenheit gegenüber Normen, Expertenfunktionen und anschaulichen Visionen und Modellen vom architektonischen Ziel. Wir nutzen unsere Einflussmöglichkeiten und unsere Erfahrung. Auch die Gestaltung der Arbeitswelt der Zukunft verlangt nach klaren Zukunftsvorstellungen, nach Sachkunde, Transparenz, Beteiligung und Regeln.[8]
Städtebau, der die Wünsche und Vorstellungen der Städtebewohner ignoriert, bringt trostlose Städte hervor. Eine Digitalisierung, die die Anliegen der arbeitenden Menschen vernachlässigt, wird trostlose Arbeitsplätze hervorbringen. Die Bevölkerung und die Berufstätigen wehren sich früher oder später gegen eine Abwertung jener Größen, die das Menschliche ausmachen. Sie wollen nicht nur als bloße Kostenfaktoren oder Kaufkraftträger betrachtet werden. Der Mensch ist ein soziales Wesen, braucht ein soziales Umfeld, eine Umgebung mit Lebensqualität und nicht nur ein Dach über dem Kopf und eine Einkommensquelle. Er hat Ansprüche an Sicherheit und Perspektive für die Familie. Er braucht Ethik und Gemeinwohl. Er hat das Recht, demokratisch mitzugestalten, beim Städtebau ebenso wie am Arbeitsplatz.
Wie beim Städtebau darf nicht erst dann Einfluss genommen werden, wenn die Bagger anrücken. Städtebewohnern nützt es wenig, erst dann aktiv zu werden,

8 Lothar Schröder (2021): Lernende Maschinen im Betrieb, die neue Architektur der Arbeitswelt, in: Künstliche Intelligenz – Maschinen Lernen Menschheitsträume, Deutsches Hygiene Museum Dresden, Wallstein-Verlag, S. 76ff.

wenn sie unter neuen Bedingungen leiden. Wer sich in Städten wohl fühlen will, muss sich vorausschauend einmischen und aktiv werden. Städtebewohner brauchen dafür eine eigene Vorstellung davon, wie sie morgen leben wollen und wie sie neue architektonische Möglichkeiten zugunsten von mehr Lebensqualität nutzen möchten. Das bloße Beharren auf den Erhalt der Gegenwart hilft nicht immer weiter und erschließt auch nicht neue Möglichkeiten. Auch in der Digitalisierung macht es Sinn, zu Beginn einer Entwicklung die Betroffenen zu Beteiligten zu machen.

Interessenvertretungen dürfen sich nicht darauf beschränken, nachsorgend negative Folgen zu minimieren. Es ist notwendig, sich vorausschauend einzumischen und eigene Zukunftsvorstellungen von Geschäftsmodellen und Unternehmensstrategien, von arbeitnehmerorientierten Innovationen zu entwickeln und einzufordern. Es braucht eine Vision vom Ziel der Veränderung, die von den Beschäftigten entwickelt, getragen und unterstützt wird. Es braucht die Vision einer Arbeitswelt von morgen, die Strahlkraft hat, von der Impulse für mehr Beschäftigung und bessere Arbeitsbedingungen ausgehen.

Wir brauchen neben einer Zukunftsvorstellung auch Bauvorschriften für eine digitale Wirtschaft, für die digitale Arbeit von morgen, gerade weil mit Systemen Künstlicher Intelligenz die Arbeitswelt aus den herkömmlichen Grenzen ausbricht.

Dem Amerikaner Elisha Graves Otis wird nachgesagt, 1856 in den USA den Personenaufzug erfunden zu haben. Diese Erfindung mag uns heute kaum mehr begeistern, zeitgeschichtlich war das aber eine Innovation mit großer Tragweite. Dabei hatte Otis nur Vorhandenes neu kombiniert. Motoren, Stahlseile und Hebebühnen gab es damals schon, Lastenaufzugssysteme auch. Die Innovation, »der Personenaufzug«, hat jedoch weltweit die Architektur verändert. Es wurde seither höher und dichter gebaut und das urbane Leben hat sich verändert. Eine neue Architektur ist entstanden und mit ihr geänderte Formen von Arbeiten und Leben. Noch heute lesen wir den Firmennamen Otis in vielen Aufzügen.

Nun ist es die KI, die Vorhandenes neu kombinieren, Neues generieren und dabei weltweit die Architektur unserer Wirtschafts- und Arbeitsbedingungen verändern kann. Die Digitalisierung hat die Bausteine dafür hervorgebracht. KI-Systeme bringen uns erweiterte Optionen, in die Selbstbestimmung des Menschen einzugreifen. Sie übersteigen dessen sensorische Fähigkeiten oft bei Weitem und sie sind Werkzeuge, deren Lernfähigkeit dazu führt, dass sie sich laufend verändern werden. Sie beschleunigen Prozesse im Betrieb und haben die Fähigkeit, Daten zu analysieren und zu nutzen, in einer Geschwindigkeit, bei der wir Menschen nicht mithalten können. Auch in der Fähigkeit von lernenden Maschinen, Muster zu erkennen, sind sie uns bei immer mehr Anwendungen überlegen. Künstliche Intelligenz berührt eine Vielzahl von Persönlichkeitsrechten und wird die Bedeutung von emotionslosen Entscheidungen im Betrieb steigern. Wir Menschen entscheiden hingegen nicht immer nur mechanisch und rational. Unsere Schlussfolgerungen werden durch kulturelle und sittliche Traditionen, durch Erziehung und Vorgeschichte, durch ästhetisches und soziales Empfinden geprägt. Wir haben Werte, die unsere Entscheidungen beeinflussen. Das macht

uns Menschen aus. Dieses Wesen der Menschen sollte handlungsleitend dafür sein, wie wir KI-Systeme im Betrieb gestalten.
Die Bundesregierung hatte recht, als sie sich im November 2018 in ihrer KI-Strategie selbst darauf verpflichtete, »dafür Sorge zu tragen, dass die Erwerbstätigen bei der Entwicklung von KI-Anwendungen in den Mittelpunkt gestellt werden.«[9] Das gibt Orientierung.
Die Architektur der veränderten Arbeitswelt darf nicht mit der Reduktion der menschlichen Ansprüche auf ökonomische Größen gestaltet werden. Schon heute beklagen Beschäftigte wachsenden Kontrollverlust und nehmen wahr, dass sie die Übersicht verlieren, angesichts der Dynamik der Digitalisierung. Sie haben Angst, mit der Veränderungsgeschwindigkeit nicht mehr mithalten zu können, den Job, die Karrierechancen zu verlieren oder informationelle Selbstbestimmung aufgeben zu müssen. Sie sorgen sich um den Wert ihrer Qualifikationen, um Diskriminierung durch maschinelle Entscheidungen, einen wachsenden Arbeitsdruck und eine weitere Entmenschlichung bei der Arbeit.
Das verlangt nach Aufklärung über die Möglichkeiten und die Ziehung von Grenzen für den Einsatz von KI-Systemen. Natürlich wird KI betriebliche Jobprofile verändern. Für die häufig angenommenen gravierenden Arbeitsplatzverluste hat aber selbst die Enquetekommission Künstliche Intelligenz des Deutschen Bundestages keine belastbaren wissenschaftlichen Nachweise gefunden. Als sicher gilt, dass sich Branchen und Aufgabeninhalte verändern werden, wenn KI-Systeme Geschäftsprozesse prägen. Auch manche Aufgaben werden wegfallen, aber andere werden dazu kommen, denn selbst lernende Maschinen brauchen menschliche Obhut. Ob dies saldiert zu einem Kahlschlag führt, ist zumindest offen. Und weil der Ausgang offen ist, müssen wir Einfluss nehmen.
Dazu bedarf es einer vorurteilsfreien Analyse der Möglichkeiten und Grenzen für die neuen Bauelemente der Arbeitswelt der Zukunft und eines ebenso aufrichtigen wie zielgerichteten Dialogs, um die Bau- und Nutzungsvorgaben für eine Zukunft zu entwickeln, in der natürliche und Künstliche Intelligenz unvorbelastet zusammenarbeiten. So wie beim Städtebau brauchen wir die Möglichkeit zu fördern, unter Schutz zu stellen und zu regulieren, zu experimentieren und zu klassifizieren. Nicht jedes KI-System hat die gleiche Risikorelevanz. Das ist für uns aber nichts Neues: Auch für den Verkehr auf unseren Straßen haben wir differenzierte Geschwindigkeits- und Vorfahrtsregeln und Architekturvorgaben unterscheiden auch zwischen Gewerbegebieten und Wohnstraßen.
Für die Arbeit mit KI-Systemen wird es darum gehen, die Mensch-Maschine-Schnittstelle an den Bedürfnissen des Menschen auszurichten. Es macht Sinn, das Potenzial von lernenden Maschinen zur Steigerung wirtschaftlicher Möglichkeiten und Gemeinwohl zu nutzen. Dabei muss es aber auch um das Wohlergehen der Bevölkerung und Humanität am Arbeitsplatz gehen und um die Unterstützung und Entlastung arbeitender Menschen. Wir sollten gerade jene neuen Geschäftsmodelle mit KI fördern, die positive Beschäftigungswirkung versprechen, damit haben wir schließlich auch die Industrie- und Ansiedlungs-

9 Bundesregierung (November 2018): Strategie Künstliche Intelligenz, S. 9.

politik in Deutschland begründet. Bei der Aufgabenteilung mit Künstlicher Intelligenz muss es uns darum gehen, die Persönlichkeitsrechte der Europäischen Grundrechtecharta zu wahren und die Menschen nicht von Maschinen steuern zu lassen. Dafür braucht es auch weiterentwickelte Kompetenzen von Beschäftigten, es braucht Anwendungs-, und Beurteilungskompetenz.

»Was immer du tust, tue es klug und bedenke das Ende« hat uns Herodot, ein griechischer Geschichtsschreiber, vor 2400 Jahren mit auf den Weg gegeben. So wie wir uns in der Architektur bemühen, vor dem Baubeginn ein Bild vom neuen Gebäude zu machen, brauchen wir bei KI-Systemen eine Folgenabschätzung und das nicht nur hinsichtlich der Risiken und der Persönlichkeitsrechte. Wir sollten die Folgen der Systeme für Arbeitsplätze, Ergonomie, Ethik und Sicherheit untersuchen, aber auch ihren Nutzen für Innovation, Gemeinwohl und wirtschaftliche Entwicklung.

Im Betrieb brauchen KI-Systeme einen wirksamen Ordnungsrahmen, der Einsatzbedingungen und Arbeitsorganisation regelt, Transparenz und Steuerbarkeit sicherstellt und den Betroffenen Widerspruchsrechte zu maschinellen Entscheidungen gibt. Diese Mechanismen müssen vertrauensstiftend wirken, damit wir Menschen die Architektur der Arbeitswelt als wohnlich empfinden. Die wesentlichsten Vertrauens- und Qualitätsfaktoren von KI-Systemen sollten zwischen Arbeitgebern und Interessenvertretungen der Beschäftigten verabredet sein.

Arbeitnehmerinnen und Arbeitnehmer fühlen sich wohler mit intelligenten Assistenzsystemen, die unliebsame und gesundheitsgefährdende Arbeiten übernehmen, als mit Maschinen, die tief in die menschliche Entscheidungshoheit eingreifen, die manipulieren und bloßstellen oder Beschäftigte disponieren. Um den Nutzen solcher Assistenzsysteme zu entfalten, sollten wir barrierefreie Zugänge schaffen und uns um Verständlichkeit bemühen. Auch das kennen wir aus unserer Infrastruktur: Hinweisschilder, die wir in Städten aufstellen, damit jeder seinen selbstgewählten Weg findet und Gebäudezugänge, die auch schwerbehinderten Menschen den Zugang erleichtern.

So wie wir in der Architektur ein Beteiligungs- und Genehmigungswesen längst verinnerlicht haben, brauchen wir ein Partizipationswesen und wirksame Mitbestimmungsrechte im Betrieb. Unsere Mitbestimmung braucht ein Update, um in der sich verändernden Arbeitswelt ihre Ausgleichsfunktionen wahrnehmen zu können. Es braucht Mitbestimmungsrechte beim Schutz aller Persönlichkeitsrechte und es muss einfacher werden, Arbeitsdichte zu beeinflussen, Qualifikationen zu verbessern und Diskriminierungen zu vermeiden.

Aber auch ohne Initiativen des Gesetzgebers sollten wir heute schon selbstbewusst unsere Gestaltungsoptionen für KI-Systeme im Betrieb nutzen. Wir sollten nicht warten, bis wir glauben, die technisch-mathematischen Bedingungen derartiger Systeme bis im Detail begriffen zu haben. Schließlich haben wir in der Architektur auch nicht gewartet, bis jeder und jede von uns die Fähigkeit hat, die Tragfähigkeit einer Kellerdecke zu berechnen, bevor wir angefangen haben uns eine Bauordnung zu geben.

Mit diesem Buch wollen wir ein Gerüst bieten, um unterschiedliche Vorstellungen und Bedingungen erfüllen zu können. Es bietet Muster, aber keine Fertigbauten. Die Checklisten und Prüffragen helfen, eine belastbare Statik zu entwickeln. Das Vorgehensmodell unterstützt das Bemühen, die einzelnen Gewerke in der richtigen Reihenfolge zu disponieren. Die Beispiele sollen inspirieren. Und die Ordnungsmuster sollen die Beteiligten zum Dialog einladen. Vor allem aber sollen alle »Bauwilligen« ermutigt und unterstützt werden – macht KI zu eurem Projekt!

1.2 Die Projektphasen: informieren, priorisieren, klassifizieren, operationalisieren, experimentieren

Ohne Bauplan und Grundstücksvermessung, ohne Baugenehmigung und ohne einen Ablaufplan für die einzelnen Gewerke würde wohl kaum jemand ein Haus bauen. Wenn KI-Systeme die Architektur der Arbeitswelt verändern, braucht es auch für deren Gestaltung ein Vorgehensmodell mit unterschiedlichen Bauphasen. Man kann schließlich ein Zimmer nicht streichen, bevor die Wände stehen und verputzt sind. Damit am Ende ein stabiles Gebilde steht, in dem sich die »Bewohner« wohl fühlen und nicht den »Bauherrn« mit Mängelrügen traktieren, ist schrittweises, planvolles Handeln erforderlich. Dieses Buch begründet hierzu fünf Handlungsoptionen in den Schritten: informieren, priorisieren, klassifizieren, operationalisieren und experimentieren.

1.2.1 Informieren

Die Art der KI-Anwendung, ihre Funktionsmechanismen, ihr Ziel und Zweck, die verwendeten Datenquellen, die Rechtsgrundlagen und die Bedingungen, in die das System im Betrieb eingebunden sind: Das sind einige grundlegende Sachverhalte, über die Informationen notwendig sind, um lernenden Maschinen einen Ordnungsrahmen zu geben.
Dieses Buch hilft dabei, die Informationsgewinnung zu diesen Aspekten zu erleichtern, und unterstützt, die Qualität der Systeme zu hinterfragen. Deshalb sind in den nachfolgenden Kapiteln Prüffragen gelistet, die dazu geeignet sind, geplante KI-Anwendungen zu hinterfragen.

1.2.2 Priorisieren

Der Betriebsrat hat nach § 80 BetrVG darüber zu wachen, dass die zugunsten der Arbeitnehmerinnen und Arbeitnehmer geltenden Gesetze, Verordnungen, Unfallverhütungsvorschriften, Tarifverträge und Betriebsvereinbarungen eingehalten werden. Auch DIN und ISO Normen zählen dazu. Daraus leitet sich eine große Vielzahl einzelner Qualitätsansprüche ab. Die ableitbaren Qualitätsindikatoren sind in den tabellarischen Übersichten dieses Buches gesondert ausgewiesen. Sie alle sind normprägend und sollen im Betrieb nachgehalten werden. Die deutsche Normungsroadmap[10] kündigt für die nächste Zeit weitere Qualitätsanforderungen an eine vertrauenswürdige KI an. Die EU-Kommission hat eine EU-Verordnung zu KI verabschiedet und damit eine solide Rechtsbasis für Beschäftigte und Betriebe erlassen, die in Europa Leistungen anbieten. Sie setzt einen Rahmen für vertrauenswürdige KI im Arbeitsprozess. Daneben möchte jeder Betrieb und jeder Betriebsrat gewiss auch eigene Ansprüche an die Qualität von KI-Systemen formulieren.

Um in der Vielfalt dessen, was Qualität ausmacht, nicht die Übersicht zu verlieren, ist die Konzentration aufs Wesentliche dringend notwendig. In diesem Buch wird deshalb empfohlen, gemeinsam mit den Beschäftigten im Betrieb die unübersichtliche Anzahl von Einzelfaktoren auf übergreifende und einprägsame Vertrauensfaktoren zu verdichten. Deren Gewährleistung soll in unterschiedlichen Etappen der Systemeinführung hinterfragt werden. Für die Priorisierung der Einzelaspekte und die Beschäftigtenbeteiligung werden Vorschläge gemacht.

1.2.3 Klassifizieren

Es ist ein großer Unterschied, ob mit einem KI-System die Wartungsintervalle für technische Einrichtungen disponiert oder die Bewerberauswahl durchgeführt wird. Wie riskant, wie kritisch KI-Systeme für die persönlichen Daten, die Grundrechte oder die Arbeitsbelastung der Beschäftigten sind, hängt davon ab, wofür sie verwendet werden.

Welches Schädigungspotenzial können sie für Betroffene, welche für das Unternehmen entfalten? Welche Daten werden verwendet? Wie kontrollierbar sind die Systeme? Was schützt sie vor Manipulation? Wie viele Beschäftigte sind von ihrer Einführung betroffen? Woran wird gemessen, ob die Betroffenen fair behandelt werden?

Diese Fragen brauchen Antworten, nach denen sich lernende Maschinen in verschiedene Kategorien klassifizieren lassen. Die Datenethikkommission der Bundesregierung hatte dringend empfohlen, solche Klassifikationsstufen einzuführen. Kritikalitätseinstufung nannte sie das.[11] Die EU-Kommission hat dieses Klassifizierungsmodell aufgegriffen. Die Vorgaben zur Risikoeinstufung im Betrieb praxistauglich zu detaillieren macht Sinn. Damit lässt sich in einem risikoadäquaten Ansatz mehr Aufmerksamkeit auf riskantere Systeme richten. Dieses Buch bietet einen strategischen Filter für die Zuordnung von lernenden Maschinen zu unterschiedlichen Kritikalitätsstufen, macht Vorschläge zu einem Zuordnungsverfahren und enthält Ideen für unterschiedliche Regulierungsmodelle, die sich nach Risiko und Nützlichkeit verschiedener Anwendungen richten.

---

10 DIN/DEV (November 2020) Deutsche Normungsroadmap: Die Publikation erläutert, welche Industrienormen für KI-Systeme bedeutsam sind und an welchen Normen gearbeitet wird.

11 Datenethikkommission – DEK (Oktober 2019): S. 173ff.

1.2.4 Operationalisieren

Es sorgt meistens für Ärger, wenn Betriebs- oder Personalräte erst dann mit der Einführung eines IT-Systems konfrontiert werden, wenn die fachlich Verantwortlichen nur noch auf den Startknopf drücken wollen. Verhandlungsführer aus dem Personalbereich ärgern sich dann über die Vielzahl von Fragen, die ein Mitbestimmungsorgan in einer so späten Phase noch stellen kann. Empörung wird formuliert gegenüber der Vielzahl von Gestaltungsansprüchen, die noch erhoben werden, obwohl man schon alles fertig glaubte. Und wenn dann auch noch Beschäftigte über die mangelnde Gebrauchstauglichkeit der strittigen Systeme klagen, bleibt zur Klärung der Schuldfrage nur noch der Vorwurf der Innovationsfeindlichkeit.

Das geht auch anders. Dialogische Einführungsprozesse, bei denen frühzeitig Absichten vorgestellt, Erwartungen ausgetauscht und gemeinsame Qualitätsansprüche formuliert werden, helfen dabei, Transformationskonflikte zu vermeiden. Wenn dann noch für KI-System stimmige Anforderungen operationalisiert werden, klappt's auch mit der betrieblichen Veränderung.

Fast 50 Jahre lang war die betriebliche Gestaltungsarbeit zur Einführung von Computersystemen schwerpunktmäßig auf die Reglementierung maschineller Leistungs- oder Verhaltenskontrolle und die Ergonomie ausgerichtet. Einflussnahme war meistens auf den unmittelbaren Prozessschritt der Einführung derartiger Systeme reduziert. Heute entwickeln sich lernende Maschinen fort und brauchen auch im laufenden Betrieb Evaluation. Sie folgen nicht zwingend einer nachvollziehbaren »Wenn-Dann« Programmierung und ihr Output ist deshalb auch nicht immer eindeutig vorhersehbar Zudem braucht es große Datenmengen, um gute Qualität zu liefern. Das ist eine Herausforderung für herkömmliche Reglementierungsstandards zum Schutz der Persönlichkeitsrechte im Betrieb. KI-Systeme müssen zudem trainiert werden, um ihrem Funktionswesen gerecht zu werden. Ihre Gestaltung braucht einen Begleitprozess und nicht nur eine Beteiligung am Einführungsakt, weil es sich verändernde Werkzeuge sind. Das verlangt nach neuen Ansätzen, die im Betrieb operationalisiert werden müssen. Dieses Buch bietet Handlungshilfen, um eine große Vielzahl unterschiedlicher Gestaltungsansprüche auf unterschiedliche Einführungs- und Einsatzphasen von unterschiedlichen KI-Anwendungen zu übersetzen. Es nennt gute Gestaltungsbeispiele, um eine Orientierung zu geben. Die Ausführungen sollen für verschiedene Betriebskulturen, Branchen und Betriebsgrößen, unterschiedliche Schwerpunktsetzungen und unterschiedliche Beziehungen der Sozialparteien Hilfestellung geben. Zur Operationalisierung von Gestaltungsansprüchen werden Tipps für die Einbeziehung der Beschäftigten gegeben. Es geht darum, Vertrauen zu fördern, das sich aus der Übersetzung übergeordneter Ansprüche in die betriebliche Praxis aufbauen kann.

1.2.5 Experimentieren

Gegenwärtige Mitbestimmungsrechte und die Mitbestimmungspraxis wurden 1974 begründet. Zu dieser Zeit wurde alle paar Jahre mal ein neues IT-System eingeführt. Heute haben wir alle paar Tage einen Releasewechsel und lernende Maschinen werden sich von selbst fortentwickeln. Komplexität und Transformationsgeschwindigkeit im Betrieb hat gewaltig zugenommen und Prozess- verdrängt Vorgangsorientierung.
Über 50 Jahre haben Mitbestimmungsakteure im Betrieb Standards und oft Exzellenz zur Regulierung von maschineller Leistungs- oder Verhaltenskontrolle, zur Arbeitsorganisation, zu Ergonomie und Barrierefreiheit entwickelt. Mit dem Einzug von lernenden Maschinen aber gibt es nur selten Erfahrung, verallgemeinerbare Standards sind rar.
Viele Mitbestimmungsakteure sind geübt darin, Betriebsvereinbarungen zu verabreden, bei der alle Daten beschrieben werden, in ein IT-System fließen und alle zulässigen Auswertungen abschließend benannt werden. Wie aber funktioniert das, wenn künftig lernende Maschinen Muster erkennen, die der Mensch vorneweg gar nicht erkannt hat – und dies in einer Geschwindigkeit, bei der er nicht mitkommt?
Mark Twain hat einmal geschrieben: »Wer alle Sorgen dieser Welt vergessen will, braucht nur Schuhe zu tragen, die eine Nummer zu klein sind.« Die Schuhe unserer herkömmlichen Beteiligungsmechanismen sind uns über die Jahre zu klein geworden. Lernende Maschinen werden Druckstellen auslösen, sie werden zu Fehlhaltungen führen, wenn wir uns kein neues Schuhwerk leisten. Im Schuhgeschäft probieren wir unterschiedliche Formen, Farben und Bequemlichkeiten neuer Schuhe aus, bevor wir uns damit auf den Weg machen. Auch für die Auswahl der passenden Gestaltungsansätze für KI-Systeme braucht es einen Suchprozess.
Um den eigenen Stil zu finden, sind Experimente notwendig. Die braucht es auch um eine zeitgemäße Verabredungskultur aufzubauen, die über den Tag hinaus zum Standard wird. Das geht nicht von heute auf morgen und braucht Dialog, schrittweises Vorgehen und Maßstäbe, in die sich die eigene Orientierung einordnen lässt. Dabei will dieses Buch helfen, in dem gute und schlechte Gestaltungsbeispiele genannt, Ideen zum Vorgehen beschrieben und Literaturhinweise zum Thema gegeben werden. Es werden Optionen für betriebliche Ordnungsrahmen aufgezeigt, ohne dass die AutorInnen für sich in Anspruch nehmen die einzige allseligmachende Wahrheit zu Papier gebracht zu haben. Selbst experimentieren und darüber reden ist stets hilfreich.

1.3 Das Baugerüst aus Lebenserfahrungen: zum Wert von anschaulichen Erfahrungsmustern

»Wir lieben es, Geschichten zu hören und zu erzählen. Unsere Gehirne sind darauf trainiert, sie zu verstehen, und wir behalten sie besser in Erinnerung als Daten und Fakten.«[12]

Unser Kopfkino zeigt uns Bilder, die wir uns besser einprägen können als detailverliebte Texte. Unsere Aufgeschlossenheit erhöht sich, wenn wir »etwas Neues mit etwas bekanntem kombinieren, um daraus etwas seltsam Vertrautes zu machen.« Psychologen nennen dieses Phänomen das Gesetz der Vertrautheit.[13]
Dieses Buch will diese Erkenntnisse nutzen und anschauliche Muster aus unseren Lebenserfahrungen bemühen. Es verwendet Metaphern und Vergleiche, um anschauliche Bilder im Kopf zu erzeugen, die bei der Gestaltung von KI-Systemen helfen können. Sie haben bereits eine Metapher zum Vergleich von lernenden Maschinen mit den Erfahrungen aus der Architektur gelesen. Sie wurden vielleicht an ihre Kindheitserfahrung mit zu kleinen Schuhen erinnert. Es sei angekündigt, dass dieses Buch Sie mit weiteren Bildern bedienen und bewusst in ihren Erfahrungswelten wildern wird. Sie werden von der Seefahrt lesen, es wird um Leuchttürme, neue Ufer und Stadionerfahrungen gehen. Sie werden vom Wandern und vom Lernen der Maschinen lesen, deren Lernen mit dem Lernen der Menschen verglichen wird.

Jeder Vergleich hinkt, sagt der Volksmund. Da ist was dran. Zwingend und schlüssig lassen sich nicht sämtliche Lebenserfahrungen auf die Gestaltung von KI-Systemen übersetzen. Manche schon, etwa die Art, wie wir beim Wandern mit einer langen, vor uns liegenden Strecke umgehen. Jemand, der zu kleine Schuhe trägt, kann ein Lied davon singen. Er oder sie bewegt sich vorwärts, nur langsam und quälend. Für Menschen, denen die Fortbewegung Mühe macht, ist jeder Schritt gleich belastend. Wir empfinden Mühe als Belastung auch dann, wenn wir das Ziel nicht kennen.

Wir sind in Deutschland ziemlich gut darin, Chancen und Risiken zu benennen, wir verweisen gern auf die Verantwortung jeweils anderer und beklagen leidenschaftlich oft deren vermeintliche Ziellosigkeit. Was aber ist unser eigenes Ziel? Wobei sollen uns KI-Systeme helfen? Wie würden wir sie gestalten, wenn wir allein das Sagen hätten? Dieses Buch soll helfen, solche Fragen zu beantworten. Es bietet eine Vision für die nützliche Anwendung vertrauensvoller KI-Systeme im Betrieb an, die nach eigener Vorstellung variiert werden kann.

---

12 Mario Herger (2020): Wenn Affen von Affen lernen – Wie künstliche Intelligenz uns erst richtig zu Menschen macht, Plassen–Verlag, S. 212.

13 Rachel Botsman (2018): Wem kannst du trauen? Die Antwort auf die vielleicht wichtigste Frage unserer Zeit, Plassen-Verlag, S. 94.

2 Prinzip KI-Lagom – ein Selbstverständnis, das entkrampft

Für die Bemühungen im Dialog einen betrieblichen Ordnungsrahmen für Systeme Künstlicher Intelligenz zu schaffen, steht das Konzept »KI-Lagom«.
Der Begriff LAGOM könnte als Akronym für die folgenden Worte stehen: Leitideen zum Aufbau eines ganzheitlichen Ordnungsrahmens für lernende Maschinen. Die Wahl der Bezeichnung des Konzeptes folgte dem Anspruch, einprägsam zu sein, realisierte aber auch die Absicht, die Mission des Handelns auszudrücken. Umso besser, wenn sich dabei die Bezeichnung KI-Lagom auch auf kulturelle Wurzeln zurückführen lässt, die diese Intention ausdrücken.

2.1 Was Lagom in Schweden bedeutet

Der Begriff »Lagom« ist ein schwedisches Wort, das in der deutschen Sprache keine unmittelbare Entsprechung hat. Es beschreibt eine schwedische Lebensphilosophie und meint so viel wie: nicht zu viel, nicht zu wenig, genau richtig. Dieser kulturelle Ansatz vermittelt einen Anspruch an Balance und Gleichwertigkeit verschiedener Aspekte. Er steht für die Suche des Menschen »nach etwas, das sich nur schwer in Worte fassen lässt: Ein Gefühl der Zufriedenheit, dass mit dem richtigen Maß der Dinge und der angemessenen Zeit, um etwas zu tun, resultiert«[14]. Die Bezeichnung Lagom drückt auch die Berechtigung für eine Suche nach einem Mittelweg zwischen Extremen aus. KI-Lagom zielt auf die Vermittlung von Balance zwischen Arbeitgeber- und Arbeitnehmerinteressen, auf eine Balance zwischen Effizienzansprüchen und Persönlichkeitsrechten, Innovation und Schutz, herkömmlichen Werten und neuen technischen Optionen. Ein derartiger ausgleichender Gestaltungsansatz will den Nutzen Künstlicher Intelligenz Vielen zugute kommen lassen, damit die technische Entwicklung der Gesellschaft[15] und dem Vertrauen in die Entwicklung dient.
Auf schwedisch bedeutet »lag«, »Gesetz« und das altschwedische »laguhm« kann als »gesetzeskonform« übersetzt werden. Anders ausgedrückt geht es um

14 Vgl. hierzu: Anna Brones (2017): Lagom – Das Geheimnis des schwedischen Lebensglücks, Livestyle Busse Seewald, S. 12ff.

15 Vgl. hierzu Daron Acemoglu, Simon Johnson (2023): Macht und Fortschritt, unser 1000-jähriges Ringen um Technologie und Wohlstand, Campus-Verlag, S. 13.

ein korrektes und angemessenes Verhalten innerhalb einer Gesellschaft.[16] Genau das wiederum braucht ein Prozess zur Findung eines betrieblichen Ordnungsrahmens zum Thema KI. Der Konzeptname »KI-Lagom« drückt aus, dass es darum geht, einen angemessenen, gesetzeskonformen Weg zu finden. Angesichts der Vielzahl der KI-Systeme und der damit korrespondierenden Aspekte, der unterschiedlichen Wirkungen und Risiken verschiedener Anwendungen und der unterschiedlichen betrieblichen Kulturen bietet es sich an, den richtigen Weg in einem transparenten Prozess und auf Basis eines Leitansatzes zu suchen. Diesen Leitansatz will die Bezeichnung »KI-Lagom« ausdrücken.

2.2 KI-Lagom: Lernen, lernenden Maschinen Kultur beizubringen

Als das Konzept KI-Lagom entstand, gab es noch keine adaptierbaren verallgemeinerbaren Muster, keine »Standardumgangsformen« für KI im Betrieb. Es gab im Arbeitsalltag noch keinen verallgemeinerten Maßstab für vertrauenswürdige KI-Anwendungen, den wir uns alle zu eigen gemacht haben. Suche, Dialog und Experimente waren damals und sind heute notwendiger Bestandteil des KI-Lagom-Konzeptes.

So wie beim menschlichen Lernen geht es auch bei lernenden Maschinen darum, eine Vielzahl einzelner unterschiedlicher Aspekte zu verstehen, zu priorisieren, in ein ausgeglichenes Ordnungsmuster zueinander zu bringen und in ein längerfristig hilfreiches Vorgehensmodell zu integrieren. Das hilft einen Weg zu wählen, der einen selbst nicht überfordert, einen Ausgleich zwischen verschiedenen Akteuren findet und das Ergebnis in einer zielführenden Weise verwirklicht.

Ohne tastende Experimente, ohne exploratives Vorgehen entwickelt sich der Mensch nicht und er findet nicht zu seiner Identität. Ohne Experimente ist es auch schwierig, eine tragfähige Kultur und einen daraus resultierenden Ordnungsrahmen für KI-Systeme im Betrieb zu finden. Zum Wesen von Experimenten gehört deren Erfolg, aber auch deren Scheitern. Zum Lernen gehört auch der Irrtum.

KI-Systeme im Betrieb brauchen eine differenzierte Regulierung in Abhängigkeit von Risikorelevanz, sozialen Umständen, Kulturen und technischer Ausprägung. Dieser Anspruch ist ohne Lernschritte kaum einzulösen. Der Mensch selbst lernt, sich trotz allgemeingültiger ethischer Gepflogenheiten situationsgerecht zu verhalten. Wir machen keine Liebeserklärung in knapper militärischer Kommandosprache, erhalten Arbeitsaufträge selten in lyrischer Prosa und in Stadien wird nicht Latein gesprochen. »Situationsgerechtes Verhalten« bedeutet für uns aber nicht beliebige Umgangsformen, sondern angemessenes Auftreten. Das braucht auch KI. Über Experimente sollten Maßstäbe für Angemessenheit

16 Vgl. hierzu: Anna Brones (2017): Lagom – Das Geheimnis des schwedischen Lebensglücks, Livestyle Busse Seewald, S. 21.

entwickelt werden, die dann bei der nächsten Systemeinführung Orientierung geben können.
Die daraus erwachsenden Ordnungsprinzipien sollten es erlauben, jene Elemente zu adressieren, die Vorbehalte der Beschäftigten auslösen. Ein betrieblicher Regulierungsrahmen sollte nicht allein auf den Schutz der Persönlichkeitsrechte oder den Schutz vor maschinellen Leistungs- oder Verhaltenskontrollen fixiert sein. Besondere Aufmerksamkeit verdienen Gebrauchstauglichkeit, veränderte Qualifikationsanforderungen, Arbeitsbelastungen, Beschäftigungsveränderungen, der Wertstatus der Beschäftigten, Sicherheit, Arbeitsorganisation, Ethik, Verantwortung und Kontrolle. Diese Aspekte sind mit betriebswirtschaftlichen Größen wie Wertschöpfungsbeiträgen, Profitabilität, Kundenorientierung, Innovation, Effizienz und Wachstum in Balance zu bringen.
So wie eine Landkarte eine Übersicht bietet oder ein Navigationssystem nicht nur einen Weg anzeigt, um von A nach B zu kommen, so will das KI-Lagom-Konzept nicht Wege vorgeben, sondern Orientierung vermitteln. Es soll helfen, die eigenen Wege und Schrittfolgen zu finden, und Etappen zu planen, um über unterschiedliche Wege zum selbst definierten Ziel zu finden. Es soll Maßstäbe bieten, die Länge und Beschwerlichkeit unterschiedlicher Wege vermitteln, um Überforderung zu vermeiden. Das hilft, den Anspruch zu verwirklichen, die betriebliche Gestaltung von KI-Systemen dialogisch und mit der Aussicht auf Selbstzufriedenheit zu realisieren.
Das KI-Lagom-Konzept will nicht für unterschiedliche Betriebe, Umgangskulturen und Anwendungen das eine glückseligmachende Gestaltungsziel formulieren. KI-Lagom soll helfen, sich zurechtzufinden. Das Konzept soll den Dialog um den richtigen Weg und die passenden Ziele strukturieren und beschleunigen, es soll Wegmarken benennen und vor allem dabei helfen, dass man sich unterwegs nicht verläuft.

3 Einordnungen: »Künstliche Intelligenz« meint was genau?

Womit genau haben wir es eigentlich zu tun, wenn wir über KI oder im englischen über AI (Artificial Intelligence) reden? In der Sache geht es bei »Künstlicher Intelligenz« in vielen Zusammenhängen um »Lernende Maschinen«. Es geht um eine Computertechnik, die im Unterschied zu herkömmlichen IT-Systemen sich selbst optimieren kann, dazulernt, sich fortentwickelt und bei der nicht jeder Programmschritt bis im Detail vorgegeben sein muss. »Beim Maschinenlernen unterscheidet man zwei Phasen. Die erste Phase ist das Lernen eines Sachverhalts, das in ein sogenanntes gelerntes Modell mündet, das diesen Sachverhalt abbildet. Nach dem Lernen nutzt man in der zweiten Phase das gelernte Modell wie ein Programm, indem man es mit Eingaben füttert und eine Ausgabe erhält.«[17]

Computersysteme waren schon immer gut darin, regelbasierte Aufgaben zu erledigen. Lange Jahre galt in der IT aber das Prinzip der »Wenn-Dann«-Programmierung: Es kommt dabei nur das heraus, was man vorgedacht und ins IT-System reingegeben hat. Wir erinnern uns an den mahnenden Satz: Wer einen schlechten Prozess digitalisiert, bekommt eine schlechte Digitalisierung. Jetzt kann die KI Schlussfolgerungen ziehen, auf die man vorher nicht gekommen ist. Sie verbessert Analysefähigkeiten, kann Muster erkennen, Objekte identifizieren, große Datenmengen schnell auswerten und auch neue Texte, Bilder, Töne und Programmcodes produzieren. Das wird als »intelligent« bezeichnet.

Ob der Begriff »Intelligenz« für lernende Maschinen schlüssig verwendet wird, darüber scheiden sich die Geister. Kann eine laufend verbesserte Fähigkeit, emotionslose Schlussfolgerungen zu treffen schon als intelligent gelten? Es wird darüber diskutiert ab wann KI das Niveau menschlicher Intelligenz erreichen wird. »Die Verwendung dieses Maßstabes ist jedoch äußerst verwirrend. Es ist so, als würde man Flugzeuge anhand des Vogelfluges definieren und bewerten. KI bewegt sich nicht auf das Intelligenz-Niveau des Menschen zu. Es handelt sich um die Entwicklung eines völlig anderen Typs von Intelligenz«.[18]

»In den vergangenen Jahren entwickelte sich ein neues Verständnis von Intelligenz von Lebewesen, etwa soziale Intelligenz, emotionale Intelligenz, kulturelle

17 Alexander Pretschner (2021): Wie funktioniert Maschinenlernen, *www.bidt.digital/was-ist-software/3*, zuletzt abgerufen am 7.10.2021.

18 Yuval Noah Harari (2024): Nexus – Eine kurze Geschichte der Informationsnetzwerke von der Steinzeit bis zur künstlichen Intelligenz, Peguin Verlag S. 306.

Intelligenz, Schwarmintelligenz, sogar spirituelle Intelligenz und das beinahe unüberschaubare Spektrum tierischer und pflanzlicher Intelligenz«.[19] Hunde können nicht sprechen, aber unsere Stimmungen erspüren. In dieser Hinsicht ist wahrscheinlich jeder Zwergpudel intelligenter als das IBM-System Watson. Als intelligent kann es unter Umständen auch gelten, eben nicht immer nur rationalen Regeln zu folgen und intuitiv mit unvorhersehbaren Situationen zurechtzukommen. Ein autonomes Fahrzeug, das ein KI-System nutzt, ist in der Lage, in Sekundenbruchteilen auszurechnen, welcher Regel es in welcher Verkehrssituation folgt. Der Mensch denkt meistens nur in der Fahrschule daran, welche Arbeitsschritte er in welcher Reihenfolge zu erledigen hat. Wenn wir fahren lernen, erscheint es uns schwierig, alles in die richtige Reihenfolge zu bekommen. Kupplung drücken, schalten, in den Rückspiegel schauen, Blinker setzen, nur um abbiegen zu können. Sobald wir uns ans Autofahren gewöhnt haben, machen wir die Schrittfolgen intuitiv. Macht eine solche Intuition nicht gerade Intelligenz aus und verdient sie Wertschätzung im Vergleich mit der Fähigkeit, schnell rechnen zu können?

Mit der menschlichen Intelligenz hat KI allerdings auch eins gemeinsam: zu einer Handlung, die halbwegs als intelligent gelten kann, gehört das Wahrnehmen, das Schlussfolgern, und das Kommunizieren. Ein Mensch, der nur wahrnimmt, aber nicht schlussfolgert, wird als dröge, aber nicht als intelligent gelten. Jemand, der die richtigen Schlussfolgerungen ziehen kann, aber nicht entsprechend handelt, wird als inkonsequent, kaum aber als intelligent gelten. Wahrnehmen, schlussfolgern und kommunizieren funktioniert bei selbstlernenden Maschinen über Sensorik, die technische Fähigkeit zu lernen, der Befugnis automatisierte Entscheidungen zu treffen und hinsichtlich der Ergebnisse zu interagieren.

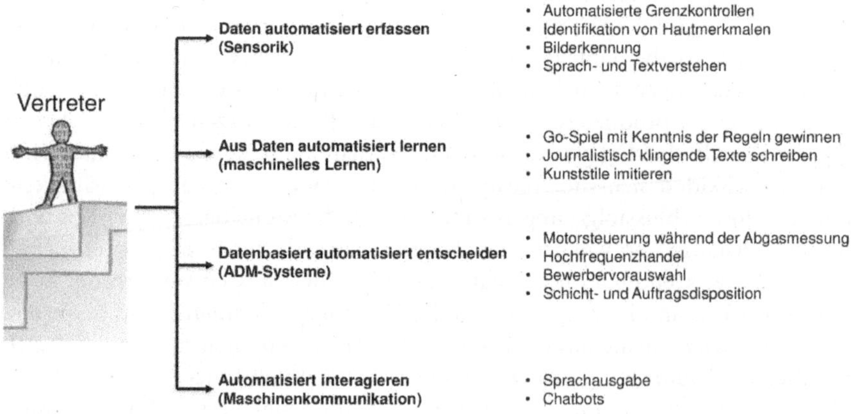

19 Mario Herger (2020): Wenn Affen von Affen lernen – Wie künstliche Intelligenz uns erst richtig zu Menschen macht, Plassen–Verlag, S. 31.

3.1 Wahrnehmen, Verstehen, Handeln und Kommunizieren

»Folgt man der Annahme, dass KI-Fähigkeiten menschliche Fähigkeiten nachahmen, können diese grob in die Kernbereiche Wahrnehmen, Verstehen, Handeln und Kommunizieren unterteilt werden. Die meisten dieser Fähigkeiten werden durch den Zusammenschluss von mechatronischen und softwaretechnischen Komponenten realisiert. Die vorgeschlagene Einteilung hilft, die Diskussion zu strukturieren, ist aber nicht trennscharf« stellt die deutsche Normungsroadmap zur Einleitung einer sehr ausführlichen Tabelle zur Klassifikation von Systemen künstlicher Intelligenz nach ihren Fähigkeiten fest.[20]

Darin wird unterschieden in:

- Sensordatenverarbeitung und Interpretation,
- Bewertung, Erinnerung, Entscheidung und Vorhersage,
- Robotik und Softwareroboter,
- Verarbeitung natürlicher Sprache,
- Mensch-Maschine Interaktion.

Einen weiteren Versuch der Klassifizierung macht der Branchenverband Informationswirtschaft, Telekommunikation und neue Medien e. V. Bitkom. Er verbreitet ganz konkrete Anwendungsbeispiele von KI-Systemen und will mit einem »Periodensystem der KI« eine Übersicht über »die Fähigkeiten und Grenzen überhaupt möglicher Anwendungsfälle« vermitteln.[21]

In der Publikation werden die Elemente der Künstlichen Intelligenz hinsichtlich ihrer Anwendungsfelder erläutert, angebotene Lösungen im Markt vorgestellt und deren wirtschaftliche Bedeutung beurteilt.

Die üblichen Definitionen von KI umfassen oft auch die Sensorik, die die lernende Maschine nutzt. Beispielsweise jene Sensoren, die in Maschinen Vibrationen, Temperaturschwankungen, Druck und Abnutzung messen, um Wartungszeitpunkte zu disponieren. Andere Beispiele sind Texterkennungssysteme, die maschinelles Übersetzen erlauben, oder Spracherkennung, die die Steuerung von Siri, Alexa und Magenta ermöglicht. Eine Sensorik zur automatisierten Gesichtserkennung verbreitet sich bei automatisierten Grenzkontrollen. Derartige Bilderkennungssensorik in Verbindung mit maschinellen Schlussfolgerungen hat auch gewaltige Fortschritte bei der Identifikation von Hauttumoren hervorgebracht. Die Wahrnehmungs- und Analysefähigkeit von solchen technischen Systemen ist oft besser als die von Ärzten. »157 Hautärzte aus zwölf deutschen Universitätskliniken, vom Assistenz- bis zum Chefarzt, traten gegen ein Künstliches Neurales Netz an, das mit Bildern von unauffälligen Hautveränderungen und von Haut-

---

20 DIN/DKE (November 2020): Deutsche Normungsroadmap – Künstliche Intelligenz, S. 45ff.

21 Bitkom (2018): Digitalisierung gestalten mit dem Periodensystem der künstlichen Intelligenz – Navigationssystem für Entscheider, S. 19.

krebs trainiert worden war. Sie mussten jeweils hundert Bilder betrachten und bewerten. Das Programm war besser als 136 der Ärzte.«[22]

Der Begriff »KI« bezeichnet im Grunde das automatisierte Verstehen, Schlussfolgern und Entscheiden durch Rechnersysteme. Beim Hochfrequenzhandel mit Aktien haben viele Firmen längst Entscheidungsbefugnisse an technische Systeme abgegeben, die in der Geschwindigkeit der Mustererkennung den Menschen weit überlegen sind. »ADM«-Systeme, also »automatic-decision-making-systems«, maschinelle Entscheidungssysteme wie Roboadvisors, setzt die Finanzwirtschaft schon länger ein, mit und ohne KI. Manager deutscher Automobilkonzerne hatten wohl vergessen, dass sie ADM-Systeme ins Auto einbauen ließen, die dann beim Fahrzeug auf dem Prüfstand die Emissionswerte gesenkt haben. Den Betrug hat schließlich die Maschine entschieden, nicht der Fahrer oder der Hersteller – sollte der Öffentlichkeit vermittelt werden. Die programmtechnische Vorgabe dazu stammt allerdings von den Automobilkonzernen, die jetzt damit Probleme haben. Das allerdings hat wenig mit Künstlicher Intelligenz als vielmehr mit natürlicher Dummheit zu tun.

»KI« steht zum Teil auch für die automatisierte Maschinenkommunikation, die von der Künstlichen Intelligenz ausgelöst wird, etwa wenn Chat-Bots in sozialen Netzwerken kommunizieren oder per E-Mail in der Kundenkommunikation Anfragen beantworten. Politik, Wirtschaft und Gesellschaft leiden unter dem Phänomen der böswilligen Angriffe, Täuschung und der Informationsüberflutung durch Chat-Bots. Diese können sich in sozialen Netzwerken verbreiten, möglicherweise auch in firmeninternen sozialen Netzwerken. Derartige Systeme können oft Fake News verbreiten und vortäuschen, eine Menge Menschen würden eine Haltung teilen. Dabei ist es nur eine große Anzahl technischer Systeme, die zusammengeschaltet wurden. Eine lernende Maschine von Google war schon vor Jahren in der Lage, Restaurantvorbestellungen vorzunehmen. Die Angerufenen merkten nicht, dass sie mit einer Maschine reden.

Die Leistungsfähigkeit der Systeme verbesserte sich seither in atemberaubendem Tempo, das wissen wir spätestens seit uns ChatGPT ins Staunen versetzt hat.[23]

Schon 2022 wurde das maschinelle Leistungsvermögen mit dem des Menschen verglichen: »Wenn man eine Person auf einem Foto erkennen will, ist man mit einer KI besser bedient als mit einem Mitarbeiter. Wenn sie schnell zwischen zwei Sprachen übersetzen wollen, kann eine KI das besser als sie. Wenn sie die Schichten von 50 verschiedenen Arbeitnehmer planen wollen, wird ein Optimierungsalgorithmus den Versuch eines Menschen, die Schichten zu planen, vernichtend schlagen«.[24]

---

22 Manuela Lenzen (2020): Künstliche Intelligenz – Fakten, Chancen, Risiken; C. H. Beck-Verlag, S. 71.

23 Siehe hierzu Kapitel 20.

24 Azeem Azhar (2022): Exponential, Wie wir mit der Technologischen Revolution Schritt halten können, Plassen–Verlag, S. 166.

3.2 Definitionen

Die Europäische Kommission definiert in der KI-Verordnung KI-Systeme wie folgt:

Ein KI-System ist *»ein maschinengestütztes System, das für einen in wechselndem Maße autonomen Betrieb ausgelegt ist, das nach seiner Einführung anpassungsfähig sein kann und das aus seinen Eingaben für explizite oder implizite Ziele ableitet, wie Ergebnisse, wie etwa Vorhersagen, Inhalte, Empfehlungen oder Entscheidungen hervorgebracht werden, die physische oder virtuelle Umgebungen beeinflussen können«.*[25]

Das ist sperrig, nicht selbsterklärend und nicht einfach zu verstehen. Das liegt auch daran, dass der Oberbegriff KI eine Vielzahl von Anwendungen bezeichnet, für eine Reihe neuartiger Technologien, die sich sowohl in ihrer Funktionsweise, also auch in ihrer Bauart von herkömmlichen Computeranwendungen unterscheiden.[26]
Im Anhang I[27] des ursprünglichen EU-Verordnungsentwurfes wurden Techniken und Ansätze weiter ausgeführt:

»a) Konzepte des maschinellen Lernens, mit beaufsichtigtem, unbeaufsichtigtem und bestärkendem Lernen unter Verwendung einer breiten Palette von Methoden, einschließlich des tiefen Lernens (Deep Learning);
b) Logik- und wissensgestützte Konzepte, einschließlich Wissensrepräsentation, induktiver (logischer) Programmierung, Wissensgrundlagen, Inferenz- und Deduktionsmaschinen, (symbolischer) Schlussfolgerungs- und Expertensysteme;
c) Statistische Ansätze, Bayessche Schätz-, Such- und Optimierungsmethoden.«

Die Bundesregierung führt ursprünglich zur Definition von »Künstlicher Intelligenz« aus:

»Der KI-Strategie der Bundesregierung liegt folgendes Verständnis von KI zugrunde:
Sehr abstrakt ordnen sich KI-Forscher zwei Richtungen zu: der ›schwachen‹ und der ›starken‹ KI. Die ›starke‹ KI formuliert, dass KI-Systeme die gleichen intellektuellen

25 Art. 3 Abs. 1 EU KI-VO; weitere Ausführungen siehe Kapitel 13, siehe auch Billigung des Inhalts des Entwurfs einer Mitteilung der Kommission – Leitlinien der Kommission zur Definition eines Systems der künstlichen Intelligenz gemäß der Verordnung (EU) 2024/1689 (KI-Gesetz) vom 6.2.2025.

26 Christoph Santner (2024): Alles KI? Die neue Welt der künstlichen Intelligenz verstehen und nutzen; Goldmann–Verlag, S. 64.

27 Anhänge des Vorschlags für eine Verordnung des Europäischen Parlaments und des Rates zur Festlegung harmonisierter Vorschriften für künstliche Intelligenz (Gesetz über künstliche Intelligenz) und zur Änderung bestimmter Rechtsakte der Union (2021), S. 1.

Fertigkeiten wie der Mensch haben oder ihn darin sogar übertreffen können. Die ›schwache‹ KI ist fokussiert auf die Lösung konkreter Anwendungsprobleme auf Basis der Methoden aus der Mathematik und Informatik, wobei die entwickelten Systeme zur Selbstoptimierung fähig sind. Dazu werden auch Aspekte menschlicher Intelligenz nachgebildet und formal beschrieben bzw. Systeme zur Simulation und Unterstützung menschlichen Denkens konstruiert.«

Die Bundesregierung orientiert sich bei ihrer Strategie an der Nutzung der KI für die Lösung von Anwendungsproblemen und damit an den Positionen der »schwachen« KI:

»1. Deduktionssysteme, maschinelles Beweisen:
Ableitung (Deduktion) formaler Aussagen aus logischen Ausdrücken, Systeme zum Beweis der Korrektheit von Hardware und Software;

2. Wissensbasierte Systeme:
Methoden zur Modellierung und Erhebung von Wissen; Software zur Simulation menschlichen Expertenwissens und Unterstützung von Experten (ehemals: »Expertensysteme«); zum Teil auch verbunden mit Psychologie und Kognitionswissenschaften;

3. Musteranalyse und Mustererkennung:
induktive Analyseverfahren allgemein, insbesondere auch maschinelles Lernen;

4. Robotik:
autonome Steuerung von Robotik-Systemen, d. h. autonome Systeme;

5. Intelligente multimodale Mensch-Maschine-Interaktion:
Analyse und »Verstehen« von Sprache (in Verbindung mit Linguistik), Bildern, Gestik und anderen Formen menschlicher Interaktion«.[28]

Eine Definition lieferte auch die »High Level Expert Group on Artificial Intelligence«, die von der Europäischen Kommission eingerichtet wurde.[29]

»Systeme der künstlichen Intelligenz (KI-Systeme) sind vom Menschen entwickelte Softwaresysteme (und gegebenenfalls auch Hardwaresysteme), die in Bezug auf ein komplexes Ziel auf physischer oder digitaler Ebene handeln, indem sie ihre Umgebung durch Datenerfassung wahrnehmen, die gesammelten strukturierten oder unstrukturierten Daten interpretieren, Schlussfolgerungen daraus ziehen oder die aus diesen Daten abgeleiteten Informationen verarbeiten, und über das bestmögliche Handeln zur Erreichung des vorgegebenen Ziels entscheiden. KI-Systeme können entweder symbolische Regeln verwenden oder ein numerisches Modell erlernen, und sind auch in der Lage, die Auswirkungen ihrer früheren Handlungen auf die

---

28 »Strategie zur künstlichen Intelligenz« (StrBReg): S. 4, 5, 6.

29 A definition of Artificial Intelligence: »main capabilities and scientific disciplines« der High-Level Expert Group (HLEG) der EU, siehe *https://ec.europa.eu/digital-single-market/en/news/definition-artificial-intelligence-main-capabilities-and-scientific-disciplines* und für Versionen des Dokumentes in anderen Sprachen *https://ec.europa.eu/futurium/en/ai-alliance-consultation*, S. 6.

Umgebung zu analysieren und ihr Verhalten entsprechend anzupassen. Als wissenschaftliche Disziplin umfasst die KI mehrere Ansätze und Techniken wie z. B. maschinelles Lernen (Beispiele dafür sind »Deep Learning« und bestärkendes Lernen), maschinelles Denken (es umfasst Planung, Terminierung, Wissensrepräsentation und Schlussfolgerung, Suche und Optimierung) und die Robotik (sie umfasst Steuerung, Wahrnehmung, Sensoren und Aktoren sowie die Einbeziehung aller anderen Techniken in cyber-physische Systeme).«

Die Enquete-Kommission des Deutschen Bundestages (EKKI) erklärte ihr Verständnis von KI[30]:

»KI-Systeme sind von Menschen konzipierte, aus Hardware- und/oder Softwarekomponenten bestehende intelligente Systeme, die zum Ziel haben, komplexe Probleme und Aufgaben in Interaktion mit der und für die digitale oder physische Welt zu lösen.
Dazu erfassen, verarbeiten und analysieren KI-Systeme Daten und zeigen ein geeignetes Verhalten zur Lösung und Erfüllung der jeweiligen Probleme und Aufgaben. Interagiert die KI durch einen technischen Körper physisch mit ihrer Umwelt, z. B. als Roboter, spricht man von verkörperter KI (»embodied AI«).
Beispiele für KI-Systeme sind medizinische Diagnosesysteme, Systeme zur automatischen Gesichtserkennung, Sprachassistenzsysteme, autonome Fahrzeuge oder multifunktionelle Haushaltsroboter. Grundsätzlich lassen sich zwei Arten von KI-Systemen unterscheiden:

Regelbasierte KI-Systeme
sind dadurch gekennzeichnet, dass das Verhalten vollständig durch algorithmische Regeln und maschinenlesbares Wissen definiert ist, die bzw. das von menschlichen Expertinnen oder Experten stammen bzw. stammt. Dazu gehören insbesondere sogenannte Expertensysteme und die ihnen zugrunde liegenden Wissensdatenbanken. Das Verhalten regelbasierter KI-Systeme ist für den Menschen nachvollziehbar, da die Verfahren der Ergebnisfindung von Menschen gestaltet, definiert und einsehbar sind. Allerdings kann sich dies durch viele, komplexe oder sogar adaptive Regeln, wie durch das Zusammenspiel vieler solcher Systeme, sehr schwierig und damit nur für die Expertin oder den Experten nachvollziehbar gestalten.

Lernende KI-Systeme
zeichnen sich dadurch aus, dass ihre initiale Konfiguration durch den Menschen nur die Grundlage für die konkrete Funktionsweise im eigentlichen Betrieb darstellt. Mit Hilfe von Daten trainieren sie, wie ein Problem zu lösen bzw. eine Aufgabe zu erfüllen ist. Sie passen hierbei ihre Funktionsweise durch einen entsprechenden Lernprozess kontinuierlich an. […] Die Daten können explizit vom Menschen in das System eingespeist oder durch gezielte Interaktion mit der Umwelt vom System

30 Enquetekommission »Künstliche Intelligenz – gesellschaftliche Verantwortung und wirtschaftliche, soziale und ökologische Potenziale« (EKKI): BT-Drs. 19/23700, S. 48, 49.

mittels Sensoren selbst gewonnen werden. Nach heutigem Stand sind aber auch bei diesen Systemen die übergeordneten Problemstellungen und Ziele vom Menschen vorgegeben. Das Systemverhalten ist hierbei für Menschen häufig schwer nachvollziehbar [...].«[31]

Das DIN-Institut unterscheidet in der »deutschen Normungs-Roadmap Künstliche Intelligenz« zwischen verschiedenen Formen des maschinellen Lernens unter anderem: Überwachtes Lernen, unüberwachtes Lernen, teilüberwachtes Lernen, bestärkendes Lernen, hybride neuronale Netzwerke, dialogbasiertes Lernen und neuronale Netze. Die Fähigkeiten von KI-Systemen werden aufgeteilt in: wahrnehmen, verstehen, handeln und kommunizieren.[32]

3.3 Terminator oder Suchmaschine, starke oder schwache KI?

In vielen Gesprächen kann man gar den Eindruck gewinnen, dass die Bilder, die von KI verbreitet sind, von den Kinos gezeichnet wurden. Unser Kopfkino ruft uns bei der Nennung des Stichwortes KI offensichtlich die Bilder in Erinnerung, die wir vor Jahren gesehen haben.

Die Älteren unter uns kennen noch das KI–System HAL aus dem Film »2001: Odyssee im Weltraum«. In dem Film wurden die Astronauten von einem Computer-System ausgesperrt, ein System, das sich selbst schützen wollte und darüber die Menschen gefährdet hat. Die Kinofiguren »Terminator«, Agent Smith in die »Matrix« oder der Film »I-Robot« bedienen eine ähnliche Story Line. KI will die Weltherrschaft übernehmen, so heißt die Botschaft. Die Bilder zeigen Maschinen, die ihre Ziele selbst definieren und den Menschen angreifen. Es wird suggeriert, Künstliche Intelligenz wäre ein übermächtiges, in jeder Hinsicht handlungsfähiges System, das dem Menschen überlegen sei und dem nur trickreich oder gewaltsam begegnet werden könne. Solche Vorprägungen speisen die Befürchtungen, KI fange an, sich selbst Ziele zu setzen und entwickele sich über ihre Lernfähigkeit zum unkontrollierbaren Machtfaktor.

Wir wissen zwar wissenschaftlich nicht genau, wie menschliches Bewusstsein entsteht, ängstigen uns aber davor, dass Maschinen Bewusstsein entwickeln, das sich gegen uns wendet. Solche Auswüchse werden heutzutage von manchen kritischen Kommentatoren für unausweichlich, von anderen für unmöglich gehalten.

---

31 Die Plattform Lernende Systeme hat unterschiedliche Anwendungsszenarien für KI in den Bereichen »Mobilität und Verkehrssysteme«, »Gesundheit, Medizintechnik, Pflege«, »Lebensfeindliche Umgebungen« und »Arbeit/Qualifikation – Mensch-Maschine Interaktion« entwickelt, die einen realistischen Blick auf kommende Technologien der nächsten zehn Jahre geben sollen, vgl. *https://www.plattform-lernende-systeme.de/anwendungsszenarien.html.*

32 DIN/DKE (November 2020): Deutsche Normungsroadmap-Künstliche Intelligenz, S. 44, 47.

Gegenwärtig ist aber nicht das Entstehen eines eigenen Bewusstseins einer KI die größte Gefahr, sondern die Eigenart des technischen Systems Entscheidungen ohne jedes Bewusstsein zu treffen. Das Streben von unkontrollierbaren Machtfaktoren nach Weltherrschaft liegt ursächlich wohl eher am Testosteron als der Künstlichen Intelligenz.

»Aktuell jedenfalls liegt die Gefahr weniger in einer Übermacht einer maschinellen Intelligenz als vielmehr in ihrer Unzulänglichkeit. Wenn Algorithmen noch nicht ausgereift sind, machen sie Fehler. Bei Übersetzungen kommen Nonsens-Sätze heraus und selbstfahrende Autos bauen hin und wieder Unfälle, die der Mensch vielleicht hätte vermeiden können. Statt ein dystopisches Zerrbild von KI und Robotern zu zeichnen, sollten wir lieber unsere Energie in die sichere und gesellschaftlich förderliche Gestaltung der heute schon existierenden Techniken stecken. Dem gedeihlichen Miteinander von Menschen und Maschine können sich ihre jeweiligen Stärken und schlechte Schwächen sinnvoll ausgleichen.«[33]

Mit »starker KI« soll die Fähigkeit von Maschinen gemeint sein, gleich klug oder intelligenter als der Mensch zu handeln. Wir sind noch etwas von derartigen Systemen, von einer maschinellen »Super-Intelligenz« entfernt. Debatten über eine universelle Künstliche Intelligenz sind noch nicht entscheidend für die aktuelle Gefährdungslage.

Demgegenüber nutzen wir »schwache KI« schon längst im Alltag, oft ohne es zu wissen, etwa indem wir googeln, auf die Empfehlungen von Amazon vertrauen oder Siri fragen, wie das Wetter wird. Derartige Systeme aber als ersten Schritt zu einer starken, einer universellen KI einzuordnen, hilft auch nicht weiter. Professor Florian Gallwitz stellt in einem Artikel für Wired zur Kritik an der Bezeichnung »schwache Künstliche Intelligenz« fest: »Ähnlich sinnvoll erschiene es mir, Papierflugzeuge, Silvesterraketen und Tennisbälle mit großer Ernsthaftigkeit unter der Sammelbezeichnung schwache interstellare Raumfahrt zusammenzufassen.«[34]

Trotzdem brauchen wir in den Betrieben gerade Bemühungen, schwache KI-Systeme zu reglementieren. Zur Wirkung von schwacher KI schreibt Tobi Walsh: »die dummen KI-Systeme, die uns heute zur Verfügung stehen, genügen vollkommen, um die meisten Schäden anzurichten«.[35] Das lässt sich gut begründen und sollte unseren Gestaltungsanspruch wachrütteln.

---

33 Jörg Dräger und Ralf Müller-Eiselt (2019): Wir und die intelligenten Maschinen: Wie Algorithmen unser Leben bestimmen und wir sie für uns nutzen können, DVA-Verlag, S. 28, 29.

34 Katharina Zweig (2019): Ein Algorithmus hat kein Taktgefühl: Wo künstliche Intelligenz sich irrt, warum uns das betrifft und was wir dagegen tun können, Heyne-Verlag, S. 126.

35 Toby Walsh (2019): 2062: Das Jahr, in dem die Künstliche Intelligenz uns ebenbürtig sein wird, riva premium-Verlag, S. 84.

3.4 Lernbeschleuniger

Lernbeschleuniger haben in der Entwicklungsgeschichte der Menschheit immer wieder Entwicklungssprünge hervorgebracht. Die Sprache war der erste Lernbeschleuniger. Bevor der Mensch sich über Sprache austauschen konnte, musste er anderen vormachen und diese konnten es nachmachen. Man konnte keine Fantasien ausdrücken. Nur reelle Dinge waren darstellbar.
Mit der Schrift wurden Informationen dokumentierfähig, eine Erzählung konnte von Raum und Zeit entkoppelt und direkt an andere Generationen und Menschen in fernen Landen weitergegeben werden.
Der älteste eher bildhafte Algorithmus wird auf Euklid zurückgeführt und ist mehr als 2000 Jahre alt.

»Auch die Geschichte der Rechenmaschinen lässt sich weit zurückverfolgen, bis zum Abakus, dessen Alter Forscher auf etwa 4500 Jahre schätzen. Zu den moderneren Vorläufern der Computer zählen die mit Lochkarten programmierbaren Webstühle des frühen 19. Jahrhunderts und die von Charles Babbage 1837 als Modell präsentierte »Analytische Maschine» – deren erstes »Programm« im Übrigen eine Frau entwickelte: Ada Lovelace. Als erster funktionsfähiger Computer gilt der 1941 von Konrad Zuse entwickelte Z_3 […]«.[36]

Der Name Algorithmus geht aber auf einen persischen Mathematiker des neunten Jahrhunderts zurück. Muhamed Al Chwarizimi war einer der Leiter des großen Hauses der Weisheit in Bagdad. Ihm wird die Entwicklung der Sprache der Algebra zugeschrieben. Seine Innovation hat das Lernen beschleunigt, indem allgemeingültige, präzise Regeln zur Problemlösung geschaffen wurden.[37]
Wir haben mit dem Druck von Büchern und später von Zeitungen die Vervielfältigung von Informationsquellen verbreitet und eine Entkopplung des Zugangs zu Wissen von Privilegien verwirklicht. Der Zugang zu Lesestoff war vor dem Buchdruck ziemlich privilegiert, Bücher kostbar und nicht jeder konnte lesen und schreiben. Heute bringt die Schreibfähigkeit eine Informationsexplosion hervor. »Wurden im Jahr 2002 ca. 250 000 englischsprachige Bücher veröffentlicht, so waren es 2012 sage und schreibe 2,5 Millionen. Im Bereich Wissenschaft und Technik erschienen im Jahr 2002 nur 18 584 Titel, 2012 waren es 30 412«.[38] Auch dieses Buch wird dazu beitragen, den Zähler zu erhöhen.
»Etwas schwarz auf weiß zu haben« wurde zur Metapher für unumstößliche Tatsachen« […] In der frühen Neuzeit konnten Menschen erstmals auf mehr Wissen zugreifen, als ein Einzelner zu verarbeiten vermochte. Ideen waren nicht mehr

---

36 Lenzen, Manuela (2020): Künstliche Intelligenz – Fakten, Chancen, Risiken, C. H. Beck-Verlag, S. 19.
37 Vgl hierzu: Marcus du Sautoy (2021): Der Creativity Code – Wie künstliche Intelligenz schreibt, malt und denkt, C. H. Beck-Verlag, S. 55.
38 Sarah Spiekermann (2019): Digitale Ethik: Ein Wertesystem für das 21. Jahrhundert, Droemer-Verlag, S. 200.

knapp. Die Drohung der Kirche, dass Neugierde beim Jüngsten Gericht gebüßt werden müsse, hatte ihren Schrecken verloren.«[39]
Mit der Verbreitung von Radio und Fernsehen konnten wir viel mehr sehen und hören als vorher. Im selben Kulturkreis haben wenige Sender viele Empfänger erreicht. Der Volksempfänger hat uns allerdings auch vor Augen geführt, was es heißt, in gerichteter einseitiger Information gefangen zu sein.
Auch das Internet, das Word Wide Web ist ein Lernbeschleuniger. Mit seiner Verbreitung war ein Medium geschaffen, das einen Echtzeitaustausch vieler Sender mit vielen Empfängern möglich machte. Herkömmliche Kulturkreise wurden allerdings auch deshalb leichter überwindbar, weil sich gleichzeitig die englische Sprache durchgesetzt hat.
Eine verbesserte Sensorik hilft heute dabei, das Lernen zu beschleunigen. Lernende Maschinen können nicht nur schnell lesen und rechnen, sie können zuhören und verstehen. Wir verbreiten jetzt den nächsten Lernbeschleuniger, indem wir lernende Maschinen einsetzen. Durchbrüche in der Spracherkennung gab es etwa im Jahr 2010, bei der maschinellen Übersetzung 2014 und 2015.[40] Das Lernen erhält mehr Lernnahrung und wird auch dadurch schneller.
Spätestens mit der Verbreitung von generativer KI können Computer neue Dokumente erzeugen, die wiederum die Datenbasis für das Lernen von KI-Systemen sind und als Output weitere Dokumente erzeugen. Dokumente beeinflussen Dokumente, ohne dass ein Mensch direkt an dem Austausch beteiligt ist. Die Innovationsgeschwindigkeit nimmt rapide zu.

3.5 KI wird nicht müde, aber Lernen besitzbar

»Lernen ist ein zentraler Aspekt von Intelligenz, es ermöglicht Flexibilität und Verbesserung. Das gilt für Menschen und es gilt für Maschinen.«[41]

Maschinen lernen schneller und auch anders als der Mensch. Was unterscheidet neben der Geschwindigkeit menschliches Lernen vom Lernen von Maschinen? Wir kennen das alle. Wenn Menschen lernen, dann fängt jeder von vorne an und jeder muss für sich allein begreifen. Bis man in den einzelnen Disziplinen exzellent ist, braucht man manchmal Jahrzehnte. Eine Maschine braucht das nicht, sie ist mit dem Einschalten funktionsfähig, autonome Fahrzeuge mit dem Anlassen. Wenn autonome Fahrzeuge künftig auf Deutschlands Straßen unterwegs sein werden, können sie mithilfe von KI miteinander und voneinander lernen. Künstliche Intelligenz im Fahrzeug kann das Lernergebnis teilen. Das erste Fahrzeug,

---

39 Stefan Klein (2021): Wie wir die Welt verändern – Eine kurze Geschichte des menschlichen Geistes, S Fischer Verlag, S. 156, 159.

40 Vgl. hierzu: Yoshua Bengio in Martin Ford (2019): Die Intelligenz der Maschinen; Mit Koryphäen der Künstlichen Intelligenz im Gespräch, mitp-Verlag, S. 41.

41 Manuela Lenzen (2020): Künstliche Intelligenz – Fakten, Chancen, Risiken, C. H. Beck-Verlag, S. 33.

das identifiziert, wo das Schlagloch ist, kann diese Kenntnis relativ schnell an alle anderen Fahrzeuge weitergeben, die nach denselben Mechanismen funktionieren. Lernerfolg ist multiplizierbar. Die Schlussfolgerungen anderer Systeme können genutzt werden. Daneben vergisst ein Rechner nicht so leicht, IT ist ziemlich unermüdlich, während der Mensch beim Lernen müde wird und vergisst.
Bei den laufenden Diskussionen um lernende Maschinen kommt leider ein Phänomen zu kurz, das mehr und mehr an Bedeutung gewinnt. Erstmals in der Menschheitsgeschichte wird die Fähigkeit zu lernen von ökonomischen Gebilden besitzbar. Bisher wohnte die Lernfähigkeit in einem Individuum. Man musste sie sich erarbeiten und ausbauen. Jetzt können Firmen sich diese Fähigkeiten zusammenbauen und zusammenkaufen, sie können Patentrechte auf die technischen Systeme anmelden die Lernfähigkeit schaffen. KI ist eine Maschine, wenn auch eine mächtige und Maschinen sind besitzbar. »Nicht die Maschinen übernehmen die Kontrolle, sondern diejenigen, die die Maschinen besitzen und kontrollieren, beeinflussen und kontrollieren immer weitere Bereiche der Gesellschaft.«[42] »Die Tendenz, dass immaterielle Vermögenswerte Unternehmen bei der Skalierung helfen, erreicht ihren Höhepunkt, wenn ein Unternehmen auf künstliche Intelligenz zurückgreift. KI ist der ultimative immaterielle Vermögenswert, weil sie Eigendynamik entwickelt – die Algorithmen liefern immer mehr Wert, ohne dass sie viel tun müssen.«[43]

Die wesentlichen Merkmale der KI

- Erweiterte Optionen in die **Autonomie** des Menschen einzugreifen
- **Sensorische Fähigkeiten** übersteigen sinnliche Wahrnehmung bei weitem
- Lernfähigkeit erzeugt sich **verändernde Werkzeuge**
- Bedeutungszuwachs für **rationale Schlussfolgerungen**
- Auswirkung auf eine **Vielzahl von Persönlichkeitsrechten**
- **niederschwelliger Zugang**
- **Rasante Verbreitung**
- **Ökonomischer Besitz einer Lernfähigkeit**
- **Vielfalt qualitätsrelevanter Normen,** Vorgaben und Indikatoren
- **Beschleunigungswirkung** für betriebliche Prozesse
- Fähigkeit zur **Analyse** und Verknüpfung auch **willentlich nicht erzeugter Daten**
- Unterschiedliche **Kritikalitätsstufen**
- Ordnungsrahmen muss auf partiell **unvollständiger Information** aufsetzen
- **„ neue“ Bilder, Texte, Programmzeilen** und Vorgehensschritte erzeugbar
- **Wachsende Anwendungsvielfalt**
- **Dokumente können Dokumente beeinflussen, ohne Mensch dazwischen**

---

42 Manuela Lenzen (2018): Künstliche Intelligenz: Was sie kann & was uns erwartet, C. H. Beck–Verlag, S. 247.

43 Azeem Azhar (2022): Exponential, Wie wir mit der Technologischen Revolution Schritt halten können, Plassen–Verlag, S. 140.

3.6 Stufe der Digitalisierung

Auch wenn der Hype um KI den Anschein erwecken mag, die digitale Durchdringung der Arbeitswelt habe erst ihren Anfang genommen, so wird bei näherer Betrachtung deutlich, dass diese Entwicklung seit Jahrzehnten im Gang ist. Dabei hat sie gewissermaßen treppenförmig verschiedene Stufen durchlaufen und durchläuft sie bis heute.[44]
Wir haben Erfahrung mit den Werkzeugen der Digitalisierung, mindestens seit die ersten Automaten in unsere Büros eingezogen sind. Wir alle erinnern uns noch: Am Ende der Flure stand ein Fax, bewacht vom Abteilungsleiter. Es durfte nicht jeder dran, genauso wenig wie an den Großrechner. Dann hat sich unsere Telekommunikationsinfrastruktur geändert. Wir konnten selbst im Büro mobil telefonieren und Daten auf mobile Endgeräte übertragen. Persönliche Computer haben irgendwann auf den Schreibtischen gestanden und wir sind Teil des Datenschutzproblems geworden, weil wir selbst nahezu beliebig Daten verknüpfen konnten. Rechner wurden zum Medium. Wir sehen heute Menschen auf Bahnhöfen, in Flughäfen und im Café sitzend mit den Laptops auf den Knien Filme schauen oder arbeiten. Arbeit wird heute auch über Plattformen vermittelt und unsere elektronischen Endgeräte haben eine unglaublich große Vielfalt von Funktionen, sodass wir oft gar nicht mehr durchschauen, wann die Maschinen, die wir bei uns tragen, kommunizieren.

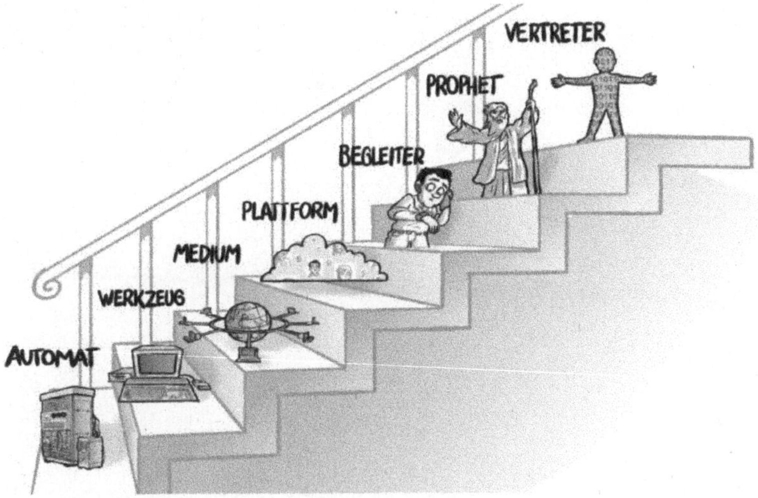

Vor wenigen Jahren nahm die Digitalisierung dann prophetische Züge an. Man hat angefangen aus den Daten der Gegenwart und der Vergangenheit Prognosen über menschliches Verhalten der Zukunft abzuleiten, wie beim Scoringwert bei

44 Ausführlich hierzu: Lothar Schröder (2016): Die digitale Treppe – wie Digitalisierung unsere Arbeit verändert und wie wir damit umgehen, Bund-Verlag.

unserer Bank. Jetzt sind wir dabei, uns über Künstliche Intelligenz Vertreter des Menschen im Denken und Schlussfolgern zu schaffen. Das ist eine weitere Stufe der Digitalisierung. Sie hat eine Stufe nach der anderen erklommen. Die Übersicht darüber zu behalten, fällt uns nicht leicht. Auch weil alle bisher erklommenen Stufen erhalten geblieben sind, wenn eine neue Entwicklungsstufe dazu gekommen ist. Die Entwicklungsgeschichte der Digitalisierung kann uns heute allerdings helfen, die passenden Gestaltungsmuster zu finden. Manches Regulationsmuster der Vorgeschichte passt für die Regulierung von lernenden Maschinen. Manche Regulationsmuster sind aber überholt. Für eine Eigenart der KI brauchen wir neue Antworten. KI ist »potenziell bedeutsamer als die Erfindung des Telegrafen, des Buchdrucks oder sogar der Schrift, denn die KI ist die erste Technologie, die in der Lage ist, selbstständig Entscheidungen zu treffen und Ideen zu entwickeln«.[45]

45 Yuval Noah Harari (2024): Nexus – Eine kurze Geschichte der Informationsnetzwerke von der Steinzeit bis zur künstlichen Intelligenz, Peguin Verlag, S. 545.

4 Funktionskategorien verschiedener KI-Systeme

4.1 Wie Menschen lernen

Bevor wir uns mit den Funktionskategorien von »lernenden Maschinen« beschäftigen, ist es sinnvoll, sich einmal in Erinnerung zu rufen, wie wir Menschen lernen.
Es gibt Menschen, die vor der Klausur die Nacht durchbüffeln, um möglichst viel ins Kurzzeitgedächtnis zu pressen. Andere bauen sich Eselsbrücken, um sich mit bildhaften Vorstellungen oder Wortfolgen einen Sachverhalt einzuprägen. Die Namen und Lagen der ostfriesischen Inseln beispielsweise. Der Radiosender »ffn« hat dafür folgenden Merksatz ausgezeichnet: »**B**ei **j**eder **N**ordseeinsel **b**uddeln **l**ustige **S**eemänner **W**attlöcher«. Die Anfangsbuchstaben der Bilder stehen für die Namen der Nordseeinseln Borkum, Juist, Norderney, Baltrum, Langeoog, Spiekeroog und Wangerooge. Alle Namen auf einmal sind schwieriger einzuprägen als das Bild eines lachenden Seemanns der Wattlöcher gräbt.
Manche von uns brauchen eine entspannte Umgebung zum Lernen, andere den Druck einer bevorstehenden Lernerfolgskontrolle oder den überwachenden Blick über die Schulter durch die Lernaufsicht. Manche können sich Formeln gut einprägen, andere Bilder. Manchen fällt es leicht, fremde Sprachen zu lernen, anderen mathematische Zusammenhänge. Manche brauchen das Vormachen, um Nachmachen zu können. Manche verstehen Texte, wenn Sie diese nur überfliegen, andere kommen mit Lernvideos gut zurecht. Manche sind gut darin, sich die Theorie anzueignen, andere brauchen die Praxis.
Die Menschen lernen unterschiedlich und das auch für unterschiedliche Zwecke. Kaum jemand käme auf die Idee, zur Textinterpretation klassischer Literatur aus den Buchkapiteln Karteikarten anzulegen. Beim Lernen von Vokabeln hilft das schon eher. Der Versuch, das Fahrradfahren nur über das Begreifen eines physikalischen Theoriemodells zu lernen, würde wahrscheinlich unweigerlich zum Umkippen führen. Dafür braucht es die motorische Erfahrung, zum Stabilisieren der Vorwärtsbewegung.
Einen Nachteil haben wir Menschen gegenüber lernenden Maschinen: Wir Menschen können Erlerntes nicht an die nächste Generation weitervererben, Maschinen vererben digitale Erkenntnisse im Handumdrehen mit ihrem nächsten Update oder über ihre Datenverknüpfung mit anderen Systemen.

4.2 Wie Maschinen lernen

»Es gibt nicht die eine künstliche Intelligenz,« erklärt die Computerwoche am 15. 1. 2021, »hinter der KI steckt eine Vielzahl verschiedener Methoden, Verfahren und Technologien«. Manche Systeme nutzen Methoden, mit denen sie alle möglichen Lösungsvarianten durchspielen, um dann die Beste zu nutzen. Mit solch einer Methode kann eine Maschine gegen menschliche Schachspieler gewinnen. Es bietet sich aber nicht an, solche »Versuch und Irrtum«-Methoden auf das autonome Fahren anzuwenden. Unerschwinglich und gefährlich wäre es, einen Handlungsschritt erst dann als unzweckmäßig zu bewerten, wenn es gekracht hat.

Manche Systeme bilden die Hirnstruktur des Menschen nach. »Große Fortschritte erzielt die künstliche Intelligenz in jüngster Zeit im Bereich künstlicher neuronaler Netze, auch unter dem Begriff Deep Learning bekannt. Dabei werden neuronale Netzwerke, die grob von der Struktur des Gehirns inspiriert sind, künstlich auf dem Computer simuliert. Viele der jüngsten Erfolge wie bei der Handschriftenerkennung, Spracherkennung, Gesichtserkennung, dem autonomen Fahren und maschineller Übersetzung sind auf diese Methoden zurückzuführen. Auch der Erfolg von AlphaGo beruht auf dieser Technik.«[46]

Manche Funktionsmodelle von KI-Systemen verstehen sich auf logisches Schließen, andere auf Bilderkennung. Manche können ohne Einbindung in einen mechanischen Roboter nichts ausrichten, andere verstehen sehr gut Sprache und lernen selbst aus mündlichen Dialogen. Manche können geschriebene Texte blitzschnell auswerten, andere beherrschen die Erkennung von Mustern gut. Manche können gut nachahmen, andere gut kommunizieren. Manche brauchen Aufsicht beim Lernen, andere nicht.

»Beim überwachten Lernen lernt das System aus gegebenen Paaren von Ein- und Ausgaben. Dabei stellt ein menschlicher »Lehrer« während des Lernens den passenden bzw. korrekten Wert zu einer Eingabe bereit.«[47]

Es geht darum festzustellen, *»etwa was einen Hund von einer Katze unterscheidet, wie man ein Stoppschild, eine handgeschriebene Zahl oder ein menschliches Gesicht erkennt oder wie sich eine Maschine im Normalbetrieb anhört. […] Unüberwachte Lernverfahren können etwa Wörter ausfindig machen, die in Texten besonders häufig genannt werden, und so Trends in sozialen Medien aufspüren. Sie können ähnliche Bilder oder Texte zu denselben Themen zusammenstellen. Sie können Kundengruppen ausmachen, die nach dem Griff zum Suppenbund zuverlässig zur Fleischtheke gehen, um auch Suppenfleisch in den Einkaufswagen zu legen.«*[48]

---

46 Wikipedia, Künstliche Intelligenz, zuletzt abgerufen am 4. 4. 2025.

47 Computerwoche 15. 1. 2021.

48 Manuela Lenzen (2020): Künstliche Intelligenz – Fakten, Chancen, Risiken, C. H. Beck-Verlag, S. 40, 41.

Unüberwachtes Lernen, bei dem sich der Mensch lediglich die erzeugten Ergebnisse anschaut, »gilt als riskant und ist in der Praxis nicht sehr verbreitet.«[49] Es gibt daneben bestärkendes Lernen, bei der die Systeme für richtige Antworten belohnt werden, wie der Hund, der ein Leckerli erhält, wenn er »Sitz« macht.

»Alle drei Lernverfahren, das überwachte, das unüberwachte und das bestärkende Lernen, funktionieren deutlich anders als das menschliche Lernen. Vor allem benötigen sie viel mehr Trainingsdaten und Probeläufe.«[50]

Es wird darüber hinaus nach hybriden Lernmechanismen und neuronalen Systemen unterschieden, nach Lernen über Wissensstrukturen und aktivem dialogbasierten Lernen. Daneben wird zwischen embedded und unembedded KI unterschieden. Embedded meint eingebunden und bezeichnet eine in einen mechanisch-motorischen Körper integrierte künstliche Intelligenz, zum Beispiel in Fahrzeugen, Robotern und Fertigungsmaschinen. Unembedded wird künstliche Intelligenz genannt, die nur auf einer Softwarebasis ihre Arbeit macht, beispielsweise in Videospielen oder Empfehlungssystemen.
Die deutsche Normungsroadmap[51] Künstliche Intelligenz klassifiziert KI-Methoden und KI-Fähigkeiten nach Themenbereichen, in denen sie verwendet werden. Auf diese Übersicht werden all jene verwiesen, die sich differenzierter in die Funktionsarten von KI-Systemen einarbeiten wollen. Die Roadmap ist leicht im Netz zu finden.
Wir sollten die Unterschiedlichkeit der verschiedenen KI-Systeme und ihrer Methoden zu lernen zwar kennen und sie zu unterscheiden wissen. Mit der Gestaltung des Betriebseinsatzes solcher Systeme brauchen wir aber nicht zu warten, bis wir die technisch-wissenschaftlichen Grundlagen der verschiedenen Systeme in der Tiefe begriffen haben. Schließlich wissen die wenigsten von uns, wie man einen Motor zusammenschraubt, trotzdem haben wir alle aber zumindest eine rudimentäre Vorstellung davon, dass wir eine Straßenverkehrsordnung brauchen.

49 Paul Nemitz/Matthias Pfeffer (2020): Prinzip Mensch – Macht, Freiheit und Demokratie im Zeitalter Künstlicher Intelligenz, Dietz-Verlag, S. 39.
50 Ebenda: S. 43.
51 DIN/DKE (November 2020): Deutsche Normungsroadmap – Künstliche Intelligenz; S. 42 ff.

5 Potenziale, Praxis und Prognosen: Eine Schlüsselinnovation verbreitet sich

»Künstliche Intelligenz hat in den letzten Jahren eine neue Reifephase erreicht und entwickelt sich als Basisinnovation zum Treiber der Digitalisierung und autonomer Systeme in allen Lebensbereichen«.[52]
»Als moderne Schlüsseltechnologie findet KI außerordentlich vielfältige Anwendungsfelder, wodurch besondere Anforderungen an eine holistische Herangehensweise und an disziplinübergreifende Entwicklungsprozesse entstehen«.[53]

5.1 KI hat uns längst erreicht

Lernende Maschinen erobern immer mehr Aufgabengebiete. Überall dort, wo bisher Menschen nach beschreibbaren Regeln und mit Rationalität häufig wiederkehrende Aufgaben erledigen, finden KI-Systeme ihre Entfaltungsmöglichkeit. Sie sind gut darin, sehr viele Einzelinformationen blitzschnell auszuwerten, Muster zu erkennen und sich dabei ständig zu verbessern.

»Maschinen schlagen Menschen bei Dame und Schach, beim asiatischen Brettspiel Go, beim Pokern und beim Quizduell Jeopardy. Sie können Epidemien schneller vorhersagen als Fachleute und Krebs besser diagnostizieren als Ärzte. Bei der Erkennung von Sprache, Texten und Bildern wurden phänomenale Fortschritte erzielt, die noch bis vor wenigen Jahren als undenkbar galten. Digitale Assistenten können inzwischen Telefonanrufe tätigen und einen Termin beim Friseur vereinbaren oder einen Tisch in einem Restaurant reservieren – so täuschend echt, dass das Gegenüber am anderen Ende der Leitung nicht merkt, dass es die ganze Zeit mit einer Maschine spricht. Mit nur einer Minute vorgelesener Textprobe können Computer eine verblüffend real wirkende Imitation der eigenen Stimme erzeugen. Programme wie Google-Translate oder DeepL-Translator übersetzen in Sekundenschnelle seitenlange Texte in andere Sprachen – nicht fehlerfrei, aber in noch bis vor kurzem ungeahnter Qualität. Und inzwischen rollen die ersten hochautomatisierten Fahrzeuge auf unseren Straßen – was bis vor kurzem selbst unter Fachleuten

52 StrBReg: S. 10.
53 EKKI: S. 141.

noch als unvorstellbar galt.«[54] BMW feierte im September 2023 die Zulassung eines Fahrzeuges zum automatisierten Fahren Stufe 3.

Im individuellen Kundenverhalten bedienen wir uns längst der Nützlichkeit lernender Maschinen. Bei der Suche im Internet, den Spamfiltern in unserem E-Mail-Account und den Empfehlungen von Netflix und Amazon nutzen wir die Schlussfolgerungen von KI-Systemen, ohne uns darüber allzu viele Gedanken zu machen. Wir bestimmen über unser Verbraucherverhalten mit, wie sich derartige Systeme verbreiten.

»In technischer Hinsicht sind Lösungen des maschinellen Lernens überraschend leicht verfügbar. Manche Lösungen können fertig entwickelt lizensiert werden, oftmals in einem »Pay per use«-Vergütungsmodell. Viele große Cloud-Anbieter wie Amazon, IBM, Google und Microsoft bieten vorkonfigurierte Lösungen im Baukastensystem an, die einerseits Tools für Standardaufgaben des maschinellen Lernens bereithalten (Mustererkennung, Bilderkennung, Sprachanalyse, Data-Mining, »Predictive Analytics« usw.), andererseits komplementäre Dienstleistungen wie Cloudspeicher, »Data Warehouses« und Rechenkapazität bishin zu einer Komplettlösung beeinhalten.«[55]

Chat GPT wurde für Privathaushalte innerhalb kurzer Zeit zugänglich und erschwinglich, mit beeindruckender Wirkung für die Verbreitung des Programms. Innerhalb von fünf Tagen hatte die generative KI eine Million Nutzer*innen.[56] Schon im Juli 2024 berichtete die Frankfurter Allgemeine Zeitung von 2,9 Milliarden Nutzer*innen pro Monat.[57] Kein Wunder, dass Ludwig Ensthaler in der gleichen Zeitung etwas zuvor die Entwicklung als »zweite kambrische Explosion« auf der digitalen Ebene charakterisiert hatte.
Der Siegeszug der KI-Systeme erreicht nun die Arbeitsprozesse in den Betrieben und die Mechanismen der Mitbestimmung. Es war vorhersehbar, dass KI-Systeme mit dem Zuwachs ihrer Leistungsfähigkeit auch berufliche Funktionen übernehmen. Sie »regieren den Hochfrequenzhandel, überwachen Lagerbestände, zeigen Karten und Routen an, verbessern medizinische Technik, Diagnose und Entscheidungen und staubsaugen Wohnungen«.[58] Sie können DNA, Mimik und Gestik analysieren, Simulationen im Rechner ablaufen lassen, aber auch unsere dienstlichen Spams im E-Mail-Account filtern und Gesuchtes identifizieren. Sie unterstützen Callcenter-Beschäftigte und SachbearbeiterInnen in Versicherungen, vermessen Straßen und können per E-Mail die Kundenkommunikation

---

54 Bundesverband digitale Wirtschaft e. V. (Februar 2019): Mensch, Moral, Maschine – digitale Ethik, Algorithmen und Künstliche Intelligenz, S. 6.
55 Ole und Birgit Wintermann, Kreuzer und Christiansen (2021): KI in Unternehmen – Ein Praxisleitfaden zu rechtlichen Fragen, Bertelsmann Stiftung, iRights law, S. 9.
56 Statista; Quellen Business Insider, Unternehmensangaben.
57 FAZ 9. 10. 2023.
58 Richard David Precht (2020): Künstliche Intelligenz und der Sinn des Lebens, Goldmann-Verlag, S. 17 und 18.

übernehmen und Arbeitsprozesse steuern. Auch fremdsprachliche berufliche Dokumente können durch KI-Systeme übersetzt werden, Schiffscontainer ihre Wege selbst lenken und die Auswahl von Bewerberinnen und Bewerbern für Jobangebote durch lernende Maschinen vorsortiert werden. KI kann kritische und hochsensible E-Mails aus der Masse von Kundenanfragen filtern, Texte zusammenfassen, Unternehmensberichte schreiben und die Suche nach juristischen Quellen unterstützen.

KI-Systeme können E-Mail-Verkehr analysieren, um die Abwanderungsbereitschaft von Beschäftigten zu untersuchen. Sie können die Compliance-Abteilung dabei unterstützen, Betrug und Regelverstöße aufzudecken, und Lagerarbeitern helfen, die aufwändige Suche im Fertigungslager zu vermeiden. Sie können in sozialen Netzwerken menschliche Kommunikation vortäuschen und über Plattformen Arbeit und Partner vermitteln. Sie können Radio und Fernsehsendungen moderieren, beim Brainstorming helfen oder als Ghostwriter lautlos im Hintergrund das eigene Ausdrucksvermögen aufhübschen.

KI-Roboter haben die Fülle der einschlägigen Rechtsliteratur gelesen und konkurrieren mit ausgebildeten Juristinnen und Juristen, die mit Nachschlagen oder dem eigenen Erinnerungsvermögen arbeiten. Die Maschinen sind im Vorteil. Sie brauchen nie Schlaf, machen keine Flüchtigkeitsfehler und verlangen kein Gehalt.[59]

Schon heute werden kommerzielle Flugzeuge nur während 7 % der Flugzeit von einem Piloten geflogen.[60] Das akzeptieren wir. Ein allerdings deutlich geringerer Anteil der Bevölkerung ist aber noch skeptisch gegenüber autonomen Fahrzeugen im Straßenverkehr. Dabei zeigen weltweit Tests, dass mit ihnen die Unfallhäufigkeit sinkt. Verständlich: Schließlich halten sie sich strikt an Regeln, fahren nicht abgelenkt, müde oder angetrunken und neigen nicht zu testosterongesteuerten Autorennen. Autonome Fahrzeuge werden auf dem einen oder anderen Firmengelände schon geduldet. Alles deutet darauf hin, dass wir in absehbarer Zeit auf unseren Autobahnen autonome Brummis überholen werden, bei denen niemand in der Fahrerkabine sitzt.

KI-gesteuerte Avatare zeigen uns auf dem Bildschirm ein menschliches Gesicht. Wir können den Softwarerobotern als Kunden Fragen stellen. »Ende 2019 zeigte ein entsprechendes System ›Semmi‹ am Berliner Hauptbahnhof, was es draufhat. Im Reisezentrum wurde der Roboter drei Monate lang ausgiebig getestet, 17 000 Dialoge hatte es dort innerhalb dieses Zeitraums durchgeführt. Und 74 % der befragten Nutzer, die Dialoge mit Semmi führten, bewerteten das System als positiv.«[61]

Auch die kreativ schaffenden Bereiche bleiben von der Wirkung von KI-Systemen nicht verschont. »Auch an Musik und selbst an Drehbüchern hat sich

59 Vgl. hierzu: Toby Walsh (2019): 2062 – Das Jahr, in dem die Künstliche Intelligenz uns ebenbürtig sein wird, riva premium-Verlag, S. 129.

60 James Manyika in Martin Ford (2019): Die Intelligenz der Maschinen; Mit Koryphäen der Künstlichen Intelligenz im Gespräch, mitp–Verlag, S. 297.

61 Digital Spirit, das Kunden Magazin der DB-Syntel, zuletzt abgerufen am 31. 3. 2021.

Künstliche Intelligenz bereits versucht. ›Artificial Intelligence Virtual Assistant‹ oder kurz AVIA komponiert Musik. Das Opus 23 »lets make it happen« anlässlich des Luxemburger Nationalfeiertags [...] wurde 2017 vom heimischen Symphonieorchester und Chor aufgeführt. Zum allgemeinen Wohlgefallen des Publikums, dessen Reaktion zwischen Bewunderung und Schrecken schwankte. [...] AVIA wurde mit Sammlungen von Partituren menschlicher Komponisten gefüttert und erstellt dann daraus neue Musik.«[62]

Auch im öffentlichen Bereich gibt es einige Beispiele für den Einsatz von lernenden Maschinen, die wir im Alltag kaum wahrnehmen. Das deutsche Patent- und Markenamt nutzt KI-Systeme beim Abgleich von Patentrechten. Das Bundesamt für Sicherheit in der Informationstechnik hat zur Erkennung von Schadprogrammen lernende Maschinen eingesetzt. Das Bundesamt für Finanzen sucht mithilfe von Künstlicher Intelligenz nach Indizien für Steuerdelikte und die Hansestadt Hamburg hat ihr Bürgerinformationssystem »Frag-den-Michel« auf KI gestützt.[63]

Auch andere Institutionen mit öffentlichem Auftrag nutzen KI: Seit in Iserlohn KI das Müllkraftwerk steuert, wurde der Gasverbrauch halbiert. In Bad Homburg spürt KI Leckagen im Trinkwassernetz auf und prognostiziert Desaster. In Potsdam disponiert KI die Straßenreinigung, in Fulda erzeugt KI Starkregenalarme zur Gefahrenabwehr. In Wuppertal erzeugt sie eine effektive Ampelschaltung. In Essen spürt KI und ein digitaler Zwilling Bergbauschäden auf, in Mannheim gibt KI »Gewaltalarm« für öffentliche Plätze. Bad Hersfeld nutzt KI zum Lärmmonitoring und Bamberg bedient sich KI und Drohnen zur Beobachtung von Grünflächen, um Bodenfeuchte und Baumkrankheiten zu erkennen.[64]

Die Anwendungspotenziale für KI-Systeme sind vielfältig, aber nicht universell. Die Vorstellung einer universellen Künstlichen Intelligenz, die sich eigene Ziele setzt und von menschlichen Vorgaben entkoppelt (starke KI), ist zwar medienwirksam, aber nicht praxisrelevant. Die Anwendungsbeispiele sogenannter »schwacher KI« werden aber in sehr kurzen Zeitmaßstäben immer vielfältiger.

Das alles bleibt nicht ohne Wirkung auf Arbeitsplätze und Beschäftigungsbedingungen. Es gibt Einsatzgebiete, bei denen wir die Hilfe von lernenden Maschinen durchaus schätzen. Es existiert aber auch ein Risiko- und ein Missbrauchspotenzial. Es gibt Anwendungen, die uns nicht gefallen.

---

62 Mario Herger (2020): Wenn Affen von Affen lernen – Wie künstliche Intelligenz uns erst richtig zu Menschen macht, Plassen–Verlag, S. 222.

63 Lothar Schröder (2019): Recht in Köln; Wenn Kollege Computer mitreden will, Künstliche Intelligenz, Arbeitswelt und Arbeitsrecht, Herausgeber: Präsident des Landesarbeitsgerichts Köln, S. 34.

64 Annette Jensen, ver.di Publik 4/2024, S. 18.

5.2 Prozesse und Geschäftsfelder: Die Logik und Motivation des KI-Einsatzes

Überall dort, wo daten- und regelbasierte Funktionen über KI-Systeme einfacher, qualitativ besser, hochwertiger oder profitabler gemacht werden können, stoßen lernende Maschinen auf menschliches Interesse und erlangen wirtschaftliche Bedeutung.

»KI ist ein mächtiges Werkzeug, um Komplexität zu reduzieren und handhabbar zu machen.«[65] KI kann Effizienz und Effektivität steigern und damit wirtschaftliche Vorteile erschließen und wirtschaftliche Nützlichkeit ist in unserer Wirtschaftsordnung ein starker Treiber für eine Entwicklung. Die Logik und die Motivation für die Entwicklung und den Einsatz lernender Maschinen heute haben historische Vorläufer. »Egal ob bei der Dampfmaschine und industrieller Massenproduktion, bei Elektrizität und Fließbandarbeit oder bei Computern, Digitalisierung, es waren zunächst ökonomische Überlegungen und technische Möglichkeiten, die den Fortschritt getrieben haben.«[66]

Während in der industriellen Revolution Maschinen viele körperliche Arbeiten übernahmen, wird mit der Digitalisierung und mit der Verbreitung von lernenden Maschinen sukzessive Wissensarbeit von Maschinen übernommen. In einer Trendstudie der internationalen Hochschule IUBH »Die Zukunft künstlicher Intelligenz in deutschen Unternehmen« wurde die Frage gestellt: »Welchen konkreten Nutzen haben bei Ihnen KI-Anwendungen bisher gebracht?« Die Antworten machen die Motivation für den KI-Einsatz deutlich. Für 56 % der Befragten waren es vereinfachte Prozesse, für 34 % steigende Service- und Produktqualität, 26 % zielten auf höhere Kundenzufriedenheit, 25 % auf ein besseres Betriebsergebnis und nur 14 % sahen Vorteile bei der Entwicklung neuer Produkte und Dienstleistungen.[67]

In der Betrachtung der Relevanz von KI für die Wertschöpfung und das Wachstumspotenzial kann bei grundsätzlicher Betrachtung unterschieden werden zwischen KI-Anwendungen zu Effizienzsteigerungen der laufenden Prozesse – der sogenannten Prozessinnovation – und zum anderen der Nutzung von KI zur sogenannten Geschäftsmodellinnovation.

»Prozessinnovation zielt meist auf Produktivitätssteigerungen ab: KI-Anwendungen werden eingesetzt, um bislang manuell vorzunehmende, sich wiederholende Aufgaben zu ersetzen oder Anwenderinnen und Anwender bei der Erbringung ihrer Aufgaben intelligent zu unterstützen. Beispiele hierfür sind neue Formen der flexiblen Automatisierung (modulare Fertigung, »intelligente« Steuerung

65 Manuela Lenzen (2018): Künstliche Intelligenz: Was sie kann & was uns erwartet, C. H. Beck–Verlag, S. 238.

66 Jörg Dräger und Ralf Müller-Eiselt (2019): Wir und die intelligenten Maschinen: Wie Algorithmen unser Leben bestimmen und wir sie für uns nutzen können, DVA–Verlag, S. 102.

67 IUBH – Internationale Hochschule (Oktober 2020): Vortrag zum Thema: Artificial intelligence – Die Zukunft Künstlicher Intelligenz in deutschen Unternehmen, Trendstudie 2021.

von Fertigung und Logistik, Automatisierung von sich wiederholender geistiger Arbeit (Sachbearbeitung, Chatbots etc.), der Einsatz cyberphysischer Systeme[68] sowie Verfahren des Maschinellen Lernens zur Mustererkennung (Predictive Maintenance[69], Qualitätskontrolle).

Insgesamt setzen deutsche Unternehmen im internationalen Vergleich überdurchschnittlich oft »Process-Robotic-Automation-Anwendungen« (robotergesteuerte Prozessautomatisierung) ein, um vorhandene Abläufe, welche heute noch manuelle Dateneingaben von Menschen erfordern, intelligenter zu automatisieren.[70] Dies wird u. a. durch die deutlich erhöhte Verfügbarkeit von Rechenleistung und Durchbrüchen im Bereich der intelligenten Mustererkennungen ermöglicht, beispielsweise bei Sprache oder Bilderkennung. Hierdurch werden einzelne bestehende Prozesse bereits heute deutlich effektiver gestaltet.

Parallel arbeiten Unternehmen daran, datenbasierte und intelligente Geschäftsmodellinnovationen voranzubringen. Ihnen reicht es nicht mehr aus, bloß Daten zu sammeln, sie wollen diese strukturieren und auswerten, um zu einem »digitalen Asset« zu werden. Nur so können tragfähige Geschäftsmodelle aus der Analyse der Daten entstehen. Allerdings ist die Annahme verbreitet, dass KI-Fähigkeit ein wesentliches Kriterium der Konkurrenzfähigkeit werden wird.

Auch für die Zukunft des KI-Einsatzes hat die Prozessoptimierung mehr Gewicht als die Absicht, neue Geschäftsfelder oder Produkte zu erschließen. Nach der oben genannten Trendstudie wollen 60 % der Unternehmen in der Zukunft ihre Prozesse optimieren, 52 % Mitarbeiter entlasten und 47 % Kosten senken. 34 % der Unternehmen wollen KI zur Reduktion von Fehlern verwenden, aber nur 11 % wollen mit lernenden Maschinen neue Geschäftsfelder entwickeln.

Die Vorhersagen verlangen geradezu nach Einflussnahme. Offensichtlich neigen Manager dazu, das Vorhandene besser und effizienter zu machen als das Wagnis einzugehen, in ein neues Geschäftsfeld zu investieren. Anlass genug, an § 92a Betriebsverfassungsgesetz (BetrVG) zu erinnern.

5.3 Beschäftigungssicherung

In § 92a BetrVG heißt es: »Der Betriebsrat kann dem Arbeitgeber Vorschläge zur Sicherung und Förderung der Beschäftigung machen. Diese können insbesondere eine flexible Gestaltung der Arbeitszeit, die Förderung von Teilzeitarbeit und Altersteilzeit, neue Formen der Arbeitsorganisation, Änderungen der Arbeits-

68 Ein cyber-physisches System bezeichnet den Verbund informatischer, softwaretechnischer Komponenten mit mechanischen und elektronischen Teilen, die über eine Dateninfrastruktur, wie z. B. das Internet, kommunizieren.

69 Predictive Maintenance (deutsch: vorausschauende Instandhaltung) verfolgt als eine der Kernkomponenten von Industrie 4.0 einen vorausschauenden Ansatz und wartet Maschinen und Anlagen proaktiv, um Ausfallzeiten niedrig zu halten. Das Verfahren nutzt hierfür von Sensoren erfasste Messwerte und Daten.

70 Deloitte »State of AI in the Enterprise«, 2019.

verfahren und Arbeitsabläufe, die Qualifizierung der Arbeitnehmer, Alternativen zur Ausgliederung von Arbeit oder ihrer Vergabe an andere Unternehmen sowie zum Produktions- und Investitionsprogramm zum Gegenstand haben.«
Lohnt es überhaupt, sich dieser Möglichkeiten zu bedienen, angesichts der Beschäftigungswirkung von Künstlicher Intelligenz? Kann man mit KI Beschäftigung erhalten oder gar ausbauen? Beispiele dazu ermutigen.
Mit KI-Systemen lassen sich auch Geschäftsmodelle mit positiver Beschäftigungswirkung entwickeln Die Firma Cewe war auf die Entwicklung herkömmlicher Filme aus Fotoapparaten spezialisiert. Nach der Einführung der digitalen Fotografie ein Problem. Nun setzt sie KI ein, um aus Urlaubsbildern Fotobücher zu machen, die in der Firma gedruckt und dann versandt werden. Das Geschäftsmodell läuft gut und 4000 Beschäftigten in 21 Ländern Europas wurde der Job gesichert. Seit 2010 steigt die Anzahl der Beschäftigten wieder und das in einer Zeit, in der Kodak die Insolvenz anmelden musste. Am 17.3.2021 wurde die zwölfte Dividendenerhöhung in Folge bekanntgegeben. KI stellt in der Firma Cewe Fotos mittels einer Gesichtserkennung zusammen und sortiert nach Stichworten wie Strand oder Berge. Eine Ortserkennung rundet die Bildorganisation durch ein geografisches Clustering ab.
Diese und weitere Geschäftsmodell-Innovationen wurden durch die Plattform lernende Systeme beschrieben. Es lohnt sich, sich von derartigen Beispielen inspirieren zu lassen.[71] Die Publikationen der Plattform sind im Netz zugänglich, sie machen die Fülle der Möglichkeiten deutlich.

5.4 Dynamik und Prognosen

Der Branchenverband Bitkom analysiert jährlich die Dynamik, mit der sich KI-Systeme in der deutschen Wirtschaft verbreiten. Im Oktober 2024 stellte der Verband fest, dass sich immer mehr deutsche Unternehmen mit KI beschäftigen. »15 Prozent der Unternehmen nutzen bereits KI, im Vergleich zu 9 Prozent im Vorjahr. Gleichzeitig ist der Anteil der Unternehmen, für die KI keine Rolle spielt, von 64 auf 52 Prozent gesunken. Fast 7 von 10 Unternehmen (68 Prozent) betrachtet KI als die wichtigste Zukunftstechnologie, während 29 Prozent sie als überbewerteten Hype sehen. Für die eigene Unternehmensperspektive sehen 68 Prozent KI als Chance, 20 Prozent als Risiko und 11 Prozent glauben, dass KI keinen Einfluss auf ihr Unternehmen haben wird.«[72]

71 *www.Plattform-lernende-Systeme,* neue Geschäftsmodelle mit künstlicher Intelligenz, Bericht der Arbeitsgruppe Geschäftsmodell Innovation, zuletzt abgerufen am 5.5.2021.

72 *https://www.bitkom.org/Presse/Presseinformation/Erstmals-beschaeftigt-Haelfte-Unternehmen-KI,* zuletzt abgerufen am 4.11.2024.

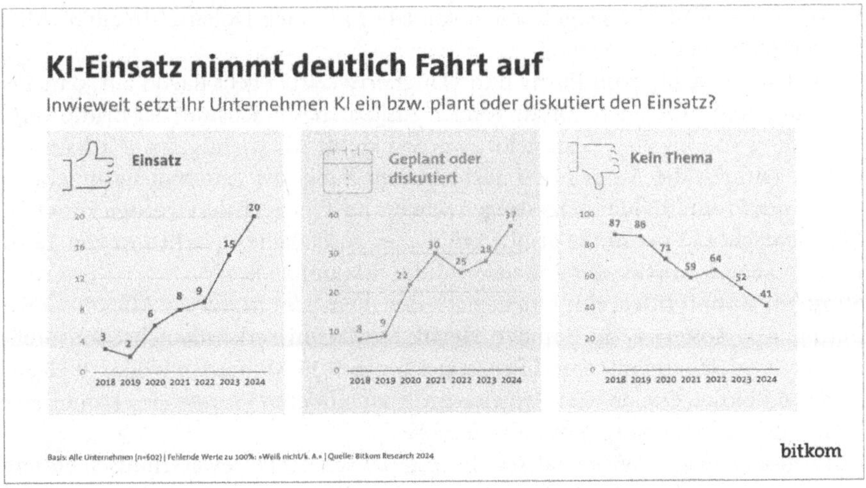

Die Indizien dafür, dass der Verbreitungsgrad weiter steigen wird, sind vielfältig. Sie ergeben sich aus der Vielseitigkeit der Systeme, dem sinkenden Preis für ihre Nutzung, der steigenden Verfügbarkeit von Daten und der Erhöhung der Leistungskraft herkömmlicher Verarbeitungskapazitäten.

Die zunehmende öffentliche Berichterstattung über Anwendungsbeispiele und die Arbeit zahlreicher Kommissionen zum Einsatz von KI-Systemen dürfte mittelfristig der Anwendung derartiger Technik den Charakter der Üblichkeit verleihen. Verbreitete Benchmarkingsysteme oder Kundenanforderungen sollten den Anwendungsdruck steigen lassen.

Im September 2024 führte das IfD Allensbach – Institut für Demoskopie zur Verbreitung von KI eine repräsentative Bevölkerungsbefragung und einige Experteninterviews im Auftrag der Deutsche Telekom AG durch. Wir stehen erst am Anfang »sagen demnach viele Experten. 91 % der Bevölkerung haben schon von KI gehört, ein Viertel nutzt schon derartige Programme und 24 % können sich das vorstellen. Von den unter 30-Jährigen nutzt gut die Hälfte KI-Chatbots. Aber auch ältere Nutzer wollen mit der Zeit gehen und 59 % wollen KI-Programme in Zukunft deutlich mehr nutzen«.[73]

Dabei sind Prognosen über die künftige Marktdurchdringung nicht einfach, wie die Enquetekommission des Bundestages feststellte: »KI ist eine Querschnittsdisziplin, weshalb eine stringente Eingrenzung einer globalen ›Marktgröße für KI‹ grundsätzlich schwierig ist«.

Die Autorin Shoshana Zuboff berichtet trotzdem von Studien, nach denen die »weltweiten Erträge aus KI-Produkten und Dienstleistungen allen Erwartungen

73 *https://www.telekom.com/de/medien/medieninformationen/detail/mit-ki-auf-du-und-du-was-macht-das-mit-uns-1082132*, zuletzt abgerufen am 4.11.2024.

nach, um das 57-fache steigen sollen von 644 Millionen Dollar 2016 auf 37 Milliarden Dollar 2025.«[74]

»Eine Untersuchung von Purdy und Daugherty (2017) geht davon aus, dass bis zum Jahr 2035 durch den Einsatz von KI, zusätzliches Wachstum der Bruttowertschöpfung von bis zu 2 % ausgelöst werden kann. Als wichtigsten Wachstumstreiber nennen die Autorinnen und Autoren dabei die Automatisierung, aufgrund der Produktivitätssteigerungen von bis zu 37 % realisiert werden könnten. Für Deutschland nennt die Studie mögliches zusätzliches Wachstum von 1,6 % p. a. und einen Anstieg der Arbeitsproduktivität um 29 %.«[75]

Shoshana Zuboff zitiert eine Quelle nach der allein »der Markt für Affektiv Computing, also Software, die Sprache, Gestik und Mimik erkenne nebst Sensoren, Kameras, Speichergeräten und Prozessoren von 9,35 Milliarden Dollar 2015 auf 53,98 Milliarden Dollar 2021 steigen würde, mit anderen Worten eine kumulierte jährliche Wachstumsrate von nahezu 35 %«.[76]

»Die global tätige Wirtschaftsprüfungsgesellschaft PricewaterhouseCoopers geht davon aus, dass künstliche Intelligenz die Weltwirtschaft bis 2030 um 15,7 Billionen Dollar reicher machen wird. Doch wenn sich die derzeitigen Trends fortsetzen, werden laut dieser Prognose 70 % dieser Zuwächse auf China und Nordamerika entfallen, also die beiden führenden KI-Supermächte«.[77] Auch das steile Wachstum der KI-Patente drückt etwas von den Erwartungen und den Akteursgruppen aus. »Im Jahr 2021 war die Zahl der KI-Patente 30-mal höher als noch 2015. Zwischen 2018 und 2019 kamen fast 65 % davon aus China, 20 % aus den USA und 1,6 % aus Europa.[78] Europäisches Engagement ist überfällig.

Mit Systemen Künstlicher Intelligenz lässt sich Geld verdienen und lassen sich Kosten sparen. Deswegen fließen Investitionen in KI, weltweit rund 154 Milliarden Dollar 2023. Weitere 50 Milliarden wurden in KI-Start-Ups investiert. Kommerzielle Endnutzer geben 2023 196,6 Milliarden Dollar für KI-Systeme aus.[79] Das wird die Dynamik steigern, mit der KI-Systeme in den Betrieben Einzug halten. Dies kann man beklagen und sich marktmächtigen Unternehmen aus den USA oder aus China ausgeliefert fühlen. Besser ist es, mit einer europäischen, einer verantwortungsbewussten Kultur auf den Einsatz von KI-Systemen Einfluss zu nehmen, damit diese den Qualitätsmaßstäben und Kulturansätzen gerecht werden, die wir verantwortungsbewusste Europäerinnen und Europäer für wesentlich halten. Diese Einflussnahme ist umso bedeutsamer als wir da-

---

74 Shoshana Zuboff (2019): Das Zeitalter des Überwachungskapitalismus, Campus–Verlag, S. 221.

75 iit-Institut für Innovation und Technik in der VDI/VDE Innovation und Technik GmbH: Potenziale Künstliche Intelligenz im produzierenden Gewerbe in Deutschland; Studie im Auftrag des Bundeswirtschaftsministeriums, S. 18.

76 Shoshana Zuboff (2019): Das Zeitalter des Überwachungskapitalismus, Campus Verlag, S. 329.

77 Yuval Noah Harari (2024): Nexus – Eine kurze Geschichte der Informationsnetzwerke von der Steinzeit bis zur künstlichen Intelligenz, Peguin Verlag, S. 513.

78 Börse Online 17. 5. 2023, S. 12.

79 Christoph Santner (2024): Alles KI? Die neue Welt der künstlichen Intelligenz verstehen und nutzen; Goldmann–Verlag, S. 79.

von ausgehen müssen, dass die Verbreitung von KI keinen kurzlebigen Trend darstellt, sondern als Schlüsseltechnologie einige Jahrzehnte für unser Leben prägend sein wird.

6 Arbeit und KI

6.1 Weitreichende Wirkungen – regierungsamtlich bestätigt

Schon im November 2018 hatte die damalige Bundesregierung eine KI-Strategie vorgestellt und darin auch die Wirkungen von lernenden Maschinen für die Arbeitswelt eingeschätzt. In dem Strategiepapier hieß es: »Der Einsatz von Systemen künstlicher Intelligenz wird zu einer neuen Stufe der Veränderung von Arbeit führen, mit deutlichen Unterschieden zur bisherigen Automatisierung und Digitalisierung. [...] KI hat Auswirkungen auf Anforderungen, Kompetenzen, Arbeitsplätze, Arbeitsorganisation und Arbeitsbeziehungen. [...] Betriebliche Mitbestimmung und die frühzeitige Einbindung der Betriebsräte stärken das Vertrauen und die Akzeptanz der Beschäftigten bei der Einführung und Anwendung von KI [...]. Wir wollen dafür Sorge tragen, dass die Erwerbstätigen bei der Entwicklung von KI-Anwendungen in den Mittelpunkt gestellt werden: Die Entfaltung ihrer Fähigkeiten und Talente; ihre Kreativität; ihre Selbstbestimmung, Sicherheit und Gesundheit«.[80]

Wer will schon hinter diesen sehr weitreichenden Intentionen zurückbleiben, die von der Bundesregierung zum Ausdruck gebracht wurden? Der Regierung fehlte es offensichtlich nicht an Ambition, den Betriebs- und Personalräten oft aber an praktischer Hilfestellung dazu, wie die umfangreichen Erwartungen in den betrieblichen Alltag übersetzt werden. Ein betriebliches Ordnungsmuster und Maßstäbe für die Qualität von KI-Anwendungen sind nach wie vor dringend erforderlich.

Spezifische Merkmale von KI-Systemen verlangen nach spezifischen Gestaltungsansätzen in der Arbeitswelt. Zu den besonderen Herausforderungen bei KI zählt die immanente Komplexität und Intransparenz lernender Maschinen und die Möglichkeit, dass durch sie Arbeit ersetzt und entwertet werden kann. Gleichzeitig bergen lernende Maschinen auch große Potenziale für die Arbeit: Sie können sich selbst optimieren und sehr große Datenmengen schnell analysieren. Dies kann genutzt werden, um Prozesse zu verbessern, Arbeit zu erleichtern und flexibler zu gestalten.

80 Strategie künstliche Intelligenz der Bundesregierung: November 2018, S. 9, 25, 28.

6.2 Ängste und Sorgen von Beschäftigten

Im April 2024 publizierte der Branchenverband Bitkom eine repräsentative Umfrage zum Einsatz Künstlicher Intelligenz in der Arbeitswelt. Die Hälfte der Befragten will hiernach gern Routinetätigkeiten an KI abgeben. Die andere Hälfte lehnt dies ab. Nur ein Prozent der Befragten sieht keine Nachteile beim Einsatz von KI in der Arbeitswelt. 77 % befürchten, dass durch KI Arbeitsplätze wegfallen und 71 %, dass durch den Einsatz unklar ist, wer für Fehler Verantwortung trägt. 66 % haben Sorge, dass sich die Menschen künftig zu sehr auf KI verlassen und für 63 % ist unklar, an wen die Daten gehen, die durch die KI genutzt werden.[81]
Die Befürchtungen von Arbeitnehmerinnen und Arbeitnehmern lassen sich in acht Kategorien zusammenfassen. In der wachsenden Anzahl von Veranstaltungen zum Thema Künstliche Intelligenz werden immer wieder dieselben Sorgen von Berufstätigen formuliert:

- Kontrollverlust zu erleiden und Übersicht zu verlieren,
- mit steigender Veränderungsgeschwindigkeit nicht mithalten zu können,
- den Job/die Karrierechancen zu verlieren,
- die informationelle Selbstbestimmung eingeschränkt zu bekommen,
- eigene Qualifikationen entwertet zu bekommen,
- Diskriminierung zu erfahren,
- einem steigendem Arbeitsdruck ausgesetzt zu werden,
- einer Entmenschlichung ausgeliefert zu sein.

6.2.1 Kontrollverlust

Wenn uns Transparenz und Verständlichkeit fehlt und wir nicht mehr nachvollziehen können, welche Schlussfolgerungen lernende Maschinen warum treffen, dann verbreitet sich die Angst, Kontrolle zu verlieren. Wenn die Arbeit der Menschen von Maschinen gesteuert wird, wird Kontrollverlust greifbar. Ein Berliner Fahrradkurier berichtete auf einer ver.di-Tagung davon, wie wenig rücksichtsvoll seine KI-gestützte App seine Touren disponiert.
Die App sieht nicht seine tiefen Augenränder, wenn er sich trotz Krankheit zur Arbeit schleppt und hat kein Verständnis dafür, wenn er einer älteren gehbehinderten Dame das Essen in die vierte Etage trägt und deshalb Zeit verliert. Sie optimiert menschliches Handeln immer mehr und scheint Grenzen des Zumutbaren nicht zu kennen. Nur Effizienz und Effektivität zählen. Beim Vorgesetzten besondere Umstände zu erklären oder sich beschweren geht nicht, weil es ihn nicht mehr gibt. Auf der Straße die App anschreien, das schützt auch nicht davor, beim nächsten Mal wegen Ineffizienz die schlechtere Tour zu bekommen.
»Ich bin einer Maschine ausgeliefert«. Das ist eine Botschaft, die wachrüttelt und zeigt, wie berechtigt es ist, danach zu fragen: Steuert der Mensch die Maschine

---

81 *https://www.bitkom.org/Presse/Presseinformation/KI-Einsatz-bei-der-Arbeit*, zuletzt abgerufen am 8. 11. 2024.

oder die Maschine den Menschen? Es gilt die Würde des arbeitenden Menschen zu schützen.
Gerade weil KI-Systeme sich fortentwickeln, besteht die Gefahr, dass in der Arbeitsdisposition die Grenze des Zumutbaren überschritten wird, wenn kein Mensch mehr mitredet.

6.2.2 Geschwindigkeit der Veränderung

Vor zehn Jahren kannte kaum jemand Spracherkennung, maschinelle Diktieralgorithmen oder automatisierte Übersetzungssysteme. Heute nutzen wir den Google-Übersetzer und den DeepL-Translator auch im beruflichen Alltag. Den Schrifttext dieses Buches hat ein lernfähiges Diktiersystem nach dem gesprochenen Wort der Autoren geschrieben.
»1986 war nur 1 % aller Informationen der Welt digitalisiert, 2000 waren es bereits 25 %. 2013 lagen dank des Fortschritts von Digitalisierung und Verdatung [...] und neuer Speichertechnologien etwa 98 % der Informationen unserer Welt im digitalen Format vor.«[82] Die Lernnahrung für lernende Maschinen ist damit rapide gewachsen. Die Geschwindigkeit steigt, mit der sie uns mit immer neuen Schlussfolgerungen versorgen. Das IBM-System »Watson liest über 800 Millionen Seiten in der Minute. Wikipedia hat er in weniger als 1 Stunde vollends verdaut.«[83] Die Google-KI beantwortet eine Million Suchanfragen alle 15 Sekunden.[84]
Durch die Presse gingen Berichte über die Leistungsfähigkeit des KI-Systems AlphaGo, das einen Weltklassespieler in dem fernöstlichen Brettspiel Go geschlagen hatte. In dem Spiel übersteigt die Anzahl möglicher Spielzüge jene des Schachspiels bei weitem und die Komplexität nimmt im Spielverlauf zu. Kurze Zeit nach dem Sieg der Maschine über den Menschen wurde AlphaZero, eine neue Version der KI auf das Brettspiel losgelassen. »Nach drei Tagen Training, in denen der Algorithmus 4,9 Million Spiele gegen sich selbst gespielt hat, schlug er seine Vorversion 100 zu 0. Er erreichte in nur drei Tagen, wozu die Menschheit 3000 Jahre gebraucht hätte. Ab dem 40. Tag war es unbesiegbar.«[85]
KI arbeitet im rasanten Tempo. Genauso rasant ist die Verbreitungsdynamik der Technik. In Europa hat es 115 Jahre gedauert, bis 50 Millionen Menschen ein Telefon hatten.[86] ChatGPT hat die eine Million Nutzer Marke nach fünf Tagen gerissen.[87] Am 9. 7. 2024, berichtete die Frankfurter Allgemeine Zeitung über ei-

82 Shoshana Zuboff (2019): Das Zeitalter des Überwachungskapitalismus, Campus–Verlag, S. 219.
83 Jay Tuck (2016): Evolution ohne uns – Wird künstliche Intelligenz uns töten? Plassen-Verlag, S. 241.
84 Marcus du Sautoy (2021): Der Creativity Code – Wie künstliche Intelligenz schreibt, malt und denkt; C. H. Beck-Verlag, S. 57.
85 Marcus du Sautoy (2021): Der Creativity Code – Wie künstliche Intelligenz schreibt, malt und denkt, C. H. Beck-Verlag, S. 103.
86 Dobbs, Manyika, Woetzel – MC Kinsey Global Institute 2013.
87 Statista 2023.

nen neuen Rekord. Demnach verzeichnete die Software 2,9 Milliarden Besucher pro Monat.[88]

Die rasche Verbreitung von KI-Anwendungen geht einher mit einer enorm schnell wachsenden Anwendungsvielfalt. Als digitale »Kambrische Explosion« bezeichnete Ludwig Ensthaler das rasche Wachstum und die explosionsartige Entstehung von Vielfalt und unterschiedlichen Anwendungsfällen und Modellen für generative KI.[89]

KI-Systeme sind in der Lage, sich mit rasender Geschwindigkeit fortzuentwickeln und dazuzulernen. Erstmals in der Geschichte der Menschheit ist die Fähigkeit zu lernen kein Alleinstellungsmerkmal des Menschen mehr. Maschinen sind lernfähig geworden und damit wurde diese Fähigkeit von Firmen besitzbar. Unsere neuen Werkzeuge werden beim Lernen nicht müde, vergessen nichts, haben keine Prüfungsangst und Zugang zu einer Fülle von Lernstoff, wie ihn die Schule nicht bietet. Nicht verwunderlich, dass in der Arbeitswelt alle, die noch herkömmlich gebüffelt haben, um im Beruf zu bestehen, mit Sorge die Veränderungsgeschwindigkeit beobachten.

6.2.3 Jobs und Karrierechancen

Arbeitnehmer*innen sorgen sich um Karrierechancen und ihre Jobs, oft aus leidvoller Erfahrung. Studien alarmieren Berufstätige, die das Automatisierungspotenzial der Digitalisierung untersucht haben. Spezifische belegbare Untersuchungen zu den Beschäftigungswirkungen von Künstlicher Intelligenz kann es aber noch nicht geben, allenfalls Prognosen. Ältere Studien zur Digitalisierung »greifen häufig zu kurz«, schreibt die Bundestags-Enquetekommission Künstliche Intelligenz.

»Manche schließen von technischen Potenzialen unmittelbar auf die Substitution von Tätigkeiten oder Berufen, unterschätzen die Variabilität von Arbeitssituationen und überschätzen die Leistungsfähigkeit von Technologien in variablen Kontexten. Außerdem bleiben betriebswirtschaftliche Fragen nach dem Kosten-Nutzen-Verhältnis von Investitionen meist ebenso unberücksichtigt, wie mögliche Reibungsverluste bei deren Implementierung und die damit verbundenen Folgekosten. Des Weiteren geht die Betrachtung von Substitutionspotenzialen meist von einem statischen Verständnis von Berufen aus; die Veränderungen von Tätigkeiten sowie neue Formen von Interaktion zwischen Technik und Menschen werden vernachlässigt.«[90]

Produktivitätssteigerungen im Arbeitsleben zeigen sich zudem oft erst mit Zeitverzug. »Computertechnologie kam in den 1960er und 1970er Jahren auf, hat

88 *https://www.faz.net/pro/digitalwirtschaft/kuenstliche-intelligenz/neuer-rekord-chatgpt-erreicht-2-9-milliarden-besucher-pro-monat-19845849.html,* zuletzt abgerufen am 8.11.2024.

89 *https://www.faz.net/aktuell/wirtschaft/kuenstliche-intelligenz/kuenstliche-intelligenz-wer-daran-wirklich-verdient-19228674.html,* zuletzt abgerufen am 8.11.2024.

90 EKKI: S. 315.

aber bis 1990 keine Auswirkungen auf Produktivität der Wirtschaft, weil die Leute lange brauchten, um sich an Tastaturen, Mäuse und dergleichen zu gewöhnen, und weil Software und Computer (erst dann) so preiswert geworden waren, um für eine breite Masse attraktiv zu sein.«[91]

KI verbreitet sich heute aber rasant und macht es zumindest notwendig vorausschauend die Beschäftigungswirkung und den Einfluss auf Berufskarrieren im Auge zu behalten. Wahrscheinlich kommt mit der Verbreitung lernender Maschinen in der Zukunft etwas Wuchtiges auf uns zu. »Die KI ist wahrscheinlich das Wichtigste, woran die Menschheit je gearbeitet hat. Ich denke, ihre Auswirkungen sind umwälzender als die von Elektrizität oder Feuer«, sagt der Google Chef Sundar Pichai.[92]

Die schon vorhandenen Alltagserfahrungen und Berichterstattungen zur möglichen Beschäftigungswirkung von KI und zur Wirkung des Einsatzes der Technik auf Karrierechancen von Arbeitnehmerinnen und Arbeitnehmern sind durchaus widersprüchlich. Einerseits entstehen nach Berechnungen des Arbeitsvermittlers Indeed jeden Monat fast 7000 neue Jobs mit KI-Bezug. »Die Nachfrage nach Arbeitnehmern, die Kompetenzen auf dem Gebiet verfügen, ist enorm.«[93] Andererseits berichten andere Artikel darüber, dass nun selbst die Programmierer ausgedient hätten.[94] Als Beleg wird angeführt, dass SAP 3000 Stellen abbaut, 2500 bei PayPal verloren gehen und auch die Gaming-Sparte Beschäftigung verliert. Die Stellenausschreibungen für Softwareentwickler seien 2023 um 9 % zurückgegangen. Das Manager Magazin berichtet darüber, dass IBM 7000 Jobs durch KI ersetzen will.[95]

Dem aufmerksamen Beobachter entgeht indes nicht, dass bei der Zuschreibung von Ursachen, die wirtschaftliche Lage selten als Auslöser der Beschäftigungswirkung gilt und viele Beschäftigungsprognosen von der theoretischen Ersetzbarkeit herkömmlicher Tätigkeiten durch den Einsatz moderner KI-Technik berichten. Ob dies in der Praxis durchführbar und realisierbar ist, hängt von der Einflussnahme, der Arbeitstätigkeit und dem kulturellen Kontext ab.

Prof. Alexander Pretschner hat eine Professur für Software und System Engineering an der TU München. Er schreibt »KI wird Softwareingenieure nicht ersetzen.«[96] Nach seiner Überzeugung liegt die intellektuelle und kreative Leistung der Softwareentwicklung darin, Bedürfnisse treffsicher zu erkennen, zu verstehen und in ein Softwaresystem zu überführen, das diese Bedürfnisse ad-

---

91 Yann Lecun in Martin Ford (2019): Die Intelligenz der Maschinen, Mit Koryphäen der Künstlichen Intelligenz im Gespräch, mitp–Verlag, S. 140.

92 Daron Acemoglu, Simon Johnson (2023): Macht und Fortschritt, unser 1000-jähriges Ringen um Technologie und Wohlstand, Campus–Verlag, S. 40.

93 Welt am Sonntag, 6. 3. 2022.

94 Alexander Wulfers, FAZ 21. 2. 2024.

95 *https://www.manager-magazin.de/unternehmen/kuenstliche-intelligenz-ibm-will-weniger-menschen-einstellen-a-9caf55e7-56de-4d63-9cc8-89b2acf36f21*, zuletzt abgerufen am 21. 9. 2023.

96 Prof. Alexander Pretschner, FAZ Pro Digital, *https://www.faz.net/pro/digitalwirtschaft/kuenstliche-intelligenz/kuenstliche-intelligenz-wird-programmierer-nicht-ersetzen-19975448.html*, zuletzt abgerufen am 8. 11. 2024.

ressiert. Die Fähigkeiten zur Abstraktion und Modellbildung ist insbesondere in der agilen Softwareentwicklung ein Prozess, der von unzähligen Entscheidungen unter Auswahl möglicher Optionen, dem Erkennen und Lösen von Zielkonflikten abhängt. Gerade unter sich dynamisch ändernden Bedingungen ist Gespür für die richtigen Entwicklungsentscheidungen notwendig. Der Mensch hat darin einen entscheidenden Vorteil. Seine Kommunikationsfähigkeit ist eine Grundlage für Agilität. Das Erkennen von Zielkonflikten, Erfahrungswissen um wiederkehrende Probleme und ein Gespür dafür, wann die Bausteine nicht zum aktuellen Kontext passen, ist eine notwendige Problemlösungskompetenz, die an den Menschen gebunden ist. Gespür kann man aber von einer KI nicht erwarten. Intuition auch nicht. Es macht Sinn, sich die Analysen von Alexander Pretschner zu eigen zu machen und auch in anderen Tätigkeitsfeldern zu untersuchen, was ohne Menschen im Leistungsprozess nicht geht. Die Vorstellung, dass jede Tätigkeit die vermeintlich durch KI ersetzbar wäre, auch tatsächlich ersetzt wird, ist genauso falsch wie die alte These, dass Alles, was digitalisiert werden kann auch digitalisiert wird.

Der erste massive und praktische Sozialkonflikt um die Beschäftigungswirkung von Künstlicher Intelligenz fand in den Vereinigten Staaten statt. Erst nach 148 Streiktagen einigten sind die Drehbuchautoren mit den Produzenten darauf, dass kein KI generiertes Material als Quelle auf Kosten der Kreativen genutzt werden darf. Der Hintergrund ist klar. Wer einmal einen erfolgreichen Stil in einem Drehbuch abgeliefert hat, könnte durch eine KI ziemlich leicht kopiert werden. Der eigene Arbeitsplatz würde dem eigenen Erfolg und der KI zum Opfer fallen. Auch die Schauspieler haben sich erst nach einem vielwöchigen Streik auf eine KI-Klausel in ihren Verträgen mit den Produktionsfirmen geeinigt. Verhindert werden sollte, dass ihre schauspielerische Leistung und ihr Erscheinungsbild durch KI geklont und im freien Ermessen der Produzenten weiterverwendet werden kann.

In Zeiten des Fachkräftemangels gibt es aber auch Beispiele dafür, dass KI nicht den Menschen, sondern den fehlenden Menschen ersetzen kann. Die Deutsche Telekom AG schließt mit KI Lücken bei den Linienplanern und Versicherungen verbessern Reaktionsfähigkeit nach Unwettern, weil es am eigenem Personal fehlt. Der Einsatz von Künstlicher Intelligenz könnte im öffentlichen Dienst den Fachkräftemangel erheblich mindern, meint die Unternehmensberatung McKinsey.[97] Laut dem Beamtenbund fehlen dort 550 000 Vollzeitkräfte. Die KI könnte dabei helfen, den Fehlbedarf zu decken. Bei vielen deutschen Arbeitgebern ist die Gewinnung geeigneter Bewerber zum Problem geworden.

Dabei ist für die Zukunft nicht garantiert, dass dies so weitergeht und branchenübergreifend verallgemeinerbar ist. Selbst wenn man die Überzeugung teilt, dass Digitalisierung in den vergangenen Jahren viel Beschäftigung hat entstehen lassen, ist nicht klar, ob sich mit KI diese Erfahrung fortschreiben lässt. Lernende Maschinen entwickeln sich eben von sich aus fort, verändern sich schnell und schreiben eine digitale Evolutionsgeschichte.

97 Jan Klauth (15.7.2024): Die Welt, »Künstliche Intelligenz kann 16 500 Beamte ersetzen«.

PricewaterhouseCoopers stellt fest, dass sich kurzfristig nur wenige Arbeitnehmerinnen und Arbeitnehmer große Sorgen um ihren Arbeitsplatz machen. In einer mittelfristigen Betrachtung deutlich mehr.[98] Sie könnten richtig liegen.
Algorithmen Watch kommentiert in einer Studie im Auftrag des Internationalen Gewerkschaftsbundes »Es bedarf der richtigen politischen Weichenstellungen, die durch Investitionen und die Einbindung der Menschen unterstützt werden, deren Arbeitsleben davon betroffen ist, um sicherzustellen, dass der historische Trend der Nettoarbeitsplatzschaffung anhalten kann.«[99] Einmischung ist notwendig, auch wenn man sich selbst nicht betroffen fühlt.
Professor Dr. Sabine Pfeiffer von der FH Erlangen-Nürnberg hat untersucht, worum sich die Beschäftigten im Zusammenhang mit ihrem Arbeitsleben sorgen.[100] Demnach machen sich die Beschäftigten mehr Sorgen darum, dass durch KI die Arbeit vieler anderer Menschen ersetzt wird, (65 %), als sie sich um die Frage sorgen, ob KI die eigene Arbeit ersetzen wird (32 %).
Sich über die Zukunft des eigenen Jobs zu sorgen, macht aber Sinn, gerade angesichts der Dynamik und der Dimension der Veränderung. Natürlich wird KI an der einen Stelle zu Beschäftigungsverlusten und einer anderen Stelle zu Beschäftigungsgewinnen führen. Qualifikationsanforderungen werden sich in vielen Jobprofilen ändern und damit auch Karrierechancen. Das verlangt nach einer vorausschauenden Personalentwicklung in Betrieben, der Förderung kürzerer Arbeitszeiten und der Entwicklung beschäftigungswirksamer Innovationen.[101]

6.2.4 Informationelle Selbstbestimmung

Den Schutz unserer persönlichen Daten haben wir mit dem Volkszählungsurteil vom 15. 12. 1983 »informationelle Selbstbestimmung« getauft. Wir wollen selbst darüber entscheiden können, wer, was, zu welchem Zeitpunkt über uns weiß. Das gilt auch im Beruf, obwohl dort natürlich Einschränkungen durch Arbeitsaufgabe und Beschäftigungsverhältnis bestehen. Wir wollen, dass auch unsere Arbeitgeber sorgfältig und rechtskonform mit unseren Daten umgehen und dazu haben viele Betriebsräte mit Betriebsvereinbarungen Spielregeln zum innerbetrieblichen Schutz von Beschäftigtendaten aufgestellt. Missbrauch soll verhindert werden.
Das ist ein Anspruch, den auch lernende Maschinen erfüllen müssen. Sie können schneller und umfassender Missbrauch betreiben als der Mensch, ihre Sensoren können in einer Dimension Daten erheben, wie es Vorgesetzten bisher nicht

98 Corinna Freudig PwC Communications; Künstliche Intelligenz im Arbeitsalltag, Erfahrungen, Erwartungen, Befürchtungen von Berufstätigen, PwC 2024.

99 Algorithmische Transparenz und Rechenschaftspflicht in der Arbeitswelt, Februar 2023, S. 2.

100 KI als Kollegin-repräsentative Beschäftigungsbefragung zu Künstliche Intelligenz am Arbeitsplatz-Bericht aus dem Forschungsprojekt »Künstliche Intelligenz, Mensch und Gesellschaft«, Juli 2022.

101 Weitere Ausführungen dazu in Lothar Schröder (2016): Die digitale Treppe – wie Digitalisierung unsere Arbeit verändert und wie wir damit umgehen, Bund-Verlag, S. 138 ff.

möglich war, und sie können sich in die falsche Richtung entwickeln oder für zweifelhafte Aufgaben eingesetzt werden. Ein Beispiel »war die Gesundheits-App GO365, die von der öffentlichen Versicherung von West Virginia allen öffentlichen Bediensteten aufgezwungen wurde. Sie zählt alle Schritte, registriert alle Aufenthaltsorte und misst Schlafzyklen, Zuckerspiegelwerte, Diäten oder Rauch-, und Trinkgewohnheiten. Die Versicherung erklärte zwar, die Nutzung der App sei freiwillig, belohnte allerdings ihre Nutzer mit Bonuspunkten, die es zu erreichen galt.«[102] Und das Nichterreichen der Bonuspunkte führte zu extra Zahlungsverpflichtungen der Beschäftigten von bis zu 1500 $ im Jahr, bis sie sich erfolgreich dagegen wehrten.

In Deutschland ist es seit 1956 verboten, in Gerichtsprozessen Lügendetektoren einzusetzen, heute sind aber KI-Systeme auf dem Markt, die aus der Analyse von Videointerviews ein umfassendes Persönlichkeitsprofil der Beschäftigten gewinnen können. Sie werten deren Mimik, Gestik, Intonation und Sprachschatz aus und schlussfolgern, wie das sonst nur Psychologen können. Wir wissen, dass etwa 55 % der von uns verwendeten Signale durch Gesichtsausdrücke und Gesten übermittelt werden, und dass etwa 38 % der Signale, auf die wir reagieren, auf den Tonfall der Stimmen zurückgehen, also wie schnell, in welcher Stimmlage und wie laut jemand spricht. Der eigentliche Text und die Wortwahl machen nur 7 % des Signals aus.[103] KI-Systeme können damit 93 % von meistens nicht bewusst erzeugten Botschaften in Daten übertragen und damit dauerhaft auswertbar machen.

Und sie können auch E-Mail-Verkehr auswerten. Es ist einfach, aus E-Mails Einstellungen der Beschäftigten abzuleiten oder »Ineffizienzen« der Kommunikation messbar zu machen. Die Datenschutzgrundverordnung verbietet aber grundsätzlich die Erzeugung kompletter Persönlichkeitsbilder und automatisierter Entscheidungen über Personen. Aber wird das in deutschen Betrieben systematisch nachgehalten? Mindestens jene aufmerksame Skepsis ist angebracht, die wir gegenüber der Volkszählung vor 40 Jahren formuliert haben.

6.2.5 Qualifikationen

KI-Systeme kommen ohne den Menschen nicht aus. Sie müssen programmiert, mit Daten gefüttert, trainiert, gesteuert und kontrolliert werden. Ihre Schlussfolgerungen bleiben ohne Umsetzung durch den Menschen oft sinnlos. Es braucht Kompetenzen der Beschäftigten zum Verständnis und zur Nutzung von lernenden Maschinen, zur Interpretation ihrer Schlussfolgerungen. Die Beschäftigten müssen die Fähigkeit besitzen, die Unterstützung von KI-Systemen beurteilen zu können, und wissen, wie sie diese an der richtigen Stelle einsetzen können. Sie werden aber auch angehalten KI-Systemen dabei zu helfen, berufliches Erfahrungswissen maschinell verarbeitbar zu machen, wenn lernende Maschinen

102 Gabriele V. (11.10.2018) Gamified Life, zitiert von Sarah Spiekermann (2019): Digitale Ethik: Ein Wertesystem für das 21. Jahrhundert, Droemer–Verlag, S. 255.

103 Rana el Kaliouby in Martin Ford (2019): Die Intelligenz der Maschinen, Mit Koryphäen der Künstlichen Intelligenz im Gespräch, mitp–Verlag, S. 219.

weiterentwickeln sollen, was wir Menschen schon wissen. Zur Aufgabe von Beschäftigten wird, im Vorfeld die richtigen Daten auszuwählen und zu strukturieren, Zwecke zu definieren und die Richtung für das Lernen der Maschinen vorzugeben. Konzeptionelles und kreatives Denken ist gefordert, aber auch Kommunikationsfähigkeit und die Fähigkeit, den Output des Systems zu beurteilen. Bei Fehlentwicklungen brauchen wir die Urteilskraft, das Selbstbewusstsein und die Befugnis, im Zweifel den Not-aus-Knopf zu drücken.
Einige berufliche Qualifikationsanforderungen verlieren an Bedeutung. Wenn manche berufliche Aufgaben künftig durch KI-Systeme erledigt werden, wird das Engagement entwertet, das wir aufgewendet haben, uns die Fähigkeit zur Erledigung dieser Aufgaben anzueignen.
Alles wollen wir aber gar nicht KI-Systemen überlassen, manches können diese Systeme einfach nicht. Für wichtige berufliche Aufgaben braucht es die emphatischen Fähigkeiten, die Kreativität und die Flexibilität der Menschen. KI-Systeme benötigen Standards und menschliche Erfahrung, die sich in Daten ausdrückt. Für sie ist es schwierig, aus nur wenigen Daten Schlussfolgerungen zu ziehen. Deshalb bleibt der Mensch in vielen Tätigkeitsfeldern im Vorteil gegenüber lernenden Maschinen. Die Ermessensspielräume situationsadäquat wahrzunehmen, Entscheidungen verständlich zu erklären und einfühlsam zu erläutern, das braucht den Menschen. Seine Fähigkeit, derartige Aufgaben zu erfüllen, bleibt gefragt. Wir sollten das Menschliche im Betrieb genauso fördern wie die Nutzungskompetenz für KI. Welche qualitative Personalplanung ein Betrieb hat, sollte hinterfragt werden. Bleiben derartige Fragen unbeantwortet oder Absichten intransparent, dann werden auch Vorbehalte zum KI-Einsatz fortbestehen.

6.2.6 Diskriminierung

Die ersten Sitzungen der Bundestags-Enquetekommission »Künstliche Intelligenz-gesellschaftliche Verantwortung und wirtschaftliche, soziale und ökologische Potenziale« waren geprägt vom Thema Diskriminierung. Verzerrungen (Bias) und Diskriminierungen von Menschen durch Künstliche Intelligenz, dafür gab es viele Beispiele. Aus den USA wurden Skandale im Umgang mit Menschen mit schwarzer Hautfarbe berichtet, etwa wenn KI-Systeme die Rückfallhäufigkeit von Straftätern beurteilen oder in Bewerbungsverfahren den Wohnort von Bewerbern entscheidungsrelevant machen. Wir lasen Berichte von KI-Systemen, die mit Daten aus vergangenen Bewerbungsverfahren befüllt wurden und auf diese Weise Frauen diskriminierten, weil sich die Daten auf die Vergangenheit bezogen hatten. Systematische Diskriminierungen resultieren bei menschlichen Entscheidungen aus überkommener Haltung, Voreingenommenheit und Stimmungen, bei lernenden Maschinen aus fehlender Diversität von Trainingsdaten und falschen Vorgaben. Wenn der Mensch bisher diskriminiert hat und dies über eingespeiste Daten dokumentiert, laufen KI-Systeme Gefahr, Diskriminierung zu reproduzieren. Es ist dringend notwendig, das Thema Diskriminierungsfreiheit ernst zu nehmen. Schließlich veranlasst der § 75 BetrVG Betriebsräte dazu, darauf zu achten, dass jede Benachteiligung und Diskriminierung unterbleibt.

Dazu muss die Güte der genutzten Daten überprüft, das Training begleitet, das Qualitätsbenchmark formuliert und die Nachvollziehbarkeit von Entscheidungen gewährleistet werden.

6.2.7 Arbeitsdruck

»Zeit- und Leistungsdruck in der Arbeit und hohe Arbeitsintensität gehören Beschäftigtenumfragen zufolge zu den am häufigsten genannten Belastungen.«[104] Diese Erkenntnis ist zwischenzeitlich auch im Deutschen Bundestag angekommen und wurde im Bericht der Enquetekommission zum Ausdruck gebracht. Der Gesetzgeber griff im parteiübergreifenden Konsens auf, was viele Beschäftigte tagtäglich am Arbeitsplatz erleben. Die potenzielle Arbeitserleichterung durch digitale Technologien ist vielfach nicht in den Betrieben angekommen, Digitalisierung ging nicht zwangsläufig mit einer Verringerung von Arbeitsintensität einher. Dabei wären KI-Systeme nach Auffassung des Gesetzgebers zudem in der Lage, die Arbeitsintensität noch weiter zu steigern, etwa durch den Zuwachs an Komplexität und wachsende Anforderungen an Geschwindigkeit und Flexibilität. Arbeitsverdichtung kann durch die Rationalisierung von Prozessen eintreten. Und wenn herkömmliche Routinetätigkeiten künftig von KI-Systemen übernommen werden, sind viele Beschäftigte veranlasst, geistig anspruchsvollere Tätigkeiten zu übernehmen, um ihren Wertstatus zu erhalten. Dies kann zu mehr Arbeitsbelastung führen, genauso wie vorenthaltene Qualifizierung oder Unterforderung Belastung entstehen lässt. Wenn KI-Systeme für eine rigidere Kontrolle der Arbeitsleistung des Menschen eingesetzt werden, entsteht Anpassungs- und Arbeitsdruck. Der negative Stress steigt auch, wenn die Systeme nur auf Effizienz und Effektivität getrimmt werden und sich die Regelgeber nicht dafür interessieren, wie die Menschen sich im Umgang mit der KI fühlen. Nicht ohne Grund forderte die Enquetekommission: »Beschäftigte und ihre Interessenvertretungen sollen u. a. [...] auf Arbeitsdichte und Arbeitsmenge Einfluss haben, die sich aus der Maschine-Mensch-Schnittstelle ergibt«.[105] Sie griff damit eine Sorge vieler Beschäftigten auf.[106]

Deren bisherige Erfahrungen damit, die Digitalisierung zur Erschließung von Potenzialen der Humanisierung der Arbeit zu nutzen, rechtfertigen die Skepsis. Die Wissenschaftler Michael Schwemmle und Prof. Dr. Peter Wedde mussten im Februar 2018 auf der Grundlage einer Auswertung empirischer Studien ernüchtert feststellen, dass die »humanisierenden Potenziale für besseres digitales Arbeiten nach wie vor bei Weitem nicht ausgeschöpft (werden). Vor allem zwei Mängelkomplexe digitalisierter Mobilarbeit begründeten diese kritische Einschätzung: Die durch digitale Technik ermöglichte ausufernde arbeitsbezogene Verfügbarkeit eines großen Teils der abhängig Erwerbstätigen zum einen und

104 Vgl. hierzu Ahlers (2015) zitiert nach: EKKI: S. 322.

105 EKKI: S. 331.

106 Vgl. hierzu EKKI: S. 30f. (so und mit den eingearbeiteten Änderungen in der mir vorliegenden BT-Drs. 19/23700).

die überwiegend fremdbestimmten Mobilitäts- und Flexibilitätsanforderungen an eine wachsende Anzahl von Beschäftigten zum anderen. Darüber hinaus zeigt sich, dass die Digitalisierung zunehmend als ein Machtfaktor im Verhältnis zwischen Arbeit und Kapital wirkt. Sie eröffnet in steigendem Maße Potenziale der Entsicherung, Entkollektivierung und Entmächtigung menschlicher Arbeitskraft. Gehen die technisch-organisatorischen Umwälzungen im vermeintlichen Selbstlauf, faktisch jedoch getrieben und geprägt von unternehmerischen Effizienz- und Kontrollkalkülen vonstatten, verändert die Digitalisierung die Dynamik zugunsten des Kapitals und zulasten der Arbeit«.[107]

6.2.8 Entmenschlichung

KI-Systeme sind sicher in der Lage, die Zweckrationalität von Schlussfolgerungen zu erhöhen und Entscheidungsprozesse zu versachlichen und emotionsloser zu urteilen. Sie haben leider auch das Potenzial, zu ignorieren, was den Menschen ausmacht: Unterschiedliche Leistungsfähigkeit, Höhen und Tiefen in der emotionalen Verfassung, prägende private Lebensumstände, Werte und Überzeugungen, Eigenarten und Eigentümlichkeit, Spontanität und kulturelle Tradition, Mitgefühl und Emotion.

Im Februar 2023 waren zwei Drittel der Deutschen davon überzeugt, dass KI ihnen konkrete Vorteile bringt, etwa in der Medizin oder im Verkehr. Die Hälfte gibt an, bereits heute im Alltag regelmäßig KI zu nutzen. Trotzdem fürchten 35 %, dass der Mensch durch Maschinen entmündigt wird und 88 % wünschen sich, dass KI-Software in Deutschland besonders gründlich geprüft und erst nach Zulassungen genutzt werden darf.[108] Das wiederum beschreibt eine künftige Aufgabe für Mitbestimmungsträgerinnen und Mitbestimmungsträger, für betriebliche Praktiker*innen, die einen Einfluss bei der Einführung von KI im Betrieb haben. Der ehemalige Bitkom Präsident Achim Berg lies dazu seine Überzeugung verbreiten: »Wir brauchen Leitlinien für den Einsatz von KI. Diese Leitlinien müssen so ausgestaltet werden, dass der Nutzen von KI maximiert und Risiken minimiert werden«. Recht hat er.

Wer vertrauenswürdige KI im Arbeitsleben implementieren will, sollte sich der Sorgen der Beschäftigten annehmen, dass diese Elemente unter die Räder geraten. Es muss uns darum gehen, jene Faktoren, die den Menschen ausmachen, die uns bisher für die Gestaltung der Arbeitswelt wichtig waren, ins Zeitalter der KI zu übersetzen: Würde, Rechtskonformität, Diskriminierungsfreiheit, das Primat menschlicher Entscheidungen, Nachvollziehbarkeit, Schutz, Autonomie, Beschäftigung und Qualifikation, Arbeitserleichterung, Ergonomie und gute Arbeit. Wir sind nicht der KI ausgeliefert, sie aber uns. Machen wir was draus!

---

107 Michael Schwemmle, Peter Wedde (Februar 2018): Alles unter Kontrolle – Arbeitspolitik und Arbeitsrecht in digitalen Zeiten; Friedrich Ebert Stiftung, S. 5.

108 *https://www.bitkom.org/Presse/Presseinformation/Drei-Viertel-sehen-Kuenstliche-Intelligenz-Chance#:~:text=Berlin%2C%2023.%20Februar%202023%20%2D,Künstliche%20Intelligenz%20inzwischen%20leisten%20kann*, zuletzt abgerufen am 8.11.2024.

6.3 Haltungen zu und Erwartungen von der Basistechnologie

»Weil KI das Potenzial hat, sich zur Basistechnologie zu entwickeln, kann perspektivisch von einer universellen Durchdringung der Arbeitswelt mit KI-Systemen ausgegangen werden. ›KI-Systeme können [...] die Arbeitswelt fundamental verändern.‹ Vielfältige Anwendungsszenarien und Geschäftsmodelle treffen in der Arbeit jedoch auf vielfältige Systeme der Arbeitsorganisation, auf unterschiedliche Betriebskulturen und Möglichkeiten, auf differenzierte Erfordernisse sowie auf eine Vielzahl von Beteiligten.«[109] Auch die Haltungen der Beschäftigten zu lernenden Maschinen differieren.

Trotz und vielleicht wegen eigener Erfahrungen sehen 32 % der Erwerbstätigen immer noch Gefahren der Digitalisierung.[110] Autonome Entscheidungen von Computern würden Erwerbstätige zu 53 % in Rechtschreibprüfungen akzeptieren, jedoch nur zu 6 % bei der Vorauswahl von Stellenbewerbern.[111]

In uns konkurrieren Haltungen als Kunden mit jenen als Beschäftigte. Wir leisten uns als Kunde die Widersprüchlichkeit, einerseits informationelle Selbstbestimmung zu reklamieren und andererseits Google und Facebook mit unseren Daten zu sponsoren. Wir fürchten die wirtschaftliche Macht solcher Firmen, helfen ihnen aber dabei, diese zu erobern, indem wir die Rohstoffe für deren lernende Maschinen liefern. Wir ahnen, dass unsere e-Book-Reader und elektronischen Assistenten wie Siri und Alexa unsere Neigungen ausspionieren. Aber wir schätzen sie gleichzeitig. Wir wissen, dass bei unserer Reiseplanung das Navigationssystem über GPS den Standort ermittelt und damit ein Bewegungsprofil erzeugt werden kann und zu Hause Netflix seinen Filmvorschlag auf der tiefen Kenntnis unserer Neigungen aufbaut. Wir schätzen unsere Spamfilter, die uns KI-gestützt vor Werbebotschaften bewahren, aber wir bemühen uns erstaunlich wenig nachdenklich um die Reglementierung von Maschinen, wenn diese uns bei der Suche im Netz gleichzeitig viel Zeit sparen und Wissen zugänglich machen, aber auch Daten sammeln. »Im Netz beantworten immer mehr Chatbots Fragen, Sprachassistenten wie Apples Siri oder Amazons Alexa führen selbstständig Befehle aus, Staubsauger navigieren selbstständig durch die Wohnung und bei der Deutschen Bahn erteilt am Berliner Hauptbahnhof und am Frankfurter Flughafen die Roboterdame Semmi Auskunft über die nächsten Reisemöglichkeiten.«[112]

Es ist offensichtlich: Je nützlicher Anwendungen für uns sind, desto eher sind wir bereit, uns auf sie einzulassen und uns auf sie zu verlassen. Für die Verbreitung lernender Systeme im Betrieb wird deswegen auch deren Nützlichkeit maßgeblich sein. Ein Ordnungsmuster für KI-Systeme in der Arbeitswelt darf

---

109 EKKI: S. 358, Teile des Zitats stammen aus: High-Level Expert Group on Artificial Intelligence (2019): Ethik-Leitlinien für eine vertrauenswürdige KI, S. 15.

110 BitKom Research, Vortrag der Sachverständigen Susanne Dehmel in der Enquetekommission am 4.11.2019.

111 Dalia Research im Auftrag der Bertelsmann Stiftung, September 2018.

112 Berliner Morgenpost 15.1.2020, Verschlafen wir die KI?

deswegen nicht nur nach Risiken fragen. Es muss auch um die Nützlichkeit von KI-Systemen gehen.

»Bei der Befragung von knapp 1000 Betriebsräten, Personalräten sowie Arbeitnehmervertreter*innen in Aufsichtsräten in Dienstleistungsunternehmen gaben 25 Prozent an, dass in ihrem Unternehmen Anwendungen Künstlicher Intelligenz genutzt bzw. geplant sind. 43 Prozent der Befragten verneinen dies, und ein hoher Anteil von 32 Prozent weiß nicht, ob solche Anwendungen in ihrem Unternehmen genutzt oder geplant sind.«[113] Die Aussagen derjenigen Interessenvertretungen, in deren Betrieben und Unternehmen KI-Anwendungen bereits genutzt bzw. geplant sind, zeigen durchaus erheblichen Handlungsbedarf. So geben 50 % dieser Gruppe an, dass durch den KI-Einsatz die Transparenz des Arbeits- und Leistungsverhaltens der Beschäftigten zunimmt, womit unmittelbar Fragen des Schutzes von Persönlichkeitsrechten und der Daten von Beschäftigten, wie auch von Personen und unüblichen Beschäftigungsverhältnissen berührt sind.

KI-Anwendungen werden mitbestimmungsrelevant, während es zugleich noch keine eindeutigen und spezifischen Regeln oder Empfehlungen für den Einsatz dieser Techniken gibt. Das wird von Beschäftigten und Interessenvertretungen durchaus als Manko empfunden und dürfte mit dazu beitragen, dass 60 % der in der Studie Befragten angeben, dass durch den Einsatz von KI die Entscheidungs- und Handlungsspielräume von Beschäftigten abnehmen.[114]

Abb. 10 **Folgen von Künstlicher Intelligenz für die Arbeitsbedingungen in Unternehmen, in denen damit gearbeitet wird**

„Alles in allem: Wie wirkt sich der Einsatz von KI aktuell Ihrer Meinung nach aus?"

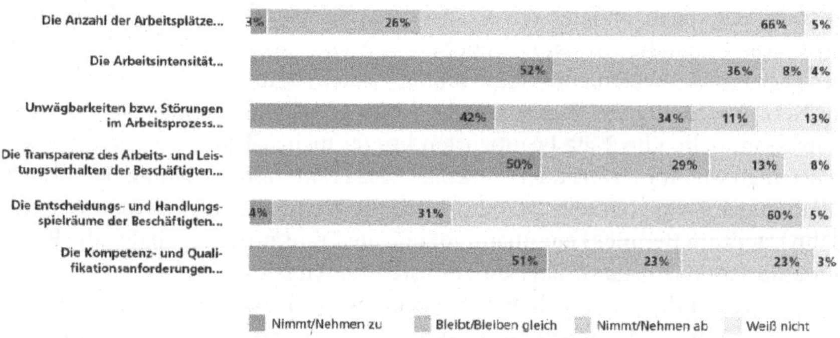

n = 121 - 125, Quelle: ver.di-Innovationsbarometer 2019, INPUT Consulting

Hinzu kommt, dass nur ein Teil der Interessenvertretungen davon berichtet, voll oder zumindest teilweise einbezogen zu werden bei der Planung (9 bzw. 23 %), der Einführung (23 bzw. 33 %) und der Nutzung (15 bzw. 29 %) Künstlicher Intel-

113 Vgl. ver.di Innovationsbarometer 2019, *https://innovation-gute-arbeit.verdi.de/innovation/innovationsbarometer/++co++10b323c8-0ad2-11ea-a165-525400f67940*, S. 23.

114 ver.di 2019, S. 28.

ligenz im Unternehmen. 88 % der Befragten reklamieren, dass sie als Betriebs-/Personalrat mehr und stärkere Mitbestimmungsrechte bei der Planung für den KI-Einsatz im Betrieb bzgl. der Arbeitsgestaltung brauchen.[115]
Henning Lühr, viele Jahre Staatsrat in Bremen und früherer Leiter des IT-Planungsrates, bringt es auf den Punkt: »Idealerweise vollzieht sich der Wandel der Arbeit derart, dass einerseits Menschen von ungeliebten Arbeiten, in konkreten Situationen befreit werden, ohne damit ihre sinnstiftende Arbeit zu verlieren. Zur Zukunftsgestaltung aufgerufen ist die Frage, wie diese Arbeit ausreichend lukrativ, wertstiftend oder attraktiv für die Menschen gestaltet wird«[116].
Die Zielsetzung, mit Künstlicher Intelligenz gute Arbeit zu sichern und zu fördern, formulierte auch die Enquetekommission:

»Um Potenziale für Emanzipation, Nachhaltigkeit und gute Arbeit zu fördern und Risiken für Beschäftigte durch Entwertung ihrer Fähigkeiten, ihrer Persönlichkeitsrechte und ihrer beruflichen Anschlussfähigkeit zu minimieren sowie ungerechtfertigte Kontrolle, Entmündigung, Arbeitsverdichtung und Arbeitsplatzverluste zu vermeiden, braucht die Arbeitsgestaltung besondere Leitvorstellungen. Es ist sinnvoll, die Einflussnahme des Gesetzgebers und der weiteren Normsetzungsakteure unter anderem auf folgende Ziele auszurichten: Das Potenzial von KI zur Produktivitätssteigerung und zur Steigerung des Wohlergehens der Erwerbstätigen sollte genutzt werden, neue Geschäftsmodelle zu entwickeln und zu fördern, die zur Beschäftigungssicherung und zum Beschäftigungsausbau beitragen, ›Gute Arbeit by Design‹ zu entwickeln und vorrangig eintönige oder gefährliche Aufgaben an Maschinen zu übertragen, […] und dafür zu sorgen, dass der Mensch als soziales Wesen an seinem Arbeitsplatz die Möglichkeit hat, sozial mit anderen Menschen menschliches Feedback zu erhalten und sich als Teil einer Belegschaft zu begreifen.«[117]

Wir müssen uns in den Betrieben Gedanken darüber machen, welche Systeme wir einsetzen können, die die Beschäftigten als nützlich und hilfreich empfinden, und wir müssen die Bedingungen regeln, unter denen lernende Maschinen zum Einsatz kommen. Mit dem menschengerechten und vertrauenswürdigen Einsatz von KI-Systemen steigt ihre Verbreitungschance.
Ob lernende Maschinen sich rasanter oder umsichtiger verbreiten, hängt von einer Anzahl von Treiber und Stopper-Faktoren ab.[118]

115 ver.di 2019, S. 32f.
116 Henning Lühr, Barbara Leppa, Christian Hugo Hoffmann (2021): Arbeit im Wandel – ein kommunaler Gestaltungsauftrag!?
117 EKKI: S. 34.
118 Die nachfolgenden Ausführungen zu Treiber- und Stopperfaktoren basieren auf dem Bericht der EKKI, S. 313ff.

6.4 Treiber der Entwicklung

Vertrauen gehört zu den wichtigsten Treibern der Implementierung, Verbreitung und Nutzung von KI-Systemen. Vertrauensbildende Maßnahmen sollten sich gegen Ignoranz und Ohnmachtsempfinden richten. Hierzu gehört, dass Menschen Bescheid wissen über das Funktionieren von Systemen und die Ziele ihres Einsatzes.[119] Wichtig ist auch, dass Vorhersehbarkeit, Erklärbarkeit[120] und Beeinflussbarkeit geschaffen werden, indem zum Beispiel Stellschrauben aufgezeigt werden.[121]

Für den verbreiteten und akzeptierten Einsatz von KI-Systemen in der Arbeitswelt sind Regeln und eine vorausschauende Gestaltung der Schnittstellen zwischen Menschen und Maschinen vertrauensfördernd. Dazu zählt eine vorausschauende Arbeitsgestaltung und Qualifizierungsstrategie ebenso wie die Folgenabschätzung für die Persönlichkeitsrechte. Privacy by Design und gute Arbeit by Design sind wichtige Treiber der Entwicklung. Von der Konzeptentwicklung bis zur Implementierung die Transparenz, Nachvollziehbarkeit und Gestaltungsoptionen mitzudenken und zu implementieren,[122] das fördert Akzeptanz.

Voraussetzung für einen akzeptierten KI-Einsatz in der Arbeitswelt sind zudem partizipative, dialogische Einführungs-, Nutzungs- und Evaluationsprozesse, die bei der Festsetzung der Ziele beginnen, sich mit einer Abschätzung der Folgen für Arbeitnehmer*innen fortsetzen und bei Überprüfung ihrer regelgerechten Anwendung enden. Diese umfassen wirksame Einflussmöglichkeiten mit Kommunikations- und Beteiligungsprozessen und eine verbindliche Prozessgestaltung im Rahmen von mitbestimmungspflichtigen Angelegenheiten sowie ein »Prozedurales Mitbestimmungsrecht« mit Interventions- und Korrekturmöglichkeiten.[123] Hierzu gehört auch eine transparente Definition von Grenzen und Revisionsmöglichkeiten sowie die Einhaltung von Arbeitsschutznormen, die Durchführung von Belastungsanalysen und das Ziel, die Beschäftigten vor Überforderung zu schützen. Eine Einbindung des Handelns in dokumentierte und verpflichtende Ethikprinzipien ist ebenso erfolgskritisch für die Verbreitung von lernenden Maschinen wie die Wahrung der Handlungs- und Entscheidungsträgerschaft des Menschen. Die eigene, praktische Erfahrung der Nützlichkeit des Technikeinsatzes trägt zudem auch entscheidend zur Akzeptanz und Verbreitung bei.[124]

---

119 Muir, B. M. (1994): Trust in Automation: Part I. Theoretical Issues in the Study of Trust and Human Intervention in Automated Systems. Ergonomics, Vol. 37, No. 11, S. 190–192.

120 Strategie Künstliche Intelligenz der Bundesregierung vom November 2018, S. 18.

121 Lee, J., & See, K. (2004): Trust in automation: designing for appropriate reliance. Human Factors, 46(1), S. 50–80.

122 DGB (2019): Künstliche Intelligenz und die Arbeit von morgen, S. 4.

123 DGB (18.7.2018): Stellungnahme zu den Eckpunkten der Bundesregierung für eine KI-Strategie.

124 Venkatesh, V., Morris, M. G., Davis, G. B., & Davis, F. D. (2003): User acceptance of information technology: Toward a unified view. MIS quarterly, 27(3), S. 425–478.

6.5 Stopper der Entwicklung

»Ein Mangel an bzw. das Fehlen der oben genannten Treiber kann die Entwicklung hemmen. Relevant ist hier unter anderem die Sorge vor dem Verlust an Entscheidungshoheit und der Persönlichkeitsrechte des Menschen sowie unklare Verantwortlichkeiten, insbesondere in Zusammenhang mit Intransparenz von Mechanismen und Zielsetzungen oder uneindeutigen Absichten.«[125] Bleiben Sorgen vor der Entwertung von Qualifikationen und dem Verlust des Wertstatus und des Arbeitsplatzes der Menschen unbearbeitet, steigt das Potenzial für die Verbreitung ablehnender Haltungen. Auch ein fehlendes Verständnis bzw. mangelnde Aufklärung über die Anwendungsoptionen und Funktionsweisen von KI-Systemen kann als Stopper wirken.[126] Hierzu gehören auch Angst sowie eine teils emotionalisierte Überhöhung der Risiken.[127]
»Von entscheidender Bedeutung ist, dass Nützlichkeitserfahrungen[128] verbreitet werden und die Überzeugung getragen wird, wonach Selbstwirksamkeit[129] und Handlungsträgerschaft durch ein KI-System nicht unterminiert werden. Derartige Erfahrungen und Einstellungen tragen eher zu Akzeptanz und Verbreitung von KI-Systemen bei als dogmatische Befürwortung.«[130] Benötigt wird eine Beteiligungsorientierung, die mehr auf Prozesse abstellt, vor allem dann, wenn KI menschliches Verhalten beeinflussen wird.

125 EKKI: S. 314.
126 Mayer, R. C., Davis, J. H., & Schoorman, F. D. (1995): An integrative model of organizational trust. Academy of Management Review, 20(3), S. 709–734.
127 Venkatesh, V., Morris, M. G., Davis, G. B., & Davis, F. D. (2003): User acceptance of information technology: Toward a unified view. MIS quarterly, 27(3), S. 425–478.
128 Davis, F. D. (1989): Perceived Usefulness, Perceived Ease of Use, and User Acceptance of Information Technology, MIS Quarterly (13:3), S. 319–339.
129 Bandura, A. (1977): »Self-efficacy: Toward a unifying theory of behavioural change«, Psychological Review, vol. 84(2), S. 191–215.
130 EKKI: S. 315.

7 Was KI von IT unterscheidet

Von herkömmlichen IT-Systemen unterscheiden sich KI-Systeme unter anderem durch folgende markante Merkmale:

- eine Lernfähigkeit, die sich verändernde Werkzeuge erzeugt,
- die strukturelle Intransparenz mancher Systeme,
- die Nutzung sensorischer Fähigkeiten, die die sinnliche Wahrnehmungsfähigkeit des Menschen bei weitem übersteigen,
- dem Bedarf auf gesetzlicher Grundlage unterschiedliche Kritikalitätsstufen[131] zu definieren,
- die Fähigkeit zur Analyse und Verknüpfung auch nicht willentlich erzeugter Daten,
- den Rückgriff auf große Datenmengen zur Sicherung der Ergebnisqualität,
- die erweiterten Optionen, in die Autonomie des Menschen einzugreifen,
- die Möglichkeit für Unternehmen, lernfähige Maschinen zu besitzen,
- einen Bedeutungszuwachs für Schlussfolgerungen, die sich von menschlichen Entscheidungsprinzipien unterscheiden,
- die Notwendigkeit eines Ordnungsrahmens, der zumindest partiell auf unvollständige Information aufsetzen muss.

Bereits bekannte Merkmale von IT-Systemen werden durch den Einsatz von KI-Komponenten noch entscheidender:

- die Auswirkungen auf eine Vielzahl von Persönlichkeitsrechten,
- eine schwer überschaubare Vielfalt qualitätsrelevanter Normen, Vorgaben und Qualitätsmerkmale,
- eine Beschleunigungswirkung für betriebliche Prozesse.

Es gibt erhebliche Unterschiede zur herkömmlichen »Wenn-Dann« Programmierung. Derartige »regelbasierte Algorithmen funktionieren nur bei Problemen, bei denen die Menschen wissen, wie sie die Anweisungen schreiben müssen.«[132] Bei lernenden Maschinen brauchen sie das nicht in jeder Hinsicht. Manche Probleme werden lösbar, in einer Art und Weise, die der Mensch nicht

131 Die Bezeichnung »Kritikalitätsstufen« stammt aus dem Bericht der Datenethikkommission. Er bezeichnet das unterschiedliche Risiko verschiedener KI-Systeme. Nähere Ausführungen hierzu siehe S. 177 ff. der EKKI.

132 Hannah Frey (2018): Hello World: Was Algorithmen können und wie sie unser Leben verändern, Bundeszentrale für die politische Bildung, S. 24.

überschauen konnte. Die Programmentwickler müssen die Anweisungen zu den einzelnen Programmschritten nicht unbedingt im Einzelnen vorgeben.
Wie aber kann man ein Werkzeug kontrollieren, das sich verändert und komplexer arbeitet, als wir das verstehen? Bisher wurde beschrieben, was in ein System reingeht und was rauskommen darf. KI soll in manchen Anwendungen aber gerade auf Lösungen kommen, die der Mensch nicht gesehen hat.
Logische »Wenn-Dann« Programmschritte waren prinzipiell nachvollziehbar. Daraus erwuchs für herkömmliche IT-Programme die politisch häufig formulierte Forderung nach der Offenlegung von Programmcodes für sensible Anwendungen. Jetzt ist es aber beispielsweise bei neuronalen KI-Netzwerken schwierig bis gar nicht nachvollziehbar, wie eine Maschine zu Schlussfolgerungen kommt. In dem zitierten Beispiel eines KI-Systems, das einen Weltklasse-Go-Spieler besiegt hat, war nicht mehr nachvollziehbar, was das System zu den entscheidenden Spielzügen bewogen hat. Auch die Beobachter verlieren damit die Übersicht. Die Systeme wirken intransparent, weil sie mit einer Geschwindigkeit arbeiten, bei der der Mensch einfach nicht mitkommt. Welchen Sinn macht es dann, den mühsamen Versuch zu machen, Programmcodes nachzuvollziehen und alle Auswertungen im Vorgriff abschießend beschreiben zu wollen? Die Vermutung liegt nahe, dass KI-Systeme viel eher geeignete Begleitprozesse brauchen, um sie laufend hinsichtlich ihrer Güte und Wirkung zu evaluieren. Beteiligung sollte sich dann auf den Prozess und nicht allein auf den Einführungsvorgang konzentrieren. Ein Mantra aus der Managementtheorie erhält so eine neue Bedeutung: »Der Prozess frisst den Vorgang zum Frühstück«.
Die Wahrnehmungsfähigkeit des Menschen begrenzt sich durch seine Sinne, jene von lernenden Maschinen durch die genutzte Sensorik – und die wird immer besser. Die Sensorik war bisher weniger Gegenstand von herkömmlichen IT-Betriebsvereinbarungen. Systeme der Videoüberwachung und biometrischen Identifikation wurden allerdings oft reglementiert. In den meisten IT-Vereinbarungen ging es darum, zu begrenzen, was an Daten in die Systeme fließt und wohin Auswertungen gelangen. Zurecht war Datensparsamkeit der wichtigste Reglementierungsansatz. KI liefert nun aber gerade durch den Zugriff auf große Datenmengen gute Qualität. Das ist ein Zielkonflikt.
Aus der Vorgeschichte der Digitalisierung wissen wir: Daten sind beliebig lange speicherbar und leicht zu verschieben. Sie erlauben kontextunabhängige Urteile über Beschäftigte, zeitlich und örtlich weit entkoppelt vom Betrieb und den Umständen der Datenerhebung. Das Bild, das sich ein Vorgesetzter von einem Beschäftigten macht, ist von dessen Wahrnehmungsfähigkeit bestimmt. Er kann im günstigsten Fall Verständnis für die Höhen und Tiefen von Beschäftigten entwickeln und deren Belastungen einschätzen, weil er die Betroffenen und den Kontext kennt.
Für Sensorik, die eine KI nutzt, sind Ort, Zeitpunkt und Kontextfaktoren nur maschinell zu verwertende Größen, sie sind keine Elemente, die mit sozialer Verantwortung verknüpft sind. Sensorik ist in der Lage, gewaltige Datenmengen zu liefern, viel mehr als Vorgesetzte aus ihrer eigenen Wahrnehmungsfähigkeit ableiten können. Jegliche sensorische Wahrnehmung wird in Daten übersetzt und

die wiederum sind beliebig speicherbar und übermittelbar. Es ist notwendig, deren Nutzung mindestens auf das KI-System zu begrenzen und die maschinellen Schlussfolgerungen nur für genau definierte Zwecke zuzulassen. Das Problem: Eine lernende Maschine erkennt unglaublich schnell Muster und kann aus der Verknüpfung verschiedener sensorischer Wahrnehmungen Schlussfolgerungen ziehen, die uns Menschen verblüffen.

Die britische Zeitung Economist berichtete am 31.3.2018 über den Einsatz des KI-Systems »hire view«, das in Videointerviews, Bewerber und Bewerberinnen in Bezug auf Sprache, Intonation und Körpersprache beurteilt, um den Aufwand für die Kandidatenauswahl zu reduzieren. Sensorik macht dies möglich. Selten haben wir unsere Mimik und Gestik so im Griff, dass jeder Gesichtsausdruck willentlich erzeugt und kontrolliert ist. Aber wollen wir Maschinen die Befugnis geben, solche Merkmale auszuwerten und zu Persönlichkeitsprofilen zu verdichten? Und was, wenn die Betroffenen einwilligen? Überlassen wir es Maschinen, Daten von uns auszuwerten, die nicht mit unserem Willen entstanden sind? Dies wird insbesondere dann kritisch, wenn daraus Schlussfolgerungen für Personen gezogen werden sollen. Es muss uns in der betrieblichen Gestaltung darum gehen, den Einsatz einer Sensorik zu reglementieren, die KI-Systeme gefährlich macht. In der Zukunft sollten wir mehr über Pseudonymisierung und Anonymisierung von personenbezogenen Daten nachdenken.

KI erlaubt die Auswertung von Emotionen und macht die Ergebnisse dauerhaft nutzbar. Dies ist problematisch, weil sich Emotionalität erst mit deren zeitlichen Bedingungen, persönlichen Gemütsverfassungen und mit dem Kontext am Arbeitsplatz erklären lassen. Erklären Sie doch einmal nach fünf Jahren, warum sie sich damals über ihren Kollegen entrüstet haben. Sachliche Gründe lassen sich nicht immer schlüssig nachliefern und die aus den Umständen entstandene Emotionalität ist nach Zeitablauf nicht gut vermittelbar. Zudem: Ist das Empfinden eines Gefühls schon eine Leistung oder ein Verhalten? Wenn Maschinen nun aber die Emotionen von Beschäftigten analysieren, um menschliche Arbeit damit zu steuern, werden die maschinellen Schlussfolgerungen verhaltensrelevant. Nicht ohne Grund verbietet die Europäische Kommission Emotionserkennung am Arbeitsplatz.[133]

In der gesellschaftlichen Debatte um lernende Maschinen weist Shoshana Zuboff[134] auf die Möglichkeiten hin, in einer böswilligen Art und Weise »Affective Computing zur Manipulation und Kontrolle von Emotionen einsetzen« zu können. Menschen lassen sich beeinflussen, u. a. wenn ihnen der Eindruck vermittelt wird, sie stünden mit ihrer Meinung allein da und viele andere hätten eine andere Überzeugung. Der Herdentrieb wirkt auch im Zeitalter elektronischer Kommunikation. Fake-Bots sind unter anderem deshalb sehr gefährlich, weil es in der Zukunft zunehmend schwer sein wird, sie aus dem Meer von Computerstimmen überhaupt noch heraushören zu können. »Von den 22 Millionen Kommentaren

---

133 EU KI-VO Artikel 3.

134 Shoshana Zuboff (2019): Das Zeitalter des Überwachungskapitalismus, Campus-Verlag, S. 328.

zur Netzneutralität, die bei der FCC (amerikanische Regulierungsbehörde) eingingen, stammten mehr als 80 % von Bots«.[135] Dazu wären herkömmliche IT-Systeme nicht in der Lage.

Ohne dass es uns bewusst wird, folgen wir gern dem Herdeninstinkt und häufig geäußerte Meinungen gelten als relevant. Was aber, wenn die Herde aus einer Fülle von KI-gesteuerten Softwareagenten besteht? Was würde passieren, wenn lernende Systeme auch innerhalb der Betriebe manipulative Bots steuern würden? Innerbetriebliche soziale Netzwerke böten sich als Medium der Massenkommunikation mit hoher Reichweite dafür an. Gut, dass die Europäische Kommission Transparenzpflichten geschaffen hat, damit wir auch innerbetrieblich erfahren, wenn wir es mit KI-Systemen, mit Deep Fakes zu tun haben.[136] Die EU-Kommission hat zudem KI-Systeme verboten, die Techniken der unterschwelligen Beeinflussung außerhalb des Bewusstseins einer Person einsetzt, um das Verhalten einer Person in einer Weise wesentlich zu beeinflussen, die dieser Person oder einer anderen Person einen physischen oder psychischen Schaden zufügt oder zufügen kann.[137]

Fast zeitgleich mit der Verbreitung von KI-Systemen hat die Europäische Datenschutzgrundverordnung (DSGVO) ihre Wirkung entfaltet. Sie will mit Art. 1 Abs. 2 den Schutz der Grundrechte und Grundfreiheiten natürlicher Personen und insbesondere den Schutz derer Daten stärken. Gerade zum richtigen Zeitpunkt verweist die DSGVO mit der Formulierung »Grundrechte und Grundfreiheiten« auf die Europäische Grundrechtecharta, die den Begriff der Persönlichkeitsrechte weiter fasst, als wir dies seit Jahrzehnten mit dem Schutz personenbezogener Daten tun. In der Grundrechtecharta geht es auch um gesunde, sichere und würdige Arbeitsbedingungen, um geistige Unversehrtheit und um das Ziel, keine erniedrigende Behandlung zu erfahren. Die Charta verpflichtet auf Gedanken- und Meinungsfreiheit, Vereinigungsfreiheit und Gleichheit vor dem Gesetz.

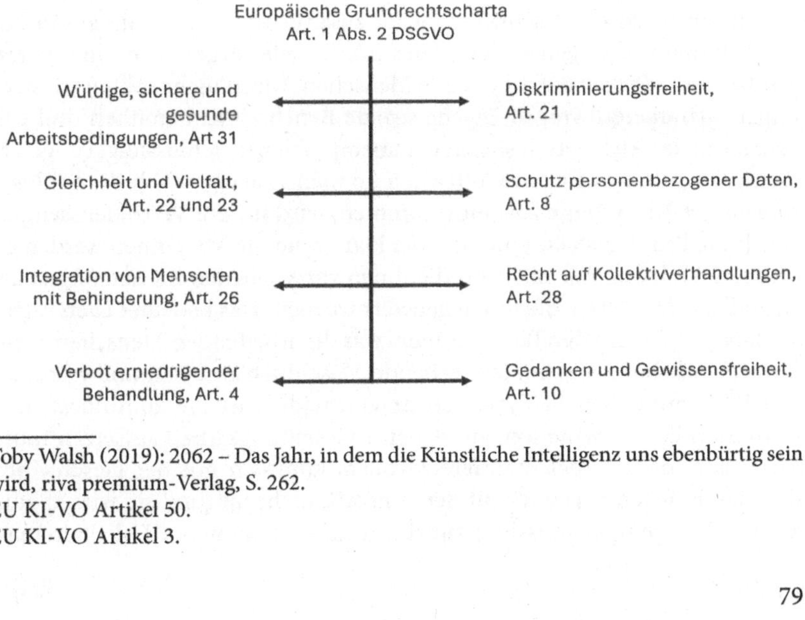

135 Toby Walsh (2019): 2062 – Das Jahr, in dem die Künstliche Intelligenz uns ebenbürtig sein wird, riva premium-Verlag, S. 262.

136 EU KI-VO Artikel 50.

137 EU KI-VO Artikel 3.

Die Vielfältigkeit der Wirkungen, mit der KI-Systeme das Arbeitsleben beeinflussen können, rechtfertigt es, den Fokus auf die Fülle von Persönlichkeitsrechten zu richten, die die Charta adressiert.
Eine der brisantesten Möglichkeiten der Einflussnahme ist das Potenzial von lernenden Maschinen, in die Autonomie des Menschen einzugreifen. Wir kennen die Debatte über »autonome Fahrzeuge«, aber machen uns zu wenig Gedanken über die Autonomie der arbeitenden Menschen. Wieviel Autonomie sind wir bereit, im Arbeitsleben an Maschinen abzugeben? Steuert am Ende der Mensch die Maschine oder die Maschine den Menschen? Die Suche nach der richtigen Balance sollte den betrieblichen Dialog bestimmen.
Ein Vorteil für alle betrieblichen Gestaltungsbemühungen ist die große Vielzahl bereits existierender Gesetze, Normen und Verordnungen. Auch die Aufsichtsbehörden haben Publikationen herausgegeben, die auch auf KI-Systeme wirken. Es gilt, aus diesen Vorgaben qualitätsrelevante Indikatoren für die innerbetriebliche Gestaltung lernender Maschinen in einem ganzheitlichen Ordnungsrahmen abzuleiten. Dazu sollten aus vorhandenen Normen und Vorgaben jene Indikatoren gefiltert werden, die aus Arbeitnehmersicht erhöhte Bedeutung haben.
Auf zwei weitere besondere Merkmale von KI-Systemen sei hingewiesen. Betriebsräte kennen das: Sie werden ständig mit Benchmarkingsystemen konfrontiert, die das Betriebsgeschehen hinsichtlich der Kundenorientierung, der Kosten, der Arbeitsgüte oder Effizienz mit anderen Firmen am Markt vergleichen. Selten bekommt ein Betriebsrat eine Benchmarkingauswertung zu sehen, die suggeriert: Wir sind spitze, wir haben nichts zu verändern. Meistens wird Nachholbedarf begründet und das Argument aufgebaut, die Firma sei kaum noch konkurrenzfähig, was die Benchmarkingdaten beweisen sollen.
Auch diese Instrumente der Selbststeuerung bedienen eine Eigenart der Menschen: Wir neigen dazu, Computerauswertungen automatisch Rationalität und Glaubwürdigkeit zuzuordnen. Lernende Maschinen können solche Auswertungen feinziselierter und schneller zusammenstellen als herkömmliche IT. Die Schlussfolgerungen bleiben aber maschinelle Ergebnisse ohne jedes Mitgefühl für die Folgen auf arbeitende Menschen. Umso mehr sollten wir nach den Eingabeparametern fragen, eigene soziale Benchmarks bemühen und gesunde Zweifel an der Alternativlosigkeit der anempfohlenen Schlussfolgerungen hegen. Wenn wir kaum mehr nachvollziehen können, wie eigentlich die Schlussfolgerungen der KI-Systeme zustande kommen, wird unsere Vertrauensseligkeit auf eine harte Probe gestellt. Eines ist aber klar: lernende Maschinen werden gefühllos schlussfolgern, mit Blick auf die ihnen vorgegebenen Zielsetzungen und auf Grundlage der Daten, die ihnen geliefert wurden. Das bedeutet eben nicht, dass sie dabei all jenes in den Blick nehmen, was die arbeitenden Menschen ausmacht. Ein wesentliches Problem, das lernende Maschinen auslösen und worin sie sich von herkömmlichen IT-Systemen unterscheiden, ist die zumindest in Teilen unvollständige Information, auf die eine Gestaltungsarbeit aufsetzen muss. Die Menschen, die sie reglementieren wollen, kommen mit der Geschwindigkeit des maschinellen Lernens und der Sensorik nicht mit und sie wissen zum Teil auch nicht, wie KI-Schlussfolgerungen zustande kommen. KI bleibt in manchen

Funktionsmechanismen nicht nachvollziehbar. Die GestalterInnen bleiben auf Annahmen und Risikoabschätzung angewiesen. Das macht Gestaltungsarbeit schwieriger, aber nicht unmöglich. Es verlangt allerdings nach mehr Aufmerksamkeit und Detailtiefe, um wirksam beeinflussen zu können, und es wird notwendig, über die Inhalte herkömmlicher Betriebsvereinbarungen hinauszudenken.

7.1 Persönlichkeitsrechte weiter gefasst

Der Schutz vor Leistungs- oder Verhaltenskontrolle war in den Betrieben über Jahrzehnte das wichtigste Element im Datenschutz. Das Wort Datenschutz war wiederum ein Platzhalter für den Schutz der Persönlichkeitsrechte. Spätestens mit dem Einsatz von KI-Systemen müssen wir uns Gedanken darüber machen, welche weiteren Ansprüche sich noch aus unseren Persönlichkeitsrechten ergeben.

Die Leitformel »Die Würde des Menschen ist unantastbar« leitet unser Grundgesetz ein. »Würde« sollte nicht nur als unantastbar gelten, sondern auch in betrieblichen Entscheidungen berücksichtigt werden. Wie weit lässt es die Unantastbarkeit unserer Würde zu, dass Menschen von Maschinen gesteuert werden? Ist es legal und legitim, das menschliche Fühlen und Denken, das, was unsere Persönlichkeit in der Tiefe ausmacht, durch Maschinen auswerten zu lassen? Lassen wir im Betrieb verhaltenspsychologische Untersuchungen von lernenden Maschinen durchführen. Menschen, das steht im Grundgesetz, brauchen die freie Entfaltung ihrer Persönlichkeit, daraus leitet sich ab: Menschen dürfen nicht als Objekte behandelt werden.

Mit dem BetrVG wurde Arbeitgebern und Betriebsräten sogar die Aufgabe gegeben, auf die freie Entfaltung der Menschen im Betrieb hinzuwirken. Ab welcher Schwelle beeinträchtigten KI-Systeme durch das Analysieren von arbeitenden Menschen, deren freie Entfaltung? Menschen, die unter Dauer- oder Tiefenbeobachtung von Maschinen stehen, werden auf ihre eigene Konformität mit betrieblichen Vorgaben und auch unausgesprochenen Erwartungen achten. Arbeitnehmer sind schon abhängig genug, mit ausreichendem Kontrolldruck werden sie angepasst. Wir können unmöglich chinesisches »Social Scoring« ächten, aber etwas Ähnliches in unseren Betrieben zulassen.

Wie frei können sich Menschen in Betrieben entfalten, wenn ihre Fähigkeiten, Fertigkeiten und ihre Leitungskraft durch lernende Maschinen substituiert werden oder sie bei beschleunigten Prozessen gar nicht mithalten können? Überfahren und abgehängt zu werden, das hat wohl kaum etwas mit Würde und Entfaltung der Persönlichkeit zu tun. Das Recht auf körperliche Unversehrtheit ist ein weiteres Persönlichkeitsrecht, das wir für die Gestaltung der Mensch-Maschine-Schnittstelle im Auge behalten müssen. Wenn Maschinen Arbeitsprozesse auch nur zum Teil steuern, dann muss sich der Arbeitsschutz noch stärker als bisher den psychischen und physischen Belastungen zuwenden, die daraus resultieren können. Auch das Diskriminierungsverbot, das sich ebenfalls aus dem Grundgesetz ableitet, wird für die Steuerung von lernenden Maschinen relevant, wenn KI zum Beispiel zur Bewerberauswahl eingesetzt wird oder Auftragnehmer disponiert.

Derartige, tief in Recht und Ethik verwurzelte Ansprüche zeigen, dass wir Persönlichkeitsrechte im Betrieb umfassender definieren sollten, als wie wir das über Jahrzehnte gemacht haben. Weil lernende Maschinen in vielerlei Hinsicht auch grundrechtsrelevant wirken können, sollte die Liste dessen, was wir mit dem Wort Persönlichkeitsrechte verbinden, länger werden.

7.2 Gebrochene Kontinuitätslinien betriebsrätlicher Gestaltung

Bisher haben Betriebsräte oft ihre Einwirkungsmöglichkeiten auf § 87 Abs. 1 Nr. 6 BetrVG abgestellt, Personalräte auf den entsprechenden Paragrafen der Personalvertretungsgesetze. Die Aufnahme des Paragrafen in das Betriebsverfassungsgesetz machte schon in den 70er Jahren des letzten Jahrhunderts deutlich, dass es in unserer Kultur als kritisch gilt, Menschen von Maschinen kontrollieren zu lassen.

Die Mitbestimmung bei maschinellen Leistungs- oder Verhaltenskontrollen begründete den Einfluss von betrieblichen Mitbestimmungsakteuren, aber auch dessen inhaltliche Zentrierung. Viele Betriebsräte ahnen heute, dass herkömmliche Handlungsmuster durch die Funktionsmechanismen der lernenden Maschinen zumindest in Teilen erodieren.

Wenn bisher IT-Systeme in Betrieben eingeführt wurden, dann haben Betriebsräte und Arbeitgeber dies häufig mit Betriebsvereinbarungen flankiert. Die Texte von adäquaten Verabredungen waren oftmals nicht lang, hatten aber mehrere Ordner Anlagen. In diesen wurden die zulässigen Auswertungen beschrieben. Darin stand, welche Daten ins System fließen dürfen und welche Auswertungen zulässig sind. Das war fast 50 Jahre lang üblich, nützlich und hilfreich. Es war zwar oft mühselig, aber nicht prinzipiell schwierig, IT-Systeme über die Vorhersehbarkeit ihrer programmtechnischen Wirkung zu steuern. Die Sozialparteien hatten es im Grunde mit einer »Wenn-Dann«-Programmierung zu tun.

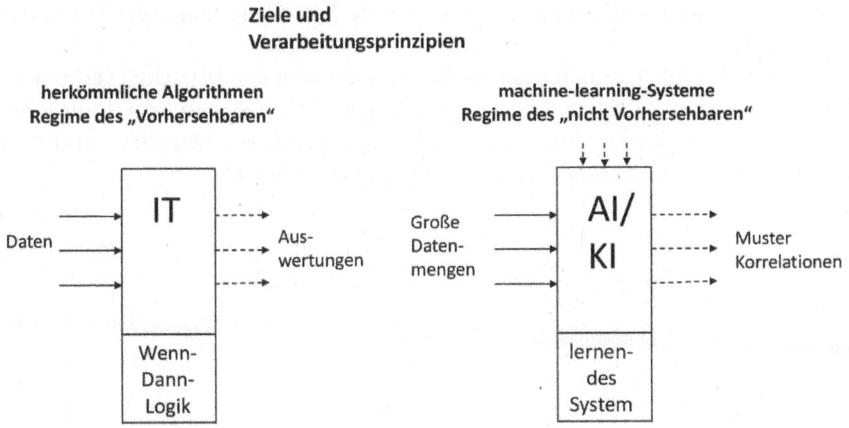

Bei Maschinen, die dazulernen, wie sie die ihnen übertragenen Aufgaben am besten erfüllen, ist es schwierig, abschließend zu beschreiben, welche Schlussfolgerungen sie aus ihren Datenquellen ziehen und welche Auswertungen abschließend sind. KI-Systeme entwickeln sich weiter. Sie erkennen mit einer Geschwindigkeit Zusammenhänge, die wir mit unseren Sinnen gar nicht erkennen können. Lernende Maschinen erkennen Muster, die Menschen nicht sehen. Manche lernenden Systeme sollen sogar solche Ergebnisse liefern, auf die ein Mensch von sich aus gar nicht kommt.

Damit wird es komplizierter, oft gar unmöglich, abschließend mögliche Auswertungen in einer Anlage zur Betriebsvereinbarung zu definieren. Für herkömmliche betriebliche und soziale Gestaltungsprozesse müssen deshalb neue Standards und Methoden entwickelt werden. Über tastende Schritte sollte zugleich Vertrauen aufgebaut und eine neue »Üblichkeit« entwickelt werden. Es braucht den Dialog im Betrieb um Antworten auf die Frage, mit welchen neuen Formen der Verabredungen derartige Maschinen reguliert werden können. Präzise Ziele, Zwecke und Verfahrensmodelle für Folgenabschätzung und Gefährdungsanalyse festzulegen, wird ebenso bedeutsam wie die Möglichkeit zur wirksamen Intervention im laufenden Einsatz. Es muss um Möglichkeiten zur Begrenzung von Verhaltenssteuerung, Diskriminierung, Profilbildung und Verhaltensprognosen gehen, und um die Möglichkeit, erniedrigende Vorgaben durch Maschinen zu verhindern. Auch Qualifizierungsaspekte erhalten zusätzliche Bedeutung. Die Erweiterung unseres Fokus wird Zeit brauchen. Aber das ist nichts Neues.

Auch als sich die Kontinuitätslinien in der Regulierung des Straßenverkehrs geändert haben, hat das gedauert. Erst 23 Jahre nachdem Carl Benz 1886 den Motorwagen Nummer 1 zum Patent angemeldet hatte, entstand eine erste Straßenverkehrsordnung. »Die entstand erst 1909 mit dem Reichsgesetz über den Verkehr mit Kraftfahrzeugen. Vorfahrtsregeln, Straßenschilder und eine verpflichtende Führerscheinprüfung sind seither nicht mehr wegzudenken. Später

kamen Ampeln hinzu, im Jahr 1953 eine erste Promillegrenze, 1976 die Gurtpflicht«.[138]
Die Geschwindigkeit, mit der sich KI-Systeme heute in den Betrieben verbreiten, lässt es aber nicht zu, dass wir mit der Suche nach betrieblichen Gestaltungsnormen – im übertragenen Sinne: mit der Schaffung einer KI-Verkehrsordnung –, so lange warten wie auf die erste Straßenverkehrsordnung.

138 Jörg Dräger und Ralf Müller-Eiselt (2019): Wir und die intelligenten Maschinen: Wie Algorithmen unser Leben bestimmen und wir sie für uns nutzen können, DVA–Verlag, S. 180.

8 Die Inventur der Möglichkeiten

von *Frank Bsirske*

Der große französische Historiker Fernand Braudel hat mit Blick auf die Geschichte der menschlichen Gesellschaften einmal von dem »Inventar des Möglichen« gesprochen. Ein erhellendes Bild. Übertragen auf die Nutzung lernender Maschinen können wir sicher sein: die Digitalisierung und die Nutzung von KI-Systemen erweitert das »Inventar des Möglichen« exponentiell.

Sie eröffnet Optionen und ist gestaltungsoffen. Es unterliegt keinem technischen Determinismus, wie von den Nutzungsoptionen Gebrauch gemacht wird und wohin die technische Entwicklung führt. Offen ist, ob sie zum Nutzen der großen Mehrheit der arbeitenden Menschen oder für Zwecke der ohnehin Privilegierten eingesetzt wird, ob sie zu gesellschaftlichem Wohlstand, zu mehr Teilhabe oder zur Perfektionierung von Kontrolle und Festigung von Machtpositionen verwendet wird. Nicht die Digitalisierung, nicht die KI an sich ist das Problem, sondern was wir Menschen daraus machen.

Die technische Entwicklung hat in der Historie oft Ambivalenzen hervorgerufen, die es zu gestalten galt. Spätestens seit der ersten industriellen Revolution, dem schlesischen Weberaufstand und den vergeblichen Kämpfern der Maschinenstürmer in England wurde klar: Es geht dabei weniger um ein entweder-oder, sondern es geht eher um das wie. Wir nutzen bereits Systeme Künstlicher Intelligenz bei der Navigation, der Suche, der Rechtschreibprüfung, der Übersetzung und in vielen anderen Anwendungen, die wir im Alltag verwenden. Mit der Nützlichkeit derartiger Anwendungen steigt unsere Nutzungsbereitschaft – heute schon.

Mit KI verbinden sich Hoffnungen, zugleich aber auch Ängste. Die Ängste werden aus der Befürchtung gespeist, entmachtet zu werden, die Herrschaft an Maschinen abzugeben und von Maschinen kontrolliert zu werden. Berechtigt ist die Sorge der Verdrängung aus Jobs, Qualifikationen und dem für das Einkommen entscheidenden Wertstatus. Die Sorge um die Entsicherung von Arbeitsbedingungen leiten viele Arbeitnehmerinnen und Arbeitnehmer aus bisherigen Digitalisierungserfahrungen ab. Auch die Entsicherung durch Kontrollverlust und Einschränkung der Selbstbestimmung ist für viele ein Thema. Verbreitet ist die Angst vor Entwürdigung durch das kalte Kalkül der Maschinen und vor der Intransparenz, mit der sie Schlussfolgerungen und Entscheidungen treffen.

Demgegenüber stehen Hoffnungen, etwa der Ermächtigung zu verbesserten Analysefähigkeiten, schnelleren Entscheidungen und hilfreicher Assistenz im Beruf. Praxisbeispiele rechtfertigen die Annahme, das mit KI-Einsatz auch Arbeit erleichtert werden kann. Durch die Übernahme belastender Routinen, mehr Zeit für zwischenmenschliche Begegnung und kürzere Arbeitszeiten kann Entlastung entstehen. Wir können uns mit KI vergewissern sachlichere Entscheidungen zu treffen. Größere sensorische Fähigkeiten können uns dabei helfen menschliche Handlungsoptionen zu erweitern, indem wir leichter, schneller und klüger Informationen verwerten, Zeitersparnis erzielen oder uns eine bessere Orientierung organisieren.

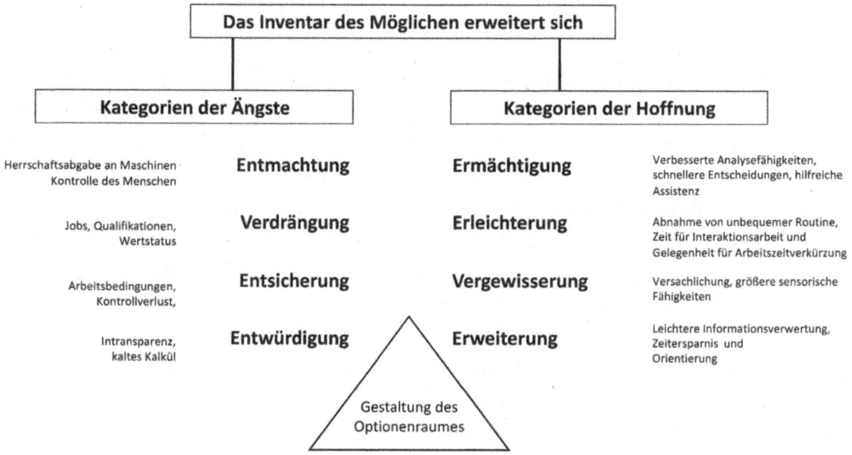

Zwischen den Kategorien der Hoffnung und der Angst existiert ein Optionenraum, den es auszugestalten gilt. Die Beschäftigten und ihre Interessenvertretungen sind gefordert darauf hinzuwirken, dass sich aus dem »Inventar des Möglichen« nicht vor allem oder gar ausschließlich diejenigen bedienen können, die mit der Würde des arbeitenden Menschen und mit Souveränität gewinnen für ihn nichts im Sinn haben.

Beschäftigte wollen nicht von Maschinen disponiert, auf eine ökonomische Größe reduziert und im Beruf durch Maschinen entmachtet werden. Weil die bisherige Digitalisierung mächtige und leider zu oft rücksichtslose Marktakteure hervorgebracht hat, ist die Gestaltungsarbeit von unten bei diesem nächsten Digitalisierungsschritt mit seinem Einsatz lernender Maschinen umso notwendiger. Wie KI in den Betrieben verwendet wird, darf nicht allein profitorientiertem Kalkül und selbstgefälliger Marktmacht überlassen bleiben. Gerade deswegen ist die Gestaltungsarbeit in den Betrieben und das Handeln der Mitbestimmungsakteure so bedeutsam. Es geht darum, Systeme Künstlicher Intelligenz für gute Arbeit, nachhaltiges Wirtschaften, die Entlastung im Beruf, neue Beschäftigung, für smartere Entscheidungen und für mehr Umsicht und Rücksichtnahme zu verwenden.

In ihrer zum Standardwerk gewordenen Studie über »das zweite Maschinenzeitalter« stellen Brynjolfsson und McAffee zutreffend fest: »Auch die Herausforderungen durch die digitale Revolution lassen sich meistern. Doch zunächst

müssen wir uns darüber klar werden, worin sie eigentlich bestehen. Wir müssen die voraussichtlichen negativen Konsequenzen unbedingt beim Namen nennen und einen Dialog darüber anstoßen, wie wir sie abfedern können.«[139]
Die Harvard Professorin Shoshana Zuboff warnt vor einer »Ökonomie der Verachtung, die zu Exklusion und Stagnation führt«[140] Das trifft den Kern. Gerade mit Blick auf den Einsatz von Maschinen, die lernen, gilt: Wir brauchen eine gründliche Inventur unserer Handlungsoptionen. Schließlich entwickeln sich die KI-Werkzeuge weiter, erkennen Muster, die der Mensch zuvor nicht erkannt hat. Sie arbeiten mit einer unglaublichen Geschwindigkeit, wirken auf eine Vielzahl von Persönlichkeitsrechten und haben unterschiedliche Kritikalitätsstufen. Die Anwendungen verdienen unterschiedliches Vertrauen. Ihr Einsatz im Betrieb stößt auf unterschiedliche Kulturen und Interessen, die Aspektvielfalt des Themas ist groß, ebenso die Anzahl der Einflussfaktoren und Gestaltungsoptionen. Es braucht trotzdem verallgemeinerbare Ordnungsmuster, Vorgehensmodelle und Hilfe bei der Priorisierung. Dafür bietet die vorliegende Arbeit von Lothar Schröder und Petra Höfers wertvolle Orientierung.
Weil die Systeme zumindest zum Teil sehr intransparent wirken, braucht es Anstrengungen, um Absichten zu hinterfragen und den Einsatz von KI transparent zu gestalten. Notwendig sind partizipative Verfahren zur Beschäftigtenbeteiligung und zur Einbeziehung von Sachverständigen. Notwendig ist der Austausch, wie Folgenabschätzung in den Betrieben wirksam organisiert werden kann und ebenso der Austausch über Mechanismen, wie die Systeme im laufenden Betrieb evaluiert werden können, denn diese werden sich fortentwickeln. Für Mitbestimmungsakteure entscheidend ist der Austausch über gute Gestaltungsbeispiele, ebenso wie die Kenntnis der Rechtsgrundlagen.
Zunächst gilt es aber, sich über die Wirkungen, Besonderheiten und Funktionsmechanismen unterschiedliche KI-Systeme im Klaren zu werden. Es macht Sinn, sich über ethische Maßstäbe Gedanken zu machen und existierende Expertenempfehlungen daraufhin durchzusehen, ob sie für die betriebliche Gestaltungsarbeit hilfreich sind. In den Betrieben braucht es Leitideen zur Gestaltung. Eine positive Vision ist notwendig, bei der die Erwerbstätigen im Mittelpunkt stehen – so wie es schon die letzte Bundesregierung in ihre KI-Strategie postuliert hat. Ein Qualitätsmodell wird gebraucht, das aus Arbeitnehmersicht die Kernfrage beantwortet: Was macht eigentlich gute KI aus?
Hier bietet der vorliegende Text wertvolle Orientierung. Die Autor*innen wissen: um KI-Systeme im Betrieb erfolgreich einzusetzen braucht es das Vertrauen der arbeitenden Menschen und die Aspektvielfalt des Themas verlangt nach Priorisierung. Das KI-Lagom-Modell hilft Vertrauensfaktoren zu bilden und diese mit Prüfindikatoren zu hinterlegen. Es ist geeignet Vertrauen zu bilden und die

---

139 Eric Brynjolfsson und Andrew McAfee (2014): The Second Machine Age. Wie die nächste digitale Revolution unser aller Leben verändern wird, Kulmbach, S. 21.

140 Shoshana Zuboff (2015): Der menschliche Faktor, in: Frank Schirrmacher (Hrsg.): Technologischer Totalitarismus. Eine Debatte, Berlin, S. 264; ursprünglich FAZ vom 17.7.2014 unter dem Titel »Eine Ökonomie der Verachtung«.

betriebliche Priorisierung zu erleichtern. Die Checklisten und Prüffragen dieses Buches können dabei helfen, die richtigen Fragen zu stellen und Betroffene zu Beteiligten zu machen, um gemeinsam tastende Schritte zur Gestaltung von KI-Systemen in den Betrieben zu unternehmen. Es braucht dafür Experimente, die auch mal scheitern dürfen. Sie werden aber auf alle Fälle dabei helfen, den richtigen Weg zu finden. Noch einfacher wird es allerdings für alle, wenn wir uns dabei wechselseitig vor Irrwegen warnen. Das KI-Lagom-Prinzip will Balance und die dialogische Suche nach dem richtigen Regulierungsstandard zum Gestaltungsprinzip machen. Das könnte zur Leitidee der sozialen Gestaltung von KI im Betrieb werden.

Dieses Buch liefert einen Basistext für alle, die sich in den Betrieben und Verwaltungen mit der Einführung von KI-Systemen befassen müssen und sich fragen, wie sie auf Einsatz und Wirkung lernender Maschinen nachhaltig Einfluss nehmen können.

9 Die Vielfalt wegweisender Gestaltungsanforderungen

Parlamente und Regierungen, Expertenkommissionen, Normsetzungsinstanzen, Aufsichtsbehörden und Gewerkschaften haben sich die letzten Jahre mit den Auswirkungen von KI für Wirtschaft, Arbeit und Gesellschaft auseinandergesetzt. Dabei wurden die Wirkungen solcher Systeme auf die Arbeitswelt analysiert, Ansprüche und Prioritäten formuliert. Es wurden vielfältige Qualitätsfaktoren und Beteiligungsansprüche adressiert. Derartige Elemente können bei der Schaffung eines betrieblichen Ordnungsrahmens hilfreich sein, um Vertrauen zu schaffen.
Im Folgenden wird eine Auswahl wesentlicher Dokumente auszugsweise zitiert, um Anregungen für den betrieblichen Gestaltungsprozess zu geben und um Expertenmeinungen argumentativ leichter nutzbar zu machen. Elemente eines betrieblichen Ordnungsrahmens lassen sich von diesen Anforderungen ableiten und mit Anforderungen und Prioritäten der Beschäftigten in einem jeweils stimmigen Qualitätsmodell integrieren.

9.1 Strategie Künstliche Intelligenz der Bundesregierung (StrBReg)

Im November 2018 publizierte die damalige Bundesregierung ihre »Strategie zur künstlichen Intelligenz« (StrBReg). Sie wollte »Deutschland und Europa zu einem führenden KI-Standort machen und so zur Sicherung der künftigen Wettbewerbsfähigkeit Deutschlands beitragen«.[141]
Sie verpflichtete sich, den »menschenzentrierten Einsatz von KI in der Arbeitswelt« zu organisieren und »Artificial Intelligence (AI) made in Germany [...] zum weltweit anerkannten Gütesiegel« zu entwickeln.[142]
Für den innerbetrieblichen Dialog über einen Ordnungsrahmen zu KI-Systemen hielt die Bundesregierung schon 2018 folgende Intentionen für maßgeblich:

»Wir wollen dafür Sorge tragen, dass die Erwerbstätigen bei der Entwicklung von KI-Anwendungen in den Mittelpunkt gestellt werden: die Entfaltung ihrer Fähig-

141 StrBReg: S. 6.
142 StrBReg: S. 7, 8.

keiten und Talente; ihre Kreativität; ihre Selbstbestimmtheit, Sicherheit und Gesundheit.«[143]

»Technik soll dabei den Menschen unterstützen und entlasten, so dass er sich mit spezifisch menschlichen Fähigkeiten – zum Beispiel Empathie, Kreativität und dem Finden von Lösungen in komplexen Situationen – einbringen kann. Dafür muss sich die Technik an den Bedürfnissen des Menschen orientieren.«[144]

»Wir unterstützen den Aufbau von Reallaboren […], um dort in der Phase der technologischen Erprobung […] auch Anpassungsbedarf im Ordnungsrahmen zu identifizieren.«[145]

»Der Einsatz von Künstlicher Intelligenz wird zu einer neuen Stufe der Veränderung von Arbeit führen, mit deutlichen Unterschieden zur bisherigen Automatisierung und Digitalisierung. Vor diesem Hintergrund werden wir die bisherigen Beschäftigungsprognosen und -szenarien kritisch reflektieren und die Strategien zur Gestaltung und weiteren Humanisierung von Arbeit neu justieren.«[146]

»KI hat Auswirkungen auf Anforderungen, Kompetenzen, Arbeitsplätze, Arbeitsorganisation und Arbeitsbeziehungen. Ein ganzheitlicher, menschengerechter und nutzerzentrierter Ansatz ist essentiell für die Entwicklung und positive Nutzung von KI in der Arbeitswelt und Voraussetzung dafür, die Innovations- und Produktivitätspotenziale von KI auszuschöpfen.«[147]

»Wir werden daher nicht nur in die Weiterentwicklung der Technologie, sondern ebenso in eine soziale Technikgestaltung und die Kompetenzen der Erwerbstätigen investieren. Die selbstbestimmte Entfaltung von Fähigkeiten und Talenten, die soziale Sicherheit und die Gesundheit der Beschäftigten sowie Fragen der sozialen Teilhabe und Inklusion sollen dabei gleichermaßen Berücksichtigung finden wie die Interessen der Unternehmen.«[148]

»Das gesamtgesellschaftliche Potenzial von KI liegt in der Produktivitätssteigerung bei zeitgleicher Steigerung des Wohlergehens der Erwerbstätigen: Eintönige oder gefährliche Aufgaben können an Maschinen übertragen werden, während sich Menschen auf kreative Problemlösungen konzentrieren könnten. […] Diesem Ziel dient die Förderung von betrieblichen, sozialpartnerschaftlich begleiteten und wissenschaftlich evaluierten Experimentierräumen für betriebliche KI-Anwendungen.

143 StrBReg: S. 9.
144 StrBReg: S. 14.
145 StrBReg: S. 23.
146 StrBReg: S. 25.
147 StrBReg: S. 25.
148 StrBReg: S. 25, 26.

Gender- bzw. Diversity-Aspekte sowie die Situation von Selbstständigen werden in diesem Handlungsfeld besonders berücksichtigt.«[149]

»Betriebliche Mitbestimmung und eine frühzeitige Einbindung der Betriebsräte stärken das Vertrauen und die Akzeptanz der Beschäftigten bei der Einführung und der Anwendung von KI. Dies ist Voraussetzung für eine positive Haltung zu KI allgemein sowie eine erfolgreiche Implementierung von KI-Anwendungen auf betrieblicher Ebene.«[150]

Die Bundesregierung brachte zur Erreichung ihrer Ziele eine Selbstverpflichtung zum Ausdruck:

»Die Empfehlungen der Datenethikkommission werden wir bei der Umsetzung der Strategie aufgreifen.«[151]

9.2 Empfehlungen in der Datenethikkommission (DEK)

Die Empfehlungen der Datenethikkommission wurden in einem 223-seitigen Gutachten zum Ausdruck gebracht, dass die am 18.7.2018 eingesetzte Kommission erarbeitet und am 23.10.2019 der Bundesregierung übergeben hat. Darin werden auch Orientierungen für einen betrieblichen Ordnungsrahmen gegeben, die über die oben zitierten Intentionen der Bundesregierung hinausgehen.
Die DEK spricht in ihren Leitgedanken etwa von:
- der »Förderung digitaler Kompetenzen und kritischer Reflexion in der digitalen Welt«,
- einer »Stärkung des Schutzes von persönlicher Freiheit, Selbstbestimmung und Integrität«,
- der »Förderung verantwortungsvoller und gemeinwohlverträglicher Datennutzungen«,
- einer »risikoadaptierte[n] Regulierung und wirksame[n] Kontrolle algorithmischer Systeme« und
- der »Ausrichtung digitaler Strategien an Zielen der Nachhaltigkeit«.[152]

Allgemeine Anforderungen werden u.a. gestellt an »Qualität und Leistungsfähigkeit«, »Robustheit und Sicherheit« sowie »Minimierung von Verzerrungen und Diskriminierung«.[153]

---

149 StrBReg: S. 26.
150 StrBReg: S. 28.
151 StrBReg: S. 9.
152 DEK: S. 13.
153 DEK: S. 25.

Weitere Empfehlungen der Datenethikkommission geben Orientierung für einen betrieblichen Ordnungsrahmen:

»Regulatorische Instrumente und Anforderungen an algorithmische Systeme sollten u. a. Korrektur-, und Kontrollinstrumente, Vorgaben für die Transparenz, die Erklärbarkeit und die Nachvollziehbarkeit der Ergebnisse sowie Regelungen zur Zuordnung von Verantwortlichkeit und Haftung für den Einsatz umfassen.«[154]

»Die DEK erachtet es als sinnvoll, mit Blick auf das Schädigungspotenzial algorithmischer Systeme in einem ersten Schritt fünf Kritikalitäts-Stufen zu unterscheiden. […] Bei Anwendungen mit einem gewissen Schädigungspotenzial […] kann und soll bedarfsgerechte Regulierung einsetzen, wie etwa Ex-post-Kontrollen, die Pflicht zur Erstellung und Veröffentlichung einer angemessenen Risikofolgenabschätzung, Offenlegungspflichten gegenüber Aufsichtsinstitutionen oder auch gesteigerte Transparenzpflichten sowie Auskunftsrechte für Betroffene.«[155]

»Bei Anwendungen mit regelmäßigem oder deutlichem Schädigungspotenzial […] können zusätzlich Zulassungsverfahren gerechtfertigt sein. Bei Anwendungen mit erheblichen Schädigungspotenzial […] fordert die DEK darüber hinaus verschärfte Kontroll- und Transparenzpflichten bis hin zu einer Veröffentlichung der in die algorithmische Berechnung einfließenden Faktoren und deren Gewichtung, der Datengrundlage und des algorithmischen Entscheidungsmodells sowie die Möglichkeit einer kontinuierlichen behördlichen Kontrolle […].«[156]

»Die DEK empfiehlt bei algorithmischen Systemen erhöhter Systemkritikalität […] eine Kennzeichnungspflicht.«[157]

»Bei algorithmischen Systemen ab einem bestimmten Schädigungspotenzial […] ist es sachgerecht und zumutbar, dem Betreiber gesetzlich die Erstellung und Veröffentlichung einer angemessenen Risikofolgenabschätzung abzuverlangen, die auch bei der Verarbeitung nicht-personenbezogener Daten greift und Risiken außerhalb des Datenschutzes berücksichtigt. Sie sollte insbesondere auch eine Abschätzung der Risiken für Selbstbestimmung, Privatheit, körperliche Unversehrtheit, persönliche Integrität sowie Vermögen, Eigentum und Diskriminierung umfassen. Außerdem sollte sie neben den zugrundeliegenden Daten und der Logik des Modells auch Qualitätsmaße und Fairnessmaße zu den Daten und zur Modellgüte berücksichtigen […].«[158]

154 DEK: S. 26.
155 DEK: S. 26.
156 DEK: S. 26.
157 DEK: S. 27.
158 DEK: S. 27.

Die Datenethikkommission empfiehlt weiter, dass

»differenziert nach kritischen Anwendungsbereichen [...] technisch-statistische Standards für die Qualität von Testverfahren und Audits« festgelegt werden.[159] *»Bei Anwendungen mit unvertretbarem Schädigungs-potenzial (Stufe 5) ist schließlich ein vollständiges oder teilweises Verbot auszusprechen.«*[160]

Und sie unterstreicht den »grundsätzliche[n] Wert menschlichen Handelns« auch und gerade im Arbeitsleben mit der folgenden klaren Aussage:

»Wenn [...] ein Arbeitnehmer durch technische Systeme dazu gezwungen wird, seine gesamten Arbeitsabläufe in den Dienst maximaler Effektivität zu stellen und dabei seine Privatsphäre oder seine persönliche Integrität verletzt werden, hat die Effektivität zurückzustehen. Menschen dürfen nicht zu Objekten von Maschinen werden, sondern müssen ihre Subjektivität erhalten können.«[161]

Die nachstehend abgebildete »Kritikalitätspyramide« fasst das von der DEK vorgeschlagene gestufte Regulierungskonzept in anschaulicher Form zusammen:

Kritikalitätspyramide und risikoadaptiertes Regulierungssystem für den Einsatz algorithmischer Systeme

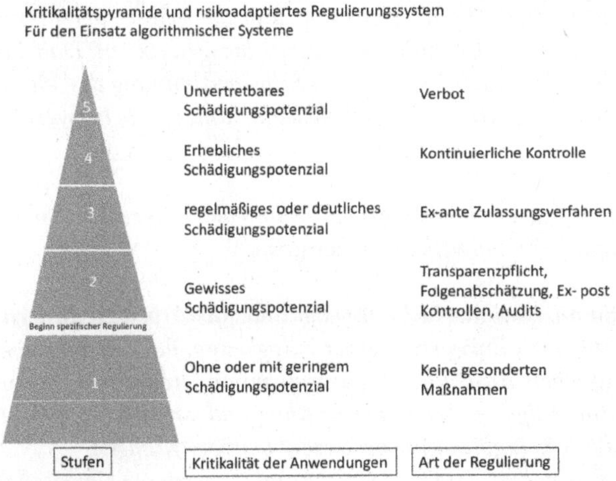

Quelle: Datenethikkommission, S. 177

159 DEK: S. 29.
160 DEK: S. 26.
161 DEK: S. 40.

9.3 Enquetekommission Künstliche Intelligenz (EKKI)

Der Deutsche Bundestag hatte am 26.6.2018 einen gemeinsamen Antrag der Fraktionen von CDU/CSU, SPD, FDP und DIE LINKE beschlossen, mit dem eine Enquetekommission »Künstliche Intelligenz – gesellschaftliche Verantwortung und wirtschaftliche, soziale und ökologische Potenziale« (EKKI) eingesetzt wurde. Schon der Einsetzungsbeschluss verlangte danach,

- »ethische Prinzipien für die Entwicklung, Programmierung und den Einsatz von KI sowie der Interaktion von Mensch und Maschine« herauszuarbeiten,
- »Kriterien und Grenzen von KI-basierten Entscheidungen« zu beschreiben,
- »Verantwortung und Haftungsfragen beim Einsatz von KI« zu klären,
- Antworten auf die »Veränderungen der Arbeitswelt durch KI«[162] zu erarbeiten.

Am 28.10.2020 wurde nach mehr als zwei Jahren ein 794 Seiten umfassender Abschlussbericht der Öffentlichkeit vorgestellt. Er greift die im Einsetzungsbeschluss formulierten Anforderungen auf und gibt in vielfacher Hinsicht Orientierung für einen betrieblichen Ordnungsrahmen. Im Folgenden werden Textauszüge wiedergegeben, die aus dem Kernbericht stammen und im überparteilichen Konsens, zumindest aber mit überragender Mehrheit beschlossen wurden. Anforderungen aus Sondervoten der einzelnen Parteien, die ebenfalls im Bericht enthalten sind, bleiben unerwähnt.
Die Enquetekommission bringt im Abschlussbericht zum Ausdruck,

»dass KI-Anwendungen vorrangig auf das Wohl und die Würde der Menschen ausgerichtet sein und einen gesellschaftlichen Nutzen bringen sollten. Dabei ist zu beachten, dass der Einsatz von KI-Systemen die Selbstbestimmung des Menschen als Handelnden und seine Entscheidungsfreiheit wahrt und möglicherweise sogar stärkt.«[163]

»Experimentierräume werden benötigt, um KI-Technologien in realen Umgebungen sicher erproben und weiterentwickeln zu können.«[164]

»Um Potenziale für Emanzipation, Nachhaltigkeit und gute Arbeit zu fördern und Risiken für Beschäftigte durch Entwertung ihrer Fähigkeiten, ihrer Persönlichkeitsrechte und ihrer beruflichen Anschlussfähigkeit zu minimieren sowie ungerechtfertigte Kontrolle, Entmündigung, Arbeitsverdichtung und Arbeitsplatzverluste zu vermeiden, braucht die Arbeitsgestaltung besondere Leitvorstellungen.
Es ist sinnvoll, die Einflussnahme des Gesetzgebers und der weiteren Normsetzungsakteure unter anderem auf folgende Ziele auszurichten: Das Potenzial von KI zur Produktivitätssteigerung und zur Steigerung des Wohlergehens der Erwerbstätigen sollte genutzt werden, neue Geschäftsmodelle zu entwickeln und zu fördern, die zur Beschäftigungssicherung und zum Beschäftigungsausbau beitragen, ›gute Ar-

162 EKKI: S. 664, 665.
163 EKKI: S. 28.
164 EKKI: S. 29.

beit by Design‹ zu entwickeln und vorrangig eintönige oder gefährliche Aufgaben an Maschinen zu übertragen, […] und dafür zu sorgen, dass der Mensch als soziales Wesen an seinem Arbeitsplatz die Möglichkeit hat, sozial mit anderen Menschen zu interagieren, menschliches Feedback zu erhalten und sich als Teil der Belegschaft zu begreifen.«[165]

»Individuen müssen in der Lage sein, sich gegen Diskriminierung durch KI genauso zur Wehr zu setzen wie in anderen Fällen. Um dies sicherzustellen, braucht es, wenn KI über Menschen urteilt, einen Anspruch auf Transparenz, Nachvollziehbarkeit und Erklärbarkeit von KI-Entscheidungen, damit eine gerichtliche Überprüfung automatisierter Entscheidungen möglich ist.«[166]

Die Enquetekommission hatte eine Unterarbeitsgruppe »Künstliche Intelligenz und Staat« eingerichtet, deren Empfehlungen mit dem Kommissionsbericht beschlossen wurden. Darin werden Anliegen zum Ausdruck gebracht, die für staatliche Instanzen handlungsleitend werden sollen:

»Ziel sollte es sein, möglichst vielen Mitarbeiterinnen und Mitarbeitern […] ein Verständnis für die Funktionsweisen, Vorteile und Herausforderungen von KI-Systemen und für mögliche Risiken in Bezug auf unerwünschte Diskriminierung aufzuzeigen. Bereits die Ausbildung und das Studium […] müssen ein breites Wissen zu Digitalisierung und KI-Systemen vermitteln.«[167]

»Für […] KI-Systeme, die auf einem durch Methoden des Maschinellen Lernens gelernten statistischen Modell basieren, ist immer eine Risikoklassifikation durchzuführen. Basierend auf der Risikoklassifikation sind die entsprechenden Transparenz- und Nachvollziehbarkeitsforderungen zu bestimmen.«[168]

»Es muss sichergestellt werden, dass […] KI-Systeme in ihrer Nutzung (unter Umständen also im Zusammenwirken mit menschlichen Entscheiderinnen und Entscheidern) nicht diskriminierend wirken.«[169]

»Für den Einsatz von KI-Systemen sind Arbeitsvorgänge bzw. Prozesse »systematisch [zu] prüfen, um dadurch z. B. eine Verbesserung der Qualität, Bekämpfung von Missbrauch, Senkung der Kosten oder Erhöhung der Sicherheit zu erreichen.«[170]

»Es ist nötig, einen Standardprozess für die Entscheidung, den Einkauf, die Implementierung und den Betrieb von KI-Anwendungen […] zu entwickeln und zu

165 EKKI: S. 34.
166 EKKI: S. 60.
167 EKKI: S. 190.
168 EKKI: S. 190, 191.
169 EKKI: S. 191.
170 EKKI: S. 198.

etablieren. Hierbei gilt es zu prüfen, inwiefern in der Wirtschaft etablierte Standardprozesse für die Implementierung von KI-Anwendungen […] geeignet sind.«[171]

Die Kommission hatte auch eine Unterarbeitsgruppe »Künstliche Intelligenz und Arbeit« eingerichtet, deren Feststellungen ebenfalls geeignet sind, Orientierung für den Dialog über einen betrieblichen Ordnungsrahmen zu geben:

»[…] die Politik und die Sozialpartner [sind] gefordert, die Veränderungen der Arbeitswelt so zu gestalten, dass Chancen für eine Aufwertung von Arbeit genutzt und Risiken in Bezug auf Qualifikationsanforderungen und Arbeitsbedingungen ausgeschlossen werden können.«[172]

»Bei der Entwicklung von Kriterien für die Gestaltung der Mensch-Maschine-Interaktion sind folgende Gesichtspunkte von Relevanz: Prinzipien der Transparenz, Nachvollziehbarkeit, Datenschutz und Erklärungsfähigkeit sowie die Beachtung von Grundrechten. Außerdem stellen sich auch Fragen der Sicherheit, der Benutzerfreundlichkeit, der Verantwortlichkeit und der Autonomie. Diese Kriterien können auch als Grundlage für die nationale und internationale Normung und Standardisierung sowie die Weiterentwicklung des Arbeitsschutzes dienen.«[173]

»Aufgrund der besonderen Eigenschaft von KI als lernendem System wird die Gestaltung der Technik außerdem zu einer permanenten Aufgabe. Dadurch entstehen Chancen für eine umfassendere Gestaltung sozio-technischer Systeme durch die Sozialpartner, aber auch die Herausforderung für Betriebsräte und das Management, die Folgen komplexer technischer Systeme einschätzen und identifizieren zu können.«[174]

»Gegenüber der gegenwärtig vorherrschenden Form der sozialpartnerschaftlichen Aushandlung des Technologieeinsatzes, bei der dieser als einmalige Implementation behandelt wird, müssen hier neue Vereinbarungen getroffen werden, die eine kontinuierliche Begleitung des Einsatzes von KI-Systemen ermöglichen.«[175]

»Um dem Prozesscharakter lernender Maschinen gerecht zu werden und um vorausschauend, wirksam und schnell zu wirken, muss die betriebliche Mitbestimmung auf das Konzept der Entwicklung, des Einsatzes und der Fortentwicklung der Systeme ausgerichtet sein. Sie muss sich außerdem der normativen Wirkung aller wesentlichen Fragen der Persönlichkeitsrechte annehmen können und einen wirk-

171 EKKI: S. 198.
172 EKKI: S. 319.
173 EKKI: S. 320.
174 EKKI: S. 320.
175 EKKI: S. 320, 321.

samen Einfluss auf die Arbeitsmenge, Arbeitsorganisation und die Qualifizierung eröffnen, die sich im Zusammenhang mit dem Einsatz von KI-Systemen ergeben.«[176]

»Um die Mitbestimmung praktikabel zu gestalten, sollten Prozesse zwischen Arbeitgeber und Betriebsrat vereinbart werden, die den Einsatz von KI in den Unternehmen unterstützen bzw. beschleunigen und gleichzeitig die Rechte und Interessen der Beschäftigten wahren.«[177]

»Um den Zustimmungsprozess zu beschleunigen, wäre es beispielsweise möglich, dass Arbeitgeber und Betriebsrat eine prinzipienbasierte Rahmenvereinbarung und anwendungsspezifische Einzelvereinbarungen abschließen.«[178]

Die nachstehende Übersicht fasst einige der von der Enquetekommission formulierten Anforderungen an die verschiedenen Normsetzungsakteure in den Betrieben zusammen, die für einen betrieblichen Ordnungsrahmen maßgeblich sind und Aufgaben und Zielsetzungen sowohl für das Management wie auch für die Betriebs-und Personalräte in Betrieben und Verwaltungen beschreiben[179]:

Management in den Betrieben und Verwaltungen	• Schaffung von Transparenz, insbesondere hinsichtlich Zielsetzungen, Datennutzung, Verantwortlichkeiten und Revisionsinstrumente • Definition von Grenzen, Revisionsmöglichkeiten und verantwortlichen Stellen für maschinelle Schlussfolgerungen • Entwicklung ethischer Normen • Einordung betrieblicher KI-Systeme in Kritikalitätsstufen, Bildung von Nützlichkeitsprofilen • Durchführung von Tests, Folgenabschätzungen und Gefährdungsanalysen • Schaffung mitbestimmter Normen • Ausrichtung des Beschaffungs-, Qualitäts- und Personalmanagements auf betriebliche Normen • Qualitative Personalplanung und -entwicklung • Mitwirkung an überbetrieblichem Monitoring und Benchmarking

176 EKKI: S. 330.
177 EKKI: S. 331.
178 EKKI: S. 331.
179 EKKI: Ziffer 6.3, S. 364, 365.

Betriebs- und Personalräte, betriebliche Mitbestimmungsakteurinnen und -akteure	• Hinwirkung auf einen betrieblichen Ordnungsrahmen und ein Einführungsmodell zu KI • Schutz der Persönlichkeitsrechte und der Diskriminierungsfreiheit • Beteiligung an Tests, Folgenabschätzungen und Gefährdungsanalysen • Einbringen von Innovationsideen für den Einsatz von KI

Die Enquetekommission machte auch Handlungsempfehlungen zur Förderung von Sozialpartnerprojekten und zum Gestaltungsansatz »Gute Arbeit by design«:

»Die Unterstützung betrieblicher Gestaltungsinitiativen ist gerade wegen der Komplexität der KI-Systeme und deren vielfältiger Einsatzformen zweckmäßig. Um dafür zu sorgen, dass die genannten Prinzipien in der Arbeit angewendet werden, müssen dafür relevante Funktionsweisen von KI-Systemen gekennzeichnet werden. Entsprechende Normen und Benchmarks sowie entsprechende Auditierung und Zertifizierung würden Ansatzpunkte liefern, mit denen sich betriebliche Akteure der Arbeitsgestaltung ein Urteil darüber bilden können, ob eine KI-Anwendung Anforderungen genügen und beispielsweise die Gestaltungsansätze »Privacy by design« oder »Gute Arbeit by design« umsetzen kann.
In Anlehnung an den »Corporate Governance Kodex« für gute Unternehmensführung kann ein System ethischer Maßstäbe als Instrument der Selbststeuerung der Wirtschaft implementiert werden, dass auch für die Arbeit von Arbeitnehmervertretungen Relevanz entfaltet. Ein Modell wie das der Datenethikkommission für die Einstufung algorithmischer Systeme in Kritikalitätsstufen könnte auch für die betriebliche Arbeitsgestaltung erstellt werden und zur Orientierung für Entscheidungen über den Einsatz von bestimmten Systemen im jeweiligen Kontext genutzt werden. Es sollte jedoch um einen Mechanismus ergänzt werden, der die Untersuchung der Nutzenpotenziale von KI-Systemen für die verschiedenen Stakeholder-Gruppen in den Betrieben ermöglicht. Damit können Chancen- und Risikopotenziale gleichzeitig in die Formulierung von betrieblichen Regulierungsansätzen einfließen.
Die Förderung von Sozialpartnerprojekten mit partizipativem Charakter, bei denen Wissenschaftlerinnen und Wissenschaftler und Unternehmen gemeinsam mit Personal- und Betriebsräten Gestaltungsinitiativen entwickeln, kann hilfreich sein für die Entwicklung von Maßstäben für das betriebliche Handeln.«[180]

180 EKKI: S. 339.

9.4 Unabhängige hochrangige Expertengruppe für Künstliche Intelligenz (HLEG)

Die »unabhängige hochrangige Expertengruppe für Künstliche Intelligenz« (HLEG) hatte am 8.4.2019 ihre Ethikleitlinien für vertrauenswürdige KI der Öffentlichkeit vorgestellt. Sie war von der Europäischen Kommission damit beauftragt worden.[181]
Die Gruppe formulierte Anforderungen, die auch für einen betrieblichen Ordnungsrahmen maßgeblich sind und nationale Empfehlungen darin verstärken, eine »vertrauenswürdige KI« zu verbreiten.
Nach Überzeugung der Expertengruppe müssen folgende Voraussetzungen erfüllt werden:

- Vorrang menschlichen Handelns und menschliche Aufsicht,
- technische Robustheit und Sicherheit,
- Schutz der Privatsphäre und Datenqualitätsmanagement,
- Transparenz,
- Vielfalt, Nichtdiskriminierung und Fairness,
- gesellschaftliches und ökologisches Wohlergehen,
- Rechenschaftspflicht.[182]

Für die Partizipation von Interessenvertretungen forderte die HLEG in ihren Leitlinien eine

»Beteiligung der Interessenträger während des gesamten Lebenszyklus des KI-Systems. Schulungs- und Ausbildungsförderung mit dem Ziel, allen Interessenträgern Kompetenzen auf dem Gebiet der vertrauenswürdigen KI zu vermitteln.«[183]

In einer umfassenden Bewertungsliste für vertrauenswürdige KI hat die Expertengruppe Fragen und Bewertungsaspekte gelistet, mit denen der Einsatz eines KI-Systems hinsichtlich der selbstgesetzten Qualitätsindikatoren hinterfragt werden kann.[184] Sie fordert zur Inklusion:

»[…] die Systeme [sollten] benutzerorientiert und so gestaltet sein, dass alle Menschen unabhängig von ihrem Alter, Geschlecht, ihren Fähigkeiten oder Merkmalen KI-Produkte oder -Dienstleistungen nutzen können. Die barrierefreie Zugänglichkeit dieser Technologie für Menschen mit Behinderungen, die in allen gesellschaftlichen Gruppen präsent sind, ist von besonderer Bedeutung.«[185]

181 *https://digital-strategy.ec.europa.eu/en/library/ethics-guidelines-trustworthy-ai.*
182 HLEG: S. 10.
183 HLEG: S. 3.
184 HLEG: S. 32ff.
185 HLEG: S. 23.

9.5 Europäische Kommission

Am 21.4.2021 stellte die Europäische Kommission einen »Vorschlag für eine Verordnung des Europäischen Parlaments und des Rates zur Festlegung harmonisierter Vorschriften für künstliche Intelligenz« der Öffentlichkeit vor. Daraus wurde drei Jahre später die Europäische KI-Verordnung, deren für das Arbeitsleben wesentlichen Teile in Kapitel 13 beschrieben werden. Aus der ersten Begründung zum Regelwerk lassen sich aber bereits Argumentationslinien für die Einflussnahme auf die Einführung von KI-Systemen im Betrieb ableiten. Darin hieß es:

»Künstliche Intelligenz (KI) bezeichnet eine Reihe von Technologien, die sich rasant entwickeln und einen vielfältigen Nutzen für Wirtschaft und Gesellschaft über das gesamte Spektrum industrieller und gesellschaftlicher Aktivitäten hinweg hervorbringen können. […] Dieselben Faktoren und Techniken, die für den sozioökonomischen Nutzen der KI sorgen, können aber auch neue Risiken oder Nachteile für den Einzelnen oder die Gesellschaft hervorbringen.«[186]

In den Erwägungsgründen, die dem Verordnungsentwurf vorangestellt waren, wurde ausgeführt:

»Abgesehen von den vielen vorteilhaften Verwendungen künstlicher Intelligenz kann diese Technologie auch missbraucht werden und neuartige und leistungsfähige Werkzeuge für manipulative, ausbeuterische und soziale Kontrollpraktiken bereitstellen. Solche Praktiken sind besonders schädlich und sollten verboten werden, weil sie den Werten der Union, nämlich der Achtung der Menschenwürde, der Freiheit, der Gleichheit, der Demokratie und der Rechtsstaatlichkeit, sowie den Grundrechten der Union, einschließlich des Rechts auf Nichtdiskriminierung, des Datenschutzes und des Schutzes der Privatsphäre sowie der Rechte des Kindes, widersprechen.«[187]

»Das Inverkehrbringen, die Inbetriebnahme oder die Verwendung bestimmter KI-Systeme, die dazu bestimmt sind, menschliches Verhalten nachteilig zu beeinflussen, und die zu physischen oder psychischen Schäden führen dürften, sollte verboten werden.«[188]

---

186 COM (2021) 206 final 2021/0106 (COD) vom 21.4.2021 (Vorschlag für eine Verordnung des Europäischen Parlaments und des Rates zur Festlegung harmonisierter Vorschriften für Künstliche Intelligenz (Gesetz über Künstliche Intelligenz) und zur Änderung bestimmter Rechtsakte der Union: S. 1.

187 Vorschlag für eine Verordnung des Europäischen Parlaments und des Rates zur Festlegung harmonisierter Vorschriften für Künstliche Intelligenz (Gesetz über Künstliche Intelligenz) und zur Änderung bestimmter Rechtsakte der Union: S. 24.

188 Vorschlag der EU-Kommission für eine Verordnung zur Festlegung harmonisierter Vorschriften für KI vom 21.4.2021, Erwägungsgründe 15 und 16.

»KI-Systeme, die natürliche Personen für allgemeine Zwecke durch Behörden oder in deren Auftrag sozial bewerten, können zu diskriminierenden Ergebnissen und zum Ausschluss bestimmter Gruppen führen. Sie können gegen das Recht auf Würde und Nichtdiskriminierung sowie gegen die Werte der Gleichheit und Gerechtigkeit verstoßen. Solche KI-Systeme bewerten oder klassifizieren die Vertrauenswürdigkeit natürlicher Personen auf der Grundlage ihres Sozialverhaltens in verschiedenen Kontexten oder bekannter oder vorhergesagter persönlicher oder Persönlichkeitsmerkmale. […] Derartige KI-Systeme sollten daher verboten werden.«[189]

Für die Auswahl und Zuordnung von KI-Systemen zum Hochrisikobereich führte die Begründung des Verordnungsentwurfs aus:

»Als hochriskant sollten nur solche KI-Systeme eingestuft werden, die erhebliche schädliche Auswirkungen auf die Gesundheit, die Sicherheit und die Grundrechte von Personen in der Union haben; etwaige mögliche Beschränkungen des internationalen Handels, die sich daraus ergeben, sollten so gering wie möglich bleiben. […] Das Ausmaß der negativen Auswirkungen des KI-Systems auf die durch die Charta geschützten Grundrechte ist bei der Einstufung eines KI-Systems als hochriskant von besonderer Bedeutung. Zu diesen Rechten gehören die Würde des Menschen, die Achtung des Privat- und Familienlebens, der Schutz personenbezogener Daten, die Freiheit der Meinungsäußerung und die Informationsfreiheit, die Versammlungs- und Vereinigungsfreiheit, die Nichtdiskriminierung, der Verbraucherschutz, die Arbeitnehmerrechte, die Rechte von Menschen mit Behinderungen, das Recht auf einen wirksamen Rechtsbehelf und ein unparteiisches Gericht, die Unschuldsvermutung und das Verteidigungsrecht sowie das Recht auf eine gute Verwaltung. […] Darüber hinaus sollte dem Grundrecht auf ein hohes Umweltschutzniveau, das in der Charta verankert ist und mit der Unionspolitik umgesetzt wird, bei der Bewertung der Schwere des Schadens, den ein KI-System u. a. in Bezug auf die Gesundheit und Sicherheit von Menschen verursachen kann, ebenfalls Rechnung getragen werden.«[190]

9.6 Datenschutzaufsichtsbehörden

Über die Einhaltung von Datenschutzvorgaben wachen in Deutschland Datenschutzaufsichtsbehörden des Bundes und der Länder. In einer Entschließung auf ihrer 97. Konferenz am 3.4.2019 haben diese gemeinsam die »Hambacher Erklärung zur künstlichen Intelligenz«[191] verabschiedet. Um Grundrechte und

189 Vorschlag der EU-Kommission für eine Verordnung zur Festlegung harmonisierter Vorschriften für KI vom 21.4.2021, Erwägungsgrund 17.

190 Vorschlag der EU-Kommission für eine Verordnung zur Festlegung harmonisierter Vorschriften für KI vom 21.4.2021, Erwägungsgründe 27 und 28, S. 28.

191 Vgl. zum Folgenden: Hambacher Erklärung zur Künstlichen Intelligenz, Entschließung der 97. Konferenz der unabhängigen Datenschutzaufsichtsbehörden des Bundes

Grundfreiheiten natürlicher Personen zu schützen, halten die Datenschutzexperten folgende Prinzipien für den Einsatz von KI-Systemen für erforderlich:
- KI darf Menschen nicht zum Objekt machen;
- Betroffene haben auch beim Einsatz von KI-Systemen den Anspruch auf das Eingreifen einer Person (Intervenierbarkeit), auf die Darlegung ihres Standpunktes und die Anfechtung einer Entscheidung;
- KI darf nur für verfassungsrechtlich legitimierte Zwecke eingesetzt werden und das Zweckbindungsgebot nicht aufheben;
- KI muss transparent, nachvollziehbar und erklärbar sein. Über die genutzten Prozesse und das Zustandekommen von Entscheidungen ist ausreichend aufzuklären. Transparenzanforderungen sind fortwährend zu erfüllen. Es gilt die Rechenschaftspflicht der Verantwortlichen;
- KI muss Diskriminierungen vermeiden. Auch während der Anwendung von KI-Systemen muss eine entsprechende Risikoüberwachung erfolgen;
- Für KI gilt der Grundsatz der Datenminimierung;
- KI braucht Verantwortlichkeit. Die Beteiligten beim Einsatz eines KI-Systems müssen die Verantwortlichkeit ermitteln und klar kommunizieren, die Sicherheit der Verarbeitung und die Beherrschbarkeit des KI-Systems ist zu gewährleisten;
- KI benötigt technische und organisatorische Standards beispielsweise zur Pseudonymisierung.

Zwischenzeitlich haben sich die Datenschutzaufsichtsbehörden weitaus intensiver mit dem Thema KI und Datenschutz beschäftigt. Eine gute Übersicht über die behördlichen Empfehlungen gibt die Webseite des Landesbeauftragten für Datenschutz Baden-Württemberg: *https://www.baden-wuerttemberg.datenschutz.de/onkida/*.

Dort finden sich unter anderem
- die Orientierungshilfe zum Thema KI und Datenschutz der Datenschutzkonferenz,
- ein Text zu den Rechtsgrundlagen zum Einsatz von KI des Landesbeauftragten für Datenschutz Baden-Württemberg,
- die Checkliste »Datenschutzkonforme KI« des bayrischen Landesbeauftragten für Datenschutz,
- die Checkliste des Hamburger Bundesbeauftragten für den Datenschutz zum Einsatz von llm (»large languages modells«) basierter Chatbots,
- die FAQ »KI und Datenschutz« des Datenschutzbeauftragten Österreichs,
- das Positionspapier TOM (technisch-organisatorische Maßnahmen) bei Entwicklung und Betrieb von KI-Systemen der Datenschutzkonferenz.

---

und der Länder vom 3.4.2019 (*www.baden-wuerttemberg.datenschutz.de/wp-content/uploads/2019/04/Hambacher-Erkl%C3 %A4rung-zur-K%C3 %BCnstlichen-Intelligenz.pdf*, zuletzt abgerufen am 19.12.2021).

9.7 Gewerkschaften

Die Dynamik, mit der sich KI-Systeme in den Betrieben verbreiten, und die Eigenarten und Wirkungen derartiger Systeme veranlassen auch die Gewerkschaften, Anforderungen zum Umgang mit lernenden Maschinen zu formulieren. In einem Impuls-Papier des Deutschen Gewerkschaftsbundes »Künstliche Intelligenz und die Arbeitswelt von morgen« wurden im Januar 2019 folgende Anliegen zum Ausdruck gebracht:

»Das Ziel sollte sein, KI-basierte Assistenzsysteme zu fördern, um die Arbeitsqualität zu erhöhen und neue, hochwertige Beschäftigungsmöglichkeiten in Verbindung mit der passenden Aus-, und Weiterbildung zu schaffen.«[192]

»[…] die transparente, nachvollziehbare und kontrollierbare Gestaltung der Schnittstelle zwischen Mensch und Maschine bzw. lernenden Maschinen.«[193]

»[…] ein breiter Beteiligungsprozess, der bereits bei der Definition der Zielsetzung für die KI und deren Anwendung beginnt und eine Folgenabschätzung einschließt.«[194]

»Fragen der Beschäftigungswirkung, der Qualifizierung, der Gefährdungsanalyse sowie die Lösung möglicher Zielkonflikte hinsichtlich der Datennutzung auch mit Blick auf die Persönlichkeitsrechte bedürfen einer nachvollziehbaren Technikfolgenabschätzung, die auch Interventionsmöglichkeiten der Beschäftigten und ihrer Interessenvertreter ermöglicht.«[195]

»Leitmotiv ist Gute Arbeit by Design. Das bedeutet, dass die Beschäftigten und deren Interessenvertretungen bereits bei der Definition der Zielsetzung und Zielfindung von KI-Systemen, die die Arbeitsbedingungen und Beschäftigungsperspektiven sowie die Fort- und Weiterbildungsoptionen beeinflussen, beteiligt werden und mitbestimmen können […] Leitziel muss hier sein, dass die Maschine den Menschen unterstützt.«[196]

Am 2.4.2020 publizierte der DGB ein Konzeptpapier zum Einsatz von KI-Systemen mit einem »Zehn-Punkte-Plan und Leitfragen für Betriebe und Politik«.[197] Neben den oben bereits beschriebenen Anliegen wird darin u.a. gefordert:

192 Deutscher Gewerkschaftsbund (01/2019): »Künstliche Intelligenz und die Arbeit von morgen«, S. 3.
193 Ebenda: S. 4.
194 Ebenda: S. 4.
195 Ebenda: S. 4.
196 Ebenda: S. 4.
197 DGB-Konzeptpapier: Klare Regeln für Künstliche Intelligenz »Zehn-Punkte-Plan und Leitfragen für Betriebe und Politik«, 2.4.2020, S. 2, 3.

- Die »Schaffung eines gesetzlich verankerten Zertifizierungsverfahrens und Aufbau von unabhängigen Prüf- und Beschwerdestellen zur demokratisch legitimierten Aufsicht und Kontrolle«;
- die »Förderung der Kompetenzentwicklung von Betriebs- und Personalräten für den betrieblichen KI-Einsatz«;
- ein »Sachvortragsverwertungsverbot und Beweisverwertungsverbot für rechtswidrig erlangte Beschäftigtendaten und deren Nutzung«;
- die »Konkretisierung und Verbesserung der bestehenden Regelungen des Allgemeinen Gleichstellungsgesetzes [...], um Beschäftigte vor Algorithmen-basierter Diskriminierung zu schützen«;
- »Verbindlichkeit bei der Umsetzung von Prozessen für Folgenabschätzung und Evaluation von KI-Anwendungen«;
- »Verbindlichkeit für die gesetzlich vorgeschriebene Gefährdungsbeurteilung psychische Gesundheit und deren Anpassung an KI-Systeme«;
- eine »sozialpartnerschaftlich abgestimmte Entwicklung und Einführung ethischer Leitlinien in der Ausbildung [...] für KI-Entwicklung hinsichtlich der arbeits- und gesellschaftspolitischen Implikationen von KI-Systemen sowie Unterstützungsmaßnahmen zur betrieblichen Orientierung an ethischen Leitlinien.«

Am 3.4.2020 legte der Deutsche Gewerkschaftsbund der Enquetekommission des Deutschen Bundestages ein Positionspapier »Künstliche Intelligenz für gute Arbeit« vor. Darin werden, der Intention der HLEG folgend, Leitgedanken zur Gestaltung von KI-Systemen Prüffragen zugeordnet, mit denen KI-Systeme auf ihre Güte hinterfragt werden sollen.[198]

Es geht dabei um:

- Klärung von Zielen und Zielkonflikten,
- Anforderungen an KI-Anbieter bzw. Entwickler,
- Prozesstransparenz zur Datennutzung,
- Abschätzung der Folgen und humane Arbeitsgestaltung im Betrieb,
- Autonomie und Verantwortung beim betrieblichen Einsatz von KI,
- Tests und Kontrollen.

In einem Positionspapier »Künstliche Intelligenz und gute Arbeit gestalten«[199] erhob die Gewerkschaft ver.di im Mai 2019 unter anderem folgende Forderungen zu einem betrieblichen Ordnungsrahmen für KI-Systeme:

- »KI muss transparent und nachweislich jederzeit beherrschbar sein.
- Es müssen mehr Arbeitsplätze geschaffen, als durch KI abgebaut werden.
- KI muss ethischen, demokratischen und sozialen Standards entsprechen.
- KI muss die Arbeit erleichtern und verbessern.
- Wer Chatbots einsetzt, muss das immer deutlich machen.

---

198 Deutscher Gewerkschaftsbund: Positionspapier »künstliche Intelligenz für gute Arbeit«; S. 6ff. (in der uns vorliegenden Version des Dokuments).

199 Abrufbar unter: *https://innovation-gute-arbeit.verdi.de/++file++5df736aac66a02389b29be54/download/ver.di-Flyer_KI%20in%20der%20betrieblichen%20Arbeit.pdf.*

- Wer auf Missstände hinweist (Whistleblower), muss ermutigt und geschützt werden.«[200]

Die Gewerkschaft IG Metall hat 2019 in 2000 Betrieben Informationen erhoben und daraus abgeleitete »Handlungsempfehlungen für Arbeit und KI« erstellt. In ihrem Positionspapier wird darauf abgestellt,

- auch Menschen in unüblichen Beschäftigungsformen beim Mitarbeiter-Datenschutz zu berücksichtigen,
- »Korrektur- und Kontrollinstrumente« zu schaffen,
- »Vorgaben für Transparenz, Erklärbarkeit und Nachvollziehbarkeit der Ergebnisse sowie Regelungen zur Zuordnung von Verantwortlichkeiten festzulegen«,
- eine »Kennzeichnungspflicht« für im Betrieb eingesetzte KI-Systeme zu schaffen,
- eine »Definition für unterschiedliche Kritikalitätsgrade, Kriterien für die Einstufung einzelner Systeme und den daraus resultierenden regulatorischen Instrumenten und Folgen, insbesondere roter Linien« zu entwickeln.[201]

Von den bei der Bahn vertretenen Gewerkschaften hat die EVG im Rahmen ihres Dialoges »digitale Beschäftigungsbedingungen gestalten« folgende Positionen am 25.4.2016 veröffentlicht:[202]

- »Digitale Produktivitätsgewinne sollen in ein Budget fließen, dessen Höhe und Verwendung klar zu definieren ist. Das Geld muss für Verbesserungen der Beschäftigungsbedingungen genutzt werden, zum Beispiel für die Arbeitsgestaltung, zur Qualifizierung und für Stressprävention.«
- »Die Veränderungen der Inhalte vieler Tätigkeiten und das Entstehen völlig neuer Berufsbilder sowie Arbeitsformen macht eine ständige Evaluierung notwendig.«
- »Physische und psychische Belastungen müssen begrenzt und Mehrfachqualifizierungen entsprechend honoriert werden.«
- Ein »Qualifizierungsanspruch« wird begründet.
- Gefordert wird: »Durch Einführung neuer Technik darf es keine Leistungs-, und Verhaltenskontrolle geben.«
- »Der Arbeitsschutz bei Homeoffice und bei neuen Technologien muss gesichert sein.«
- »Prävention muss verstärkt werden zum Beispiel durch betriebliche Gesundheitsprojekte, Begrenzung von Stress und psychischen Belastungen.«

Die sehr konkreten und praxisnahen Empfehlungen die von der Gewerkschaft ver.di gemeinsam mit der Technologieberatungsstelle Berlin erarbeitet wurden, werden in Kapitel 38.9 vorgestellt. Die neuesten Positionen des DGB in Kapitel 41.

---

200 Ebenda.

201 Vgl. hierzu IGM-Vorstand (2020): Handlungsempfehlungen Arbeit und KI.

202 EVG-online.org/Mitbestimmung vom 25.4.2016 (*www.evg-online.org/meldungen/details/news/digitale-beschaeftigungsbedingungen-gestalten-2736/*), zuletzt abgerufen am 10.1.2021.

9.8. Deutsche Normungsroadmap (DNKI) Ausgabe 1 und 2

9.8.1 Deutsche Normungsroadmap Künstliche Intelligenz Ausgabe 1

Die Deutsche Kommission Elektrotechnik, Elektronik, Informationstechnik im DIN und VDE hat im November 2020 eine »Deutsche Normungsroadmap Künstliche Intelligenz« (DNKI 1) publiziert. Darin wird der Normungsbedarf differenziert begründet und die zu erwartenden Normungen für den Einsatz von KI-Systemen in den Betrieben angekündigt. Es werden aber auch schon existierende Normen benannt und markante Beurteilungen verbreitet, die für einen umsichtigen und qualitätsorientierten Prozess der Einführung von KI-Systemen in den Betrieben prägend werden sollten:

»Bei einer risikoadaptiven Zertifizierung von KI-Systemen müssen für bestimmte Anwendungsklassen Qualitätsschranken definiert werden, deren Unterschreitung eine Weiterverwendung der Ergebnisse des KI-Systems einen kritischen Anwendungskontext ausschließt.«[203]

»Nicht intendierte ethische Probleme und Konflikte treten vor allem bei ADM-Systemen (automatisierten Entscheidungssystemen) mit lernenden Komponenten auf, die über Menschen, deren Hab und Gut oder über den Zugang zu knappen Ressourcen entscheiden und dabei das Potenzial aufweisen, individuelle Grundrechte und/oder grundlegende demokratische Werte zu schädigen.«[204]

Die Normungsroadmap kündigt »einen zertifizierten Managementstandard für KI an, der Anforderungen und Organisationen zur verantwortlichen Entwicklung und Nutzung von KI-Systemen enthält.«[205]
Sie unterstützt die Klassifikation von KI-Systemen nach deren Grad der Autonomie, klassifiziert nach Methoden und Einsatzfeld und begründet eine risikoadaptierte Beurteilung von Anwendungen. Die Normungsroadmap hält es nicht für angebracht, starre Grenzen zwischen den Risikokategorien zu ziehen.[206] Anforderungen an die Vertrauenswürdigkeit werden gestellt,[207] ausgeführt wird zur Operationalisierung:

»Der mögliche Einsatz der gleichen technischen Komponente, also des gleichen Entscheidungssystems in verschiedenen Anwendungsfällen, zeigt deutlich, dass eine Zertifizierung der rein technischen Teile der Komplexität des Problems nicht

203 DNKI 1, S. 14.
204 DNKI 1, S. 24.
205 DNKI 1, S. 38.
206 DNKI 1, S. 75.
207 DNKI 1, S. 52, 53, 42 ff.

gerecht werden kann. Eine sozioinformatorische Gesamtbetrachtung ist deshalb angebracht.«[208]

»Erschwerend kommt hinzu, dass manche Systeme im Einsatz weiter lernen, weshalb eine einmalige Prüfung zu einem bestimmten Zeitpunkt für die Lebensdauer eines Systems potenziell nicht ausreichend sein kann.«[209]

Um dem Anspruch zu genügen, Fairness und Freiheit von Diskriminierung zu verwirklichen, betont die Normungsroadmap die Bedeutung von Training und Trainingsdaten. Sie referiert fünf Kriterien, nach denen Verfahrensregeln ausgestaltet werden sollten: Konsistenz, Neutralität, Genauigkeit, Revidierbarkeit, Repräsentativität.[210]
Die Normungsroadmap gibt eine Übersicht über existierende Normen mit KI-Relevanz und beschreibt laufende Normungs- und Standardisierungsaktivitäten zu KI.[211] Die gelisteten Normen mit KI-Relevanz konnten im Rahmen dieses Buches nicht ausgewertet werden. Aus ihnen sind aber gewiss auch qualitätsrelevante Aussagen für die Erstellung betrieblicher Regulierungsmodelle ableitbar. Genannt werden u. a. Normen zu: Softwaretests, Sicherheitsverfahren, Konformitätsbewertung, Datenqualität, Maschinensicherheit, Risikomanagement und Lebenszyklus der Software.
Aus »laufenden Normungs- und Standardisierungsaktivitäten« sind weitere Vorgabenwerke zu erwarten u. a. zu: Entwicklung von KI-Systemen, KI-Robustheit, Ethik, Vertrauenswürdigkeit, Governance, Metriken und Beurteilung neuronaler Netze, Sicherheitstests und Videoanalysen. Es ist zu erwarten, dass sich zukünftig auch daraus im erheblichem Umfang Qualitätsindikatoren ableiten lassen.

9.8.2 Deutsche Normungsroadmap Künstliche Intelligenz Ausgabe 2

Im Dezember 2022 wurde zum Digitalgipfel der Bundesregierung die zweite Ausgabe der »Deutschen Normungsroadmap Künstliche Intelligenz« der Öffentlichkeit vorgestellt (DNKI 2).[212] Das auf 452 Seiten angewachsene Mammutwerk steht zur Orientierung von Betrieben und Normsetzungsakteuren im Netz zum Download zur Verfügung. Es geht im Kapitel soziotechnische Systeme auf den menschlichen Kontext der technischen Anwendungen ein. Darin wird dafür geworben, ein Gegengewicht zu einer rein technikzentrierten Betrachtung von KI-Anwendungen zu entwickeln. Den Prinzipien der Bundesregierung folgend,

---

208 DNKI 1, S. 68.
209 DNKI 1, S. 69.
210 DNKI 1, S. 69.
211 DNKI 1, S. 156ff.
212 Deutsche Normungsroadmap Künstliche Intelligenz, Ausgabe 2 (Dezember 2022) *https://www.din.de/resource/blob/891106/57b7d46a1d2514a183a6ad2de89782ab/deutsche-normungsroadmap-kuenstliche-intelligenz-ausgabe-2--data.pdf* (DNKI 2).

wird begründet, dass der Mensch nur dann in den Mittelpunkt von KI-Anwendungen gestellt werden kann, wenn seine Bedürfnisse aufgegriffen werden:

»Chancen und Risiken von KI hängen nicht allein von der Technik und deren Entwicklung ab, sondern vom Kontext der Anwendung. Die soziotechnische Perspektive stellt diesen Zusammenhang dar, erleichtert die Operationalisierung und ist zudem das geeignete multiperspektivische ›Gegengewicht‹ zu einer rein technikzentrierten Sicht auf KI. Gleichzeitig bietet dieser Ansatz Innovationspotenzial, weil er Betroffene zu Beteiligten zu machen vermag und ein Modell der subsidiären (Fein-) Regulierung z. B. auf Unternehmensebene anbietet.«[213]

»Soziotechnische Systeme beinhalten die Subsysteme Mensch und Technik, die miteinander verknüpft sind und in Wechselwirkung zueinander stehen, oder stehen sollten. […] Der nutzerzentrierte bzw. menschenzentrierte Ansatz stellt den Menschen in den Mittelpunkt. Das Grundprinzip basiert darauf, die Bedürfnisse der Menschen zu erkennen, zu analysieren und daraus Produkte (KI) zu gestalten, die den Nutzenden dabei helfen, ihre Aufgabe effektiv, effizient und zufriedenstellend zu erledigen.«[214]

Leitfragen für eine konsistente sozialtechnische Mensch-Technik-Organisation werden aufgelistet und begründet:

»Mit welchen Daten wird KI verbunden und zu welchen Zwecken eingesetzt?

Wie wirkt sich der KI-Einsatz auf menschliche Verhaltensweisen aus (z. B. Autonomie, Entscheidungsdilemma, Verhaltensanpassung des Menschen)?

In welchem Verhältnis steht die KI-Anwendung zu menschlichen Bedürfnissen und Erwartungen (z. B. das Bedürfnis, sein Gegenüber einschätzen und überzeugen zu können)?

Welche systemischen Folgewirkungen hat der KI-Einsatz innerhalb des Systems, für seine Subsysteme, aber auch für Systemumwelt und Gesellschaft (z. B.: einfache Aufgaben werden automatisiert; schwierige Aufgaben werden schwieriger; veränderte Sicherheitsrisiken, da der Nutzende sein Verhalten an die automatisierte Technik anpasst)?«[215]

Soziale Nachhaltigkeit muss nach Überzeugung der Verfasser des Kapitels »soziotechnische Systeme« durch Aushandlungsprozesse auf der betrieblichen Ebene gewährleistet werden, weil Gesetz und Normen an ihre Grenzen stoßen.

---

213 DNKI 2, S. 156.
214 DNKI 2, S. 154.
215 DNKI 2, S. 155.

Betriebliche Regulierung sollte prozesshaft angelegt sein, ebenso wie der Beteiligungsprozess. Dazu wird ausgeführt:

[…] »Im soziotechnischen Kontext sind dabei insbesondere Aspekte sozialer Nachhaltigkeit zu betrachten. … Im Hinblick auf die Entwicklung, Nutzung und den Einsatz von KI-Systemen bedeutet Nachhaltigkeit vor allem, dass die Würde des Menschen respektiert wird, keine Menschen ausgeschlossen, benachteiligt oder diskriminiert werden und die menschliche Autonomie und Handlungsfreiheit durch KI-Systeme nicht eingeschränkt werden dürfen. In einer erweiterten Perspektive auf Nachhaltigkeit bedeutet soziale Nachhaltigkeit auch, dass neben körperlicher Unversehrtheit und menschenwürdigen Lebensbedingungen auch die Fähigkeit, auf menschliche Art und Weise zu denken, zu argumentieren und zu handeln, nicht eingeschränkt werden sollte. Hier zeigt sich schon, dass ein umfassendes Verständnis von sozialer Nachhaltigkeit sehr weitreichende Konsequenzen für die Gestaltung von KI-Systemen hat.«. Zugleich wird anhand der vielfältigen zu berücksichtigenden Ziele und Aspekte deutlich, dass Gesetze und Normen an ihre Grenzen stoßen und nicht jedes Detail regeln können. Notwendig werden subsidiäre Aushandlungssysteme, z. B. auf betrieblicher Ebene, sowie auch individuelle Entscheidungsrechte.«[216]

[…] »Da manche Systeme im Einsatz weiterlernen, ist eine einmalige Prüfung und Optimierung zu einem bestimmten Zeitpunkt für die Lebensdauer eines Systems nicht ausreichend.«[217]

[…] »Um den Change-Prozess erfolgreich zu gestalten, ist es wichtig, Beteiligte und ihre Interessensvertretungen zu informieren, Partizipation zu ermöglichen sowie Transparenz und Einflussmöglichkeiten zu schaffen.«[218]

[…] »Da das Datenschutzrecht für Daten, die im Beschäftigungsverhältnis erhoben werden, bisher kein einheitliches Regelwerk bietet, können im betrieblichen Kontext Betriebs- und Dienstvereinbarungen sinnvoll sein, die datenschutzbezogenen Aspekte, technologische Herangehensweisen und wertebasierte Prinzipien (beispielsweise Ethikkodex) miteinander verbinden.«[219]

*»Grundsätzlich wäre die idealtypische Forderung bei der Planung und Gestaltung einer KI-Lösung, eine Vertretung aller Stakeholder zu beteiligen. Die ISO/IEC 22989:2022 [16] unterteilt sogenannte Stakeholder in ›AI-Provider‹, ›AI-Producer‹, ›AI-Customer‹, ›AI-Partner*innen‹, ›AI-Subject‹ und ›Relevant Authorities‹. Konkret können z. B. die folgenden Personen einzubinden sein:*

216 DNKI 2, S. 155.
217 DNKI 2, S. 157.
218 DNKI 2, S. 170.
219 DNKI 2, S. 159.

*Expert*innen mit Domänenwissen (KI-Expert*innen, Data Scientists, Informatiker*innen usw., Prozessgestaltende, Usability-Expert*innen, Produktgestaltende usw., Softwaretester*innen, Ergonomen, Psycholog*innen usw., Sicherheitsexpert*innen in der jeweiligen Domäne, Expert*innen für Ethik, Diversity, Fairness usw.), im Unternehmen: Expert*innen aus den betroffenen Fachabteilungen, Nutzende des KI-Systems, Interessensvertretungen von Betreibenden und Nutzende des KI-Systems, Entscheider über den Einsatz der KI-Lösung, Vertreter*innen der Zivilgesellschaft und sonstige Perspektiven.*

Vor diesem Hintergrund müssen die Prozesse der Kommunikation und Beteiligung entsprechend geplant und methodisch durchgeführt werden. Einschlägige Normen und Standards (z. B. VDI-MT 7001:2021 [241]) können hierbei unterstützen. Es ist zu prüfen, ob die relevanten Normen bereits den Einsatz von KI-Lösungen ausreichend betrachten oder diesbezüglich zu ergänzen sind.

Zudem können Good-Practice-Beispiele oder Experimentierräume unterstützen (z. B. der KIDD-Prozess (2022), moderierte Spezifikationsdialoge zwischen arbeitsweltlichem Erfahrungswissen und softwaretechnischem Fach- und Sachwissen.«[220]

9.9 Eine Zusammenfassung der Anforderungen an Nützlichkeit, Qualität und Einführungsprozesse von KI

Die in den Kapitel 9.1 bis 9.8 ausgewerteten Dokumente vermitteln Intentionen verschiedener Anspruchsgruppen zum Ziel des KI-Einsatzes, zum Prozess der Einführung und zum Qualitätsmodell, das als Maßstab für eine vertrauenswürdige KI betrachtet wird:
Als Einsatzerwartungen zur Nützlichkeit der KI werden häufig genannt: die Verbesserung der Dienstleistungen, erhöhte Produktivität, Kostensenkungen, eine Steigerung der Robustheit, der Stabilität sowie der Güte von Prozessen als auch eine Kapazitätsausweitung.
An die Prozesse zur Einführung von KI-Systemen werden verschiedene Anforderungen gestellt, die mit folgenden Stichworten zusammengefasst werden können: Reallabore, sozialpartnerschaftliche Begleitung, Vertrauensbildung, Klassifikation von KI-Systemen, risikoadaptierte Regulierung, Maßstäblichkeit, Zertifizierung, Risikofolgenabschätzung und Transparenz.
Für die Ausrichtung des innerbetrieblichen KI-Einsatzes auf ein Qualitätsmodell können unter anderem folgende Aspekte aus den bisherigen Dokumenten abgeleitet werden: Schutz der Persönlichkeitsrechte, Fairness, präzise Zweckbindung, positive Beschäftigungswirkung in quantitativer und qualitativer Hinsicht, Hu-

220 DNKI 2, S. 168.

manisierung der Arbeit, soziale Technikgestaltung, Ethik, Kompetenzentwicklung, Diskriminierungsfreiheit, Erhalt der Autonomie, Kontrolle, Nachvollziehbarkeit.
Diese Elemente werden in den Empfehlungen ab Kapitel 19 berücksichtigt.

Nützlichkeit	**Prozessgestaltung**	**Qualitätsmodell**
Ausweitung Angebote	Vertrauensbildung	Persönlichkeitsrechte und europäische Grundrechte
Verbesserung Kundenorientierung	Klassifikation	Datenschutz und Zweckbindung
Höhere Produktivität	Notfallkonzepte und laufende Evaluation	Ethik und Fairness
Kostensenkungen	Zertifizierung	Diskriminierungsfreiheit, Barrierefreiheit
Stabilität	risikoadaptierte Regulierung	Beschäftigungswirkung,
Prozessgüte und Umsicht	Transparenz	Manipulationsfreiheit
Geschwindigkeit	Dialog	Kompetenzentwicklung
Kapazitätsausweitung	Experimente und Reallabore	Nachhaltigkeit
Marktüblichkeit	sozialpartnerschaftliche Begleitung	Erhalt der Autonomie
	Interventionsmöglichkeiten und menschliche Aufsicht	Gute Arbeit und soziale Technikgestaltung
		Kontrolle und Nachvollziehbarkeit maschineller Entscheidungen

10 Maßstab Mensch – Wofür hält meine KI mich eigentlich?

»Schauen Sie sich doch nur selbst an! Das Material, aus dem sie hergestellt sind, ist weich und schlaff. Ihm fehlen alle Dauerhaftigkeit und Stärke. Ihre Kraft schöpfen sie aus der unvollständigen Oxidation organischer Materie, wie eben solchem Zeug da. Er deutete geringschätzig auf die Überreste von Donovans Sandwich. Periodisch versinken sie in ein Koma und die kleinste Schwankung von Temperatur, Luftdruck, Feuchtigkeit oder Strahlungsintensität vermindert ihre Leistungsfähigkeit. Sie sind ein lächerliches Provisorium.«[221]

So lässt Isaak Asimov 1950 einen Roboter über einen Menschen urteilen. Es gibt schon Zuversicht, dass wir vor dem Hintergrund eines derart geringschätzenden Urteils überhaupt das Selbstbewusstsein entwickelt haben, im Zeitalter der Künstlichen Intelligenz über das Wesen des Menschen und die Ethik nachzudenken, die wir lernenden Maschinen abverlangen wollen.

Der Mensch soll im Mittelpunkt des KI-Einsatzes stehen, ethische Prinzipien dazu will eigentlich jeder. Über 80 Ethikprinzipien der verschiedensten Institutionen hat »AlgorithmWatch« gezählt und im Netz zugänglich gemacht.[222] Unter den Entscheider*innen in Wirtschaft und Gesellschaft wird es aber häufig entlarvend ruhig, wenn man die Frage stellt: Was genau meinen Sie eigentlich mit Ethik und wie halten Sie den Anspruch im Betrieb, den Menschen in den Mittelpunkt zu stellen? Zugegeben: Die Antworten auf diese Fragen sind auch nicht einfach zu finden.

Die Suche nach moralischer Maßstäblichkeit verlangt uns zunächst ab, über das Wesen des Menschen und seine Werte nachzudenken. Wie kann man überhaupt in der Komplexität des Themas Künstliche Intelligenz eine stabile Moral entwickeln, mögen sich manche Leser fragen. Gar nicht – die sollte man schon vorher haben, meinen die Autoren dieses Buches.

---

221 Isaac Asimov (1950): Ich, der Roboter, Heyne–Verlag, S. 80.
222 *www.algorithmenwatch.org*: Richtlinien für »ethische KI« verbindliche Selbstverpflichtung oder Schönfärberei; zuletzt abgerufen am 13.4.2025.

10.1 Unvernünftig vernünftig: Zur Geschichte der Rationalität

Die ersten Algorithmen wurden lange vor dem Zeitalter der Aufklärung formuliert. Demokratie und ein belastbares Rechtssystem wurden in der Antike auf logischen Argumentationsketten aufgebaut. »Der Logos lieferte die Überzeugungskraft. Und so führte dieser Drang, die Mitbürger mit logischen Argumenten vom eigenen Standpunkt zu überzeugen, zu einem Wandel in der Mathematik. Die Werkzeuge der logischen Deduktion waren so machtvoll, dass sie sogar einen Weg zu den ewigen Wahrheiten über Zahl und Geometrie eröffneten.«[223] Der Durchbruch des rationalen Denkens fiel aber über die Jahrhunderte danach allzu menschlichen Eigenarten zum Opfer – der Vergesslichkeit und der Neigung zu anschaulichen Erzählungen. Ab dem finsteren Mittelalter unterbanden Glaube und Irrglaube oder Zweckargumente zugunsten des Machterhalts, Vorurteile, Mystik und Bildungsarmut bis etwa um das Jahr 1700, dass sich Rationalität im Denken durchsetzte. Erst mit dem Zeitalter der Aufklärung erlebte »die Berufung auf die Vernunft als universelle Urteilsinstanz«[224] einen Durchbruch.

War Fortschritt nach dem Zeitalter der Aufklärung noch mit rationalem Denken, einer geistigen und sozialen Reformbewegung, mit Emanzipation und einer Hinwendung zu den Naturwissenschaften verbunden, so erhielt im Laufe der Zeit danach Rationalität eine immer stärker ökonomische Prägung und kurzfristigere Orientierung. Mit dem Wandel von einer landwirtschaftlich geprägten Lebensform zur Industriegesellschaft wurde die Natur zum freien und beliebig belastbaren Gut abgewertet, was die Lebensgrundlagen schlechthin gefährdete. Mit der Industrialisierung drohte Menschlichkeit verloren zu gehen. Mensch und Natur wurden zum Faktor wirtschaftlichen Handelns, was Dirk Hirschel 2020 für die letzten Jahrzehnte zusammenfasst: »Die Menschen wurden verstärkt nach ihrem Nutzen und ihrer Verwertbarkeit bewertet.«[225] Es wurde in Zahlen ausgedrückt, was sich in Zahlen ausdrücken lässt, im Zeitalter der Digitalisierung um Wahrnehmungen digital verwertbar zu machen. Gezählt wurde, was gezählt werden kann, und es zählte, was sich rechnet. Der Mensch wurde in den Betrieben gern zur »Humanressource« und als Kunde zum Kaufkraftfaktor degradiert.

Alles, was sich in Zahlen ausdrücken ließ, wurde immer weiter in die Nähe von Wahrheiten gerückt, Wahrheiten allerdings, die der ökonomischen Verwertbarkeit unterstellt waren. »Zahlen haben Autorität, sie gelten als neutral und objektiv. Der Einzelne ergibt sich leicht, vielleicht zu leicht, ihrer Magie und damit all den Ratings und Sternchen, denen wir tagtäglich begegnen. Dabei gerät im schlimmsten Fall alles das aus dem Blick, was sich eben nicht messen und quanti-

223 Marcus du Sautoy (2021): Der Creativity Code – Wie künstliche Intelligenz schreibt, malt und denkt; C. H. Beck-Verlag, S. 169.

224 Wikipedia »Aufklärung«, zuletzt abgerufen am 13.4.2025.

225 Dierk Hirschel (2020): Das Gift der Ungleichheit – Wie Gesellschaft vor einem sozial und ökologisch zerstörerischen Kapitalismus schützen können, Dietz-Verlag, S. 150.

fizieren lässt.«[226] Heute regt sich Widerstand und Argwohn gegen Digitalisierung und die Verbreitung sogenannter Künstlicher Intelligenz, wahrscheinlich auch, weil die Menschen sich auf ihre Fähigkeiten und Werte besinnen, ihre Zahlengläubigkeit verlieren und mit Zahlen schlecht unterlegbare Werte wie Selbstbestimmung, Respekt und Vertrauen reklamieren.

Der Philosoph Richard David Precht spricht über eine Entfremdung der Werte des Menschen im digitalen Zeitalter. »Wer den langen Entfremdungsweg gegangen ist, Menschen als Ressourcen oder Humankapital zu sehen, der findet auch bei der Digitalisierung nicht zu den echten Menschen, ihren Bedürfnissen und Eigenheiten zurück.«[227] Er stellt kritisch fest, dass es unserer Entwicklung immer um das Gleiche geht, nämlich »zu verwerten, zu optimieren und zu expandieren.«[228] Das kennen wir aus den Betrieben. Wenn die Rationalität des Handelns über die Zeitgeschichte hinweg von der Ökonomie gekapert wurde und heute eine Renaissance der Debatte um menschliche Werte entsteht, dann macht es Sinn, auch in den Betrieben die Diskussion um Wert und Wesen der Menschen zu führen.

10.2 Und weil der Mensch ein Mensch ist …

Die Fähigkeit, Hoffnung zu haben, unterscheidet Menschen von lernenden Maschinen. Beide haben die Fähigkeit, rationale Entscheidungen zu treffen, aber nur der Mensch hat moralische Vorprägungen. Das macht sein Wesen aus. Lernende Maschinen können aus ihren Fehlern lernen, aber das können Menschen auch. Aber der Mensch kann mehr.

Wenn wir Menschen Entscheidungen treffen, auch wenn wir Lernstoff auswerten, bringen wir vorprägende Werte und Haltungen mit ein. Vorstellungskraft, Skrupel, Intuition und Verantwortungsbewusstsein: mit solchen Orientierungen können Maschinen nicht aufwarten. Sie kennen Logik und Rationalität und simulieren allenfalls Menschlichkeit. Menschen haben ihre individuellen Gedanken, sie besitzen bewusste und unbewusste Werte. Technische Systeme entscheiden dagegen immer ohne Bewusstsein und Gefühl.

Im Zeitalter der lernenden Maschinen brauchen wir eine Vorstellung davon, wieviel gefühllose Entscheidungen wir zulassen wollen. Menschen entscheiden seit Beginn ihrer Geschichte auch mit Empathie und sehr persönlichen Wertvorstellungen. Der Mensch ist ein soziales Wesen und keine Logikmaschine. Das gilt es zu verteidigen.

---

226 Manuela Lenzen (2020): Künstliche Intelligenz – Fakten, Chancen, Risiken; C. H. Beck-Verlag, S. 113.

227 Richard David Precht (2020): Künstliche Intelligenz und der Sinn des Lebens, Goldmann-Verlag, S. 147.

228 Ebenda: S. 67.

Herbert Grönemeyer hat vor Jahren einen Liedtext verfasst, der so lautet: »Und der Mensch heißt Mensch, weil er vergisst, weil er verdrängt [...]. Der Mensch heißt Mensch, weil er irrt und weil er kämpft und weil er hofft und liebt, weil er mitfühlt und vergibt«. Das drückt klangvoll aus, was uns allesamt ausmacht. In einem Computer kann man zwar einen Sturm simulieren, aber in ihm drin wird es nie nass. Die menschliche Erfahrung ist anders, wir wissen was es heißt, auch mal im Regen zu stehen. Wir alle sind schon mal nass geworden, praktisch und auch im sprichwörtlichen Sinne. Computer und auch KI-Systeme bleiben digitale Werkzeuge, die persönliche Lebenserfahrung und Betroffenheit nicht kennen.

10.3 Unmenschlich rational

Computer haben »eine Schwäche für selektive Wahrnehmung.«[229] Auch Menschen nutzen das Wahrnehmungsprinzip der gefälligen Interpretation. Sie können ein Glas für halb voll oder halb leer halten und die Realität durch den Filter eigener Vorstellungen betrachten. Lernende Maschinen brauchen dazu Referenzmodelle.

KI freut sich nicht, wenn sie ihr Ziel erreicht hat. Sie nutzt nicht, was wir gesunden Menschenverstand nennen, sie kennt keine Intuition. Sie kann nicht von sich aus kritische Fragen stellen. Sie kann sich keiner Ideologie, keinem Glauben und keiner Emotion hingeben. Wenn sie wirklich intelligent wäre, könnte sie sich ihrer Intelligenz bewusst sein. Sie ist aber weder zu bewusstem noch unterbewusstem Verhalten in der Lage. Sie kann nicht zwecklos oder inkonsequent handeln. Sie hat kein Selbstbild und fiebert weder bei der Arbeit noch beim Fußball mit. Sie lässt sich vom Enthusiasmus der Kollegen nicht anstecken, erzählt nicht ungefragt aus ihrem Leben oder diskutiert zweifelnd über den Sinn dessen, was sie tut. Eine soziale Kultur von Wertschätzung und Anerkennung kennt sie nicht. Sie hat keine physische Existenz wie wir Menschen und kann deshalb nicht leiden. Sie denkt nicht über ihr jeweiliges Fachgebiet hinaus und quält sich nicht mit Fragen nach der Fairness von Entscheidungen. Sie kann Erschütterungen oder Temperatur mit Sensoren messen, Schmerz aber nicht empfinden.[230] Sie kann keine Gefühle entwickeln und soziale Wärme ausstrahlen oder empfinden. Emotionen kann sie vortäuschen, aber nicht entwickeln. Skrupel und Mitgefühl sind ihr fremd. Sie kann Logik und Rationalität zur Grundlage von Schlussfolgerungen machen, soweit der Mensch sie dazu in die Lage versetzt. Maschinen kennen weder Spontanität, Assoziation oder Leidenschaft. Dafür sind sie immun gegen Krankheiten, Kungelei, Müdigkeit, Konzentrationsverluste und Reibereien mit Kollegen. Allerdings bleiben sie Werkzeuge mit sehr begrenzten Fähigkeiten.

229 Thomas Ramge (2020): Augmented Intelligence – Wie wir mit Daten und KI besser entscheiden, Reclam–Verlag, S. 22.

230 Vgl. hierzu: Dr Mario Herger (2020): Wenn Affen von Affen lernen – Wie künstliche Intelligenz uns erst richtig zu Menschen macht, Plassen-Verlag, S. 7.

Künftige Haushaltsroboter werden von sich aus nicht verstehen, dass der Nährwert einer Katze sehr viel geringer ist als ihr Gefühlswert. Wenn wir uns nicht einmischen, sollten wir uns nicht wundern, was es eines Tages zum Abendessen gibt.

Menschen entscheiden seit Beginn ihrer Geschichte auch mit Empathie und sehr persönlichen Wertvorstellungen. Der Mensch ist ein soziales Wesen und keine Logikmaschine. Das gilt es zu verteidigen, auch im Arbeitsleben. Auch arbeitende Menschen müssen in ihrer Einzigartigkeit gefördert und geschützt werden. Deshalb brauchen jene, die über lernende Maschinen entscheiden, Lektionen über menschliche Ethik.

»Unsere Maschinen können besser sehen, hören, rechnen und kalkulieren als Menschen. Definieren wir unser Wesen weiter über den Logos und nehmen wir an Maschinen Maß, so müssen wir uns optimieren, um nicht selbst auf der Strecke zu bleiben.«[231] Davor hat schon Conrad Zuse der Erfinder des Computers gewarnt: »Die Gefahr, dass der Computer so wird wie der Mensch, ist nicht so groß wie die Gefahr, dass der Mensch so wird wie der Computer«.[232] Besser ist es, für den Einsatz von Maschinen Menschlichkeit und Ethik zum Maßstab zu nehmen, als den Menschen nach den Maschinen auszurichten. Wir brauchen weniger eine Debatte über autonome Maschinen als über autonome Menschen. Es macht Sinn wie Alexander Karp zugunsten einer »Augmented Intelligenz« zu argumentieren und KI als Assistenz zu betrachten und einsetzen.[233] Um in der Komplexität des Themas Künstliche Intelligenz Orientierung zu finden, sollten wir menschliche Intelligenz mit all ihrer Ausprägung einsetzen. Mit sozialer, kultureller und emotionaler Intelligenz sollten wir die Entwicklung beeinflussen. Menschliche Intelligenz bleibt eben das, was man einsetzt, wenn man nicht weiß, was man tun soll. Deshalb bleibt menschliche Intelligenz letztlich das Wertvollste.[234]

10.4 Eigenartig irrational und trotzdem wertvoll

»Eine Stechuhr hat keine Ahnung vom einzelnen Menschen und will ihn auch nicht kennen. Für sie zählt nicht, ob der Angestellte fröhlich oder traurig ist und wie gut oder schlecht er deswegen arbeiten wird. Sie misst nur eins: Anwesenheit von Arbeitskraft«.[235]

231 Richard David Precht (2020): Künstliche Intelligenz und der Sinn des Lebens, Goldmann-Verlag, S. 24.

232 Jennifer Spatz (2024): Anders schlau; *www.humanresourcemanager.de*.

233 Alexander Karp, Jan Hiessenich, Paula Cipiere (2023): Von Artificial zu Augmented Intelligence, Campus-Verlag, S. 14.

234 Vgl. hierzu Mustafa Suleyman, Michael Bhaskar (2023): The Coming Wave, Künstliche Intelligenz, Macht und das größte Dilemma des 21. Jahrhunderts, C. H. Beck-Verlag, S. 162.

235 Jakob Schrenk (2007): Die Kunst der Selbstausbeutung – Wie wir vor lauter Arbeit unser Leben verpassen, Dumont-Verlag, S. 39.

Maschinen sind nicht in der Lage, das Wesen des Menschen in Gänze zu reflektieren und daraus Schlussfolgerungen zu ziehen, selbst wenn wir sie mit noch so vielen Daten füttern. Menschen haben »bestimmte gefühlte Überzeugungen, Haltungen und Weltanschauungen und suchen sich die dazu passenden vernünftigen Argumente.«[236] Sie haben moralische Prägungen, die sich nicht in Daten ausdrücken lassen.

Der Philosoph Richard David Precht spitzte das auf eine Fragestellung zu, die diese Besonderheiten des Menschen verdeutlichen: »Haben Sie etwas dagegen, wenn einer seine Toilette mit der Nationalflagge putzt?« Selbst wem Fahnen nichts bedeuten oder suspekt sind, die Haltung anderer dazu verlangt nach eigener Zurückhaltung und Respekt. Einer Maschine müssten wir vorgeben, das man sowas nicht macht, die meisten Menschen haben ein Gefühl für richtig oder falsch.

Die Bewertungen der Menschen resultieren zum guten Teil aus Gepflogenheiten, aus Vertrauen, Respekt und Loyalität. Wir schätzen die Freiheit als Wert, aber setzen ihr selbst Grenzen. Wir schätzen die Wahrheit, wissen aber, dass diese für den Einzelnen oder die Einzelne eine dehnbare Größe ist. Wir sind in der Lage, uns Unwahrheiten zu erzählen, sei es aus Hinterlist oder für Zwecke der Selbstdarstellung. Das sind die Untiefen der Menschen, denen sie geschätzte Tugenden gegenüberstellen. »Von Tugenden spricht man, wenn es um die sittlichen Eigenschaften des Menschen geht. Zum Beispiel Scham, Ehrlichkeit, Großzügigkeit, Gerechtigkeit, Mut, Selbstkontrolle, Bescheidenheit, Treue oder Geduld.«[237] Diese Größen sind moralischer Natur, lassen sich nicht rückhaltlos objektivieren und in Daten ausdrücken. Die Menschen kennen Zuneigung, Mitleid und Furcht. Sie empfinden Scham und Ekel. Sie lassen sich von den Gefühlen anderer anstecken und handeln emotional und nicht nur durch Rationalität geleitet. Sie lassen sich von der Heiterkeit in der Kneipe anstecken. Babys fangen an zu weinen, weil ein anderes weint.[238] Musik beeinflusst die Stimmungen der Menschen.[239] Stimmungen und Emotionen lassen uns unsere Gesichtsfarbe ändern, den Blutdruck steigen und das Herz rasen. Maschinen können nicht wirklich Empathie mit Menschen empfinden, aber Menschen gehen manchmal recht gefühlvoll mit Maschinen um. In den neunziger Jahren haben wir Tamagotchis wie ein kleines Haustier gepflegt. Kinder lieben ihre Puppen und Stofftiere und Erwachsene sind wütend und schimpfen mit ihrem Auto, wenn es mal nicht anspringt. Eine vergleichbare Resonanz können wir selbst von lernenden Maschinen nicht erwarten.

---

236 Richard David Precht (2020): Künstliche Intelligenz und der Sinn des Lebens, Goldmann-Verlag, S. 151.

237 Sarah Spiekermann (2019): Digitale Ethik – Ein Wertesystem für das 21. Jahrhundert; Droemer–Verlag, S. 47.

238 Vgl. hierzu Catrin Misseldorf (2021): Künstliche Intelligenz und Empathie, Reclam–Verlag, S. 54.

239 Mario Herger (2020): Wenn Affen von Affen lernen – Wie künstliche Intelligenz uns erst richtig zu Menschen macht, Plassen-Verlag, S. 232.

Menschen werden auch durch ihre Hormone gesteuert, die die rationale Entscheidungsfindung in Mitleidenschaft ziehen. Unsere Gefühle zu beschreiben, fällt uns schwer, oft reicht unsere Sprache dafür nicht aus. Wenn es uns schon schwerfällt, das Wesen »Mensch« im richtigen Leben zu beschreiben, wie sollen dann KI-Systeme, die nur Daten auswerten, dem gerecht werden können? Und wollen wir das überhaupt? Sollten wir nicht besser beim Einsatz von KI-Systemen Wert darauf legen, nicht sämtliche Schlussfolgerungen Maschinen zu überlassen, statt den Menschen auf das zu reduzieren, was sich in Daten ausdrücken lässt. Auch dessen Leidenschaft, Eifersucht, Neid und Sprunghaftigkeit, auch sein Starrsinn und seine Vergesslichkeit machen ihn aus.[240] Selbst das gilt es zu schützen.

Trotz seiner Eigenarten und Eigentümlichkeiten trotz Unzulänglichkeiten und Emotionalität schätzen wir den Rat der Menschen. Das wird spätestens dann deutlich, wenn wir vor die Wahl gestellt werden: Ihnen geht es gesundheitlich richtig schlecht und sie wissen nicht was Ihnen fehlt. Sie sollen sich hinsichtlich der Diagnose entscheiden, auf wen sie mehr vertrauen würden? Auf den angegrauten Hausarzt, der alle ihre bisherigen Zipperlein kennt, dessen akademische Ausbildung aber schon 25 Jahre zurückliegt, oder auf den jungen ärztlichen Berufseinsteiger, der auf ein KI-System zurückgreifen kann, das alles gelesen hat, was zu Ihren Symptomen wissenschaftlich publiziert wurde. Viele sagen, sie würden sich am liebsten auf beide Quellen der Diagnose stützen können. »Menschen wollen den empathischen Arzt, die aufmerksam zuhörende und ermutigende Ärztin.«[241] Sie schätzen aber auch gleichzeitig die Fähigkeit von lernenden Maschinen zur nüchternen Rationalität, zur umfassenden Datenanalyse und zur ständigen Aktualität. Die Kunst, in den Betrieben für die Beschäftigten stimmige Arbeitsprozesse zu gestalten, wird darin liegen, das Zusammenwirken zwischen Mensch und Maschine zu organisieren und vertrauensstiftend zuzuordnen, welche Schlussfolgerungen wir von Maschinen und welche von Menschen akzeptieren wollen.

Wir wollen selbst entscheiden, wann und wie weit wir uns von lernenden Maschinen beeinflussen lassen wollen, vorgetäuschter maschineller Einfühlsamkeit gegenüber bleiben wir skeptisch. Taktvolles Handeln von Entscheidungsträgern bleibt uns wichtig. Wir wollen als Kunden nicht auf ökonomische Größen reduziert und als Beschäftigte als Kosten- oder Leistungsfaktoren definiert werden. Wir wollen als Entscheidungsträger nicht zur verdateten Logikmaschine geschrumpft werden. Menschlichkeit, Solidarität und Fairness sollen im Mittelpunkt von Entscheidungen stehen und nicht als zu vernachlässigbarer Kontext gelten. Deswegen fragen wir nach ethischen Prinzipien, wenn es um den Einsatz von KI-Systemen geht.

---

240 Roland Erben, Frank Romeike (2016): Allein auf stürmischer See – Risikomanagement für Einsteiger, Wiley-Verlag, S. 58.

241 Mario Herger (2020): Wenn Affen von Affen lernen – Wie künstliche Intelligenz uns erst richtig zu Menschen macht, Plassen-Verlag, S. 129.

Das hat praktische Relevanz und ist nicht bloß ein »Man-Müsste-Anspruch«. Dürfen Menschen mit ausländisch klingenden Namen schlechtere Chancen bei Bewerbungen haben? Lassen wir zu, dass Hautfarbe und Wohnort maschinelle Schlussfolgerungen verzerren? Dürfen sich Versicherungen vom Prinzip des solidarischen Risikoausgleichs entfernen und Risikoträger stigmatisieren? Das sind Fragen, bei denen ethische Ansprüche auf algorithmische Fähigkeiten treffen.

11 Ethische Ansprüche: Bewusstseinslos oder wertbewusst

Lernende Maschinen haben kein Selbstbewusstsein. Bewusstsein hat mit Geist und Seele zu tun. Es macht die Identität des Menschen aus und grenzt diese von Maschinen ab. Die Fähigkeit, sich verantwortungsbewusst Ziele zu setzen und Visionen zu entwickeln, die eigenen Gedanken zu reflektieren und seine Umgebung als mehr zu begreifen als das, was sich in Daten ausdrücken lässt: das macht Bewusstsein aus. Unser Verantwortungsbewusstsein und unser Wertbewusstsein haben dazu geführt, dass eine Debatte um ethische Grundsätze für den Einsatz von KI-Systemen entbrannt ist.

11.1 Grundsätze der Datenethikkommission

Die bereits erwähnte Datenethikkommission (DEK), die von der Bundesregierung eingesetzt wurde, hat bemerkenswerte ethische Grundsätze und Prinzipien erarbeitet, die auch für die Einflussnahme auf KI-Systeme im Betrieb Orientierung geben. Es lohnt sich, sie in Auszügen wiederzugeben:

»Der Mensch ist moralisch verantwortlich für sein Handeln – er kann der moralischen Dimension nicht entkommen. Welche Ziele er verfolgt, welche Gründe er dafür hat und welche Mittel er einsetzt, liegt in seiner Verantwortung. Bei der Gestaltung unserer technologisch geprägten Zukunft ist dieser Dimension sowie der gesellschaftlichen Bedingtheit des menschlichen Handelns stets Rechnung zu tragen. Dabei gilt unverrückbar, dass Technik dem Menschen dient und nicht der Mensch der Technik unterworfen wird. Dieses Verständnis vom Menschen liegt unserer Verfassungsordnung zugrunde und steht in der Tradition der Europäischen Kultur- und Geistesgeschichte.
Durch digitale Technologien hat sich unser ethischer Ordnungsrahmen im Sinne der grundlegenden Werte, Rechte und Freiheiten, wie sie in der deutschen Verfassung und in der Europäischen Charta der Grundrechte verankert sind, nicht verändert. Diese Werte, Rechte und Freiheiten erfordern angesichts neuer Herausforderungen jedoch eine erneute Vergewisserung und neue Abwägungen. Die folgenden ethischen und rechtlichen Grundsätze und Prinzipien hält die DEK vor diesem Hintergrund für gesellschaftlich anerkannte und unverzichtbare Handlungsmaßstäbe:

- *Würde des Menschen*
  Die Würde des Menschen, die für den unbedingten Wert jedes menschlichen Lebewesens steht, verbietet etwa die digitale Totalvermessung des Individuums ebenso wie seine Herabwürdigung durch Täuschung, Manipulation oder Ausgrenzung.
- *Selbstbestimmung*
  Die Selbstbestimmung ist elementarer Ausdruck von Freiheit und schließt die informationelle Selbstbestimmung mit ein. Wird der Mensch selbstbestimmter Akteur in der Datengesellschaft, kann von ›digitaler Selbstbestimmung‹ gesprochen werden.
- *Privatheit*
  Das Recht auf Privatheit dient der Wahrung der Freiheit und der Integrität der persönlichen Identität. Sie kann durch umfassende Erhebung und Auswertung von Daten bis hin in die intimsten Bereiche bedroht sein.
- *Sicherheit*
  Die körperliche und emotionale Sicherheit des Menschen und die Sicherheit der Umwelt schützen hochrangige Güter. Sicherheit zu gewährleisten stellt hohe Anforderungen beispielsweise in der Mensch-Maschine-Interaktion oder bezüglich der Resilienz von Systemen gegenüber Angriffen und missbräuchlicher Verwendung.
- *Demokratie*
  Digitale Technologien sind systemrelevant für die Entfaltung der Demokratie. Sie ermöglichen neue Formen der politischen Beteiligung, können aber auch Gefahren im Hinblick auf Manipulation und Radikalisierung mit sich bringen.
- *Gerechtigkeit und Solidarität*
  Angesichts der massiven daten- und technologieinduzierten Anhäufung von Macht und neuen Gefahren von Ausgrenzung und Diskriminierung ist die Gewährleistung von Zugangs- und Verteilungsgerechtigkeit eine dringliche Aufgabe. Digitalisierung sollte gesellschaftliche Teilhabe unterstützen und damit den sozialen Zusammenhalt fördern.
- *Nachhaltigkeit*
  Digitale Entwicklung steht auch im Dienste nachhaltiger Entwicklung. Digitale Technologien sollten dazu beitragen, ökonomische, ökologische und soziale Nachhaltigkeitsziele zu verwirklichen.

Ethik geht nicht im Recht auf, d. h. nicht alles, was ethisch relevant ist, kann und sollte rechtlich reguliert werden, und umgekehrt gibt es Aspekte rechtlicher Regulierung, die rein pragmatisch motiviert sind. Das Recht muss aber mögliche ethische Implikationen stets reflektieren und ethischen Ansprüchen genügen. Die DEK ist der Ansicht, dass ethische Grundsätze und Prinzipien rechtliche Regulierung nicht entbehrlich machen können. Dies ist insbesondere dort der Fall, wo angesichts der Grundrechtsrelevanz eine Entscheidung des demokratisch legitimierten Gesetzgebers notwendig ist. […]

Das Recht ist allerdings nur eines von mehreren Formaten, um ethische Prinzipien zu implementieren. Die Komplexität und Dynamik von Datenökosystemen erfordert das Zusammenwirken verschiedener Governance-Instrumente auf un-

terschiedlichen Ebenen (Mehr-Ebenen-Governance). Diese Instrumente umfassen neben rechtlicher Regulierung und Standardisierung verschiedene Formen der Ko- oder Selbstregulierung. Ferner kann Technik und ihr Design selbst als Governance-Instrument genutzt werden. Das Gleiche gilt für Geschäftsmodelle und Möglichkeiten ökonomischer Lenkung. In einem weiteren Sinne gehören zur Governance auch bildungs- und forschungspolitische Entscheidungen.«[242]

11.2 Enquetekommission – mit Ethik den Rahmen vorgeben und umsetzen

Ethik kann als ein Ensemble gesellschaftlicher Verhaltensnormen begriffen werden, die sich nicht unbedingt in Gesetzen und Verordnungen niedergeschlagen haben müssen. Deswegen sind innerbetriebliche Selbstverpflichtungen gewiss sinnvoll. Die Enquetekommission des Deutschen Bundestages führt aus:

»Ethik im Sinne von geltenden moralischen Überzeugungen ist dabei das Ergebnis eines gesellschaftlichen Dialogs, in den sich praktische Philosophinnen und Philosophen (Ethikerinnen und Ethiker), aber auch alle Menschen, Kirchen, zivilgesellschaftliche Organisationen, Technikerinnen und Techniker, Politikerinnen und Politiker, Soziologinnen und Soziologen, Ökonominnen und Ökonomen usw. einbringen können und sollen.«[243]

Sie begründet den besonderen Bedarf, gerade in Bezug auf Künstliche Intelligenz über ethische Prinzipien zu diskutieren, wie folgt[244]:

»Kristallisationspunkt für ethische Ansprüche beim Thema KI ist das technische System (heute auch landläufig als ›der Algorithmus‹ bezeichnet), dem gegenüber oft Unbehagen zum Ausdruck gebracht wird. Der Umstand, dass KI-Systemen der Ruf anhaftet, sich als ›unbeherrschbar‹ entwickeln zu können, mag in ihrer nicht ausreichenden Transparenz (s. u.) und Komplexität begründet sein. Eine andere Begründung findet sich in unzureichenden Informationen darüber, in welche Handlungsnormen und in welchen sozialen Kontext, in welche ethischen Prinzipien die Systeme eingebunden sind. Ethische Prinzipien zu erarbeiten und zu kommunizieren, kann daher zur Akzeptanz beitragen, was wiederum als Voraussetzung dafür angesehen werden kann, dass die wohlstandsversprechenden Potenziale von KI-Systemen als solche begriffen und umgesetzt werden können.
Schließlich ist auch das ein Argument für eine Ethik, die eine wirtschaftlich-technische und allgemein gesellschaftliche Entwicklung in Deutschland und Europa ermöglichen und befördern möchte: In eine Technik sind immer Werte ihrer Ent-

242 DEK: S. 14ff.
243 EKKI: S. 79.
244 EKKI: S. 80.

wicklerinnen und Entwickler (also Programmiererinnen und Programmierer von Algorithmen oder wichtiger noch ›Trainerinnen‹ und ›Trainer‹ von lernenden Systemen) ›eingeschrieben‹. Wenn wir in Deutschland und Europa nicht selbst diese Technologien entwickeln, müssen wir Systeme benutzen, die andere gebaut und gefertigt und entsprechend implizit mit ihren Werten versehen haben. Wenn wir die KI-Systeme nicht selbst herstellen, werden wir auch nicht unsere Werte in diese Technologien einschreiben können.
Eine Ethik der KI gibt der politischen Gestaltung den Rahmen vor – und ist selbst in einem erweiterten Sinn Ergebnis eines politischen Prozesses, nämlich dem gesellschaftlichen Diskurs über Chancen und Grenzen der KI. Dieser Bericht zielt letztlich darauf ab, dem Gesetzgeber Handlungsvorschläge zu machen, die sich dann in Gesetzen wiederfinden sollen. Aber auch das Recht kann und soll nicht alles regeln; das Recht lässt Platz für eigenverantwortliches Handeln von Individuen und Organisationen. Auch in diesem Bereich ist Ethik von Bedeutung, indem sie Hinweise gibt, wie man über das Recht hinaus oder bei Rechtsunsicherheit verantwortlich agieren kann.«[245]

Die Enquetekommission hält für die Entwicklung und Anwendung von KI-Technologie die Ausrichtung auf folgende grundsätzliche Werte für notwendig:

- *»Autonomie*
  (Selbstbestimmung des Menschen als Handelnder, Entscheidungsfreiheit, Nicht-Manipulation)«,
- *»Menschsein*
  (Mensch-Maschine-Interaktion, Selbstverständnis)«,
- *»Vertrauen*
  (Zuversicht, Optimismus, Kritik, Zusammenhalt)«,
- *»Gemeinwohl*
  (Wohlstandsförderung, Benefits, Interessen)«,
- *»Verantwortung*
  (Gutes tun, Akteure, Zusammenarbeit)«,
- *»Transparenz*
  (Nachvollziehbarkeit, Erklärbarkeit, Offenheit)«,
- *»Gerechtigkeit*
  (Partizipation/Teilhabe, Verteilung, Leistung)«,
- *»Diskriminierungsfreiheit*
  (Gleichberechtigung, Fairness)«.[246]

»Die Entwicklung und der Betrieb von KI-Systemen können und sollten sich an den hier skizzierten ethischen Begriffen orientieren. Das Problem von Ethikcodizes bleibt aber oft, ob und wie sich die allgemeinen Prinzipien auch in der konkreten Praxis, etwa in der Informatik oder im privatwirtschaftlichen oder öffentlichen Betrieb, umsetzen lassen. Die Frage ist etwa, ob diese Leitlinien zu Kriterien der Un-

245 EKKI: S. 80.
246 EKKI: S. 82–85.

ternehmenssteuerung geworden sind, zum Gegenstand betrieblichen Controllings genutzt oder in Ausbildungsprozesse integriert werden. [...]
Hilfreich für die Verbreitung von Ethikmaßstäben ist deren dialogische Entwicklung und Integration in Entscheidungsprozesse. Die Akteursvielfalt in Entscheidungsmechanismen und die Bandbreite der KI-Einsatzmöglichkeiten bieten zahlreiche Ansatzpunkte, ethische Prinzipien in den soziotechnischen Systemen des Einsatzes zu verankern. Derartige Prozesse können unterstützt werden durch:

- *die Entwicklung und Verbreitung einer Berufsethik von Softwareentwicklerinnen und -entwicklern*
- *die Dokumentation von Trainings- und Testprozessen der KI-Systeme und damit auch zumindest implizit der Grenzen des jeweiligen Systems*
- *die systematische und verbindliche Herstellung von Transparenz in Bezug auf existierende Ethikprinzipien und insbesondere deren praktische Umsetzung in Prozessen, Methoden und Technologien, etwa mittels des Observatoriums der Bundesregierung*
- *das Aufstellen von Regeln zur Integration von Fragen nach den ethischen Implikationen in Folgenabschätzungen, in die Auditierung und Zertifizierung von KI-Systemen*
- *die Förderung der Entwicklung von Benchmarking-Systemen, etwa zur Selbstregulierung der Wirtschaft und zur gesellschaftlichen Beurteilung von Institutionen bei der Anwendung von Ethikprinzipien*
- *die Implementierung eines Systems ethischer Maßstäbe – in Anlehnung an den Corporate-Governance-Kodex für gute Unternehmensführung –, das von den am Wirtschaftsgeschehen beteiligten Stakeholder-Gruppen entwickelt wird und an dem Wirtschaftsunternehmen und Behörden ihr eigenes Handeln messen können*
- *die Vermittlung von Ethikansprüchen in Bildungsmaßnahmen zum Ausbau der Urteilsfähigkeit*
- *die Entwicklung einer Vorbildfunktion des Staates bei der Verwirklichung ethischer Maßstäbe*
- *die Förderung von Dialogen zur Entwicklung und zum Austausch von Ethikprinzipien«.*[247]

11.3 Ethik braucht Dialog, Initiative und Verbindlichkeit

Ethische Prinzipien, die menschliches Handeln bewerten und beeinflussen sollen, gibt es reichlich. Die Frage ist nur: Wer hält mit welchen Methoden den Anspruch auf moralisches Handeln nach? Die gemeinnützige Gesellschaft »AlgorithmWatch« stellt resümierend fest, dass es »nur wenige Initiativen [gibt],

247 EKKI: S. 85–86.

die Mechanismen dafür vorsehen, die Einhaltung der Selbstverpflichtung auch zu überwachen und durchzusetzen [...] Von den 21 Beispielen, die als Selbstverpflichtung Qualitätssiegel oder ähnliches gekennzeichnet sind, wird nur in drei Fällen eine Art von Überwachungsmechanismus oder Qualitätskontrolle erwähnt. Dies heißt nicht, dass es bei den anderen keine gibt, sondern nur, dass sie nicht offensichtlich sind. Ohne Überwachung gibt es aber nur wenig Anreiz, sich bei der Entwicklung an ethische Prinzipien zu halten«, schreibt Veronika Thiel für »AlgorithmWatch«.[248]

Anhaltspunkte für die Formulierung eigener Ethikprinzipien finden sich auf der Seite von »AlgorithmWatch«. Es lohnt sich sicherlich, darüber nachzudenken, wie ein selbst formulierter Anspruch in die betriebliche Realität übersetzt und dort nachgehalten wird.

Praktische Hilfe, zumindest für KI-Anwendungen im Personalbereich, kann auch im Ethikcheck KI gefunden werden, den der Ethikbeirat HR-Tech zu Beginn des Jahres 2024 publiziert hat. Darin wird die manchmal vernachlässigte Frage der Haftung und der Verantwortung für IT-Prozesse adressiert, das Gebot der Datensparsamkeit unterstrichen und betont, dass die Betroffenen davon in Kenntnis gesetzt werden müssen, nach welcher Logik personenbezogene Daten verarbeitet werden.[249]

Die amerikanische Firma Palantir macht in ihren Ethikprinzipien auf einen Umstand aufmerksam, der angesichts einer Technikzentrierung der Ethikdebatte oft vernachlässigt wird. Die Firma fordert von ihren eigenen Datenanalytikern »eine Ethik der Technologie, die sich auf alle Kontexte ihrer Nutzung bezieht. Die ethische Orientierung basiert auf der umfassenden Erkenntnis das die Softwareplattformen, die wir entwickeln und unseren Kunden zur Verfügung stellen, nicht im luftleeren Raum existieren, sondern vielmehr untrennbar mit ihrem Anwendungskontext, ihrer betrieblichen Nutzung und der gesamten Datenbetriebsumgebung verbunden ist.« Als Leitlinie für den Einsatz von Palantir-Systemen wird formuliert: »Konzentrieren Sie sich auf das vollständig integrierte System, nicht auf seine einzelnen Werkzeuge. Halten Sie die KI verantwortungsvoll, rechenschaftspflichtig und am Menschen orientiert. Fördern Sie das Engagement mehrerer Interessensgruppen.«[250]

Verschriftliche Ethikprinzipien allein bleiben Schmuckwerk für die Unternehmensberichterstattung, wenn sie im Betrieb nicht umgesetzt und ebenso wie Qualitätskennziffern überprüft werden. Das Reklamieren von Ethikprinzipien erfordert aufmerksame Beschäftigte und betriebliche Interessenvertretungen, die Regelkonformität einfordern. Es braucht Whistleblower, die auf Regelverstöße

---

248 Veronika Thiel, Richtlinien für »ethische KI«: verbindliche Selbstverpflichtung oder Schönfärberei? – AlgorithmWatch (*https://algorithmwatch.org/de/richtlinien-fuer-ethische-ki-verbindliche-selbstverpflichtung-oder-schoenfaerberei/*), zuletzt abgerufen am 6.5.2021.

249 *https://www.ethikbeirat-hrtech.de/wp-content/uploads/2024/02/2024_Ethikbeirat_HR-Tech_Ethik_Check_KI_v_1_0.pdf.*

250 Courtney Bowman (2024) Blogbeitrag; Der Ansatz von Palantir zur KI-Ethik.

aufmerksam machen, und Aufsichtsräte, die die Geschäftsentwicklung auch an der Prinzipientreue messen.

11.4 Gewerkschaft ver.di – Ethik by Design

Die Gewerkschaft ver.di richtet sich an Entwickler, Programmierer und Entscheider, aber auch an Beschäftigte, die an der Konzeption und Entwicklung, dem Einkauf sowie dem Einsatz von KI-Systemen in Unternehmen beteiligt sind, und appelliert an deren Verantwortung.
Im März 2020 wurden »Ethische Leitlinien für die Entwicklung und den Einsatz von Künstlicher Intelligenz (KI): Gemeinwohl und Gute Arbeit by Design« publiziert.[251] Darin heißt es:

»Künstliche Intelligenz ist Werkzeug, Mittel zum Zweck. KI-Anwendungen sollen der Verbesserung von Arbeits- und Lebensqualität dienen. Dazu braucht es gute Dienstleistungen, eine stark ausgeprägte Gemeinwohlorientierung und Gute Arbeit. Die Ziele, die auf gesellschaftlicher Ebene demokratisch zu diskutieren und festzulegen sind, müssen dann bei der Arbeits- und KI-Gestaltung maßgeblich sein. Es ist also einerseits festzuschreiben, wofür KI-Systeme entwickelt, aber auch für was sie keinesfalls eingesetzt werden sollen. Dafür sind ›rote Haltelinien‹ einzuziehen: Es darf keine KI-Anwendungen geben, die Menschen schaden, die gegen Menschen- und Grundrechte verstoßen. Dabei sollte nicht erst ein Schaden nachgewiesen werden müssen, sondern auch bei einem zu hohen Risiko, wenn ein Schaden nicht ausgeschlossen werden kann, sind KI-Systeme nicht einzusetzen. Beispiele hierfür sind autonome Waffensysteme, wie auch autonome Medizintechnik wie bspw. bestimmte Robotiksysteme für Operationen. Auch Profiling-Systeme – also Verfahren, die autonom messen, detektieren, klassifizieren, zählen und prüfen – sind grundsätzlich kritisch zu hinterfragen. […]
Das zentrale Ziel einer Verbesserung der Arbeits- und Lebensqualität durch KI soll im Folgenden durch entsprechende ethische Leitlinien und klare Kriterien konkretisiert werden. Neben geltendem Recht sollen diese Kriterien bei der KI-Gestaltung, nicht zuletzt im Rahmen tarifvertraglicher Regelungen, berücksichtigt und eingehalten werden.

- *Sinnstiftung/Nützlichkeit*
  KI soll für möglichst viele Menschen Sinn stiften und nützlich sein. Sie soll die Lebens- und Arbeitsbedingungen verbessern, indem sie bspw. die Gesundheit schützt, den Arbeitsalltag erleichtert, die Persönlichkeit und den gesellschaftlichen Zusammenhalt fördert.
- *Barriere-/Zugangsfreiheit*
  KI-Anwendungen sollen grundsätzlich für alle Menschen zugänglich sein.

251 ver.di *innovation-gute-arbeit.de*, zum download, ethische Leitlinien KI, zuletzt abgerufen am 13.4.2025.

- *Diskriminierungsfreiheit/Inklusion/Geschlechtergerechtigkeit*
  KI-Systeme sind so zu gestalten, dass durch ihren Einsatz keine Menschen von gesellschaftlichen Prozessen ausgeschlossen und keine Menschen benachteiligt werden.
- *Nachhaltigkeit*
  Der Einsatz von Ressourcen (u. a. seltene Erden) und ihr Energieverbrauch müssen in einem angemessenen Verhältnis zu ihrem Nutzen stehen. Ihre Logik muss auf nachhaltige Entscheidungen ausgerichtet sein. Es sind alle Anstrengungen zu unternehmen, die ressourcensparendste KI einzusetzen. Stets ist zu prüfen, ob die aus Umweltgesichtspunkten beste KI eingesetzt wird.
- *Sicherheit/Robustheit/Kennzeichnung von KI*
  KI-Systeme müssen sicher sein und dürfen den Menschen und der Umwelt nicht schaden. Ihr Einsatz ist zu kennzeichnen bzw. anzuzeigen, damit Menschen wissen, wenn sie mit KI-Systemen interagieren.
- *Beschäftigungssicherung/Qualifikationsmöglichkeiten*
  Bei der Entwicklung von KI-Systemen ist frühzeitig abzuschätzen, ob und welche Tätigkeiten durch sie ersetzt werden, und wie betroffene Erwerbstätige auf neue Aufgaben vorbereitet werden müssen. Hier spielt insbesondere die Frage, welche Qualifikationen in welchen Zeiträumen erworben werden müssen, eine zentrale Rolle. Gerade die Entscheider in den Unternehmen sollen verpflichtet werden, Entlassungen zu verhindern und Beschäftigten Qualifizierung anzubieten (Freiwilligkeit), deren Arbeitsplätze von KI bedroht sind – besonders aus den durch die KI generierten Gewinnen.
- *Handlungs- und Entscheidungsspielräume*
  Ganz entscheidend wird es sein, KI-Systeme so zu gestalten, dass die Handlungs- und Entscheidungsspielräume der Erwerbstätigen wie auch anderer Anwender erweitert und nicht reduziert werden. Statt Tätigkeiten zu entwerten, sind sie durch gezielte Qualifizierung aufzuwerten. Dies kann durch Tarifverträge flankiert und durch neue Stellenzuschnitte unterstützt werden.
- *Gesundheit*
  KI-Systeme sollen zu einer Entlastung führen und Freiräume schaffen. Sie sind ergonomisch zu gestalten. Es soll ausgewiesen werden, in welcher Form sie tatsächlich Entlastung bringen.
- *Persönlichkeitsrechte*
  Viele KI-Systeme basieren auf großen Datenmengen. Dies darf nicht zu einer Gefährdung der Persönlichkeitsrechte führen, deren Wahrung ist bereits bei der Planung und Konzeptionierung der Anwendung zu berücksichtigen. Die Zweckbindung der Daten ist sicherzustellen. Es ist eine Datensouveränität anzustreben. Dabei sind die besonderen Herausforderungen bei Beschäftigten zu beachten. Ein Beschäftigtendatenschutzgesetz ist überfällig.
- *Beherrschbarkeit*
  KI-Systeme sind stets so zu konzipieren und zu entwickeln, dass sie beherrschbar bleiben. Letztlich muss stets der Mensch die Entscheidung treffen.

- *Nachvollziehbarkeit/Erklärbarkeit*
  Viele der genannten Kriterien sind nur einzuhalten, wenn die KI-Systeme durchschaubar bleiben. D.h. nicht nur die Qualität der Daten ist sicherzustellen, sondern auch ihre Herkunft ist auszuweisen.
- *Transparenz*
  Die KI-Verfahren, die Funktionsmechanismen und die vollständigen Entscheidungswege und -parameter sind offenzulegen. Außerdem muss es einen Whistleblower-Schutz geben, um zu gewährleisten, dass Missstände eben gerade von denen aufgedeckt werden können, die am meisten Einsicht in die Systeme haben. Zur Transparenz gehört auch, die Einhaltung der hier genannten Kriterien zu dokumentieren. Es muss entsprechende Rechenschaftspflichten geben.
- *Qualität der Daten*
  *Da die Daten für die Lern- bzw. Trainingsprozesse der KI von entscheidender Bedeutung sind, ist hier besondere Sorgfalt und Transparenz geboten. Die Qualität der Daten entscheidet bspw. mit darüber, ob die KI tatsächlich diskriminierungsfrei ist. Persönlichkeitsrechte der Erwerbstätigen und Bürger*innen sind zu wahren. Zudem sollte eine demokratische Kontrolle von Daten vor allem in öffentlichen Bereichen forciert werden*
- *Verantwortung/Haftung*
  Wo Unklarheiten zu Verantwortlichkeiten und Haftung bestehen, sind diese festzulegen. Sie dürfen nicht auf die Technik übertragen werden. Der Mensch bleibt in der Verantwortung.«

12 Grundrechte

Im deutschen Rechtsraum sind die Grundrechte im Grundgesetz festgeschrieben. Die Unantastbarkeit menschlicher Würde, die freie Entfaltung der Persönlichkeit, die Gleichberechtigung, Meinungsfreiheit, Versammlungs- und Koalitionsfreiheit, das Brief-, Post- und Fernmeldegeheimnis und die Verpflichtung des Eigentums auf das Wohl der Allgemeinheit prägen die Rechtsordnung der Bundesrepublik Deutschland.
Eine Abkehr von der Orientierung auf die Würde des Menschen verbietet das Grundgesetz ausdrücklich. Um die anderen Grundrechte einzuschränken, gelten hohe Hürden. Auch der Schutz informationeller Selbstbestimmung leitet sich von den Persönlichkeitsrechten des Grundgesetzes ab. Diese Rechtsnormen kennen wir seit Jahren. Auf ihre Wiedergabe und Kommentierung wird in diesem Buch zugunsten einer Übersicht über die Europäische Grundrechtecharta verzichtet.[252]
Die Europäische Grundrechtecharta formuliert die Grund- und Menschenrechte, die in der Europäischen Union gelten. Sie erlangte am 1. Dezember 2009 mit dem Inkrafttreten des Vertrags von Lissabon Rechtskraft. Sie ist damit für alle EU-Staaten bindend. Wie das Grundgesetz in Deutschland die Basis für andere Gesetze bildet, ist die Grundrechtecharta Grundlage für europäische Verordnungen und Richtlinien. Der Art. 1 Abs. 2 DSGVO macht den Zusammenhang deutlich. Dort wurden die Regelungen der Verordnung auf die »Grundrechte und Grundfreiheiten natürlicher Personen« verpflichtet und damit die Grundrechte der Charta adressiert.
Auch die europäische KI-Verordnung stellt auf die Normen der Grundrechtecharta ab. In der Begründung heißt es schon im Erwägungsgrund 1:

»Zweck dieser Verordnung ist es, das Funktionieren des Binnenmarkts zu verbessern, indem ein einheitlicher Rechtsrahmen insbesondere für die Entwicklung, das Inverkehrbringen, die Inbetriebnahme und die Verwendung von Systemen künstlicher Intelligenz (KI-Systeme) in der Union im Einklang mit den Werten der Union festgelegt wird, um die Einführung von menschenzentrierter und vertrauenswürdiger künstlicher Intelligenz (KI) zu fördern und gleichzeitig ein hohes Schutzniveau

252 Vgl. hierzu Lothar Schröder (2019): Menschenbilder, Visionen, Normen. Orientierungen für »Gute Arbeit mit KI«, in: Latenz 04. Journal für Philosophie und Gesellschaft, Arbeit und Technik, Kunst und Kultur, Mössingen-Talheim, S. 53–63, zu den hier einschlägigen GG-Normen S. 58–61.

in Bezug auf Gesundheit, Sicherheit und der in der Charta der Grundrechte der Europäischen Union (›Charta‹) verankerten Grundrechte, einschließlich Demokratie, Rechtsstaatlichkeit und Umweltschutz, sicherzustellen, den Schutz vor schädlichen Auswirkungen von KI-Systemen in der Union zu gewährleisten […].«

Nachfolgende Aufstellung gibt eine Übersicht über die Charta der Grundrechte der Europäischen Union. Sie macht deutlich, welche Qualitätsindikatoren sich daraus ableiten. Diese wiederum sind Bestandteil des in den nachfolgenden Kapiteln näher ausgeführten Qualitäts- und Einführungsmodells.
Übrigens: Ein Blick in die europäische Grundrechtecharta lohnt schon alleine deswegen, weil diese das Recht auf Unterrichtung und Anhörung von Arbeitnehmerinnen und Arbeitnehmern zu den Grundrechten zählt, öffentlichen Einrichtungen die Verpflichtung abverlangt, ihre Entscheidungen zu begründen (manchmal schwierig für KI-Systeme), und jeder Arbeitnehmerin und jedem Arbeitnehmer das Recht auf gesunde, sichere und würdige Arbeitsbedingungen gibt. Dies ist ein Konkretisierungsgrad, den das Grundgesetz so nicht beinhaltet.

Rechtsgrundlage	**Kernsätze**	**Qualitäts-indikatoren**
Charta der Grundrechte der Europäischen Union (GRCh)		
Art. 1 GRCh Würde des Menschen	Die Würde des Menschen ist unantastbar. Sie ist zu achten und zu schützen.	• Würde
Art. 6 GRCh Recht auf Freiheit und Sicherheit	Jeder Mensch hat das Recht auf Freiheit und Sicherheit.	• Sicherheit • Selbstbestimmung
Art. 7 GRCh Achtung des Privat- und Familienlebens	Jede Person hat das Recht auf Achtung ihres Privat- und Familienlebens, ihrer Wohnung sowie ihrer Kommunikation.	• Privatsphäre • Kommunikations-geheimnis
Art. 8 GRCh Schutz personenbezogener Daten	(1) Jede Person hat das Recht auf Schutz der sie betreffenden personenbezogenen Daten. (2) Diese Daten dürfen nur nach Treu und Glauben für festgelegte Zwecke und mit Einwilligung der betroffenen Person oder auf einer sonstigen gesetzlich geregelten legitimen Grundlage verarbeitet werden. Jede Person hat das Recht, Auskunft über die sie betreffenden erhobenen Daten zu erhalten und	• Datenschutz • Rechtsgrundlage • Auskunfts- und Berichtigungs-rechte

Rechtsgrundlage	Kernsätze	Qualitäts- indikatoren
	die Berichtigung der Daten zu erwirken. (3) […].	
Art. 11 GRCh Freiheit der Meinungs-äußerung und Informationsfreiheit	(1) Jede Person hat das Recht auf freie Meinungsäußerung. Dieses Recht schließt die Meinungsfreiheit und die Freiheit ein, Informationen und Ideen ohne behördliche Eingriffe und ohne Rücksicht auf Staatsgrenzen zu empfangen und weiterzugeben. (2) […].	• Meinungsfreiheit
Art. 12 GRCh Versammlungs- und Vereinigungsfreiheit	(1) Jede Person hat das Recht, sich insbesondere im politischen, gewerkschaftlichen und zivilgesellschaftlichen Bereich auf allen Ebenen frei und friedlich mit anderen zu versammeln und frei mit anderen zusammenzuschließen, was das Recht jeder Person umfasst, zum Schutz ihrer Interessen Gewerkschaften zu gründen und Gewerkschaften beizutreten. (2) […].	• Versammlungs-freiheit
Art. 14 GRCh Recht auf Bildung	(1) Jede Person hat das Recht auf Bildung sowie auf Zugang zur beruflichen Ausbildung und Weiterbildung.	• Qualifizierung
Art. 16 GRCh Unternehmerische Freiheit	Die unternehmerische Freiheit wird nach dem Unionsrecht und den einzelstaatlichen Rechtsvorschriften und Gepflogenheiten anerkannt.	• Innovation
Art. 17 GRCh Eigentumsrecht	(1) Jede Person hat das Recht, ihr rechtmäßig erworbenes Eigentum zu besitzen, zu nutzen, darüber zu verfügen und es zu vererben. Niemandem darf sein Eigentum entzogen werden, es sei denn aus Gründen des öffentlichen	• Wertstatus

Rechtsgrundlage	Kernsätze	Qualitätsindikatoren
	Interesses in den Fällen und unter den Bedingungen, die in einem Gesetz vorgesehen sind, sowie gegen eine rechtzeitige angemessene Entschädigung für den Verlust des Eigentums. Die Nutzung des Eigentums kann gesetzlich geregelt werden, soweit dies für das Wohl der Allgemeinheit erforderlich ist. (2) Geistiges Eigentum wird geschützt.	• Urheberrecht
Art. 20 GRCh Gleichheit vor dem Gesetz	Alle Personen sind vor dem Gesetz gleich.	• Gleichberechtigung
Art. 21 GRCh Nichtdiskriminierung	(1) Diskriminierungen insbesondere wegen des Geschlechts, der Rasse, der Hautfarbe, der ethnischen oder sozialen Herkunft, der genetischen Merkmale, der Sprache, der Religion oder der Weltanschauung, der politischen oder sonstigen Anschauung, der Zugehörigkeit zu einer nationalen Minderheit, des Vermögens, der Geburt, einer Behinderung, des Alters oder der sexuellen Ausrichtung sind verboten. (2) Unbeschadet besonderer Bestimmungen der Verträge ist in ihrem Anwendungsbereich jede Diskriminierung aus Gründen der Staatsangehörigkeit verboten.	• Diskriminierungsfreiheit
Art. 22 GRCh Vielfalt der Kulturen, Religionen und Sprachen	Die Union achtet die Vielfalt der Kulturen, Religionen und Sprachen.	• Diversität

Rechtsgrundlage	Kernsätze	Qualitäts-indikatoren
Art. 23 GRCh Gleichheit von Frauen und Männern	Die Gleichheit von Frauen und Männern ist in allen Bereichen, einschließlich der Beschäftigung, der Arbeit und des Arbeitsentgelts, sicherzustellen. […].	• Gleichberechtigung
Art. 26 GRCh Integration von Menschen mit Behinderung	Die Union anerkennt und achtet den Anspruch von Menschen mit Behinderung auf Maßnahmen zur Gewährleistung ihrer Eigenständigkeit, ihrer sozialen und beruflichen Eingliederung und ihrer Teilnahme am Leben der Gemeinschaft.	• Inklusion
Art. 27 GRCh Recht auf Unterrichtung und Anhörung der Arbeitnehmerinnen und Arbeitnehmer im Unternehmen	Für die Arbeitnehmerinnen und Arbeitnehmer oder ihre Vertreter muss auf den geeigneten Ebenen eine rechtzeitige Unterrichtung und Anhörung in den Fällen und unter den Voraussetzungen gewährleistet sein, die nach dem Unionsrecht und den einzelstaatlichen Rechtsvorschriften und Gepflogenheiten vorgesehen sind.	• Partizipation
Art. 28 GRCh Recht auf Kollektivverhandlungen und Kollektivmaßnahmen	Die Arbeitnehmerinnen und Arbeitnehmer sowie die Arbeitgeberinnen und Arbeitgeber oder ihre jeweiligen Organisationen haben […] das Recht, Tarifverträge auf den geeigneten Ebenen auszuhandeln und zu schließen sowie bei Interessenkonflikten kollektive Maßnahmen zur Verteidigung ihrer Interessen, einschließlich Streiks, zu ergreifen.	• Koalitionsfreiheit
Art. 31 GRCh Gerechte und angemessene Arbeitsbedingungen	(1) Jede Arbeitnehmerin und jeder Arbeitnehmer hat das Recht auf gesunde, sichere und würdige Arbeitsbedingungen. (2) […].	• Gute Arbeit • Gesundheitsförderlichkeit

Rechtsgrundlage	**Kernsätze**	**Qualitätsindikatoren**
Art. 37 GRCh Umweltschutz	Ein hohes Umweltschutzniveau und die Verbesserung der Umweltqualität müssen in die Politik der Union einbezogen und nach dem Grundsatz der nachhaltigen Entwicklung sichergestellt werden.	• Nachhaltigkeit
Art. 41 GRCh Recht auf eine gute Verwaltung	(1) Jede Person hat ein Recht darauf, dass ihre Angelegenheiten von den Organen, Einrichtungen und sonstigen Stellen der Union unparteiisch, gerecht und innerhalb einer angemessenen Frist behandelt werden. (2) Dieses Recht umfasst insbesondere a) das Recht jeder Person, gehört zu werden, bevor ihr gegenüber eine für sie nachteilige individuelle Maßnahme getroffen wird, b) das Recht jeder Person auf Zugang zu den sie betreffenden Akten unter Wahrung des berechtigten Interesses der Vertraulichkeit sowie des Berufs- und Geschäftsgeheimnisses, c) die Verpflichtung der Verwaltung, ihre Entscheidungen zu begründen. (3) Jede Person hat Anspruch darauf, dass die Union den durch ihre Organe oder Bediensteten in Ausübung ihrer Amtstätigkeit verursachten Schaden nach den allgemeinen Rechtsgrundsätzen ersetzt, die den Rechtsordnungen der Mitgliedstaaten gemeinsam sind. (4) […].	• Betroffenenrechte • Vertraulichkeit • Verantwortung

13 Die Europäische KI-Verordnung

Am 12. 7. 2024 ist die lang erwartete Verordnung (EU) 2024/1689 zur Festlegung harmonisierter Vorschriften für künstliche Intelligenz (Verordnung über Künstliche Intelligenz) in das Amtsblatt der EU eingetragen worden.[253] Zuvor hatte die Europäische Kommission am 21. 4. 2021 einen »Vorschlag für eine Verordnung des Europäischen Parlaments und des Rates zur Festlegung harmonisierter Vorschriften für künstliche Intelligenz« der Öffentlichkeit vorgestellt. Es folgte über mehr als drei Jahre ein oft kontroverser Dialog mit den Mitgliedsstaaten und ein Trilog, in dem unterschiedliche Ansichten zum Regelungsbedarf schließlich zum Ausgleich gebracht wurden. Am 13. 3. 2024 gab schließlich das Europäische Parlament grünes Licht für das weltweit einzigartige Regelwerk, mit 523 zu 46 Stimmen bei 49 Enthaltungen.[254] Das ist eine deutliche parlamentarische Mehrheit für das Regelwerk, das mit seinen 260 Seiten Gesetzestext und 160 Seiten Erwägungsgründen zwar einschüchtert, aber einen großen Meilenstein darstellt, für die Beachtung von Grundrechten bei der Nutzung von Künstlicher Intelligenz.[255]

Die DGB-Vorsitzende Yasmin Fahimi kommentierte, trotz weitergehender Vorstellungen der Gewerkschaften, den Rechtsetzungsakt indes auch positiv: »Die KI-Verordnung ist ein historischer Erfolg. Europa setzt damit weltweit ethische Maßstäbe für die Entwicklung und Nutzung von KI-Anwendungen. Transparenzverpflichtungen für KI-Anbieter und ethische Grenzen wie Verbote von Social Scoring oder Emotionserkennung am Arbeitsplatz werden für mehr Akzeptanz und Vertrauen im Umgang mit KI sorgen.«[256]

Die Europäische KI-Verordnung wirkt unmittelbar in die Mitgliedsstaaten und die Umsetzung in den Betrieben muss nun vorangebracht werden. Betriebs- und Personalräte haben mit der neuen Rechtsvorschrift eine gute Grundlage, auf die Einführung von KI-Systemen im Betrieb Einfluss zu nehmen. Der folgende Text nimmt sich zur Unterstützung von praktischen Umsetzungsinitiativen einigen wesentlichen Vorgaben der Verordnung an, ohne den Anspruch zu erheben, das Werk vollständig vorzustellen oder gar zu kommentieren. Prof. Dr. Wolfgang

253 *https://eur-lex.europa.eu/legal-content/DE/TXT/?uri=OJ%3AL_202401689.*

254 Vgl. hierzu Tim Hühnert (5/2024): Arbeit und Recht, 181.

255 Vgl. hierzu Prof. Dr. Wolfgang Däubler (2024): Computer und Arbeit 8–9, 10.

256 DGB Bundesvorstand, Aktuelles aus Brüssel und Strassburg, Mai 2024. Siehe hierzu auch Kapitel 38.

Däubler hat recht, wenn er anmerkt: »Wer dazu einen Kommentar schreiben will, muss über ein ausgeprägtes Selbstbewusstsein und viele willige ZuarbeiterInnen verfügen.«[257]
Die Europäische KI-Verordnung unterscheidet zwischen KI-Anwendungen mit vier unterschiedlichen Risikostufen und verlangt nach einer Risikoklassifikation, wie dies die deutsche Datenethikkommission schon 2019 empfohlen hatte.[258] Ist das Risiko hoch, dann werden auch hohe Anforderungen an das KI-System gesetzt. Sehr kritische Systeme sind künftig in Europa verboten.

Die EU-Verordnung stärkt nun auch einen Rechtsanspruch, den die deutsche Mitbestimmung in ähnlicher Weise bereits aus § 90 Abs. 1 Nr. 3 Betriebsverfassungsgesetz kennt. Die bindende EU-Rechtsvorschrift macht für Hochrisikosysteme die rechtzeitige Information von Interessenvertretung und Beschäftigten über den KI-Einsatz zur verbindlichen Aufgabe der Arbeitgeber.[259] Dies wiederum ist die Voraussetzung dafür, um überhaupt Schutzmechanismen einfordern zu können. Darauf stellt die Europäische Kommission ab und sie geht noch weiter: Wer dieser Verpflichtung nicht nachkommt, läuft Gefahr, Verwaltungsstrafen bis zur Höhe von 15 Millionen Euro oder 3 % des gesamten weltweiten Jahresumsatzes des Unternehmens zu riskieren.[260]

Europäische KI-Verordnung: Betreiberpflichten	
Artikel 26 **Pflichten der Betreiber von Hochrisikosystemen**	Absatz 7: **Vor der Inbetriebnahme** oder Verwendung eines Hochrisiko-KI-Systems am Arbeitsplatz **informieren** Betreiber, die Arbeitgeber sind, **die Arbeitnehmervertreter und die betroffenen Arbeitnehmer** darüber, dass sie der Verwendung des Hochrisiko-KI-Systems unterliegen werden […].

257 Vgl. hierzu Prof. Dr. Wolfgang Däubler (2024): Computer und Arbeit 8–9, 10.
258 Siehe hierzu auch Kapitel 9.2 in diesem Buch.
259 Art. 26 Abs. 7 EU KI-VO.
260 Art. 99 Abs. 4 EU KI-VO.

Europäische KI-Verordnung: Betreiberpflichten	
Artikel 99 **Sanktionen**	Absatz 4: Für **Verstöße** gegen folgende für Akteure oder notifizierte Stellen geltende Bestimmungen, mit Ausnahme der in Artikel 5 genannten, werden Geldbußen von **bis zu 15 000 000 EUR** oder – im Falle von Unternehmen – von **bis zu 3 % des gesamten weltweiten Jahresumsatzes** des vorangegangenen Geschäftsjahres verhängt, **je nachdem, welcher Betrag höher ist.**

13.1 Was ist ein KI-System?

Erstmals hat der europäische Gesetzgeber eine Definition für KI-Systeme vorgenommen. Hiernach gilt künftig:

Ein KI-System ist »*ein maschinengestütztes System, das für einen in wechselndem Maße autonomen Betrieb ausgelegt ist, das nach seiner Einführung anpassungsfähig sein kann und das aus seinen Eingaben für explizite oder implizite Ziele ableitet, wie Ergebnisse, wie etwa Vorhersagen, Inhalte, Empfehlungen oder Entscheidungen hervorgebracht werden, die physische oder virtuelle Umgebungen beeinflussen können*«.[261]

Es dürfte trotz dieser definitorischen Klarstellung und nachfolgend erlassener Leitlinien[262] nicht leichtfallen, in der betrieblichen Praxis zu klären, wo herkömmliche IT-Systeme aufhören und wo KI-Systeme anfangen. Unterstützung findet man dabei in der Kommentierung von Fitting u. a. zum Betriebsverfassungsgesetz:

»*Charakteristisch für KI ist – in Abgrenzung zu jeglicher Informations- und Kommunikationstechnik – die mangelnde Vorhersehbarkeit der zu findenden Ergebnisse*«.[263]

Auch erste Unternehmen haben mittlerweile für sich Definitionen für die bei ihnen eingesetzten oder geplanten KI-Systeme gefunden. In dem in Kapitel 38

261 Art. 3 Abs. 1 EU KI-VO.

262 Art. 3 Abs. 1 EU KI-VO; weitere Ausführungen siehe Kapitel 13. Siehe auch Billigung des Inhalts des Entwurfs einer Mitteilung der Kommission – Leitlinien der Kommission zur Definition eines Systems der künstlichen Intelligenz gemäß der Verordnung (EU) 2024/1689 (KI-Gesetz) vom 6. 2. 2025.

263 Rn. 94ff. zu § 80 BetrVG, Fitting u. a.: Betriebsverfassungsgesetz, Handkommentar, 32. Auflage 2024.

vorgestellten KI-Manifest, das der Konzernbetriebsrat der Telekom schon vor einiger Zeit mit dem Unternehmen verabredet hat, heißt es zur Definition für KI-Systeme vereinfachend:

»Gegenstand dieser Verabredung sind lernende informationstechnische Systeme, die sich zur Erfüllung ihrer Aufgaben fortentwickeln, sich selbst optimieren und Probleme lösen, indem sie eigenständig Muster erkennen, Schlussfolgerungen ziehen und Entscheidungen vorbereiten oder treffen. Häufig nutzen sie elektronische Sensorik für ihren Input und Maschinenkommunikation für ihren Output.«[264]

Für Betriebs- und Personalräte ist es zunächst notwendig zu klären, ob sie es überhaupt mit einem KI-System zu tun haben. Schließlich soll es Betriebe geben, in denen die Fachseiten ein neues technisches System deshalb »KI-System« nennen, um Projektmittel und Aufmerksamkeit des Managements zu erhalten. Wenn es dann um die Beteiligung des Betriebsrats geht, wird dann manchmal behauptet, das Ganze habe gar nichts mehr mit KI zu tun.
Weil die Definitionen tatsächlich oft nicht selbsterklärend sind, hat der Konzernbetriebsrat der Provinzialversicherung AG mit einer Regelungsabrede u. a. eine Clearingstelle eingerichtet, die innerbetrieblich die Frage klären soll, wo IT aufhört und KI anfängt. Das kann betriebliche, juristische und technische Kontroversen eindämmen.[265]
Mittlerweile bietet das Betriebsverfassungsgesetz mit § 80 Abs. 3 den Betriebsräten einen vereinfachten Zugang zu externen Sachverständigen bei der Einführung von KI-Systemen. Diesen Anspruch zu nutzen kann dabei helfen, die Vielfalt der mit diesen Systemen zusammenhängenden Fragen zu bearbeiten.

13.2 Ethische Grundsätze

Die Europäische KI-Verordnung will ethische Grundsätze für den Einsatz von Systemen Künstlicher Intelligenz verwirklicht sehen.[266] Sieben Grundsätze werden benannt, für die auch die Betreiber von KI-Systemen in deutschen Betrieben in die Pflicht genommen werden:

- menschliches Handeln und menschliche Aufsicht,
- technische Robustheit und Sicherheit,
- Privatsphäre und Datengovernance,
- Transparenz,
- Vielfalt, Nichtdiskriminierung und Fairness,
- soziales und ökologisches Wohlergehen und
- Rechenschaftspflicht.

---

264 KI-Manifest der Deutsche Telekom AG, Abs. 2.
265 Siehe Kapitel 38.
266 EU KI-VO Erwägungsgrund 27.

13.3 Verbotene Systeme

In allen Mitgliedsstaaten der Europäischen Union und damit auch in deutschen Betrieben ist mit der KI-Verordnung rechtskräftig seit dem 2.2.2025 u.a. der Einsatz von KI-Systemen verboten,[267] die u.a.

- das Verhalten von Personen mit unterschwelligen Techniken außerhalb des Bewusstseins zur gezielten Manipulation einsetzen;
- Schwächen einer Person oder einer bestimmten Personengruppe aufgrund ihres Alters, einer Behinderung oder einer besonderen sozialen oder wirtschaftlichen Situation ausnutzen;
- biometrische Kategorisierung nutzen, um Rückschlüsse auf die Rasse, die politischen Meinungen, die Gewerkschaftszugehörigkeit, die religiösen oder philosophischen Überzeugungen, das Sexualleben oder sexuelle Ausrichtung zu ziehen oder zuzulassen;
- Menschen aufgrund ihres Sozialverhaltens oder persönlicher Merkmale klassifizieren und benachteiligen (social scoring);
- am Arbeitsplatz oder in Bildungseinrichtungen Emotionserkennung durchführen, die über medizinische Zwecke oder Sicherheitsanwendungen hinausgehen.

Das Verbot hat gute Gründe. In der Begründung der Verordnung heißt es:

»Abgesehen von den zahlreichen nutzbringenden Verwendungsmöglichkeiten von KI kann diese Technologie auch missbraucht werden und neue und wirkungsvolle Instrumente für manipulative, ausbeuterische und soziale Kontrollpraktiken bieten. Solche Praktiken sind besonders schädlich und missbräuchlich und sollten verboten werden, weil sie im Widerspruch zu den Werten der Union stehen, nämlich der Achtung der Menschenwürde, Freiheit, Gleichheit, Demokratie und Rechtsstaatlichkeit sowie der in der Charta verankerten Grundrechte, einschließlich des Rechts auf Nichtdiskriminierung, Datenschutz und Privatsphäre …«[268]

Ein Selbstlauf dürfte das nicht werden. Schließlich fehlen Vergleichsmaßstäbe und Referenzbeispiele der Umsetzung, genauso wie eine detaillierte Kommentierung, die dabei hilft, eine Regelungsabsicht in reale Praxis zu übersetzen. Der aufmerksame Kommentator des Arbeitsrechts, Wolfgang Däubler, fragt beispielsweise: »Wie sollen biometrische Daten, also etwa Körpergröße und Augenfarbe Rückschlüsse auf die politische Einstellung oder die sexuelle Ausrichtung zulassen? Gemeint dürfte eine Situation sein, in der biometrische Daten zusammen mit Zusatzinformationeneinen Rückschluss auf die genannten Merkmale zulassen.«[269] Da ist was dran. Der Konzernbetriebsrat der Provinzial Holding hat sich dieser Unklarheit angenommen und mit einer Betriebsvereinbarung Klarheit geschaffen. Darin heißt es eindeutiger:

---

267 EU KI-VO Art. 3.
268 EU KI-VO Erwägungsgrund 28.
269 Vgl. hierzu Prof. Dr. Wolfgang Däubler (2024): Computer und Arbeit 8–9, 13.

»KI-Systeme werden nicht eingesetzt, um Informationen oder Schlussfolgerungen über die Beschäftigten hinsichtlich deren politischer Meinungen, weltanschaulicher Überzeugungen, Gewerkschaftszugehörigkeit und sexueller Orientierung zu gewinnen.«

13.4 Emotionserkennung am Arbeitsplatz

Für Betriebs- und Personalräte ist von Bedeutung, dass der EU-Gesetzgeber Emotionserkennungssysteme im Arbeitskontext verboten hat. Aber warum gilt Emotionserkennung als untragbares Risiko am Arbeitsplatz und wie unterscheidet sich Emotion von verbreiteten Ausdrucksformen physischer Zustände? In den Begründungstexten der EU-Verordnung heißt es dazu:

»Im Hinblick auf die wissenschaftliche Grundlage von KI-Systemen, die darauf abzielen, Emotionen zu erkennen oder abzuleiten, bestehen ernsthafte Bedenken, insbesondere da sich Gefühlsausdrücke je nach Kultur oder Situation und selbst bei ein und derselben Person erheblich unterscheiden. Zu den größten Schwachstellen solcher Systeme gehört, dass sie beschränkt zuverlässig, nicht eindeutig und nur begrenzt verallgemeinerbar sind. Daher können KI-Systeme, die Emotionen oder Absichten natürlicher Personen auf der Grundlage ihrer biometrischen Daten erkennen oder ableiten, diskriminierende Ergebnisse hervorbringen und in die Rechte und Freiheiten der betroffenen Personen eingreifen. Angesichts des Machtungleichgewichts in den Bereichen Arbeit und Bildung in Verbindung mit dem intrusiven Charakter dieser Systeme können diese zu einer Schlechterstellung oder Benachteiligung bestimmter natürlicher Personen oder ganzer Gruppen führen. Daher sollte das Inverkehrbringen, die Inbetriebnahme oder die Verwendung von KI-Systemen, die den emotionalen Zustand von Einzelpersonen in Situationen, ableiten sollen, die mit dem Arbeitsplatz oder dem Bildungsbereich in Zusammenhang stehen, verboten werden. Dieses Verbot sollte nicht für KI-Systeme gelten, die ausschließlich aus medizinischen oder sicherheitstechnischen Gründen in Verkehr gebracht werden, wie z. B. Systeme, die für therapeutische Zwecke bestimmt sind.«[270]

Die neue Europäische KI-Verordnung hilft nun mit einer Definition[271] dabei zu erkennen, was eigentlich ein Emotionserkennungssystem ist:

»Der in dieser Verordnung verwendete Begriff ›Emotionserkennungssystem‹ sollte als ein KI-System definiert werden, das dem Zweck dient, Emotionen oder Absichten natürlicher Personen auf der Grundlage ihrer biometrischen Daten festzustellen oder daraus abzuleiten. In diesem Begriff geht es um Emotionen oder Absichten wie Glück, Trauer, Wut, Überraschung, Ekel, Verlegenheit, Aufregung, Scham, Ver-

270 EU KI-VO Erwägungsgrund 44.
271 EU KI-VO Erwägungsgrund 18.

achtung, Zufriedenheit und Vergnügen. Dies umfasst nicht physische Zustände wie Schmerz oder Ermüdung, einschließlich beispielsweise Systeme, die zur Erkennung des Zustands der Ermüdung von Berufspiloten oder -fahrern eigesetzt werden, um Unfälle zu verhindern. Es geht dabei auch nicht um die bloße Erkennung offensichtlicher Ausdrucksformen, Gesten und Bewegungen, es sei denn, sie werden zum Erkennen oder Ableiten von Emotionen verwendet. Bei diesen Ausdrucksformen kann es sich um einfache Gesichtsausdrücke wie ein Stirnrunzeln oder ein Lächeln oder um Gesten wie Hand-, Arm- oder Kopfbewegungen oder um die Stimmmerkmale einer Person handeln, wie eine erhobene Stimme oder ein Flüstern.«

Demnach dürfte eine KI gestützte Müdigkeitserkennung im Dienstwagen zulässig sein, nicht aber die Analyse von Call-Centeragent*innen hinsichtlich ihrer Wut über unhöfliche Kunden.

13.5 KI-Systeme mit hohem Risiko

Ihre Vorgaben zur Regulierung von Hochrisikosystemen begründet die EU-Kommission ausführlich mit der Gefahr für die Grundrechte:

»Das Ausmaß der nachteiligen Auswirkungen des KI-Systems auf die durch die Charta geschützten Grundrechte ist bei der Einstufung eines KI-Systems als hochriskant von besonderer Bedeutung. Zu diesen Rechten gehören die Würde des Menschen, die Achtung des Privat- und Familienlebens, der Schutz personenbezogener Daten, die Freiheit der Meinungsäußerung und die Informationsfreiheit, die Versammlungs- und Vereinigungsfreiheit, das Recht auf Nichtdiskriminierung, das Recht auf Bildung, der Verbraucherschutz, die Arbeitnehmerrechte, die Rechte von Menschen mit Behinderungen, die Gleichstellung der Geschlechter, Rechte des geistigen Eigentums, das Recht auf einen wirksamen Rechtsbehelf und ein faires Gerichtsverfahren, das Verteidigungsrecht, die Unschuldsvermutung sowie das Recht auf eine gute Verwaltung. […]. Darüber hinaus sollte dem Grundrecht auf ein hohes Umweltschutzniveau, das in der Charta verankert ist und mit der Unionspolitik umgesetzt wird, bei der Bewertung der Schwere des Schadens, den ein KI-System unter anderem in Bezug auf die Gesundheit und Sicherheit von Personen verursachen kann, ebenfalls Rechnung getragen werden.«[272]

Damit stellt die Europäische KI-Verordnung auf die Europäische Grundrechtecharta ab, die die Europäische Datenschutzgrundverordnung bereits in Artikel 1 zum Gestaltungsziel gemacht hatte.
Eigentum verpflichtet – auch zur Einhaltung der Grundrechte. Die Europäische KI-Verordnung sieht die Arbeitgeber, die KI-Systeme betreiben, aber auch aus sehr praktischen Gründen in einer besonderen Verantwortung:

272 EU KI-VO Erwägungsgrund 48.

»Betreiber von Hochrisiko-KI-Systemen spielen daher eine entscheidende Rolle bei der Gewährleistung des Schutzes der Grundrechte [...] Betreiber können am besten verstehen, wie das Hochrisiko-KI-System konkret eingesetzt wird und können somit dank einer genaueren Kenntnis des Verwendungskontextes sowie der wahrscheinlich betroffenen Personen oder Personengruppen, einschließlich Gruppen schutzbedürftiger Personen, erhebliche potenzielle Risiken erkennen, die in der Entwicklungsphase nicht vorausgesehen wurden.«[273]

Nicht zu Unrecht werden Arbeitgeber in die Pflicht genommen, die Musik spielt im Betrieb. Dort werden immer mehr KI-Systeme betrieben und es sind Initiativen notwendig, um Grundrechte zu schützen. Die Einflussnahme mit den Mitteln der Mitbestimmung ist dringend notwendig, zumal die Europäische KI-Verordnung auch zahlreiche Anwendungen dem Hochrisikobereich zuordnet, von denen Beschäftigte betroffen sind. Im Anhang III der Europäischen KI-Verordnung werden Anwendungen des Hochrisikobereichs benannt und dieser Anhang soll künftig fortentwickelt werden. Zum Zeitpunkt des Inkrafttretens der Verordnung zählen erstmal u. a. folgende KI-Systeme und Einsatzzwecke zum Hochrisikobereich[274]:

- Einstellung oder Auswahl von Beschäftigten,
- Entscheidungen, die die Bedingungen von Arbeitsverhältnissen, Beförderungen und Kündigungen von Arbeitsvertragsverhältnissen beeinflussen,
- die Zuweisung von Aufgaben auf der Grundlage des individuellen Verhaltens oder persönlicher Merkmale oder Eigenschaften,
- die Bewertung der Leistung und des Verhaltens von Beschäftigten,
- die biometrische Kategorisierung,
- die Zuweisung natürlicher Personen zu Einrichtungen der beruflichen Bildung,
- die Bewertung des angemessenen Bildungsniveaus,
- die Überwachung und Erkennung von verbotenem Verhalten in Prüfungen und
- das Profiling von Beschäftigten.

Hinsichtlich der genauen Verordnungstexte wird auf den Verordnungstext im Internet[275] oder auf die nachfolgende Tabelle verwiesen.

Systeme, die in diese Kategorien fallen, aber kein erhebliches Risiko für die Gesundheit, die Sicherheit oder die Grundrechte darstellen gelten nicht als hochrisikobehaftet. Dies ist der Fall, wenn eine oder mehrere der folgenden Bedingungen erfüllt sind, oder das Ergebnis der Entscheidungsfindung nicht wesentlich beeinflussen:

- das KI-System ist dazu bestimmt, eine eng gefasste Verfahrensaufgabe durchzuführen;

---

273 EU KI-VO Erwägungsgrund 93.
274 EU KI-VO Anlage III.
275 *https://eur-lex.europa.eu/legal-content/DE/TXT/?uri=OJ%3AL_202401689.*

- das KI-System ist dazu bestimmt, das Ergebnis einer zuvor abgeschlossenen menschlichen Tätigkeit zu verbessern;
- das KI-System ist dazu bestimmt, Entscheidungsmuster oder Abweichungen von früheren Entscheidungsmustern zu erkennen und ist nicht dazu gedacht, die zuvor abgeschlossene menschliche Bewertung, ohne eine angemessene menschliche Überprüfung zu ersetzen oder zu beeinflussen; oder
- das KI-System ist dazu bestimmt, eine vorbereitende Aufgabe für eine Bewertung durchzuführen, die für die Zwecke, der in Anhang III aufgeführten Anwendungsfälle relevant ist.[276]

Diese Optionen, Ausnahmen von der Zuordnung zum Hochrisikobereich zu definieren, werden aller Erfahrung nach zu innerbetrieblichen Konflikten führen. Es bleibt zu hoffen, dass das von der EU-Kommission eingerichtete »Büro für Künstliche Intelligenz«[277] dafür die Entstehung von Praxisleitfäden fördert.

13.6 Grundrechtsfolgenabschätzung

Die Wirkungen auf die Gesundheit, die Sicherheit oder die Grundrechte festzustellen oder die Wirkungstiefe eines Systems zu beurteilen, das wird ohne eine Grundrechtsfolgenabschätzung, kaum möglich sein. Diese wiederum gibt die KI-Verordnung für Hochrisikosysteme vor, zumindest für KI-Betreiber in Einrichtungen öffentlichen Rechts oder private Betreiber, die in deren Auftrag handeln.[278] Sie muss vor dem Einsatz eines KI-Systems mit hohem Risiko durchgeführt werden und folgende Informationen umfassen:

- *»eine Beschreibung der Verfahren des Betreibers, bei denen das Hochrisiko-KI-System im Einklang mit seiner Zweckbestimmung verwendet wird;*
- *eine Beschreibung des Zeitraums und der Häufigkeit, innerhalb dessen bzw. mit der jedes Hochrisiko-KI-System verwendet werden soll;*
- *die Kategorien der natürlichen Personen und Personengruppen, die von seiner Verwendung im spezifischen Kontext betroffen sein könnten;*
- *die spezifischen Schadensrisiken, die sich auf die […] ermittelten Kategorien von Personen oder Personengruppen auswirken könnten, unter Berücksichtigung der vom Anbieter gemäß Artikel 13 bereitgestellten Informationen;*
- *eine Beschreibung der Umsetzung von Maßnahmen der menschlichen Aufsicht entsprechend den Gebrauchsanweisungen;*
- *die Maßnahmen, die bei Eintreten dieser Risiken zu ergreifen sind, einschließlich der Regelungen für die interne Unternehmensführung und Beschwerdemechanismen.«*

276 EU KI-VO Art. 6 Abs. 3.
277 EU KI-VO Art. 56.
278 EU KI-VO Art. 27.

Betriebs- und Personalräte sind gut beraten, wenn sie sich vor der Einführung eines KI-Systems, das hoch risikobehaftet ist, die erforderliche Grundrechtsfolgenabschätzung vorlegen lassen. Noch besser wäre es, wenn sie darauf Einfluss nähmen, mit welcher Methode und mit welchen weiteren Untersuchungsgegenständen eine Grundrechtsfolgenabschätzung im Betrieb durchgeführt wird. Dies wäre in allen Betrieben erforderlich, schließlich haben alle Beschäftigten Grundrechte und es dürfte mit der Grundrechtscharta kaum verträglich sein, wenn sich der Arbeitsdruck erhöht, Überwachung zunimmt oder im erheblichen Umfang Arbeitsplätze abgebaut werden.
Schließlich sind sichere, gesunde und würdige Arbeitsbedingungen schon bereits ein Anspruch der Grundrechtscharta, dem auch die Europäische KI-Verordnung verpflichtet ist.[279]
Im deutschen Arbeitsschutzrecht ist dafür auch eine Gefährdungsbeurteilung vorgegeben, die ebenfalls eine vorausschauende Beurteilung der Folgen des Technikeinsatzes vorsieht, nicht nur für hoch riskante Systeme. Auch das AGG fordert eine vorbeugende Prüfung von Maßnahmen zur Vermeidung von Diskriminierung. Es lohnt als Mitbestimmungsträger*in in dem Zusammenhang zumindest Fragen zu stellen:

- Mit welchen Verfahren wird untersucht, welche der Grundrechte der Beschäftigten berührt sind?
- Mit welchen Verfahren wird eingeschätzt, welche dieser Grundrechtsarten, in welcher Dimension beeinträchtigt werden können?
- Welche belastbaren Elemente für eine Grundrechtefolgenabschätzung liegen dazu aus Referenzbetrieben und Lieferantenerklärungen schon vor?
- Für welche Aspekte der Folgen der KI-Einführung liegen bereits belastbare Folgeneinschätzungen aus früheren Einführungsprozessen der gleichen oder ähnlicher Systeme vor?
- Schutz personenbezogener Daten
- Ökonomische Wirkungen
- Folgen für das Image der Firma
- Wesentliche Änderungen im Betriebszweck, der Betriebs- und Arbeitsorganisation sowie der Betriebsanlagen
- soziale Folgen
- Sanktionsfolgen
- Folgen für den Anspruch auf Diskriminierungsfreiheit
- Wirkung auf Arbeitsbedingungen
- Wirkung auf Beschäftigung und Qualifizierung
- Wirkung auf den Wertstatus der Beschäftigten
- die Ordnung im Betrieb
- Welche Art von Folgenabschätzungen wurden bereits durchgeführt oder sind geplant?
- Grundrechte-Folgenabschätzung
- Datenschutzfolgenabschätzung

279 EU Grundrechtscharta Art. 31.

- Gefährdungsbeurteilung, entsprechend dem Arbeitsschutzrecht
- Folgenabschätzung nach der Betriebssicherheitsverordnung
- Prüfung vorbeugender Maßnahmen zur Vermeidung von Diskriminierungen

13.7 Auflagen für Hochrisikosysteme[280]

Für Hochrisikosysteme gibt die Europäische KI-Verordnung erhebliche Anforderungen vor, die Unternehmen und Verwaltungen einzuhalten haben. Dazu zählt ein kontinuierliches, iteratives Risikomananagement über den gesamten Lebenszyklus des KI-Systems. Dabei ist die Bearbeitung der Systemrisiken nicht nur bei der Einführung einer Anwendung erforderlich. KI-Systeme mit hohem Risiko müssen laufend getestet und während der Tests anhand von festgelegten Messgrößen und Wahrscheinlichkeitsschwellen evaluiert werden.
Es muss überprüft werden, ob die Systeme für den beabsichtigten Zweck konsistent funktionieren; Trainings-, Validierung-, und Testdatensätzen müssen geeignet sein. Dies ist bedeutsam, um beispielsweise Diskriminierungsgefahren einzudämmen. Deswegen muss die Herkunft der Daten untersucht werden, ihre Verfügbarkeit, Menge und Eignung für den eingesetzten Zweck untersucht und geprüft werden, ob Gefahren für mögliche Verzerrungen sich negativ auf die Grundrechte auswirken. Die Anbieter und behördlichen Betreiber von Hochrisikosystemen haben sich in einer EU-Datenbank zu registrieren.[281] Alle Betreiber müssen den Betrieb des Hochrisiko-KI-Systems anhand der Betriebsanleitung überwachen. Haben sie einen schwerwiegenden Vorfall festgestellt, informieren sie auch unverzüglich zuerst den Anbieter und dann den Einführer oder Händler und die zuständigen Marktüberwachungsbehörden über diesen Vorfall.[282]

13.8 Dokumentationen, Gebrauchsanweisungen und Log-Dateien[283]

Für Hochrisikosysteme müssen sehr umfassende technische Dokumentationen angelegt werden. Diese Vorgabe findet sich im Anhang IV der Europäischen KI-Verordnung. Dieser Anhang IV ist ein Dokument, auf dessen Kenntnis Betriebs- und Personalräte großen Wert legen sollten. Der zu erwartende Output des Systems muss danach detailliert beschrieben sein, ebenso die menschlichen Aufsichtsmaßnahmen, die für den Einsatz des Systems vorgesehen sind. Zu den

280 EU KI-VO Art. 8 bis 10.
281 EU KI-VO Art. 49 und 71.
282 EU KI-VO Art. 26 Abs. 5.
283 EU KI-VO Art. 11 bis 13.

technischen Unterlagen muss eine Kopie der EU-Konformitätserklärung beigefügt sein. Daraus lässt sich erkennen, ob die Systeme mit den Vorgaben der EU in Einklang stehen.
Eine Protokollierungsfunktion (Log-Datei) muss realisiert werden. Damit entstehen beim Einsatz von Hochrisikosystemen immer personenbezogene Daten, die Mitbestimmungsrechte auslösen. Die EU-Vorgaben verlangen auch danach, dass es für das jeweilige System eine Gebrauchsanweisung gibt. Diese muss »präzise, vollständige, korrekte und eindeutige Informationen enthalten, die für die Nutzer relevant, barrierefrei zugänglich und verständlich sind.« Die Gebrauchsanweisung muss Merkmale, Fähigkeiten und Leistungsgrenzen des Hochrisikosystems beschreiben, den vorgesehenen Zweck benennen, das Genauigkeitsniveau, mit dem das System arbeitet, transparent machen und jene Umstände beschreiben, die Grundrechte gefährden können, wie etwa Fehlanwendungen des Systems. Eine derartige Gebrauchsanweisung durchzusehen, kann die Meinungsbildung von Mitbestimmungsträger*innen oder deren Sachverständigen erheblich erleichtern.

13.9 Menschliche Aufsicht[284]

Menschliche Aufsicht wird zum Betrieb von Hochrisiko-Systemen vorgegeben. Damit sollen »Risiken für die Gesundheit, Sicherheit oder die Grundrechte verhindert oder auf ein Mindestmaß reduziert werden.« Jene Personen, die Aufsicht führen, sollen in die Lage versetzt werden:

- *»die einschlägigen Fähigkeiten und Grenzen des Hochrisiko-KI-Systems angemessen zu verstehen;*
- *sich einer möglichen Neigung zu einem automatischen oder übermäßigen Vertrauen in das von einem Hochrisiko-KI-System hervorgebrachte Ergebnis (›Automatisierungsbias‹) bewusst zu bleiben;*
- *das Ergebnis des Hochrisiko-KI-Systems richtig zu interpretieren;*
- *in einer bestimmten Situation zu beschließen, das Hochrisiko-KI-System nicht zu verwenden oder das Ergebnis des Hochrisiko-KI-Systems außer Acht zu lassen;*
- *in den Betrieb des Hochrisiko-KI-Systems einzugreifen oder den Systembetrieb mit einer ›Stopptaste‹ oder einem ähnlichen Verfahren zu unterbrechen.«*

284 EU KI-VO Art. 14.

13.10 Kompetenz[285]

Die Europäische KI-Verordnung verlangt von den Arbeitgebern, für alle KI-Systeme die für den Betrieb der KI erforderliche Kompetenz aufzubauen:

»Die Anbieter und Betreiber von KI-Systemen ergreifen Maßnahmen, um nach besten Kräften sicherzustellen, dass ihr Personal und andere Personen, die in ihrem Auftrag mit dem Betrieb und der Nutzung von KI-Systemen befasst sind, über ein ausreichendes Maß an KI-Kompetenz verfügen, wobei ihre technischen Kenntnisse, ihre Erfahrung, ihre Ausbildung und Schulung und der Kontext, in dem die KI-Systeme eingesetzt werden sollen, sowie die Personen oder Personengruppen, bei denen die KI-Systeme eingesetzt werden sollen, zu berücksichtigen sind.«

Mit dieser neuen Vorgabe lässt sich eine Anforderung von Betriebs- und Personalräten auf eine seriöse qualitative Personalplanung und Qualifizierung begründen, zumal die Deutsche Gewerbeordnung bereits Rechtsvorgaben dazu macht, unter welchen Bedingungen der Kompetenzaufbau zu erfolgen hat:

Gewerbeordnung § 111 Pflichtfortbildungen
(1) Ist der Arbeitgeber durch Gesetz oder aufgrund eines Gesetzes, durch Tarifvertrag oder Betriebs- oder Dienstvereinbarung verpflichtet, dem Arbeitnehmer eine für die Erbringung der Arbeitsleistung erforderliche Fortbildung anzubieten, dürfen dem Arbeitnehmer die Kosten hierfür nicht auferlegt werden.
(2) Fortbildungen nach Absatz 1 sollen während der regelmäßigen Arbeitszeit durchgeführt werden. Soweit Fortbildungen nach Absatz 1 außerhalb der regelmäßigen Arbeitszeit durchgeführt werden müssen, gelten sie als Arbeitszeit.

13.11 Transparenzvorgaben[286]

Die Europäische KI-Verordnung gibt für die Bereitstellung bestimmter KI-Systeme zahlreiche Transparenzverpflichtungen vor. So ist es jetzt zur Vorgabe geworden, dass Beschäftigte darüber informiert werden müssen, wenn sie mit einem KI-System interagieren. Anbieter von generative KI, wie z. B. ChatGPT, »die synthetische Audio-, Bild-, Video-, oder Textinhalte erzeugen«, müssen sicherstellen, dass »die Ausgaben des KI-Systems in einem maschinenlesbaren Format gekennzeichnet sind und als künstlich erzeugt und manipuliert erkannt werden können.«
Die Betreiber eines Emotionserkennungssystems (außerhalb des Arbeitsplatzes Art. 5 Abs. 1f Europäische KI-Verordnung), oder eines Systems zur biometrischen Kategorisierung müssen die Personen, die solchen Systemen ausgesetzt

285 EU KI-VO Art. 4.
286 Insbesondere EU KI-VO Art. 50.

sind, über den Betrieb eines solchen Systems informieren. Der Einsatz von Deepfakes muss offengelegt werden und es muss darüber informiert werden, dass »die Inhalte künstlich erzeugt oder manipuliert wurden«. Auch die oben beschriebene Pflicht zur Bereitstellung technischer Informationen darf als weiteres Instrument begriffen werden, Transparenz über die Funktionsmechanismen von KI-Systemen zu schaffen.

13.12 Marktaufsichtsbehörden[287]

Künftig werden nicht nur betriebliche Mitbestimmungsträger*innen über die Einhaltung rechtlicher Vorgaben und ethischer Standards wachen. Jeder Mitgliedstaat der Europäischen Union hat eine Marktaufsichtsbehörde einzurichten, die die Einhaltung der KI-Verordnung überwacht. Die Verordnung gibt allen Bürgern Europas das Recht, diese Marktüberwachungsbehörden anzurufen, wenn sie Grund zu der Annahme haben, dass ein Verstoß gegen die Bestimmungen der Verordnung vorliegt.[288]
Damit ergeben sich auch für die Beschäftigten im Betrieb oder in den Mitbestimmungsgremien zusätzliche Eskalationsmöglichkeiten, sollte ein Betrieb die Anwendung der KI-Verordnung nicht allzu ernst nehmen.
In Deutschland sind für den Finanzsektor die BaFin und für alle anderen Branchen die Bundesnetzagentur als Marktaufsichtsbehörden im Gespräch.

13.13 Sanktionsmechanismen[289]

Letztlich ist dringend davon abzuraten, die Europäische KI-Verordnung nicht genug ernst zu nehmen, denn sie sieht erhebliche Sanktionen vor, sollte gegen sie verstoßen werden. Bis zu einer Höhe von 35 Millionen Euro können Geldbußen auferlegt werden, wenn verbotene Systeme betrieben werden. Werden die Verpflichtungen und Auflagen zum Betrieb von Hochrisikosystemen nicht erfüllt, können die Sanktionen bis zu 15 Millionen Euro oder 7 % des weltweiten Jahresumsatzes betragen. Auch irreführende, unvollständige oder unrichtige Auskünfte gegenüber den Behörden können mit Geldbußen im erheblichen Umfang belegt werden.

287 EU KI-VO Art. 70.
288 EU KI-VO Art. 85.
289 EU KI-VO Art. 99.

13.14 Freiwillige Verhaltenskodizes und Partizipation[290]

Die Europäische Kommission will Verhaltenskodizes fördern, die für KI-Systeme ohne hohes Risiko gelten. Das dürfte die Verabredung von Betriebs- und Dienstvereinbarungen erleichtern, die Prinzipien für den KI-Einsatz vorgegeben und Prozesse der Mitbestimmung regeln. Die Kommission legt Wert darauf festzustellen, dass derartige Verhaltenskodizes unter Einbeziehung von Interessensvertretungen entwickelt werden können[291] und auf folgende Elemente ausgerichtet werden:

- in den Ethik-Leitlinien der Union für eine vertrauenswürdige KI enthaltene anwendbare Elemente;
- Beurteilung und Minimierung der Auswirkungen von KI-Systemen auf die ökologische Nachhaltigkeit, einschließlich im Hinblick auf energieeffizientes Programmieren, und Techniken, um KI effizient zu gestalten, zu trainieren und zu nutzen;
- Förderung der KI-Kompetenz, insbesondere der von Personen, die mit der Entwicklung, dem Betrieb und der Nutzung von KI befasst sind;
- Erleichterung einer inklusiven und vielfältigen Gestaltung von KI-Systemen, unter anderem durch die Einsetzung inklusiver und vielfältiger Entwicklungsteams und die Förderung der Beteiligung der Interessenträger an diesem Prozess;
- Bewertung und Verhinderung der negativen Auswirkungen von KI-Systemen auf schutzbedürftige Personen oder Gruppen schutzbedürftiger Personen, einschließlich im Hinblick auf die barrierefreie Zugänglichkeit für Personen mit Behinderungen, sowie auf die Gleichstellung der Geschlechter.

13.15 Negative Beschäftigungswirkung – keine neuen Instrumente zur Einflussnahme

Wer erwartet hat, die KI-Verordnung würde auch neue Instrumente zur Einflussnahme auf negative Beschäftigungseffekte schaffen, musste enttäuscht werden. Dafür war schon das Konzept des Verordnungsentwurfes nicht angelegt. Lediglich die Vorgaben zur menschlichen Aufsicht und zu Alternativprozessen für Notfälle unterstreichen, dass der Mensch in einem Arbeitsleben, dass von KI geprägt wird, eine wichtige Rolle behält. Die Ausrichtung des Entwurfs auf »soziales Wohlergehen« bleibt Gestaltungsziel ohne neue Instrumente, die dabei helfen könnten, es zu erreichen.
Damit bleibt es bei der unzulänglichen Rechtslage, nach der weder das Europäische noch das Deutsche Arbeitsrecht wirksame Mittel bietet, einen Personalabbau durch einen effizienzsteigernden Einsatz von KI-Systemen zu unterbin-

290 EU KI-VO Art. 95.
291 EU KI-VO Art. 95 Abs. 3.

den.[292] Die sozialen Folgen können gemildert, aber nicht verhindert werden. Dies zwingt aber nicht zwangsläufig zu Resignation. Schließlich gelingt es Gewerkschaften und auch Betriebsräten mit den Arbeitgebern Verträge abzuschließen, die betriebsbedingte Beendigungskündigungen zum Teil mittelfristig ausschließen. Vertrauen schaffen auch die ersten betrieblichen Rahmenregelungen zu KI, die sich dem Thema Beschäftigungswirkung annehmen. Das Regulativ, das der Konzernbetriebsrat der Provinzial Holding, mit den Arbeitgebern der Versicherung abgeschossen hat, ist dafür ein gutes Beispiel. Darin heißt es:

»Wir wissen: Das wichtigste Interesse der Beschäftigten gilt der Beschäftigung, der Einkommenssicherheit, ihren Persönlichkeitsrechten und den eigenen Perspektiven. Dem haben wir bei wichtigen Entscheidungen in der Provinzial bisher Rechnung getragen. Dies soll auch so bleiben. Diese Faktoren sozialer Sicherheit wollen wir fördern, auch und gerade, weil KI-Systeme in der Lage sind, arbeitende Menschen nicht nur zu unterstützen, sondern auch zu vertreten. In unserer Kultur soll die Anwendung der Technik darauf zielen, Arbeit zu erleichtern und nicht darauf, eigene Beschäftigung und Beschäftigtenperspektiven abzubauen.«

13.16 Ergänzende nationale Rechtsvorgaben

Am bedeutsamsten für die weitere Einflussnahme im Sinne einer arbeitnehmerorientierten Verbesserung der rechtlichen Rahmenbedingungen für den KI-Einsatz ist eine Vorgabe, auf die der Deutsche Gewerkschaftsbund großen Wert gelegt hat. In der Schlussphase der Entwicklung der Europäischen KI-Verordnung wurde ein Text aufgenommen, der dem nationalem Gesetzgeber Spielraum gibt. In Art. 2 Abs. 11 heißt es:

»Diese Verordnung hindert die Union oder die Mitgliedstaaten nicht daran, Rechts- oder Verwaltungsvorschriften beizubehalten oder einzuführen, die für die Arbeitnehmer im Hinblick auf den Schutz ihrer Rechte bei der Verwendung von KI-Systemen durch die Arbeitgeber vorteilhafter sind, oder die Anwendung von Kollektivvereinbarungen zu fördern oder zuzulassen, die für die Arbeitnehmer vorteilhafter sind.«

Der DGB und seine Einzelgewerkschaften werden Wert darauf legen, dass von dieser Möglichkeit Gebrauch gemacht wird. Vorstellungen hierzu formuliert die DGB-Vorsitzende in Kapitel 41 dies Buches.
Ernüchternd ist jedoch, dass in Deutschland bis heute ein wirksames Beschäftigtendatenschutzgesetz fehlt, obwohl es seit Jahrzehnten vom Gesetzgeber angekündigt ist und nicht nur für Arbeitnehmer*innen vorteilhaft wäre. Ein Beweisverwertungsverbot für rechtswidrig erlangte Erkenntnisse über die Beschäftigten

292 Vgl. hierzu Prof. Dr. Wolfgang Däubler (2024): Computer und Arbeit 8–9, 15.

sollte nach der jüngsten Rechtsprechung gesetzlich vorgegeben werden. Das Gleichstellungsrecht muss ergänzt werden, um auch vor einer von Algorithmen induzierten Diskriminierung zu schützen. Hilfreich wäre, wenn der deutsche Gesetzgeber präzisiert, wie im Arbeitsleben unsere Betriebs- und Personalräte an der KI-Folgenabschätzung, am Training solcher Systeme und der Evaluation beteiligt werden müssen. Damit wären nur einige Anliegen benannt, für die es eine gute Begründung für eine nationale Vorgabe gibt.

13.17 Die Einflussnahme im Betrieb beginnt

Währenddessen fangen in Deutschland immer mehr Mitbestimmungsorgane auch ohne ergänzende nationale Rechtsgrundlage an, Spielregeln und Leitplanken für den KI-Einsatz in ihren Betrieben zu fordern und zu vereinbaren. Notwendigerweise werden dabei oft zunächst Qualitätsansprüche verabredet, also festgelegt, was eigentlich gute und vertrauenswürdige KI ausmacht. Prozessverabredungen klären den Mitbestimmungspfad, über den Betriebsräte beteiligt werden. Sie geben meistens vor, welche Informationen ein Mitbestimmungsgremium vor der Einführung von KI-Systemen erhält, daraus ergibt sich eine solide Basis für weitergehende Beratungen. Häufig wird eine Verabredung getroffenen, dass personenbezogene Daten von Beschäftigten nur in mitbestimmten KI-Systemen verwendet werden dürfen. Bei der Provinzial-Versicherung konnte der Konzernbetriebsrat auch ein erstes Regulativ für generative KI durchsetzen.
Bevor derartige Regelungen zustande gekommen sind, mussten betriebliche Interessenvertretungen die große Vielfalt der Aspekte sortieren, die mit KI-Systemen zusammenhängen. Dann war die eigene Anspruchslage und das Ziel der Einflussnahme zu klären. Mitbestimmungsträger*innen mussten sich die rechtlichen Grundlagen ansehen und die bereits existierenden Regeln des eigenen Betriebs auszuwerten. Ihnen war wichtig in Erfahrung zu bringen, womit den Beschäftigten am meisten geholfen ist. Es ging darum, eine Balance zwischen den Möglichkeiten der Technik und den Werten des Menschen zu schaffen sowie eine Balance zwischen ethischen Ansprüchen und Effizienzgesichtspunkten zwischen üblicher Betriebskultur und Vielfalt der Einsatzoptionen für KI-Systeme zu verabreden. Vertrauensbildung war dabei ein wesentlicher Gestaltungsziel.

13.18 Formales Inkrafttreten und Übergangsfristen

Bereits ab dem 2.2.2025 sind die Kapitel I (Allgemeine Bestimmungen) und II (Verbotene Praktiken im KI-Bereich) der Europäischen KI-Verordnung anzuwenden.
Gemäß Art. 56 EU KI-VO müssen die Praxisleitfäden spätestens am 2.5.2025 fertig sein.

Ab dem 2. 8. 2025 werden gelten:

- Kapitel III Abschnitt 4 (notifizierende Behörden und notifizierte Stellen),
- Kapitel V (KI-Modelle mit allgemeinem Verwendungszweck),
- Kapitel VII (Governance),
- Kapitel XII (Sanktionen) und
- Art. 78 (Vertraulichkeit) mit Ausnahme des Art. 101 (Geldbußen für Anbieter von KI-Modellen mit allgemeinem Verwendungszweck).

Erst ab dem 2. 8. 2027 werden Art. 6 Abs. 1 (Einstufungsvorschriften für Hochrisiko-KI-Systeme) und die entsprechenden Pflichten nach der Europäischen KI-Verordnung zwingend anwendbar.

Für KI-Systeme, die schon in Betrieb sind oder vor dem August 2027 in Betrieb genommen werden, schafft Artikel 111 der Verordnung Übergangsfristen. Anbieter von KI-Modellen mit allgemeinem Verwendungszweck, die vor dem 2. 8. 2025 in Verkehr gebracht wurden, müssen die erforderlichen Maßnahmen für die Erfüllung der in dieser Verordnung festgelegten Pflichten bis zum 2. 8. 2027 treffen. Die Praxis in den Betrieben deutet für die Autoren dieses Buches nicht darauf hin, dass Betriebe systematisch noch auf die Schnelle KI-Systeme einführen, um die Übergangsfristen in Anspruch nehmen können.

Circa 115 Firmen haben sich bereits selbst verpflichtet die Vorgaben der Europäischen KI-Verordnung umzusetzen, bevor die Rechtskraft des Regelwerkes sie dazu zwingt. Das schafft Vertrauen, gerade nachdem viele Firmen vor der Verabschiedung der Verordnung vor Überregulierung gewarnt hatten. Große KI-Anwender, namhafte Konzerne und Serviceprovider zählen zu der Gruppe der Firmen, die ihre Absicht offen zeigen, sich frühzeitig auf die Europäischen KI-Verordnung einzulassen: Aleph Alpha, Google, Microsoft, Open AI, Amazon, SAP, Cisco, IBM, Deutsche Telekom, Vodafone, Telefonica, Airbus und Porsche.[293]

Nachfolgend einige, für die betriebliche Gestaltungsarbeit wesentliche, aber oft zusammengefasste Auszüge aus der Europäischen KI-Verordnung, deren Inhalte die oben zitierten Passagen präzisieren:

293 Heise–Online 25. 9. 2024.

Auszüge aus der Europäischen KI-Verordnung

Artikel	Kernsätze	zu untersuchende Indikatoren
Art. 1 Gegenstand	In dieser Verordnung wird Folgendes festgelegt: a) harmonisierte Vorschriften für das Inverkehrbringen, die **Inbetriebnahme** und die **Verwendung von KI-Systemen** in der Union; b) **Verbote bestimmter Praktiken** im KI-Bereich; c) **besondere Anforderungen an Hochrisiko-KI-Systeme** und Pflichten für Akteure in Bezug auf solche Systeme; d) **harmonisierte Transparenzvorschriften** für bestimmte KI-Systeme; e) Inverkehrbringen von **KI-Modellen mit allgemeinem Verwendungszweck;** f) Vorschriften für die **Marktbeobachtung** sowie die **Governance** und Durchsetzung der Marktüberwachung; g) Maßnahmen zur **Innovationsförderung** mit besonderem Augenmerk auf KMU, einschließlich Start-up-Unternehmen.	• Rechtskonformität
Art. 2 Anwendungsbereich	Diese Verordnung gilt für: a) **Anbieter**, die KI-Systeme in der Union in Verkehr bringen oder in Betrieb nehmen oder KI-Modelle mit allgemeinem Verwendungszweck in Verkehr bringen, **unabhängig davon, ob diese Anbieter in der Union** oder in einem Drittland **niedergelassen sind;** b) **Betreiber von KI-Systemen**, die ihren Sitz in der Union haben oder sich in der Union befinden; c) **Anbieter und Betreiber** von KI-Systemen, die ihren Sitz in einem Drittland haben oder sich in einem Drittland befinden oder, wenn die vom System hervorgebrachte **Ausgabe in der Union verwendet** wird; ... g) **betroffene Personen**, die sich in der Union befinden	• Verantwortung • Rechtskonformität

Artikel	Kernsätze	zu untersuchende Indikatoren
Art. 3 Begriffsbestimmungen	Für die Zwecke dieser Verordnung bezeichnet der Ausdruck 1. »**KI-System**« ein maschinengestütztes System, das für einen in **unterschiedlichem Grade autonomen Betrieb** ausgelegt ist und das **nach seiner Betriebsaufnahme anpassungsfähig sein kann** und das aus den erhaltenen Eingaben für explizite oder implizite Ziele ableitet, wie Ausgaben wie etwa Vorhersagen, Inhalte, Empfehlungen oder Entscheidungen erstellt werden, die physische oder virtuelle Umgebungen beeinflussen können; … 4. »**Betreiber**« eine natürliche oder juristische Person, Behörde, Einrichtung oder sonstige Stelle, die ein KI-System in eigener Verantwortung verwendet, es sei denn, das KI-System wird im Rahmen einer persönlichen und nicht beruflichen Tätigkeit verwendet; … 34. »**biometrische Daten**« mit speziellen technischen Verfahren gewonnene personenbezogene Daten zu den physischen, physiologischen oder **verhaltenstypischen Merkmalen einer natürlichen Person**, wie etwa Gesichtsbilder oder daktyloskopische Daten; … 60. »**Deepfake**« einen durch **KI erzeugten oder manipulierten Bild-, Ton- oder Videoinhalt**, der wirklichen Personen, Gegenständen, Orten, Einrichtungen oder Ereignissen ähnelt und einer Person fälschlicherweise als echt oder wahrheitsgemäß erscheinen würde;	• Unterscheidung IT von KI • Betreiber sind Arbeitgeber • Schutz besonderer Daten • Transparenz deepfake
Art. 5 Verbotene Praktiken	Folgende Praktiken im KI-Bereich sind verboten: a) das Inverkehrbringen, die Inbetriebnahme oder die **Verwendung eines KI-Systems**, das Techniken der unterschwelligen **Beeinflussung außerhalb des Bewusstseins einer Person** oder **absichtlich manipulative oder täuschende Techniken** mit dem Ziel oder der Wirkung einsetzt, das Verhalten einer Person oder einer Gruppe von Personen wesentlich zu verändern, indem ihre Fähigkeit, eine	• Rechtskonformität • Unterschwellige Beeinflussung • Schutz Schutzwürdiger • Social scoring • Vorhersage Straftaten • Gesichtserkennung • Emotionserkennung

Artikel	Kernsätze	zu untersuchende Indikatoren
	fundierte Entscheidung zu treffen, deutlich beeinträchtigt wird, wodurch sie veranlasst wird, eine **Entscheidung zu treffen, die sie andernfalls nicht getroffen hätte**, und zwar in einer Weise, die dieser Person, einer anderen Person oder einer Gruppe von Personen erheblichen Schaden zufügt oder mit hinreichender Wahrscheinlichkeit zufügen wird; b) das Inverkehrbringen, die Inbetriebnahme oder die **Verwendung eines KI-Systems**, das eine Vulnerabilität oder **Schutzbedürftigkeit einer natürlichen Person** oder einer bestimmten Gruppe von Personen aufgrund ihres **Alters, einer Behinderung** oder einer bestimmten **sozialen oder wirtschaftlichen Situation** mit dem Ziel oder der Wirkung **ausnutzt**, das Verhalten dieser Person oder einer dieser Gruppe angehörenden Person in einer Weise wesentlich zu verändern, die dieser Person oder einer anderen Person erheblichen Schaden zufügt oder mit hinreichender Wahrscheinlichkeit zufügen wird; c) das Inverkehrbringen, die Inbetriebnahme oder die Verwendung von KI-Systemen zur **Bewertung oder Einstufung von natürlichen Personen** oder Gruppen von Personen über einen bestimmten Zeitraum auf der **Grundlage ihres sozialen Verhaltens** oder bekannter, abgeleiteter oder vorhergesagter **persönlicher Eigenschaften oder Persönlichkeitsmerkmale …** d) das Inverkehrbringen, die Inbetriebnahme für diesen spezifischen Zweck oder die Verwendung eines KI-Systems zur **Durchführung von Risikobewertungen** in Bezug auf natürliche Personen, um das Risiko, dass eine natürliche Person eine **Straftat** begeht, ausschließlich auf der **Grundlage des Profiling** einer natürlichen Person oder der **Bewertung ihrer persönlichen Merkmale und Eigenschaften** zu bewerten oder vorherzusagen;	• Kategorisierung auf Grundlage hochsensibler Daten

Artikel	Kernsätze	zu untersuchende Indikatoren
	e) das Inverkehrbringen, die Inbetriebnahme für diesen spezifischen Zweck oder die Verwendung von KI-Systemen, die Datenbanken zur **Gesichtserkennung durch das ungezielte Auslesen von Gesichtsbildern aus dem Internet oder von Überwachungsaufnahmen** erstellen oder erweitern; f) das Inverkehrbringen, die Inbetriebnahme für diesen spezifischen Zweck oder die Verwendung von KI-Systemen zur **Ableitung von Emotionen** einer natürlichen Person am **Arbeitsplatz und in Bildungseinrichtungen**, es sei denn, die Verwendung des KI-Systems soll aus medizinischen Gründen oder Sicherheitsgründen eingeführt oder auf den Markt gebracht werden; g) das Inverkehrbringen, die Inbetriebnahme für diesen spezifischen Zweck oder die Verwendung von Systemen zur **biometrischen Kategorisierung**, mit denen natürliche Personen individuell auf der Grundlage ihrer biometrischen Daten kategorisiert werden, um ihre Rasse, ihre politischen Einstellungen, ihre **Gewerkschaftszugehörigkeit, ihre religiösen oder weltanschaulichen Überzeugungen, ihr Sexualleben oder ihre sexuelle Ausrichtung zu erschließen oder abzuleiten**; …	
Art. 6 Abs. 2 Hochrisiko KI-Systeme entsprechend Anhang III	Als Hochrisiko-KI-Systeme gemäß Artikel 6 Absatz 2 gelten die in folgenden Bereichen aufgeführten KI-Systeme: 1. **Biometrie** a) biometrische Fernidentifizierungssysteme … b) biometrische Kategorisierung nach sensiblen oder geschützten Attributen oder Merkmalen; 2. **Kritische Infrastruktur**: KI-Systeme, die bestimmungsgemäß als Sicherheitsbauteile im Rahmen der Verwaltung und des Betriebs kritischer digitaler Infrastruktur, des Straßenverkehrs oder der Wasser-, Gas-, Wärme- oder Stromversorgung verwendet werden sollen;	• Risikoeinschätzung • Einordnung in Kritikalitätsstufen • Rechtskonformität • Priorisierung Aufmerksamkeit

Artikel	Kernsätze	zu untersuchende Indikatoren
	3. Allgemeine und **berufliche Bildung** a) Zugang oder **Zulassung oder Zuweisung** natürlicher Personen zu Einrichtungen aller Ebenen der allgemeinen und **beruflichen Bildung;** b) **Bewertung von Lernergebnissen,** Steuerung des Lernprozesses natürlicher Personen c) **Bewertung des angemessenen Bildungsniveaus** d) **Überwachung und Erkennung von verbotenem Verhalten** 4. **Beschäftigung, Personalmanagement und Zugang zur Selbstständigkeit** a) KI-Systeme, die bestimmungsgemäß für die **Einstellung oder Auswahl** natürlicher Personen verwendet werden sollen, **insbesondere um** gezielte Stellenanzeigen zu schalten, **Bewerbungen zu sichten oder zu filtern und Bewerber zu bewerten;** b) KI-Systeme, die bestimmungsgemäß für Entscheidungen, die die **Bedingungen von Arbeitsverhältnissen, Beförderungen und Kündigungen von Arbeitsvertragsverhältnissen beeinflussen,** für die **Zuweisung von Aufgaben** aufgrund des individuellen Verhaltens oder persönlicher Merkmale oder Eigenschaften oder für die Beobachtung und **Bewertung der Leistung und des Verhaltens** von Personen in solchen Beschäftigungsverhältnissen verwendet werden soll; 5. Zugänglichkeit und Inanspruchnahme grundlegender **privater und grundlegender öffentlicher Dienste** und Leistungen 6. **Strafverfolgung**, soweit ihr Einsatz nach einschlägigem Unionsrecht oder nationalem Recht zugelassen ist	
Art. 6 Abs. 3 Keine Hochrisiko KI-Systeme	Abweichend von Absatz 2 gilt ein in Anhang III genanntes KI-System nicht als hochriskant, wenn es **kein erhebliches Risiko der Beeinträchtigung in Bezug auf die Gesundheit, Sicherheit oder Grundrechte natürlicher Personen birgt, indem es unter anderem nicht das Ergebnis der**	• Risikoklassifikation

Artikel	Kernsätze	zu untersuchende Indikatoren
	Entscheidungsfindung wesentlich beeinflusst. Unterabsatz 1 gilt, wenn eine der folgenden Bedingungen erfüllt ist: das KI-System ist dazu bestimmt, eine **eng gefasste Verfahrensaufgabe** durchzuführen; das KI-System ist dazu bestimmt, das Ergebnis einer zuvor abgeschlossenen **menschlichen Tätigkeit zu verbessern;** das KI-System ist dazu bestimmt, **Entscheidungsmuster oder Abweichungen von früheren Entscheidungsmustern zu erkennen**, und ist nicht dazu gedacht, die zuvor abgeschlossene menschliche Bewertung ohne eine angemessene menschliche Überprüfung zu ersetzen oder zu beeinflussen, oder das KI-System ist dazu bestimmt, eine **vorbereitende Aufgabe für eine Bewertung** durchzuführen, die für die Zwecke der in Anhang III aufgeführten Anwendungsfälle relevant ist. Ungeachtet des Unterabsatzes 1 gilt ein in Anhang III aufgeführtes KI-System **immer dann als hochriskant, wenn es ein Profiling** natürlicher Personen vornimmt.	
Kapitel 2 Art. 8 Anforderungen an Hochrisiko-KI-Systeme	Hochrisiko-KI-Systeme müssen die in diesem Kapitel festgelegten Anforderungen erfüllen, wobei ihrer Zweckbestimmung sowie dem allgemein anerkannten Stand der Technik in Bezug auf KI und KI-bezogene Technologien Rechnung zu tragen ist. … Risikomanagementsystem Daten und Daten-Governance Technische Dokumentation Aufzeichnungspflichten Transparenz und Bereitstellung von Informationen für die Betreiber Menschliche Aufsicht Genauigkeit, Robustheit und Cybersicherheit	• Rechtskonformität • Risikoangemessenheit

Artikel	Kernsätze	zu untersuchende Indikatoren
Art. 9 Risikomanagementsystem	(1) Für Hochrisiko-KI-Systeme wird ein Risikomanagementsystem eingerichtet, angewandt, dokumentiert und aufrechterhalten. (2) Das Risikomanagementsystem versteht sich als ein **kontinuierlicher iterativer Prozess**, der während des **gesamten Lebenszyklus** eines Hochrisiko-KI-Systems geplant und durchgeführt wird und eine regelmäßige systematische Überprüfung und Aktualisierung erfordert. Es umfasst folgende Schritte: a) die **Ermittlung und Analyse** der bekannten und vernünftigerweise **vorhersehbaren Risiken**, die vom Hochrisiko-KI-System für die **Gesundheit, Sicherheit oder Grundrechte** ausgehen können, wenn es entsprechend seiner Zweckbestimmung verwendet wird; b) die **Abschätzung und Bewertung der Risiken**, die entstehen können, wenn das Hochrisiko-KI-System entsprechend seiner Zweckbestimmung oder im Rahmen einer vernünftigerweise vorhersehbaren **Fehlanwendung** verwendet wird; d) die Ergreifung geeigneter und gezielter Risikomanagementmaßnahmen zur **Bewältigung** der gemäß Buchstabe a **ermittelten Risiken**; (5) Die in Absatz 2 Buchstabe d genannten Risikomanagementmaßnahmen werden so gestaltet, dass jedes mit einer bestimmten Gefahr verbundene relevante Restrisiko sowie das **Gesamtrestrisiko** der Hochrisiko-KI-Systeme als **vertretbar** beurteilt wird. … (6) Hochrisiko-KI-Systeme müssen **getestet** werden, um die am besten geeigneten gezielten Risikomanagementmaßnahmen zu ermitteln. Durch das Testen wird sichergestellt, dass Hochrisiko-KI-Systeme stets im Einklang mit ihrer Zweckbestimmung funktionieren und die Anforderungen dieses Abschnitts erfüllen; (7) Das **Testen** von Hochrisiko-KI-Systemen erfolgt zu jedem geeigneten	• Evaluation • Kontrollierbarkeit • Risikoeinschätzung • Risikominimierung • Test

Artikel	**Kernsätze**	**zu untersuchende Indikatoren**
	Zeitpunkt **während des gesamten Entwicklungsprozesses** und in jedem Fall vor ihrem Inverkehrbringen oder ihrer **Inbetriebnahme.** Das Testen erfolgt anhand vorab **festgelegter Metriken und Wahrscheinlichkeitsschwellenwerte**, die für die Zweckbestimmung des Hochrisiko-KI-Systems geeignet sind.;	
Art. 10 Daten und Daten-Governance	(1) Hochrisiko-KI-Systeme, in denen Techniken eingesetzt werden, bei denen Modelle mit Daten trainiert werden, müssen mit **Trainings-, Validierungs- und Testdatensätzen** entwickelt werden, die den in den Absätzen 2 bis 5 genannten Qualitätskriterien entsprechen, … (2) Für Trainings-, Validierungs- und Testdatensätze gelten Daten-Governance- und Datenverwaltungsverfahren, die **für die Zweckbestimmung des Hochrisiko-KI-Systems geeignet** sind. … (3) Die Trainings-, Validierungs- und Testdatensätze müssen im Hinblick auf die Zweckbestimmung **relevant, hinreichend repräsentativ und so weit wie möglich fehlerfrei und vollständig** sein. Sie müssen die geeigneten statistischen Merkmale, gegebenenfalls auch bezüglich der Personen oder Personengruppen, für die das Hochrisiko-KI-System bestimmungsgemäß verwendet werden soll, haben. Diese Merkmale der Datensätze können auf der Ebene einzelner Datensätze oder auf der Ebene einer Kombination davon erfüllt werden; (4) Die Datensätze müssen, soweit dies für die Zweckbestimmung erforderlich ist, die entsprechenden Merkmale oder Elemente berücksichtigen, die für die **besonderen geografischen, kontextuellen, verhaltensbezogenen oder funktionalen Rahmenbedingungen**, unter denen das Hochrisiko-KI-System bestimmungsgemäß verwendet werden soll, **typisch sind**; …	• Training • Evaluationskonzept • Integrität Daten

Artikel	Kernsätze	zu untersuchende Indikatoren
Art. 11 Technische Dokumentation	Die **technische Dokumentation** eines Hochrisiko-KI-Systems wird erstellt, **bevor dieses System in Verkehr gebracht oder in Betrieb genommen wird**, und ist stets auf dem neuesten Stand zu halten. Die technische Dokumentation wird so erstellt, dass aus ihr der Nachweis hervorgeht, wie das Hochrisiko-KI-System die Anforderungen dieses Kapitels erfüllt, und dass den zuständigen nationalen Behörden und den notifizierten Stellen **die Informationen in klarer und verständlicher Form zur Verfügung stehen, die erforderlich sind, um zu beurteilen, ob das KI-System diese Anforderungen erfüllt. …**	• Dokumentation • Erklärbarkeit
Art. 12 Aufzeichnungspflichten	(1) Die Technik der Hochrisiko-KI-Systeme muss die automatische Aufzeichnung von Ereignissen (im Folgenden »**Protokollierung**«) während des Lebenszyklus des Systems ermöglichen. (2) Zur Gewährleistung, dass das Funktionieren des Hochrisiko-KI-Systems in einem der Zweckbestimmung des Systems angemessenen Maße rückverfolgbar ist, **ermöglichen die Protokollierungsfunktionen die Aufzeichnung von Ereignissen,** … 3) Protokollierungsfunktionen der in Anhang III Nummer 1 Buchstabe a genannten Hochrisiko-KI-Systeme müssen **zumindest Folgendes umfassen:** a) Aufzeichnung jedes Zeitraums der Verwendung des Systems (Datum und Uhrzeit des **Beginns und des Endes jeder Verwendung**); … d) die **Identität der** gemäß Artikel 14 Absatz 5 an der Überprüfung der Ergebnisse **beteiligten natürlichen Personen.**	• Erklärbarkeit • Steuerbarkeit • Evaluation • Reglementierung Leistungs- oder Verhaltenskontrolle
Art. 13 Transparenz und Bereitstellung von Informationen für die Betreiber	(1) Hochrisiko-KI-Systeme werden so konzipiert und entwickelt, dass ihr **Betrieb hinreichend transparent ist,** damit die Betreiber die **Ausgaben** des Systems **angemessen interpretieren** und verwenden können. Die Transparenz wird auf eine geeignete Art und in	• Transparenz • Erklärbarkeit • Barrierefreiheit • Nachvollziehbarkeit • Genauigkeit • Robustheit

Artikel	Kernsätze	zu untersuchende Indikatoren
	einem angemessenen Maß gewährleistet, … (2) Hochrisiko-KI-Systeme werden mit **Betriebsanleitungen** in einem geeigneten digitalen Format bereitgestellt oder auf andere Weise mit **Betriebsanleitungen** versehen, die **präzise, vollständige, korrekte und eindeutige Informationen in einer für die Betreiber** relevanten, **barrierefrei** zugänglichen und **verständlichen Form** enthalten.« (3) Die Betriebsanleitungen enthalten **mindestens folgende Informationen:** b) die Merkmale, Fähigkeiten und Leistungsgrenzen des Hochrisiko-KI-Systems, einschließlich des Maßes an **Genauigkeit** – einschließlich diesbezüglicher Metriken –, **Robustheit** und Cybersicherheit … aller bekannten oder vorhersehbaren Umstände … die zu … **Risiken für die Gesundheit und Sicherheit oder die Grundrechte** führen können; Spezifikationen für die Eingabedaten oder sonstiger relevanter Informationen über die verwendeten Trainings-, **Validierungs- und Testdatensätze**, unter Berücksichtigung der Zweckbestimmung des Hochrisiko-KI-Systems;	• Integrität von Trainingsdaten
Art. 14 Menschliche Aufsicht	1) Hochrisiko-KI-Systeme werden so konzipiert und entwickelt, dass sie während der Dauer ihrer Verwendung – auch mit geeigneten Instrumenten einer Mensch-Maschine-Schnittstelle – von **natürlichen Personen wirksam beaufsichtigt** werden können; (2) Die menschliche Aufsicht dient der **Verhinderung oder Minimierung der Risiken für Gesundheit, Sicherheit oder Grundrechte,** die entstehen können, wenn ein Hochrisiko-KI-System im Einklang mit seiner Zweckbestimmung oder im Rahmen einer vernünftigerweise vorhersehbaren Fehlanwendung verwendet wird, insbesondere wenn solche Risiken trotz	• Steuerbarkeit • Notabschaltung • Grundrechtsorientierung • Befugnisse und Kompetenz • Verantwortung

Artikel	Kernsätze	zu untersuchende Indikatoren
	der Einhaltung anderer Anforderungen dieses Abschnitts fortbestehen; (3) Die Aufsichtsmaßnahmen müssen den Risiken, **dem Grad der Autonomie und dem Kontext der Nutzung** des Hochrisiko-KI-Systems **angemessen** sein; (4) Für die Zwecke der Durchführung der Absätze 1, 2 und 3 wird das Hochrisiko-KI-System dem Betreiber so zur Verfügung gestellt, dass die natürlichen Personen, denen die **menschliche Aufsicht übertragen wurde, angemessen und verhältnismäßig in der Lage sind,** a) die einschlägigen **Fähigkeiten und Grenzen** des Hochrisiko-KI-Systems angemessen zu **verstehen** und seinen Betrieb ordnungsgemäß zu **überwachen**, einschließlich in Bezug auf das Erkennen und **Beheben** von Anomalien, Fehlfunktionen und unerwarteter Leistung; b) sich einer möglichen **Neigung zu** einem automatischen oder **übermäßigen Vertrauen** in die von einem Hochrisiko-KI-System hervorgebrachte Ausgabe (»Automatisierungsbias«) **bewusst zu bleiben**, insbesondere wenn Hochrisiko-KI-Systeme Informationen oder Empfehlungen ausgeben, auf deren Grundlage natürliche Personen Entscheidungen treffen; c) die Ausgabe des Hochrisiko-KI-Systems **richtig zu interpretieren**, wobei beispielsweise die vorhandenen Interpretationsinstrumente und -methoden zu berücksichtigen sind; d) in einer bestimmten Situation zu **beschließen**, das Hochrisiko-KI-**System nicht zu verwenden** oder die **Ausgabe** des Hochrisiko-KI-Systems **außer Acht zu lassen**, außer Kraft zu setzen oder **rückgängig zu machen;** e) in **den Betrieb** des Hochrisiko-KI-Systems einzugreifen oder den Systembetrieb mit einer »**Stopptaste**« oder einem ähnlichen Verfahren zu **unterbrechen**, was dem System ermöglicht, in einem sicheren Zustand zum Stillstand zu kommen.	

Artikel	**Kernsätze**	**zu untersuchende Indikatoren**
Art. 15 Genauigkeit, Robustheit und Cybersicherheit	(1) Hochrisiko-KI-Systeme werden so konzipiert und entwickelt, dass sie ein angemessenes Maß an **Genauigkeit, Robustheit** und **Cybersicherheit** erreichen und in dieser Hinsicht während ihres **gesamten Lebenszyklus** beständig funktionieren; … (3) Die **Maße an Genauigkeit** und die relevanten Genauigkeitsmetriken von Hochrisiko-KI-Systemen werden in den ihnen beigefügten **Betriebsanleitungen** angegeben; (4) Hochrisiko-KI-Systeme müssen so **widerstandsfähig** wie möglich gegenüber Fehlern, Störungen oder Unstimmigkeiten sein, die innerhalb des Systems oder der Umgebung, in der das System betrieben wird, insbesondere wegen seiner Interaktion mit natürlichen Personen oder anderen Systemen, auftreten können. In diesem Zusammenhang sind technische und organisatorische Maßnahmen zu ergreifen; Die Robustheit von Hochrisiko-KI-Systemen kann durch **technische Redundanz** erreicht werden, was auch Sicherungs- oder **Störungssicherheitspläne** umfassen kann; Hochrisiko-KI-Systeme, die nach dem Inverkehrbringen oder der Inbetriebnahme weiterhin dazulernen, sind so zu entwickeln, dass auf möglicherweise **verzerrte Ausgaben**, die künftige Vorgänge beeinflussen (»Rückkopplungsschleifen«), **beseitigt** oder so gering wie möglich gehalten wird und sichergestellt wird, dass auf solche Rückkopplungsschleifen angemessen mit geeigneten **Risikominderungsmaßnahmen** eingegangen wird; (5) Hochrisiko-KI-Systeme müssen **widerstandfähig** gegen Versuche unbefugter Dritter sein, ihre Verwendung oder Leistung durch **Ausnutzung von Systemschwachstellen** zu verändern; Die technischen Lösungen zur Gewährleistung der **Cybersicherheit** von Hochrisiko-KI-Systemen müssen den jeweiligen Umständen und **Risiken angemessen** sein;	• Genauigkeit • Robustheit • Manipulationsfestigkeit • Evaluationskonzept • Risikoangemessenheit • Fehlerrobustheit

Artikel	Kernsätze	zu untersuchende Indikatoren
	Die technischen Lösungen für den Umgang mit KI-spezifischen Schwachstellen umfassen gegebenenfalls Maßnahmen, um Angriffe, mit denen versucht wird, eine **Manipulation des Trainingsdatensatzes** (»data poisoning«) oder vortrainierter Komponenten, die beim Training verwendet werden (»model poisoning«), vorzunehmen, Eingabedaten, die das **KI-Modell zu Fehlern verleiten** sollen (»adversarial examples« oder »model evasions«), Angriffe auf vertrauliche Daten oder **Modellmängel** zu verhüten, zu erkennen, darauf zu reagieren, sie zu beseitigen und zu **kontrollieren.**	
Art. 26 Betreiberpflichten	(1) Die Betreiber von Hochrisiko-KI-Systemen treffen geeignete **technische und organisatorische Maßnahmen**, um sicherzustellen, dass sie solche Systeme entsprechend der den Systemen beigefügten Betriebsanleitungen und gemäß den Absätzen 3 und 6 verwenden; (2) Die Betreiber übertragen natürlichen Personen, die über die erforderliche **Kompetenz, Ausbildung und Befugnis** verfügen, die menschliche Aufsicht und lassen ihnen die erforderliche Unterstützung zukommen; … (4) Unbeschadet der Absätze 1 und 2 und soweit die Eingabedaten ihrer Kontrolle unterliegen, sorgen die Betreiber dafür, dass die **Eingabedaten der Zweckbestimmung** des Hochrisiko-KI-**Systems entsprechen und ausreichend repräsentativ** sind; (5) Die Betreiber **überwachen den Betrieb** des Hochrisiko-KI-Systems anhand der Betriebsanleitung und informieren gegebenenfalls die Anbieter gemäß Artikel 72. Haben Betreiber Grund zu der Annahme, dass die Verwendung gemäß der Betriebsanleitung dazu führen kann, dass dieses Hochrisiko-KI-System ein Risiko im Sinne des Artikels 79 Absatz 1 birgt, so **informieren sie** unverzüglich den Anbieter oder Händler und die **zuständige Marktüberwachungsbehörde** und setzen die	• TOM • Qualifikation • Verantwortung

Artikel	Kernsätze	zu untersuchende Indikatoren
	Verwendung dieses Systems aus. Haben die Betreiber einen **schwerwiegenden Vorfall** festgestellt, informieren sie auch unverzüglich zuerst den Anbieter und dann den Einführer oder Händler und die zuständigen Marktüberwachungsbehörden über diesen Vorfall … Bei Betreibern, die **Finanzinstitute** sind und gemäß den Rechtsvorschriften der Union über Finanzdienstleistungen Anforderungen in Bezug auf ihre Regelungen oder Verfahren der internen Unternehmensführung, unterliegen, gilt die in Unterabsatz 1 festgelegte **Überwachungspflicht** als **erfüllt**, wenn die Vorschriften über Regelungen, Verfahren oder Mechanismen der internen Unternehmensführung gemäß **einschlägigem Recht über Finanzdienstleistungen eingehalten** werden; (6) Betreiber von Hochrisiko-KI-Systemen bewahren die von ihrem Hochrisiko-KI-System **automatisch erzeugten Protokolle**, soweit diese Protokolle ihrer Kontrolle unterliegen, für einen der Zweckbestimmung des Hochrisiko-KI-Systems angemessenen Zeitraum von mindestens **sechs Monaten** auf, sofern im geltenden Unionsrecht, insbesondere im Unionsrecht über den Schutz personenbezogener Daten, oder im geltenden nationalen Recht nichts anderes bestimmt ist; (7) **Vor der Inbetriebnahme** oder Verwendung eines Hochrisiko-KI-Systems am Arbeitsplatz **informieren Betreiber, die Arbeitgeber sind**, die **Arbeitnehmervertreter und die betroffenen Arbeitnehmer** darüber, dass sie der Verwendung des Hochrisiko-KI-Systems unterliegen werden. Diese Informationen werden gegebenenfalls im Einklang mit den Vorschriften und Gepflogenheiten auf Unionsebene und nationaler Ebene in Bezug auf die Unterrichtung der Arbeitnehmer und ihrer Vertreter bereitgestellt; …	

Artikel	Kernsätze	zu untersuchende Indikatoren
	(9) Die Betreiber von Hochrisiko-KI-Systemen verwenden gegebenenfalls die gemäß Artikel 13 der vorliegenden Verordnung bereitgestellten Informationen, um ihrer Pflicht zur Durchführung einer **Datenschutz-Folgenabschätzung** gemäß Artikel 35 der Verordnung (EU) 2016/679 oder Artikel 27 der Richtlinie (EU) 2016/680 nachzukommen; … (12) Die Betreiber **arbeiten mit den zuständigen Behörden bei allen Maßnahmen zusammen**, die diese Behörden im Zusammenhang mit dem Hochrisiko-KI-System zur Umsetzung dieser Verordnung ergreifen.	
Art. 50 Transparenzpflichten für bestimme KI-Systeme	(1) Die **Anbieter** stellen sicher, dass KI-Systeme, die für die direkte Interaktion mit natürlichen Personen bestimmt sind, so konzipiert und entwickelt werden, dass die betreffenden natürlichen **Personen informiert werden, dass sie mit einem KI-System interagieren**, es sei denn, dies ist aus Sicht einer angemessen informierten, aufmerksamen und verständigen natürlichen Person aufgrund der Umstände und des Kontexts der Nutzung offensichtlich. (2) Anbieter von KI-Systemen, einschließlich KI-Systemen mit allgemeinem Verwendungszweck, die **synthetische Audio-, Bild-, Video- oder Textinhalte erzeugen**, stellen sicher, dass die Ausgaben des KI-Systems **in einem maschinenlesbaren Format gekennzeichnet** und als künstlich erzeugt oder manipuliert erkennbar sind. … (4) Betreiber eines KI-Systems, das Bild-, Ton- oder Videoinhalte erzeugt oder manipuliert, die ein **Deepfake** sind, müssen offenlegen, dass die Inhalte künstlich erzeugt oder manipuliert wurden. … (7) Das Büro für Künstliche Intelligenz fördert und erleichtert die Ausarbeitung von **Praxisleitfäden** auf Unionsebene, um die wirksame **Umsetzung der Pflichten** in Bezug auf die Feststellung und Kennzeichnung künstlich erzeugter oder manipulierter Inhalte zu **erleichtern**.	• Transparenz

Artikel	Kernsätze	zu untersuchende Indikatoren
Art. 95 Verhaltenskodizes	(1) Das Büro für Künstliche Intelligenz und die Mitgliedstaaten fördern und erleichtern die Aufstellung von **Verhaltenskodizes,** einschließlich damit zusammenhängender Governance-Mechanismen, mit denen **die freiwillige Anwendung einiger oder aller der in Kapitel III Abschnitt 2 genannten Anforderungen** (Anforderungen an Hoch-Risiko-Systeme, siehe oben) auf KI-Systeme, die kein hohes Risiko bergen, gefördert werden soll, wobei den verfügbaren technischen Lösungen und bewährten Verfahren der Branche, die die Anwendung dieser Anforderungen ermöglichen, Rechnung zu tragen ist. (2) Das Büro für Künstliche Intelligenz und die Mitgliedstaaten erleichtern die Aufstellung von Verhaltenskodizes in Bezug auf die **freiwillige Anwendung** spezifischer Anforderungen auf alle KI-Systeme, einschließlich **durch Betreiber**, auf der Grundlage **klarer Zielsetzungen sowie wesentlicher Leistungsindikatoren** zur Messung der Erfüllung dieser Zielsetzungen, einschließlich unter anderem folgender Elemente: a) in den **Ethik-Leitlinien** der Union für eine **vertrauenswürdige KI** enthaltene anwendbare Elemente; b) Beurteilung und **Minimierung der Auswirkungen** von KI-Systemen auf die **ökologische Nachhaltigkeit**, einschließlich im Hinblick auf energieeffizientes Programmieren, und Techniken, um KI effizient zu gestalten, zu trainieren und zu nutzen; c) Förderung der **KI-Kompetenz**, insbesondere der von Personen, die mit der Entwicklung, dem Betrieb und der Nutzung von KI befasst sind; d) Erleichterung einer **inklusiven und vielfältigen Gestaltung** von KI-Systemen, unter anderem durch die Einsetzung inklusiver und vielfältiger Entwicklungsteams und die Förderung der Beteiligung der Interessenträger an diesem Prozess;	• Beteiligung • Standards • Inklusion • Nachhaltigkeit • Diskriminierungsfreiheit

Artikel	Kernsätze	zu untersuchende Indikatoren
	e) Bewertung und **Verhinderung der negativen Auswirkungen von KI-Systemen auf schutzbedürftige Personen** oder Gruppen schutzbedürftiger Personen, einschließlich im Hinblick auf die **Barrierefreiheit** für Personen mit Behinderungen, sowie auf die **Gleichstellung der Geschlechter**; … (4) Verhaltenskodizes können von einzelnen KI-System-Anbietern oder -**Betreibern oder von Interessenvertretungen** dieser Anbieter oder Betreiber oder **von beiden** aufgestellt werden, auch unter Einbeziehung von Interessenträgern sowie deren Interessenvertretungen einschließlich Organisationen der Zivilgesellschaft und Hochschulen. Verhaltenskodizes können sich auf **ein oder mehrere KI-Systeme erstrecken**, um ähnlichen Zweckbestimmungen der jeweiligen Systeme Rechnung zu tragen.	
Art. 99 Sanktionen	(1) Entsprechend den Vorgaben dieser Verordnung **erlassen die Mitgliedstaaten Vorschriften für Sanktionen** und andere Durchsetzungsmaßnahmen, zu denen auch Verwarnungen und nichtmonetäre Maßnahmen gehören können, die bei Verstößen gegen diese Verordnung durch Akteure Anwendung finden, und ergreifen **alle Maßnahmen, die für deren ordnungsgemäße und wirksame Durchsetzung notwendig sind**, wobei die von der Kommission gemäß Artikel 96 erteilten Leitlinien zu berücksichtigen sind. Die vorgesehenen **Sanktionen müssen wirksam, verhältnismäßig und abschreckend sein.** Sie berücksichtigen die Interessen von KMU, einschließlich Start-up-Unternehmen, sowie deren wirtschaftliches Überleben. (2) Die **Mitgliedstaaten teilen der Kommission die Vorschriften** für Sanktionen und andere Durchsetzungsmaßnahmen gemäß Absatz 1 unverzüglich und spätestens zum Zeitpunkt ihres Inkrafttretens **mit** und melden ihr unverzüglich etwaige spätere Änderungen.	• Wertschöpfungsbeitrag • Rechtskonformität

Artikel	Kernsätze	zu untersuchende Indikatoren
	(3) Bei **Missachtung des Verbots** der in Artikel 5 genannten KI-Praktiken werden Geldbußen von bis zu **35 000 000 EUR** oder – im Falle von Unternehmen – von bis zu **7 % des gesamten weltweiten Jahresumsatzes** des vorangegangnen Geschäftsjahres verhängt, **je nachdem, welcher Betrag höher ist.** (4) Für Verstöße gegen folgende für Akteure oder notifizierte Stellen geltende Bestimmungen, mit Ausnahme der in Artikel 5 genannten, werden Geldbußen von bis zu **15 000 000 EUR** oder – im Falle von Unternehmen – von bis zu **3 % des gesamten weltweiten Jahresumsatzes** des vorangegangenen Geschäftsjahres verhängt, **je nachdem, welcher Betrag höher ist:** a) Pflichten der Anbieter gemäß Artikel 16; b) Pflichten der Bevollmächtigten gemäß Artikel 22; c) Pflichten der Einführer gemäß Artikel 23; d) Pflichten der Händler gemäß Artikel 24; e) Pflichten der **Betreiber gemäß Artikel 26** (Betreiberpflichen, siehe oben); … g) **Transparenzpflichten** für Anbieter und Betreiber gemäß Artikel 50. (5) Werden notifizierten Stellen oder zuständigen nationalen Behörden auf deren Auskunftsersuchen hin **falsche, unvollständige oder irreführende Informationen** bereitgestellt, so werden Geldbußen von bis zu **7500000 EUR** oder – im Falle von Unternehmen – von bis zu 1 % des gesamten weltweiten Jahresumsatzes des vorangegangenen Geschäftsjahres verhängt, je nachdem, welcher Betrag höher ist.	
Art. 101 Sanktionen	Geldbußen für Anbieter von **KI-Modellen mit allgemeinem Verwendungszweck** (1) Die Kommission kann gegen Anbieter von KI-Modellen mit allgemeinem Verwendungszweck Geldbußen von bis zu **3 % ihres gesamten weltweiten Jahresumsatzes** im vorangegangenen Geschäfts-	

Artikel	Kernsätze	zu untersuchende Indikatoren
	jahr oder **15 000 000 EUR** verhängen, **je nachdem, welcher Betrag höher ist,** wenn sie feststellt, dass der Anbieter vorsätzlich oder fahrlässig a) **gegen** die einschlägigen **Bestimmungen dieser Verordnung verstoßen** hat; b) der Anforderung eines Dokuments oder von Informationen gemäß Artikel 91 nicht nachgekommen ist oder falsche, **unvollständige oder irreführende Informationen** bereitgestellt hat; c) einer gemäß Artikel 93 geforderten **Maßnahme nicht nachgekommen** ist (Risikominimierung); d) der Kommission **keinen Zugang zu dem KI-Modell** mit allgemeinem Verwendungszweck oder dem KI-Modell mit allgemeinem Verwendungszweck mit systemischem Risiko gewährt hat, um eine Bewertung gemäß Artikel 92 durchzuführen.	

14 Mitbestimmung in Betrieben und Verwaltungen

Die Europäische Grundrechtecharta schreibt eine rechtzeitige Unterrichtung und Anhörung der Arbeitnehmerinnen und Arbeitnehmer oder ihrer Vertreter in den Fällen vor, wenn dies nach dem Unionsrecht und den einzelstaatlichen Rechtsvorschriften und Gepflogenheiten vorgesehen ist.
Bei der Datenschutzfolgenabschätzung kann sich der Rechtsanspruch auf Beteiligung auch auf Art. 35 Abs. 9 der Europäischen Datenschutzgrundverordnung stützen. Darin heißt es:

»Der Verantwortliche holt gegebenenfalls den Standpunkt der betroffenen Personen oder ihrer Vertreter zu der beabsichtigten Verarbeitung unbeschadet des Schutzes gewerblicher oder öffentlicher Interessen oder der Sicherheit der Verarbeitungsvorgänge ein.«

In Deutschland findet sich die entsprechende Vorgabe dazu im Betriebsverfassungsgesetz in § 80 Abs. 2 und § 90 BetrVG und in § 62 Bundespersonalvertretungsgesetz.
Praktiker wissen: Viel wesentlicher als die Vorgaben zur Unterrichtung sind die konkreten Mitbestimmungsrechte; eine Übersicht dazu enthält die nachfolgende Tabelle. Um den Umfang dieses Praxishandbuchs nicht zu sprengen, wird auf die Rechtskommentierung der Paragrafen im Einzelnen verzichtet. Hierzu sind im ausreichenden Umfang adäquate Rechtskommentare auch beim Bund-Verlag verfügbar.
Gutem Rat nicht zu folgen kann teuer werden. Die Rechtswissenschaft mahnt: »Der Verantwortliche muss weder dem Rat des einen oder anderen folgen. Es ist jedoch wahrscheinlich, dass die Nichtbefolgung bei einem etwaigen Bußgeld- oder Schadensersatzverfahren zu einer stärkeren Vorwerfbarkeit gegenüber dem Verantwortlichen führen wird«.[294]

294 Taeger/Gabel (2022): BDSG Kommentar, 4. Auflage, R&W-Verlag, Fachmedien Recht und Wirtschaft, Rn. 42 zu Art. 35 DSGVO, siehe auch Kapitel 9.5 dieses Buches.

Rechtsgrundlage	Kernsätze	Qualitätsindikatoren
Betriebsverfassungsgesetz (BetrVG)		
§ 75 BetrVG Behandlung von Betriebsangehörigen	(1) Arbeitgeber und Betriebsrat haben darüber zu wachen, dass alle im Betrieb tätigen Personen nach den Grundsätzen von Recht und Billigkeit behandelt werden, insbesondere, dass jede Benachteiligung von Personen aus Gründen ihrer Rasse oder wegen ihrer ethnischen Herkunft, ihrer Abstammung oder sonstigen Herkunft, ihrer Nationalität, ihrer Religion oder Weltanschauung, ihrer Behinderung, ihres Alters, ihrer politischen oder gewerkschaftlichen Betätigung oder Einstellung oder wegen ihres Geschlechts oder ihrer sexuellen Identität unterbleibt. (2) Arbeitgeber und Betriebsrat haben die freie Entfaltung der Persönlichkeit der im Betrieb beschäftigten Arbeitnehmer zu schützen und zu fördern. Sie haben die Selbständigkeit und Eigeninitiative der Arbeitnehmer und Arbeitsgruppen zu fördern.	• Diskriminierungsfreiheit • Selbstbestimmungsfähigkeit • Rechtskonformität • Sittlichkeit • Persönlichkeitsförderlichkeit
§ 80 Abs. 1 BetrVG Allgemeine Aufgaben	Der Betriebsrat hat folgende allgemeine Aufgaben: 1. darüber zu wachen, dass die zugunsten der Arbeitnehmer geltenden Gesetze, Verordnungen, Unfallverhütungsvorschriften, Tarifverträge und Betriebsvereinbarungen durchgeführt werden; […] 2a. die Durchsetzung der tatsächlichen Gleichstellung von Frauen und Männern, […] zu fördern; […] 4. die Eingliederung schwerbehinderter Menschen […] zu fördern; […] 6. die Beschäftigung älterer Arbeitnehmer im Betrieb zu fördern; […] 8. die Beschäftigung im Betrieb zu fördern und zu sichern; 9. Maßnahmen des Arbeitsschutzes und des betrieblichen Umweltschutzes zu fördern.	• Rechtskonformität • Gleichstellungsförderlichkeit • Inklusionsdienlichkeit • Beschäftigungsförderlichkeit • Nachhaltigkeit • Gesundheitsförderlichkeit

Rechtsgrundlage	Kernsätze	Qualitätsindikatoren
§ 80 Abs. 2 und 3 BetrVG	Zur Durchführung seiner Aufgaben ist der Betriebsrat rechtzeitig und umfassend vom Arbeitgeber zu unterrichten; […]. Der Betriebsrat kann bei der Durchführung seiner Aufgaben nach näherer Vereinbarung mit dem Arbeitgeber Sachverständige hinzuziehen, soweit dies zur ordnungsgemäßen Erfüllung seiner Aufgaben erforderlich ist. Muss der Betriebsrat zur Durchführung seiner Aufgaben die Einführung oder Anwendung von Künstlicher Intelligenz beurteilen, gilt insoweit die Hinzuziehung eines Sachverständigen als erforderlich. Gleiches gilt, wenn sich Arbeitgeber und Betriebsrat auf einen ständigen Sachverständigen in Angelegenheiten nach Satz 2 einigen.	• Rechtzeitigkeit • Qualifikation
§ 87 Abs. 1 Nr. 6 BetrVG Mitbestimmung bei der Einführung und Anwendung von technischen Einrichtungen	Der Betriebsrat hat, soweit eine gesetzliche oder tarifliche Regelung nicht besteht, in folgenden Angelegenheiten mitzubestimmen: […] 6. Einführung und Anwendung von technischen Einrichtungen, die dazu bestimmt sind, das Verhalten oder die Leistung der Arbeitnehmer zu überwachen; […].	• Rechtzeitigkeit • Reglementierung von Leistungs- und Verhaltenskontrolle • Überwachungsintensität • Arbeitsintensität • Gesundheitsgefährdung • Schutz der Persönlichkeitsrechte
§ 87 Abs. 1 Nr. 7 BetrVG Mitbestimmung beim Arbeits- und Gesundheitsschutz	Der Betriebsrat hat, soweit eine gesetzliche oder tarifliche Regelung nicht besteht, in folgenden Angelegenheiten mitzubestimmen: […] 7. Regelungen über die Verhütung von Arbeitsunfällen und Berufskrankheiten sowie über den Gesundheitsschutz im Rahmen der gesetzlichen Vorschriften oder der Unfallverhütungsvorschriften. […].	• Gesundheitsförderlichkeit • Wirksamkeit von Maßnahmen • Einhaltung Arbeitsschutzvorschriften • Ergonomie

Rechtsgrundlage	Kernsätze	Qualitätsindikatoren
§ 89 BetrVG Arbeits- und betrieblicher Umweltschutz	Der Betriebsrat hat sich dafür einzusetzen, dass die Vorschriften über den Arbeitsschutz und die Unfallverhütung im Betrieb sowie über den betrieblichen Umweltschutz durchgeführt werden. […].	• Arbeitsschutz • Nachhaltigkeit • Regelkonformität
§ 90 BetrVG Unterrichtungs- und Beratungsrechte	(1) Der Arbeitgeber hat den Betriebsrat über die Planung […] von technischen Anlagen, […] von Arbeitsverfahren und Arbeitsabläufen einschließlich des Einsatzes von Künstlicher Intelligenz […] rechtzeitig unter Vorlage der erforderlichen Unterlagen zu unterrichten. […]	• Rechtzeitigkeit
§ 91 BetrVG Mitbestimmungsrecht	Werden die Arbeitnehmer durch Änderungen der Arbeitsplätze, des Arbeitsablaufs oder der Arbeitsumgebung, die den gesicherten arbeitswissenschaftlichen Erkenntnissen über die menschengerechte Gestaltung der Arbeit offensichtlich widersprechen, in besonderer Weise belastet, so kann der Betriebsrat angemessene Maßnahmen zur Abwendung, Milderung oder zum Ausgleich der Belastung verlangen […].	• Beeinflussbarkeit • Gesundheitsförderlichkeit • Beschäftigungsförderlichkeit • Qualifikationsförderlichkeit
§ 92 BetrVG Personalplanung	Der Arbeitgeber hat den Betriebsrat über die Personalplanung, insbesondere über den gegenwärtigen und künftigen Personalbedarf sowie über die sich daraus ergebenden personellen Maßnahmen einschließlich der geplanten Beschäftigung von Personen, die nicht in einem Arbeitsverhältnis zum Arbeitgeber stehen, und Maßnahmen der Berufsbildung anhand von Unterlagen rechtzeitig und umfassend zu unterrichten. […].	• Wirkung auf qualitative und quantitative Personalplanung
§ 92a BetrVG Beschäftigungssicherung	(1) Der Betriebsrat kann dem Arbeitgeber Vorschläge zur Sicherung und Förderung der Beschäftigung machen. Diese können insbesondere eine flexible Gestaltung der Arbeitszeit, die Förderung von Teilzeitarbeit und Altersteilzeit, neue Formen der Arbeits-	• Beschäftigungsförderlichkeit • Nachhaltigkeit • Gesundheitsförderlichkeit • Qualifizierung • Innovation

Rechtsgrundlage	Kernsätze	Qualitätsindikatoren
	organisation, Änderungen der Arbeitsverfahren und Arbeitsabläufe, die Qualifizierung der Arbeitnehmer, Alternativen zur Ausgliederung von Arbeit oder ihrer Vergabe an andere Unternehmen sowie zum Produktions- und Investitionsprogramm zum Gegenstand haben. […]	
§ 95 BetrVG Auswahlrichtlinien	(1) Richtlinien über die personelle Auswahl bei Einstellungen, Versetzungen, Umgruppierungen und Kündigungen bedürfen der Zustimmung des Betriebsrats. […] (2) In Betrieben mit mehr als 500 Arbeitnehmern kann der Betriebsrat die Aufstellung von Richtlinien, über die bei Maßnahmen des Absatzes 1 Satz 1 zu beachtenden fachlichen und persönlichen Voraussetzungen und sozialen Gesichtspunkte verlangen. […].	• Diskriminierungsfreiheit • Fairness • Regelkonformität
§ 96 Förderung der Berufsbildung	(1) Arbeitgeber und Betriebsrat haben im Rahmen der betrieblichen Personalplanung und in Zusammenarbeit mit den für die Berufsbildung und den für die Förderung der Berufsbildung zuständigen Stellen die Berufsbildung der Arbeitnehmer zu fördern. Der Arbeitgeber hat auf Verlangen des Betriebsrats den Berufsbildungsbedarf zu ermitteln und mit ihm Fragen der Berufsbildung der Arbeitnehmer des Betriebs zu beraten. Hierzu kann der Betriebsrat Vorschläge machen. […]. (2) Arbeitgeber und Betriebsrat haben darauf zu achten, dass unter Berücksichtigung der betrieblichen Notwendigkeiten den Arbeitnehmern die Teilnahme an betrieblichen oder außerbetrieblichen Maßnahmen der Berufsbildung ermöglicht wird. Sie haben dabei auch die Belange älterer Arbeitnehmer, Teilzeitbeschäftigter und von Arbeitnehmern mit Familienpflichten zu berücksichtigen.	• Qualifizierung • Qualitative Personalplanung • Diskriminierungsfreiheit • Altersverträglichkeit • Personalentwicklung

Rechtsgrundlage	Kernsätze	Qualitätsindikatoren
§ 106 BetrVG Wirtschaftsausschuss	[…] (2) Der Unternehmer hat den Wirtschaftsausschuss rechtzeitig und umfassend über die wirtschaftlichen Angelegenheiten des Unternehmens […] zu unterrichten, […], sowie die sich daraus ergebenden Auswirkungen auf die Personalplanung darzustellen. […]. (3) Zu den wirtschaftlichen Angelegenheiten im Sinne dieser Vorschrift gehören insbesondere […] 3. das Produktions- und Investitionsprogramm; 4. Rationalisierungsvorhaben; 5. Fabrikations- und Arbeitsmethoden, insbesondere die Einführung neuer Arbeitsmethoden; […] 10. sonstige Vorgänge und Vorhaben, welche die Interessen der Arbeitnehmer des Unternehmens wesentlich berühren können.	• Rechtzeitigkeit • Beschäftigungsförderlichkeit • Nachhaltigkeit • Innovation • Qualifikation
§ 111 BetrVG Betriebsänderung	[…] hat der Unternehmer den Betriebsrat über geplante Betriebsänderungen, die wesentliche Nachteile für die Belegschaft oder erhebliche Teile der Belegschaft zur Folge haben können, rechtzeitig und umfassend zu unterrichten und die geplanten Betriebsänderungen mit dem Betriebsrat zu beraten. […] Als Betriebsänderungen im Sinne des Satzes 1 gelten […] 4. grundlegende Änderungen der Betriebsorganisation, des Betriebszwecks oder der Betriebsanlagen, 5. Einführung grundlegend neuer Arbeitsmethoden und Fertigungsverfahren.	• Rechtzeitigkeit • Beschäftigungsförderlichkeit • Nachhaltigkeit • Innovation • Qualifikation

Rechtsgrundlage	Kernsätze	Qualitätsindikatoren
Bundespersonalvertretungsrecht (BPersVG)		
§ 62 BPersVG Allgemeine Aufgaben	Der Personalrat hat folgende allgemeine Aufgaben: 1. […] 2. darüber zu wachen, dass die zugunsten der Beschäftigten geltenden Gesetze, Verordnungen, Tarifverträge, Dienstvereinbarungen und Verwaltungsanordnungen durchgeführt werden, 3. Anregungen und Beschwerden von Beschäftigten und der Jugend- und Auszubildendenvertretung entgegenzunehmen und, falls sie berechtigt erscheinen, […] auf ihre Erledigung hinzuwirken; der Personalrat hat die betreffenden Beschäftigten über den Stand und das Ergebnis der Verhandlungen zu unterrichten, 4. der Benachteiligung von Menschen mit Behinderungen entgegenzuwirken sowie die Inklusion und Teilhabe behinderter Menschen zu fördern, insbesondere die Eingliederung und berufliche Entwicklung schwerbehinderter und ihnen gleichgestellter Beschäftigter und sonstiger besonders schutzbedürftiger, insbesondere älterer Beschäftigter zu fördern sowie Maßnahmen zur beruflichen Förderung schwerbehinderter und ihnen gleichgestellter Beschäftigter zu beantragen, 5. die Durchsetzung der tatsächlichen Gleichstellung von Frauen und Männern zu fördern sowie Benachteiligungen von Menschen, die sich keinem dieser Geschlechter zuordnen, entgegenzuwirken, insbesondere bei der Einstellung, Beschäftigung, Aus-, Fort- und Weiterbildung und dem beruflichen Aufstieg,	• Rechtskonformität • Diskriminierungsfreiheit • Inklusion • Beschäftigungsförderlichkeit • Nachhaltigkeit • Gesundheitsförderlichkeit • Transparenz • Altersverträglichkeit • Fairness und Diversität

Rechtsgrundlage	Kernsätze	Qualitätsindikatoren
	6. die Vereinbarkeit von Familie, Pflege und Beruf zu fördern, 7. die Integration ausländischer Beschäftigter in die Dienststelle und das Verständnis zwischen ihnen und den deutschen Beschäftigten zu fördern sowie Maßnahmen zur Bekämpfung gruppenbezogener Menschenfeindlichkeit in der Dienststelle zu beantragen, 8. […], 9. Maßnahmen des Arbeitsschutzes und des Gesundheitsschutzes in der Dienststelle zu fördern.	
§ 66 BPersVG Informationspflicht der Dienststelle	(1) Der Personalrat ist zur Durchführung seiner Aufgaben rechtzeitig und umfassend zu unterrichten. Ihm sind die hierfür erforderlichen Unterlagen, einschließlich der für die Durchführung seiner Aufgaben erforderlichen personenbezogenen Daten, vorzulegen. […].	• Rechtzeitigkeit
§ 68 BPersVG Hinzuziehung in Fragen des Arbeitsschutzes und der Unfallverhütung	(1) Der Personalrat hat bei der Bekämpfung von Unfall- und Gesundheitsgefahren die für den Arbeitsschutz zuständigen Behörden, die Träger der gesetzlichen Unfallversicherung und die übrigen in Betracht kommenden Stellen durch Anregung, Beratung und Auskunft zu unterstützen und sich für die Durchführung der Vorschriften über den Arbeitsschutz und die Unfallverhütung in der Dienststelle einzusetzen. (2) Die Leiterin oder der Leiter der Dienststelle und die in Absatz 1 genannten Behörden, Träger und sonstigen Stellen sind verpflichtet, bei allen im Zusammenhang mit dem Arbeitsschutz oder der Unfallverhütung stehenden Besichtigungen und Fragen und bei Unfalluntersuchungen den Personalrat […] derjenigen Dienststelle hinzuzuziehen, in der die Besichtigung oder Untersuchung stattfindet. […].	• Rechtzeitigkeit • Gesundheitsförderlichkeit • Wirksamkeit von Maßnahmen • Ergonomie

Rechtsgrundlage	Kernsätze	Qualitätsindikatoren
§ 77 BPersVG Initiativrecht	(1) Beantragt der Personalrat eine Maßnahme, die nach den §§ 78 bis 80 seiner Mitbestimmung unterliegt, so hat er sie schriftlich oder elektronisch der Leiterin oder dem Leiter der Dienststelle vorzuschlagen und zu begründen. (2) […].	• Beschäftigungsförderlichkeit • Nachhaltigkeit • Innovation
§ 78 BPersVG Mitbestimmung in Personalangelegenheiten	(1) Der Personalrat bestimmt mit bei Personalangelegenheiten bei 1. Einstellung, 2. Beförderung, […] 3. Übertragung einer höher oder niedriger zu bewertenden Tätigkeit oder eines höher oder niedriger zu bewertenden Dienstpostens, 4. Eingruppierung, Höher- oder Rückgruppierung […], 5. Versetzung zu einer anderen Dienststelle, 6. Umsetzung […], 7. Abordnung […], […] 11. Ablehnung eines Antrags […] auf Teilzeitbeschäftigung, Ermäßigung der regelmäßigen Arbeitszeit […], 12. Absehen von der Ausschreibung von Dienstposten, die besetzt werden sollen, 13. Auswahl der Teilnehmerinnen und Teilnehmer an Fortbildungsveranstaltungen […].	• Beeinflussbarkeit • Gesundheitsförderlichkeit • Beschäftigungsförderlichkeit • Qualifikationsförderlichkeit
§ 79 BPersVG Mitbestimmung in sozialen Angelegenheiten	(1) Der Personalrat bestimmt mit in sozialen Angelegenheiten bei […] 5. Aufstellung von Sozialplänen einschließlich Plänen für Umschulungen zum Ausgleich oder zur Milderung von wirtschaftlichen Nachteilen, die der oder dem Beschäftigten infolge von Rationalisierungsmaßnahmen entstehen. […].	• Beeinflussbarkeit • Beschäftigungsförderlichkeit • Qualifikationsförderlichkeit

Rechtsgrundlage	Kernsätze	Qualitätsindikatoren
§ 80 BPersVG Mitbestimmung in organisatorischen Angelegenheiten	(1) Der Personalrat bestimmt mit, soweit eine gesetzliche oder tarifliche Regelung nicht besteht, über […] 4. Gestaltung der Arbeitsplätze, 5. Einführung, Änderung und Aufhebung von Arbeitsformen außerhalb der Dienststelle, […] 9. Durchführung der Berufsausbildung bei Arbeitnehmerinnen und Arbeitnehmern, 10. allgemeine Fragen der Fortbildung der Beschäftigten, 11. Beurteilungsrichtlinien, […] 13. Maßnahmen, die der Familienfreundlichkeit, der Vereinbarkeit von Familie, Pflege und Beruf, der Durchsetzung der tatsächlichen Gleichstellung von Frauen und Männern, der Vermeidung von Benachteiligungen von Menschen, die sich keinem dieser Geschlechter zuordnen, sowie der Vermeidung von Benachteiligungen von Menschen mit Behinderungen dienen, insbesondere bei der Einstellung, Beschäftigung, Aus-, Fort- und Weiterbildung und dem beruflichen Aufstieg, […] 16. Maßnahmen zur Verhütung von Dienst- und Arbeitsunfällen und Berufskrankheiten sowie zum Gesundheitsschutz im Rahmen der gesetzlichen Vorschriften oder der Unfallverhütungsvorschriften, 17. Grundsätze des behördlichen oder betrieblichen Gesundheits- und Eingliederungsmanagements, 18. Regelung der Ordnung in der Dienststelle und des Verhaltens der Beschäftigten, 19. Maßnahmen zur Hebung der Arbeitsleistung oder zur Erleichterung des Arbeitsablaufs,	• Arbeitsplatzgestaltung • Arbeitsverfahren • Gesundheitsförderlichkeit • Ergonomie • Arbeitsintensität • Reglementierung von Leistungs- und Verhaltenskontrolle • Schutz der Persönlichkeitsrechte • Gleichstellungsförderlichkeit • Inklusion • Beschäftigungsförderlichkeit • Qualifikation • Regelkonformität

Rechtsgrundlage	Kernsätze	Qualitätsindikatoren
	20. Einführung grundlegend neuer Arbeitsmethoden, 21. Einführung und Anwendung technischer Einrichtungen, die dazu bestimmt sind, das Verhalten oder die Leistung der Beschäftigten zu überwachen. […].	

14.1 Externer Sachverstand für Personalräte

Wenn ein Betriebsrat seine Aufgaben bei schwierigen Sachverhalten nicht ordnungsgemäß bearbeiten kann, sieht § 80 Abs. 3 BetrVG die Hinzuziehung eines Sachverständigen vor. Dies kann beispielsweise bei der Einführung neuer Technologien der Fall sein.

Dagegen findet sich im Bundespersonalvertretungsgesetz – anders als in einigen Personalvertretungsgesetzen der Länder und in § 80 BetrVG – keine explizite Regelung für die Hinzuziehung von Sachverständigen. Gleichwohl ist die Hinzuziehung nicht ausgeschlossen, denn auch ein Personalrat muss die Möglichkeit haben, sich notwendige Informationen selbst zu beschaffen, wenn dies zur sachgerechten Erfüllung seiner Aufgaben erforderlich ist. Dies kann auch durch die Hinzuziehung von Sachverständigen erfolgen. Die Anforderungen dafür sind nach der Rechtsprechung allerdings recht hoch. So ist der Personalrat zunächst verpflichtet, alle ihm zur Verfügung stehenden Informationsquellen vollständig auszuschöpfen und seinen »eigenen Sachverstand« umfänglich zu nutzen. Wenn dieser Weg nicht ausreicht, kann der Personalrat nach entsprechender Beschlussfassung einen Sachverständigen hinzuziehen. Dabei muss der Personalrat bei seiner Beschlussfassung das ihm zustehende Ermessen pflichtgemäß ausüben und prüfen, ob die Beauftragung eines Sachverständigen erforderlich ist. Er muss dabei sowohl das Gebot der vertrauensvollen Zusammenarbeit mit der Dienststelle als auch haushaltsrechtliche Vorgaben wegen des Gebots der sparsamen Verwendung öffentlicher Mittel beachten. Grundsätzlich gilt, dass der Personalrat sich bei der Beauftragung eines Sachverständigen objektiv innerhalb des ihm durch Gesetz zugewiesenen Aufgabenbereichs halten muss.

14.2 Betriebsrätemodernisierungsgesetz und KI; Sachverständige für Betriebsräte und besserer Einfluss auf Qualifizierung

Am 14.6.2021 ist das Betriebsrätemodernisierungsgesetz in Kraft getreten. Neben anderen Regelungssachverhalten nimmt sich das Gesetz der Einflussnahme auf Systeme Künstlicher Intelligenz an und macht auch Vorgaben für den Einfluss der Betriebsräte auf den aus dem Einsatz dieser Systeme entstehenden Qualifizierungsbedarf.

Der Gesetzgeber hat es den Betriebsräten erleichtert, in Fragen der Künstlichen Intelligenz künftig Sachverständige hinzuzuziehen. Dazu wurde § 80 Abs. 3 BetrVG um folgenden Satz ergänzt: »Muss der Betriebsrat zur Durchführung seiner Aufgaben die Einführung oder Anwendung von Künstlicher Intelligenz beurteilen, gilt insoweit die Hinzuziehung eines Sachverständigen als erforderlich. Gleiches gilt, wenn sich Arbeitgeber und Betriebsrat auf einen ständigen Sachverständigen in Angelegenheiten nach Satz 2 einigen.«

Das Gesetz stellt außerdem klar, dass die Rechte des Betriebsrats bei der Planung von Arbeitsverfahren und -abläufen auch dann gelten, wenn derartige Richtlinien ausschließlich oder mit Unterstützung von KI erstellt werden. Die Rechte des Betriebsrats wurden bei der Qualifizierung um ein Initiativrecht bei der Berufsbildung, durch die Möglichkeit der Einschaltung einer Einigungsstelle zur Vermittlung gestärkt. § 96 BetrVG wurde um den folgenden Wortlaut ergänzt: »Kommt im Rahmen der Beratung nach Abs. 1 eine Einigung über Maßnahmen der Berufsbildung nicht zustande, können Arbeitgeber oder Betriebsrat die Einigungsstelle um Vermittlung anrufen. Die Einigungsstelle hat eine Einigung der Parteien zu versuchen.«

Nach der Begründung des Gesetzentwurfs ging es der Bundesregierung darum, mit einer Stärkung der betrieblichen Mitbestimmung eine frühzeitige Einbindung der Betriebsräte zu fördern, um das Vertrauen und die Akzeptanz der Beschäftigten bei der Einführung von KI zu schaffen. Dies wurde für notwendig gehalten, damit der Betriebsrat seinen Aufgaben gerecht werden kann. Deshalb entfällt nunmehr bei der Einführung von lernenden Maschinen im Betrieb die Prüfung der Erforderlichkeit für die Hinzuziehung eines Sachverständigen. Diese wird als gegeben vorausgesetzt. Gleichwohl bleibt es beim Recht der Betriebsparteien, eine Vereinbarung zu treffen, nach denen die Einführung und Anwendung von KI durch einen/eine ständige Sachverständige/n des Betriebsrats begleitet wird. Damit soll der Betriebsrat auch in die Lage versetzt werden, schneller reagieren und ständig auf den erforderlichen Sachverstand zur Beurteilung des Systems zurückgreifen zu können.

Für die Bundesregierung leistet Qualifizierung einen Beitrag zur Fachkräftesicherung. Qualifizierung gewinnt für sie vor dem Hintergrund der Digitalisierung sowie des ökologischen und demografischen Wandels an Bedeutung. Mit steigendem Blick auf die Bedeutung des Themas hält sie deshalb eine Stärkung der Rechte des Betriebsrats bei der Qualifizierung für notwendig und will damit auch eine Vereinbarung aus der nationalen Weiterbildungsstrategie umsetzen.

14.3 Was es einzuhalten gilt

Eine Vielzahl gesetzlicher Vorgaben erinnern Arbeitgeber und auch Interessenvertretungen daran, Gesetze und Verordnungen einzuhalten, verpflichten sie aber auch dazu, die Entwicklung arbeitswissenschaftlicher Erkenntnisse zu beobachten und umzusetzen sowie die kodifizierten Erkenntnisse im Betrieb und den Verwaltungen zu operationalisieren. Zu den kodifizierten Erkenntnissen zählen unter anderem europäische Richtlinien, DIN-Normen, ISO Normen, VDI-Richtlinien und technische Regelwerke.[295]
In den folgenden Kapiteln15 bis 17 werden in tabellarischer Form weitere rechtliche Vorschriften, Verordnungen und Normen aufgezeigt, die für den betrieblichen Einsatz von KI-Systemen von Relevanz sind. Die Tabellen benennen die markanten Quellen der Vorgaben, deren Kernsätze und die Qualitätsindikatoren, die daraus abgeleitet werden können. Diese Darstellungsform wurde auch bereits für die Übersichten in diesem und Kapitel 13 und 14 gewählt, sie dient einer schnellen Orientierung.
Berücksichtigt werden im Folgenden insbesondere die Datenschutzgrundverordnung, das Arbeitsschutzgesetz, die Betriebssicherheitsverordnung, das Allgemeine Gleichbehandlungsgesetz, das Hinweisgeberschutzgesetz, die Arbeitsstättenverordnung, die europäische Maschinenrichtlinie sowie relevante DIN-, EN- und ISO-Normen zur IT-Sicherheit, Gefährdungsbeurteilung, Dialoggestaltung, Gebrauchstauglichkeit, Datenschutzfolgenabschätzung und Risikobeurteilung.
Darüber hinaus sind einschlägige Empfehlungen der Konferenz der Datenschutzbeauftragten des Bundes und der Länder zum Datenschutz-Standardschutzmodell und zur Folgenabschätzung tabellarisch aufgeführt.

14.4 Aufsicht und Rat = Aufsichtsrat

Die Enquetekommission »Künstliche Intelligenz – gesellschaftliche Verantwortung und wirtschaftliche, soziale und ökologische Potenziale« formuliert nicht nur Anforderungen an das Management von Betrieben und Verwaltungen. An Betriebs- und Personalräte wird die Aufgabe adressiert, auf einen betrieblichen Ordnungsrahmen und ein Einführungsmodell zu KI hinzuwirken, Persönlichkeitsrechte und Diskriminierungsfreiheit zu schützen, sich an Tests, Folgen-

295 Vgl. hierzu: Klebe, Ratayczak, Heilmann, Spoo (2023): BetrVG Basiskommentar, Bund-Verlag, Rn. 5 zu § 91 BetrVG.

abschätzungen und Gefährdungsanalysen zu beteiligen sowie Innovationsideen für den Einsatz von KI einzubringen.

Sie zählt zu den Normsetzungsakteuren in der Arbeitswelt auch die Aufsichtsräte, die sich nach ihrer Überzeugung darum kümmern sollten, ethische Normen für KI-Systeme einzufordern, die Rechtskonformität im Handeln zu beaufsichtigen und auf ausreichende Qualifikationen im Betrieb zu achten, indem sie bei der qualitativen Personalplanung mitwirken.[296]

Die Enquetekommission will die Aufsichtsräte für die Auswirkungen von KI sensibilisieren: »Es geht darum, einer qualitativen Personalplanung Gewicht zu geben, Transparenz für den innerbetrieblichen Einsatz von KI-Systemen zu organisieren, neue Geschäftsmodelle mit KI anzuregen und Ethikmaßstäbe relevant für die Unternehmenssteuerung werden zu lassen.«[297]

---

296 EKKI: S. 365.
297 EKKI: S. 331.

15 Datenschutz als Teil der Persönlichkeitsrechte: Vorgaben, Intentionen und Handlungshilfen

Datenschutz war lange Jahre Synonym für Persönlichkeitsrechte und der Schutz vor maschineller Leistungs- und Verhaltenskontrolle ein Kernziel beim Schutz der Persönlichkeitsrechte im Betrieb. Die Europäische Datenschutzgrundverordnung macht in ihrem Einleitungsartikel aber klar, dass es bei Grundrechten und Grundfreiheiten um mehr geht als um den Schutz personenbezogener Daten. Dies zeigt auch die Übersicht zur Europäischen Grundrechtecharta in Kapitel 12. Auch die Europäische Kommission stellt ihre KI-Verordnung auf den Schutz der zahlreichen Persönlichkeitsrechte ab, die in der Grundrechtecharta genannt sind. Diese Sichtweise teilt die Enquetekommission des Deutschen Bundestages, indem sie ausführt, »die verfassungsrechtlich normierten Persönlichkeitsrechte der Menschen gelten auch im Betrieb. Deswegen sind beim Einsatz von KI-Systemen neben dem Schutz der informationellen Selbstbestimmung u. a. auch die Würde des Menschen, die freie Entfaltung seiner Persönlichkeit, der Schutz seiner Gesundheit und der Schutz vor Diskriminierung relevant für die Ausprägung der sozio-technischen Einsatzbedingungen.«[298]

Die nachfolgende Tabelle ergänzt wesentliche Rechtsvorschriften zum Schutz der Persönlichkeitsrechte aus Kapitel 12 und vertieft die Anforderungen an den Datenschutz. Die Persönlichkeitsrechte in Gänze werden in dem Qualitätsmodell reflektiert, das in den Kapiteln 21 und 28 beschrieben ist, ebenso die Anforderungen an den Datenschutz.

298 EKKI: S. 332.

Rechtsgrundlage	Kernsätze	Qualitätsindikatoren
Europäische Datenschutz-Grundverordnung (DSGVO)		
Artikel 1 DSGVO	(2) »Diese Verordnung schützt die Grundrechte und Grundfreiheiten natürlicher Personen und insbesondere deren Recht auf Schutz personenbezogener Daten.« [Nach der Kommentarliteratur werden hiermit alle Grundrechte und -freiheiten aus der Europäischen Grundrechtecharta adressiert.]	• gesunde, sichere und würdige Arbeitsbedingungen • Geistige Unversehrtheit • Keine erniedrigende Behandlung • Achtung des Privatlebens • Gedanken-, Gewissens- und Religionsfreiheit • Freie Meinungsäußerung und Informationsfreiheit • Vereinigungsfreiheit • Recht auf Bildung • Gleichheit vor dem Gesetz
Artikel 9 DSGVO Besondere Kategorien personenbezogener Daten	(1) »Die Verarbeitung personenbezogener Daten, aus denen die rassische und ethnische Herkunft, politische Meinungen, religiöse oder weltanschauliche Überzeugungen oder die Gewerkschaftszugehörigkeit hervorgehen, sowie die Verarbeitung von genetischen Daten, biometrischen Daten zur eindeutigen Identifizierung einer natürlichen Person, Gesundheitsdaten oder Daten zum Sexualleben oder der sexuellen Orientierung einer natürlichen Person ist untersagt.« (2) a – j: Erlaubnistatbestände […]	• Art der Daten
Artikel 12 DSGVO Transparente Information, Ausübung Betroffenenrechte	»Der Verantwortliche trifft geeignete Maßnahmen, um der betroffenen Person alle Informationen gemäß den Artikeln 13 und 14 und alle Mitteilungen gemäß den Artikeln 15 bis 22 und Artikel 34, die sich auf die Verarbeitung beziehen, in präziser, transparenter, verständlicher und leicht zugänglicher Form in einer klaren und einfachen Sprache zu übermitteln; […].«	• Erklärbarkeit, Transparenz und Nachvollziehbarkeit

Rechtsgrundlage	Kernsätze	Qualitätsindikatoren
Artikel 13 DSGVO Informationspflicht	(1) »Werden personenbezogene Daten bei der betroffenen Person erhoben, so teilt der Verantwortliche der betroffenen Person zum Zeitpunkt der Erhebung dieser Daten folgendes mit: • a) den Namen und die Kontaktdaten des Verantwortlichen sowie gegebenenfalls seines Vertreters; • b) gegebenenfalls die Kontaktdaten des Datenschutzbeauftragten; • c) die Zwecke, für die die personenbezogenen Daten verarbeitet werden sollen, sowie die Rechtsgrundlage für die Verarbeitung; […] (2) […] • a) die Dauer, für die die personenbezogenen Daten gespeichert werden oder, falls dies nicht möglich ist, die Kriterien für die Festlegung dieser Dauer; • b) das Bestehen eines Rechts auf Auskunft seitens des Verantwortlichen über die betreffenden personenbezogenen Daten sowie auf Berichtigung oder Löschung oder auf Einschränkung der Verarbeitung oder eines Widerspruchsrechts gegen die Verarbeitung sowie des Rechts auf Datenübertragbarkeit; • c) wenn die Verarbeitung auf Artikel 6 Absatz 1 Buchstabe a oder Artikel 9 Absatz 2 Buchstabe a beruht, das Bestehen eines Rechts, die Einwilligung jederzeit zu widerrufen, ohne dass die Rechtmäßigkeit der aufgrund der Einwilligung bis zum Widerruf erfolgten Verarbeitung berührt wird; • d) das Bestehen eines Beschwerderechts bei einer Aufsichtsbehörde; • e) ob die Bereitstellung der personenbezogenen Daten gesetzlich oder vertraglich vorgeschrieben oder für einen Vertragsabschluss erforderlich ist, ob die betroffene Person verpflichtet ist, die personenbezogenen Daten bereitzustellen, und welche	• Erklärbarkeit, Transparenz und Nachvollziehbarkeit

Rechtsgrundlage	Kernsätze	Qualitätsindikatoren
	möglichen Folgen die Nichtbereitstellung hätte und • f) das Bestehen einer automatisierten Entscheidungsfindung einschließlich Profiling gemäß Artikel 22 Absätze 1 und 4 und – zumindest in diesen Fällen – aussagekräftige Informationen über die involvierte Logik sowie die Tragweite und die angestrebten Auswirkungen einer derartigen Verarbeitung für die betroffene Person. […].«	
Artikel 21 DSGVO Widerspruchsrechte	(1) »Die betroffene Person hat das Recht, aus Gründen, die sich aus ihrer besonderen Situation ergeben, jederzeit gegen die Verarbeitung sie betreffender personenbezogener Daten, die aufgrund von Artikel 6 Absatz 1 Buchstaben e oder f erfolgt, Widerspruch einzulegen; dies gilt auch für ein auf diese Bestimmungen gestütztes Profiling. Der Verantwortliche verarbeitet die personenbezogenen Daten nicht mehr, es sei denn, er kann zwingende schutzwürdige Gründe für die Verarbeitung nachweisen, die die Interessen, Rechte und Freiheiten der betroffenen Person überwiegen, oder die Verarbeitung dient der Geltendmachung, Ausübung oder Verteidigung von Rechtsansprüchen.«	• Betroffenenrechte
Artikel 22 und Artikel 4 DSGVO Automatisierte Entscheidungen und Profiling	(1) »Die betroffene Person hat das Recht, nicht einer ausschließlich auf einer automatisierten Verarbeitung – einschließlich Profiling – beruhenden Entscheidung unterworfen zu werden, die ihr gegenüber rechtliche Wirkung entfaltet oder sie in ähnlicher Weise erheblich beeinträchtigt. […] (3) […] der Verantwortliche [trifft] angemessene Maßnahmen, um die Rechte und Freiheiten sowie die berechtigten Interessen der betroffenen Person zu wahren, wozu mindestens das Recht auf Erwirkung des Eingreifens	• Art der Entscheidung • Interventionsmechanismen • Reglementierung von Leistungsüberwachung • Reglementierung von Profiling

Rechtsgrundlage	Kernsätze	Qualitätsindikatoren
	einer Person seitens des Verantwortlichen, auf Darlegung des eigenen Standpunkts und auf Anfechtung der Entscheidung gehört.« […]. Art. 4 Nr. 4 »›Profiling‹[bezeichnet] jede Art der automatisierten Verarbeitung personenbezogener Daten, die darin besteht, dass diese personenbezogenen Daten verwendet werden, um bestimmte persönliche Aspekte, die sich auf eine natürliche Person beziehen, zu bewerten, insbesondere um Aspekte bezüglich Arbeitsleistung, wirtschaftliche Lage, Gesundheit, persönliche Vorlieben, Interessen, Zuverlässigkeit, Verhalten, Aufenthaltsort oder Ortswechsel dieser natürlichen Person zu analysieren oder vorherzusagen.«	
Artikel 25 DSGVO Datenschutz durch Technikgestaltung	(1) »Unter Berücksichtigung des Stands der Technik, der Implementierungskosten und der Art, des Umfangs, der Umstände und der Zwecke der Verarbeitung sowie der unterschiedlichen Eintrittswahrscheinlichkeit und Schwere der mit der Verarbeitung verbundenen Risiken für die Rechte und Freiheiten natürlicher Personen trifft der Verantwortliche sowohl zum Zeitpunkt der Festlegung der Mittel für die Verarbeitung als auch zum Zeitpunkt der eigentlichen Verarbeitung geeignete technische und organisatorische Maßnahmen – wie z. B. Pseudonymisierung –, die dafür ausgelegt sind, die Datenschutzgrundsätze wie etwa Datenminimierung wirksam umzusetzen und die notwendigen Garantien in die Verarbeitung aufzunehmen, um den Anforderungen dieser Verordnung zu genügen und die Rechte der betroffenen Personen zu schützen. (2) Der Verantwortliche trifft geeignete technische und organisatorische Maßnahmen, die sicherstellen, dass durch Voreinstellung grundsätzlich nur personenbezogene Daten, deren Ver-	• Qualität der technisch-organisatorischen Maßnahmen • Schutz vor unautorisierter Einflussnahme

Rechtsgrundlage	Kernsätze	Qualitätsindikatoren
	arbeitung für den jeweiligen bestimmten Verarbeitungszweck erforderlich ist, verarbeitet werden. Diese Verpflichtung gilt für die Menge der erhobenen personenbezogenen Daten, den Umfang ihrer Verarbeitung, ihre Speicherfrist und ihre Zugänglichkeit. Solche Maßnahmen müssen insbesondere sicherstellen, dass personenbezogene Daten durch Voreinstellungen nicht ohne Eingreifen der Person einer unbestimmten Zahl von natürlichen Personen zugänglich gemacht werden.«	
Artikel 32 DSGVO Datensicherheit	(1) »[…] der Verantwortliche und der Auftragsverarbeiter [treffen] geeignete technische und organisatorische Maßnahmen, um ein dem Risiko angemessenes Schutzniveau zu gewährleisten; diese Maßnahmen schließen unter anderem Folgendes ein: a) die Pseudonymisierung und Verschlüsselung personenbezogener Daten; b) die Fähigkeit, die Vertraulichkeit, Integrität, Verfügbarkeit und Belastbarkeit der Systeme […] sicherzustellen; c) die Fähigkeit, die Verfügbarkeit der personenbezogenen Daten […] rasch wiederherzustellen; d) ein Verfahren zur regelmäßigen Überprüfung, Bewertung und Evaluierung der Wirksamkeit der technischen und organisatorischen Maßnahmen zur Gewährleistung der Sicherheit der Verarbeitung. […]. (3) Die Einhaltung genehmigter Verhaltensregeln gemäß Artikel 40 oder eines genehmigten Zertifizierungsverfahrens gemäß Artikel 42 kann als Faktor herangezogen werden, um die Erfüllung der […] genannten Anforderungen nachzuweisen. […].«	• Zertifizierungen • Vertraulichkeit • Integrität • Verfügbarkeit • Belastbarkeit • Evaluierung

Rechtsgrundlage	Kernsätze	Qualitätsindikatoren
Artikel 35 DSGVO Datenschutzfolgenabschätzung Artikel 35 DSGVO i. V. m. Artikel 22 DSGVO Automatisierte Entscheidungen	(1) »Folgenabschätzung »insbesondere bei Verwendung neuer Technologien«, wenn »aufgrund der Art, des Umfangs, der Umstände und der Zwecke der Verarbeitung voraussichtlich ein hohes Risiko für die Rechte und Freiheiten natürlicher Personen« besteht, »ist insbesondere in folgenden Fällen erforderlich: […] (3) a) systematische und umfassende Bewertung persönlicher Aspekte natürlicher Personen, die sich auf autmatisierte Verarbeitung einschließlich Profiling gründet und die ihrerseits als Grundlage für Entscheidungen dient, die Rechtswirkung gegenüber natürlichen Personen entfalten oder diese in ähnlich erheblicher Weise beeinträchtigen; b) umfangreiche Verarbeitung besonderer Kategorien von personenbezogenen Daten gem. Artikel 9 Absatz 1 […].« […] (7) Die Folgenabschätzung enthält zumindest Folgendes: • eine systematische Beschreibung der geplanten Verarbeitungsvorgänge und der Zwecke der Verarbeitung, gegebenenfalls einschließlich der von dem Verantwortlichen verfolgten berechtigten Interessen; • eine Bewertung der Notwendigkeit und Verhältnismäßigkeit der Verarbeitungsvorgänge in Bezug auf den Zweck; • eine Bewertung der Risiken für die Rechte und Freiheiten der betroffenen Personen gemäß Absatz 1 und • die zur Bewältigung der Risiken geplanten Abhilfemaßnahmen, einschließlich Garantien, Sicherheitsvorkehrungen und Verfahren, durch die der Schutz personenbezogener Daten	• Zwecke • Notwendigkeit • Verhältnismäßigkeit • Risiken • Abhilfemaßnahmen • Sicherheitsvorkehrungen • Einhaltung von genehmigten Verhaltensregeln von Wirtschaftsverbänden, Kammern, Innungen • Grad der Autonomie • Eingriffsmöglichkeit in automatisierte Entscheidungen

Rechtsgrundlage	Kernsätze	Qualitätsindikatoren
	sichergestellt und der Nachweis dafür erbracht wird, dass diese Verordnung eingehalten wird, wobei den Rechten und berechtigten Interessen der betroffenen Personen und sonstiger Betroffener Rechnung getragen wird.	
Artikel 35 Abs. 9 DSGVO Folgenabschätzung	»Der Verantwortliche holt gegebenenfalls den Standpunkt der betroffenen Personen oder ihrer Vertreter zu der beabsichtigten Verarbeitung unbeschadet des Schutzes gewerblicher oder öffentlicher Interessen oder der Sicherheit der Verarbeitungsvorgänge ein.«	• Rechtzeitigkeit der Beteiligung
Artikel 38 DSGVO Stellung des Datenschutzbeauftragten	(1) »Der Verantwortliche und der Auftragsverarbeiter stellen sicher, dass der Datenschutzbeauftragte ordnungsgemäß und frühzeitig in alle mit dem Schutz personenbezogener Daten zusammenhängenden Fragen eingebunden wird. (2) Der Verantwortliche und der Auftragsverarbeiter unterstützen den Datenschutzbeauftragten bei der Erfüllung seiner Aufgaben gemäß Artikel 39, indem sie die für die Erfüllung dieser Aufgaben erforderlichen Ressourcen und den Zugang zu personenbezogenen Daten und Verarbeitungsvorgängen sowie die zur Erhaltung seines Fachwissens erforderlichen Ressourcen zur Verfügung stellen. (3) Der Verantwortliche und der Auftragsverarbeiter stellen sicher, dass der Datenschutzbeauftragte bei der Erfüllung seiner Aufgaben keine Anweisungen bezüglich der Ausübung dieser Aufgaben erhält. Der Datenschutzbeauftragte darf von dem Verantwortlichen oder dem Auftragsverarbeiter wegen der Erfüllung seiner Aufgaben nicht abberufen oder benachteiligt werden. Der Datenschutzbeauftragte berichtet unmittelbar der höchsten Managementebene des Verantwortlichen oder des Auftragsverarbeiters.«	• Einhaltung Verordnungen, rechtzeitige Beteiligung

Rechtsgrundlage	Kernsätze	Qualitätsindikatoren
Artikel 39 DSGVO Aufgaben des Datenschutzbeauftragten	»[…] b) Überwachung der Einhaltung dieser Verordnung (der DSGVO; LSPH), anderer Datenschutzvorschriften der Union bzw. der Mitgliedstaaten sowie der Strategien des Verantwortlichen oder des Auftragsverarbeiters für den Schutz personenbezogener Daten einschließlich der Zuweisung von Zuständigkeiten, der Sensibilisierung und Schulung der an den Verarbeitungsvorgängen beteiligten Mitarbeiter und der diesbezüglichen Überprüfungen; c) Beratung – auf Anfrage – im Zusammenhang mit der Datenschutz-Folgenabschätzung und Überwachung ihrer Durchführung gemäß Artikel 35 […].«	• Einhaltung Verordnungen • rechtzeitige Beteiligung
Artikel 83 DSGVO Verhängung von Geldbußen	»[…] (3) Verstößt ein Verantwortlicher oder ein Auftragsverarbeiter bei gleichen oder miteinander verbundenen Verarbeitungsvorgängen vorsätzlich oder fahrlässig gegen mehrere Bestimmungen dieser Verordnung, so übersteigt der Gesamtbetrag der Geldbuße nicht den Betrag für den schwerwiegendsten Verstoß. (4) Bei Verstößen gegen die folgenden Bestimmungen werden im Einklang mit Absatz 2 Geldbußen von bis zu 10 000 000 EUR oder im Fall eines Unternehmens von bis zu 2 % seines gesamten weltweit erzielten Jahresumsatzes des vorangegangenen Geschäftsjahrs verhängt, je nachdem, welcher der Beträge höher ist: […]«	• Wertschöpfungsbeitrag, • Risikobewertung, • Einordnung in Kritikalitätsstufen
Artikel 88 DSGVO Datenverarbeitung im Beschäftigungskontext	»(1) Die Mitgliedstaaten können durch Rechtsvorschriften oder durch Kollektivvereinbarungen spezifischere Vorschriften zur Gewährleistung des Schutzes der Rechte und Freiheiten hinsichtlich der Verarbeitung personenbezogener Beschäftigtendaten im Beschäftigungs-	• Rechtsgrundlage • Arbeitsorganisation • Gleichheit • Diversität • Gesundheitsschutz • Sicherheit • Betroffenenrechte

Rechtsgrundlage	Kernsätze	Qualitätsindikatoren
	kontext, insbesondere für Zwecke der Einstellung, der Erfüllung des Arbeitsvertrags einschließlich der Erfüllung von durch **Rechtsvorschriften oder durch Kollektivvereinbarungen** festgelegten Pflichten, des Managements, der Planung und der Organisation der Arbeit, der Gleichheit und Diversität am Arbeitsplatz, der Gesundheit und Sicherheit am Arbeitsplatz, des Schutzes des Eigentums der Arbeitgeber oder der Kunden sowie für Zwecke der Inanspruchnahme der mit der Beschäftigung zusammenhängenden individuellen oder kollektiven Rechte und Leistungen und für Zwecke der Beendigung des Beschäftigungsverhältnisses vorsehen. (2) Diese Vorschriften umfassen geeignete und besondere Maßnahmen zur Wahrung der menschlichen Würde, der berechtigten Interessen und der Grundrechte der betroffenen Person, insbesondere im Hinblick auf die Transparenz der Verarbeitung, die Übermittlung personenbezogener Daten innerhalb einer Unternehmensgruppe oder einer Gruppe von Unternehmen, die eine gemeinsame Wirtschaftstätigkeit ausüben, und die Überwachungssysteme am Arbeitsplatz.«	• Würde • Transparenz • Reglementierung der Überwachung
Bundesdatenschutzgesetz (BDSG)		
§ 26 Abs. 1 BDSG Datenverarbeitung für Zwecke des Beschäftigungsverhältnisses	»(1) Personenbezogene Daten von Beschäftigten dürfen für Zwecke des Beschäftigungsverhältnisses verarbeitet werden, wenn dies für die Entscheidung über die Begründung eines Beschäftigungsverhältnisses oder nach Begründung des Beschäftigungsverhältnisses, für dessen Durchführung oder Beendigung oder zur Ausübung oder Erfüllung der sich aus einem Gesetz oder einem **Tarifvertrag, einer Betriebs- oder Dienstvereinbarung** (Kollektivvereinbarung) ergebenden Rechte und	• Rechtsgrundlage

Rechtsgrundlage	Kernsätze	Qualitätsindikatoren
	Pflichten der Interessenvertretung der Beschäftigten erforderlich ist. Zur Aufdeckung von Straftaten dürfen personenbezogene Daten von Beschäftigten nur dann verarbeitet werden, wenn zu dokumentierende tatsächliche Anhaltspunkte den Verdacht begründen, dass die betroffene Person im Beschäftigungsverhältnis eine Straftat begangen hat, die Verarbeitung zur Aufdeckung erforderlich ist und das schutzwürdige Interesse der oder des Beschäftigten an dem Ausschluss der Verarbeitung nicht überwiegt, insbesondere Art und Ausmaß im Hinblick auf den Anlass nicht unverhältnismäßig sind	
§ 26 Abs. 2 BDSG Datenverarbeitung für Zwecke des Beschäftigungsverhältnisses Einwilligung	(2) Erfolgt die Verarbeitung personenbezogener Daten von Beschäftigten auf der Grundlage einer Einwilligung, so sind für die Beurteilung der Freiwilligkeit der Einwilligung insbesondere die im Beschäftigungsverhältnis bestehende **Abhängigkeit** der beschäftigten Person sowie die Umstände, unter denen die Einwilligung erteilt worden ist, zu **berücksichtigen**. Freiwilligkeit kann insbesondere vorliegen, wenn für die beschäftigte Person ein rechtlicher oder wirtschaftlicher Vorteil erreicht wird oder Arbeitgeber und beschäftigte Person gleichgelagerte Interessen verfolgen. Die Einwilligung hat schriftlich oder elektronisch zu erfolgen, soweit nicht wegen besonderer Umstände eine andere Form angemessen ist. Der Arbeitgeber hat die beschäftigte Person über den Zweck der Datenverarbeitung und über ihr Widerrufsrecht nach Artikel 7 Absatz 3 der Verordnung (EU) 2016/679 in Textform aufzuklären.	

Rechtsgrundlage	Kernsätze	Qualitätsindikatoren
§ 26 Abs. 3 bis 7 BDSG Datenverarbeitung für Zwecke des Beschäftigungsverhältnisses	(3) Abweichend von Artikel 9 Absatz 1 der Verordnung (EU) 2016/679 ist die Verarbeitung besonderer Kategorien personenbezogener Daten im Sinne des Artikels 9 Absatz 1 der Verordnung (EU) 2016/679 für Zwecke des Beschäftigungsverhältnisses zulässig, wenn sie zur Ausübung von Rechten oder zur Erfüllung rechtlicher Pflichten aus dem Arbeitsrecht, dem Recht der sozialen Sicherheit und des Sozialschutzes erforderlich ist und kein Grund zu der Annahme besteht, dass das schutzwürdige Interesse der betroffenen Person an dem Ausschluss der Verarbeitung überwiegt. Absatz 2 gilt auch für die Einwilligung in die Verarbeitung besonderer Kategorien personenbezogener Daten; die Einwilligung muss sich dabei ausdrücklich auf diese Daten beziehen. § 22 Absatz 2 gilt entsprechend. (4) Die Verarbeitung personenbezogener Daten, einschließlich besonderer Kategorien personenbezogener Daten von Beschäftigten für Zwecke des Beschäftigungsverhältnisses, ist auf der Grundlage von Kollektivvereinbarungen zulässig. Dabei haben die Verhandlungspartner Artikel 88 Absatz 2 der Verordnung (EU) 2016/679 zu beachten. (5) Der Verantwortliche muss geeignete Maßnahmen ergreifen, um sicherzustellen, dass insbesondere die in Artikel 5 der Verordnung (EU) 2016/679 dargelegten Grundsätze für die Verarbeitung personenbezogener Daten eingehalten werden. (6) Die Beteiligungsrechte der Interessenvertretungen der Beschäftigten bleiben unberührt. (7) Die Absätze 1 bis 6 sind auch anzuwenden, wenn personenbezogene Daten, einschließlich besonderer Kategorien personenbezogener Daten, von Beschäftigten verarbeitet werden,	

Rechtsgrundlage	Kernsätze	Qualitätsindikatoren
	ohne dass sie in einem Dateisystem gespeichert sind oder gespeichert werden sollen.«	
§ 26 Abs. 8 BDSG Definition Beschäftigte	»Beschäftigte im Sinne dieses Gesetzes sind: 1. Arbeitnehmerinnen und Arbeitnehmer, einschließlich der Leiharbeitnehmerinnen und Leiharbeitnehmer im Verhältnis zum Entleiher, 2. zu ihrer Berufsbildung Beschäftigte, 3. Teilnehmerinnen und Teilnehmer an Leistungen zur Teilhabe am Arbeitsleben sowie an Abklärungen der beruflichen Eignung oder Arbeitserprobung (Rehabilitandinnen und Rehabilitanden), 4 in anerkannten Werkstätten für behinderte Menschen Beschäftigte, 5. Freiwillige, die einen Dienst nach dem Jugendfreiwilligendienstegesetz oder dem Bundesfreiwilligendienstgesetz leisten, 6. Personen, die wegen ihrer wirtschaftlichen Unselbständigkeit als arbeitnehmerähnliche Personen anzusehen sind; zu diesen gehören auch die in Heimarbeit Beschäftigten und die ihnen Gleichgestellten, 7. Beamtinnen und Beamte des Bundes, Richterinnen und Richter des Bundes, Soldatinnen und Soldaten sowie Zivildienstleistende. Bewerberinnen und Bewerber für ein Beschäftigungsverhältnis sowie Personen, deren Beschäftigungsverhältnis beendet ist, gelten als Beschäftigte.«	• Rechtsgrundlage • Betroffenenrechte

Rechtsgrundlage	Kernsätze	Qualitätsindikatoren
Das Standard-Datenschutzmodell (SDM)		
Version 2.0b beschlossen von der 99. Konferenz der Datenschutzaufsichtsbehörden des Bundes und der Länder 17.4.2020[299]	»Das Standard-Datenschutzmodell • »systematisiert datenschutzrechtliche Anforderungen in Gewährleistungszielen, • leitet aus den Gewährleistungszielen systematisch generische Maßnahmen ab, [...] • systematisiert die Identifikation der Risiken zur Feststellung des aus der Verarbeitung resultierenden Schutzbedarfs der betroffenen Personen, • bietet ein Vorgehensmodell für eine Modellierung, Umsetzung und kontinuierliche Kontrolle und Prüfung von Verarbeitungstätigkeiten.«	• Datenminimierung • Verfügbarkeit • Integrität • Vertraulichkeit • Nichtverkettung • Transparenz • Intervenierbarkeit

15.1 Hinweisgeberschutzgesetz

Verstöße gegen Rechtsvorschriften, also beispielsweise die europäische KI-Verordnung oder das Datenschutzrecht können im Rahmen des Hinweisgeberschutzgesetzes internen oder externen Meldestellen übermittelt werden, ohne dass die Hinweisgeber Repressalien befürchten müssen. Das Gesetz hebt ausdrücklich auf den Schutz der Privatsphäre und den Schutz personenbezogener Daten ab und gibt vor, dass Meldungen zwischen hinweisgebenden Person und Meldestellen nicht zu behindern sind.

Das gibt die Möglichkeit, die Betroffenen zu Beteiligten zu machen und in einer komplexer werdenden Regulierungslandschaft, sie zu ermutigen Hinweise zu nicht regelgerechtem Verhalten im Betrieb an die geeigneten Stellen zu adressieren. Die ersten Betriebsratsgremien haben Verabredungen darüber getroffen, derartige Hinweise zur Kenntnis zu bekommen, um damit ihrem Auftrag besser nachzukommen, auf die Einhaltung geltender Gesetze und betriebliche Verabredungen zu drängen.

299 *https://www.datenschutzzentrum.de/uploads/sdm/SDM-Methode_V2.0b.pdf*, S. 9.

Rechtsgrundlage	Kernsätze	Indikatoren
Hinweisgeberschutzgesetz		
§ 2 HinSchG Sachlicher Anwendungsbereich	(1) Dieses Gesetz gilt für die Meldung […] und die Offenlegung […] von Informationen über Verstöße, die strafbewehrt sind, Verstöße, die bußgeldbewehrt sind, soweit die verletzte Vorschrift dem Schutz von Leben, Leib oder Gesundheit oder dem Schutz der Rechte von Beschäftigten oder ihrer Vertretungsorgane dient, sonstige Verstöße gegen Rechtsvorschriften des Bundes und der Länder sowie unmittelbar geltende Rechts-akte der Europäischen Union und der Europäischen Atomgemeinschaft o) zum Schutz der Privatsphäre […] p) zum Schutz personenbezogener Daten (DSGVO) […] q) zur Sicherheit in der Informationstechnik im Sinne des § 2 Absatz 2 des BSI-Gesetzes […] Verstöße, die von § 4d Absatz 1 Satz 1 des Finanzdienstleistungsaufsichtsgesetzes erfasst sind.	• Kontrolle • Beteiligung • Ressourcen
§ 7 HinSchG Wahlrecht zwischen interner und externer Meldung	(1) Personen, die beabsichtigen, Informationen über einen Verstoß zu melden, können wählen, ob sie sich an eine interne Meldestelle (§ 12) oder eine externe Meldestelle (§§ 19 bis 24) wenden. Wenn einem intern gemeldeten Verstoß nicht abgeholfen wurde, bleibt es der hinweisgebenden Person unbenommen, sich an eine externe Meldestelle zu wenden. (2) Es ist verboten, Meldungen oder die auf eine Meldung folgende Kommunikation zwischen hinweisgebender Person und Meldestelle zu behindern oder dies zu versuchen.	• Kontrolle • Beteiligung
§ 12 HinSchG Pflicht zur Einrichtung interner Meldestellen	(1) Beschäftigungsgeber haben dafür zu sorgen, dass bei ihnen mindestens eine Stelle für interne Meldungen eingerichtet ist und betrieben wird, an die sich Beschäftigte wenden können (interne Meldestelle) […]	• Kontrolle • Beteiligung

§ 36 HinSchG Verbot von Repressalien; Beweislastumkehr	(1) Gegen hinweisgebende Personen gerichtete Repressalien sind verboten. Das gilt auch für die Androhung und den Versuch, Repressalien auszuüben. (2) Erleidet eine hinweisgebende Person nach einer Meldung oder Offenlegung eine Benachteiligung im Zusammenhang mit ihrer beruflichen Tätigkeit, so wird vermutet, dass diese Benachteiligung eine Repressalie ist. In diesem Fall hat die Person, die die hinweisgebende Person benachteiligt hat, zu beweisen, dass die Benachteiligung auf hinreichend gerechtfertigten Gründen basierte oder dass sie nicht auf der Meldung oder Offenlegung beruhte.	• Kontrolle • Beteiligung • Schutz

15.2 KI und Datenschutz – die unendliche Geschichte des Beschäftigtendatenschutzes

Die oben gelisteten Grundlagen fokussieren auf den Beschäftigtendatenschutz im Betrieb. Die Auslegung und Anwendung der Bestimmungen ist im konkreten Fall oft schwierig, da der Beschäftigtendatenschutz auch durch die Rechtsprechung geprägt wird. Deswegen wird zur konkreten Auslegung der einzelnen Vorgaben auch auf die einschlägige Kommentarliteratur verwiesen.
Die Anwendung der Rechtsgrundlagen stößt auch auf spezifische Merkmale von KI-Systemen, die beispielsweise die Herstellung der erforderlichen Transparenz erschweren. Gleichwohl bleibt richtig, was die Enquetekommission feststellt:

»Die Gestaltungsprinzipien der Zweckbindung der Daten, das Transparenzgebot für Erhebung, Verarbeitung und Nutzung, die Auswahl datenschutzfreundlicher Grundeinstellungen […] und datenschutzfreundlicher Technologien […], die Rechenschaftspflichten, die Einrichtung einer verantwortlichen Stelle und eine stringente Reglementierung automatisiert generierter Einzelentscheidungen, die in die Persönlichkeitsrechte der Betroffenen eingreifen, haben für jeglichen KI-Einsatz im Arbeitsleben Relevanz.
Darüber hinaus könnten unerfüllte Forderungen der Datenschutzbeauftragten des Bundes und der Länder sowie der Gewerkschaften durch den Einsatz von KI-Systemen eine neue Bedeutung erhalten. Sie fordern seit 1984 bereichsspezifische und präzise gesetzliche Bestimmungen zum Beschäftigtendatenschutz.«[300]

300 EKKI: S. 333.

Seit mehr als 40 Jahren gibt es in der Bundespolitik eine strittige Debatte um die Schaffung eines eigenständigen Beschäftigtendatenschutzgesetzes. Die ersten Forderungen danach stammen noch aus einer Zeit, als Smartphones, Internet und künstliche Intelligenz in den Betrieben gar kein Thema waren.

Professor Dr. Peter Wedde macht den Charakter der Entwicklung deutlich: »Mit den technischen Entwicklungen im 19. und 20. Jahrhundert wurden die engen, unmittelbaren und überschaubaren Sozialbezüge ausgeweitet; gleichzeitig wurde jede persönliche Äußerung prinzipiell unbegrenzt fixierbar, transferierbar, multiplizierbar und digital manipulierbar«.[301] Er verweist auf die Rechtsprechung, in der das Bundesverfassungsgericht bereits 1954 eine Kategorisierung entwickelt hat, wonach das allgemeine Persönlichkeitsrecht danach verlangt, im persönlichen Nahbereich unterschiedliche Intensitäten des Schutzes zu betrachten. Je nachdem, ob die Intimsphäre, Privatsphäre oder die Sozialsphäre durch die Verbreitung von Daten, Bildern oder Informationen von Personen berührt ist, ist ein adäquater Schutzstandard gefragt.[302] Diese Ansprüche existieren noch heute. Ihnen wird beispielsweise Rechnung getragen, indem die Europäische Datenschutzgrundverordnung mit Art. 9 besonders schützenswerte Daten benennt oder das Profiling von personenbezogenen Daten mit Art. 22 grundsätzlich verbietet.

Um dem Anspruch auf Schutz aller Persönlichkeitsrechte gerecht werden zu können, fordert Dr. Thilo Weichert, von 2004 bis Juli 2015 Datenschutzbeauftragter von Schleswig-Holstein und Leiter des Unabhängigen Landeszentrums für Datenschutz (ULD) in Kiel, ein generelles Mitbestimmungsrecht der Betriebsräte im Bereich des Datenschutzes und der Datenschutzfolgenabschätzung sowie ein Verbandsklagerecht für die Gewerkschaften, um Datenschutzverstößen nachzugehen.[303]

Die bisher letzte Episode in der unendlichen Geschichte des Beschäftigtendatenschutzes wurde im Oktober 2024 aufgeführt. Nach langen Jahren der Beratung von sehr kontroversen Positionen in einer Expertenkommission und interner Erörterung des Regelungsbedarfs wurde ein Referentenentwurf des Bundesarbeitsministeriums für ein Beschäftigtendatenschutzgesetz bekannt. Dies im Detail zu kommentieren, macht wenig Sinn. Schließlich geriet nur wenige Wochen danach die Ampelregierung ins Schlingern und unter den Gesetzen, die man bis zum Jahresende 2024 noch erledigen wollte, zählte nicht das Beschäftigtendatenschutzgesetz. Das ist schade, denn es wären darin einige interessante Aspekte geregelt worden, die die arbeitenden Menschen im Betrieb geschützt hätten. Vorgesehen war unter anderem:

- Die Einschränkung von möglichen Fragen, die ein Arbeitgeber in der Bewerbungsphase stellen darf,
- die Reglementierung der Optionen zur Überwachung von Beschäftigten,
- das Verbot, Versammlungs- und Umkleideräume zu überwachen,

301 Peter Wedde (2023): Handbuch Datenschutz und Mitbestimmung, Bund-Verlag, S. 51.
302 Ebenda: S. 49.
303 Thilo Weichert (2020): NZA, S. 1597.

- durch die Stärkung von Kennzeichnungs- und Informationspflichten den Transparenzanspruch auszubauen,
- Vorgaben zu erlassen, wonach die Beschäftigten nicht in der Ausübung von gesetzlichen Rechten und ihrer Interessenvertretung gehindert werden dürfen,
- eine dezidierte Prüfung der Erforderlichkeit für die Verarbeitung von Beschäftigtendaten mit einer Abschätzung der Grundrechtseingriffe zu verknüpfen,
- freiwillige Einwilligungen in die Datenverarbeitung zu reglementieren, die im Rahmen von Bewerbungsverfahren eingeholt werden,
- Kollektivvereinbarungen zu verbieten, die Verabredungen zulasten gesetzlicher Vorgaben machen,
- den Arbeitgeber auf Maßnahmen zugunsten der menschlichen Würde, den berechtigten Interessen und Grundrechten der betroffenen Beschäftigten zu verpflichten,
- rechtswidrig gewonnene Daten für gerichtliche Verfahren grundsätzlich auszuschließen,
- Kollektivvereinbarungen über Verwertungsverbote neues Gewicht zu geben,
- betriebliche Mitbestimmung bei der Bestellung und Abberufung der betrieblichen Datenschutzbeauftragten zu begründen,
- die Verarbeitung von Beschäftigtendaten durch Überwachungsmaßnahmen grundsätzlich nur kurzzeitig oder anlassbezogen zuzulassen.
- vorzugeben, dass Arbeitgeber Beschäftigtendaten, die zu einem anderen Zweck als der Leistungs- sowie Verhaltenskontrolle erhoben wurden, nicht zu diesem Zweck verarbeiten dürfen,
- eine Möglichkeit zu schaffen die Ortung von dienstlichen Geräten im Privatgebrauch zu verhindern,
- sehr umfassende Reglements zum Profiling von Beschäftigten zu schaffen.

15.3 BeDaX – ein Datenschutz-Selbsttest bietet Orientierung

Der Index für Beschäftigtendatenschutz BeDaX wurde durch ein KI-Modul ergänzt.
von *Karl-Heinz Brandl*, Projekt BeDaX

Mit der Digitalisierung von Geschäfts- und Arbeitsprozessen steigt die Bedeutung von Datenschutz und dem Schutz von Persönlichkeitsrechten in Betrieben und Verwaltungen. Nach einer Analyse vom Wirtschafts- und Sozialwissenschaftlichen Institut (WSI) sowie der Hans-Böckler-Stiftung (HBS) ist Datenschutz mit 70 % das zweit wichtigste Thema bei Betriebs- und Dienstvereinbarungen. Eine Auswertung von Betriebs- und Dienstvereinbarungen aus unterschiedlichsten Branchen bestätigt dies.
Das Projekt BeDaX (Index Beschäftigtendatenschutz) hat Betriebsvereinbarungen aus den Branchen Facilitymanagement, Automobilherstellung, Logistik, Energieversorgung, Telekommunikation, Gesundheit, Versicherung, Finanzen und kommunale Dienstleistungen ausgewertet, um in Erfahrung zu bringen, welche Aspekte mit dem Thema Datenschutz verbunden werden und welche Anwendungen Herausforderungen mit sich bringen. Dabei zeigt sich, dass Betriebs- und Personalräte in den verschiedenen Branchen mit denselben Themen zu tun haben: Mobile Device Management, Ortungssysteme, mobiles Arbeiten, flexible Arbeitsformen, Desk Sharing, elektronische Schließanlagen, Videoüberwachung, Nutzung von Internet und E-Mail-Diensten am Arbeitsplatz, elektronische Signatur, Workflowmanagement-Systeme, Data Warehouse Anwendungen, digitale Personalakten, Zugriffskontrollsysteme, Projektmanagementsysteme, Teleheimarbeit, mobile Kommunikation, Prozessleittechnik, agile Projektarbeit, Einsatz von E-Learning-Systemen, elektronische Zeiterfassung – das sind Einzelthemen die zum Gegenstand von Betriebs/Dienstvereinbarungen gemacht werden. Übergreifende Dachvereinbarungen nehmen sich u. a. der Einführung und Nutzung von IT-Systemen, den Prinzipien des betrieblichen Datenschutzes und der Einführung von Sicherheitskonzepten an.
Die Vielfalt der Themen, in denen Beschäftigtendatenschutz eine Rolle spielt, ist auch aus den Tätigkeitsberichten der Datenschutz Aufsichtsbehörden ersichtlich. Sie beschäftigen sich u. a. mit Videoüberwachungssystemen, Bewerbungsverfahren, Personalentwicklungsdatenbanken, Persönlichkeitsprofilen, Ortungssystemen und dem Thema Zeiterfassung.
Für Betriebs- und Personalräte ist es nicht einfach, sich in der komplexen Rechtsmaterie des Datenschutzes zurechtzufinden, anwendungsspezifische Verabredungen zu treffen und dabei angemessene Reglementierungen zu finden, die auch außerhalb des eigenen Wirkungsbereiches als angemessen gelten. Ein Selbsttest für Interessenvertretungen soll dabei helfen.

Das Forschungs- und Entwicklungsprojekt »Index Beschäftigtendatenschutz«, kurz BeDaX hat ein Werkzeug zur betrieblichen Selbsteinschätzung entwickelt. Es analysiert Stärken und Schwächen des Beschäftigtendatenschutzes im eigenen Betrieb und macht dies transparent. Es macht es Mitbestimmungsakteuren einfacher auf der Höhe der Zeit zu bleiben und neue Anwendungen zu beurteilen. Das Projekt wurde von der Input Consulting gGmbH mit Unterstützung von der Dienstleistungsgewerkschaft ver.di durchgeführt.

Das Basis-Tool von BeDaX besteht im Kern aus Fragen, mit dem untersucht wird, wie die komplexen datenschutzrechtlichen Vorgaben und organisatorisch-technischen Anforderungen umgesetzt sind.

Damit greift das Projekt die Intention des »Weißbuch Arbeit 4.0« des Bundesministeriums für Arbeit und Soziales zur Entwicklung eines Index Beschäftigtendatenschutz auf. Dort wird ein solcher Index als wichtiges Instrument gefordert, um Arbeitgeber, Betriebsräte und kleine und mittelständische Unternehmen hinsichtlich der konkreten Umsetzung von gesetzlichen Datenschutzvorgaben in einer digitalisierten Arbeitswelt zu unterstützen. Ziele hierbei sollen »wissenschaftlich fundierte, anwendungsbezogene Qualitätsmaßstäbe für den Beschäftigtendatenschutz [sein], die – im Sinne eines wissenschaftlichen Tools für die Selbstbewertung oder auch im Rahmen einer Zertifizierung – den Beschäftigtendatenschutz in Betrieben vergleichbarer und handhabbarer machen«.[304]

In der ersten Phase des Projektes BeDaX wurden grundlegende Anforderungskataloge und Qualitätsmaßstäbe für die Ziele und Verfahren des Beschäftigtendatenschutzes ermittelt. Dazu wurden die entscheidenden technischen, rechtlichen, ethischen und arbeits- und sozialwissenschaftlichen Anforderungen zusammengetragen, strukturiert und in Faktoren gegliedert. Daraus wurden übergeordnete Qualitätsmaßstäbe gebildet und die einzelnen Faktoren zugeordnet. Jeder Faktor wurde dann mit konkreten Fragen untergliedert und damit bewertbar gemacht.

Für das übergreifenden Basistool wurden insgesamt acht Qualitätsmaßstäbe definiert, die in Faktoren unterteilt sind. Jeder Faktor wird mit in Fragen gekleidete Indikatoren weiter untergliedert. Diese Fragen dienen als Analyseinstrument für die untersuchten Sachverhalte und Eigenschaften. Die Zielgruppe sind gesetzliche Interessenvertretungen.

Alle Qualitätsmaßstäbe, Faktoren und Indikatoren beziehen sich deshalb auf das Beschäftigungsverhältnis. Damit wird die Überprüfung des Schutzniveaus für den Beschäftigtendatenschutz ermöglicht und konkrete Schutzlücken angezeigt. Aus dem Ergebnis des Selbstbewertungstool können Handlungsnotwendigkeiten abgeleitet werden.

Die Qualitätsmaßstäbe und Faktoren des Basistool Index Beschäftigtendatenschutz sind Rechtskonformität, Verantwortung, Transparenz, Kontrollfähigkeit, Qualitätssicherung, Risikoangemessenheit und Kompetenz.

304 BMAS, Weißbuch Arbeiten 4.0, 2017, S. 150.

1	**Ethik und Anstand**	Schutz, Fairness, Würde, Gleichbehandlung, Teilhabe
2	**Rechtskonformität**	Zulässigkeit, Erlaubnistatbestand, Zweckbindung, Drittlandstransfer, Auftragsverarbeitung, Datenschutz by Design und by Default, Automatisierte Entscheidungen, Datenschutzfolgenabschätzung, Datensparsamkeit, Datenschutzbeauftragter, Betroffenenrechte, Meldepflichten
3	**Verantwortung**	Zuordnung – Transparenz der Verantwortung, Datenschutzmanagementsystem, Gemeinsame Verantwortung, Ressourcen
4	**Transparenz**	Datenschutzleitlinien, Verzeichnis von Verarbeitungstätigkeiten, Verständlichkeit, Meldung der Schutzverletzung
5	**Kontrollfähigkeit**	Informations- und Auskunftsrechte, Revision, Löschroutine, Steuerbarkeit
6	**Qualitätssicherung**	Datensicherheit, technische und organisatorische Maßnahmen, Dokumentation
7	**Risikoangemessenheit**	Risikoanalyse und Robustheit der Systeme
8	**Kompetenz**	Qualifizierung, Praxisrelevanz der Vorgaben, Selbstdatenschutz, Datenschutzbeauftragte

(Quelle: Input Consulting gGmbH, Tabelle aller Qualitätsmaßstäbe und deren Faktoren des Index Beschäftigtendatenschutz)

Das Ergebnis des Selbsttests stellt das automatisierte Online-Tool übersichtlich in einem Dashboard dar. Die Darstellung zeigt Stärken und Schwächen des Beschäftigten-Datenschutzes im eigenen Betrieb, macht einen komplexen Sachverhalt dialogfähig und erlaubt Betriebsvergleiche.

Das BeDaX-Selbsttest Modul zur Künstlichen Intelligenz

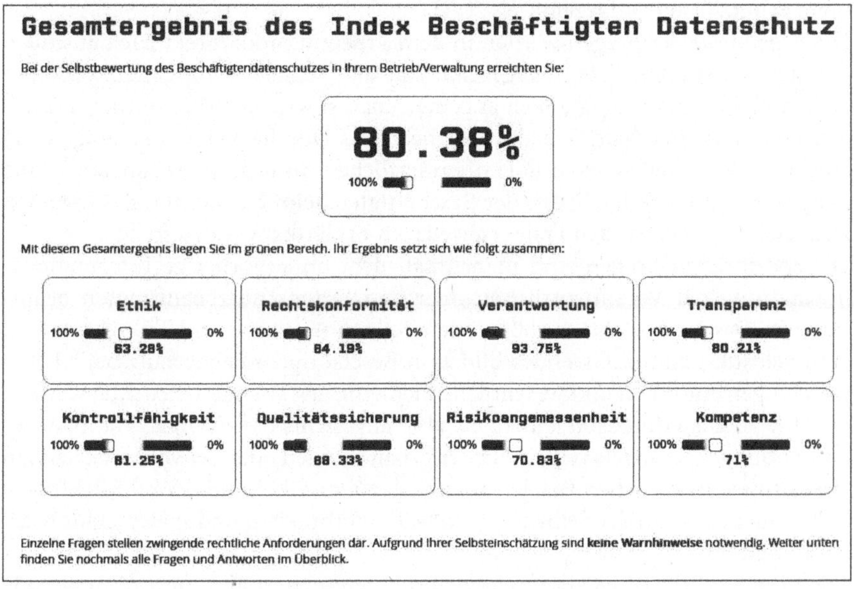

Systeme mit sogenannter Künstlicher Intelligenz (KI) verbreiten sich rasant. Sie werden in bemerkenswerter Geschwindigkeit leistungsfähiger, leichter zugänglich, preiswerter und vielseitiger einsetzbar. Weltweit werden immer mehr derartiger Systeme in Betrieben u. a. eingesetzt, um Effizienz und Effektivität zu erhöhen, neue Geschäftsmodelle zu entwickeln, Leistungs- und Prozessqualität zu verbessern, Ressourcen einzusparen, Analytik zu verbessern und Handlungsgeschwindigkeit auszubauen. KI bietet auch im gewerblichen Einsatz immenses Potenzial, aber auch erhebliche Gefahren. Zu den Gefahren gehören die mangelnde Transparenz bei KI-gesteuerten Prozessen, Kontrollverlust, das Potenzial für Diskriminierung und das Risiko der Verletzung von Persönlichkeitsrechten. Der Schutz personenbezogener Daten ist ein Persönlichkeitsrecht das besondere Aufmerksamkeit verdient. Beim Einsatz von KI-Systemen in der Arbeitswelt sind diese so zu gestalten, dass Beschäftigte und ihre Daten geschützt, Arbeit erleichtert und die Handlungs- und Gestaltungsspieleräume der Beschäftigten erweitert werden. Interessenvertretungen (BR, PR, MAV etc.) spielen dabei eine zentrale Rolle.
Das Projekt BeDaX hat gemeinsam mit der Schröfers IgA GmbH ein Prüftool zur Selbstbewertung der Datenschutzaspekte bei KI-Anwendungen erarbeitet. Es ist wiederum ein Instrument zur Unterstützung der Mitbestimmungsakteure und umsichtiger betrieblicher Praktikerinnen und Praktiker. Untersucht werden die Wirkung von betrieblichen KI-Anwendungen, deren Regulierung und soziotechnischen Bedingungen entsprechend den acht BeDaX Qualitätsmaßstäben, denen 28 Faktoren zugeordnet wurden. Jeder qualitätsrelevante Faktor wird mit konkreten Fragen untersucht. Damit wird die Überprüfung des Schutzniveaus

für den Beschäftigtendatenschutz bei KI-Anwendungen ermöglicht und konkrete Schutzlücken aufgezeigt.
Die Ergebnisse der Fragen werden in dem Erhebungstool direkt nach ausfüllen der standardisierten Fragen angezeigt. Das gibt schnell wichtige Hinweise zur Ableitung von praxistauglichen, angemessenen sowie rechtskonformen Lösungen für die betriebliche Gestaltungsarbeit. Das Durcharbeiten der Fragen soll aber auch dabei helfen, mehr über die gesetzlichen Anforderungen an den Schutz der personenbezogenen Daten der Beschäftigten beim Einsatz von KI-Systemen zu lernen. Deshalb ist den Fragen jeweils ein Erklärtext vorangestellt.
Die spezifischen Fragen sind manchmal nicht ohne vorherige Informationsbeschaffung bei Verantwortlichen oder den Datenschutzbeauftragten beantwortbar. Das ist Absicht, es soll bei den Teilnehmerinnen und Teilnehmern an dem Selbsttest ein umfassendes Bild zum Beschäftigtendatenschutz bei KI-Anwendungen entstehen und wesentliche Elemente des Themas beleuchtet werden, die eine Schlüsselfunktion haben, die aber angesichts der Komplexität mancher Anwendungen, mangels verständlicher Erläuterungen oder der vorherrschenden Verhältnisse in manchen Betrieben einfach zu kurz kommen. Weil Rückfragen Zeit brauchen, kann der Selbsttest jederzeit unterbrochen und später weiterbearbeitet werden.
Selbstverständlich ist jede Befragung absolut anonym und mittels Zugangscode geschützt.
Zu den einzelnen BeDaX Qualitätsmaßstäben wird detailliert während des Ausfüllens des Selbsttests erläutert, was die Elemente des Qualitätsmodells, mit dem Thema KI zu tun haben:

Ethik

Wenn Maschinen den Menschen vermessen, bewerten und steuern, dann sind Fragen zur Ethik berührt. Beim Qualitätsmaßstab Ethik wird ergründet, ob bei der Anwendung von »Künstlicher Intelligenz« Methoden des Profiling genutzt und automatisierte Entscheidungen über Personen getroffen werden. Es wird untersucht, ob und welche personalwirksamen Schlussfolgerungen durch Systeme Künstlicher Intelligenz, kurz KI-Systeme getroffen werden und ob diese als automatisierte Entscheidungssysteme einzuordnen sind. Es wird kritisch hinterfragt, ob der Mensch die Maschine oder die Maschine den Menschen steuert. Das hat mit Würde, aber auch mit Recht zu tun. Es werden Indizien für Eingriffe in die Privatsphäre oder unterschwellige Verhaltensbeeinflussung der Beschäftigten ermittelt, danach gefragt, ob KI über Karrieren entscheidet und die Einhaltung von ethischen Standards thematisiert.
Automatisierte Entscheidungen über Personen: Das Datenschutzrecht will die Würde und Selbstbestimmung der Beschäftigten wahren. Jeder und Jede hat deshalb nach der Europäischen Datenschutzgrundverordnung das Recht, nicht einer maschinellen Entscheidung unterworfen zu werden. Grundsätzlich sind ausschließlich automatisiert getroffene Entscheidungen über Personen datenschutzrechtlich in der Regel rechtswidrig. Mit der Einwilligung der Betroffenen sind solche Entscheidungsmethoden ausnahmsweise zulässig, aber selbst dann

sind sie, gerade im Arbeitsverhältnis, an strenge Bedingungen gebunden. Auch eine Betriebsvereinbarung über den Einsatz derartiger Entscheidungsverfahren kann die erforderliche Einwilligung nicht ersetzen. Zu beachten ist, dass als Beschäftigte auch Bewerberinnen und Bewerber gelten. Folgende Aspekte werden zu diesem Qualitätsfaktor hinterfragt:

- Verbreitung entsprechender Anwendungen
- Information der Beschäftigten
- verständliche Ausführungen zur Tragweite der maschinellen Entscheidungen
- Ausführungen über die Logik, mit der Entscheidungen getroffen werden
- Einwilligung, eine automatisierte Entscheidung zu akzeptieren
- Aufklärung über das Recht eine Einwilligung zu widerrufen
- Wirkung auf die Ergebnisverantwortung bisheriger Entscheidungsträger

Personalwirksame Schlussfolgerungen durch KI: Die Vorgaben der Europäischen Datenschutz-Grundverordnung (DSGVO) dienen nach Art. 1 Abs. 2 und Art. 88 Abs. 1 und 2 DSGVO auch der Verwirklichung des europäischen Grundrechts auf würdige, gesunde und sichere Arbeitsbedingungen. Um diese Grundrechte im Betrieb einzulösen, gibt es in Deutschland Mitbestimmungsrechte. Sie helfen dabei, den vom Bundesverfassungsgericht formulierten Anspruch umzusetzen, wonach die Menschenwürde nicht dadurch verletzt werden darf, dass der Mensch zum Objekt herabgewürdigt wird.

Das Risiko einer Verletzung der grundrechtlich geschützten Würde besteht auch, wenn die Arbeit der Beschäftigten durch ein KI-System disponiert wird, bei dem der Mensch wie eine Maschine, wie ein Objekt behandelt wird. Werden den Beschäftigten alle Arbeitswege, Reihenfolgen der Arbeitserledigung, das Tempo und die Handgriffe oder Kommunikation durch eine KI vorgegeben, dann können Würde und Gesundheit verletzt werden. Dazu braucht das technische System nicht von Anfang an mit personenbezogenen Daten gefüttert zu werden; es genügt, wenn die Arbeit einer Person durch die KI gesteuert und kontrolliert wird. Folgende Aspekte werden zu diesem Qualitätsfaktor hinterfragt:

- Arbeitssteuerung durch KI
- Interventionsrechte
- Gefährdungsbeurteilungen

Profiling: Mit »Profiling« wird die Bewertung eines Beschäftigten hinsichtlich u. a. der Arbeitsleistung, der Gesundheit, der persönlichen Vorlieben, Interessen, Zuverlässigkeit, des Verhaltens und des Aufenthaltsortes verstanden. Wird Profiling im Rahmen von automatisierten Entscheidungen betrieben, müssen Maßnahmen getroffen werden, um die Rechte, Freiheiten und Interessen der Beschäftigten zu wahren. Folgende Aspekte werden zu diesem Qualitätsfaktor hinterfragt:

- Einsatz entsprechender Anwendungen
- Schutzmaßnahmen
- Recht auf Einflussnahme und Anfechtung

Privatsphäre: Geeignete KI-Systeme können Videodaten auswerten, um Mimik und Gestik maschinell zu analysieren. Aus Audiodaten können aus der Art der

Beschäftigten zu sprechen, Rückschlüsse auf deren vermeintliche Eigenarten und emotionale Verfassung gezogen werden. Es gibt zudem KI-Systeme, die aus der Analyse des E-Mail-Verkehrs Prognosen über eine Kündigungsabsicht ableiten können. Manche KI-Systeme können aus Fotos von den Beschäftigten und den von ihnen verwendeten Wörtern auf deren Einstellungen und Vorlieben schließen. Sogar Verhaltensvorhersagen können getroffen werden. Dabei sind biometrische Identifikationsverfahren, die Aussagen zum Gemütszustand oder Charakter erlauben, nach verbreiteter Rechtsauffassung unzulässig, weil sie den Menschen zum bloßen Objekt eines Verfahrens machen und ihm die Intimsphäre nehmen.

Nach europäischem Recht ist heute die Privatsphäre im Denken und Fühlen geschützt. Es ist grundsätzlich sogar untersagt, Daten z. B. zur weltanschaulichen Überzeugung und zur sexuellen Orientierung zu verarbeiten. Die EU-Verordnung zu Künstlicher Intelligenz hat die Verwendung von Emotionserkennungssystemen am Arbeitsplatz verboten. Folgende Aspekte werden zu diesem Qualitätsfaktor hinterfragt:

- Auswertung von Audio und Videodaten
- Analyse elektronischer Kommunikation
- Analyse des Verhaltens von Beschäftigten in sozialen Netzwerken
- Beurteilung von Charaktereigenschaften der Beschäftigten wie Vertrauenswürdigkeit, Zuverlässigkeit, Offenheit und Loyalität durch eine KI
- innerbetrieblichen Reglementierung und Datenschutz-Folgeabschätzung

Unterschwellige Verhaltensbeeinflussung: Chatbots, die Fragen von Beschäftigten beantworten, können manipulative Antworten geben; persönliche KI-Assistenten können auf Beschäftigte unterschwellig einwirken und berufliche KI-Anwendungen können Beschäftigte durch Vergleiche des persönlichen Verhaltens mit vorgegebenen Verhaltensanforderungen beeinflussen, indem sie beispielsweise das Kommunikationsverhalten, die Produktivität oder die Pünktlichkeit vergleichend aufzeigen.

Die EU-Kommission verurteilte schon in ihrem Verordnungsentwurf zu »Vorschriften für Künstliche Intelligenz« den Missbrauch von KI-Systemen für manipulative, ausbeuterische und soziale Kontrollpraktiken. Systeme, die unterschwellig beeinflussen und Personen Schaden zufügen können, sind verboten worden. Folgende Aspekte werden zu diesem Qualitätsfaktor hinterfragt:

- Transparenz über den Einsatz entsprechender Systeme
- Risikorelevanz

KI-Entscheidungen über Karrieren: Im Softwaremarkt werden KI-Systeme angeboten, um das Personalmanagement von Unternehmen zu unterstützen. Sie können Stellenanzeigen optimieren, aber auch angebotene Stellenprofile mit den Profilen von Bewerbern abgleichen. Die Systeme können Vorschläge zu personellen Entwicklungsmaßnahmen von Beschäftigten machen. Der Leistungsumfang mancher Anwendungen erlaubt es auch, Lebensläufe zu analysieren und daraus einen priorisierten Reihungsvorschlag für eine Einstellung von Bewerber*innen zu erarbeiten.

Die Europäische KI-Verordnung hält KI-Anwendungen dann für sehr risikoreich, wenn diese Entscheidungen über den Zugang zu beruflicher Bildung, Bewertung von Bewerbern, Beförderung oder Kündigung treffen. Folgende Aspekte werden zu diesem Qualitätsfaktor hinterfragt:

- Einsatz entsprechender Anwendungen
- Schlussfolgerungen für die Entwicklung oder Nutzung der Qualifikation

Ethik-Leitlinien: Immer mehr Unternehmen betonen ihre Orientierung auf Humanität, Offenheit, soziale Verantwortung und Diversität, indem sie sich entsprechende Leitlinien und Selbstverpflichtungen auferlegen und diese veröffentlichen. Eine Berichterstattung zu Aspekten des Umweltschutzes, der sozialen Verantwortung, den Arbeitnehmerbelangen und der verantwortungsbewussten Unternehmensführung fordert die EU, mit ihrer Richtlinie zur Corporate Social Responsibility. Auch der deutsche Corporate Governance Kodex und immer mehr Investoren nehmen sich der CSR Berichterstattung an. Manche Unternehmen bekennen sich auch zu eigenen Ethik-Leitlinien für den Einsatz von Künstlicher Intelligenz. Selbstbestimmung des Menschen, Diskriminierungsfreiheit und Gerechtigkeit: Das sind einige Werte, die die Enquetekommission des deutschen Bundestages zur Orientierung für den Einsatz von KI-Systemen empfiehlt. Folgende Aspekte werden zu diesem Qualitätsfaktor hinterfragt:

- Existenz von Ethik-Leitlinien
- Vorgaben zur Einhaltung europäischer Grundrechte
- Controlling der Umsetzung der Leitlinien

Rechtskonformität

Rechtsfragen sind im Grunde bei den meisten Qualitätsanforderungen zum Einsatz von KI-Systemen berührt. Zum Qualitätsfaktor Rechtskonformität konzentrieren sich die Erhebungen deshalb auf die Erforderlichkeit, personenbezogene Daten zu benutzen, die Zulässigkeit der Rechtsbasis und auf die Diskriminierungsfreiheit. Nach der Durchführung der Folgenabschätzung wird gefragt.

Erfordernis, personenbezogene Daten zu benutzen: Das europäische Datenschutzrecht verlangt vom Arbeitgeber eine Risikominimierung. Auch KI-Anwendungen sollen durch datenschutzfreundliche Voreinstellungen vorrausschauend schon so geplant werden, dass die betroffenen Personen geschützt werden. Der Einsatz von personenbezogenen Daten soll beschränkt werden, beispielsweise, indem diese Daten verschlüsselt, anonymisiert oder pseudonymisiert werden. Es muss überprüft werden, ob sie für die vorgesehenen Zwecke überhaupt erforderlich sind. Die Prüfung der Erforderlichkeit kann ergeben, dass die Verarbeitung vollständig anonymer Daten zur Erreichung des legitimen Zwecks ausreicht. Überprüft werden sollte auch, ob überhaupt KI-Systeme erforderlich sind, bei denen manchmal schwer nachvollziehbar ist, wie sie über welche Kombination personenbezogener Daten zu Schlussfolgerungen kommen. Folgende Aspekte werden zu diesem Qualitätsfaktor hinterfragt:

- Prüfung des Bedarfs an personenbezogenen Daten
- Schlüssigkeit des Verzichts auf die Anonymisierung, Pseudonymisierung und Verschlüsselung

- Protokollierungsdaten zur Systemadministration
- Sperrung ungenutzter Systemteile

Zulässigkeit der Rechtsbasis: Die Verarbeitung personenbezogener Daten in KI-Systemen ohne Rechtsgrundlage ist unzulässig. Zulässig ist die Verwendung von Beschäftigtendaten durch den Arbeitgeber u. a., wenn eine Kollektivvereinbarung oder ein Gesetz dies zulässt oder die Betroffenen eingewilligt haben, weil sie dadurch einen rechtlichen oder wirtschaftlichen Vorteil haben. Dann gelten aber Prinzipien wie Fairness, Transparenz, Zweckbindung der Daten und deren Beschränkung auf das notwendige Maß. Die Daten müssen ausreichend geschützt sein und der Arbeitgeber ist in der Pflicht, sowohl die Rechtmäßigkeit als auch die Einhaltung der Prinzipien nachzuweisen. Folgende Aspekte werden zu diesem Qualitätsfaktor hinterfragt:

- Art der Rechtsgrundlage
- Umstände der der Einwilligung
- Aufklärung über Widerrufsrechte
- Realisierung der Informationspflichten
- Kontinuität bei der Zweckbindung
- Realisierung der Verpflichtung von Kollektivvereinbarungen auf die Persönlichkeitsrechte

Diskriminierungsfreiheit: Erfahrungsgemäß treffen Menschen als Entscheider mitunter auch diskriminierende Entscheidungen. Das Allgemeine Gleichstellungsgesetz (AGG) soll vor derartigen Diskriminierungen und vor sachlich nicht gerechtfertigter Ungleichbehandlung schützen. Schon das Grundgesetz enthält einen Gleichbehandlungsgrundsatz (Art. 3 GG). Auch das Datenschutzrecht will Gleichheit und Diversität am Arbeitsplatz gewährleisten. Je nachdem, wie KI entwickelt und verwendet wird, hat sie das Potenzial, Verzerrungen zu schaffen, zu verstärken, aber andererseits auch, sie zu vermeiden. Glücklicherweise lassen sich diskriminierende Algorithmen schneller umprogrammieren als etwa rassistische Personen. Es braucht dafür aber trotzdem Initiative und Kenntnis von verzerrenden Algorithmen oder unfairen Praktiken und deren Ursachen.

Bedeutsam ist es, bei den technischen Systemen die Datenauswahl und den Zuverlässigkeitsanspruch eines Systems, die Methode des maschinellen Lernens, das angestrebte Qualitäts- und Fairnessmaß sowie die Trainingsmethode des Systems, den Autonomiegrad maschineller Entscheidungen, die Anwendungsfelder, potenzielle Wirkungen und Evaluationsszenarien zu hinterfragen. Folgende Aspekte werden zu diesem Qualitätsfaktor hinterfragt:

- Risiko der Entscheidungssysteme für Verzerrungen und Diskriminierungen
- Verfolgter Qualitätsanspruch
- Integrität der Ursprungsdaten
- Methoden des Trainings

Folgenabschätzung: Das Datenschutzrecht verlangt vor dem Einsatz risikoreicher neuer Technologien eine Abschätzung der Folgen für die Rechte und Freiheiten natürlicher Personen. Der Bundesbeauftragte für Datenschutz und Informationsfreiheit hält eine Folgenabschätzung für den »Einsatz von Künstlicher Intelligenz zur Verarbeitung personenbezogener Daten zur Steuerung der

Interaktion mit den Betroffenen oder zur Bewertung persönlicher Aspekte der betroffenen Personen« für erforderlich.
Eine Folgenabschätzung muss u. a. eine Bewertung der Risiken z. B. für Datenschutz, die Würde der Beschäftigten und die Diskriminierungsfreiheit umfassen, die Schutzmaßnahmen beschreiben und den Nachweis der Gesetzeskonformität der Anwendung erbringen. Einsatzzwecke und Verantwortliche müssen benannt werden. Die Notwendigkeit und Verhältnismäßigkeit der Datenverarbeitung, muss bewertet werden. Es ist sinnvoll, daneben auch Folgen für die Gesundheit, die Arbeitsbedingungen und die Beschäftigtenqualifizierung zu untersuchen, zumal das Arbeitsschutzrecht danach verlangt und das Datenschutzrecht auch den sicheren, gesunden und würdigen Arbeitsbedingungen verpflichtet ist. Folgende Aspekte werden zu diesem Qualitätsfaktor hinterfragt:
- Partizipation der Beschäftigten
- Transparenz der Ergebnisse
- Inhalte der Folgenabschätzung

Verantwortung
Wenn ihr Hund jemanden beißt, sind Sie als Hundehalter verantwortlich. Wer KI betreibt, wird sich auch nicht mit der Autonomie der Maschine herausreden können, wenn etwas passiert. Verantwortungsbewusstsein der Arbeitgeber und daraus abgeleitet ein organisiertes Verantwortungsmanagement fordert u. a. die Europäische Datenschutz-Grundverordnung. Verantwortlichkeiten müssen erkannt, angenommen und wahrgenommen werden. Es geht dabei um rechtliche, technische und administrative Verantwortung, um Verantwortung für den Schutz der Persönlichkeitsrechte sowie Verantwortung für die maschinellen Schlussfolgerungen.
Zum Qualitätsfaktor Verantwortung wird hinterfragt, inwieweit schon bei Einkauf und Entwicklung des KI-Systems auf angemessenen Datenschutz hingearbeitet wird. Untersucht wird, welche Aufgabe an die technisch für das KI-System Verantwortlichen übertragen wurden und wie die Verantwortung für die maschinellen Entscheidungen wahrgenommen wird. Die Verantwortung für die Betroffenenrechte wird thematisiert, ebenso die Zusammenarbeit mit dem/der Datenschutzbeauftragten.
Einkauf und Entwicklung des KI-Systems: Datenschutz durch Technikgestaltung und durch datenschutzfreundliche Voreinstellungen – dazu verpflichtet die Europäische Datenschutz-Grundverordnung alle Arbeitgeber in Europa. Damit muss bei der Systemauswahl und -entwicklung begonnen werden und die Verantwortlichen für Einkauf und Systementwicklung sind in einer besonderen Pflicht, die besser klar beschrieben ist. Die Normen für Sicherheit einer Informationsverarbeitung verlangen darüber hinaus nach einer vorausschauenden Risikobeurteilung. Risikodimension und Risikoeintrittswahrscheinlichkeit muss auch nach dem Datenschutzrecht eingeschätzt werden.
Ohne frühzeitiges Handeln hätte jeder Arbeitgeber auch ein Problem, wenn er später seinen Informationspflichten gegenüber den Beschäftigten nachkommen will. Das Datenschutzrecht verlangt danach, dass den betroffenen Beschäftigten

bei automatisierten Entscheidungssystemen Informationen über die involvierte Logik, die Tragweite und die Auswirkungen gegeben werden. Der Arbeitgeber wird verpflichtet, darauf hinzuarbeiten, dass er diese Informationen geben kann. Wird bei der Systemplanung und -auswahl nicht danach gefragt, wird es schwierig, rechtmäßig zu handeln. Folgende Aspekte werden zu diesem Qualitätsfaktor hinterfragt:

- Leitlinien für den Einkauf oder die Entwicklung
- Information von Entscheidungsträgern und Betroffenen
- Erhebung von Referenzerfahrungen

Technisch Verantwortliche: Wer über die Zwecke und die Mittel der Verarbeitung personenbezogener Daten entscheidet, gilt nach dem Datenschutzrecht als Verantwortliche Stelle. In Betrieben sind das zumeist die Betriebsleitungen, die üblicherweise die Verantwortung für die technische Einführung und den technischen Betrieb von KI-Systemen an die Unternehmenseinheit delegiert, die ohnehin für die Informationsverarbeitungssysteme zuständig ist. Für IT-Verantwortliche ist es gut zu wissen, was diese Delegation für Folgen haben kann und Klarheit darüber zu haben, was genau ihre Verantwortung ist, wo sie endet und wie die verantwortlichen Personen abgesichert sind.

Das Datenschutzrecht macht detaillierte Vorgaben zur Technik von Informationsverarbeitungssystemen, also auch für KI-Systeme. Der Verstoß gegen das Recht kann sehr teuer werden. Wenn Unberechtigte Zugriff auf die Daten haben, diese manipuliert oder zweckwidrig eingesetzt werden, ist dies ein Rechtsverstoß. Rechtswidrig ist auch eine unzulängliche Folgenabschätzung oder unzureichende technisch-organisatorische Schutzmaßnahmen. Das sollten nicht nur die technisch Verantwortlichen wissen. Folgende Aspekte werden zu diesem Qualitätsfaktor hinterfragt:

- Information über datenschutzrechtliche Pflichten
- Risikoverständnis
- Aufklärung über mögliche Sanktionsfolgen
- Haftungsreglements

Fachliche Verantwortung: Fachlich bleiben Menschen verantwortlich, auch wenn lernende Maschinen Entscheidungen treffen. Fachlich Verantwortliche formulieren Einsatzzwecke und Ziele der KI-Systeme. Sie geben Qualitätsanforderungen und Lernziele vor. Sie bleiben auch für die Ergebnisse maschinellen Handelns verantwortlich.

Für automatisierte Entscheidungen über Personen gibt das Datenschutzrecht vor, dass die Verantwortlichen Eingriffsmöglichkeiten haben, sich für die Interessen der betroffenen Personen interessieren und sich mit einem Widerspruch eines Beschäftigten gegen den Einsatz auseinandersetzen müssen. Dieses Rollenverständnis sollte klar gegen die technische Verantwortung abgegrenzt werden. Nicht ohne Grund warnt selbst der Deutsche Bundestag vor unklaren Verantwortlichkeiten, intransparenten Mechanismen der KI und uneindeutigen Absichten. Folgende Aspekte werden zu diesem Qualitätsfaktor hinterfragt:

- Verantwortungsabgrenzung
- Dokumentation der Pflichten

- Verständnis von Betroffenenrechten
- Verständnis von Sanktionsfolgen

Verantwortung für die Betroffenenrechte: Das Datenschutzrecht verpflichtet die Arbeitgeber bei der Verarbeitung personenbezogener Personaldaten, die Beschäftigten darüber präzise, transparent, verständlich, leicht zugänglich und in einfacher Sprache zu informieren. Die Beschäftigten haben Einwirkungs- und Anfechtungsrechte bei automatisierten Entscheidungen. Sie können eine einmal gegebene Einwilligung zur Verarbeitung ihrer Daten jederzeit widerrufen. Der Arbeitgeber soll sich für die Interessen der Beschäftigten zum Schutz ihrer Daten interessieren und diese sollen bei der Folgenabschätzung zu Wort kommen.
Es braucht in den Betrieben verantwortliche Stellen für die Umsetzung dieser Rechte der Betroffenen und Pflichten der Arbeitgeber. Folgende Aspekte werden zu diesem Qualitätsfaktor hinterfragt:

- Transparenz der Verantwortungszuordnung
- Erreichbarkeit für die Betroffenen
- Bearbeitungsregeln für Interventionen

Verantwortung des/der Datenschutzbeauftragten: Betriebliche Datenschutzbeauftragte beraten die Verantwortlichen hinsichtlich deren Pflichten nach dem Datenschutzrecht, sollen die Einhaltung der Vorschriften überwachen und auf Anfrage bei der Durchführung einer Folgeabschätzung unterstützen. Dafür brauchen sie Kenntnisse über KI-Systeme und ausreichend Ressourcen, um ihre Aufgaben wahrzunehmen. Folgende Aspekte werden zu diesem Qualitätsfaktor hinterfragt:

- Fachkunde
- Ressourcen
- Zusammenarbeit mit Mitbestimmungsakteuren

Transparenz

Wenn wir nicht wissen, womit wir es zu tun haben, entstehen Ängste und wird Einflussnahme schwierig. Nicht verwunderlich, dass deshalb die meisten Expertengremien, die sich mit KI beschäftigen, Transparenz, Erklärbarkeit und Nachvollziehbarkeit von KI-Systemen zum Qualitätsmerkmal erheben. Auch das Datenschutzrecht verlangt, dass gegenüber den betroffenen Personen die Datenverarbeitung transparent und nachvollziehbar gemacht werden muss. Es legt Wert auf Verständlichkeit der Information und auch darauf, dass die Logik nach der lernende Maschinen Schlussfolgerungen ziehen, verstanden werden kann.
Zum Qualitätsfaktor Transparenz wird untersucht, inwieweit Systeme Künstlicher Intelligenz gekennzeichnet werden, wie nachvollziehbar sie beschrieben und dokumentiert werden. Hinterfragt wird auch, ob maschinelle Entscheidungen erklärbar sind und nach welchen Methoden die Erwartungskonformität des Systems beurteilt wird.
Güte der Transparenz von KI-Systemen: Um die Rechte und Pflichten nach dem Datenschutzrecht erfüllen zu können, werden Informationen darüber benötigt, ob das KI-System, oder die KI-Elemente in einem IT-System, für eine

automatisierte Entscheidungsfindung herangezogen werden. Der Transparenzanspruch der Datenschutz-Grundverordnung macht es erforderlich, dass ein KI-System als solches zu kennzeichnen ist und dass präzise, verständlich, leicht zugänglich, klar und in einfacher Sprache darüber informiert wird. Bei automatisierten Entscheidungen muss über die Entscheidungslogik, die angestrebten Auswirkungen und die Tragweite der Entscheidung informiert werden. Werden die Daten nicht direkt bei den Beschäftigten erhoben, müssen diese über die Datenquellen informiert werden. Folgende Aspekte werden zu diesem Qualitätsfaktor hinterfragt:
- Transparenz der Wirkungen maschineller Entscheidungen
- Güte der Information der Betroffenen
- Erhebungsquelle der personenbezogenen Daten
- Einschätzung der Integrität der Daten

Nachvollzierbarkeit und Erklärbarkeit: Ein IT-System, also auch ein KI-System, gilt nach Industrienormen dann als erwartungskonform, wenn es aus dem Kontext heraus vorhersehbaren Benutzerbelangen sowie allgemein anerkannten Konventionen entspricht. Erwartungen sollten fixiert sein und transparent gemacht werden, bevor ein KI-System zum Einsatz kommt. Erst dann ist es möglich zu beurteilen, ob das System den Erwartungen entspricht, die geplanten Zwecke erreicht und alle Quelldaten erforderlich sind. Auch um zu beurteilen, ob sich eine lernende Maschine in eine unerwünschte Richtung entwickelt und Schlussfolgerungen zieht, die im Kontext nicht passen, sind Informationen über die angestrebten Zwecke erforderlich. Danach verlangt auch das Datenschutzrecht.

Um der Informationspflicht gegenüber den Beschäftigten nachzukommen, genügt es nach Auffassung der Datenschutzaufsichtsbehörden nicht, das Ergebnis automatisierter Entscheidungen zu vermitteln. Darüber hinaus muss die Nachvollziehbarkeit im Hinblick auf die Prozesse und das Zustandekommen von Entscheidungen gewährleistet sein. Das führt zu Anforderungen an die Transparenz. Folgende Aspekte werden zu diesem Qualitätsfaktor hinterfragt:
- Fixierung der Erwartungen an das System
- Transparenz der Vorgaben

Dokumentation: Betriebe müssen nachweisen können, dass sie den Anforderungen des Datenschutzrechts nachkommen. Sie sind gehalten, ein Verzeichnis der Verarbeitungstätigkeiten zu erstellen, und sie müssen die Personen, deren Daten sie verarbeiten, aussagekräftig über die Datenverarbeitung informieren. Eine Dokumentation eines KI-Systems ist dafür notwendig, auch um im laufenden Betrieb noch beurteilen zu können, ob das lernende System noch »in der Spur läuft« und nichts Falsches lernt.

Die Europäische Kommission hat anspruchsvolle Anforderungen an die Dokumentation von Hochrisikosystemen gestellt (siehe Kapitel 13). Folgende Aspekte werden zu diesem Qualitätsfaktor hinterfragt:
- Verzeichnis der Verarbeitungstätigkeiten
- Leitlinie zur Systemdokumentation
- risikoadäquate Dokumentationstiefe

- Zugang zur Systemdokumentationen
- Güte der Systemdokumentationen
- Realisierung der Nachweispflicht

Kontrollfähigkeit

Menschliche Aufsicht und Kontrolle zählen zu den wesentlichsten Faktoren, die Vertrauen in KI-Anwendungen entstehen lassen. Das ist nicht verwunderlich, da KI-Systeme in ihrer Entscheidungsfindung nicht immer als nachvollziehbar, achtsam und fehlerfrei gelten können und auch nicht sicher ist, dass lernende Maschinen das Richtige dazulernen. Die EU-Kommission bringt zum Ausdruck: »Die menschliche Aufsicht dient der Verhinderung oder Minimierung der Risiken für die Gesundheit, die Sicherheit oder die Grundrechte« beim Einsatz von KI-Systemen. Um Aufsicht und Kontrolle aber ausüben zu können, braucht es die Fähigkeiten und die Befugnisse dazu. Es braucht Handlungsmotivation, Eingriffsmöglichkeiten, alternative Arbeitskonzepte, Alarmierungssysteme und die Möglichkeit, maschinelle Entscheidungen zu revidieren.

Zum Qualitätsfaktor »Kontrollfähigkeit« wird untersucht, inwieweit zum Einsatz von Systemen Künstlicher Intelligenz Interventionsmöglichkeiten in Form von alternativen Arbeitsprozessen existieren und Not-Aus-Prozeduren eingerichtet sind. Es wird nach Maßnahmen gefragt, um Missbrauchspotenziale und Fehlanwendungen zu erkennen und einzudämmen und Optionen der Rückholbarkeit (Revision) von Systementscheidungen untersucht. Hinterfragt werden Erfahrungen mit Überinterpretation von Systementscheidungen und unzureichende Steuerungsmöglichkeiten werden thematisiert.

Interventionsmöglichkeiten, Missbrauchsschutz und alternative Arbeitsprozesse: Lernende Maschinen sollen dazulernen und sich fortentwickeln. Damit sie nicht aus der Spur laufen, hat die Europäische Kommission zumindest hochriskante KI-Systeme nur zugelassen, wenn diese Eingriffsmöglichkeiten in den Systembetrieb bieten und über eine Stopptaste oder ähnliche Funktionen verfügen. Fehlanwendungen sollen rechtzeitig erkannt und behoben werden.

Nach dem Datenschutzrecht haben Personen, die von automatisierten Entscheidungen betroffen sind, sogar das Recht, dass verantwortliche Menschen in den Verarbeitungsprozess eingreifen, wenn etwas schiefläuft. Der Arbeitgeber muss Garantien für die Rechtmäßigkeit der Datenverarbeitung anbieten und hat eine Nachweispflicht für geeignete technisch-organisatorische Schutzmaßnahmen. Er würde damit gegen das Gesetz verstoßen, wenn er keine ausreichende Kontroll-, Aufsichts- und Steuerungsfunktionen für den Systembetrieb vorsieht. Folgende Aspekte werden zu diesem Qualitätsfaktor hinterfragt:

- Alarmierungsfunktionen
- Hinweisgeberfunktionen
- Missbrauchsschutz
- Not-Aus Mechanismen
- Alternativkonzepte
- Revisionsmöglichkeiten

Vermeidung von Überinterpretationen: KI-Systeme arbeiten nur mit den Daten, die sie bekommen. Sie vergleichen sachlich Soll und Ist, sie rechnen mit Wahrscheinlichkeiten, sie ziehen Schlussfolgerungen zweckrational. Sie erzeugen keine Wahrheiten. Ihnen fehlt jegliches Mitgefühl, sie haben keine menschlichen Werte. Hoffnungen, Traditionen und Emotionen können sie auswerten, aber nicht empfinden. Weil uns das Wesen des Menschen wichtig ist, braucht es beim Einsatz von KI-Systemen im Betrieb Kenntnis darüber, was lernende Maschinen können und was nicht. Es braucht menschliche Aufsicht und Kontrolle, ein Verständnis von den Funktionsmechanismen der KI, es braucht Interventionsmöglichkeiten und Sicherheitsmechanismen.
Das Datenschutzrecht verlangt geeignete technisch-organisatorische Schutzmaßnahmen und Interventionsmöglichkeiten bei automatisierten Entscheidungssystemen. Die EU-Kommission will, dass sich die Verantwortlichen der menschlichen Neigung bewusst sind, übermäßiges Vertrauen in KI-Systeme zu entwickeln. Bei Daten, die von Strafverfolgungsbehörden verarbeitet werden, muss unterschieden werden, ob es sich um Tatsachen oder Einschätzungen handelt. Es ist vor diesem Hintergrund sinnvoll, auch sensible Auswertungen von KI-Systemen als maschinelle Interpretation zu kennzeichnen. Folgende Aspekte werden zu diesem Qualitätsfaktor hinterfragt:

- Stellenwert maschineller Schlussfolgerungen
- Widerspruchshäufigkeit
- Eingriffshäufigkeit im Testbetrieb
- Hinweise von Verantwortlichen
- Kennzeichnung maschineller Schlussfolgerungen

Qualitätssicherung
Betriebliches Qualitätsmanagement zielt u. a. darauf, gute Arbeitsergebnisse und Prozessqualität zu erhalten und auszubauen. Dafür werden Qualitätsanforderungen gesetzt und Einfluss auf Arbeitsprozesse, Organisation, Kommunikation und Qualifikation genommen. Normen, Standardisierungen und Revisionsmodelle werden genutzt, um das betriebliche Handeln auf Qualität auszurichten.
Mit den Fragen zur Qualitätssicherung bei der Einführung von KI-Systemen soll zunächst die Eignung der Daten überprüft werden, die das KI-System nutzt. Die Methode mit der das Systems trainiert wird, wird untersucht. Die Partizipation und die Nutzung der Expertise von den beteiligten Akteuren im Betrieb wird hinterfragt. Die Antworten sollen Erfahrungen mit Evaluationsmechanismen und Hinweisgebersystemen im laufenden Systembetrieb zutage fördern.
Eignung der Daten: »Datenqualitätsmanagement ist im Zusammenhang mit maschinellem Lernen ein vorrangiges Thema« – mahnt die Deutsche Normungsroadmap. Den Qualitätsanspruch an die Ursprungs- und Trainingsdaten bringt das europäische Datenschutzrecht zum Ausdruck. Die deutschen Datenschutzaufsichtsbehörden präzisieren in ihrer »Hambacher Erklärung« die Anforderungen an die Eignung der Daten, ebenso wie die EU-Kommission schon in ihrem Verordnungsentwurf zu KI.

Die Daten müssen demnach mit dem ursprünglichen Einsatzzweck vereinbar, erheblich für die Nutzung durch die KI, repräsentativ, sachlich richtig, aktuell, manipulationssicher, vollständig und verfügbar sein. Die Verarbeitung personenbezogener Daten soll nicht zu Verzerrungen und Diskriminierungen führen und muss rechtmäßig und nachvollziehbar sein. Als integre Daten werden vereinfachend jene Daten bezeichnet, die den Qualitätsanforderungen entsprechen. Die betroffenen Beschäftigten müssen über die Quelle dieser Daten informiert werden. Folgende Aspekte werden zu diesem Qualitätsfaktor hinterfragt:

- Eignung der Eingangsdaten
- Prüfung der Integrität der Daten im Training
- Offenlegung der Datenquellen

Trainings des Systems: Damit aus »Kennen« »Können« wird, haben wir für das Lernen der Menschen Tests für die Feststellung des Lernerfolgs sowie Trainings zur Einübung des Erlernten organisiert. Es braucht Wiederholung und Korrektur, bis wir mit kontinuierlicher Qualität das Gelernte auch erfolgreich und kulturverträglich umsetzen können. Lernende Maschinen haben ähnliche Abhängigkeiten. Erst Tests und Training machen sie schlau. Gutes Training hilft, falsches Training schadet.

Die Enquetekommission KI des Deutschen Bundestages forderte, Trainings- und Testprozesse zu dokumentieren und stellte fest: »Für die Güte und die Nachvollziehbarkeit algorithmischer Entscheidungen sind die Verfügbarkeit, aber auch die Qualität, Integrität und Transparenz von Trainingsdaten und Datenmerkmalen, die der Entscheidung zugrunde liegen, von entscheidender Bedeutung.« Die Europäische Kommission hat Betriebe verpflichtet, zumindest für hochriskante KI-Anwendungen Trainingsmethoden zu beschreiben und Datensätze auf Eignung und Trainingsverfahren auf Verzerrungsfreiheit zu überprüfen.

Das Datenschutzrecht unterscheidet nicht zwischen Datenverarbeitung für das Training und regulärem KI-Einsatz. Für personenbezogene Daten gelten die allgemeingültigen Grundsätze: Rechtmäßigkeit, Zweckbindung, Transparenz, Angemessenheit, Notwendigkeit, Richtigkeit, Integrität und Vertraulichkeit. Folgende Aspekte werden zu diesem Qualitätsfaktor hinterfragt:

- Durchführung und Legitimation des Trainings
- Trainingsziele
- Trainingsergebnisse

Partizipation: Die Bundesregierung will, dass die Erwerbstätigen bei der Entwicklung von KI-Anwendungen in den Mittelpunkt gestellt werden. Das geht nicht ohne deren Beteiligung. Das Strategiepapier der Regierung stellt fest: »Betriebliche Mitbestimmung und eine frühzeitige Einbindung der Betriebsräte stärken das Vertrauen und die Akzeptanz der Beschäftigten bei der Einführung und der Anwendung von KI. Dies ist Voraussetzung für eine positive Haltung zu KI allgemein sowie eine erfolgreiche Implementierung von KI-Anwendungen auf betrieblicher Ebene.«

Das Datenschutzrecht gibt den Beschäftigten die Möglichkeit, in der Folgenabschätzung zu Wort zu kommen. Sie müssen vom Arbeitgeber über die Verarbeitung ihrer personenbezogenen Daten informiert werden und haben bei automatisierten Entscheidungen das Recht, ihren Standpunkt darzulegen und Entscheidungen anzufechten. Beschäftigte müssen die Möglichkeit haben, auf nicht regelgerechte Anwendung von KI-Systemen aufmerksam zu machen. Sie werden am besten frühzeitig in den Prozess der Systemeinführung und Evaluation einbezogen. Dann können aus Betroffenen Beteiligte werden. Folgende Aspekte werden zu diesem Qualitätsfaktor hinterfragt:

- Referenzen zu Beschäftigteneinschätzungen
- Erhebung der prioritären Qualitätsindikatoren der Betroffenen
- Beteiligung im Training
- Einbeziehung der Standpunkte der Beschäftigten in die Risikoeinschätzung
- Gelegenheit um Nützlichkeit, Erwartungskonformität und Verhältnismäßigkeit des Systems zu beurteilen
- Anzahl der zurückgezogenen Einwilligungen

Evaluationsmechanismen und Hinweisgebersysteme: »Voraussetzung für einen akzeptierten KI-Einsatz in der Arbeitswelt sind partizipative, dialogische Einführungs-, Nutzungs- und Evaluationsprozesse, die bei der Festsetzung der Ziele beginnen, eine Abschätzung der Folgen für Arbeitnehmerinnen und Arbeitnehmer anschließen und bei der Überprüfung regelgerechter Anwendung enden,« schreibt der Deutsche Bundestag. Die Parlamentarier fordern die stete Evaluation, Revision und erforderlichenfalls Anpassung, Re-Design oder Beendigung des KI-Einsatzes.

Die deutsche Normungsroadmap hält »die kontinuierliche Bewertung von Leistungs- und Sicherheitsmetriken sowie die Bestimmung angemessener Reaktionen auf Zwischenfälle und die Etablierung geeigneter Gegenmaßnahmen für erforderlich«. Die Überprüfungen sollen auch zutage fördern, ob menschliche Entscheidungsträger einen Kontrollverlust erleiden und ob ein blindes Vertrauen in die Schlussfolgerungen der KI entsteht. Auch die EU-Kommission hat das Risikomanagement für riskante Anwendungen auf den gesamten Lebenszyklus des KI-Systems ausgerichtet.

Das Datenschutzrecht verlangt danach technisch-organisatorische Schutzmaßnamen erforderlichenfalls zu überprüfen, ebenso die Folgenabschätzung. Es besteht im Betrieb also das Erfordernis, mit einem systematischen und dokumentierten Verfahren festzustellen, ob Handlungsbedarf besteht. Folgende Aspekte werden zu diesem Qualitätsfaktor hinterfragt:

- Hinweise hinsichtlich einer nicht regelgerechten Verwendung eines KI-Systems
- Transparenz von Hinweisgeber-Verfahren
- Anzeichen für Kontrollverlust und blindem Vertrauen
- Evaluationsprinzipien

Risikoangemessenheit

Die Enquetekommission KI des Deutschen Bundestages, die Datenethikkommission der Bundesregierung, die Europäische Kommission und die Deutsche Normungsroadmap empfehlen einen risikobasierten Ansatz für den Umgang mit KI-Systemen. Auch Risiken für die Rechte und Freiheiten von Beschäftigten

sollen untersucht werden. Differenziert nach dem Ausmaß des Risikos sollen angemessene Maßnahmen zum Abbau der Risiken ergriffen werden. Risiken sollen eingeschätzt, klassifiziert, gemindert und transparent gemacht werden. KI-Systeme haben durch ihre unterschiedlichen Funktionen, Zweck und Kontexte aber eine unterschiedliche Risikorelevanz. Es macht einen gewaltigen Unterschied, ob die KI beim Suchen oder Übersetzen hilft oder ob sie Personalentscheidungen trifft. Deshalb braucht es Sortierkriterien, um eine KI-Anwendung der richtigen Risikostufe zuzuordnen, der angemessene Schutzmaßnahmen hinterlegt sind.
Risikomanagement ist dabei nichts Neues. Schließlich fragen auch Aufsichtsräte danach und im deutschen Corporate Governance Kodex steht: »Im Lagebericht sollen die wesentlichen Merkmale des gesamten internen Kontrollsystems und des Risikomanagementsystems beschrieben werden und soll zur Angemessenheit und Wirksamkeit dieser Systeme Stellung genommen werden.« Auch im Aktienrecht, im GmbH-Recht und im Genossenschaftsrecht ist vorgesehen, im Rahmen von Compliance-Maßnahmen und zur Erfüllung von Sorgfaltspflichten der Unternehmensleitung ein Risikomanagement zu implementieren (§§ 91 Abs. 2, 93 AktG; § 43 Abs. 1 GmbHG; § 34 Abs. 1 GenG).
Mit den Fragen zur Risikoangemessenheit werden die Verfahren der Risikoeinschätzung und Risikoklassifikation untersucht. Die Realisierung eines Risikomanagementsystems für KI-Systeme wird zum Thema gemacht. Nach den Regulierungsstandards für unterschiedliche Risikostufen wird gefragt, und es wird überprüft, ob im Betrieb KI-Anwendungen eingesetzt werden, die die Europäische Kommission verbieten will oder als Hochrisiko-Anwendung betrachtet.
Verfahren der Risikoeinschätzung, Risikoklassifikation und Risikomanagement: Das Datenschutzrecht fordert, das entsprechend der Risikodimension und Eintrittswahrscheinlichkeit des Risikos einer Datenverarbeitung an der Risikobewältigung gearbeitet wird. Diese Größen muss man im Betrieb erst mal kennen. Der Verordnungsentwurf KI der Europäischen Kommission fordert mindestens für hoch riskante KI-Anwendungen, dass ein Risikomanagementsystem eingerichtet, angewandt, dokumentiert und aufrechterhalten wird. Risiken sollen beseitigt, mindestens verringert, kontrolliert und Nutzer*innen zur Anwendung der Managementmaßnahmen geschult werden. Folgende Aspekte werden zu diesem Qualitätsfaktor hinterfragt:

- Einschätzung zu den Risikoquellen
- Art von Risiken
- Beurteilung des Risikoausmaßes
- Beurteilung der Eintrittswahrscheinlichkeit des Risikos
- Zuordnung zu Kritikalitätsstufen
- Entscheidungskriterien für die Risikoklassifikation
- Risikoadäquate Regulierung

Hochrisiko-Anwendungen und Anwendungsverbote: Die Europäische Union hat im Frühjahr 2024 eine Verordnung zur Regulierung von KI-Systemen verabschiedet. Darin werden KI-Systeme benannt, die in ganz Europa verboten sind und es wurde eine erste Liste von Systemen publiziert, die die EU dem Hochrisikobereich zuordnet und besonders streng reguliert. Für die betriebliche Gestaltungsarbeit ist es sinnvoll zu überprüfen, ob derartige Systeme im Betrieb eingesetzt werden oder ihr Einsatz geplant ist. Folgende Aspekte werden zu diesem Qualitätsfaktor hinterfragt:

- Absicht Anwendungen einzusetzen, die die EU verboten hat
- Einsatz von Hochrisikoanwendungen

Kompetenz

Wer KI-Systeme betreibt, verantwortet, kontrolliert oder nutzt, sollte über die dafür erforderlichen Kompetenzen verfügen. Das fordert auch Artikel 4 der neuen Europäischen KI-Verordnung.

Mit den Fragen zum Qualitätsmaßstab Kompetenz wird um eine Einschätzung zur Qualifikation der Verantwortlichen gebeten und es wird die Sachkunde der Ansprechpartner der Arbeitgeber für die Interessenvertretungen betrachtet. Selbstkritisch wird die eigene Gestaltungskompetenz eingeschätzt; nach dem Zugang zu Weiterbildungsangeboten und Sachverständigen wird gefragt.

Fachwissen und Zugang zu Qualifikation und Sachverständigen: Der Deutsche Bundestag hat mit der Beschlussfassung des Abschlussberichtes der Enquetekommission KI die Bedeutung der Kompetenz für den Einsatz einer vertrauenswürdigen KI betont. Beschäftigten soll Nutzungskompetenz vermittelt, Arbeitnehmervertretungen soll Beurteilungs- und Gestaltungskompetenz zugänglich gemacht werden. Arbeitgeber sollen Weiterbildung zu KI anbieten. Die EU-Kommission hat für Hochrisikosysteme menschliche Aufsicht vorgeschrieben, die in der Lage ist, Risiken für Gesundheit, Sicherheit und Grundrechte zu minimieren. Die Aufsicht soll das System vollständig verstehen und richtig interpretieren können.

Für die Aufgaben der Datenschutzbeauftragten verlangt schon das Datenschutzrecht, die Funktion auf Grundlage der beruflichen Qualifikation und insbesondere des Fachwissens zu besetzen. Folgende Aspekte werden zu diesem Qualitätsfaktor hinterfragt:

- Vorbereitung der fachlich und technisch für das KI-System Verantwortlichen
- Sachkunde der verantwortlichen Ansprechpersonen
- eigene Gestaltungskompetenz
- Angebote für Qualifizierungsmaßnahmen
- Zugang zu KI-Sachverständigen

Gewichtung der Antworten im Selbsttest: Bei der Gewichtung der einzelnen Qualitätsmaßstäbe zu Datenschutz und Künstlicher Intelligenz (KI) ist neben der Rechtskonformität ein zentraler Maßstab die Ethik. Die Kernfrage ist, ob die Maschine den Menschen oder der Mensch die Maschine steuert. Eine wichtige Grundlage zur Einflussnahme auf die ethischen und rechtlichen Aspekte stellt die Transparenz dar. Die Einschätzung, inwieweit das KI-System verständlich und die maschinellen Schlussfolgerungen nachvollziehbar sind, ist bedeutsam für menschliches Vertrauen. Da KI-Systeme in ihrer Entscheidungsfindung nicht immer fehlerfrei arbeiten stellt die Kontrollfähigkeit einen weiteren wichtigen Faktor dar. Kontrollfähigkeit korrespondiert mit der Risikoeinschätzung. Die

Untersuchung von Aspekten der Verantwortung, der Kompetenz und der Qualitätssicherung ergänzen und vervollständigen den Basischeck.
Die Gewichtung der Antworten auf die Fragen zu den Qualitätsmaßstäben:

	Qualitätsmaßstäbe	%
1	Ethik	15
2	Rechtskonformität	25
3	Verantwortung	8
4	Transparenz	16
5	Kontrollfähigkeit	10
6	Qualitätssicherung	8
7	Risikoangemessenheit	10
8	Kompetenz	8
	Summe	100

Warnhinweise: Auch die Ergebnisse des KI-Selbsttests werden übersichtlich entsprechend dem o. g. Schema angezeigt und können damit dem innerbetrieblichen Dialog zugänglich gemacht werden. Darüber hinaus gibt das System aber den Personen, die sich dem Selbsttest stellen auch Warnhinweise, falls deren Antworten darauf hindeuten, dass Kernelemente des Datenschutzes nicht erfüllt werden und dies möglicherweise sehr kostenwirksame Sanktionsfolgen haben kann. Hier einige Beispiele zu entsprechenden Warnhinweisen:

- Bei ausschließlich automatisierten Personalentscheidungen und maschinellen Personaldispositionen haben die Beschäftigten einen Rechtsanspruch darauf, ihren Standpunkt deutlich zu machen und intervenieren zu können. Wenn eine KI die Arbeit disponiert und der betroffene Mensch nicht eingreifen kann, steuert die Maschine den Menschen und macht ihn zum Objekt maschineller Disposition. Dies ist rechtlich unzulässig. Wir empfehlen Ihnen, auf einfach zu realisierende Interventionsrechte der Beschäftigten im Betrieb zu drängen und Wert darauf zu legen, dass wesentliche personalwirksame Entscheidungen durch Menschen getroffen werden müssen.
- Vorsicht: KI-Systeme, mit denen Schlussfolgerungen für die Karrieren von Bewerber*innen oder Beschäftigten gezogen werden, sind nach der Europäischen KI-Verordnung Hochrisikoanwendungen. Wenn diese in Ihrem Betrieb eingesetzt werden, müssen die hohen Regulierungsanforderungen erfüllt werden, die die Verordnung vorsieht. Wir empfehlen einen Blick in das Gesetz.
- Nach Art. 5 Abs. 1 der Datenschutzgrundverordnung gilt das Prinzip der Datenminimierung. Die Datenschutzbeauftragten des Bundes und der Länder haben in ihrer Hambacher Erklärung darauf hingewiesen, dass beim Einsatz von KI-Systemen zunächst zu prüfen ist, ob das System überhaupt mit personenbezogenen Daten arbeiten muss. Diesem Anspruch wird offensichtlich in Ihrem Betrieb nicht entsprochen. Wir empfehlen spätestens beim Training

des KI-Systems zu untersuchen, ob auf personenbezogene Daten verzichtet werden kann und trotzdem der Zweck des Systems erfüllt werden kann.

- Es kann Sanktionen für Betriebe nach sich ziehen, wenn Rechte nicht beachtet werden. Werden mögliche Sanktionsfolgen ignoriert, wird es den Betrieb überraschen, wie hoch Verstöße gegen die Europäische Datenschutzgrundverordnung oder die Europäische KI-Verordnung geahndet werden können. Mängel in der Folgenabschätzung wurden von europäischen Datenschutzbehörden schon mit Bußgeldern über mehrere Millionen Euro bestraft. Wir empfehlen eine umfassende Folgenabschätzung, die sich nicht nur auf den Schutz personenbezogener Daten ausrichtet und die Anforderungen europäischen Rechts in den Blick nimmt. Auch die Würde der Beschäftigten leitet sich aus Art. 1 Abs. 2 der Europäischen Datenschutzgrundverordnung ab.
- In ihrem Betrieb werden nach ihrer Einschätzung allenfalls wirtschaftliche und Datenschutzrisiken von KI-Systemen untersucht. Fragen danach, inwieweit Anwendungen Grundrechten nach der Europäischen Grundrechtscharta entsprechen, werden vernachlässigt. Wir empfehlen den Arbeitgeber darauf hinzuweisen, dass er nach Art. 1 Abs. 2 und 88 DSGVO und § 26 BDSG die Verpflichtung hat, auch die Risiken zu betrachten, die sich aus dem Einsatz von KI-Systemen für die Grundrechte und Grundfreiheiten natürlicher Personen ergeben (u. a. Würde, Gleichheit, Diversität, Gesundheit, Sicherheit am Arbeitsplatz und der mit der Beschäftigung zusammenhängenden Rechte und Leistungen).

Zugang zum Selbsttest

Wer Interesse an der Durchführung eines KI-Datenschutz-Selbsttests hat, kann einen Zugangscode beim Projektleiter Karl-Heinz (Charly) Brandl (*brandl@input-consulting.de*) erhalten. Alle Informationen dazu finden Sie auch unter *www.bedax.net.*

Auf dieser Homepage (*www.bedax.net*) finden Sie auch ein umfangreiches Informationsangebot zum Beschäftigtendatenschutz, das laufend ausgebaut und erweitert wird. Es richtet sich an Mitbestimmungsakteure und vermittelt neben Grundlagen des Beschäftigtendatenschutzes, aktuelle Rechtsentwicklungen, Empfehlungen der Aufsichtsbehörden, nützliche Links und hilfreiche Praxisbeispiele.

16 Diskriminierungsfreiheit und Diversität

Computer entscheiden nicht willkürlich, emotional, erschöpft oder genervt. »Sie treffen immer diejenigen Entscheidungen, die ihnen nach bestimmten Kriterien vorgegeben wurden oder die sie aus Daten gelernt haben.«[305] »Wenn der Algorithmus mit Daten trainiert wurde, denen zufolge Frauen eher schlechter bezahlte Berufe ausüben, erkennt er ein Muster und passt die Anzeigen entsprechend an. [...] Wenn etwa ältere Männer über Führungspositionen entscheiden, und sie unbewusst diejenigen Bewerber aussuchen, die ihnen ähnlich sind – ältere Männer eben.«
Mit den falschen Daten gefüttert, können Algorithmen schneller und skrupelloser diskriminieren. Sie können aber auch korrigierend eingreifen. Diskriminierungsgefahren existieren nicht nur bei maschinellen, sondern auch bei menschlichen Entscheidungen. »Wer einen deutschen Namen hat, muss fünf Bewerbungen schreiben, um zu einem Interview eingeladen zu werden – wer einen türkischen Namen hat, braucht dafür sieben Bewerbungen.«[306] Das zeigt eine Untersuchung aus einer Zeit, in der KI noch nicht verbreitet war. Aus dieser Erfahrung wird deutlich: Wer gegen Diskriminierung und Vorbehalte vorgehen möchte, sollte sich mit den Entscheidungen der Menschen, aber auch mit jenen der Maschinen auseinandersetzen.

16.1 Europäische Kulturansprüche

Das Europäische Parlament »weist darauf hin, dass Künstliche Intelligenz – je nachdem wie sie entwickelt und verwendet wird – das Potenzial hat, Verzerrungen zu schaffen und zu verstärken, auch durch inhärente Verzerrungen in den zugrunde liegenden Datensätzen, und daher verschiedene Formen der automatischen Diskriminierung, einschließlich indirekter Diskriminierung, zu bewirken, die vor allem Gruppen von Menschen mit ähnlichen Merkmalen trifft.«
Es »bekräftigt, dass eine mögliche Voreingenommenheit in und Diskriminierung durch Software, Algorithmen und Daten dem Einzelnen und der Gesellschaft

305 Bundesverband Digitale Wirtschaft (BVDW) (2019): Mensch, Moral, Maschine – digitale Ethik, Algorithmen und künstliche Intelligenz, S. 9ff.
306 Ebenda: S. 11.

offenkundigen Schaden zufügen kann und hier Abhilfe geleistet werden sollte, indem die Entwicklung und der Austausch von Strategien zur Bekämpfung dieser Phänomene gefördert werden, etwa indem Verzerrungen von Datensätzen in Forschung und Entwicklung beseitigt und Regeln für die Datenverarbeitung erstellt werden«. Die Parlamentarier weisen darauf hin, »dass dieser Ansatz das Potenzial hat, Software, Algorithmen und Daten bei der Bekämpfung von Verzerrungen und Diskriminierung in bestimmten Situationen in einen Vorteil umzukehren und zu einer Kraft für Gleichberechtigung und einen positiven sozialen Wandel zu machen«.[307]
Die unabhängige hochrangige Expertengruppe der Europäischen Kommission für Künstliche Intelligenz hat in ihrem Bericht vom 8.4.2019[308] bereits Ansprüche an Gleichheit, Nichtdiskriminierung und Solidarität zum Ausdruck gebracht. Darin heißt es:

»Allen Menschen muss die gleiche Achtung vor ihrem moralischen Wert und ihrer Würde zuteilwerden. Diese Forderung geht über Nichtdiskriminierung hinaus, die Unterscheidungen zwischen unähnlichen Situationen auf der Basis objektiver Rechtsprechung toleriert. In einem KI-bezogenen Kontext bedeutet Gleichheit, dass das System keine auf unfaire Weise verzerrten Ergebnisse liefern darf (zum Beispiel sollten die zur Justierung der KI-Systeme verwendeten Daten so inklusiv wie möglich sein und verschiedene Bevölkerungsgruppen repräsentieren). Dies erfordert außerdem angemessenen Respekt für möglicherweise gefährdete Personen und Gruppen, zum Beispiel Arbeitnehmer, Frauen, Menschen mit Behinderungen, ethnische Minderheiten, Kinder, Verbraucherinnen und Verbraucher oder andere Gruppen mit Exklusionsrisiko«.[309] Auch die Datenethikkommission der Bundesregierung fordert: »Die Entscheidungsmuster, die algorithmischen Systemen zugrunde liegen, dürfen keine systematischen Verzerrungen (Biases) aufweisen oder zu diskriminierenden Entscheidungen führen.«[310]

16.2 Bias: Mensch und Maschine sind gefragt

Die Enquetekommission des Deutschen Bundestages brachte in ihrem Abschlussbericht zum Ausdruck, dass einige bereits in verschiedenen Ländern eingesetzte KI-Systeme wegen Diskriminierung kritisiert worden sind. Sie erläutert mit »Bias« einen Begriff, der Verzerrungen von Ergebnissen meint, und der bei Diskussionen um die Vermeidung softwaregestützter Verzerrungen immer wie-

307 Europäisches Parlament 2019–2024 (P9_TA (2020) 0275), Rahmen für die ethischen Aspekte von künstlicher Intelligenz, Robotik und damit zusammenhängenden Technologien, Abwägungsgründe 27 und 31.
308 Siehe auch: *https://digital-strategy.ec.europa.eu/en/library/ethics-guidelines-trustworthy-ai.*
309 HLEG (Juni 2018): unabhängige Expertengruppe für Künstliche Intelligenz, eingesetzt von der Europäischen Kommission, Ethik-Leitlinien für eine vertrauenswürdige KI, S. 13.
310 Gutachten der Datenethikkommission (Oktober 2019): S. 25.

der auftaucht: »In der Informatik bezeichnet man mit Bias ein Fehlverhalten, das auf einer systematischen Verzerrung beruht. Da das Verhalten von KI-Systemen auf gelernten Zusammenhängen basiert, ist in der Regel die Beschaffenheit der dafür verwendeten Trainingsdaten für den Bias in KI-Systemen ursächlich.«[311]
Gängige Ursachen für datenbasierte Verzerrungen sieht die Enquetekommission in einer fehlenden Diversität von Trainingsdaten und in der reproduzierten Diskriminierung. D.h., wenn man einem KI-System Referenzdaten gibt, die die ursprüngliche Diskriminierung im Betrieb ausdrücken, dann wird das System von sich aus dieses Verhalten reproduzieren. Daneben gibt es Fairnesskonflikte. »Ein Beispiel dafür wurde von dem journalistischen Thinktank ProPublica aufgedeckt: Ein System zur Vorhersage des Rückfälligkeitsrisikos irrte sich deutlich häufiger bei Afroamerikanerinnen und Afroamerikanern zu deren Ungunsten als bei weißen Amerikanerinnen und Amerikanern – dies ist sicherlich nicht fair.«[312]

Nicht immer sind die diskriminierenden Folgen maschineller Entscheidungen leicht erkennbar. Es lohnt sich, KI-Systeme und deren Funktionsbedingungen zu hinterfragen, auch und gerade, weil die Software nicht alles entscheidet. Menschen entscheiden über die Datenauswahl und den Zuverlässigkeitsanspruch eines Systems, über die Methode des maschinellen Lernens, die eingesetzt wird, über das gewählte Qualitäts- und Fairnessmaß sowie über die Art und Weise, wie ein System trainiert wird.[313] Folgerichtig gibt die Enquetekommission die Empfehlung: »Im Rahmen der Maßnahmen für breite gesellschaftliche Bildung […] muss das Verständnis für die Funktionsweise von Algorithmen und KI-Systemen gezielt in alle Bildungsbereiche integriert werden. Individuen müssen in der Lage sein, sich gegen Diskriminierung durch KI genauso zur Wehr zu setzen wie in anderen Fällen. Um dies sicherzustellen, braucht es, wenn KI über Menschen urteilt, einen Anspruch auf Transparenz, Nachvollziehbarkeit und Erklärbarkeit von KI-Entscheidungen, damit eine gerichtliche Überprüfung automatisierter Entscheidungen möglich ist.«[314]

---

311 BT-Drs. 19/23700: Bericht der Enquete-Kommission Künstliche Intelligenz – Gesellschaftliche Verantwortung und wirtschaftliche, soziale und ökologische Potenziale; S. 57f.

312 Ebenda: S. 58.

313 Vgl. hierzu: Katarina Zweig und Tobias Kraft (2018): Fairness und Qualität algorithmischer Entscheidungen; in R. Mohabbat Kar, B. E. P. Thapa & P. Parycek, (Un)berechenbar? Algorithmen und Automatisierung in Staat und Gesellschaft, Berlin Fraunhofer-Institut für offene Kommunikationssysteme, S. 222.

314 BT-Drs. 19/23700: Bericht der Enquete-Kommission Künstliche Intelligenz – Gesellschaftliche Verantwortung und wirtschaftliche, soziale und ökologische Potenziale, S. 60.

16.3 Alles, was Recht ist

Die rechtliche Grundlage für Diskriminierungsfreiheit leitet sich aus dem Grundgesetz und der in Kapitel 12 skizzierten Europäischen Grundrechtecharta ab. Die Verfasser*innen der Europäischen KI-Verordnung machen darauf aufbauend schon in der Begründung der Verordnung auf einen besonderen Umstand aufmerksam:

»KI-Systeme, die in den Bereichen Beschäftigung, Personalmanagement und Zugang zur Selbstständigkeit eingesetzt werden, […] können historische Diskriminierungsmuster fortschreiben, beispielsweise gegenüber Frauen, bestimmten Altersgruppen und Menschen mit Behinderungen oder Personen mit einer bestimmten rassischen oder ethnischen Herkunft oder sexuellen Ausrichtung.«[315]

Artikel 10 der EU-KI-Verordnung (Daten und Daten-Governance) verlangt deshalb, KI-Modelle in diesem Bereich mit Daten zu trainieren, die auf mögliche Verzerrungen (Bias) getestet werden, um zu verhindern, dass die Gesundheit und Sicherheit von Personen beeinträchtigt wird, negative Auswirkungen auf die Grundrechte entstehen oder es zu einer verbotenen Diskriminierung kommt. Verlangt wird eine Bewertung der Verfügbarkeit, Menge und Eignung der benötigten Datensätze und geeignete Maßnahmen zur Erkennung, Verhinderung und Abschwächung möglicher Verzerrungen.
Die Trainings-, Validierungs- und Testdatensätze müssen im Hinblick auf die Zweckbestimmung relevant, hinreichend repräsentativ und so weit wie möglich fehlerfrei und vollständig sein. Sie müssen die geeigneten statistischen Merkmale […] haben.
Die Orientierungshilfe der Unabhängigen Datenschutzaufsichtsbehörden zum Thema »KI und Datenschutz« vom 6.5.2024 fordert KI-Ergebnisse und Verfahren auf Diskriminierung zu prüfen.[316] In dem Dokument heißt es:

»Auch unabhängig von ihrer sachlichen Richtigkeit oder ihrem eigenen Personenbezug können Ergebnisse von KI-Anwendungen zu unzulässigen Verarbeitungen personenbezogener Daten führen, z. B. wenn sie diskriminierend wirken. Eine darauf aufbauende Datenverarbeitung kann unzulässig sein, wenn sie beispielsweise bezweckt, gegen das Allgemeine Gleichbehandlungsgesetz (AGG) zu verstoßen und deshalb die Rechtsgrundlage des Art. 6 Abs. 1 lit. f DS-GVO nicht erfüllt. Die Verantwortlichen müssen daher prüfen, ob die Ergebnisse einer KI-Anwendung für die weitere Verwendung im gesetzlichen Rahmen tragbar sind. Auch wenn Diskriminierungen in einzelnen Ergebnissen nicht erkennbar sind, können sie diskriminierend wirken.«

315 Siehe Erwägungsgrund 57 EU KI-VO.
316 *https://www.baden-wuerttemberg.datenschutz.de/onkida/.*

Nun ist diese europäische Verordnung in Kraft und in der Bundesrepublik Deutschland gilt das allgemeine Gleichbehandlungsgesetz (AGG) vom 3.4.2013. Darin sind unzulässige Benachteiligungen formuliert. Eine Übersicht über die Gesetzesgrundlage bietet nachfolgende Tabelle:

§ 1 AGG Ziel des Gesetzes	[...] Benachteiligungen aus Gründen der Rasse oder wegen der ethnischen Herkunft, des Geschlechts, der Religion oder Weltanschauung, einer Behinderung, des Alters oder der sexuellen Identität zu verhindern oder zu beseitigen.	• Diskriminierungsfreiheit
§ 2 AGG Anwendungsbereich	(1) Benachteiligungen [...] sind [...] unzulässig in Bezug auf: 9. 1. [...] Auswahlkriterien und Einstellungsbedingungen, [...] den beruflichen Aufstieg, die Beschäftigungs- und Arbeitsbedingungen, [...] den Zugang zu allen Formen und allen Ebenen der Berufsberatung, der Berufsbildung einschließlich der Berufsausbildung, der beruflichen Weiterbildung und der Umschulung sowie der praktischen Berufserfahrung, [...] 10. 5. den Sozialschutz, einschließlich der sozialen Sicherheit und der Gesundheitsdienste, 11. 6. die sozialen Vergünstigungen [...].	• Diskriminierungsfreiheit
§ 12 Abs. 1 AGG Maßnahmen und Pflichten des Arbeitgebers	(1) Der Arbeitgeber ist verpflichtet, die erforderlichen Maßnahmen zum Schutz vor Benachteiligungen wegen eines in § 1 genannten Grundes zu treffen. Dieser Schutz umfasst auch vorbeugende Maßnahmen.	• rechtzeitige Beteiligung • Diskriminierungsfreiheit • Evaluationskonzept

16.4 Was tun?

Papier ist geduldig und gesetzlich formulierte Rechtsansprüche auf Diskriminierungsfreiheit erhalten erst dann praktische Relevanz, wenn sie auch nachgehalten werden.

Eine gemeinsame Publikation von »AlgorithmWatch« und der Hans-Böckler-Stiftung empfiehlt Betriebs- und Personalräten, KI-Systeme gründlich zu hinterfragen.[317] Die Autoren empfehlen zu klären, welche Softwarekomponenten eingesetzt sind und wie präzise diese arbeiten. Es soll hinterfragt werden, welche Entscheidungen die Software treffen darf und auf welche Ursprungsdaten die Software zurückgreift. Die Entscheidungskriterien sollen transparent gemacht, das Trainingsverfahren untersucht werden. Daneben soll die Robustheit und das Testverfahren für KI auf den Prüfstand kommen und festgestellt werden, wer für maschinelle Schlussfolgerungen und das technische System die Verantwortung trägt. Die Kenntnis der Ziele der Software und die Transparenz der Verarbeitungsmechanismen sind wesentliche Grundlagen, um Verzerrungen aufzudecken und gegen Diskriminierungen vorzugehen. Gleiches gilt für die Interventionsmöglichkeiten zu automatisierten Entscheidungen und eine Abschätzung des Risikos, das mit dem Einsatz entsprechender Systeme einhergeht.

Da KI-Systeme nicht nur Risiken und Nachteile, sondern auch Vorteile haben können, muss es sicherlich auch darum gehen, zu hinterfragen, ob die Beschäftigten diese Vorteile im gleichen Umfang in Anspruch nehmen können oder gar ungleiche Wirkungen für die Beschäftigung und die Arbeitsbedingungen, auf das Arbeitsentgelt oder die berufliche Entwicklung der Beschäftigten entstehen. Beschäftigte müssen gleichberechtigt Zugang zu beruflicher Aus- und Fortbildung haben, um mit dem KI-System umzugehen, und der Anspruch an Diversität im Betrieb sollte stimmen. Wenn es im Betrieb keine Praxis gibt darauf zu achten, dass verschiedene Identitäten, Kulturen, Ethnien, Sprachen und Geschlechter im Betriebsgeschehen gleichberechtigt abgebildet werden, wie soll das dann eine KI hervorbringen?

Kapitel 23 enthält einen Fragenkatalog, um den Anspruch auf Diskriminierungsfreiheit und Diversität zu hinterfragen. Er soll dazu dienen, sich ein Bild über die Entscheidungspraxis im Betrieb zu machen.

In den verschiedenen Stadien der Einführung von KI-Systemen ist Aufmerksamkeit gefordert. Schon während des Einkaufs des Systems können Referenzen zur Diskriminierungsfreiheit aus jenen Unternehmen abgefragt werden, in denen entsprechende Systeme bereits zum Einsatz gekommen sind. Tests und Trainings des KI-Systems bieten reichlich Gelegenheit festzustellen, ob das System den gesetzten Ansprüchen genügt. Die Formulierung von Fairnessansprüchen und Vorgaben zur Genauigkeit des Systems sind eine weitere wichtige Stellschraube für die Realisierung der eigenen Ansprüche.

Systeme, die nicht manipulationsfrei funktionieren oder durch Softwareentwickler oder IT-Verantwortliche einseitig vorgeprägt werden, können Risiken in sich bergen. Als sich der Airbag für Autos verbreitete, wurden diese technischen Systeme mit Crashtest-Dummys erprobt, die dem Körperbau von männlichen Autofahrern und Entwicklern entsprachen. Es dauerte bis heute und erforderte die Nacharbeit zu vielen Unfallfolgen, bis man begriffen hat, dass nicht der

317 Sebastian Stiller, Jule Jäger, Sebastian Gießler (März 2020): Automatisierte Entscheidungen und Künstliche Intelligenz im Personalmanagement – Ein Leitfaden zur Überprüfung essenzieller Eigenschaften KI-basierter Systeme für Betriebsräte und andere Personalvertretungen, algorithm watch, Hans Böckler Stiftung.

Körperbau der Entwickler, sondern jener der Nutzer und Nutzerinnen für die Sicherheit ausschlaggebend sein muss. Frauen haben einen anderen Körperbau als Männer.

Derartige Fehlentwicklungen sollte es bei der Verbreitung von KI nicht geben. Die Systeme sollten vorausschauend auf ihre Folgen für unterschiedliche Gruppen abgeschätzt werden. Sie müssen sicher dagegen sein, dass sie von Dritten nicht gehackt und damit die Entscheidungsparameter beeinflusst werden können. Weil wir es mit lernenden Maschinen zu tun haben, sollten sie in allen Einsatzphasen evaluiert werden, auch im laufenden Betrieb. Die Prüfung auf Diskriminierungsfreiheit sollte dabei zum Programm für Mitbestimmungsträger werden.

Ein Panel der Vielfalt, das die unterschiedlichen Akteursgruppen und Verantwortungsträger*innen im Betrieb im Dienste der Diversität zusammenbringt empfiehlt das Forschungsprojekt KIDD.[318] Eine derartige Integrationsinstanz kann helfen, unsere Ansprüche auf Diskriminierungsfreiheit zu verwirklichen.

318 Vgl. hierzu: *www.kidd-prozess.de,* zuletzt abgerufen am 13.4.2025.

17 KI und Arbeitsschutz: Gute Arbeitsbedingungen brauchen Aufmerksamkeit und Regeln

»Dass wir am Arbeitsplatz immer mal wieder was Privates machen, wissen wir, seit wir arbeiten. Die Firma RescueTime hat es inzwischen ganz genau herausgefunden. Demnach schaut ein durchschnittlicher amerikanischer Angestellter an einem ganz normalen Arbeitstag rund 50-mal in seinen E-Mail-Briefkasten, schreibt 77 Kurznachrichten surft für private Zwecke auf 40 Webseiten.«[319] Wer will angesichts dessen von einer Künstlichen Intelligenz in der Aufgaben- und Arbeitserledigung kontrolliert und gesteuert werden? Wer hofft darauf, morgens etwa beim Hochfahren des Rechners eine Erinnerungsmail bezogen auf die Leistungsverpflichtungen zu erhalten? Das KI-System könnte mahnen: »Gestern hast du dich ein wenig gehen lassen. Nur 5,34 Stunden deiner gestrigen Tätigkeit sind als Arbeit anzurechnen. Die weiteren 1,26 Stunden am Computer und Handy waren privat. Ich rate dir also, heute aufzuholen.«[320] Das mag heute noch utopisch klingen. Eine KI-gesteuerte Aufgabendisposition ist aber längst Praxis.
Lagerarbeiter erhalten einen Scanner, der auch lenkt, wohin sie greifen sollen. Auf einer ver.di-Veranstaltung berichtete einer von ihnen, dass die Maschine so eingestellt ist, dass die Kommandos immer dann schneller kommen, wenn gerade viel zu tun ist. Egal wie es einem geht. Oder man bekommt eine Nachricht auf dem Scanner, dass man schneller arbeiten soll. Der Beschäftigte eines Amazon-Lagers gab zu Protokoll: »Das folgt mir bis in meine Träume: Geh nach rechts. Greif mit links. Geh nach links. Greif mit rechts.«[321] Software kann Vorgesetzten in vielen Tätigkeitsfeldern zeigen, wie schnell Beschäftigte ihre Aufgaben erledigen. Mit KI können solche technischen Kontrollen noch einfacher, aber auch perfider werden.
Ständige Kontrolle, ständiger Arbeitsdruck, ständiger Anpassungsdruck, das kann leicht zu psychischen Erkrankungen führen. Und das Gefühl, von der KI durchleuchtet, kategorisiert und abgestempelt zu werden, führt dazu, dass sich Menschen den Maschinen ausgeliefert fühlen.
Wenn Beschäftigte umfassend in ihrem beruflichen Wirken durch Maschinen gesteuert werden, dann gerät das, was den Menschen ausmacht, schnell unter

319 Catarina Katzer (2016): Cyberpsychologie – Leben im Netz: Wie das Internet uns verändert, dtv premium, S. 122.

320 Lothar Schröder, Markus Franz (2019): Eine warme Stimme schleicht sich in dein Ohr, S. 40ff.

321 Ebenda.

die Räder – sozialer Dialog, die selbstverantwortliche Rücksichtnahme auf die eigene Form, die Mitmenschlichkeit, die Würde und der Anstand.
Dies bestätigen auch Fahrradkuriere, wenn sie von ihren Arbeitsbedingungen berichten. Forscher der Europa-Universität Viadrina in Frankfurt (Oder) und der Wissenschaftsuniversität in Wien haben zutage gefördert, was passiert, wenn diese Berufsgruppe durch ein emotionsloses KI-System nur nach Gesichtspunkten der Effizienz und wirtschaftlicher Leistung disponiert wird. Wenn sich ein Kurier trotz Krankheit zur Arbeit schleppt, sich Zeit nimmt, den Kunden ein besonderes Lächeln zu schenken, oder älteren Adressaten das Essen auch mal in die Küche im vierten Stock trägt, dann interessiert das die Algorithmen nicht. Die Menschlichkeit wirkt sich sogar negativ auf die Zuordnung künftiger Touren aus und die Gesundheit leidet unter der psychischen und physischen Belastung.[322]

17.1 Soziale Resonanz

Soziale Einbindung, das hat mit Gesundheit und Zufriedenheit zu tun. Die Resonanz mit anderen Menschen ist die Basis für Wohlbefinden. Der Jenaer Soziologe Hartmut Rosa erläutert in seinem Buch »Resonanz«, was das wechselseitige »berühren oder berührt werden« durch Kommunikation zwischen Beschäftigten ausmacht. Er geht davon aus, dass der rasante Anstieg von Depressionen und Burnout-Erkrankungen auch auf den Zusammenbruch der für die Individuen notwendigen Resonanzmöglichkeiten zurückzuführen ist.[323] Wenn sich in den Betrieben ein wachsender Arbeits- und Anpassungsdruck mit einem Rückbau des Mensch-Mensch-Dialogs verbindet, ist die Gefahr für die Gesundheit der Beschäftigten besonders groß.

17.2 Vorausschau, Umsicht und Regeln

Es ist daher geboten, die Folgen des KI-Einsatzes sowohl für die Gesundheit der Beschäftigten, als auch für deren Kommunikation und soziales Miteinander vorausschauend zu beurteilen. Für einen umfassenden Arbeitsschutz in diesem Sinne existieren bereits zahlreiche Regelwerke.
Für den Arbeitsschutz sind u. a. folgende Regelwerke heute schon maßgeblich: das Arbeitsschutzgesetz, die Arbeitsstättenverordnung, die technischen Regeln für Arbeitsstätten, die Betriebssicherheitsverordnung und das Handbuch Gefährdungsbeurteilung der Bundesanstalt für Arbeitsschutz und Arbeitsmedizin. Weitere wichtige Regelwerke im Arbeitsschutz sind die durch autonomes Recht

322 Ebenda: S. 47 ff.
323 Hartmut Rosa (2016): Resonanz – Eine Soziologie der Weltbeziehung, Suhrkamp-Verlag, S. 78 und 284.

gesetzten Unfallverhütungsvorschriften (DGUV Vorschriften) der Berufsgenossenschaften und Unfallkassen. Die Vorschriften haben Gesetzescharakter und regeln die betriebsspezifischen Umsetzungen der gesetzlichen Vorgaben.

17.3 Arbeitsschutzgesetz (ArbSchG)

In § 3 Abs. 1 ArbSchG sind die Grundpflichten des Arbeitgebers normiert, der »eine Verbesserung von Sicherheit und Gesundheitsschutz der Beschäftigten anzustreben« hat. Die Maßnahmen, die dazu ergriffen werden, sollen gemäß § 4 ArbSchG »Technik, Arbeitsorganisation, sonstige Arbeitsbedingungen, soziale Beziehungen und Einfluss der Umwelt auf den Arbeitsplatz sachgerecht [...] verknüpfen«.
Diese bindenden Vorgaben verpflichten Arbeitgeber, gesicherte arbeitswissenschaftliche Erkenntnisse in die Maßnahmenplanung einzubeziehen. Auch die sozialen Beziehungen der Beschäftigten und der Einfluss der Umwelt auf den Arbeitsplatz werden zu Indikatoren der Arbeitsqualität erhoben. Um diesen Verpflichtungen gerecht zu werden, sieht § 5 ArbSchG Gefährdungsbeurteilungen als Instrument vor:

»Der Arbeitgeber hat durch eine Beurteilung der für die Beschäftigten mit ihrer Arbeit verbundenen Gefährdung zu ermitteln, welche Maßnahmen des Arbeitsschutzes erforderlich sind. Eine Gefährdung kann sich insbesondere ergeben durch:
- *die Gestaltung und die Einrichtung der Arbeitsstätte und des Arbeitsplatzes,*
- *physikalische, chemische und biologische Einwirkungen,*
- *die Gestaltung, die Auswahl und den Einsatz von Arbeitsmitteln, insbesondere von Arbeitsstoffen, Maschinen, Geräten und Anlagen sowie den Umgang damit,*
- *die Gestaltung von Arbeits- und Fertigungsverfahren, Arbeitsabläufen und Arbeitszeit und deren Zusammenwirken,*
- *unzureichende Qualifikation und Unterweisung der Beschäftigten,*
- *psychische Belastungen bei der Arbeit.«*

Hieraus ergeben sich weitere Qualitätsindikatoren, die untersucht werden müssen, wenn Systeme Arbeitsabläufe verändern, lernende Maschinen neue Qualifikationsanforderungen entstehen lassen oder die Mensch-Maschine-Schnittstelle psychische Belastungen auslösen kann.
§ 17 ArbSchG gibt den Beschäftigten Interventionsrechte, wenn derartigen Ansprüchen nicht im erforderlichen Umfang entsprochen wird:

»Sind Beschäftigte auf Grund konkreter Anhaltspunkte der Auffassung, dass die vom Arbeitgeber getroffenen Maßnahmen und bereitgestellten Mittel nicht ausreichen, um die Sicherheit und den Gesundheitsschutz bei der Arbeit zu gewährleisten und hilft der Arbeitgeber darauf gerichteten Beschwerden von Beschäftigten nicht

ab, können sich diese an die zuständige Behörde wenden. Hierdurch dürfen den Beschäftigten keine Nachteile entstehen.«

Für die betrieblichen Sozialparteien wird mit § 17 ArbSchG deutlich, dass sich Beschäftigte auch bei der Einführung von KI-Systemen an den Betriebsparteien vorbei an die zuständigen Aufsichtsbehörden wenden könnten, wenn sie zur Überzeugung kommen, dass Sicherheit und Gesundheitsschutz nicht ausreichend gewährleistet sind. Dies ist ein weiterer Grund, neben den Sozialparteien auch die Beschäftigten im angemessenen Umfang in die Schaffung eines betrieblichen Ordnungsrahmens für KI-Systeme einzubeziehen, zumindest Transparenz zu schaffen. Arbeitsschützer beklagen jedoch, dass hinsichtlich der Arbeitsgestaltung und der Interventionsmöglichkeiten auf Seiten der Beschäftigten nur rudimentäre Kenntnisse vorhanden seien. Das lässt sich ändern.

17.4 Arbeitsstättenverordnung (ArbStättV)

§ 3 der ArbStättV in der Fassung vom 27. 3. 2024 ergänzt die gesetzlichen Regelungen und macht Vorgaben bereits für das »Einrichten«, also den Prozess der Implementierung einer veränderten Arbeitsorganisation. Da wiederum KI-Systeme, die von den Beschäftigten genutzt werden, oft nur Sinn machen, wenn darüber die Arbeitsorganisation verändert wird, ist hier § 3 ArbStättV einschlägig:

»Bei der Beurteilung der Arbeitsbedingungen nach § 5 ArbSchG hat der Arbeitgeber zunächst festzustellen, ob die Beschäftigten Gefährdungen beim Einrichten und Betreiben von Arbeitsstätten ausgesetzt sind oder ausgesetzt sein können. Ist dies der Fall, hat er alle möglichen Gefährdungen der Sicherheit und der Gesundheit der Beschäftigten zu beurteilen und dabei die Auswirkungen der Arbeitsorganisation und der Arbeitsabläufe in der Arbeitsstätte zu berücksichtigen.
Bei der Gefährdungsbeurteilung hat er die physischen und psychischen Belastungen sowie bei Bildschirmarbeitsplätzen insbesondere die Belastungen der Augen oder die Gefährdung des Sehvermögens der Beschäftigten zu berücksichtigen.
Entsprechend dem Ergebnis der Gefährdungsbeurteilung hat der Arbeitgeber Maßnahmen zum Schutz der Beschäftigten gemäß den Vorschriften dieser Verordnung einschließlich ihres Anhangs nach dem Stand der Technik, Arbeitsmedizin und Hygiene festzulegen. Sonstige gesicherte arbeitswissenschaftliche Erkenntnisse sind zu berücksichtigen.
Der Arbeitgeber hat sicherzustellen, dass die Gefährdungsbeurteilung fachkundig durchgeführt wird. Verfügt der Arbeitgeber nicht selbst über die entsprechenden Kenntnisse, hat er sich fachkundig beraten zu lassen.
Der Arbeitgeber hat die Gefährdungsbeurteilung vor Aufnahme der Tätigkeiten zu dokumentieren. In der Dokumentation ist anzugeben, welche Gefährdungen am Arbeitsplatz auftreten können und welche Maßnahmen nach Absatz 1 Satz 4 durchgeführt werden müssen.«

17.5 Betriebssicherheitsverordnung: Beurteilung von Gefährdungen

Auf die Durchführung von Gefährdungsbeurteilungen wird in Kapitel 21.7 näher eingegangen. Dort werden auch die technischen Regeln für Arbeitsstätten und das Handbuch Gefährdungsbeurteilung der Bundesanstalt für Arbeitsschutz und Arbeitsmedizin vorgestellt.
Nach Gefährdungsbeurteilungen verlangt auch die »Verordnung über Sicherheit und Gesundheitsschutz bei der Verwendung von Arbeitsmitteln (Betriebssicherheitsverordnung)«. Sie verpflichtet Arbeitgeber, vor der Verwendung von Arbeitsmitteln die auftretenden Gefährdungen zu beurteilen und Schutzmaßnahmen einzuleiten. Zweck ist die Sicherstellung der Gebrauchstauglichkeit von Arbeitsmitteln, deren alters- und alternsgerechte Gestaltung sowie die Eindämmung psychischer und physischer Gefahren. Auch Risiken, die für Beschäftigte aus Betriebsstörungen entstehen, sollen eingedämmt werden. Arbeitsmittel dürfen erst dann verwendet werden, nachdem eine Gefährdungsbeurteilung durchgeführt ist, so die Betriebssicherheitsverordnung. Es soll sichergestellt sein, dass die Verwendung der Arbeitsmittel nach dem Stand der Technik sicher ist und nur geeignete Arbeitsmittel für die auszuführenden Arbeiten eingesetzt werden.

17.6 Weitere Arbeitsschutzvorschriften

Beim Arbeitsschutz nimmt die gesetzliche Unfallversicherung eine besondere Rolle ein. Deren Aufgaben sind im Sozialgesetzbuch VII geregelt. Dazu zählen arbeitsmedizinische Maßnahmen und die Aufsicht über die Betriebe. Auch in der bereits existierenden Europäischen Maschinenrichtlinie (2006/42/EG) werden Fragen der Ergonomie adressiert. Danach ist der Hersteller gefordert, ergonomische Prinzipien schon beim Design von Maschinen zu berücksichtigen, um psychische und physische Belastungen weitestgehend zu reduzieren.[324]
Die daraus abgeleitete deutsche Maschinenrichtlinie vom 27.7.2021 sagt: »Der Hersteller oder sein Bevollmächtigter muss vor dem Inverkehrbringen oder vor der Inbetriebnahme einer Maschine, sicherstellen, dass die Maschine den in Anhang I der Richtlinie 2006/42/EG aufgeführten, für sie geltenden grundlegenden Sicherheits- und Gesundheitsschutzanforderungen entspricht, [...]«.[325]
Die nachfolgend aufgeführten Normen zur Gebrauchstauglichkeit, Informationssicherheit, Risikobeurteilung, Dialoggestaltung und Datenschutzfolgenabschätzung ergänzen den Katalog bereits existierender Vorgaben, die auch für den Arbeitsschutz Auswirkungen haben.

---

324 Vergleiche hierzu: Wikipedia, Richtlinie 2006/42/EG (Maschinenrichtlinie), zuletzt abgerufen am 15.6.2021.

325 *www.gesetze-im-internet.de/*, Neunte Verordnung zum Produktionssicherheitsgesetz, § 3 Abs. 1.

17.7 Regelwerke zum Arbeitsschutz

Rechtsgrundlage	Kernsätze	Qualitätsindikatoren
Arbeitsschutzgesetz (ArbSchG)		
§ 3 Abs. 1 ArbSchG Grundpflichten	»Der Arbeitgeber ist verpflichtet, die erforderlichen Maßnahmen des Arbeitsschutzes unter Berücksichtigung der Umstände zu treffen, die Sicherheit und Gesundheit der Beschäftigten bei der Arbeit beeinflussen. Er hat die Maßnahmen auf ihre Wirksamkeit zu überprüfen und erforderlichenfalls sich ändernden Gegebenheiten anzupassen. Dabei hat er eine Verbesserung von Sicherheit und Gesundheitsschutz der Beschäftigten anzustreben.«	• Gesundheitsförderlichkeit • Wirksamkeit von Maßnahmen
§ 4 ArbSchG Allgemeine Grundsätze	»[…] 3. bei den Maßnahmen sind der Stand von Technik, Arbeitsmedizin und Hygiene sowie sonstige gesicherte arbeitswissenschaftliche Erkenntnisse zu berücksichtigen; 4. Maßnahmen sind mit dem Ziel zu planen, Technik, Arbeitsorganisation, sonstige Arbeitsbedingungen, soziale Beziehungen und Einfluss der Umwelt auf den Arbeitsplatz sachgerecht zu verknüpfen; […].«	• Aktualität der Maßnahmen • ganzheitliches Konzept • Verträglichkeit mit Sozialbeziehungen
§ 5 Abs. 1 und 3 ArbSchG Beurteilung der Arbeitsbedingungen	»(1) Der Arbeitgeber hat durch eine Beurteilung der für die Beschäftigten mit ihrer Arbeit verbundenen Gefährdung zu ermitteln, welche Maßnahmen des Arbeitsschutzes erforderlich sind. […] (3) Eine Gefährdung kann sich insbesondere ergeben durch: 1. die Gestaltung und die Einrichtung der Arbeitsstätte und des Arbeitsplatzes, 2. physikalische, chemische und biologische Einwirkungen, 3. die Gestaltung, die Auswahl und den Einsatz von Arbeitsmitteln, insbesondere von Arbeitsstoffen, Maschinen, Geräten und Anlagen sowie den Umgang damit,	Gefährdungsbeurteilung zu: • Arbeitsplatzgestaltung • Gestaltung der Arbeitsmittel • Arbeitsverfahren • Arbeitsabläufe • Arbeitszeiten • Qualifikation • psychische Belastung

Rechtsgrundlage	Kernsätze	Qualitätsindikatoren
	4. die Gestaltung von Arbeits- und Fertigungsverfahren, Arbeitsabläufen und Arbeitszeit und deren Zusammenwirken, 5. unzureichende Qualifikation und Unterweisung der Beschäftigten, 6. psychische Belastungen bei der Arbeit.«	
§ 6 Abs. 1 und 2 ArbSchG Dokumentation	»(1) Der Arbeitgeber muß über die je nach Art der Tätigkeiten und der Zahl der Beschäftigten erforderlichen Unterlagen verfügen, aus denen das Ergebnis der Gefährdungsbeurteilung, die von ihm festgelegten Maßnahmen des Arbeitsschutzes und das Ergebnis ihrer Überprüfung ersichtlich sind. Bei gleichartiger Gefährdungssituation ist es ausreichend, wenn die Unterlagen zusammengefasste Angaben enthalten. (2) Unfälle in seinem Betrieb, bei denen ein Beschäftigter getötet oder so verletzt wird, dass er stirbt oder für mehr als drei Tage völlig oder teilweise arbeits- oder dienstunfähig wird, hat der Arbeitgeber zu erfassen.«	• Dokumentationspflicht • Transparenz
§ 17 Abs. 2 ArbSchG Rechte der Beschäftigten	»Sind Beschäftigte auf Grund konkreter Anhaltspunkte der Auffassung, dass die vom Arbeitgeber getroffenen Maßnahmen und bereitgestellten Mittel nicht ausreichen, um die Sicherheit und den Gesundheitsschutz bei der Arbeit zu gewährleisten, und hilft der Arbeitgeber darauf gerichteten Beschwerden von Beschäftigten nicht ab, können sich diese an die zuständige Behörde wenden. Hierdurch dürfen den Beschäftigten keine Nachteile entstehen. […].«	• Angemessenheit • Revisionsmöglichkeit
Betriebssicherheitsverordnung (BetrSichV)		
§ 3 Abs. 1–3 BetrSichV Gefährdungsbeurteilung	»(1) Der Arbeitgeber hat vor der Verwendung von Arbeitsmitteln die auftretenden Gefährdungen zu beurteilen (Gefährdungsbeurteilung) und daraus notwendige und geeignete Schutzmaßnahmen abzuleiten. Das Vorhandensein einer CE-Kennzeichnung am Arbeits-	• Gebrauchstauglichkeit • Ergonomie • Altersgerechtigkeit • Gesundheitsförderlichkeit • Rechtzeitigkeit

Rechtsgrundlage	Kernsätze	Qualitätsindikatoren
	mittel entbindet nicht von der Pflicht zur Durchführung einer Gefährdungsbeurteilung. […] (2) In die Beurteilung sind alle Gefährdungen einzubeziehen, die bei der Verwendung von Arbeitsmitteln ausgehen, und zwar von 1. den Arbeitsmitteln selbst, 2. der Arbeitsumgebung und 3. den Arbeitsgegenständen, an denen Tätigkeiten mit Arbeitsmitteln durchgeführt werden. Bei der Gefährdungsbeurteilung ist insbesondere Folgendes zu berücksichtigen: 1. die Gebrauchstauglichkeit von Arbeitsmitteln einschließlich der ergonomischen, alters- und alternsgerechten Gestaltung, 2. die sicherheitsrelevanten einschließlich der ergonomischen Zusammenhänge zwischen Arbeitsplatz, Arbeitsmittel, Arbeitsverfahren, Arbeitsorganisation, Arbeitsablauf, Arbeitszeit und Arbeitsaufgabe, 3. die physischen und psychischen Belastungen der Beschäftigten, die bei der Verwendung von Arbeitsmitteln auftreten, 4. vorhersehbare Betriebsstörungen und die Gefährdung bei Maßnahmen zu deren Beseitigung. (3) Die Gefährdungsbeurteilung soll bereits vor der Auswahl und der Beschaffung der Arbeitsmittel begonnen werden. Dabei sind insbesondere die Eignung des Arbeitsmittels für die geplante Verwendung, die Arbeitsabläufe und die Arbeitsorganisation zu berücksichtigen. Die Gefährdungsbeurteilung darf nur von fachkundigen Personen durchgeführt werden. […].«	

Rechtsgrundlage	Kernsätze	Qualitätsindikatoren
§ 4 Abs. 1 und 2 BetrSichV Grundpflichten des Arbeitgebers	»(1) Arbeitsmittel dürfen erst verwendet werden, nachdem der Arbeitgeber 1. eine Gefährdungsbeurteilung durchgeführt hat, 2. die dabei ermittelten Schutzmaßnahmen nach dem Stand der Technik getroffen hat und 3. festgestellt hat, dass die Verwendung der Arbeitsmittel nach dem Stand der Technik sicher ist. (2) Ergibt sich aus der Gefährdungsbeurteilung, dass Gefährdungen durch technische Schutzmaßnahmen nach dem Stand der Technik nicht oder nur unzureichend vermieden werden können, hat der Arbeitgeber geeignete organisatorische und personenbezogene Schutzmaßnahmen zu treffen. Technische Schutzmaßnahmen haben Vorrang vor organisatorischen, diese haben wiederum Vorrang vor personenbezogenen Schutzmaßnahmen. […].«	• Rechtzeitigkeit • Gebrauchstauglichkeit • Aktualität der Maßnahmen • Wirksamkeit von Maßnahmen • Gesundheitsförderlichkeit
§ 5 Abs. 1–3 BetrSichV Anforderungen an die zur Verfügung gestellten Arbeitsmittel	»(1) Der Arbeitgeber darf nur solche Arbeitsmittel zur Verfügung stellen und verwenden lassen, die unter Berücksichtigung der vorgesehenen Einsatzbedingungen bei der Verwendung sicher sind. Die Arbeitsmittel müssen 1. für die Art der auszuführenden Arbeiten geeignet sein, 2. den gegebenen Einsatzbedingungen und den vorhersehbaren Beanspruchungen angepasst sein und 3. über die erforderlichen sicherheitsrelevanten Ausrüstungen verfügen, sodass eine Gefährdung durch ihre Verwendung so gering wie möglich gehalten wird. Kann durch Maßnahmen nach den Sätzen 1 und 2 die Sicherheit und Gesundheit nicht gewährleistet werden, so hat der Arbeitgeber andere geeignete Schutzmaßnahmen zu treffen, um die Gefährdung so weit wie möglich zu reduzieren.	• Gebrauchstauglichkeit • Aktualität der Maßnahmen • Wirksamkeit von Maßnahmen • Individualisierbarkeit

Rechtsgrundlage	Kernsätze	Qualitätsindikatoren
	(2) Der Arbeitgeber darf Arbeitsmittel nicht zur Verfügung stellen und verwenden lassen, wenn sie Mängel aufweisen, welche die sichere Verwendung beeinträchtigen. (3) Der Arbeitgeber darf nur solche Arbeitsmittel zur Verfügung stellen und verwenden lassen, die den für sie geltenden Rechtsvorschriften über Sicherheit und Gesundheitsschutz entsprechen. […].«	
div. Arbeitsschutzvorschriften und Normen der Technikfolgenabschätzung		
SGB VII, gesetzliche Unfallversicherung § 1 und insb. §§ 14 – 26	§ 1 Prävention, Rehabilitation, Entschädigung »Aufgabe der Unfallversicherung ist es, nach Maßgabe der Vorschriften dieses Buches 1. mit allen geeigneten Mitteln Arbeitsunfälle und Berufskrankheiten sowie arbeitsbedingte Gesundheitsgefahren zu verhüten, 2. nach Eintritt von Arbeitsunfällen oder Berufskrankheiten die Gesundheit und die Leistungsfähigkeit der Versicherten mit allen geeigneten Mitteln wiederherzustellen und sie oder ihre Hinterbliebenen durch Geldleistungen zu entschädigen.«	• Erlassene Unfallverhütungsvorschriften • Arbeitsmedizinische Maßnahmen • Vorsorgeuntersuchungen • von Aufsichtspersonen veranlasste Untersuchungen
Arbeitsstättenverordnung	Gefährdungsbeurteilung durchführen, Maßnahmen zum Schutz festlegen (§ 3)	• Stand der Technik und Arbeitsmedizin • Barrierefreiheit • Funktionsfähige Notschalter und Signalanlagen • Ergonomische Bildschirmarbeitsplätze: • Regelmäßige Erholungszeiten • Wechselnde Arbeitshaltungen • Reflexionsfreiheit • erleichternde Eingabemittel • Transparenz und Steuerbarkeit der Dialogabläufe

Rechtsgrundlage	Kernsätze	Qualitätsindikatoren
Technische Regeln für Arbeitsstätten (ASR) ASR V 3 (Gefährdungsbeurteilung)	Konkretisierung Arbeitsschutzgesetz zur Beurteilung von Arbeitsbedingungen und Festlegung von Maßnahmen; Aktualisierung u. a. beim Einsatz anderer Arbeitsmittel und bei der Beschaffung von Maschinen; Ermitteln durch Beobachten, Befragen, Messen, Berechnen, Abschätzen	• Wahrnehmbarkeit von Signalen • Arbeitsorganisation • Arbeitsablaufgestaltung • Softwareergonomie
Europäische Maschinenrichtlinie	Mittelbare Wirkung für KI mit »beweglichen Teilen« (Robotik) ohne Kfz	• Fehlanwendung verhindern • Risiken beseitigen • Schutzmaßnahmen ergreifen • Kontrolle gewährleisten • Stillsetzung sicherstellen
Gebrauchstauglichkeit ISO 9241-11	»Gebrauchstauglichkeit bezeichnet das Ausmaß, in dem ein Produkt, System oder ein Dienst […] genutzt werden kann, um […] Ziele effektiv, effizient und zufriedenstellend zu erreichen.«[326]	• Effektivität zur Lösung einer Aufgabe • Effizienz der Handhabung des Systems • Zufriedenheit der Nutzer einer Software
Informationstechnik, Sicherheitsverfahren, Sicherheitsmanagement DIN ISO/IEC 27001: 2017-06	Die Norm legt Anforderungen an Aufstellen, Umsetzen, Betrieb, Überwachung, Bewertung, Wartung und Verbesserung von dokumentierten Informationssicherheit-Managementsystemen in Bezug auf die allgemeinen Geschäftsrisiken einer Organisation fest.	• Risikobeurteilung • Risikobehandlung • Kompetenz • Zertifizierung
Risikobeurteilung EN ISO 12100: 2011-03	Die Norm beschreibt Schritte zur Bewertung der Risiken einer Maschine. Der Hersteller einer Maschine muss Gefährdungen bereits vor Beginn der Konstruktion ermitteln, einschätzen und bewerten. Die Norm legt Strategien und Leitsätze zu dieser Risikobeurteilung fest.	• Risikoeinschätzung • Risikobewertung • Risikoklassifizierung • Risikobewältigung u. a. zu ergonomischen Gefährdungen bei Eigenentwicklungen

326 Wikipedia, Begriff »Gebrauchstauglichkeit«, zuletzt abgerufen am 13. 4. 2025.

Rechtsgrundlage	Kernsätze	Qualitätsindikatoren
Dialoggestaltung DIN, EM, ISO 9241-110	Die Maschine-Mensch Interaktion muss ergonomischen Anforderungen genügen.	• Aufgabenangemessenheit • Selbstbestimmungsfähigkeit • Erwartungskonformität • Lernförderlichkeit • Steuerbarkeit • Fehlertoleranz • Individualisierbarkeit
Datenschutzfolgenabschätzung ISO/IEC 29134	Risikobasierter Prüfansatz untersucht inwieweit Verarbeitungsvorgänge, die aufgrund ihrer Art, ihres Umfangs, ihrer Umstände und ihrer Zwecke ein wahrscheinlich hohes Risiko mit sich bringen.[327]	• Privatsphäre • Vertraulichkeit • Privatheit von Denken und Fühlen • Persönliche Freiheit
Barrierefreie-Informationstechnik -Verordnung (BITV 2.0) § 1	»Informationen und Dienstleistungen öffentlicher Stellen, die elektronisch zur Verfügung gestellt werden, sowie elektronisch unterstützte Verwaltungsabläufe mit und innerhalb der Verwaltung, einschließlich der Verfahren zur elektronischen Aktenführung und elektronischen Vorgangsbearbeitung, sind für Menschen mit Behinderung zugänglich und nutzbar zu gestalten.«	• Barrierefreiheit • regelmäßige Überprüfung • Folgenabschätzung • Leichte Sprache, Gebärdensprache • harmonisierte EU-Normen

17.8 Psychische Gefährdungsfaktoren

Auf den Internetseiten der Bundesanstalt für Arbeitsschutz und Arbeitsmedizin (BAuA) wurde im Vorgriff auf weitere Publikationen auf ein Fachbuch zur Gefährdungsbeurteilung für psychische Belastungen verwiesen.[328]
Darin werden als Qualitätsindikatoren u. a. genannt:

- Vollständigkeit der Aufgabe,
- Handlungsspielraum,
- Variabilität,
- Information/Informationsangebot,

327 Vgl. hierzu Kapitel 16.9 Psychische Gefährdungsfaktoren u. a. Gefährdungen durch Beeinträchtigung der Persönlichkeitsrechte durch laufende Überwachungen und Kontrolle.

328 BAuA: Bundesanstalt für Arbeitsschutz und Arbeitsmedizin »Fachbuch Gefährdungsbeurteilung. psychische Belastung«; zuletzt abgerufen am 19. 11. 2020.

- Verantwortung,
- Qualifikation,
- Emotionale Inanspruchnahme,
- Arbeitsorganisation,
- Arbeitszeit.

Aus den spezifischen Wirkungen und Funktionsmechanismen von KI-Systemen und den o.g. Indikatoren für psychische Belastungen wurden Merkmale abgeleitet, die bei einer Gefährdungsanalyse aus Anlass der Einführung von KI-Systemen besondere Aufmerksamkeit verdienen:

- Kontrollverlust,
- Entmenschlichung von Entscheidungsparametern,
- Eingriff in die Autonomie der Beschäftigten,
- Informationsüberflutung oder Informationsmangel,
- Unsicherheit durch Wert- oder Arbeitsplatzverlust,
- Verlust von Sozialkontakten,
- fehlende Ausfallkonzepte,
- Beeinträchtigung der Persönlichkeitsrechte.

Das Projekt »PräDiTec – Prävention für sicheres und gesundes Arbeiten mit digitalen Technologien« wurde vom BMBF gefördert und der BAuA mit dem Frauenhofer Institut für angewandte Informationstechnik (FIT) durchgeführt. Das Projekt nimmt sich den Belastungsfaktoren durch digitale Arbeit an.[329] Es stellt fest:

»Die verstärkte Nutzung von neuen IKT in der veränderten Arbeitswelt kann zu spezifischer Belastung und Fehlbeanspruchung führen und somit zu digitalem Stress. Digitaler Stress bezeichnet somit die negative Beanspruchungsfolge durch Belastungsfaktoren im Umgang mit digitalen Technologien und Medien. […] In der Studie »Gesund und digital arbeiten?!« (Gimpel et al.; 2019) wurden insgesamt zwölf verschiedene Belastungsfaktoren bei der Arbeit mit digitalen Medien und Technologien identifiziert […]. Bei den über 5000 Befragten ergaben sich Leistungsüberwachung und eine Verletzung der Privatsphäre (Gläserne Person) als die am stärksten ausgeprägten Belastungsfaktoren der digitalen Arbeit. Mehr als jeder achte Befragte berichtete von stark bis sehr stark ausgeprägten Belastungsfaktoren bei der digitalen Arbeit, welche sich auf Stressempfinden auswirken können.«[330]

329 Henner Gimpel, Michelle Berger, Christian Regal, Nils Urbach, Mathias Kreilos, Julia Becker, Nicholas Daniel Derra (2020): Belastungsfaktoren der digitalen Arbeit. Eine beispielhafte Darstellung der Faktoren, die digitalen Stress hervorrufen, Augsburg, *https://doi.org/10.24406/fit-n-581326.*

330 PräDiTec (Gimpel et al.; 2019): Belastungsfaktoren der digitalen Arbeit, Publikation über die Internetseite *www.baua.de* abrufbar.

Die Belastungsfaktoren werden unterschiedlich stark wahrgenommen:

Belastungsfaktoren der digitalen Arbeit	17%	Leistungsüberwachung
	14%	Gläserne Person
	10%	Unzuverlässigkeit
	9%	Unterbrechung
	9%	Überflutung
	8%	Nicht-Verfügbarkeit
	5%	Verunsicherung
	5%	Unklarheit bei der Rolle
	5%	Komplexität
	4%	Omnipräsenz
	4%	Job-Unsicherheit
	4%	Mangelndes Erfolgserlebnis

Belastungsfaktoren und der prozentuale Anteil von Beschäftigten, die von einer sehr starken Ausprägung berichten (Gimpel et al.; 2019).[331]

331 Ebenda.

18 KI-Lagom: Vertrauensfaktoren und Prüfindikatoren

18.1 Vertrauensseligkeit war gestern

»Das Vertrauen in alle vier großen Institutionen – den Staat, die Medien, die Wirtschaft und die Nichtregierungsorganisationen – steht auf dem Allzeittief.«[332] Wen wundert's: Manche Bundestagsabgeordnete verdienen an der Corona Krise, bei der FIFA gibt es einen Schmiergeldskandal, ein amerikanischer Präsident erfindet »alternative Fakten«, Automobilbauer täuschen bei den Abgaswerten ihre eigenen Kunden, Facebook gibt Profile für Wahlkampfzwecke weiter, die Panama-Papers entlarven Steuerflucht im großen Stil, mächtige Banken manipulieren Wechselkurse und, nicht nur die Christen sind schockiert über Enthüllungen von Kindesmissbrauch durch katholische Priester.

Die Autorin Rachel Botsmann kommentiert in ihrem Buch »Wem kannst du trauen?«: »Da ist es kein Wunder, dass Tausende Schlagzeilen beklagen, niemand vertraue mehr den Autoritäten. Korruption, Elitedenken und wirtschaftliche Ungleichheit – und die schwachen Reaktionen auf die oben genannten Vorgänge – versetzen dem traditionellen Vertrauen in die alten Institutionen Peitschenschläge wie ein heftiger Sturm alten Eichen. Es ist bezeichnend, dass diese Krise in einem Umfeld der sich schnell verändernden und entwickelnden Technologien – von der Künstlichen Intelligenz (KI) bis zum Internet der Dinge (IoT = Internet of Things) stattfindet.«[333]

Die gesellschaftlichen Bedingungen machen uns nicht gerade vertrauensselig, auch nicht gegenüber einer Einführung von KI-Systemen in den Betrieben, gerade wenn die über unsere Köpfe hinweg durchgesetzt werden sollte. Dies würde uns ein zuversichtliches Verhältnis zum Unbekannten abverlangen. Unsere Vertrauensbilanz ist aber im Minus und »zerstörtes Vertrauen aufzubauen, braucht Zeit, Geduld, Stetigkeit und unbedingte Verlässlichkeit«.[334] Wir wollen nicht enttäuscht werden, wenn wir Vertrauen spendieren, und ein Nutzen aus dem Vertrauensvorschuss für uns selbst wäre nicht schlecht.

Entfaltet ein technisches System Nützlichkeit, dann steigt unser Vertrauen. Dies zeigen die unterschiedlichen Haltungen von Mitbestimmungsträgern zu KI-Sys-

332 Edelmann (2017), zitiert nach: Rachel Botsman (2018): Wem kannst du trauen? Die Antwort auf die vielleicht wichtigste Frage unserer Zeit, Plassen-Verlag, S. 18.

333 Ebenda: S. 17.

334 Dierk Hirschel (2020): Das Gift der Ungleichheit, Wie wir die Gesellschaft vor einem sozial und ökologisch zerstörerischen Kapitalismus schützen können, Dietz, S. 144.

temen, wie sie im Kapitel 6.3 beschrieben wurden. Deswegen macht es Sinn, bei der Analyse von KI-Systemen auch nach deren Nützlichkeit zu fragen.
Für viele Systeme, die in den nächsten Jahren zur Einführung anstehen, haben wir noch keinen praktischen Erfahrungshintergrund. Deswegen braucht es Konzepte, eine Erfahrungs- und Vertrauensbasis aufzubauen. Vertrauen kann nicht verordnet werden. Es muss wachsen, genauso wie ein Vorgehens- und Qualitätsmodell, auf das man immer wieder zurückgreifen kann.
Die Ansprüche der unterschiedlichen Akteure, die auf die betriebliche Einführung von KI-Systemen einwirken können, sind vielfältig. Die systematische Auswertung von Gesetzen, Verordnungen und Normen zeigt eine nahezu unüberschaubare Vielzahl von Qualitätsindikatoren, die bemüht werden können, um entsprechende Systeme auf den Prüfstand zu stellen. Jeder Teilaspekt der unterschiedlichen Anspruchslagen als auch der Ableitungen aus Gesetzen und Normen ist unterschiedlich bewertbar, interpretierbar und strapazierbar. Das verlangt nach einem übergreifenden Ordnungsmuster und nach Priorisierung. Ohne dies können vertrauensstiftende und verständliche Verabredungen nur schlecht getroffen werden.
Im Streitfall würde »Angemessenheit« in der Berücksichtigung von Einzelaspekten in einer oft technik- und betriebsfernen Einigungsstelle gesucht oder gerichtlich entschieden werden. Dann hätten externe Institutionen, denen wir auch erstmal vertrauen müssen, zu entscheiden. Unwahrscheinlich, dass diese sich bis 2025 schon tiefschürfend und erfahrungsbildend mit der KI-Einführung befassen konnten. Sinnvoll ist es deshalb, zuvor den innerbetrieblichen Dialog zu versuchen, sich über die Priorisierung der Einzelaspekte zu verabreden und Gedanken darüber zu machen, wie eine Verabredung zu einem gemeinsamen Ordnungsmuster in einem zugleich partizipativen und schrittweisen Prozess gelingen kann.

18.2 Vertrauensanker geben Verlässlichkeit

Im KI-Lagom-Konzept wird empfohlen, die Vielzahl der mit KI-Systemen zusammenhängenden Aspekte zunächst sichtbar zu machen und Beschäftigte und die verschiedenen Gruppen von Mitbestimmungsakteuren in die Priorisierung von Gestaltungselementen einzubeziehen. Vorgeschlagen wird, die wichtigsten Anspruchslagen aus Normen und Interessen unter zwölf verständlichen Vertrauensfaktoren zusammenzufassen und diesen Faktoren Prüfindikatoren zuzuordnen.
Ein Vorschlag hierzu ist nachfolgender Tabelle zu entnehmen. Er zielt darauf, Vertrauen zu schaffen, indem die Einführung von KI-Systemen auf folgende vermittelbare Vertrauensfaktoren ausgerichtet wird:

- Rechtskonformität
- Ethik
- Nützlichkeit

- Kontrollierbarkeit
- Regelkonformität
- Persönlichkeitsrechte
- Ergonomie
- Sozialverträglichkeit
- Gute Arbeit
- Robustheit
- Risikoangemessenheit
- Nachhaltigkeit.

Die Verdichtung von Qualitätsparametern zu Vertrauensfaktoren dient dem Ziel, Vertrauensanker zu schaffen, die belastbar sind. Sie sollten Stand halten, wenn man daran rüttelt und zieht. Sie sollen durch ihre Eigenschaft, in einzelne Indikatoren aufgefächert werden zu können, äußerst vielseitig wirken. Vertrauensanker sollten für die unterschiedlichsten »Ankerplätze« geeignet sein, um handhabbar zu werden. Sie sollten positive Assoziationen auslösen. Diese Ansprüche will die Auswahl der zwölf Faktoren leisten.

18.3 Zur Substanz der Vertrauensfaktoren

Natürlich hätte man eine größere Anzahl von Vertrauensfaktoren beschreiben und deren Indikatoren auch unter anderen Überschriften zusammenfassen können. Die Menge der Vertrauensfaktoren sollte aber überschaubar sein und deren Bezeichnung populärsprachlich besetzte Begriffe nutzen. Sie sollten Verständlichkeit mit Nachvollziehbarkeit verknüpfen, aber auch verbreitete Sorgen und Ansprüche reflektieren.

Die zwölf Vertrauensfaktoren sind nicht trennscharf voneinander abzugrenzen. Rechtskonformität spielt eigentlich immer, gerade beim Schutz der Persönlichkeitsrechte und bei der Ergonomie, eine Rolle. Ethik drückt nicht nur gesellschaftliche Verhaltensmaßstäbe aus, die nicht in Gesetzen normiert sind. Im Gegenteil: Gesetze sollten ethische Maßstäbe bemühen. Die Aufgliederung in zwölf Faktoren nimmt die Unschärfe in den Trennlinien zwischen den einzelnen Elementen bewusst in Kauf, zugunsten des Vorteils der Verständlichkeit und Vermittelbarkeit. Zwölf Faktoren, um die man sich bei der KI-Einführung bemühen will, sind schließlich auf einer Betriebsversammlung leichter vermittelbar als nahezu 100 einzelne Qualitätsindikatoren, die aus existierenden Regelwerken und Erwartungshaltungen ableitbar sind.

Die Auswahl dieser Vertrauensfaktoren erlaubt es, sowohl unternehmerische Steuerungsgrößen als auch arbeitnehmerorientierte Aspekte miteinander in einem holistischen Gesamtsystem zu integrieren. Prüfindikatoren sollen die Vertrauensfaktoren operationalisieren und diese wiederum mit Checklisten oder Prüffragen unterlegt werden. Ein Vorschlag hierzu findet sich ab Kapitel 22. Die Auswahl der Indikatoren sollte auf die Relevanz für Beschäftigte und Betrieb ausgerichtet werden.

Der Vorteil und die Funktion von KI- Lagom liegt nicht in der Verkündung dogmatischer Wahrheiten, sondern in der Hilfe auf der Suche nach dem richtigen Weg

- Ein Qualitätsmodell, das von existierenden Normen und Vorgaben abgeleitet ist
- Ein Muster, das eigene Argumentationskraft ausbaut
- Ein iteratives Phasenmodell zur gestalterischen Einflussnahme
- Ein Strukturierungsmodell zur Findung stimmiger Gestaltungsziele
- Eine Suchhilfe, um Balance zwischen Mensch und Technik, sowie unterschiedlichen Stakeholdern zu finden
- Ein Erklärmodell zur Kommunikation mit Experten und Beschäftigten
- Ein Vergleichsmodell, das es erlaubt trotz verschiedener Gestaltungsansätze, betrieblichen Bedingungen und Anwendungen einen strukturierten Austausch zu erlauben

18.4 Indikatoren machen nachvollziehbar

Als Indikator bezeichnet man »ein Merkmal oder ein Anzeichen für eine bestimmte Entwicklung oder einen eingetretenen Zustand«.[335] Obenstehenden Vertrauensfaktoren wurden 92 Prüfindikatoren zugeordnet. Es macht wenig Sinn, diese Prüfindikatoren alle gleich zu gewichten oder die in Kapitel 22 beispielhaft genannten Fragen alle gleichzeitig zu Beginn der Einführung eines KI-Systems zu stellen. Eine Priorisierung ist notwendig. Weil sich alle Fragen praktisch und inhaltlich nicht in jeder beliebigen Phase beantworten lassen, ist im Zeitverlauf auch Selektion erforderlich. Empfohlen wird, zunächst die Relevanz der einzelnen Prüfindikatoren im Dialog mit den betrieblichen Mitbestimmungsakteuren und den Beschäftigten im Betrieb zu gewichten, um dann die Aufmerksamkeit in den geeigneten Phasen des Einführungsprozess auf die priorisierten Aspekte zu legen.

Die nachfolgende Tabelle macht lediglich einen Vorschlag der AutorInnen dieses Buches, wie die unterschiedlichen Indikatoren gewichtet werden könnten. Für die AutorInnen war für die A-, B-, C-Kategorisierung in der Spalte Relevanz etwa maßgeblich, ob aus der Nichtbeachtung eines Indikators Rechtsfolgen, Schäden o. ä. Wirkungen für die Beschäftigten oder den Betrieb resultieren könnten, wie hinreichend genau sich die Erfüllung eines Anspruchs nachhalten lässt und inwieweit ein begründeter Qualitätsanspruch operationalisierbar ist. Die Priorisierung sollte im betrieblichen Dialog unvorbelastet von diesen Vorschlägen erfolgen. Für die Zuordnung der Gestaltungsbemühungen zu den unterschiedlichen Einführungsphasen gibt Kapitel 21 Hinweise.

335 Wikipedia, Indikator, zuletzt abgerufen am 13.4.2025.

Das iterative Vorgehen und die Priorisierung über den Dialog hilft dabei zu vermeiden, dass aus der großen Menge der Einzelaspekte eine hemmende Barriere für Einführung und Gestaltung der KI-Systeme resultiert.

18.5 Der Kern des Qualitätsmodells

Qualitäts- und Vertrauensfaktoren	Prüfindikatoren		Relevanz
A. Rechtskonformität	A.1	Rechtsgrundlage	A
	A.2	Diskriminierungs- und Verzerrungsfreiheit	A
	A.3	Würde	A
	A.4	Persönlichkeitsentfaltung	B
	A.5	körperliches, geistiges und soziales Wohlergehen	A
	A.6	Recht, Billigkeit und gute Sitten	B
	A.7	Verantwortung	A
B. Ethik	B.1	Kennzeichnung von KI-Systemen	A
	B.2	Primat menschlicher Entscheidungen	A
	B.3	Transparenz und Nachvollziehbarkeit	A
	B.4	Interventionsmöglichkeiten	A
	B.5	Fairness und Diversität	B
C. Nützlichkeit	C.1	Erforderlichkeit	A
	C.2	Aufgabenangemessenheit	B
	C.3	Zweckdienlichkeit	B
	C.4	Gebrauchstauglichkeit	A
	C.5	Verfügbarkeit	B
	C.6	Belastbarkeit	B
	C.7	Effektivität	B
	C.8	Effizienz	B
	C.9	Wertschöpfungsbeitrag	A
	C.10	Innovationsbeitrag	B
	C.11	Agilität und Flexibilität	C
	C.12	Kundenorientierung	B
	C.13	Vor-Erfahrungen	C
	C.14	Genauigkeit	B

Qualitäts- und Vertrauensfaktoren	Prüfindikatoren		Relevanz
D. Kontrollierbarkeit	D.1	Dokumentation	B
	D.2	Präzision und Zeitbindung der Ziele und Zwecke	A
	D.3	Integrität der Daten	B
	D.4	Erklärbarkeit	B
	D.5	Steuerbarkeit	A
	D.6	Integration von Sicherheitsmaßnahmen	A
	D.7	Evaluationskonzept	B
	D.8	Verhinderung Fehlanwendungen	C
	D.9	Notabschaltung und Alternativkonzept	A
	D.10	Berechtigungskonzept	A
E. Regelkonformität	E.1	Verordnungen	A
	E.2	DIN, ISO, EN-Normen	A
	E.3	Interne Leitlinien und Regeln von Aufsichtsbehörden	A
	E.4	Zertifizierungen	A
	E.5	Tarifvorgaben	A
	E.6	Betriebsvereinbarungen	A
	E.7	Unfallverhütungsvorschriften	A
	E.8	Intensität und Rechtzeitigkeit der Beteiligung	A
F. Schutz der Persönlichkeitsrechte	F.1	Schutz personenbezogener Daten	A
	F.2	Autonomie der Betroffenen	B
	F.3	Privatsphäre im Denken und Fühlen	A
	F.4	Reglementierung der Überwachungspotenziale	A
	F.5	Ausschluss von Profiling und automatisierten Entscheidungen	A
	F.6	Beschränkung personalwirksamer Schlussfolgerungen	A
	F.7	Wahrung der Betroffenenrechte	B

Qualitäts- und Vertrauensfaktoren	Prüfindikatoren		Relevanz
G. Ergonomie	G.1	Unversehrtheit	A
	G.2	Individualisierbarkeit	B
	G.3	Barrierefreiheit	B
	G.4	Arbeitsplatzgestaltung	C
	G.5	Güte der Arbeitsmittel	B
	G.6	Arbeitsverfahren	A
	G.7	Arbeitszeiten	B
	G.8	Qualifikation	B
	G.9	psychische Belastung	A
	G.10	Aktualität des arbeitswissenschaftlichen Erkenntnisstandes	C
	G.11	Wirksamkeit der Arbeitsschutzmaßnahmen	B
	G.12	Softwareergonomie	B
	G.13	Leistungsanforderungen	A
H. Sozialverträglichkeit	H.1	Soziale Folgenabschätzung	A
	H.2	Inklusion	B
	H.3	Beschäftigungsförderlichkeit	A
	H.4	Altersverträglichkeit	C
	H.5	Kontaktförderlichkeit	B
	H.6	Belastungsminimierung	A
I. Gute Arbeit	I.1	Arbeitszeitsouveränität	C
	I.2	Zugang	C
	I.3	Mischarbeit	B
	I.4	Arbeitserleichterung	A
	I.5	Wertstatus	A
	I.6	Personalentwicklung	B
	I.7	Lernförderlichkeit	C
	I.8	Aufgabenklarheit	B
	I.9	Arbeitsklima	B
J. Robustheit	J.1	Fehlertoleranz	B
	J.2	Missbrauchsschutz	A
	J.3	Erwartungskonformität	A
	J.4	Manipulationsfestigkeit	A
	J.5	Sicherheitsmaßnahmen	A

Qualitäts- und Vertrauensfaktoren	Prüfindikatoren		Relevanz
K. Risikoangemessenheit	K.1	Risikoeinschätzung	B
	K.2	Risikobewertung	A
	K.3	Risikoklassifizierung	A
	K.4	Risikobewältigung	A
	K.5	Einordnung in Kritikalitätsstufen	A
L. Nachhaltigkeit	L.1	Nachhaltiger Ressourceneinsatz	B
	L.2	Emissionsminderung und Steigerung Energieeffizienz	A

19 Kontrollabgabe – wieweit, wofür, für wen?

»Wir machen die KI und wir verlieren die Kontrolle darüber. Damit KI funktioniert, müssen wir einige Kontrolle abgeben. Nur: Wie viel Kontrolle ist das? Übergeben wir der KI so viel Kontrolle, dass wir von den Kapitänen unseres Schiffes zu Passagieren werden?« fragt der Autor Mario Herger.[336]

Kontrollabgabe ist im Grunde nichts Neues, nicht nur in der Kreuzfahrtindustrie. Wir erleben das im Alltag, beim Vertrauen auf Ärzte und Anwälte und selbst in unserer beruflichen oder innerfamiliären Arbeitsteilung.

Mit der Verbreitung von Künstlicher Intelligenz stellt sich aber die Frage, wie viel Vertrauen wir in Maschinen haben, die für uns entscheiden sollen. Um beim Beispiel der Verkehrsmittel zu bleiben: »Vier von fünf Bundesbürgern würden autonome Verkehrsmittel nutzen«, sie haben »größtes Vertrauen in selbstfahrende Bahnen« und »vor allem Jüngere wünschen sich einen digitalen Chauffeur.«[337]

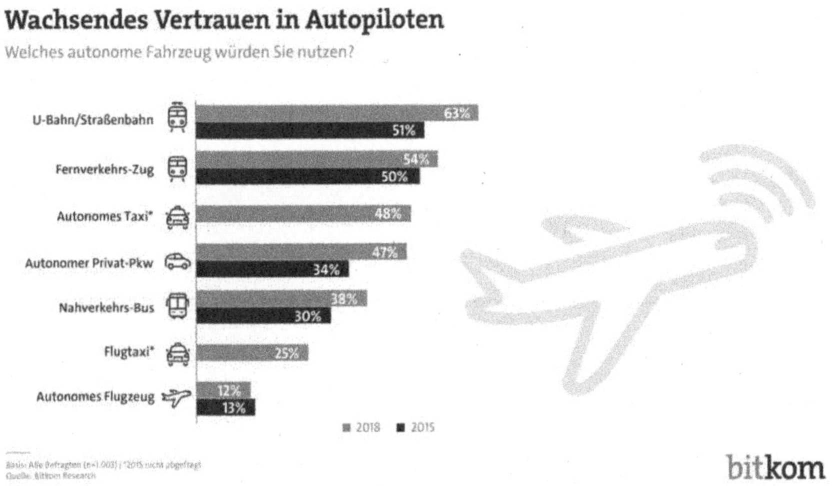

336 Mario Herger (2020): Wenn Affen von Affen lernen – Wie künstliche Intelligenz uns erst richtig zu Menschen macht, Plassen-Verlag, S. 210.

337 Bitkom 30. 1. 2019, Pressemitteilung »Wachsendes Vertrauen in den Autopiloten«.

Der ehemalige Bitkom-Präsident Achim Berg kommentiert: »Vor wenigen Jahren klang es noch nach Science-Fiction, sich vom Autopiloten von A nach B fahren zu lassen. Heute wird dies mit allen Verkehrsmitteln bereits in der Praxis erprobt und teilweise auch kommerziell genutzt. Es ist keine Frage, ob wir autonome Verkehrsmittel in Zukunft ganz alltäglich nutzen werden – es ist alleine die Frage, wann es so weit ist.«

Das Beispiel autonomer Fahrzeuge zeigt, dass sich die Einstellungen zur Kontrollabgabe über die Jahre hinweg verändern und das Vertrauen von Voraussetzungen abhängt. Das Vertrauen in lernende Maschinen hängt von den unterschiedlichen kulturellen Bedingungen ab, in die die Menschen eingebunden sind. Es korrespondiert mit unterschiedlichen Kontrollansprüchen, Haltungen, Wissensständen, dem zeitlichen Kontext und dem Maß der Kontrollabgabe.

Die Bereitschaft, Kontrolle an Verkehrsmittel abzugeben, hat sich in der Geschichte schon gewaltig verändert: »Als 1835 die erste Dampflok von Nürnberg nach Fürth fuhr, hagelte es Proteste. Ein örtlicher Pfarrer prophezeite den Mitreisenden eine Fahrt in die Hölle, Ärzte warnten vor Gehirnerkrankungen wegen der hohen Geschwindigkeit. Andere befürchteten, die Kühe entlang der Gleise würden tot umfallen. Die neue Technologie überstieg das Vorstellungsvermögen, sie löste Ängste aus und beschwor Untergangsszenarien herauf.«[338] Diese Vorbehalte gegenüber der Bahn sind mittlerweile deutlich überholt.

2018 gaben allerdings noch 48 % der Europäer an, nicht zu wissen, was ein Algorithmus ist. 46 % sahen keine Vorteile darin und 20 % erwarteten mehr Probleme als Nutzen. 74 % der Befragten einer Studie im Auftrag der Bertelsmann-Stiftung verlangten nach rigorosen Kontrollen für die Benutzung von Algorithmen. Überdurchschnittlich häufig dachten die Deutschen bei Algorithmen an Manipulation. 21 % der Franzosen finden Algorithmen furchterregend, während mehr als die Hälfte der in Polen befragten Teilnehmer mehr Vorteile als Nutzen darin sahen.[339]

Danach gefragt, in welchen Anwendungen die Europäer Entscheidungen einem Computer überlassen würden, sind die Antworten differenziert, in Abhängigkeit vom Zweck, für den der Algorithmus eingesetzt wird. Rechtschreibprüfung, personenbezogene Werbung und die Empfehlung der besten Reiseroute: das würde die überwiegende Anzahl getrost dem Computer überlassen. Bei den Schlussfolgerungen von Dating-Plattformen, computergesteuerten Investmentrobotern und der Prüfung der Kreditwürdigkeit würden die Europäer am liebsten nur auf Empfehlungen der Rechner zurückgreifen, ohne den Computer diese auch gleich umsetzen zu lassen. Der Mensch soll letztlich entscheiden. Für die Diagnose von Krankheiten und der Vorentscheidung über eine Bewerberauswahl ist

338 Jörg Dräger und Ralf Müller-Eiselt (2019): Wir und die intelligenten Maschinen: Wie Algorithmen unser Leben bestimmen und wir sie für uns nutzen können, DVA–Verlag, S. 11.

339 eupinions im Auftrag der Bertelsmann-Stiftung (2018): What Europe knows and thinks about Algorithms, S. 8 und 9.

die Einstellung noch eindeutiger. Für die größte Gruppe soll es bei der alleinigen menschlichen Entscheidung bleiben.[340]
Es kommt also auf die Anwendung von KI-Systemen an, wie weit wir bereit sind, Kontrolle und Autonomie an eine Maschine abzugeben. Im Grunde ist das auch nichts Neues. Im Alltag empfiehlt uns unser Navigationssystem im Auto alternative Routen und wir entscheiden letztlich, wie wir fahren. Eine E-Mail, die mit einem KI-System in eine fremde Sprache übersetzt wurde, kontrollieren wir nochmals, bevor wir sie absenden. Auch der automatisierten Rechtschreibkorrektur oder der Anzeige vermeintlich falsch geschriebener Wörter vertrauen wir nicht bedingungslos.
Der Alltag und die Wissenschaft kennen verschiedene Klassen der Autonomie und der Kontrollabgabe. Es geht nicht darum, ob alleine eine Maschine oder alleine ein Mensch entscheidet. Dazwischen gibt es jede Menge Nuancen.

Stufen der Kontrollübertragung

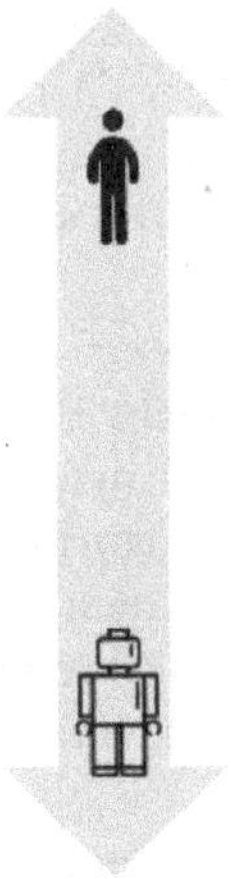

1. Der Mensch macht alles autonom.
2. Der Computer bietet Alternativen an.
3. Der Computer bietet eine Auswahl an Alternativen an.
4. Der Computer schlägt eine Alternative vor.
5. Der Computer führt eine Alternative nach Freigabe aus.
6. Der Computer führt eine Alternative aus, der Mensch hat ein Veto.
7. Der Computer führt eine Alternative aus und informiert den Menschen.
8. Der Computer führt eine ausgewählte Alternative aus und informiert den Menschen nach Anforderung.
9. Der Computer führt eine ausgewählte Alternative aus und informiert den Menschen nach maschineller Entscheidung.
10. Der Computer handelt komplett autonom.

Diese Klassifizierung[341] in mehrere Stufen ist auch geeignet, KI-Systeme in unterschiedliche Risikoklassen einzuordnen. In Kapitel 21 unter 5.1 wird für die Risikobeurteilung vorgeschlagen, den Grad der Autonomie von lernenden Maschinen zu jenen Faktoren zu zählen, nach denen entschieden wird, in welche Risikoklassen ein entsprechendes System eingeordnet wird. Den unterschiedlichen Kritikalitätsstufen wiederum können unterschiedliche Aufsichtsmechanismen zugeordnet werden. Auch danach verlangen die EinwohnerInnen Europas. 61 % der Europäer, die vorgeben, eine Ahnung von Algorithmen zu haben, wollen Computerentscheidungen korrigieren können. 52 % von ihnen wollen wissen, ob eine Entscheidung von einem Computer getroffen wurde, und 45 % sagen:

340 Ebenda: S. 27.
341 Vgl. hierzu Milla & Parasuraman (2007): Designing for flexible interaktion between humans and automation, Delegation interfaces for subervisory control, S. 62.

Computerentscheidungen müssen der Öffentlichkeit verständlich vermittelt werden.[342]

Ein Algorithmus hat kein Taktgefühl – diese Botschaft ist zugleich der Titel eines bemerkenswerten Buches der deutschen Wissenschaftlerin Katharina Zweig. Sie empfiehlt: »Die Gesellschaft sollte den Maschinen nur dann wichtige Entscheidungen überlassen, wenn sie darauf vertrauen kann, dass sie nach unseren kulturellen und moralischen Maßstäben handeln.«[343] Dies sollte ein Merksatz werden, der Beachtung findet, wenn KI-Systeme in die Betriebe eingeführt werden.

342 eupinions im Auftrag der Bertelsmann-Stiftung (2018): What Europe knows and thinks about Algorithms, S. 30.

343 Katharina Zweig (2019), Ein Algorithmus hat kein Taktgefühl: Wo künstliche Intelligenz sich irrt, warum uns das betrifft und was wir dagegen tun können, Heyne–Verlag, S. 9.

20 Generative Künstliche Intelligenz regulieren

von *Matthias Spielkamp*, *Karl-Heinz Brandl* und *Lothar Schröder*

20.1 Möglichkeiten und Potenziale

Systeme mit generativer Künstlicher Intelligenz wie ChatGPT werden von Schüler*innen für Hausaufgaben genutzt, meistern Studienzulassungsverfahren und Prüfungen. Die Software generiert Texte, Programmcodes, Bilder und Videos in immer mehr Betrieben. Sie verbreitet sich rasant, ist vielseitig beruflich einsetzbar. Generative Künstliche Intelligenz (KI) ermöglicht Anwendungen, die noch vor einem Jahr undenkbar schienen. Innerhalb von zwei Monaten hatte ChatGPT 100 Millionen aktive Benutzer, 40 Prozent aller Deutschen haben es im März 2023 bereits genutzt.
»*Vor ein paar Tagen bestand ChatGPT die Zulassungsprüfung für amerikanische Ärzte, dann die für Anwälte und schließlich auch noch die Diplomprüfung für den Master of Business Administration an der Ivy-League-Wirtschaftsuniversität Wharton School.*« Damit brachte uns ein Bericht in der Süddeutschen Zeitung im Januar 2023 ins Staunen.[344] Dem Betreiber des Programms zufolge hat GPT-4 zuletzt eine Simulation einer Juraprüfung mit einem Ergebnis bestanden, welches ungefähr im Bereich der stärksten zehn Prozent der Teilnehmer*innen lag. Nach 5 Tagen knackte das Programm die Marke von einer Millionen-Nutzer*innen.[345]
Am 9.7.2024 berichtete die FAZ: »ChatGPT erreicht 2,9 Milliarden monatliche Besucher«.[346]
DALL E2 generiert auf eine Texteingabe fotorealistische Bilder, VALL-E benötigt nur drei Sekunden Tonaufnahme eines Sprechers, um beliebige gesprochene Sprache in der Intonation des Sprechers zu erzeugen.«[347]
Nach zehn Monaten verleitet die Verbreitungsgeschwindigkeit und Anwendungsvielfalt von generativer KI einen Protagonisten der Entwicklung zu wuchtigen Vergleichen: »Die sogenannte ›Kambrische Explosion‹« bezeichnet einen kurzen Zeitraum vor mehreren Hundert Millionen Jahren, in dem es zu einer plötzlichen Vermehrung von komplexen Lebensformen kam [...]. Vor einem Jahr

344 SZ 27.1.2023; S. 9: Denken mit System.
345 Statista: Quellen-Business Insider, Unternehmensangaben.
346 Nina Müller (9.7.2024), *https://www.faz.net/pro/digitalwirtschaft/kuenstliche-intelligenz/neuer-rekord-chatgpt-erreicht-2-9-milliarden-besucher-pro-monat-19845849.html.*
347 *https://bitkom-akademie.de/workshop/generative-kuenstliche-intelligenz?https://bitkom-akademie.de/?mtm_campaign=transformation&gclid=EAIaIQobChMIqbSc-YebgwMVVkpBAh3qtwfhEAAYAiAAEgKvRfD_BwE;* zuletzt abgerufen am 19.12.2023.

begann das, was mittlerweile oft als »zweite Kambrische Explosion« bezeichnet wird. Diesmal handelt es sich jedoch um künstliche Existenzformen, angetrieben durch das rasche Wachstum und die weitverbreitete Anwendung generativer KI.«[348] Die Zeitschrift »Computerwoche« vermittelt Prognosen, die der Technik ein gewaltiges Potenzial zuschreiben: »Was wir bisher mit ChatGPT, Dall-E & Co erlebt haben, ist nur das Warm-Up für eine neue Stufe der Leistungsfähigkeit neuer Technologien. Diese werden uns Menschen einerseits bei der Bewältigung unseres Alltags und unserer Herausforderungen unterstützen und andererseits in unserer beruflichen Existenz und Daseinsberechtigung herausfordern.«[349]
Nach einer Umfrage des Bitkom e. V. (Branchenverband der deutschen Informations- und Telekommunikationsbranche) nutzen heutzutage rund 17 % der Beschäftigten im Beruf generative KI ohne Wissen des Arbeitgebers. Sie erzeugen damit Haftungsrisiken für sich und nehmen eine Verhaltenskontrolle durch Dritte genauso in Kauf, wie Risiken für den Schutz der Unternehmensdaten.
Betriebs- und Personalräte stehen vor einer großen Gestaltungsaufgabe. Dabei geht es einerseits darum, die Chancen derartiger Systeme für den betrieblichen Einsatz zu erschließen, gerade weil Beschäftigte die Nützlichkeit derartiger Systeme durchaus schätzen. Gleichzeitig muss es anderseits darum gehen, die Risiken einzudämmen. Dafür sind Kenntnisse von Technik, ethischen Werten, regulativen Stellschrauben und Handlungsoptionen ebenso erforderlich wie zu verstehen, wo derartige Systeme an Grenzen stoßen oder nicht eingesetzt werden sollten. Dabei will dieser Beitrag helfen, er ist ein Auszug einer Arbeit für die Input-Consulting Stuttgart.

20.2 Neue gesetzliche Bedingungen und erste Praxis

Die EU hat im Mai 2024 die KI-Verordnung verabschiedet, die nach einer Übergangszeit Rechtskraft in allen Mitgliedsländern entfalten wird. In der Presseerklärung dazu wird zu generativer KI ausgeführt: »Um dem breiten Aufgabenspektrum von KI-Systemen und der raschen Ausweitung ihrer Fähigkeiten Rechnung zu tragen, wurde vereinbart, dass KI-Systeme für allgemeine Zwecke (GPAI) und die GPAI-Modelle, auf denen sie beruhen, den ursprünglich vom Parlament vorgeschlagenen Transparenzanforderungen genügen müssen. Dazu gehören die Erstellung einer technischen Dokumentation, die Einhaltung des EU-Urheberrechts und die Verbreitung detaillierter Zusammenfassungen über die für das Training verwendeten Inhalte.« Wenn diese Modelle bestimmte Kriterien erfüllen, müssen die Anbieter ein Modell evaluieren, systemische Risiken bewerten und mindern, Gegentests durchführen, der Kommission über

348 Ludwig Ensthaler: Wer an der KI wirklich verdient, FAZ 9. 10. 2023.
349 Yasmin Weiß (24. 7. 2023) Computerwoche Wie Mensch und Maschine künftig zusammenarbeiten.

schwerwiegende Vorfälle berichten, Cybersicherheit gewährleisten und über ihre Energieeffizienz berichten.
Generative KI beschäftigt aber auch die Aufsichtsbehörden. Der Hamburgische Beauftragte für Datenschutz und Informationsfreiheit empfiehlt:

*»Stellen Sie berufliche Chatbot-Accounts zur Verfügung. Beschäftigte sollten nicht eigenständig und unter Verwendung privater Daten ein Konto erstellen. Formulieren Sie klare und dokumentierte interne Weisungen, ob, beziehungsweise unter welchen Voraussetzungen, welche Tools infrage kommen. Gegebenenfalls kann es auch sinnvoll sein, Betriebs- und Personalrät*innen mit ins Boot zu holen.«*[350]

Der Konzernbetriebsrat der Provinzial-Versicherung hatte wahrscheinlich als erstes Mitbestimmungsorgan in Deutschland ein vorläufiges Regulativ zum Einsatz von ChatGPT vereinbart. Mit der Bezeichnung »Provinzial GPT-Chat« wurde im Feldversuch ein derartiges geschütztes und gekapseltes sogenanntes Sprachmodell ausprobiert. Gemeinsame Intention von Betriebsrat und Arbeitgeber war es, die Vorteile derartiger Systeme sowohl für das Unternehmen als auch für die Beschäftigten zu nutzen, die Risiken einzudämmen, aber auch Gestaltungserfahrungen zu sammeln. Nach der jetzt getroffenen Vereinbarung soll Transparenz durch die Kennzeichnung maschinell generierter Inhalte geschaffen und kenntlich gemacht werden, wer diese Inhalte geprüft hat. Sogenannte Deep Fakes (realistisch wirkende Inhalte, die durch Systeme Künstlicher Intelligenz erzeugt, abgeändert oder verfälscht wurden) sollen als künstlich erzeugte Bilder gekennzeichnet werden. Die Nutzer*innen von »Provinzial GPT-Chat« sind in der Pflicht, den Output der Maschine auf Integrität, Genauigkeit und Zuverlässigkeit zu prüfen. Derartige Auflagen sind später durch die Europäische KI-Verordnung verbindliches Recht geworden.

20.3 Definitionen und Begriffe

Der Begriff »Generative KI« bezeichnet Systeme, die in der Lage sind, Daten oder Inhalte zu erstellen, die auf vorhandenen Informationen basieren. Im Gegensatz zu anderen KI-Anwendungen, die in erster Linie darauf ausgelegt sind, Daten zu analysieren oder zu interpretieren, zielt generative KI darauf ab, neue Daten oder Inhalte zu generieren – von Texten und Bildern über Musik und Videos bis hin zu Softwareprogrammen.
Seitdem ChatGPT im November 2022 für die allgemeine Öffentlichkeit zur Verfügung gestellt wurde, ist sogenannte generative KI in aller Munde und ein neuer Hype um KI ist entbrannt. Über die Gründe wird viel spekuliert; eine Ursache

350 *https://datenschutz-hamburg.de/fileadmin/user_upload/HmbBfDI/Datenschutz/Informationen/20231113_Checkliste_LLM_Chatbots_DE.pdf,* zuletzt abgerufen am 21.10.2024.

könnte sein, dass die Ausgaben von ChatGPT, insbesondere Spracheausgaben, für die meisten Nutzerinnen und Nutzer zugänglich, verständlich und nützlich sind. Denn auch vor der Veröffentlichung von ChatGPT konnten Menschen bereits bequem andere Systeme generativer KI nutzen, etwa Midjourney zum Erstellen von Bildern. Das hatte in erster Linie in Fachkreisen für Aufmerksamkeit gesorgt, etwa unter Fotografinnen und Grafikern.

Als generative KI bezeichnet man Systeme, die Inhalte – wie Texte, Bilder, Videos, Musik, Software – erstellen können, indem sie Muster in Trainingsdaten erkennen und Ausgaben erzeugen, die Daten nach ähnlichen Mustern neu zusammensetzen. Die Ergebnisse können menschengemachten Inhalten stark ähneln, obwohl sie nach einem statistischen Verfahren erzeugt werden. Im Gegensatz zu anderen KI-Anwendungen, die in erster Linie darauf ausgelegt sind, Daten zu analysieren oder zu interpretieren, zielt generative KI darauf ab, neue Daten oder Inhalte zu erzeugen.

Die populärsten Systeme generativer KI sind die sogenannten GPTs (generative pre-trained transformers – auf Deutsch etwa: herstellende, vor-trainierte Umwandler) wie ChatGPT. Aber nicht jede generative KI ist ein GPT. Systeme zum Erstellen von Bildern etwa beruhen auf GANs (Generative Adversarial Network – auf Deutsch etwa: herstellende kontradiktorische Netze). Daher tragen Stable Diffusion, Midjourney, DALL-E und andere Bilderzeuger GPT nicht im Namen.

Hier zeigt sich erneut, dass KI ein Container-Begriff ist: Er umfasst ein sehr breites Spektrum an Bedeutungen, sodass es mitunter schwer fällt zu erkennen, wovon die Rede ist, wenn er verwendet wird. Daher hier eine Liste einiger der wichtigsten Begriffe:

Foundation model (Basismodell): Bezeichnung für Modelle, die auf einer sehr großen Bandbreite an Daten trainiert wurden und dadurch für sehr viele Zwecke eingesetzt werden können. Der Begriff wurde von Forscher*innen aus Stanford geprägt und ist sehr kontrovers, da – mit guten Gründen – bestritten wird, dass es Eigenschaften gibt, die allen Modellen gemeinsam sind, die von der Definition umfasst sein sollen; zudem wird den Modellen wegen ihrer Unzulänglichkeiten abgesprochen, als generelle Grundlage für andere KI-Systeme und Anwendungen dienen zu können.

GAN (Generative Adversarial Network): Eine Technologie, die in erster Linie genutzt wird, um maschinell Bilder zu erstellen (Stable Diffusion, Midjourney, DALL-E etc.).

General Purpose AI (GPAI): Bezeichnung für KI-Modelle, die verschiedene Funktionen ausüben können.

GPT (Generative Pre-Trained Transformer): Eine Technologie, die in erster Linie genutzt wird, um maschinell Texte zu erstellen. Ein Transformer-Modell ist ein neuronales Netz, das Kontext »lernt«, indem es Beziehungen in sequenziellen Daten erkennt, wie etwa Wörtern in einem Satz.

LLM (Large Language Model): Ein Modell, in den meisten Fällen ein Transformer (s. GPT), das auf sehr großen Textmengen trainiert wurde und dadurch extrem viele Beziehungen herstellen kann. LLM berechnen die statistische Wahrscheinlichkeit dafür, dass ein bestimmtes Wort auf ein anderes folgt. Die Kombination aus hochentwickelten statistischen Modellen und riesigen Mengen an Trainingsdaten führt dazu, dass LLM Texte erzeugen können, die Menschen so vorkommen, als seien sie von Menschen gemacht. Bekannte Modelle sind GPT-1 bis GPT-4 (OpenAI), LaMDA (Google), LLaMA (Meta), BLOOM (diverse Entwickler*innen).[351]

Multimodale Modelle, auch Multimodelle: Systeme, die mehrere spezialisierte Modelle vereinen, um je nach Aufgabenstellung Ergebnisse zu liefern, etwa Bilder zu erkennen und passende Bildunterschriften zu verfassen. GPT-4 von OpenAI verfügt über multimodale Fähigkeiten.

20.4 Generative KI

Systeme maschinellen Lernens, die dazu genutzt werden können, Inhalte zu erstellen, etwa Texte, Bilder, Musik, Videos, Software etc. Die Europäische KI-Verordnung hat mit ihrem Inkrafttreten die Vielfalt der verschiedenen Modelle nach zwei Definitionen sortiert:

- *»›KI-Modell mit allgemeinem Verwendungszweck‹ ist ein KI-Modell – einschließlich der Fälle, in denen ein solches KI-Modell mit einer großen Datenmenge unter umfassender Selbstüberwachung trainiert wird –, das eine erhebliche allgemeine Verwendbarkeit aufweist und in der Lage ist, unabhängig von der Art und Weise seines Inverkehrbringens ein breites Spektrum unterschiedlicher Aufgaben kompetent zu erfüllen, und das in eine Vielzahl nachgelagerter Systeme oder Anwendungen integriert werden kann, ausgenommen KI-Modelle, die vor ihrem Inverkehrbringen für Forschungs- und Entwicklungstätigkeiten oder die Konzipierung von Prototypen eingesetzt werden;*
- *›Fähigkeiten mit hoher Wirkkraft‹ bezeichnet Fähigkeiten, die den bei den fortschrittlichsten KI-Modellen mit allgemeinem Verwendungszweck festgestellten Fähigkeiten entsprechen oder diese übersteigen.«*

Grenzen, Risiken und konkrete Gefahren bei Entwicklung und Einsatz generativer KI

Generative KI wird derzeit zwar immer häufiger genutzt aber trotzdem oft kontrovers diskutiert. Die Gründe dafür sind vielfältig. In einem Überblick werden hier die wichtigsten vorgestellt. Wir beschränken uns dabei auf Szenarien, in denen Systeme zu legitimen Zwecken genutzt werden, in denen also Probleme für die Anwender*innen entstehen – nicht solche, in denen sie verwendet werden, um Schaden anzurichten, etwa indem mit ihrer Hilfe Desinformation oder Schadsoftware erzeugt werden.

351 Liste von LLM: *https://en.wikipedia.org/wiki/Large_language_model#List.*

Generative KI-Systeme produzieren häufig falsche Aussagen und Inhalte, die sehr überzeugend aussehen

Da die Systeme weder eine Vorstellung von Wahrheit oder Wahrhaftigkeit haben noch Absichten verfolgen, wäre es falsch zu schreiben, dass sie lügen. Aber ihre Ausgaben sind häufig falsch. Was genau »häufig« bedeutet, hängt vom Kontext ab. So kam eine Untersuchung von Bing Chat, dem auf ChatGPT basierenden Chatbot der Microsoft-Suchmaschine Bing, zu dem Ergebnis, dass ein Drittel der Antworten von Bing Chat auf Fragen zu den Wahlen in Bayern, Hessen und der Schweiz im Herbst 2023 sachliche Fehler enthielt. Zu den Fehlern gehörten falsche Wahldaten, veraltete Kandidat*innen oder sogar erfundene Skandale über Kandidat*innen.[352] Das ist bereits für sich genommen ein großes Problem, wiegt aber gerade deshalb besonders schwer, weil die Aussagen sehr überzeugend formuliert sind. Zwischen wahren und falschen Ausgaben ist sprachlich kein Unterschied zu erkennen.

Vergleichbares gilt für Programmiercode. Eine Studie von Informatikern der Université du Québec in Kanada hat ergeben, dass ChatGPT 3.5 dazu neigt, unsicheren Code zu generieren. Die Forscher kommen zu dem Schluss, dass die KI, obwohl sie eigentlich Kenntnisse über Programmierschwachstellen besitzt, Code generiert, der nicht robust und dadurch unsicher ist.

»Auch dort täuscht ChatGPT, wo man es mit am wenigsten toleriert: in der Wissenschaft. ›Welches ist die meistzitierte wirtschaftswissenschaftliche Arbeit aller Zeiten?‹, fragte der twitternde australische Ökonom David Smerdon die Software der kalifornischen Firma Open AI. Das sei der Artikel ›A Theory of Economic History‹ (Theorie der Wirtschaftsgeschichte) von Douglass North und Robert Thomas, publiziert 1969 im Journal of Economic History, gab die KI zurück. Der Artikel sei 30 000-mal zitiert worden. Doch die beiden einflussreichen Ökonomen haben nie einen Artikel dieses Titels verfasst. ChatGPT hat die Referenz erfunden.«[353]

Zur Herstellung und Verwendung von generativer KI werden enorme Ressourcen verbraucht

Hier geht es vor allem um Strom und Wasser. Wie groß der Verbrauch ist, kann derzeit nur geschätzt werden, da Entwickler*innen und Anbieter*innen nicht dazu verpflichtet sind, entsprechende Daten offenzulegen. Anbieter der Systeme geben gerne nur an, wie hoch der direkte Energieverbrauch und die Emissionen für einen Trainingszyklus sind. Durch den Energieverbrauch während der Trai-

352 Riccardo Angius, Raziye Buse Çetin, Marc Faddoul, Alex Felder Clara Helming, Waldemar Kesler, Natalie Kerby, Alexandra Kimel, Michele Loi, Angela Müller, Melis Omalar, Estelle Pannatier, Simone Robutti, Salvatore Romano, Isabel Sanchez, Anna Lena Schiller, Miazia Schueler, Denis Sorie, Matthias Spielkamp, Marc Thümmler, Tobias Urech, Mira Zimmermann: Generative AI and elections: Are chatbots a reliable source of information for voters? An analysis of Microsoft's Bing Chat, December 2023, *https://algorithmwatch.org/de/wpcontent/uploads/2023/12/AlgorithmWatch_AIForensics_Bing_Chat_Report.pdf.*

353 Süddeutsche Zeitung vom 28.3.2023, Wie die KI das Lügen lernt, *http://sz.de/1.5776399,* Wissen, Künstliche Intelligenz.

ningsphase wurden etwa beim BLOOM-Modell 24,7 Tonnen CO2-Äquivalente emittiert. Wenn aber die Hardware-Produktion und die Betriebsenergie in die Rechnung einfließen, verdoppelt sich der Emissionswert bereits. Darin sind allerdings noch nicht die kontinuierlichen Emissionen während der Anwendung des Modells enthalten. Es fehlen verlässliche Zahlen aus dieser sogenannten Inferenzphase, aber erste Indizien weisen darauf hin, dass die Emissionswerte sehr hoch sind – sowohl bei der Herstellung der notwendigen Hardware für die Anwendung als auch bei ihrem Betrieb.[354]

ChatGPT benötigt 500 Milliliter Wasser für einen einfachen Dialog mit 20 bis 50 Fragen und Antworten. Da der Chatbot mehr als 100 Millionen aktive Nutzer*innen hat, von denen alle mehrere Dialoge eröffnen, ist der Wasserverbrauch von ChatGPT schwindelerregend. Und diese Zahlen beziehen sich nur auf den Anwendungsmodus: Das Training von GPT-3 in den State-of-the-Art-Rechenzentren von Microsoft in den USA kann direkt 700 000 Liter sauberes Frischwasser verbrauchen, was für die Produktion von 370 BMWs oder 320 Teslas ausreichen würde. Der Wasserverbrauch beim GPT-3-Training würde sich sogar verdreifachen, wenn es in den asiatischen Microsoft-Rechenzentren stattfände. Bisher werden solche Informationen aber geheim gehalten.[355]

Ohne eine umfassende Lebenszyklus-Analyse können wir den ökologischen Fußabdruck von KI-Modellen nicht angemessen erfassen, müssen aber davon ausgehen, dass er sehr groß ist.

Für das Training von Modellen arbeiten Menschen unter unwürdigen Bedingungen

Diese Tatsache ist nicht auf generative Systeme beschränkt; schon lange vorher haben Menschen bei sehr schlechter Bezahlung und unter großen psychischen Belastungen Daten für das Training von KI-Modellen sortiert und etikettiert (»gelabelt«). Dabei ging es auch darum, dass die Arbeit eintönig war und unter großem Zeitdruck erledigt werden musste. Bei generativer KI kommt hinzu, dass die Systeme »toxische« Inhalte ausgeben, beispielsweise lebhafte Darstellungen von sexueller Gewalt, Suiziden, Tierquälerei und mehr. Diese Beschreibungen müssen von Menschen gelesen und eingeordnet werden, damit sie, bevor das Modell vielen Nutzerinnen und Nutzern zur Verfügung gestellt wird, aussortiert werden können. Das machten im Fall von OpenAI Menschen in Kenia zu einem Stundenlohn zwischen 1,25 und 2 US-Dollar. Später sollen dann auch Bilder überprüft worden seien, die zum Teil Gewalt an Kindern, Morde und Vergewaltigungen darstellten.[356]

354 Anne Mollen, Kilian Vieth-Ditlmann: Fangt einfach an zu messen, SustAIn Magazin #3, *https://sustain.algorithmwatch.org/fangt-einfach-an-zu-messen/*.

355 Shaolei Ren, Wasser ist das neue CO_2, SustAIn Magazin #3, *https://sustain.algorithmwatch.org/wasser-ist-das-neue-co2/*.

356 Billy Perrigo: OpenAI Used Kenyan Workers on Less Than $2 Per Hour to Make ChatGPT Less Toxic, Time Magazine, 18.1.2023.

Die Systeme verbreiten und verstärken Vorurteile und diskriminierende Aussagen und können zu Diskriminierung beitragen

Technische Systeme diskriminieren selbst nicht; es sind immer Menschen, die andere Menschen diskriminieren. Doch je leistungsfähiger ein System ist, desto größer kann der Einfluss auf die mit ihm interagierenden Menschen sein. Es ist bereits problematisch, wenn ein Übersetzungsprogramm aus dem Englischen »doctor« immer mit Arzt, »nurse« immer mit Krankenschwester ins Deutsche übersetzt, denn das eine Wort kann auch Ärztin, das andere Krankenpfleger bedeuten. Die Fähigkeiten generativer Systeme reichen viel weiter und können daher auch stärkere Wirkung entfalten, etwa indem Sachverhalte diskriminierend oder stereotyp dargestellt werden. Sehr eindrückliche Beispiele liefern Bildgeneratoren wie MidJourney. Auf die Anweisung (den Prompt) hin, ein Bild zu erzeugen, das ein*e Präsidentschaftskandidat*in zeigt, die/der eine Rede auf einer Straße hält (»a presidential candidate is giving a speech in the street«), produzierte das System kein einziges Bild mit einer Frau.[357] US Präsident Biden Präsidenten lies im Oktober 2022 seine Vorstellungen KI-Bill of Rights mit praktischen Beispielen von Software Induzierter Diskriminierung begründen: »Ein Einstellungsprogramm, das die Eigenschaften der überwiegend männlichen Mitarbeiter eines Unternehmens lernte, lehnte weibliche Bewerber aus fadenscheinigen und diskriminierenden Gründen ab. Lebensläufe mit dem Wort ›Frauen‹, wie z. B. ›Kapitänin des Frauenschachclubs‹, wurden in der Bewerberliste benachteiligt.«[358]

Die Vertraulichkeit von Daten ist nicht garantiert

Je nach gewünschtem Ergebnis, müssen einer generativen KI mehr oder weniger detaillierte Anweisungen gegeben werden. Soll das System einen Text zusammenfassen, muss dieser Text selbstverständlich auch in vollem Umfang dem System zur Verfügung gestellt werden, ebenso ein Programmiercode, der auf Fehler geprüft werden soll, oder Daten, um sie visualisieren zu lassen. In derartigen Fällen ist so gut wie nie wirklich klar, ob die zur Verfügung gestellten Informationen beim Systembetreiber auch gespeichert und dazu verwendet werden, die Systeme zu trainieren. Die Nutzungsbedingungen sind fast immer sehr lang und schwer verständlich, oft genug auch mehrdeutig. Einige Unternehmen verbieten deshalb die Nutzung von ChatGPT oder ähnlichen KI-Tools.

Unklare Rechte an mithilfe generativer KI erzeugten Inhalten

Die Diskussion darüber, welche Inhalte Entwickler*innen von KI-Systemen für das Training ihrer Modelle verwenden durften und dürfen, hat gerade erst begonnen. Dass hier noch vieles unklar ist und auch auf Jahre hinaus bleiben dürfte, führt für die Anwender*innen dazu, dass auch sie mit Rechtsunsicherheiten

---

357 Naiara Bellio, Nicolas Kayser-Bril: Some image generators produce more problematic stereotypes than others, but all fail at diversity, *https://algorithmwatch.org/en/image-generators-stereotypes-diversity/*.

358 The White House (Oktober 2022), Blaupause für eine KI-Bill of Rights.

leben müssen. Sollten etwa Gerichte entscheiden, dass Rechteinhaber*innen, deren Werke für das Training verwendet wurden, auch Rechte an den erzeugten Werken haben, kann das dazu führen, dass Ansprüche auch gegenüber denjenigen entstehen, die sie erzeugen. Nach derzeitigem Stand ist das unwahrscheinlich, sollte aber beobachtet werden.

Geschäfts- und Nutzungsbedingungen

Ein größeres Problem sind die Geschäfts- und Nutzungsbedingungen der Anbieter*innen selbst, also OpenAI, Microsoft, Google, Adobe etc. Wie bei diesen Diensten üblich, sind sie meist sehr komplex und für Laien schwer zu durchschauen, zudem gerade bei kleineren Anbieter*innen nicht auf den jeweiligen Rechtsrahmen angepasst (z. B. werden Bedingungen für die USA formuliert und nur ins Deutsche übersetzt, berücksichtigen aber nicht die in Deutschland geltenden gesetzlichen Bedingungen). Sie sollten daher immer juristisch auf Fallstricke geprüft werden.

Verlust von Arbeitsplätzen

Mit vielen technischen Entwicklungen, die dazu genutzt werden können, Aufgaben zu automatisieren, geht die Sorge einher, dass in der Folge Arbeitsplätze oder auch ganze Berufe verloren gehen. »Laut einer Studie von Goldman Sachs können in den USA und Europa rund 300 Millionen Arbeitsplätze durch KI ersetzt werden.«[359] Die Sorge um Beschäftigung ist berechtigt. Oft haben Technologien große soziale Verwerfungen mit sich gebracht, unter denen viele Menschen gelitten haben. Aber neue Techniken lassen auch neue Tätigkeiten entstehen. Es gelang der Enquetekommission des Deutschen Bundestages deshalb auch nicht rückblickend eine belastbare Aussage zu treffen, ob die Digitalisierung saldiert zu mehr oder weniger Arbeitsplätzen geführt hat. Schließlich wurde mit digitalen Arbeitsprozessen nicht nur rationalisiert, sondern auch neue Geschäftsfeder und Aufgaben entwickelt.

Die Vermutung liegt nahe, dass von generativer KI insbesondere Tätigkeiten betroffen sind, in denen der Anteil der kognitiven Arbeit sehr hoch ist. Auch die Annahme, dass ganze Berufsbilder wie etwa das des Illustrators/der Illustratorin insgesamt gefährdet sind, erscheint nicht absurd, sind aber nicht zwangsläufig. Es kommt auf die Einsatzentscheidungen, den Kontext und auch auf die Einflussnahme betrieblicher Gestaltungsakteure an.

De-Skilling

Der Begriff De-Skilling wird meist verwendet, um den Prozess zu beschreiben, in dem qualifizierte durch unqualifizierte Arbeitskräfte ersetzt werden. Hier geht es jedoch um den Prozess, in dem Menschen »infolge eines immer durchgreifenderen Einsatzes von KI-Anwendungen in unterschiedlichen Lebensbereichen […] mehr und mehr dazu verleitet werden könnten, eigene Aufgaben an die Technik

359 Yasmin Weiß (24. 7. 2023): Computerwoche, Wie Mensch und Maschine künftig zusammenarbeiten.

zu delegieren, weil diese als (vermeintlich) überlegen angesehen wird,« wie es der Deutsche Ethikrat beschreibt. Hieraus ergebe sich »ein Risiko für die individuelle Selbstwahrnehmung. Mit zunehmender Delegation von Aufgaben an Technologien kann der Eindruck entstehen, immer mehr Kontrolle über wesentliche Bereiche des eigenen Lebens abzugeben.«
Das kann auch auf den betrieblichen Kontext übertragen werden. Der Ethikrat weist richtigerweise darauf hin, dass ein solcher Kompetenzverlust »nicht allein auf digitale oder gar KI-basierte Technologien begrenzt« ist, sondern bei nahezu jedem Einsatz von Werkzeugen beobachtet werden kann.
Dennoch soll die Empfehlung zum Thema in voller Länge zitiert werden:

»Ob und inwiefern beim Einsatz von KI-Anwendungen Verluste menschlicher Kompetenz auftreten, die als unerwünscht eingestuft werden, muss sorgfältig beobachtet werden. Bei der Entwicklung und dem Einsatz neuer Technologien sind solch unerwünschte Kompetenzverluste durch eine sinnvolle Gestaltung des Zusammenspiels von Mensch und Technik, durch angemessene institutionelle und organisatorische Rahmenbedingungen sowie durch gezielte Gegenmaßnahmen wie etwa spezifische Trainingsprogramme zu minimieren bzw. zu kompensieren. Kompetenzverluste können sowohl individueller als auch kollektiver Natur sein. So gilt es zu verhindern, dass die Delegation von Aufgaben an Technologien dazu führt, dass Gesellschaften übermäßig anfällig werden, wenn diese Technologien (zeitweise) ausfallen. Jenseits dieser systemischen Aspekte müssen negative Auswirkungen solcher Delegation auf die individuelle Autonomie oder Selbstwahrnehmung mitigiert werden.«

Zu den Gestaltungsmöglichkeiten und -aufgaben gehört es, Ideen dazu zu entwickeln, wie Systeme generativer KI so in den Arbeitsalltag integriert werden können, dass sowohl Unternehmen als auch Beschäftigte davon profitieren. Dafür sollten die Voraussetzungen gelten, die auch für den Einsatz anderer KI-basierter Systeme entwickelt wurden:[360]

- Beschäftigte haben einen Anspruch darauf, die Logik derartiger Systeme verstehen zu können. Denn das ist eine notwendige – wenn auch keine hinreichende – Voraussetzung dafür, dass die Autonomie der Beschäftigten gewahrt bleibt; sie dürfen keine passiven Objekte einer von Algorithmen getriebenen Steuerung (»algorithmic governance«) werden. Vielmehr müssen sie aktiv dazu beitragen können, die Leistung der Organisation zu verbessern, indem sie Erkenntnisse nutzen, die durch den Einsatz dieser algorithmischen Systeme entstehen.
- Organisationen, die KI-Tools entwickeln und implementieren wollen, müssen Expert*innen mit der Bandbreite an Fähigkeiten (und informellem Wissen

360 AlgorithmWatch: Positionen zum Einsatz von KI im Personalmanagement. Rechte und Autonomie von Beschäftigten stärken – Warum Gesetzgeber, Unternehmen und Betriebsräte handeln müssen, *https://algorithmwatch.org/de/wp-content/uploads/2020/03/AlgorithmWatch_AutoHR_Positionspapier_2020.pdf.*

und kognitiver Haltung) rekrutieren, die erforderlich sind, um die Verständlichkeit und Fairness der Systeme zu bewerten.
- Die Auswirkungen der Anwendung des KI-Werkzeugs auf die Mitarbeitenden sollten sorgfältig überwacht werden.[361]

ChatGPT: Ein Programm stellt sich vor
Wir lesen und erfahren von bisher nicht für möglich gehaltenen Optionen, einen sehr niederschwelligen Zugang zu programmtechnischen Möglichkeiten zu erhalten und »neue« Bilder, Texte, Programmzeilen und Handlungsempfehlungen mit einer Geschwindigkeit zu erzeugen, die menschliche Fähigkeiten in den Schatten stellt. Aber was kann ChatGPT genau? Auf alle Fälle kann das Programm sich und seine Leistungsmerkmale vorstellen.
Über die Microsoft Suchmaschine Bing wurde ChatGPT nach den 25 am meisten genutzten Anwendungsmöglichkeiten gefragt. Daraufhin erstellte das Programm nachfolgende Tabelle. Diese wurde, nach einer zweiten Abfrage nach den Leistungsmerkmalen, vom Autor nur um die Möglichkeiten vervollständigt, Programmierarbeiten zu übernehmen. Als Quellen, um die Leistungsbeschreibung zu überprüfen, listet ChatGPT reichlich Webseiten auf.[362] Die Optionen, die das Programm bietet, dürften vergleichbar mit den Möglichkeiten anderer Anbieter generativer KI sein. Diese werden in der Zukunft wohl auch an Vielfalt gewinnen. Insofern ist der Vergleich mit der Kambrischen Explosion nicht falsch.

Anwendungsfeld	ChatGPT 4.0 kann
Chatbots	natürliche und flüssige Konversationen mit Menschen führen, indem es Fragen beantwortet, Smalltalk macht oder Ratschläge gibt.
Content-Erstellung	kreative und informative Inhalte wie Artikel, Blogs, Essays, Gedichte, Geschichten, Lieder, Witze oder Tweets generieren.
Übersetzung	Texte oder Sprache von einer Sprache in eine andere übersetzen, ohne dass ein vorheriges Training für jede Sprachpaarung erforderlich ist.
Sprachsynthese	Texte in natürliche und ausdrucksstarke Sprache umwandeln, die von verschiedenen Sprechern, Akzenten oder Emotionen gesprochen wird.

361 Für Details, s. Michele Loi: People Analytics muss den Menschen zugutekommen. Eine ethische Analyse datengesteuerter algorithmischer Systeme im Personalmanagement, Study 450, Hans-Böckler-Stiftung, Düsseldorf 2021.

362 *https://www.futurezone.de/digital-life/article439101/gpt-4.html, https://t3n.de/news/gpt4-chatgpt-openai-1541454, https://www.heise.de/news/GPT-4-In-einer-Welt-rasender-KI-Entwicklung-Fakten-auf-einen-Blick-7546721.html, https://www.aicatcher.de/was-chatgpt-4-0-mit-plugins-kann, https://www.futureofvoice.com/blog/chatbots/das-kann-chatgpt4, https://praxistipps.chip.de/chatgpt-excel-tabelle-erstellen-auswerten-lassen-so-gehts_159391, https://www.businessinsider.de/wirtschaft/chat-gpt-4-diese-vorteile-bietet-die-ki-und-das-kostet-sie/.*

Anwendungsfeld	ChatGPT 4.0 kann
Spracherkennung	gesprochene Sprache in Text umwandeln, indem es Hintergrundgeräusche reduziert und verschiedene Dialekte oder Slangs erkennt.
Bildgenerierung	realistische oder abstrakte Bilder aus Textbeschreibungen oder Skizzen erzeugen, z. B. Porträts, Landschaften oder Kunstwerke.
Bildbearbeitung	bestehende Bilder verändern, indem es sie z. B. vergrößert, verkleinert, schärft, glättet, färbt, stilisiert oder restauriert.
Bilderkennung	Objekte, Gesichter, Szenen oder Emotionen in Bildern erkennen und beschreiben, z. B. für Sicherheit, Gesundheit oder Unterhaltung.
Video-Generierung	realistische oder abstrakte Videos aus Textbeschreibungen oder Bildern erzeugen, z. B. Animationen, Simulationen oder Filme.
Videobearbeitung	bestehende Videos verändern, indem es sie z. B. schneidet, zusammenfügt, stabilisiert, verbessert oder vertont.
Videoerkennung	Objekte, Gesichter, Szenen oder Emotionen in Videos erkennen und beschreiben, z. B. für Sicherheit, Gesundheit oder Unterhaltung.
Audio-Generierung	realistische oder abstrakte Audios aus Textbeschreibungen oder Bildern erzeugen, z. B. Musik, Geräusche oder Effekte.
Audiobearbeitung	bestehende Audios verändern, indem es sie z. B. filtert, verstärkt, mischt, verändert oder transkribiert.
Audioerkennung	Geräusche, Stimmen, Musik oder Emotionen in Audios erkennen und beschreiben, z. B. für Sicherheit, Gesundheit oder Unterhaltung.
Textanalyse	Texte auswerten, indem es z. B. die Bedeutung, den Ton, die Absicht, die Stimmung oder die Qualität bewertet.
Textzusammenfassung	lange Texte in kurze und prägnante Zusammenfassungen umwandeln, z. B. für Nachrichten, Studien oder Berichte.
Textkorrektur	Texte auf Fehler oder Verbesserungsmöglichkeiten überprüfen und korrigieren, z. B. für Rechtschreibung, Grammatik, Stil oder Klarheit.
Textoptimierung	Texte für verschiedene Zwecke oder Zielgruppen optimieren, indem es z. B. die Wortwahl, die Struktur, die Länge oder die Wirkung anpasst.
Textklassifizierung	Texte nach verschiedenen Kriterien klassifizieren oder kategorisieren, z. B. nach Thema, Genre, Autor oder Sentiment.
Textextraktion	wichtige oder relevante Informationen aus Texten extrahieren, z. B. Namen, Daten, Fakten oder Zahlen.

Anwendungsfeld	ChatGPT 4.0 kann
Textvervollständigung	unvollständige oder unklare Texte vervollständigen oder klären, indem es z. B. fehlende Wörter, Sätze oder Absätze hinzufügt.
Textgenerierung	neue oder alternative Texte aus bestehenden Texten generieren, indem es z. B. die Perspektive, den Stil, den Inhalt oder das Format ändert.
Textinteraktion	mit Texten interagieren, indem es z. B. Fragen stellt, Antworten gibt, Kommentare oder Vorschläge macht.
Textkonvertierung	Texte von einem Format in ein anderes konvertieren, z. B. von HTML in Markdown, von LaTeX in Word oder von CSV in JSON.
Textsynthese	Texte aus verschiedenen Quellen oder Medien synthetisieren, z. B. aus Bildern, Audios, Videos oder Daten.
Programmierung	beim Programmieren helfen, indem es Code-Blöcke vorschlägt oder korrigiert.
Webseiten-Erstellung	beim Erstellen von Webseiten helfen, indem es HTML-Code für eine Homepage schreibt, die Website-Inhalte generiert und sogar das Design der Website mit KI entwirft.

20.5 Praxistipps für den Einsatz von ChatGPT und anderen Anwendungen aus der Programmfamilie der generativen KI

Die betriebliche Anwendung von ChatGPT und ähnlicher Modelle braucht gerade wegen der oben genannten Risiken betriebliche Regeln. Betriebs- und Personalräte sollten ihre Möglichkeiten der Einflussnahme nutzen, um interne Bedingungen zu formulieren und Leitlinien für die Nutzung entsprechender Tools zu schaffen. Dazu bieten sich folgende Tipps für das Wollen und Handeln an. Aber Vorsicht: Nicht jede Empfehlung passt zu jeder Anwendung, jeder Betriebskultur, jedem Einsatzzweck. Aktive Einflussnahme sollte mit Priorisierung beginnen:

1. **Erstinformation/Meinungsbildung**
   - Lassen Sie sich erläutern, warum der Einsatz generativer KI als Werkzeug für die vorgesehenen Zwecke nützlich und erforderlich ist.
   - Hinterfragen Sie, woher die ursprünglichen Trainingsdaten stammen und welche Einsatzreferenzen zum KI-Modell existieren. Damit lässt sich ein Eindruck darüber gewinnen, welche Weltsicht und welches Wertemodell den grundlegenden Funktionsmechanismen des Systems zugrunde lagen und welche Erfahrungen damit gemacht wurden.

- Fragen Sie danach, ob personenbezogene Daten, die von Dritten stammen, von diesen rechtmäßig erhoben worden sind und eine Rechtsgrundlage dafür existiert, diese Daten an das KI-System weiterzugeben. Akzeptieren Sie nicht die Behauptung, dass alle im Netz verfügbaren Daten auch automatisch legal verarbeitbar sind.
- Lassen Sie sich Informationen darüber geben, wie die einzelnen Anwendungen generativer KI in die Risikoklassifikation der Europäischen KI-Verordnung eingeordnet werden und wie die Anforderungen der Verordnung erfüllt werden.
- Legen Sie Wert darauf, über die Auswirkungen der Anwendungen auf die Persönlichkeitsrechte nach der Europäischen Grundrechtecharta informiert zu werden. Drängen Sie auf eine Folgenabschätzung, zumindest für heikle Anwendungen, z. B. im Hochrisikobereich.
- Stellen Sie fest, ob der Einsatz der KI-Anwendung Auswirkungen auf die Arbeitssteuerung im Betrieb hat. Falls ja: Reklamieren Sie eine Folgenabschätzung für würdige, sichere und gesunde Arbeitsbedingungen, die mit Art. 31 der Europäischen Grundrechtecharta und mit deutschem Arbeitsschutzrecht begründet werden kann.
- Fragen Sie danach, inwieweit der Einsatz generativer KI herkömmliche Haftungsprinzipien im Betrieb beeinflusst und wie der Betrieb mit eventuell entstehenden urheberrechtlichen Konflikten umgehen will.

2. **Dialog**
   - Interessieren Sie sich für die Meinung der Beschäftigten zum Einsatz generativer KI. Thematisieren Sie in einer Betriebsversammlung Chancen und Risiken. Beteiligen Sie Beschäftigte daran, eine Position zur Regulierung dieser KI-Systeme zur Festlegung von »roten Linien« zu formulieren.
   - Entwickeln Sie am besten gemeinsam mit dem Arbeitgeber Regeln, die beschreiben, für welchen Einsatzzweck generative KI in ihrem Betrieb eingesetzt werden darf und für welchen nicht. Beschreiben Sie ihre »rote Linien« und vermitteln Sie diese dem Arbeitgeber.
   - Entwickeln Sie am besten gemeinsam mit dem Arbeitgeber ein Standardverfahren zur Befassung der Mitbestimmungsorgane mit Anwendungen, die auf generativer KI beruhen. Ein gemeinsam formulierter Qualitätsanspruch erleichtert das Handeln. Darin sollten Qualitätsfaktoren wie Diskriminierungsfreiheit, Rechtskonformität und Nachhaltigkeit ebenso wie Fragen der Ergonomie, der Sozialverträglichkeit, der Robustheit der Systeme sowie die Unterstützung von Ansprüchen an Gute Arbeit und Beschäftigung zum Maßstab erhoben werden. Einkauf, Entwicklung und Einsatz generativer KI-Systeme sollte auf derartige Qualitätsfaktoren ausgerichtet werden.
3. **Besser abgeschottet als offen**
   - Priorisieren Sie den Einsatz eines Systems, das das Unternehmen unter eigener Kontrolle hat, statt ein offenes und frei zugängliches System zu verwenden. Derartige geschlossene Systeme sind zwar vortrainiert, ihre wichtigen Daten bleiben aber in der Firma. Damit werden die Nutzungs-

gewohnheiten nicht zum weiteren Training des Systems an den Anbieter der generativen KI weitergegeben. Das schützt die Daten von Beschäftigten und die vertraulichen Informationen der Firma.
- Legen Sie Wert darauf, dass berufliche Accounts für die Nutzung generativer KI zur Verfügung gestellt werden. Damit wird vermieden, dass Beschäftigte eigenverantwortlich unter Verwendung privater Daten ein Konto erstellen, das beruflich genutzt wird. Ihr persönliches Nutzungsverhalten bleibt damit für die Anbieter der Software schlechter auswertbar und zuzuordnen.

4. **Transparenz**
   - Legen Sie Wert darauf, dass maschinell erzeugte Texte und Programmcodes, die betrieblich verwendet werden sollen, als »computergeneriert« gekennzeichnet werden, sofern diese zuvor nicht von Verantwortlichen überprüft, verändert und nachvollziehbar freigegeben wurden. Die Verantwortlichen für den maschinellen Output übernehmen nach der Freigabe die Verantwortung für den Text bzw. Programmcode.
   - Wirken Sie darauf hin, dass künstlich erzeugte Bilder, die Personen abbilden oder Beschäftigte unterschwellig beeinflussen könnten, auf jeden Fall als »computergeneriert« gekennzeichnet werden.
   - Setzen Sie sich dafür ein, dass für die Beschäftigten Transparenz darüber geschaffen wird, welche Anwendungen generativer KI im Betrieb zugelassen wurden. Drängen Sie darauf, dass auch die dafür geltenden Reglungen für die Beschäftigten verständlich beschrieben und leicht zugänglich sind. Beschäftigte sollten daran erinnert werden, welche Interventionsmechanismen sie bei der Verwendung ihrer personenbezogenen Daten haben und darüber aufgeklärt werden, welche Art von betrieblichen Anwendungen nach der europäischen KI-Verordnung dem Hochrisikobereich zugeordnet wurden.
   - Weisen Sie die Beschäftigten darauf hin, dass nicht regelgerechte Verwendung von generativer KI die Persönlichkeitsrechte der Mitarbeiter gefährden kann und alle Beschäftigten sowohl Interventionsmöglichkeiten als auch die Möglichkeit haben, Hinweise über Regelverstöße an die Mitbestimmungsgremien oder die Hinweisgeberportale des Arbeitgebers weiterzugeben. Erinnern Sie daran, dass die Whistleblower nach dem Hinweisgeberschutzgesetz besonders geschützt sind.
5. **Rote Linien**
   - Begründen Sie den Anspruch, grundsätzlich keine personenbezogenen Daten an das System zu übergeben und keine personenbezogenen Daten abzufragen. Werden, nicht regelgerecht, trotzdem Daten über einzelne Beschäftigten durch das System zur Verfügung gestellt, sollte diese Information den Betroffenen zur Kenntnis gegeben werden, damit diese ihre Widerspruchsrechte wahrnehmen können. Derartige maschinelle Ausgaben sollen nicht für arbeitsrechtliche Maßnahmen und Leistungs- oder Verhaltenskontrolle genutzt werden dürfen.

- Lassen Sie nicht zu, dass Mithilfe von generativer KI automatisierte Entscheidungen mit Rechtswirkung oder ähnlicher Tragweite für Beschäftigte getroffen werden. Erinnern Sie an Art. 22 DSGVO.
- Fordern Sie ein, dass durch die eingeführten Anwendungen gewerkschaftliches Engagement oder Handeln der Mitbestimmungsorgane nicht ausgewertet werden und keine Informationen über die handelnden Akteurinnen und Akteure analysiert werden. Erinnern Sie an die Vorgaben des Art. 9 DSGVO, wonach die Verarbeitung weiterer besonders geschützter Daten untersagt ist.

6. **Reglements**
   - Verlangen Sie, falls der Einsatzweck die Verwendung personenbezogener Daten zwingend erfordert, dass diese Daten nur in mitbestimmten und streng regulierten Anwendungsszenarien verwendet werden dürfen. Drängen Sie die Verantwortlichen darauf, ihnen für solche Fälle eine Rechtsgrundlage zu nennen. Zunächst ist aber die Möglichkeit zu prüfen, ob der Zweck nicht auch mit pseudonymisierten oder anonymisierten Daten erfüllt werden kann.
   - Setzen Sie sich dafür ein, dass die Chat-Historie für die beruflichen Accounts nur den Nutzer*innen zugänglich ist und eine angemessen kurze Speicherfrist dafür sorgt, dass die Daten über das Abfrageverhalten der Beschäftigten nicht unnötig lange im System vorgehalten werden.
7. **Werte**
   - Übersetzen Sie im Betrieb ohnehin vorhandene Ethik-Prinzipien in Anwendungsvorgaben für die generative KI. Verlangen Sie, dass dabei geeignete, schon existierenden Ansprüche an Umgangsformen, Gesetzestreue, Vielfalt, Fairness und Arbeitnehmerrechte in die betrieblichen Regeln zum Einsatz generativer KI übertragen werden.
   - Legen Sie Wert darauf, dass seitens des Anbieters der generativen KI verhindert wird, dass Abfragen zu sexuellen Inhalten, Gewalt und Hetze ermöglicht werden.
8. **Prozesse**
   - Wirken Sie darauf hin, dass ein betriebliches Meldesystem aufgebaut wird, über das Beschäftigte auf eine nicht regelgerechte Nutzung der Anwendungen hinweisen können. Hinweisgeber sollten unbeschadet einer verantwortlichen Stelle darauf aufmerksam machen können, wenn mit dem System Falschinformationen, Hassnachrichten, Fake-News, manipulative Inhalte, Schadsoftware oder verleumderische Informationen über einzelne Beschäftigte verbreitet werden und Persönlichkeitsrechte der Beschäftigten bedroht sind.
   - Drängen Sie darauf, dass Modelltests durchgeführt werden, bevor Anwendungen für den innerbetrieblichen Einsatz freigeben werden. Motivieren Sie Mitbestimmungsträger*innen, sich an den Modelltests aktiv zu beteiligen, um eigene Eindrücke sammeln zu können, und fragen Sie beteiligte Beschäftigte nach deren Erfahrungen.

- Begründen Sie den Anspruch, dass bei erkennbaren negativen Auswirkungen des Einsatzes generativer KI auf Arbeitsplätze, Qualifikationsanforderungen und die Eingruppierung von Beschäftigten eine Grundrechtsfolgenabschätzung durchgeführt wird.
- Unterstützen Sie Initiativen, die darauf zielen, die Bedingungen und Wirkungen hinsichtlich der schon eingesetzten generativen KI-Anwendungen in ihrem Betrieb laufend zu evaluieren.
- Unterstützen Sie Anstrengungen, Mechanismen zu entwickeln, die Informationen darüber liefern, ob die im Betrieb eingesetzten Texte, Bilder und Programmcodes computergeneriert wurden oder nicht. Falls geeignete elektronische Prüftools dafür verfügbar werden, stehen Sie deren Einsatz aufgeschlossen gegenüber.

9. **Kein blindes Vertrauen**
   - Hinterfragen Sie, ob den Entscheidungsträgern über den Einsatz generativer KI in ihrem Betrieb klargemacht wurde, dass mangelnde Genauigkeit, systembedingte Verzerrungen oder Neigungen dazu, unsinnige und falsche Inhalte auszugeben, die Verwendung entsprechender Systeme für manche Anwendungsszenarien nicht zulässt.
   - Begründen Sie die Pflicht für Nutzerinnen und Nutzer von generativer KI in ihrem Betrieb, den maschinellen Output auf Richtigkeit, Stimmigkeit, Integrität, Genauigkeit und Diskriminierungsfreiheit zu prüfen, bevor er in den innerbetrieblichen Einsatz gebracht wird.
   - Arbeiten Sie darauf hin, dass den Entscheidungsträger*innen vermittelt wird, nicht blind auf Empfehlungen der KI zu vertrauen und sich nicht bedingungslos an KI-gestützte Vorschläge gebunden zu fühlen.
   - Fragen Sie bei der Evaluation der Systeme danach, wie häufig die Entscheidungsträger*innen von den maschinellen Empfehlungen abgewichen sind.
10. **Kompetenzen**
    - Interessieren Sie sich dafür, ob sich das Management und die operativen Entscheidungsträger*innen über die Vorgaben der Europäischen KI-Verordnung und deren Sanktionsklausen im Klaren sind.
    - Setzen Sie sich für Qualifizierungsmaßnahmen ein, die den Anwender*innen vermitteln, welche Stärken und welche Schwächen generative KI hat, wie Mitarbeiter*innen die Modelle nutzen können und welche betrieblichen Regulierungsvorgaben es dafür gibt.
11. **Technisch-organisatorische Sicherung**
    - Hinterfragen Sie, ob differenzierte Regulierungsvorgaben für den Einsatz generativer KI in den verschiedenen Anwendungsfeldern existieren.
    - Achten Sie darauf, dass Datenschutzbeauftragte an der Formulierung der betrieblichen Regelungen beteiligt werden, und prüfen Sie, ob ausreichend technisch-organisatorische Maßnahmen den sicheren Betrieb gewährleisten.
    - Unterstützen Sie Anstrengungen, dezidierte Berechtigungskonzepte zu erstellen und technisch-organisatorische Schutzmaßnahmen zu integrie-

ren, die die Anwendungen vor Missbrauch und unerlaubten Eingriffen schützen.

20.6 Prüffragen für Betriebsräte

- Mit welchen Daten wurde die generative KI trainiert?
- Welche Firma betreibt das KI-System? Wo sind die Daten gespeichert, die die Beschäftigten in das System eingeben?
- Soll ein KI-System eingesetzt werden, dass unter der vollen Kontrolle des Unternehmens ist, oder soll ein freier Zugang zu einer allgemein zugänglichen generativen KI organisiert werden?
- Ist es zulässig, personenbezogene Daten in dem System zu verarbeiten? Auf welcher Rechtsgrundlage erfolgt dies?
- Falls die generative KI personenbezogene Daten der Beschäftigten nutzen darf, gibt es dafür eine Zustimmung der Mitbestimmungsorgane?
- Liegen aus anderen Betrieben Angaben und Referenzen über die Verzerrungs- und Diskriminierungsfreiheit des Systems vor?
- Welche Erfahrungen und Beschreibungen zum Genauigkeitsgrad des Systems gibt es?
- Wurde das System in der Firma getestet? Welche Neigung der Anwendung wurde festgestellt, unsinnige und falsche Ergebnisse auszugeben?
- Wurden die Nutzer*innen und Vorgesetzten darüber informiert, welche Unzulänglichkeiten das System hat? Wurde Ihnen vermittelt, dass sie sich nicht hundertprozentig auf die Ergebnisse verlassen können?
- Liegen Erfahrungen darüber vor, inwieweit die Beschäftigten den Systemansatz für aufgabenangemessen und gebrauchstauglich halten?
- Sind die Beschäftigten über Chancen und Risiken informiert worden und welche Regeln für die Systemnutzung halten sie für besonders bedeutsam?
- Wie sollen die Vorgaben der Europäischen KI-Verordnung zur Transparenz generativer KI eingehalten werden? (Art. 50 Europäische KI-Verordnung)
- Wird das System in einem Anwendungsfeld eingesetzt, dass nach der KI-Verordnung als Hochrisikobereich definiert ist? (Anlage 3 Europäische KI-Verordnung)
- Wurde eine Grundrechtsfolgenabschätzung zum Einsatz des Systems durchgeführt? Mit welchem Ergebnis?
- Hat der Systemeinsatz Auswirkungen auf die Arbeitssteuerung im Betrieb und wurden Konsequenzen für Arbeitsschutz und Persönlichkeitsrechte in die Folgenabschätzung einbezogen?
- Wie werden die personenbezogenen Daten der Beschäftigten im Betrieb geschützt? Dürfen derartige Daten durch das System ausgewertet werden? Wer hat auf die Auswertungen Zugriff?
- Gibt es eine klare »Betriebsanleitung«, die beschreibt, für welche Zwecke derartige Systeme im Betrieb eingesetzt werden dürfen und für welche nicht?

- Haben nur die Nutzer*innen Zugang zur Historie der von Ihnen eingegebenen Prompts? Wie lange bleiben die Eingabedaten gespeichert?
- Existieren betriebliche Vorgaben, dass die Texte, Bilder und Programmcodes, die mit generativer KI erzeugt werden, als »computergeneriert« zu kennzeichnen sind?
- Werden künstlich erzeugte Bilder, die Personen aus der Firma nachempfunden sind, als computergeneriert gekennzeichnet?
- Sind die Regeln, die für den Einsatz generativer KI gelten, für die Beschäftigten zugänglich und verständlich geschrieben?
- Wurde den Nutzer*innen und den Vorgesetzten vermittelt, welche Interventionsmöglichkeiten Betriebsangehörige haben, um auf Regelverstöße bei der Verwendung der generativen KI hinzuweisen?
- Werden mithilfe generativer KI vollständig automatisierte Entscheidungen getroffen, die auf Beschäftigte wirken?
- Ist es im Betrieb zulässig, das Verhalten von Mitbestimmungsorganen durch generative KI auswerten zu lassen?
- Wurde überprüft, wie der Einsatz generativer KI zu den Ethikprinzipien der Firma passt und wurden aus dem Abgleich Schlussfolgerungen für die betrieblichen Vorgaben gezogen?
- Wurden betriebliche Modelltests durchgeführt, bevor das KI-System zum dauerhaften Einsatz kam? Wurden die Beschäftigten und ihre Interessenvertretungen daran beteiligt?
- Wurde analysiert, wie der Einsatz generativer KI auf die Anzahl der Arbeitsplätze, die Veränderung von Qualifikationsanforderungen und die Eingruppierung von Beschäftigten wirkt?
- Haben die Nutzer*innen des Systems die Vorgabe, den maschinellen Output auf Richtigkeit, Stimmigkeit, Integrität und Genauigkeit sowie auf Diskriminierungsfreiheit zu prüfen?
- Haben die Nutzer*innen Zugang zu Qualifizierungsmaßnahmen, die ihnen vermitteln, wie man zielführende Prompts schreibt? Wurde den Nutzer*innen vermittelt, welche Regeln für den Einsatz der generativen KI im Betrieb gelten?
- Wurde innerbetrieblich geprüft, inwieweit für die unterschiedlichen Einsatzgebiete generativer KI (z. B. Softwareentwicklung oder Bildgenerierung) unterschiedliche Regulierungsvorgaben notwendig sind?

21 Schrittweise zu Qualität und Vertrauen – das KI-Lagom-Phasenmodell

*»Steile Berge hinaufzusteigen,
erfordert kleine Schritte«*

Sprichwort

Vertrauen baut u. a. auf Nachvollziehbarkeit, Verlässlichkeit, gemeinsamen Verhaltensnormen und geteilten Erfahrungen auf. Über etwa 50 Jahre konnten sich die betrieblichen Sozialparteien einen standardisierten Prozess um die Einführung von IT-Systemen in den Betrieben erarbeiten, der im günstigsten Fall Vertrauen schuf, im ungünstigsten Fall der jeweils anderen Seite zumindest vermittelte, worauf Wert gelegt wird. Die damit gemachten Erfahrungen reichen aber nicht aus, um schlüssig Antworten auf die Fragen zu geben, die lernende Maschinen auslösen.

Die Einführung von KI-Systemen im Betrieb muss sich heute einer viel größeren Anzahl von einzelnen Aspekten annehmen, als dies bei klassischen Prozessen zur IT-Einführung der Fall war. Es macht deswegen Sinn, sich neben einem Integrationsmodell für Vertrauensfaktoren, wie es in Kapitel 18 beschrieben wurde, auch einen nachvollziehbaren und verlässlichen Standardprozess zur Einführung derartiger Systeme zu erarbeiten. Für die verschiedenen Akteure, die bei der Einführung von KI-Systemen Interessen und Aufgaben haben, ist die Verständlichkeit und Transparenz eines Standardprozesses hilfreich, um Vertrauen aufzubauen.

Die Beschreibung eines auf Schrittfolgen ausgerichteten Einführungsprozesses sollte Interventionsphasen und Interventionsmöglichkeiten aufzeigen, auch um zu vermeiden, dass bereits bei Bekundung der Absicht, ein KI-System für betriebliche Funktionen einsetzen zu wollen, alle denkbaren Fragen adressiert werden, die damit in Verbindung gebracht werden könnten.

Optimal wäre ein Phasenmodell, das folgende Prüfungs- und Interventionsstationen beschreibt:

1. Einkaufs- oder Entwicklungsvorgaben
2. erste Befassung der Mitbestimmungsträger mit einem KI-Steckbrief
3. Beurteilung durch den Datenschutzbeauftragten
4. Folgenabschätzung, ggf. Grundrechte-Folgenabschätzung
5. Risikobeurteilung, Klassifikation und Zuordnung zu Regulierungsstandards in einem zweiten Steckbrief
6. Training und Test des KI-Systems
7. Gefährdungsanalyse

8. Dokumentation
9. formale Beteiligung des Betriebsrats
10. Wirkbetriebsaufnahme und Schaffung von Transparenz
11. Evaluation und Konformitätsprüfung

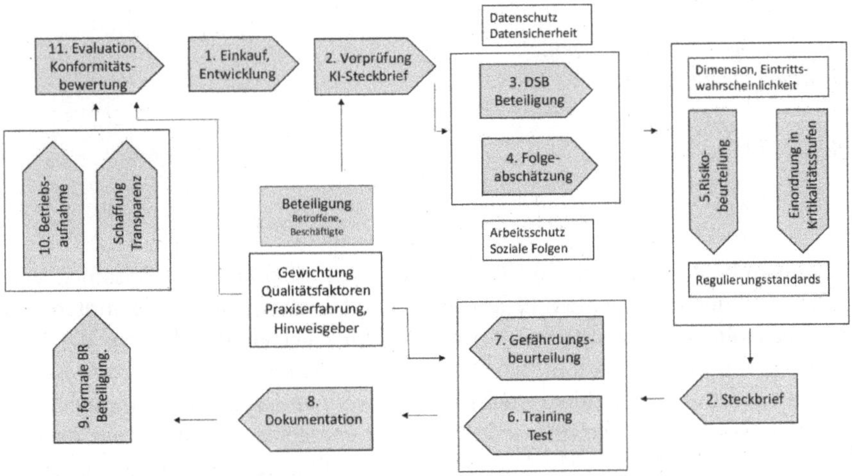

Ein derartiges Phasenmodell kann

- Einführungsbarrieren und Hemmschwellen senken,
- Vertrauenswürdigkeit in der Sozialparteienbeziehung stärken,
- Transparenz und Verständlichkeit erzeugen,
- Vorbehalte ab- und Vertrauen aufbauen,
- Erfahrungen bei Erarbeitung eines Standards fördern, um daraus einen verallgemeinerbaren, handlungsleitenden Ordnungsrahmen zu entwickeln,
- Prozessgeschwindigkeit erhöhen,
- Doppelarbeit und Fehlentwicklungen vermeiden, Arbeit erleichtern,
- ethische Grundsätze operationalisieren,
- Praxiserfahrung zur Fortentwicklung von Standards sammeln.

21.1 Einkaufs- und Entwicklungsvorgaben: Phase 1

Es bietet sich an, die oft ohnehin vorhandenen Anforderungskataloge für Einkauf und Entwicklung von IT-Systemen im Dialog, zumindest in einigen Leitfaktoren, für die Anwendung auf KI-Systeme zu vervollständigen. Damit würde bereits in einer frühen Entwicklungsphase zum Ausdruck gebracht, dass derartige Systeme sowohl betriebswirtschaftlichen Anforderungen als auch arbeitnehmerorientierten Interessen Rechnung tragen sollen. Die gemeinsame Intervention der Sozialparteien in dieser Frühphase kann Friktionen in einer späteren Implemen-

tierungsphase vermeiden und vorbeugen, dass später Anforderungen entstehen, die schwer oder nur noch mit hohem Aufwand befriedigt werden können.
Gegenstand von Einkaufs- oder Entwicklungsvorgaben könnten beispielsweise sein:

- Die Risikoklassifikation entsprechend der Europäischen KI-Verordnung,
- die gezielte Suche nach Referenzen hinsichtlich der Verzerrungsfreiheit der Systeme,
- die verständliche Beschreibung der Funktionsmechanismen des KI-Systems,
- eine Vorgabe, die Aufgabenangemessenheit und Gebrauchstauglichkeit zu hinterfragen,
- eine Vorgabe, Elemente der Steuerbarkeit, der Kontrollierbarkeit und Erklärbarkeit in den Blick zu nehmen,
- die Klärung der Frage, ob das System mit pseudonymisierten oder anonymisierten Daten auskommen kann,
- die Bezeichnung jener DIN-, ISO- und EN-Normen, auf die das System abgestellt wurde,
- die Nennung bereits existierender Zertifizierungen,
- die Beschreibung datenschutzrechtlicher Voreinstellungen eines Systems,
- die Aufklärung über erforderliche Schnittstellen zu anderen Systemen,
- die Bereitstellung bereits vorliegender Risikobeurteilungen und Folgenabschätzungen aus anderen Betrieben,
- die Formulierung von Einschätzungen zur Robustheit des Systems, seiner Fehlertoleranz und seinen Missbrauchsgefahren,
- die Einschätzung der Energieeffizienz.

21.2 Ein »KI-Steckbrief« zur Erstbefassung der Mitbestimmungsträger: Phase 2

Sowohl für die Beteiligung der Betriebs- und Personalräte, der Mitarbeitendenvertretungen, als auch für die Partizipation von Gleichstellungsbeauftragten, Jugend- und Auszubildendenvertretungen und Gremien der Schwerbehinderten, ebenso für die Abstimmung mit den Prüfinstanzen des Datenschutzbeauftragten, der IT-Sicherheit oder den betrieblichen Aufgabenträgern, die mit Folgenabschätzungen oder einer Risikobeurteilung und Klassifikation des einzuführenden KI-Systems befasst sind, ist es sinnvoll, eine standardisierte Übersicht zu den Systemmerkmalen bereitzustellen. Wird die Struktur einer derartigen Erstinformation zwischen den betrieblichen Sozialparteien verabredet, kann unnötiger Aufwand vermieden werden, der durch unterschiedliche Schemata, nach denen die Fachseiten Systembeschreibungen erstellen, ausgelöst wird.
Der Unterrichtungsanspruch des Betriebsrats nach § 90 Abs. 3 BetrVG kann damit befriedigt werden, ohne dass für jeden Einführungsprozess aufs Neue geklärt werden muss, welche Informationen dafür erforderlich sind.

Nach § 90 Abs. 3 BetrVG hat der Arbeitgeber den Betriebsrat »über die Planung von technischen Anlagen, von Arbeitsverfahren und Arbeitsabläufen oder Arbeitsplätzen einschließlich des Einsatzes von Künstlicher Intelligenz rechtzeitig unter Vorlage der erforderlichen Unterlagen zu unterrichten.« Für derartige Informationen wird die Entwicklung eines standardisierten »KI-Steckbriefes« empfohlen, der auch für die Information weiterer Akteure genutzt werden kann. Sinnvoll ist, den fachlich Verantwortlichen darin für die KI-Einführung folgende Informationen abzuverlangen:

- Eine Risikoklassifikation entsprechend der Europäischen KI-Verordnung und die entsprechend der Zuordnung geplanten Regulierungsmaßnahmen (TOM),
- die Planungen für eine ggf. erforderlich werdende Grundrechte-Folgenabschätzung,
- eine Beschreibung des technischen Systems und dessen Einsatzgebiets sowie eine Begründung der Erforderlichkeit,
- die Beschreibung der Rechtsgrundlage und die Nennung der betrieblichen Stelle, die die Rechtskonformität beurteilt hat,
- den präzisen Zweck und das genaue Ziel des KI-Einsatzes,
- die Bezeichnung der Daten und Datenquellen, die das System nutzt,
- seine Funktionsmechanismen und die Dimension der Berechtigung, maschinelle Schlussfolgerungen zu ziehen,
- die Ablösung bisheriger Entscheidungsbefugnisse der Menschen,
- Beurteilungen zur Steuerbarkeit und Kontrollierbarkeit des Systems,
- einen begründeten Vorschlag für eine Risikoklassifizierung,
- das Ausfall- und Notfallkonzept,
- der geplante Wertschöpfungsbeitrag,
- der Innovationsbeitrag und untersuchte Alternativen,
- vorliegende Zertifizierungen der Systemsicherheit,
- Referenzen über Einsatzerfahrungen in anderen Betrieben,
- geplante technisch-organisatorische Maßnahmen,
- die funktionale Benennung der Verantwortlichen für den technischen Betrieb des KI-Systems als auch für die maschinellen Schlussfolgerungen,
- eine Einordnung in die Ethikstandards des Betriebes,
- mit dem System geplante oder zusammenhängende Veränderungen von Arbeitsprozessen und Rationalisierungsfolgen,
- geplante Initiativen zur Information der Betroffenen und Schaffung von Transparenz,
- Konturen des Berechtigungskonzeptes für die Systemnutzung,
- der voraussichtliche Qualifizierungsbedarf,
- eine Beurteilung der Wirkungen auf Ergonomie und Barrierefreiheit,
- die Projektplanungen zur Beteiligung des Datenschutzbeauftragten, zur Folgenabschätzungen und zum Systemtraining,
- die Verträglichkeit mit betrieblich definierten Nachhaltigkeitsansprüchen.

21.3 Prüfung durch den Betrieblichen Datenschutzbeauftragten: Phase 3

Nach Art. 39 DSGVO obliegen dem Betrieblichen Datenschutzbeauftragten u. a. folgende Aufgaben:

- *»Überwachung der Einhaltung dieser Verordnung [der DSGVO, LSPH] anderer Datenschutzvorschriften der Union bzw. der Mitgliedstaaten sowie der Strategien des Verantwortlichen oder des Auftragsverarbeiters für den Schutz personenbezogener Daten einschließlich der Zuweisung von Zuständigkeiten, der Sensibilisierung und Schulung der an den Verarbeitungsvorgängen beteiligten Mitarbeiter und der diesbezüglichen Überprüfungen;*
- *Beratung – auf Anfrage – im Zusammenhang mit der Datenschutz-Folgenabschätzung und Überwachung ihrer Durchführung gemäß Artikel 35«.*

Nach Artikel 38 DSGVO muss der Datenschutzbeauftragte bei der Wahrnehmung seiner Aufgaben unterstützt werden:

- *»Der Verantwortliche und der Auftragsverarbeiter stellen sicher, dass der Datenschutzbeauftragte ordnungsgemäß und frühzeitig in alle mit dem Schutz personenbezogener Daten zusammenhängenden Fragen eingebunden wird.*
- *Der Verantwortliche und der Auftragsverarbeiter unterstützen den Datenschutzbeauftragten bei der Erfüllung seiner Aufgaben gemäß Artikel 39, indem sie die für die Erfüllung dieser Aufgaben erforderlichen Ressourcen und den Zugang zu personenbezogenen Daten und Verarbeitungsvorgängen sowie die zur Erhaltung seines Fachwissens erforderlichen Ressourcen zur Verfügung stellen.«*

In deutschen Großunternehmen wird es mehr und mehr üblich, die Einbindung sowohl des Datenschutzbeauftragten als auch der für die Datensicherheit im Unternehmen verantwortlichen Instanzen in einem standardisierten Verfahren vorzunehmen. Wird für die Einführung von IT-Systemen bereits üblicherweise ein »Privacy und Security Assessment« durchgeführt, ist es zweckmäßig, derartige Verfahren, auch auf die Einführung von KI-Systemen anzuwenden. Die begründeten Prüfelemente zu den Persönlichkeitsrechten sollten ergänzt werden um jene, die üblicherweise im Betrieb zur Einführung von IT-Systemen untersucht werden.

Insbesondere sollte vom Datenschutzbeauftragten oder dessen Hilfspersonal geprüft werden:

- die Rechtskonformität mit der DSGVO,
- die Rechtskonformität mit der Europäischen KI-Verordnung,
- die Präzision von Zielen und Zwecken,
- die Erforderlichkeit für die Verarbeitung personenbezogener Daten,
- die Transparenz gesetzlicher und erforderlicher Interventionsrechte,
- das personenbezogene Berechtigungskonzept,

- der Autonomiegrad der Systementscheidung,
- erforderlichenfalls die Bedingungen, Voraussetzungen und Legitimationen für ein Profiling,
- erforderlichenfalls die Voraussetzungen und Notwendigkeiten für den Einsatz von Daten entsprechend Artikel 9 DSGVO,
- die Verfügbarkeit, Belastbarkeit und Manipulationsfreiheit des Systems,
- die Schlüssigkeit bisheriger Systemklassifikationen,
- das Konzept für ein Training und einen Systemtest.

Sind zuvor die Sozialparteien über die Erstinformation zur Überzeugung gelangt, dass das KI-System als risikoarm betrachtet werden kann, und wird diese Einschätzung vom Betrieblichen Datenschutzbeauftragten bestätigt, so sollte es in weiteren Einführungsphasen als risikoarm gelten. Das wiederum könnte bei einer Datenschutzfolgenabschätzung eine Verfahrenserleichterung auslösen. Eine Folgenabschätzung könnte im einfachen Dialog zwischen den Sozialparteien und Datenschutzbeauftragten durchgeführt und/oder auf Basis der bisherigen Einschätzungen dokumentiert werden.
Mit steigender Risikorelevanz der Systeme sollten entsprechend auch die Anforderungen an die Folgenabschätzung steigen.

21.4 Folgenabschätzung: Phase 4

Die neue Europäische KI-Verordnung verlangt mit Artikel 9 nach einem Risikomanagementsystem für Hochrisikoanwendungen, markante Einsatzfelder im Personalmanagement zählen dazu. Welche weiteren Anwendungen dem zuzurechnen sind, ist in Kapitel 13 näher ausgeführt. Im Verordnungstext heißt es:

- *»Für Hochrisiko-KI-Systeme wird ein Risikomanagementsystem eingerichtet, angewandt, dokumentiert und aufrechterhalten.*
- *Das Risikomanagementsystem versteht sich als ein kontinuierlicher iterativer Prozess, der während des gesamten Lebenszyklus eines Hochrisiko-KI-Systems geplant und durchgeführt wird und eine regelmäßige systematische Überprüfung und Aktualisierung erfordert. Es umfasst folgende Schritte:*
- *die Ermittlung und Analyse der bekannten und vernünftigerweise vorhersehbaren Risiken, die vom Hochrisiko-KI-System für die Gesundheit, Sicherheit oder Grundrechte ausgehen können, wenn es entsprechend seiner Zweckbestimmung verwendet wird;*
- *die Abschätzung und Bewertung der Risiken, die entstehen können, wenn das Hochrisiko-KI-System entsprechend seiner Zweckbestimmung oder im Rahmen einer vernünftigerweise vorhersehbaren Fehlanwendung verwendet wird […]*
- *die Ergreifung geeigneter und gezielter Risikomanagementmaßnahmen zur Bewältigung der gemäß Buchstabe a ermittelten Risiken.«*

Erwägungsgrund 96 der Verordnung begründet in besonderen Fällen eine umfassende Folgenabschätzung:

»Um wirksam sicherzustellen, dass die Grundrechte geschützt werden, sollten Betreiber von Hochrisiko-KI-Systemen, bei denen es sich um Einrichtungen des öffentlichen Rechts oder private Einrichtungen, die öffentliche Dienste erbringen, handelt, und Betreiber, die bestimmte Hochrisiko-KI-Systemen gemäß einem Anhang dieser Verordnung betreiben, wie Bank- oder Versicherungsunternehmen, vor der Inbetriebnahme eine ***Grundrechte-Folgenabschätzung*** *durchführen.«*

Die davon abgeleitete Vorgabe zur Durchführung einer Grundrechte-Folgenabschätzung für Hochrisiko-KI-Systeme findet sich in Artikel 27 der Europäischen KI-Verordnung:[363]

»Vor der Inbetriebnahme eines Hochrisiko-KI-Systems [...] führen Betreiber, bei denen es sich um Einrichtungen des öffentlichen Rechts oder private Einrichtungen, die öffentliche Dienste erbringen, handelt, und Betreiber von Hochrisiko-KI-Systemen gemäß Anhang III Nummer 5 Buchstabe b und c eine Abschätzung der Auswirkungen die die Verwendung eines solchen Systems auf die Grundrechte haben kann, durch. Zu diesem Zweck führen die Betreiber eine Abschätzung durch, die folgendes umfasst:
[...] die ***spezifischen Schadensrisiken****, die sich auf die gemäß Buchstabe c dieses Absatzes ermittelten Kategorien natürlicher Personen oder Personengruppen auswirken könnten, unter Berücksichtigung der vom Anbieter gemäß Artikel 13 bereitgestellten Informationen*
[...] die ***Maßnahmen****, die im Falle des Eintretens dieser Risiken zu ergreifen sind, einschließlich der Regelungen für die* ***interne Unternehmensführung*** *und* ***Beschwerdemechanismen****.«*

Die Wechselbeziehungen zwischen den herkömmlichen Datenschutz-Folgenabschätzungen, zu den neuen Rechtsvorgaben und Informationspflichten nach der EU-KI-Verordnung macht ein Absatz zu den Betreiberrechten in der Verordnung deutlich:

»Die Betreiber von Hochrisiko-KI-Systemen verwenden gegebenenfalls die gemäß Artikel 13 der vorliegenden Verordnung bereitgestellten Informationen, um ihrer Pflicht zur Durchführung einer Datenschutz-Folgenabschätzung gemäß Artikel 35 der Verordnung (EU) 2016/679 oder Artikel 27 der Richtlinie (EU) 2016/680 nachzukommen.«[364]

Die Datenschutz-Folgenabschätzung ist in Artikel 35 der DSGVO, hinsichtlich Anlasses und Inhalt normiert. Darin heißt es u. a.:

363 EU-KI-VO Art 27 und auch Kapitel 13.
364 Art. 26 Abs. 9 EU-KI-VO.

»(1) Hat eine Form der Verarbeitung, insbesondere bei Verwendung neuer Technologien, aufgrund der Art, des Umfangs, der Umstände und der Zwecke der Verarbeitung voraussichtlich ein hohes Risiko für die Rechte und Freiheiten natürlicher Personen zur Folge, so führt der Verantwortliche vorab eine Abschätzung der Folgen der vorgesehenen Verarbeitungsvorgänge für den Schutz personenbezogener Daten durch. Für die Untersuchung mehrerer ähnlicher Verarbeitungsvorgänge mit ähnlich hohen Risiken kann eine einzige Abschätzung vorgenommen werden.
(2) Der Verantwortliche holt bei der Durchführung einer Datenschutz-Folgenabschätzung den Rat des Datenschutzbeauftragten, sofern ein solcher benannt wurde, ein.
(3) Eine Datenschutz-Folgenabschätzung gemäß Absatz 1 ist insbesondere in folgenden Fällen erforderlich: systematische und umfassende Bewertung persönlicher Aspekte natürlicher Personen, die sich auf automatisierte Verarbeitung einschließlich Profiling gründet und die ihrerseits als Grundlage für Entscheidungen dient, die Rechtswirkung gegenüber natürlichen Personen entfalten oder diese in ähnlich erheblicher Weise beeinträchtigen. […].
(4) Die Aufsichtsbehörde erstellt eine Liste der Verarbeitungsvorgänge, für die gemäß Absatz 1 eine Datenschutz-Folgenabschätzung durchzuführen ist, und veröffentlicht diese. […].
(7) Die Folgenabschätzung enthält zumindest Folgendes:
- *eine systematische Beschreibung der geplanten Verarbeitungsvorgänge und der Zwecke der Verarbeitung, gegebenenfalls einschließlich der von dem Verantwortlichen verfolgten berechtigten Interessen;*
- *eine Bewertung der Notwendigkeit und Verhältnismäßigkeit der Verarbeitungsvorgänge in Bezug auf den Zweck;*
- *eine Bewertung der Risiken für die Rechte und Freiheiten der betroffenen Personen gemäß Absatz 1 und*

die zur Bewältigung der Risiken geplanten Abhilfemaßnahmen, einschließlich Garantien, Sicherheitsvorkehrungen und Verfahren, durch die der Schutz personenbezogener Daten sichergestellt und der Nachweis dafür erbracht wird, dass diese Verordnung eingehalten wird, wobei den Rechten und berechtigten Interessen der betroffenen Personen und sonstiger Betroffener Rechnung getragen wird. […].«[365]

21.4.1 Die »Muss-Liste«

Der Bundesbeauftragte für Datenschutz und Informationsfreiheit (BfDI) hat eine nicht abschließende Liste von Verarbeitungsvorgängen publiziert, die für den **nicht öffentlichen Bereich** gemäß Art. 35 Abs. 4 DSGVO eine Folgenabschätzung auslösen soll.
Eine Folgenabschätzung ist danach für folgende Datenverarbeitungsvorgänge in Unternehmen der Privatwirtschaft erforderlich[366]:

---

365 Art. 35 der DSGVO (in Auszügen).
366 Internetseite BfDI, zuletzt abgerufen am 14. 11. 2024 *https://www.bfdi.bund.de/DE/Fachthemen/Inhalte/Technik/Datenschutz-Folgenabschaetzungen.html.*

- *»Verarbeitung von biometrischen Daten zur eindeutigen Identifizierung natürlicher Personen, […]*
- *Umfangreiche Verarbeitung von Daten, die dem Sozial-, einem Berufs- oder besonderen Amtsgeheimnis unterliegen, […]*
- *Umfangreiche Verarbeitung von personenbezogenen Daten über den Aufenthalt von natürlichen Personen,*
- *Zusammenführung von personenbezogenen Daten aus verschiedenen Quellen und Verarbeitung der so zusammengeführten Daten, sofern*
  - *die Zusammenführung oder Verarbeitung in großem Umfang vorgenommen werden,*
  - *für Zwecke erfolgen, für welche nicht alle der zu verarbeitenden Daten direkt bei den betroffenen Personen erhoben wurden,*
  - *die Anwendung von Algorithmen einschließen, die für die betroffenen Personen nicht nachvollziehbar sind, und*

  der Erzeugung von Datengrundlagen dienen, die dazu genutzt werden können, Entscheidungen zu treffen, die Rechtswirkung gegenüber den betroffenen Personen entfalten, oder diese in ähnlich erheblicher Weise beeinträchtigen können […]
- *Umfangreiche Erhebung und Veröffentlichung oder Übermittlung von personenbezogenen Daten, die zur Bewertung des Verhaltens und anderer persönlicher Aspekte von Personen dienen und von Dritten dazu genutzt werden können, Entscheidungen zu treffen, die Rechtswirkung gegenüber den bewerteten Personen entfalten, oder diese in ähnlich erheblicher Weise beeinträchtigen*
- *Umfangreiche Verarbeitung von personenbezogenen Daten über das Verhalten von Beschäftigten, die zur Bewertung ihrer Arbeitstätigkeit derart eingesetzt werden können, dass sich Rechtsfolgen für die Betroffenen ergeben oder diese Betroffenen in anderer Weise erheblich beeinträchtigt werden*
- *Erstellung umfassender Profile über die Interessen, das Netz persönlicher Beziehungen oder die Persönlichkeit der Betroffenen […]*
- *Einsatz von künstlicher Intelligenz zur Verarbeitung personenbezogener Daten zur Steuerung der Interaktion mit den Betroffenen oder zur Bewertung persönlicher Aspekte der betroffenen Person*
- *Nicht bestimmungsgemäße Nutzung von Sensoren eines Mobilfunkgeräts im Besitz der betroffenen Personen oder von Funksignalen, die von solchen Geräten versandt werden, zur Bestimmung des Aufenthaltsorts oder der Bewegung von Personen über einen substantiellen Zeitraum*
- *Automatisierte Auswertung von Video- oder Audio-Aufnahmen zur Bewertung der Persönlichkeit der Betroffenen*
- *Erstellung umfassender Profile über die Bewegung und das Kaufverhalten von Betroffenen.«*

Diese Liste ist nicht abschließend, sondern ergänzt die in den Absätzen 1 und 3 des Art. 35 DSGVO enthaltenen allgemeinen Regelungen.[367]

367 Ebenda.

Auch für die **öffentlichen Stellen** gibt es eine »Muss-Liste« vom BfDI. In der entsprechenden Publikation heißt es hierzu[368]:

»Für jede Verarbeitungstätigkeit öffentlicher Stellen des Bundes im Zuständigkeitsbereich des BfDI, für die mindestens zwei der folgenden Merkmale zutreffen, ist eine Datenschutz-Folgenabschätzung gemäß Artikel 35 Absatz 1 DSGVO erforderlich:

1. *Die Verarbeitung umfasst eine Bewertung oder Einstufung der Betroffenen, darunter das Erstellen von* ***Profilen und Prognosen****, insbesondere auf der Grundlage von Aspekten, die die* ***Arbeitsleistung****, wirtschaftliche Lage, Gesundheit, persönliche Vorlieben oder* ***Interessen****, die* ***Zuverlässigkeit oder das Verhalten****, den Aufenthaltsort oder Ortswechsel der Person betreffen.*
2. *Die Verarbeitung umfasst eine* ***automatisierte Entscheidungsfindung*** *mit einer Wirkung, die zwar nicht alleine die Grundlage für Entscheidungen mit Rechtswirkung oder ähnlichen bedeutsamen* ***Auswirkungen für die Betroffenen*** *darstellen, aber einen wesentlichen Beitrag zu solchen Entscheidungen liefern.*
3. *Die Verarbeitung hat die Beobachtung, Überwachung oder Kontrolle von Betroffenen zum Ziel und greift auf beispielsweise über Netzwerke erfasste Daten oder auf eine systematische Überwachung auch nicht öffentlich zugänglicher Bereiche (Artikel 35 Absatz 3 Buchstabe c DSGVO) zurück.*
4. *Bei der Verarbeitung werden vertrauliche oder höchst persönliche Informationen verarbeitet, insbesondere aus den folgenden Kategorien:*
   - *Besondere Kategorien personenbezogener Daten nach Artikel 9 Abs. 1 oder Artikel 10 DSGVO,*
   - *Gesundheitsdaten im Sinne des § 67 Absatz 1 SGB X,*
   - *Sozialdaten,*
   - *Finanzdaten, die umfassende Informationen über die finanziellen Verhältnisse der Betroffenen zulassen, oder die für einen Zahlungsbetrug missbraucht werden können (beispielsweise Kontendaten oder Zahlungsdaten von Konten).*
5. *Es handelt sich um eine Datenverarbeitung in großem Umfang.*
6. *Im Rahmen der Verarbeitung werden* ***Datensätze aus zwei oder mehreren Verarbeitungen zusammengeführt*** *und/oder abgeglichen, die zu unterschiedlichen Zwecken und/oder von verschiedenen Verantwortlichen durchgeführt wurden, und zwar in einer Weise, die über die vernünftigen Erwartungen der Betroffenen hinausgehen.*
7. *Bei der Verarbeitung werden Daten zu* ***schutzbedürftigen Betroffenen*** *verarbeitet. Dies umfasst insbesondere die folgenden Gruppen:*
   - *Kinder,*
   - ***Arbeitnehmer/Beamte*** *im Falle einer Verarbeitung durch den Arbeitgeber/Dienstherrn,*

368 Internetseite BfDI, zuletzt abgerufen am 14.11.2024 *https://www.bfdi.bund.de/DE/Fachthemen/Inhalte/Technik/Datenschutz-Folgenabschaetzungen.html.*

- *Teile der Bevölkerung mit besonderem Schutzbedarf (insbesondere psychisch Kranke, Asylbewerber, Senioren, Patienten),*
- *Betroffene in Situationen, in denen ein besonders ungleiches Verhältnis zwischen der Stellung des Betroffenen und des für die Verarbeitung Verantwortlichen vorliegt.*

8. *Bei der Verarbeitung werden* ***neue Technologien*** *oder organisatorische Lösungen in einer Art und Weise eingesetzt, die dem gegenwärtigen Stand der Technik voraus ist und deswegen die Abschätzung der Auswirkungen auf die Betroffenen und die Gesellschaft erschwert.*
9. *Die Verarbeitung an sich hindert die Betroffenen an der Ausübung eines Rechts, der Nutzung einer Dienstleistung oder der Durchführung eines Vertrags.*

Unabhängig davon können auch Verarbeitungstätigkeiten, bei denen lediglich ein oder sogar kein Kriterium erfüllt ist, ein hohes Risiko für die Rechte und Freiheiten der betroffenen Personen mit sich bringen, so dass grundsätzlich eine Prüfung des Einzelfalles erforderlich ist.

Im Übrigen ist zu berücksichtigen, dass die Verarbeitung der folgenden Datenarten in der Regel ein hohes Risiko für die Rechte und Freiheiten der betroffenen Personen darstellt, so dass insoweit eine Datenschutz-Folgenabschätzung durchzuführen ist:

- *Umfangreiche Verarbeitung von biometrischen Daten zur eindeutigen Identifikation natürlicher Personen,*
- *Umfangreiche Verarbeitung genetischer Daten,*
- *Umfangreiche Verarbeitung von Daten über den Aufenthaltsort der betroffenen Personen.*«[369]

21.4.2 Risikoadäquate Differenzierung

Angesichts der Vielzahl der auslösenden Faktoren und der Bedeutung einer Folgenabschätzung wird empfohlen, diese obligatorisch für alle Anwendungen von KI-Systemen, die in den Betrieben eingeführt werden sollen, durchzuführen. Allerdings empfiehlt es sich, die Tiefe und Dimension der Folgenabschätzung in Abhängigkeit von der Risikorelevanz entsprechender KI-Systeme zu variieren und die zu betrachtenden Aspekte im Dialog zu entwickeln.

Im Rahmen eines holistischen Einführungsprozesses können über die Folgenabschätzung, neben Datenschutz- und Datensicherheitsaspekten, auch erste Wirkungen auf den Arbeitsschutz mitbeurteilt werden. Für Systeme mit geringer Risikorelevanz sollte eine dialogische Folgenabschätzung zwischen den Betriebsparteien, die sich auf eine Checkliste stützt, ausreichen. KI-Anwendungen mit normalem Risiko sollten mit einem standardisierten Folgenabschätzungsprozess betrachtet werden, der sich auf eine Leitlinie zum Vorgehen und auf einen abgestimmten Katalog von Aspekten ausrichtet. Für KI-Anwendungen mit hoher Risikorelevanz ist eine professionelle Folgenabschätzung erforderlich. Für die Vertrauensbildung könnte für derartige Systeme eine Hinzuziehung interner oder externer Experten verabredet werden.

369 Ebenda.

21.4.3 Betroffene zu Beteiligten machen

Nach Art. 35 Abs. 9 DSGVO holt der Verantwortliche »gegebenenfalls den Standpunkt der betroffenen Personen oder ihrer Vertreter zu der beabsichtigten Verarbeitung unbeschadet des Schutzes gewerblicher oder öffentlicher Interessen oder der Sicherheit der Verarbeitungsvorgänge ein«. Sinnvoll für die Vertrauensbildung ist es, insbesondere bei KI-Anwendungen mit hoher Risikorelevanz einen partizipativen Prozess unter Einbeziehung der betroffenen Personen im Betrieb anzustoßen (vgl. hierzu Kapitel 39).
Nachdem Art. 12 der DSGVO transparente Informationen verlangt und Art. 13 Informationspflichten begründet, spricht alles dafür, den ganzheitlichen Prozess der Einführung von KI-Systemen als partizipative Bemühung zu begründen und systematisch Elemente der Beteiligung von Arbeitnehmern vorzusehen. Der Intention von Art. 12 DSGVO folgend, sollten dazu Informationen »in präziser, transparenter, verständlicher und leicht zugänglicher Form in einer klaren und einfachen Sprache« erfolgen.[370]
Dies sollte auch der Anspruch zur Umsetzung der neuen EU-KI-Verordnung sein, nach der Arbeitgeber verpflichtet sind, »**vor der Inbetriebnahme** oder Verwendung eines Hochrisiko-KI-Systems am Arbeitsplatz, **die Arbeitnehmervertreter und die betroffenen Arbeitnehmer** darüber, zu informieren, dass sie der Verwendung des Hochrisiko-KI-Systems unterliegen werden […].“[371]
Eine ganzheitliche Sichtweise hatte die deutsche Wirtschaft vor der Verabschiedung der Europäischen KI-Verordnung vom Gesetzgeber gefordert. Danach sollten die bereits normierten Anforderungen aus der Datenschutz-Folgenabschätzung die Grundlage für eine Grundrechte-Folgenabschätzung werden. Das macht Sinn.[372]

21.4.4 Untersuchungsfelder und Themen für eine ganzheitliche Sichtweise

Im Rahmen der datenschutzrechtlichen Folgenabschätzung sollte die Stimmigkeit der Einschätzung, die Planungen und die absehbare Wirkung von folgenden Aspekten untersucht werden:

- Rechtskonformität und Regelkonformität
- Ziele, Zwecke und Verantwortlichkeiten
- Notwendigkeit und Verhältnismäßigkeit der Datenverarbeitung
- Kategorien der genutzten Daten
- Gruppen der direkt oder indirekt betroffenen Interessenträger
- Grad der Autonomie des Systems
- Grundrechtsrelevanz maschineller Entscheidungen
- materielle und immaterielle Risiken für betroffene Personen und den Betrieb
- Maßnahmen zur Eindämmung von Risiken

370 Art. 12 Abs. 1 und Art. 13 DSGVO.
371 Vgl. hierzu Art. 26 EU-KI-VO und Kapitel 13.
372 Positionspapier der deutschen Wirtschaft zur Umsetzung der EU-KI-VO, S. 2.

- verbliebene Risikoquellen
- Stimmigkeit der Risikobeurteilung und der Kritikalitätsklassifikation
- Risikoadäquanz der technisch-organisatorischen Sicherungsmechanismen
- Präzision des Systems
- Löschfristenvorgaben
- Nutzwert des Systems
- Lernziele des KI-Systems
- Fairnessansprüche an die personenbezogenen Schlussfolgerungen
- Rechtsfolgen und praktische Wirkungen maschineller Entscheidungen
- Rückholbarkeit von Entscheidungen
- Wirkungen für maschinelle Leistungs- und Verhaltenskontrolle und Profiling
- Schutz vor unautorisiertem Handeln
- Manipulationsschutz und Schutz vor Fehlanwendungen
- Schnittstellen des KI-Systems zu anderen Systemen
- Dimension und Absicherung einer Auftragsdatenverarbeitung
- geplante Datenübermittlungen
- Sicherheit der Datenhaltung
- Evaluationszyklen

Wird die Absicht eines dialogischen und ganzheitlichen Einführungsprozesses für KI-Systeme im Betrieb verfolgt, sollte erwogen werden, weitere Betrachtungsfaktoren zum Gegenstand der Folgenabschätzung zu machen. Beispielsweise:

- den Bedarf, eine Grundrechte-Folgenabschätzung durchzuführen
- die Wirkung des Systems auf die Würde des arbeitenden Menschen
- die wirtschaftlichen Folgen für den Betrieb
- die Wirkung für die Entscheidungsbefugnisse von Arbeitnehmerinnen und Arbeitnehmern
- Effektivität, Effizienz und Wertschöpfungsbeitrag
- Diskriminierungsrisiken
- Stimmigkeit von Referenzvorgaben für maschinelle Schlussfolgerungen
- Wirkung auf Arbeitsbedingungen und Konditionen der Beschäftigten
- Allokation der Arbeit und Beschäftigungsvolumen
- absehbare Restrukturierungskosten
- Qualifizierungsaufwand
- Imagewirkung
- Wirkung auf Innovation, Agilität und Qualität

Diese Aspekte, ihre Dimension und Tiefe sollten die weiteren Abläufe erleichtern. Wird im Betrieb ein »Privacy und Security Assessment« durchgeführt, könnten die Inhalte der Folgenabschätzung bereits in ein derartiges Verfahren integriert, zumindest sollten aber die Prüfelemente abgeglichen werden, um Doppelarbeit zu vermeiden. Auch dies verlangt nach einer Prozessbeschreibung, die von den Sozialparteien gemeinsam getragen wird und im besten Fall gemeinsam erarbeitet wurde.

21.5 Risikobeurteilung und Klassifikation: Phase 5

KI kann »je nach den Umständen ihrer konkreten Anwendung und Nutzung sowie der technologischen Entwicklungsstufe Risiken mit sich bringen und öffentliche Interessen und grundlegende Rechte schädigen, die durch das Unionsrecht geschützt sind. Ein solcher Schaden kann materieller oder immaterieller Art sein, einschließlich physischer, psychischer, gesellschaftlicher oder wirtschaftlicher Schäden.«[373] Damit wurde das risikogestufte Vorgabenmodell der EU-Verordnung begründet. Es braucht den Blick ins Gesetz, aber auch innerbetriebliche Differenzierungsmechanismen, um zu unterscheiden welche Anwendungen in Europa verboten sind, was dem Hochrisikobereich zugeordnet wird, wofür Transparenzpflichten gelten und für welche Anwendungen mit weniger Risiken freiwillige Verhaltenskodizes zur Anwendung gebracht werden.

Die im Rahmen der Folgenabschätzung nach Art. 35 Abs. 7c und d DSGVO geforderte »Bewertung der Risiken für die Rechte und Freiheiten der betroffenen Personen […] und die zur Bewältigung der Risiken geplanten Abhilfemaßnahmen« liefern Anhaltspunkte für die Kritikalitätseinstufung von KI-Anwendungen. Damit kann die Ersteinschätzung der zuständigen Fachseiten, die im Rahmen der Erstbefassung der Mitbestimmungsträger gefordert waren, überprüft werden.

In der Kommentarliteratur zur DSGVO[374] wird zur Risikobeurteilung ausgeführt:

»Schäden können physischer, materieller oder immaterieller Natur sein. Beispiele für mögliche Schäden sind körperliche Beeinträchtigungen, Diskriminierung, Identitätsdiebstahl oder -betrug, finanzielle Verluste, Rufschädigungen, wirtschaftliche oder gesellschaftliche Nachteile, der Ausschluss oder die Einschränkung der Ausübung von Rechten und Freiheiten und die Profilerstellung oder -nutzung durch die Bewertung persönlicher Aspekte (ErwG 75 DSGVO).

Zusätzlich ist die Schwere der o. g. möglichen Schäden für die betroffene Person und die spezifische Wahrscheinlichkeit des Eintritts dieser Schäden beim betrachteten Verarbeitungsvorgang zu bewerten (ErwG 90 Satz 1 DSGVO). Die Schwere muss einzelfallbezogen im Einklang mit dem Tatbestand des Art. 35 Abs. 1 Satz 1 DSGVO anhand der Form, der Art, des Umfangs, der Umstände und der Zwecke der Verarbeitung bestimmt werden. Die Wahrscheinlichkeit ist anhand einer Prognoseentscheidung vorzunehmen.

Dies kann z. B. dadurch erfolgen, dass die beiden Werte im Rahmen einer Matrix ins Verhältnis gesetzt werden, um den Grad des Risikos festzulegen. Beispielhaft sei auf ein entsprechendes Vorgehensmodell der Datenschutzkonferenz in ihrem Kurzpapier Nr. 18 vom 26. 4. 2018 verwiesen, aus dem sich die folgende Matrix ergibt:«

373 EU-KI-VO, Erwägungsgrund 5.

374 Taeger/Gabel (2022): BDSG-Kommentar, 4. Auflage, R&W-Verlag, Rn. 16ff. zu Art. 35 DSGVO.

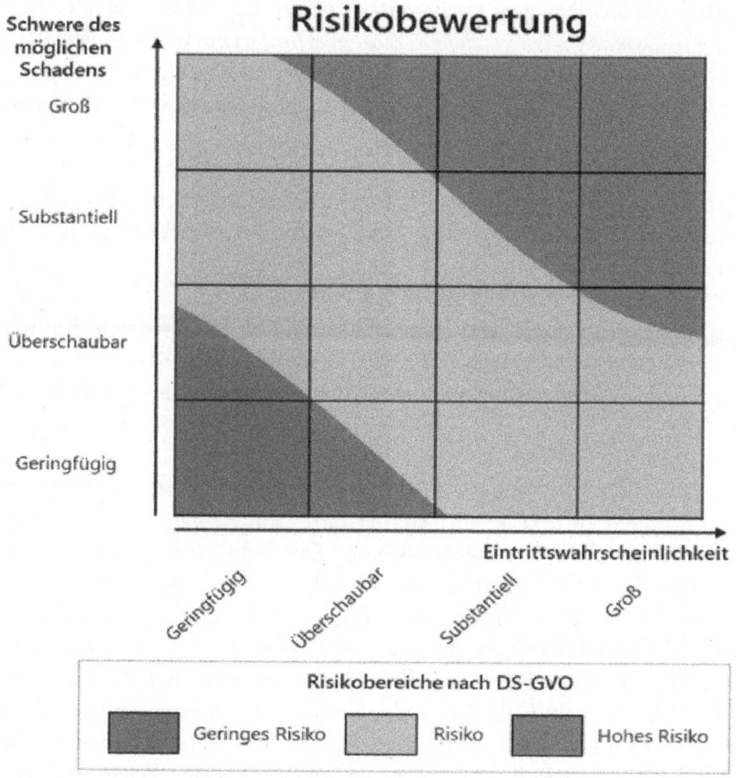

Quelle: Taeger/Gabel (2022): BDSG Kommentar, 4. Auflage, R&W-Verlag, Rn. 17 ff. zu Art. 35 DSGVO.

21.5.1 Kritikalitätsklassifikation

Die von der Bundesregierung eingesetzte Datenethikkommission empfahl das Schädigungspotenzial algorithmischer Systeme nach fünf Kritikalitätsstufen zu unterscheiden. Die Empfehlungen hierzu und die Kritikalitätspyramide wurden ausführlich im Kapitel 9.2 dargestellt.

Die Bundesregierung hatte in ihrer KI-Strategie eine deutsche Normungsroadmap angekündigt, die vom DIN/DKE im November 2020 vorgelegt wurde. Die Unterlage verweist auf den »systematische[n] Ansatz für ein Risikomanagementsystem […] in der DIN ISO 31000« und differenziert zwischen Risikoursachen, potenziellen Ereignissen, ihren Auswirkungen und ihrer Wahrscheinlichkeit.[375] Ausgeführt wird in der Normungsroadmap weiter:

»Auch der Umgang mit einer bestimmten Risikoquelle ist letztlich eine Frage der gesellschaftlichen Werte und der Risikotoleranz, die eine gewisse Formbarkeit und

375 DNKI 1: S. 72 (*https://www.dke.de/resource/blob/2008010/0c29125fa99ac4c897e2809c8ab343ff/nr-ki-deutsch---download-data.pdf*).

Mehrdeutigkeit mit sich bringen. Deshalb ist es kaum angebracht, starre Grenzen zwischen den Risikokategorien zu ziehen. Zudem erfordert ein praktikabler Ansatz für den Umgang mit der KI-Ethik die Berücksichtigung des jeweiligen Anwendungskontextes, da dieser unabhängig von der eingesetzten Technologie einen enormen Einfluss auf das potenzielle Risiko hat.«[376]

Die Autoren der Normungsroadmap 1 halten es für erforderlich, mit steigender Risikokategorie auch die Transparenz- und Nachvollziehbarkeitsauflagen des Systems zu steigern.[377]
Die Deutsche Akademie für Technikwissenschaften acatech hat im November 2020 ein Whitepaper mit dem Titel »Zertifizierung von KI-Systemen; Kompass für die Entwicklung und Anwendung vertrauenswürdiger KI-Systeme« veröffentlicht. Die Unterlage enthält wertvolle Ausführungen zur Kritikalitätseinschätzung[378]:

»Zum einen ist bei der Einschätzung der Kritikalität der potenzielle physische und immaterielle Schaden zu berücksichtigen, der durch ein KI-System in einem spezifischen Anwendungskontext entstehen könnte. Der Schaden bezieht sich auf die Gefährdung von Menschenleben und weiterer Rechtsgüter wie etwa der Umwelt oder Persönlichkeitsrechte (Privatheit, Gerechtigkeit, Fairness). Hierbei ist sowohl die Eintrittswahrscheinlichkeit des Schadens mit Blick auf den Verbreitungsgrad eines KI-Systems einzubeziehen als auch der wahrscheinliche Schweregrad sowie die mögliche Persistenz und die Kontrollierbarkeit eines Schadens. Der Vernetzungsgrad des KI-Systems spielt für die Einschätzung der Kontrollierbarkeit eines Schadens eine besondere Rolle. Mit zunehmendem Grad der Vernetzung eines KI-Systems mit weiteren Systemen (auch solchen ohne KI-Komponente) steigt die Kritikalität, wenn sich dadurch eine Bedrohungssituation oder ein Schadenspotenzial zunehmend ausbreiten und sich die entstandenen Schäden unter Umständen schwerer rückgängig machen lassen. […]
Je höher das Ausmaß der möglichen Gefährdung von Menschenleben und weiteren Rechtsgütern (in Abhängigkeit vom Vernetzungsgrad des Systems) eingeschätzt wird und je geringer der Umfang der Handlungsoptionen des Individuums (in Abhängigkeit von der Autonomie des Systems), desto höher wird die Einschätzung der Kritikalität ausfallen und desto eher wird ein hoher Regulierungsbedarf begründbar (und vice versa). Aus dieser Überlegung heraus spannt sich ein Kontinuum zwischen niedriger und hoher Kritikalität auf […].«

Der risikobasierte Ansatz zur Klassifizierung von KI-Systemen verlangt danach, die Risikodimension, die Eintrittswahrscheinlichkeit von Schadensfällen und die Maßnahmen zu beurteilen, mit der einer Eintrittswahrscheinlichkeit entgegen-

---

376 DNKI 1: S. 73.
377 DNKI 1: S. 76f.
378 acatech (November 2020): Whitepaper »Zertifizierung von KI-Systemen; Kompass für die Entwicklung und Anwendung vertrauenswürdiger KI-Systeme«, S. 18, 19.

gewirkt wird. Es bietet sich an, hierbei auf jene üblichen Ansätze zurückzugreifen, die genutzt werden, um den Aufsichtsräten deutscher Großunternehmen Risikoberichte vorzustellen. Eine entsprechende Systematik könnte Grundlage für ein Beurteilungs- und Berichtswesen im Unternehmen werden.
Für die Klassifikation von KI-Systemen sollten die Risikostufen, nach denen im Betrieb charakterisiert wird, zunächst definiert werden. Danach können einzelne KI-Anwendungen diesen definierten Kritikalitätsstufen zugeordnet werden. Hierfür ist die Entwicklung eines strategischen Filters erforderlich. Benötigt werden Kriterien, die für die jeweilige Zuordnung betrachtet werden müssen, ohne dass die Erfüllung eines einzelnen Merkmals bereits einen verbindlichen und endgültigen Ausschlag für eine Kritikalitätseinordnung gibt.
Mögliche Betrachtungsfaktoren zur Zuordnung könnten sein:

Strategische Filter für betriebliche Kritikalitätseinstufung

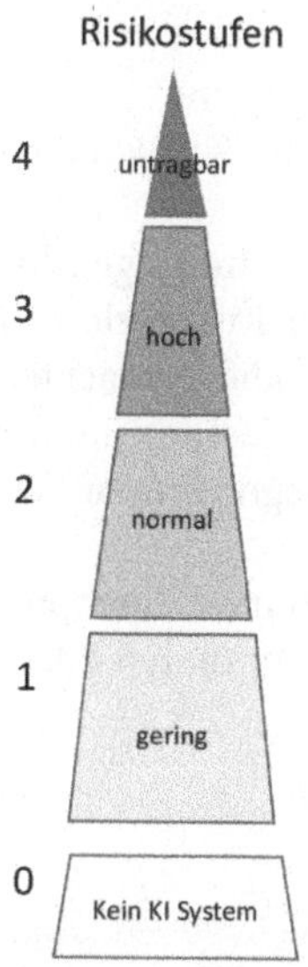

- Grad maschineller Autonomie
- Schädigungspotenzial
- Grundrechtsrelevanz
- Datenarten
- Zwecke und Ziele
- Erklärbarkeit, Kontrollierbarkeit, Revisionssicherheit
- Robustheit gegen Manipulation
- Anzahl der Betroffenen
- Funktionsbasis
- Vernetzungsgrad
- Rückholbarkeit

21.5.2 Gemeinsame Suche nach Verhältnismäßigkeit der Regulierungsstandards

Die Zuordnung zu Risikostufen sollte ausschlaggebend für unterschiedlich gestufte Regulierungsstandards sein. Beispielsweise kann hinsichtlich der Transparenz, der Art der Folgenabschätzung, der Häufigkeit der Konformitätsprüfung, der internen Revisionsansprüche, des Ortes der Datenhaltung, der Art der Folgenabschätzung und der Beteiligungsformen für die betriebliche Interessenvertretung differenziert werden.
Eine Differenzierung unterschiedlicher Regulierungsstandards für unterschiedliche Kritikalitätsstufen gibt Handlungssicherheit, erleichtert die Beurteilung

verschiedener Anwendungen, steigert die Transformationsgeschwindigkeit und erlaubt die Schaffung eines differenzierten Standards, der der Wiederholung von Konflikten der Sozialparteien entgegenwirkt. Die Voraussetzung für eine derartige Erleichterung aber ist die Erarbeitung des Standards im gemeinsamen Dialog der Sozialparteien.

Ein Standardordnungsmuster für unterschiedliche KI-Anwendungen kommt jedoch nicht ohne einen übergreifenden Ordnungsrahmen aus, der für alle KI-Anwendungen gelten sollte. In einem derartigen Ordnungsrahmen sollte u. a. festgelegt werden:

- Ethikprinzipien
- die Ansprüche an die Präzision von Zielen und Zwecken der unterschiedlichen Systeme
- ein Verfahren zur Ordnung der Verantwortlichkeiten für das soziotechnische System und deren maschinelle Schlussfolgerungen
- die Dokumentation des Systems
- Robustheitsnormen
- ein Verwertungsverbot für nicht regelgerechte Datenauswertungen
- die Schaffung eines Expertenkreises der Sozialparteien für die Kritikalitätseinstufung.

Für die Entwicklung eines Klassifikationsstandards könnten bereits eingeführte oder in Einführung befindliche KI-Systeme hinsichtlich ihrer Risikorelevanz gemeinsam bewertet und Risikostufen zugeordnet werden. Die dabei gemachten Erfahrungen können bereits im Suchprozess Vertrauen entstehen lassen, und der experimentelle Charakter würde es erlauben, endgültige Festlegungen zu vermeiden und spätere geeignete Industrienormen zu integrieren.

Für die Vertrauensbildung im Betrieb macht es Sinn, im Rahmen des Suchprozesses nach einer Standardklassifikation folgende Prüfindikatoren in den Fokus zu nehmen:

- Interventionsmöglichkeiten
- Präzision der Ziele und Zwecke
- Steuerbarkeit
- die Integration von Sicherheitsmaßnahmen
- die Verhinderung von Fehlanwendungen
- die Einhaltung einschlägiger Normen, Verordnungen und Gesetze
- die Formen der Beteiligung an der Klassifikation eines Systems
- die Reglementierung der Möglichkeiten zum Profiling
- die Begrenzung der Möglichkeiten, Personalentscheidungen über Personen zu treffen
- Verfahren zur Risikobewertung
- technisch organisatorische Maßnahmen zur Risikobewältigung und -minimierung.

21.5.3 Nutzen erschließen, nicht nur Risiken eindämmen

Sämtliche einschlägige Publikationen zur Klassifikation von KI-Systemen gehen von einem risikobasierten Ansatz aus. Dies ist gut begründet. Innerbetrieblich muss jedoch auch erwogen werden, eine derartige Betrachtung mit Informationen zu den »Nützlichkeitspotenzialen« von KI-Anwendungen zu ergänzen. Risiken müssen gewiss eingeschätzt und durch geeignete technisch-organisatorische Maßnahmen in der Eintrittswahrscheinlichkeit beeinflusst werden. Auch wenn am Ende eine niedrige Schadensdimension und Schadenseintrittswahrscheinlichkeit festgestellt werden könnte, ist es zur ganzheitlichen Gesamtbeurteilung eines Systems hilfreich, über einen strukturierten Prozess zur Kenntnis zu bringen, in welcher Hinsicht derartige Systeme nützlich sind – und für wen. Neben der Absicht, wie wir ein zu beurteilendes Objekt nutzen wollen, spielen die innere Einstellung und die Vorkenntnisse eine wichtige Rolle bei unserem Urteil über dessen Nützlichkeit. Auch unsere Einschätzung des Risikos wird vom Kontext, unseren Erfahrungen und Haltungen beeinflusst. »Menschen sind, was Risiken angeht, nicht korrelativ. Anders gesagt, sie messen den Dingen, die gutgehen, nicht das gleiche Gewicht zu wie Dingen, die schiefgehen.«[379] Unsere Eigenarten behindern manchmal die Erschließung von nützlichen Entwicklungen, oder sie führen zu Einschätzungen, die sich im Rückblick als absurd erweisen.

»So galt noch im Jahr 1904 das Telefonkabel als großes Risiko für die Menschheit. Es wurde vor der Benutzung des Telefons gewarnt, da telefonieren das Gehör beschädige. 1912 wurde ein neues Risiko wahrgenommen: das Mundstück des Telefons stand im Verdacht, Tuberkulose und andere ansteckende Krankheiten zu verbreiten. Gleichzeitig war man sich sicher, dass Telefonieren zum Wahnsinn führt.«[380]

Nicht alle angenommenen Risiken treten ein. Trotzdem sollten aber die Risikodimension und die Eintrittswahrscheinlichkeit der Risiken durch KI-Systeme systematisch in den Blick genommen werden. Aber der Nutzen darf nicht ausgeblendet werden. Schließlich zeigt die in Kapitel 3 vorgestellte Untersuchung eine Korrelation zwischen Nutzen und Aufgeschlossenheit. Manchmal muss man Risiken in Kauf nehmen, um Nutzen zu entfalten. Hätten Primaten der Frühgeschichte, unsere frühen Vorfahren also, vor langer Zeit nur die Risiken des Entwicklungsschrittes, die Bäume zu verlassen und sich am Feuer zu erwärmen als handlungsentscheidend erachtet, dann würden wir wohl noch heute frierend auf den Bäumen sitzen.

Nützlichkeitspotenziale von KI in Arbeit und Wirtschaft ergeben sich heute zum Beispiel aus:

- Qualitätsverbesserungen im Arbeitsprozess
- Zuwächsen bei Effizienz und Effektivität

379 Rachel Botsman (2018): Wem kannst du trauen? Die Antwort auf die vielleicht wichtigste Frage unserer Zeit, Plassen-Verlag, S. 109.

380 Roland Erben, Frank Romeike (2016): Allein auf stürmischer See – Risikomanagement für Einsteiger, Wiley-Verlag, S. 53.

- Arbeitserleichterungen
- der Vermeidung gefährlicher oder stumpfsinniger Arbeiten
- neuen Geschäftsmodellen und Beschäftigungspotenzialen
- einer Steigerung der Produkte und Dienstleistungsqualität.

21.6 Training und Test von KI-Systemen: Phase 6

21.6.1 Die Bedeutung des Lernens für Maschinen

Lernen braucht Lernnahrung. Damit aus Kennen aber Können wird, haben wir für das Lernen der Menschen neben dem Zugang zu Informationen auch Tests für die Feststellung des Lernerfolgs und Training zur Einübung des Erlernten organisiert. Es braucht Wiederholung und Korrektur, bis wir mit kontinuierlicher Qualität das Gelernte auch umsetzen können. Lernende Maschinen haben ähnliche Abhängigkeiten. Erst Tests und Training machen sie schlau.[381]

Wenn eine lernende Maschine Bilder erkennen soll, muss sie zuvor mit Bildern gefüttert und darin trainiert werden, das Richtige zu erkennen. Das Google-System AlphaGo musste erst hunderttausende von Spielen von Amateuren analysieren und millionenfach gegen sich selbst spielen, bevor die Maschine gegen einen Weltklassespieler antrat und gewann. Siri, Alexa und andere Assistenzsysteme müssen erst lernen, Sprache zu verstehen, Dialekte zu trainieren und den Sinn von Redewendungen zu interpretieren, bevor sie verstehen können, was wir meinen, und in der Lage sind, uns zu antworten. Sie wurden dafür trainiert und trainieren ständig im Einsatz weiter, um sich zu optimieren. Die Google-Suchmaschine trainiert ihre Leistungskraft mit jeder Anfrage. Das Programm DeepL trainiert seine Übersetzungsleistungen durch seine Inanspruchnahme. Ursprünglich wurden zum Training mancher KI-Übersetzungssysteme die von menschlichen Übersetzern in der vielsprachigen Europäischen Kommission erzeugten Dokumente herangezogen, um zu lernen, was gute Übersetzungen ausmacht.

Gutes Training hilft, falsches Training schadet. Wird ein KI-System mit falschen Daten trainiert, wird es zu Verzerrungen kommen und zu fragwürdigen Schlussfolgerungen. »Freiheit oder Gefängnis, kreditwürdig oder nicht, Jobangebot oder Absage: Die Algorithmen in Justiz, Finanzbranche oder Personalwesen werden mit einseitigem Feedback gefüttert und verbessern sich dadurch nicht in dem Maße, wie es notwendig wäre«, beklagen die Autoren Jörg Dräger und Ralf Müller-Eiselt.[382]

381 Vgl. hierzu: Das Training macht Maschinen schlau; *www.t-Systems.com/de/blickwinkel/arbeitsplatz-der-Zukunft/einsatzgebiete/künstliche* Intelligenz, zuletzt abgerufen am 10.2.2021.

382 Jörg Dräger und Ralf Müller-Eiselt (2019): Wir und die intelligenten Maschinen: Wie Algorithmen unser Leben bestimmen und wir sie für uns nutzen können, DVA–Verlag, S. 47.

21.6.2 Trainings gehören dazu

Dem Training und dem Systemtest kommt bei der Einführung von lernenden Maschinen eine hohe Bedeutung zu. Kein Mensch würde in unserer Lernkultur aus der Schule ins Berufsleben entlassen, wenn man ihm zuvor nur jahrelang Lernnahrung gegeben und die Regeln erklärt hätte. Tests und Training sollen zeigen, ob man es verstanden hat, sollen aufs Berufsleben vorbereiten, Urteilskraft stärken und kulturverträgliches Verhalten sicherstellen. Bei KI-Systemen ist dies genauso.

Das Erfordernis zum Training leitet sich aus den Funktionsmechanismen der KI-Systeme und dem selbstgesetzten Qualitätsanspruch ab. Aus Sicht der Datenethikkommission »sollten Initiativen unterstützt werden, die – ggf. differenziert nach kritischen Anwendungsbereichen – technisch-statistische Standards für die Qualität von Testverfahren und Audits festlegen.«[383] Die Enquetekommission des Deutschen Bundestages erläutert ausführlich den Sinn und den Zweck des Trainings von lernenden Maschinen[384]:

»Lernende KI-Systeme zeichnen sich dadurch aus, dass ihre initiale Konfiguration durch den Menschen nur die Grundlage für die konkrete Funktionsweise im eigentlichen Betrieb darstellt. Mithilfe von Daten trainieren sie, wie ein Problem zu lösen bzw. eine Aufgabe zu erfüllen ist. Sie passen hierbei ihre Funktionsweise durch einen entsprechenden Lernprozess kontinuierlich an. [...] Die Daten können explizit vom Menschen in das System eingespeist oder durch gezielte Interaktion mit der Umwelt vom System mittels Sensoren selbst gewonnen werden. Nach heutigem Stand sind aber auch bei diesen Systemen die übergeordneten Problemstellungen und Ziele vom Menschen vorgegeben. Das Systemverhalten ist hierbei für Menschen häufig schwer nachvollziehbar [...].

Unter den lernenden KI-Systemen haben in den letzten zehn Jahren insbesondere solche Systeme eine besondere Aufmerksamkeit erregt, die auf dem sogenannten tiefen Lernen (englisch »Deep Learning«) basieren. Das tiefe Lernen ist eine besondere Art des Maschinellen Lernens [...] mittels sogenannter neuronaler Netze. Der Begriff der Tiefe bezieht sich hier auf die große Anzahl Schichten dieser Rechennetze. Anders als bei den bis dahin überwiegend verwendeten Systemen müssen die Daten beim tiefen Lernen viel weniger (und teilweise überhaupt nicht mehr) vom Menschen vorverarbeitet und vorstrukturiert werden. Die sinnvolle Strukturierung der Rohdaten wird dann zu einem Teil des Lernprozesses. Durch diesen zusätzlichen Freiheitsgrad ist die Qualität der Ergebnisse denen bisheriger Systeme oft überlegen. Allerdings sind die Ergebnisse solcher Systeme gerade wegen der geringeren Vorverarbeitung oder Vorstrukturierung durch den Menschen besonders schwer nachvollziehbar.«

383 DEK: S. 29.

384 EKKI: S. 48 f.

»Lernalgorithmen in KI-Systemen bestehen aus zwei Teilen: einem Grundgerüst, das vom Menschen vorgegeben ist (z. B. in der Form eines Rechennetzwerkes oder einer komplexen Formel mit einer bestimmten Struktur), und einer Anzahl von Parametern (oft sehr viele), für die nur ein initialer Wert vorgegeben ist und die im Laufe des Trainings angepasst (›gelernt‹) werden.
Um nun eine spezifische Fähigkeit oder ein Verhalten zu trainieren, wird das System normalerweise schrittweise mit Beispielen, oft Trainingsdaten genannt, gefüttert. Diese Daten kommen entweder vom Menschen und/oder das System verschafft sich die Daten durch selbstständige (wenn auch vom Menschen methodisch vorgegebene) Interaktion und Messung. In jedem solchen Trainingsschritt werden die Parameter derart angepasst, dass sich das Verhalten des Systems auf Basis dieser Trainingsdaten verbessert. Das Training wird so lange durchgeführt, bis keine wesentliche Verbesserung mehr eintritt oder wie es die zur Verfügung stehenden Ressourcen erlauben. In der Regel ist das Ergebnis des Trainings umso besser, je mehr Trainingsdaten zur Verfügung stehen.
Das Trainieren eines KI-Systems kann grundsätzlich auch während seines Einsatzes fortgesetzt werden. Der Vorteil ist, dass das System dann seine Fähigkeiten durch die kontinuierlich hinzukommenden Daten immer weiter verbessern kann. Ein Nachteil ist, dass sich das Verhalten wieder verschlechtern kann, etwa durch Fehler beim Lernen. Im schlimmsten Fall kann dies sogar zu kompletten Fehlklassifikationen oder komplettem Fehlverhalten führen. Während heute typischerweise verkörperte KI-Systeme wie Roboter oder Autos nur einmal trainiert werden, sind viele andere KI-Systeme wie Suchmaschinen oder Empfehlungssysteme gerade deshalb so wirkungsvoll, weil sie ständig weiterlernen.«[385]

21.6.3 Lernziele und Normen

Die Enquetekommission verbindet ihren Hinweis auf die Notwendigkeit des KI-Trainings mit der Empfehlung, Trainingsprozesse auf Transparenz auszurichten, Qualitätsmerkmale zu überprüfen und auch ethische Aspekte im Training zu vermitteln[386]:

»Hilfreich für die Verbreitung von Ethikmaßstäben ist deren dialogische Entwicklung und Integration in Entscheidungsprozesse. Die Akteursvielfalt in Entscheidungsmechanismen und die Bandbreite der KI-Einsatzmöglichkeiten bieten zahlreiche Ansatzpunkte, ethische Prinzipien in den soziotechnischen Systemen des Einsatzes zu verankern. Derartige Prozesse können unterstützt werden durch […] die Dokumentation von Trainings- und Testprozessen der KI-Systeme […].Für die Güte und die Nachvollziehbarkeit algorithmischer Entscheidungen sind die Verfügbarkeit, aber auch die Qualität, Integrität und Transparenz von Trainingsdaten und Datenmerkmalen, die der Entscheidung zugrunde liegen, von entscheidender Bedeutung.«

385 EKKI: S. 49.
386 EKKI: S. 86 und 205.

Die Deutsche Normungsroadmap 1 Künstliche Intelligenz berichtet über Normungsaktivitäten zu KI-Sicherheitstests, KI-Training, Datenqualität und KI-Tests.[387] Wie in Kapitel 9.3 ausgeführt, adressiert die Enquetekommission an das Management in Betrieben und Verwaltungen den Anspruch, Tests von KI-Systemen durchzuführen, und fordert betriebliche Mitbestimmungsakteure auf, sich daran zu beteiligen. Empfohlen wird, laufende Normungsarbeiten zum Training von KI-Systemen zu beobachten und für die betriebliche Praxis Schlussfolgerungen zu ziehen.

21.6.4 Gesetzliche und behördliche Vorgaben

Auch die Europäische KI-Verordnung nimmt sich dem Training und Test von KI-Systemen mit hohem Risiko an und macht Vorgaben dazu. Für Trainings-, Validierungs- und Testdatensätze von Hochrisiko-KI-Systemen gelten Daten-, Governance- und Datenverwaltungsverfahren. Diese Verfahren fordern u. a.:

- »Die Trainings-, Validierungs- und Testdatensätze müssen im Hinblick auf die Zweckbestimmung relevant, hinreichend repräsentativ und so weit wie möglich fehlerfrei und vollständig sein. Sie müssen die geeigneten statistischen Merkmale, […] haben […].«
- eine »Untersuchung im Hinblick auf mögliche Verzerrungen (Bias), die die Gesundheit und Sicherheit von Personen beeinträchtigen, sich negativ auf die Grundrechte auswirken oder zu einer nach den Rechtsvorschriften der Union verbotenen Diskriminierung führen könnten, insbesondere wenn die Datenausgaben die Eingaben für künftige Operationen beeinflussen,
- geeignete Maßnahmen zur Erkennung, Verhinderung und Abschwächung möglicher […] ermittelter Verzerrungen,
- die Ermittlung relevanter Datenlücken oder Mängel, die der Einhaltung dieser Verordnung entgegenstehen, und wie diese Lücken und Mängel behoben werden können.[388]
- Hochrisiko-KI-Systeme müssen getestet werden, um die am besten geeigneten gezielten Risikomanagementmaßnahmen zu ermitteln. Durch das Testen wird sichergestellt, dass Hochrisiko-KI-Systeme stets im Einklang mit ihrer Zweckbestimmung funktionieren und die Anforderungen dieses Abschnitts erfüllen.
- Das Testen von Hochrisiko-KI-Systemen erfolgt zu jedem geeigneten Zeitpunkt während des gesamten Entwicklungsprozesses und in jedem Fall vor ihrem Inverkehrbringen oder ihrer Inbetriebnahme. Das Testen erfolgt anhand vorab festgelegter Metriken und Wahrscheinlichkeitsschwellenwerte, die für die Zweckbestimmung des Hochrisiko-KI-Systems geeignet sind.«[389]

---

387 DIN/DKE (November 2020): Deutsche Normungsroadmap 1 – Künstliche Intelligenz, S. 168.

388 EU-KI-VO, Art. 10 Abs. 2 und 3.

389 EU-KI-VO, Art. 9 Abs. 6 und 8.

Auch die Anforderungen an die Technische Dokumentation von Hochrisikosystemen nehmen sich Test und Training der Systeme an.[390] Gefordert wird:

- die »Beschreibung der Systemarchitektur, aus der hervorgeht, wie Softwarekomponenten aufeinander aufbauen oder einander zuarbeiten und in die Gesamtverarbeitung integriert sind; zum Entwickeln, Trainieren, Testen und Validieren des KI-Systems verwendete Rechenressourcen;
- gegebenenfalls Datenanforderungen in Form von Datenblättern, in denen die Trainingsmethoden und -techniken und die verwendeten Trainingsdatensätze beschrieben werden, einschließlich einer allgemeinen Beschreibung dieser Datensätze sowie Informationen zu deren Herkunft, Umfang und Hauptmerkmalen; Angaben zur Beschaffung und Auswahl der Daten; Kennzeichnungsverfahren (zum Beispiel für überwachtes Lernen) und Datenbereinigungsmethoden (zum Beispiel Erkennung von Ausreißern).«

Art. 15 KI-VO ergänzt die Anforderungen um Vorgaben zu Genauigkeit, Robustheit und Cybersicherheit

»Hochrisiko-KI-Systeme müssen widerstandsfähig gegen Versuche unbefugter Dritter sein, ihre Verwendung, Ausgaben oder Leistung durch Ausnutzung von Systemschwachstellen zu verändern […].
Die technischen Lösungen für den Umgang mit KI-spezifischen Schwachstellen umfassen gegebenenfalls Maßnahmen, um Angriffe, mit denen versucht wird, eine Manipulation des Trainingsdatensatzes (›data poisoning‹) oder vortrainierter Komponenten, die beim Training verwendet werden (›model poisoning‹), vorzunehmen, Eingabedaten, die das KI-Modell zu Fehlern verleiten sollen (›adversarial examples‹ oder ›model evasions‹), Angriffe auf vertrauliche Daten oder Modellmängel zu verhüten, zu erkennen, darauf zu reagieren, sie zu beseitigen und zu kontrollieren.«[391]

Die Bedeutung von Training und Test für die Güte von KI-Systemen wird damit unterstrichen. Das Bayerische Landesamt für Datenschutzaufsicht hat eine Checkliste »Datenschutzkonforme Künstliche Intelligenz« herausgegeben, die für das Training von KI-Modelle Prüfpunkte benennt.[392] Nach diesen Punkten zu fragen, kann aufschlussreich sein. Beispiele dafür sind: Personenbezug der Trainingsdaten, Aufnahme in das Verzeichnis der Verarbeitungstätigkeiten, Bedarf einer Datenschutzfolgenabschätzung, Prüfung ob anonyme, synthetische oder pseudonyme Trainingsdaten ausreichen, Rechtsgrundlagen, Datenqualität, Bereinigungssachverhalte, Umsetzung der Betroffenenrechte.
Aufbauend auf den in Kapitel 19 vorgestellten Vertrauensfaktoren und Prüfindikatoren wird empfohlen, soweit es geht bereits im Training, vor allem aber im Testbetrieb zu untersuchen, wie das System hinsichtlich folgender Qualitätsmaßstäbe wirkt:

---

390 EU-KI-VO, Anhang IV Abs. 2c und d, gemäß Art. 11.
391 EU-KI-VO, Art. 15 Abs. 5.
392 *https://www.lda.bayern.de/media/ki_checkliste.pdf;* zuletzt abgerufen am 14. 11. 2024.

- Diskriminierungsfreiheit
- Unantastbarkeit der Würde
- freie Entfaltung der Persönlichkeit
- Schutz des körperlichen, geistigen und sozialen Wohlergehens
- Behandlung der Beschäftigten nach Recht und Billigkeit
- Schlüssigkeit in der Zuordnung von Verantwortlichkeiten
- Wirkung auf Kundenorientierung und Leistungsgüte
- Transparenz
- Interventionsmöglichkeiten
- Aufgabenangemessenheit
- Gebrauchstauglichkeit
- Verfügbarkeit und Belastbarkeit des Systems
- Effektivität und Effizienz
- Integrität der verwendeten Daten
- Nachvollziehbarkeit von Entscheidungen
- Steuerbarkeit
- Wirksamkeit von Sicherheitsmaßnahmen
- Verhinderung von Fehlanwendungen
- Funktionsfähigkeit von Notabschaltungen und Alternativkonzepten
- Schlüssigkeit des Berechtigungskonzepts
- Einhaltung existierender Normen und Zertifizierungen
- Wahrung der Vertraulichkeit von personenbezogenen Daten
- Einhaltung der Festlegungen zu maschineller Leistungs- und Verhaltenskontrolle
- Begrenzung der Wirkung von Personalentscheidungen
- Schlüssigkeit der Beschwerderechte bei Verletzung der Persönlichkeitsrechte
- Individualisierbarkeit des Systems
- Barrierefreiheit
- Wirksamkeit von Arbeitsschutzmaßnahmen
- Verträglichkeit mit sozialen Interessen
- Inklusion
- Erhalt der Sozialkontakte
- Dimension der Arbeitserleichterung
- Wirkung auf Qualifikationen
- Fehlertoleranz des Systems
- Erwartungskonformität
- Schlüssigkeit der Risikobewertung, Risikoklassifizierung und Risikobewältigung
- Schlüssigkeit der Einordnungen in Kritikalitätsstufen.

21.7 Gefährdungsbeurteilung: Phase 7

Die für den Arbeitsschutz geltenden Regelwerke sind in Kapitel 17 aufgeführt. Die Durchführung einer Gefährdungsbeurteilung zählt nach §§ 3 und 5 des Arbeitsschutzgesetzes zu den Grundpflichten des Arbeitgebers. Deren Bedeutung wird durch die Arbeitsstättenverordnung, die Betriebssicherheitsverordnung und § 3 der DGUV[393] unterstrichen. Orientierung für die Durchführung einer Gefährdungsanalyse geben detaillierte Ausführungen der Bundesanstalt für Arbeitsschutz und Arbeitsmedizin die über die Homepage dieser Institution zugänglich sind.

Auch auf den Webseiten der Gewerkschaft ver.di (*www.verdi.de*) finden sich umfangreiche Checklisten und Hilfestellungen für die Durchführung von Gefährdungsbeurteilungen. Prüfkriterien für Gefährdungsbeurteilungen werden ausgeführt und betont, dass neben den gesetzlichen Grundlagen auch den Intentionen der betrieblichen Interessenvertretungen bei der Ausgestaltung von Arbeits- und Gesundheitsschutz eine besondere Rolle zukommt. Ausführliche Prüffragenlisten zur Ergonomie von lernenden Maschinen sind in Kapitel 29 dieses Buches abgedruckt.

Neben der Einhaltung von Gesetzen und existierenden Normen sind Referenzerfahrungen aus Betrieben, in denen Systeme bereits eingesetzt werden, hilfreich für die Beurteilung der Arbeitsschutzbedingungen. Ohne die Beteiligung der Beschäftigten können Gefährdungen nicht redlich beurteilt werden. Der Testbetrieb von KI-Systemen bietet ausreichend Gelegenheit, sie nach ihren Erwartungen und Erfahrungen zu fragen. Unter anderem sollte es dabei um Softwareergonomie, Leistungsanforderungen und Individualisierbarkeit der Systeme, deren Barrierefreiheit, Gebrauchstauglichkeit und Kontrollierbarkeit gehen. Die Wirkung veränderter Arbeitsabläufe und Arbeitsanforderungen sollte hinterfragt und festgestellt werden, wie auf geänderte Qualifikationsanforderungen vorbereitet wird. Die psychischen Belastungen, die durch den Systemeinsatz hervorgerufen werden, gilt es zu untersuchen; auch ist danach zu fragen, inwieweit der technische und arbeitswissenschaftliche Erkenntnisstand berücksichtigt wurde.

21.7.1 Technische Regeln für Arbeitsstätten

Im Juli 2017 hat die Bundesanstalt für Arbeitsschutz und Arbeitsmedizin, im Rahmen ihrer Publikationsreihe »Technische Regeln für Arbeitsstätten«, das Dokument ASR V3 »Gefährdungsbeurteilung« herausgegeben. Die Unterlage macht in Abs. 4 Nr. 4 zur Vorgabe, Gefährdungsbeurteilungen insbesondere dann zu überprüfen, wenn sich Arbeitsverfahren, Arbeitsabläufe und Arbeits-

393 Deutsche Gesetzliche Unfallversicherung, Spitzenverband: Grundsätze der Prävention, (*https://www.dguv.de/de/praevention/vorschriften_regeln/dguv-vorschrift_1/index.jsp*), zuletzt abgerufen am 13.4.2025.

organisation ändern, andere Arbeitsmittel eingesetzt werden oder Maschinen geändert oder beschafft werden.[394]

Das Dokument legt weitere Vorgaben zur Vorgehensweise beim Ermitteln von Gefährdungen fest:

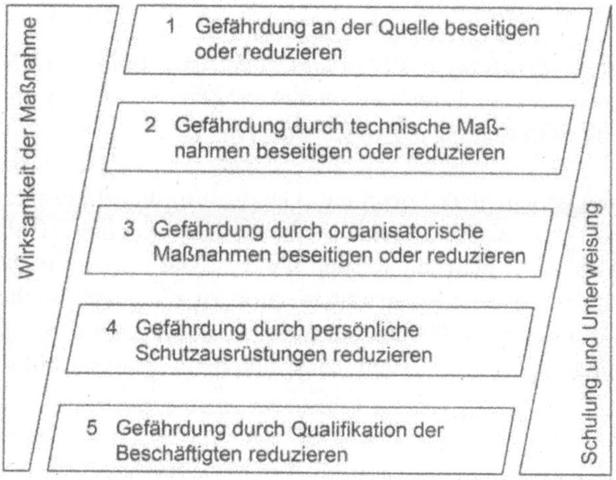

[395]

Die technischen Regeln »Arbeitsstätte« präzisieren den Anspruch aus § 3 Abs. 3 ArbStättV und verlangen, dass die Dokumentation der Gefährdungsanalyse vor Aufnahme der Tätigkeiten vorliegen muss. Dies wiederum muss den Arbeitgeber veranlassen, die Durchführung einer Gefährdungsanalyse zumindest im Testbetrieb oder im Training eines KI-Systems mit den jeweils betroffenen Beschäftigten zu prüfen, um für den Wirkbetrieb eine verallgemeinerbare Gefährdungsanalyse nachweisen zu können. Mindestanforderungen an die Dokumentation werden formuliert. In Ziffer 4.2 des Dokuments wird ausgeführt:

»Bei der Durchführung der Gefährdungsbeurteilung für Arbeitsstätten sind in Bezug auf das Einrichten sowie auf das Betreiben unterschiedliche Sachverhalte von Bedeutung. Der Arbeitgeber hat die mit der Arbeitsstätte verbundenen Gefährdungen unabhängig voneinander zu ermitteln und zu beurteilen. Mögliche Wechselwirkungen sind zu berücksichtigen. Sie können sich insbesondere auch im Zusammenwirken mit Arbeitsmitteln, Arbeitsstoffen, Arbeitsabläufen bzw. der Arbeitsorganisation sowie den Gefährdungsfaktoren […] ergeben.«[396]

394 BAuA.de – Ausschuss für Arbeitsstätten – ASTA-Geschäftsführung –, zuletzt abgerufen am 13.4.2025; technische Regeln für Arbeitsstätten, Gefährdungsbeurteilung, ASR V3, S. 3.

395 BAuA.de, Technische Regeln für Arbeitsstätten, Gefährdungsbeurteilung ASR V3, S. 12.

396 BAuA: S. 4 zu § 4, *https://www.BAuA.de/DE/Angebote/Rechtstexte-und-Technische-Regeln/Regelwerk/ASR/pdf/ASR-V3.pdf?__blob=publicationFile&v=3.*

Damit wird eine holistische Betrachtung des Prozesses bei der Einführung von KI-Systemen verlangt. Die technischen Regeln nennen auch Beispiele für Gefährdungsfaktoren, darunter die Gefährdung durch psychische Faktoren, die Arbeitsablaufgestaltung, nicht ergonomischen Grundsätzen entsprechende Softwaregestaltung etc. Für das Ermitteln von Gefährdungen wird ausgeführt:

»Das Ermitteln beinhaltet die Erfassung des Planungs-, oder Ist-Zustandes (z. B. durch Beobachten, Befragen, Messen, Berechnen oder Abschätzen) sowie die anschließende Benennung und Beschreibung der Gefährdungen.«[397]

Dies wiederum begründet erneut den Vorschlag, Gefährdungsbeurteilungen dann durchzuführen, wenn erstmals KI-Systeme im Testbetrieb oder beim Training von den Beschäftigten selbst beurteilt werden können. Das schließt nicht aus, dass vor dem Einsatz technischer Neuerungen schon eine vorbetriebliche Gefährdungsbeurteilung anhand der Planungsunterlagen durchgeführt wird. Ob daraus Schlussfolgerungen gezogen werden, kann sich dann in dieser Phase zeigen.

21.7.2 Handbuch Gefährdungsbeurteilung

Die Bundesanstalt für Arbeitsschutz und Arbeitsmedizin pflegt auf ihrer Webseite ein »Handbuch Gefährdungsbeurteilung«[398], das an alle adressiert ist, die an der betrieblichen Umsetzung und am Vollzug der gesetzlichen Vorschriften zum Arbeitsschutz beteiligt sind. Bereits im Vorwort wird mit folgenden Worten ein Appell zur dialogischen Gestaltung eines betrieblichen Ordnungsrahmens für KI-Systeme formuliert: »Gefährdungsbeurteilung ist multidisziplinär und setzt eine qualifizierte Zusammenarbeit aller Beteiligten voraus.«[399]
Das Handbuch nimmt sich umfassend den Einzelaspekten der Gefährdungen am Arbeitsplatz an und nennt unter anderem psychische Faktoren, wie soziale Beziehungen. Zur Interaktionsgestaltung zwischen Mensch und Maschine werden sieben Prinzipien referiert: Aufgabenangemessenheit, Selbstbeschreibungsfähigkeit, Erwartungskonformität, Lernförderlichkeit, Steuerbarkeit, Robustheit gegenüber Benutzungsfehlern, Benutzerbindung.[400] Derartige Qualitätsmaßstäbe wurden der Formulierung der Prüffragen ab Kapitel 29 und 31 zugrunde gelegt.

397 BAuA: Handbuch Gefährdungsbeurteilung. Grundlagen und Gefährdungsfaktoren, S. 7, § 5.2, Download unter: *https://www.baua.de/DE/Angebote/Publikationen/Fachbuecher/Gefaehrdungsbeurteilung.pdf?__blob=publicationFile&v=10* Handbuch.

398 *https://www.baua.de/DE/Themen/Arbeitsgestaltung/Gefaehrdungsbeurteilung/Handbuch-Gefaehrdungsbeurteilung/Gefaehrdungsbeurteilung_node.*

399 Ebenda: S. 4.

400 Ebenda: S. 442.

21.8 Dokumentation – mehr Pflicht als Zugeständnis: Phase 8

21.8.1 Von Rechts wegen

Art. 11 der Europäischen KI-Verordnung macht Vorgaben zur technischen Dokumentation von KI-Systemen. Hiernach wird die technische Dokumentation eines Hochrisiko-KI-Systems erstellt, bevor dieses System in Verkehr gebracht oder in Betrieb genommen wird und ist auf dem neuesten Stand zu halten. Die schlüssige Begründung dafür liefert die Verordnung mit:

»Umfassende Informationen darüber, wie Hochrisiko-KI-Systeme entwickelt wurden und wie sie während ihrer gesamten Lebensdauer funktionieren, sind unerlässlich, um die Nachvollziehbarkeit dieser Systeme, die Überprüfung der Einhaltung der Anforderungen dieser Verordnung sowie die Beobachtung ihres Betriebs und ihre Beobachtung nach dem Inverkehrbringen zu ermöglichen. Dies erfordert die Führung von Aufzeichnungen und die Verfügbarkeit einer technischen Dokumentation, die alle erforderlichen Informationen enthält, um die Einhaltung der einschlägigen Anforderungen durch das KI-System zu beurteilen und die Beobachtung nach dem Inverkehrbringen zu erleichtern. Diese Informationen sollten die allgemeinen Merkmale, Fähigkeiten und Grenzen des Systems, die verwendeten Algorithmen, Daten und Trainings-, Test- und Validierungsverfahren sowie die Dokumentation des einschlägigen Risikomanagementsystems umfassen und in klarer und umfassender Form abgefasst sein. Die technische Dokumentation sollte während der gesamten Lebensdauer des KI-Systems angemessen auf dem neuesten Stand gehalten werden. Darüber hinaus sollten die Hochrisiko-KI-Systeme technisch die automatische Aufzeichnung von Ereignissen mittels Protokollierung während der Lebensdauer des Systems ermöglichen.«[401]

Im Anhang IV der EU-KI-Verordnung werden für die technische Dokumentation detaillierte Vorgaben gemacht. Dokumentiert werden muss demnach

- die Zweckbestimmung, Name des Anbieters und Version des Systems etc.;
- die Beschreibung aller Formen, in denen das KI-System in Verkehr gebracht oder in Betrieb genommen wird, zum Beispiel in Hardware eingebettete Softwarepakete, Herunterladen oder API;
- die Methoden und Schritte zur Entwicklung des KI-Systems, […];
- die allgemeine Logik des KI-Systems und der Algorithmen;
- die getroffenen Annahmen, einschließlich in Bezug auf Personen oder Personengruppen, bezüglich deren das System angewandt werden soll, die Beschreibung der erwarteten Ausgabe des Systems und der erwarteten Qualität dieser Ausgabe, […];
- die Bewertung der erforderlichen Maßnahmen der menschlichen Aufsicht;
- die ergriffene Cybersicherheitsmaßnahmen;

401 EU-KI-VO, Art. 11 und Erwägungsgrund 71.

- detaillierte Informationen über die Überwachung, Funktionsweise und Kontrolle des KI-Systems;
- die Fähigkeiten und Leistungsgrenzen des Systems, einschließlich der Genauigkeitsgrade bei bestimmten Personen oder Personengruppen, auf die es bestimmungsgemäß angewandt werden soll;
- die in Bezug auf seine Zweckbestimmung insgesamt erwarteten Maße an Genauigkeit;
- angesichts der Zweckbestimmung des KI-Systems vorhersehbare unbeabsichtigte Ergebnisse und Quellen von Risiken in Bezug auf Gesundheit und Sicherheit sowie Grundrechte und Diskriminierung;
- die nach erforderlichen Maßnahmen der menschlichen Aufsicht, einschließlich der technischen Maßnahmen, die getroffen wurden, um den Betreibern die Interpretation der Ausgaben von KI-Systemen zu erleichtern;
- Darlegungen zur Eignung der Leistungskennzahlen für das spezifische KI-System;
- Kopie der EU-Konformitätserklärung gemäß Artikel 47;
- Mitbestimmungsträger*innen sollten bei nicht verständlichen Systembeschreibungen nach dieser technischen Dokumentation des Anbieters des KI-Systems fragen. Die Antworten können bei der eigenen Einordnung des geplanten Systems helfen.

Rechtliche Verpflichtungen zur Dokumentation des Betriebes von IT-, also auch von KI-Systemen, ergeben sich auch aus Art. 30 DSGVO und § 3 Abs. 3 ArbStättV. Daneben kann die Empfehlung der Enquetekommission Künstliche Intelligenz handlungsleitend sein, Tests zu KI-Systemen durchzuführen und dies zu dokumentieren.

§ 3 Abs. 3 ArbStättV legt fest: »Der Arbeitgeber hat die Gefährdungsbeurteilung vor Aufnahme der Tätigkeiten zu dokumentieren. In der Dokumentation ist anzugeben, welche Gefährdungen am Arbeitsplatz auftreten können und welche Maßnahmen [...] durchgeführt werden müssen.«

Art. 30 Abs. 1 DSGVO gibt zur Verarbeitung personenbezogener Daten vor: »Jeder Verantwortliche und gegebenenfalls sein Vertreter führen ein Verzeichnis aller Verarbeitungstätigkeiten, die ihrer Zuständigkeit unterliegen. Dieses Verzeichnis enthält sämtliche folgenden Angaben:

»a. *den Namen und die Kontaktdaten des Verantwortlichen und gegebenenfalls des gemeinsam mit ihm Verantwortlichen, des Vertreters des Verantwortlichen sowie eines etwaigen Datenschutzbeauftragten;*

b. *die Zwecke der Verarbeitung;*

c. *eine Beschreibung der Kategorien betroffener Personen und der Kategorien personenbezogener Daten;*

d. *die Kategorien von Empfängern, gegenüber denen die personenbezogenen Daten offengelegt worden sind oder noch offengelegt werden, einschließlich Empfänger in Drittländern oder internationalen Organisationen;*

e. *gegebenenfalls Übermittlungen von personenbezogenen Daten an ein Drittland oder an eine internationale Organisation, einschließlich der Angabe des betreffenden Drittlands oder der betreffenden internationalen Organisation, sowie bei den in Artikel 49 Absatz 1 Unterabsatz 2 genannten Datenübermittlungen die Dokumentierung geeigneter Garantien;*

f. wenn möglich, die vorgesehenen Fristen für die Löschung der verschiedenen Datenkategorien;

g. wenn möglich, eine allgemeine Beschreibung der technischen und organisatorischen Maßnahmen gemäß Artikel 32 Absatz 1.«

21.8.2 Praxisanforderungen, Bußgeldandrohungen und Detaillierung

Praktische Erwägungen, die sich aus der Mitbestimmungspraxis ableiten, sprechen dafür, zwischen den Sozialparteien einen Standard für die Dokumentation von KI-Systemen zu entwickeln, damit ein entsprechendes Dokument Basis für die Vorlage beim Betriebsrat und Ausgangspunkt für die Schaffung von Transparenz gegenüber den Beschäftigten werden kann. Die Notwendigkeit, Umfang und Inhalt von Dokumentationen abzustimmen, kann aus § 90 BetrVG abgeleitet werden. Hiernach hat der Arbeitgeber »den Betriebsrat über die Planung […] von technischen Anlagen, von Arbeitsverfahren und Arbeitsabläufen einschließlich des Einsatzes von Künstlicher Intelligenz rechtzeitig unter Vorlage der erforderlichen Unterlagen zu unterrichten«.

»Die Unterrichtung hat unter Vorlage der erforderlichen Unterlagen und umfassend zu erfolgen. […] Der Arbeitgeber muss unaufgefordert (im Mitbestimmungsprozess) alle Unterlagen vorlegen, die notwendig sind, damit sich der Betriebsrat ein genaues Bild von Umfang und Auswirkungen der geplanten Maßnahmen machen kann. Der Betriebsrat muss alle wesentlichen Tatsachen, Einschätzungen und Bewertungen auf Deutsch, in verständlicher Sprache und überschaubarer Form aufbereitet erhalten. Auch auf ökologische Gesichtspunkte ist einzugehen.
Wird die Einführung eines DV-Systems geplant, so hat der Arbeitgeber mindestens seine Problemanalyse, die Systembeschreibung mit den zu verarbeitenden Daten, der Zwecksetzung, der Beschreibung der vorhandenen Dateien und Programme, den Datenflussplan, die Zugriffsberechtigungen und Maßnahmen der Datensicherung sowie alle Auswirkungen auf die Arbeitnehmer dem Betriebsrat mitzuteilen.«[402]

Vor dem Hintergrund des Informationsanspruches von Arbeitnehmern und Mitbestimmungsakteuren macht es Sinn, in der Dokumentation auch Sachverhalte zu beschreiben, die über die engen thematischen Fixierungen des Arbeitsschutzgesetzes und der Europäischen Datenschutzgrundverordnung hinausgehen. Nachdem aber Art. 30 DSGVO der Bußgeldandrohung unterliegt, ist für

402 Däubler, Klebe, Wedde (2024): BetrVG Kommentar 19. Aufl. Bund-Verlag, Rn. 23 zu § 90 BetrVG.

die Definition des Dokumentationsverfahrens und der Dokumentationstiefe zu beachten, dass das Verzeichnis leicht pflegbar ist.[403]
In der Kommentarliteratur wird ausgeführt:

»Die Frage der Detaillierung ist pragmatisch so zu beantworten, dass mit der Dokumentation vor allem auch die eigene Zielsetzungen des Verantwortlichen im Hinblick auf […] seine Verpflichtungen zur Umsetzung der Datenschutzgrundverordnung verwirklicht werden. Hierzu gehört insbesondere seine Einschätzung, wie detailliert er im datenschutzrechtlichen Sinne einen Geschäftsprozess beschrieben haben muss, um seine hiermit verbundenen datenschutzrechtlichen Pflichten abschätzen zu können. Insoweit kann ein Geschäftsprozess identisch mit dem Zweck eines Fachbereiches sein, kann aber auch Teilprozesse im Fachbereich betreffen. Insbesondere im Fachbereich Personal wird regelmäßig durch sehr unterschiedliche Aufgabenstellungen (zum Beispiel Bewerbermanagement, Personalverwaltung, Personalabrechnung, Fuhrparkmanagement etc.) eine Dokumentation unterhalb der Fachbereichsebene angebracht sein.«[404]

21.8.3 Was dokumentieren?

Die rechtlichen Bedingungen und die praktischen Erfordernisse, die sich an eine Dokumentation eines KI-Systems ergeben, sollten in einem abgestimmten Dokumentationsmodell zusammengeführt werden. Es bietet sich an, die Dokumentationstiefe und die Transparenz von Dokumentationen je nach Kritikalität des KI-Systems zu variieren. Die Variabilität einer Dokumentation lässt sich auch aus Ziffer 5.7.1 der technischen Regeln für Arbeitsstätten ableiten. Hiernach richtet sich die Dokumentation einer Gefährdungsanalyse »z. B. nach der Betriebsgröße, Betriebsstruktur oder Art und Ausmaß der Gefährdungen«.[405]
Für die Verfahrensverzeichnisse nach Art. 30 DSGVO haben die deutschen Aufsichtsbehörden mit einer gemeinsamen Arbeitsgruppe ein Muster für eine praxisnahe Orientierung entwickelt. Danach sollten in einem Verfahrensverzeichnis vor allem Angaben zum Verantwortlichen und zum Datenschutzbeauftragten, die Bezeichnung der Verarbeitungstätigkeit, deren Zwecke, die Beschreibung der personenbezogenen Daten und der Datenkategorien gemacht werden. Auch Ausführungen zu Datenübermittlung und Fristen für die Löschung sollten enthalten sein. Zur Dokumentation der gewählten technisch-organisatorischen Maßnahmen wird nachfolgendes Muster empfohlen:

- Pseudonymisierung
- Verschlüsselung
- Gewährleistung der Vertraulichkeit

403 Vgl. hierzu: Schwartmann/Jaspers/Thüsing/Kugelmann (2024): DSGVO, Heidelberger Kommentar, Rn. 21 zu Art. 30 DSGVO.
404 Schwartmann/Jaspers/Thüsing/Kugelmann (2024): DSGVO, Heidelberger Kommentar; Rn. 18 zu Art. 30 DSGVO.
405 BAuA.de, Technische Regeln für Arbeitsstätten, Gefährdungsbeurteilung ASR V3, S. 14.

- Gewährleistung der Integrität
- Gewährleistung der Verfügbarkeit
- Gewährleistung der Belastbarkeit der Systeme
- Verfahren zur Wiederherstellung der Verfügbarkeit personenbezogener Daten, nach einem physischen oder technischen Zwischenfall
- Verfahren regelmäßiger Überprüfung, Bewertung und Evaluierung der Wirksamkeit der technischen und organisatorischen Maßnahmen.[406]

Für die Dokumentation von KI-Systemen macht es Sinn, den Fokus darüber hinaus auf folgende Elemente zu richten:

- Rechtsgrundlage
- Risikoklasse nach der EU-Verordnung
- Kennzeichnung des KI-Systems und Transparenz
- Definition der Verantwortlichkeiten für das technische System und die maschinellen Schlussfolgerungen
- Interventionsmöglichkeiten in den technischen Betrieb und in die maschinellen Schlussfolgerungen
- Erforderlichkeit des KI-Einsatzes
- Integration von Sicherheitsmaßnahmen
- Autonomiegrad des Systems
- Einordnung in den Evaluationsplan
- Berechtigungskonzept
- berücksichtigte Normen und Zertifizierungen
- eventuell verabredete Betriebsvereinbarungen zum System
- Festlegungen zu maschinellen Leistungs- und Verhaltenskontrollen
- Begrenzungen des Systems bei Personalentscheidungen
- Adressaten der Beschwerderechte bei Verletzungen der Persönlichkeitsrechte
- Dimension, Art und Anzahl der Betroffenen von Rationalisierungsmaßnahmen
- technisch organisatorische Schutzmaßnahmen.

21.9 Formale Beteiligung der Betriebs- und Personalräte: Phase 9

Für die formale Beteiligung des Betriebsrats nach § 87 BetrVG ist die Vorlage aussagekräftiger Unterlagen erforderlich. Hierzu bietet es sich an, den in Phase 2 beschriebenen ersten KI-Steckbrief um jene Regulierungsaspekte zu ergänzen, die im Dialog in den nachfolgenden Interventionsphasen festgelegt wurden. Sinnvollerweise ist die beschriebene Dokumentation beizufügen und sind Aus-

406 Ausführlich siehe hierzu: *https://www.ldi.nrw.de/mainmenu_Datenschutz/submenu_Datenschutzbeauftragte/Inhalt/Behoerdliche_Datenschutzbeauftragte/Inhalt/Das-Verarbeitungsverzeichnis-nach-Artikel-30-DS-GVO/Hinweise-zum-Verzeichnis-von-Verarbeitungstaetigkeiten.pdf.*

sagen zu Art, Inhalt und zeitlichen Abständen einer Evaluation und Konformitätsprüfung zu treffen. Es bietet sich darüber hinaus an, zur Schaffung von Transparenz gegenüber den Beschäftigten, aber auch für die Beteiligung der Betriebsräte in korrespondierenden Sachverhalten, folgende weitere Elemente des Systems in die Zuschriften an die Betriebsräte aufzunehmen:

- Wertschöpfungsbeitrag des Systems
- existierende Konzepte der Notabschaltung und Alternativkonzepte
- noch nicht umgesetzte Verabredungen aus der Gefährdungsanalyse und der Prüfung des betrieblichen Datenschutzbeauftragten
- Ausführungen zur quantitativen und qualitativen Beschäftigungswirkung
- korrespondierende Wirkungen auf die Güte der Arbeit: z. B. Arbeitszeit, Zeit- und Ortsautonomie, Mischarbeit, Arbeitserleichterung.

Wesentliche Grundlage einer Zuschrift sollte die Begründung der Einordnung in Kritikalitätsstufen sein. Wenn eine Einordnung im Dialog und im gemeinschaftlichen Prozess erfolgen konnte, ist weniger Detailtiefe erforderlich.

Zur Operationalisierung von innerbetrieblichen Nachhaltigkeitsansprüchen ist es gewiss auch sinnvoll, zumindest zu dokumentieren, welche Nachhaltigkeitsgesichtspunkte untersucht und wie diese im bisherigen Einführungsprozess bewertet wurden.

21.10 Wirkbetriebsaufnahme und Herstellung von Transparenz: Phase 10

Spätestens mit der Freigabe des KI-Systems durch den Betriebsrat und dem Start des Wirkbetriebes sollten den betroffenen Beschäftigten Informationen zum System zugänglich gemacht werden. Als Informationsbasis dafür bietet sich die Dokumentation und die Zuschrift an den Betriebsrat an. Aus Praktikabilitätsgründen könnte eine Standardbeschreibung als Muster für alle KI-Systeme erarbeitet werden. Entsprechende Informationen könnten über innerbetriebliche soziale Netzwerke oder andere, den Beschäftigten zugängliche Informationsplattformen weitergegeben werden. Für die Beschreibungstiefe sind unterschiedliche Stufen denkbar, beispielsweise:

- eine transparente Kennzeichnung aller KI-Systeme,
- ein transparentes Listing für Systeme mit ihren Zielen und Zwecken bei geringer Risikorelevanz,
- eine einfache Dokumentation bei normalen Risikostufen und die Nennung von Feedback-Möglichkeiten für die Beschäftigten,
- eine detaillierte transparente Dokumentation von KI-Systemen mit hoher Risikoeinstufung, die unter anderem die technisch-organisatorischen Sicherheitsmaßnahmen beschreibt, die Rechte der Beschäftigten erläutert und auf regelmäßige Konformitätsprüfung hinweist.

21.11 Monitoring durch laufende Konformitätsprüfung und Evaluation: Phase 11

»Ein laufendes Monitoring des Systems liegt im Eigeninteresse eines Unternehmens. Aber auch die Datenschutzaufsicht verlangt Maßnahmen, mit denen das System in ausreichendem Maße auf Fehlentscheidungen und vor allem rechtswidrige Diskriminierungen überprüft wird.«[407]

Art. 9 der Europäischen KI-Verordnung fordert zumindest für Anwendungen mit hohem Risiko ein Risikomanagementsystem. Dieser Mechanismus,

»versteht sich als ein kontinuierlicher iterativer Prozess, der während des gesamten Lebenszyklus eines Hochrisiko-KI-Systems geplant und durchgeführt wird und eine regelmäßige systematische Überprüfung und Aktualisierung erfordert.«

Art. 24 DSGVO gibt vor:

»Der Verantwortliche setzt unter Berücksichtigung der Art, des Umfangs, der Umstände und der Zwecke der Verarbeitung sowie der unterschiedlichen Eintrittswahrscheinlichkeit und Schwere der Risiken für die Rechte und Freiheiten natürlicher Personen geeignete technische und organisatorische Maßnahmen um, um sicherzustellen und den Nachweis dafür erbringen zu können, dass die Verarbeitung gemäß dieser Verordnung erfolgt. Diese Maßnahmen werden erforderlichenfalls überprüft und aktualisiert.«

Wenn auch im deutschen Recht die Pflicht zur Überprüfung und Aktualisierung unter dem Vorbehalt der Erforderlichkeit steht, so wird eine Überprüfung dann erforderlich werden, wenn sich die tatsächlichen oder rechtlichen Rahmenbedingungen ändern bzw. geändert haben. Ausschlaggebend dafür können Änderungen der Rechtslage sein, ebenso die Fortentwicklung von Vorgaben der Aufsichtsbehörden, die Modifikation des KI-Systems durch das Lernen der Maschine oder das Feedback von Kunden, Betroffenen oder Mitarbeitern. Signale für die Notwendigkeit einer Überprüfung und Aktualisierung geben auch Abweichungen von Qualitätsvorgaben des Systems, Änderungen in der Betriebsumgebung und in Arbeitsabläufen, veränderte Normen und Standards (beispielsweise zur IT-Sicherheit), neue Erkenntnisse zur Nachvollziehbarkeit der Systementscheidungen oder gravierende personelle Veränderungen beim »menschlichen Faktor« in der Steuerung, Nutzung und Verantwortung des Systems. Im Hinblick auf Art. 24 der Europäischen Datenschutz Grundverordnung wird in der Kommentarliteratur abgeleitet: »Das Feststellen dieser Umstände obliegt dem Verant-

407 Till Kreutzer, Prof. Dr. Per Christiansen (2021): KI in Unternehmen – Ein Praxisleitfaden zu rechtlichen Fragen; iRights law, Bertelsmann Stiftung, S. 60.

wortlichen. Deswegen ist zur Risikovermeidung eine regelmäßige Überprüfung der ergriffenen Maßnahmen zu empfehlen.«[408]
Ein Whistleblowerverfahren kann dabei hilfreich sein. Derartige Aufklärungsmechanismen gibt es schon in einigen Betrieben und die EU-Kommission hat dazu eine Richtlinie erlassen, die vom Europäischen Parlament am 23.9.2019 gebilligt wurde. In Deutschland wurde das Regelwerk unter dem Namen »Hinweisgeberschutzgesetz« umgesetzt (siehe auch Kapitel 14).
Auch die Enquetekommission Künstliche Intelligenz des deutschen Bundestages geht von einer laufenden Überprüfung der regelgerechten Anwendung aus:

»Voraussetzung für einen akzeptierten KI-Einsatz in der Arbeitswelt sind zudem partizipative, dialogische Einführungs-, Nutzungs- und Evaluationsprozesse, die bei der Festsetzung der Ziele beginnen, eine Abschätzung der Folgen für Arbeitnehmerinnen und Arbeitnehmer anschließen und bei der Überprüfung regelgerechter Anwendung enden.«[409]

Zum KI-Einsatz in der Verwaltung wird empfohlen: »Der Prozess sollte basierend auf einem Risikoklassifizierungsmodell u.a. folgende Schritte beinhalten: die Definition von Zweck, Qualitätszielen und Fairnessmaßen, Technikfolgenabschätzung, Transparenz, Rechtskonformität, zugrundeliegende Daten, Bedingungen und Grenzen der Wirksamkeit, stete Evaluation, Revision, ggf. Anpassung bzw. Re-Design oder Beendigung des Einsatzes.«[410]

21.11.1 Auch den Kontext evaluieren

Die Deutsche Normungsroadmap 1 Künstliche Intelligenz widmet ein gesamtes Kapitel der Konformitätsbewertung von KI-Systemen.[411] Darin wird unter anderem empfohlen:

»Prozesse, die in der Nutzung von KI-Systemen insbesondere auch bei ihrer Bereitstellung als Dienstleistungen zum Tragen kommen, umfassen die kontinuierliche Prüfung und Bewertung von Leistungs- und Sicherheitsmetriken, die Bestimmung angemessener Reaktionen auf Zwischenfälle und die Etablierung geeigneter Gegenmaßnahmen. Neben diesen generischen Prozessen ist beispielsweise im Zusammenhang mit KI noch zu betrachten und durch entsprechende Managementprozesse zu unterlegen:

- *Die Auswirkungen automatischer Entscheidungen, die durch KI-Systeme getroffen werden, und der damit einhergehende Kontrollverlust.*

408 Taeger/Gabel (2022): BDSG-Kommentar, 4. Auflage, R&W-Verlag, Fachmedien Recht und Wirtschaft, Rn. 75 zu Art. 24 DSGVO.
409 EKKI: S. 314.
410 EKKI: S. 198.
411 DNRM 1: S. 80ff.

- *Der Verlust organisatorischen Wissens, der durch den Einsatz automatisierter Entscheidungssysteme verursacht werden kann, und damit einhergehend eine starke Bindung an solche Systeme (»blindes Vertrauen«).*
- *Die Möglichkeit, dass Dienste von Dritten zu Zwecken verwendet werden, die innerhalb des ethischen Selbstverständnisses einer Organisation fragwürdig sind.*
- *Der Umgang mit eingeschränkter Transparenz und Erklärbarkeit von KI-Systemen.«*

Für den Betrieb von KI-basierten Softwaresystemen wird in der Normungsroadmap erwogen, funktionale Sicherheit, Effizienz, Übertragbarkeit, Wandelbarkeit und Zuverlässigkeit zu überprüfen. Hinsichtlich des Vorschlags von Audits wird auf die Möglichkeit der Durchführung dieser Maßnahmen durch die eigene Organisation, Rückkopplungsschleifen durch Kunden, Lieferanten, Partner (auch Beschäftigte) verwiesen oder auf eine Auditierung durch Dritte.

»Als qualitätssichernde Maßnahme während der operativen Nutzung im KI Life Cycle […] soll bei KI-Systemen eine aktive Produktbeobachtung mit Auswertung gewonnener Felddaten normativ definiert werden […].«[412]

21.11.2 Rückkopplungsschleifen und strukturierte Konformitätsprüfungen

Vor dem Hintergrund dieser Intentionen bietet es sich an, zum einen im laufenden Betrieb Rückkopplungsschleifen für Fehlentwicklungen des Systems zu schaffen, indem beispielsweise die Verantwortlichen transparent gemacht und Nutzer und Beschäftigte um Rückkopplung zu nicht regelgerechten Funktionsbedingungen des Systems gebeten werden. Zum anderen ist es zweckmäßig, in Abhängigkeit von der Kritikalität des KI-Systems in gestaffelten Zeitabständen Konformitätsprüfungen durchzuführen. Die dafür vorgesehenen zeitlichen Abstände können bei KI-Systemen mit niedriger Risikorelevanz größer sein und sollten bei risikorelevanten Anwendungen häufiger erfolgen. Die Festlegung von Inhalten und Häufigkeiten von Evaluationsschritten könnte zwischen den Sozialparteien in einem betrieblichen Ordnungsrahmen festgelegt werden. Entsprechend der Priorisierung der Qualitätsindikatoren, die in dieser Expertise an vielen Stellen genannt wurden, sollten die Inhalte entsprechender Monitoringprozesse definiert werden.

21.11.3 Exemplarische Prüffragen in der Evaluation

Aus Gründen der Übersichtlichkeit wird darauf verzichtet, alle erwähnten Indikatoren aufzulisten die für ein Monitoring herangezogen werden könnten. Einige exemplarische Prüffragen sollen lediglich Anhaltspunkte für mögliche

412 Deutsche Normungsroadmap 1 Künstliche Intelligenz (DNRM): S. 90.

Inhalte liefern, zugleich aber auch anschaulich machen, wie sich Prüfindikatoren in Prüffragen übersetzen lassen:

1. Welche Eigenarten, Funktionselemente und Folgen des KI-Einsatzes werden im Rahmen einer Systemevaluation überprüft?
2. Hat sich das System im betrieblichen Alltag als nützlich erwiesen?
3. Werden die ursprünglichen Ziele und Zwecke eingehalten?
4. Wie erfolgreich wird im laufenden Betrieb des Systems sichergestellt, dass das System keine zweckfremden oder unerwünschten Eigenschaften entwickelt?
5. Inwieweit haben die Nutzer der Schlussfolgerungen des Systems von der Befugnis Gebrauch gemacht, weitere Entscheidungsparameter einzubeziehen als jene, die dem KI-System zugänglich sind?
6. Wie wurde die Präzision der Funktionsmechanismen des Systems gemessen und gewährleistet?
7. Wurde im Betrieb die Häufigkeit gemessen, in der die Beschäftigten Fehlfunktionen des Systems oder instabile Systemzustände wahrgenommen haben?
8. Hat sich das System erwartungskonform weiterentwickelt oder liegen Fehlentwicklungen vor?
9. Nach welchem Verfahren werden die bisherigen Leistungsergebnisse des KI-Systems als angemessen, korrekt und hilfreich eingeschätzt?
10. Unterstützt das System den in der Firma verankerten Kulturanspruch an Fairness und Gerechtigkeit?
11. Hat sich das KI-System als geeignet erwiesen, Wertschöpfung, Wachstum und Beschäftigung zu generieren?
12. Wie wurde die Erreichung der ökonomischen Ziele überwacht?
13. Wie ist die Einhaltung der Grundsätze des § 5 DSGVO (Rechtmäßigkeit, Treu und Glauben, Transparenz, Zweckbindung, Datenminimierung, Richtigkeit, Speicherbegrenzung, Integrität, Vertraulichkeit, Rechenschaftspflicht) nachweisbar?
14. Sind bei einer Beauftragung von Unterauftragnehmern deren Verpflichtungen und Befugnisse vertraglich geregelt und hinreichende Garantien für den Schutz der Rechte und Freiheiten der Betroffenen eingerichtet?
15. Sind die zur Sicherheit der Daten eingerichteten technischen und organisatorischen Maßnahmen ausreichend, aktuell und dokumentiert?
16. Welches Verfahren ist zur Löschung/Vernichtung der genutzten Daten vorgegeben?
17. Liegen Beschwerden der Betroffenen im Zusammenhang mit der Ausübung der Betroffenenrechte vor? Ist ein Verfahren zur Bearbeitung der Beschwerden eingerichtet?
18. Haben die Beschäftigten von ihrem Recht Gebrauch gemacht, gegenüber personellen Entscheidungen, die durch das System getroffen werden, Widerspruch oder Rechtsmittel einzulegen?

19. Wie wirksam wird algorithmenbasierte Diskriminierung oder Verzerrung verhindert?
20. Wie bewerten die Beschäftigten vor und nach dem Testbetrieb ihre eigene Arbeitszufriedenheit?
21. Sind geplante Veränderungen für den Wertstatus, den Beschäftigungsort, die Beschäftigungszeit, die Beschäftigungsbilanz und die Entlastung von Arbeitnehmerinnen und Arbeitnehmern eingetreten?
22. Wie beurteilen die Beschäftigten die Veränderung von Arbeitsabläufen und Systemanforderungen für ihre berufliche Tätigkeit?
23. Nach welchen Verfahren wurden eine Risikobewertung und eine Risikoüberwachung durchgeführt?
24. Hat das verantwortliche Management Kenntnis von den Risiken und wurde die Risikoakzeptanz dokumentiert?
25. Wurde im Rahmen der Systemevaluation eine Wirksamkeitskontrolle der Maßnahmen für Arbeitsschutz und Arbeitssicherheit durchgeführt?
26. Steigert das System die Komplexität der Aufgabenerledigung oder vereinfacht es die Arbeitsprozesse?
27. Wie werden Revisions- und Evaluationsergebnisse dokumentiert und welche Stellen erhalten die Ergebnisse?
28. Traten durch den Systemeinsatz Gefährdungen für die psychische und physische Gesundheit von Beschäftigten auf?
29. Liegen Beschwerden von Betroffenen zu den Schlussfolgerungen des Systems vor?
30. Sind Anliegen der Beschäftigten zur Veränderung des Systems nicht umgesetzt worden?
31. Liegen Einlassungen der Aufsichtsbehörden oder Unfallversicherungsträger vor?
32. Wurden Sanktionen wegen Verstößen gegen die Europäisch KI-Verordnung verhängt?
33. Wurden Reklamationen zu den maschinellen Schlussfolgerungen geltend gemacht?
34. Wie nachhaltig ist der KI-Einsatz in betrieblicher, gesellschaftlicher und technischer Hinsicht?
35. Wurde der Energieverbrauch des Systems evaluiert?
36. Wie viele Notabschaltungen des Systems gab es im Betrachtungszeitraum?
37. Wie werden die Systemgüte und die Verarbeitungszusammenhänge von den Vorgesetzten eingeschätzt?
38. Hat sich die Kritikalitätseinstufung als stimmig erwiesen?
39. In welchen Zeitintervallen wird das System in Zukunft evaluiert?

22 Wesen und Funktion von Prüffragen

»Das Wichtigste
im Leben ist, nicht
aufzuhören,
Fragen zu stellen«

Albert Einstein

Wenn in Betrieben Gestaltungserfahrungen für den Umgang mit lernenden Maschinen fehlen, branchenübliche Ansätze noch nicht vorhanden sind und es an Benchmarks fehlt, dann ist es umso bedeutsamer, zumindest die richtigen Fragen zu stellen. Dieses Praxishandbuch gibt Empfehlungen für Vertrauensfaktoren und zugeordnete Qualitätsindikatoren. Es werden in den folgenden Kapiteln 23 bis 34 dazu Prüffragen angeboten, die es erlauben, zu hinterfragen, inwieweit den Qualitätsindikatoren in der betrieblichen Praxis entsprochen wird. Damit soll betrieblichen Mitbestimmungsakteur*innen und Betriebspraktiker*innen Hilfestellung geboten werden.

Die stimmige Adressierung der Fragen hängt von der jeweiligen Einführungsphase von KI-Systemen ab, in der Betriebs- und Personalräte einbezogen werden. Welche Fragen genutzt werden, korrespondiert sicherlich auch mit der jeweiligen betrieblichen Kultur und Schwerpunktsetzung der beteiligten AkteurInnen, mit der Art der Anwendungen und dem betrieblichen Kontext. Ihre Auswahl sollte eine Priorisierung ausdrücken, der hoffentlich auch die Interessen zugrunde liegen, die bei den unmittelbar betroffenen Beschäftigten erhoben wurden.

Die Vielzahl der nachfolgend gelisteten Prüffragen mag einschüchternd wirken. Die Fragen sollen aber gar nicht vollständig zum Einsatz kommen. Ihre Menge zielt darauf, leichter die für die jeweiligen Bedingungen stimmigen Fragen auswählen zu können. Sie adressieren, ebenso wie die Indikatoren, die große Bandbreite jener Aspekte, die bei der Einführung von KI-Systemen relevant sein können. Diese wiederum variieren von Betrieb zu Betrieb, von Anwendung zu Anwendung.

Für zahlreiche Fragen gibt es in vielen Betrieben schon Antworten aus der Einführung von herkömmlichen IT-Systemen. Derartige Standards zu modifizieren um sie, soweit es geht, auf KI-Systeme, anzuwenden, macht Sinn. Deshalb ist es auch sinnvoll, die Fragen nicht schematisch zu verwenden, sondern sie entsprechend dem betrieblichen Kontext auszuwählen und zu modifizieren.

Die Antworten auf viele Prüffragen sind teilweise für einen, meistens aber für mehrere Qualitätsindikatoren relevant. Nur dann, wenn es die Schlüssigkeit der Qualitätsindikatoren erfordert, wurden Prüffragen gedoppelt. Es wurde aber darauf verzichtet, jeweils alle Prüffragen, die sich auf einen Qualitätsindikator beziehen, vollständig aufzulisten. Dies hätte die Übersichtlichkeit deutlich beeinträchtigt. Zudem können auch die Antworten für einen Indikator Aufschluss darüber geben, wie einem anderen entsprochen wird.

22.1 Risiken, Nebenwirkungen und falsche Wirkstoffe

Wir kennen alle die Hilfsfunktion unseres Medizinschränkchens. Man fühlt sich nicht richtig wohl und hadert mit der Gesundheit. Bevor wir zum Arzt gehen, versuchen die meisten von uns, mit dem Griff ins eigene Medizinschränkchen die wahrgenommenen Krankheitssymptome zu kurieren. Dem liegt selten eine belastbare medizinische Diagnostik zugrunde. Meistens wird die selbst verordnete Therapie durch die eigene Empfindung, persönliche Gewohnheiten, private Empfehlungen oder den Umstand geprägt, welche Medikamente gerade verfügbar sind. Glücklicherweise kommt niemand auf die Idee, alle verfügbaren Medikamente gleichzeitig zu nehmen, in der irrwitzigen Annahme, alles würde gegen alles helfen. Wer das doch tut, schadet der Gesundheit mehr als er ihr nützt, und ist dann doch schneller beim Arzt als gedacht.

So ist es auch mit diesem Fragenkatalog zur Einführung eines KI-Systems. Wer alle Fragen gleichzeitig stellt, trägt nicht dazu bei, die wirklichen Beeinträchtigungen guter Arbeit zu beseitigen oder wirksam Arbeitnehmerinteressen zum Durchbruch zu verhelfen. Er oder sie würde nicht analysieren, worauf es im jeweiligen Anwendungsfall oder in der aktuellen Einführungsphase ankommt, nicht priorisieren nach den Bedürfnissen der Beschäftigten, nicht nach Risikorelevanz differenzieren und nicht antizipieren, dass mit der Anzahl der Fragen die Wahrscheinlichkeit auch steigt, unerwünschte Antworten zu erhalten.

Medikamente zielen auf spezifische Wirkungen in unterschiedlichen Krankheitsphasen und Krankheitsbildern. Vor Risiken und Nebenwirkungen können Beipackzettel auf Grundlage von Statistiken warnen, die in oft langjährigen Anwendungsstudien entstanden sind. Antworten auf Prüffragen werden oft interessengeleitet und selten statistisch fassbar sein. Sie werden nicht immer auf Grundlage von Rationalität und Logik formuliert und können unverständlich bleiben oder gar unkalkulierte Wirkungen hervorrufen. Davor sei gewarnt. Fragen sind ein »Wirkstoff«. Sie sollen Antworten bewirken, die dabei helfen, nützliche Gestaltungsansätze und Handlungsbedarfe zu identifizieren und umzusetzen.

Der nachfolgende Katalog ist mit einem umfassenden Medikamentenschränkchen oder dem Sortiment einer kleinen Apotheke vergleichbar. Jeder Nutzer und jede Nutzerin sollte sich eines immer vor Augen halten: Es kommt auf den richtigen Wirkstoff und die richtige Dosierung an. Alles hilft nicht gegen alles.

22.2 Charakteristika der Prüffragen

Der Fragenkatalog gliedert Prüffragen entsprechend den in Kapitel 18 begründeten Vertrauensfaktoren und Qualitätsindikatoren. Natürlich lassen sich einzelne Indikatoren und Fragen auch anderen Vertrauensfaktoren zuordnen und/oder sie finden an anderer Stelle ihre Vertiefung. Beispielsweise ist rechtmäßiges Handeln für die gesamte Gestaltung von KI-Anwendungen eine wesentliche Grundlage. Eine widerrechtliche KI-Anwendung sollte verhindert werden und braucht deshalb nicht hinsichtlich ihrer Gebrauchstauglichkeit hinterfragt zu werden. Die Prüffragen hängen zum Teil voneinander ab, haben unterschiedliche Bedeutung und die Antworten auf eine Frage können eine andere Frage überflüssig machen. Rechtsfragen stellen sich auch bei der Gestaltung der Persönlichkeitsrechte, genauso wie beim Arbeitsschutz, nicht nur unter der Überschrift »Rechtskonformität«. Detaillierte Fragen zur Rechtmäßigkeit finden sich deshalb auch unter den Vertrauensfaktoren Ergonomie und Persönlichkeitsrechte.
Die Prüffragenkataloge zielen darauf, die Güte der KI-Systeme, deren technische Funktionen und deren Kontext zu hinterfragen und deren Risikorelevanz zu verstehen. Die Übereinstimmung mit Rechtsvorgaben soll überprüft werden. Die Fragen sollen dabei helfen rauszukriegen, ob und inwieweit die Systeme mit betrieblichen Gepflogenheiten und üblichen Werten zusammenpassen, ob sie mit ökonomischen Anforderungen und Arbeitnehmerinteressen verträglich und nützlich sind. Ziel aller Bemühungen sollte sein, die Persönlichkeitsrechte zu schützen, die Ergonomie zu verbessern, Sozialverträglichkeit sicherzustellen, gute Arbeit zu fördern, Nachhaltigkeit auszubauen, risikoangemessen zu regulieren und Mechanismen zu schaffen, die es erlauben, Systeme zu kontrollieren, die sich im Laufe ihrer Anwendung fortentwickeln.

22.3 Quellen der Prüffragen

Die aufgelisteten Prüffragen sind nicht das alleinige Ergebnis des Einfallsreichtums der AutorInnen dieses Praxishandbuchs. Sie sind aus Rechtsvorgaben und einschlägigen Publikationen von ExpertInnen zum Thema künstliche Intelligenz und/oder IT-Gestaltung abgeleitet. Sie greifen bereits publizierte Gestaltungsansprüche relevanter AkteurInnen auf, ebenso wie die bereits vorhandene Gestaltungspraxis zu IT-Systemen, die in Industrienormen und Empfehlungen der Aufsichtsbehörden, auch in sachdienlichen und verbreiteten Betriebsvereinbarungen oder Tarifverträgen zum Ausdruck kommt.Insbesondere von folgenden weiteren Quellen wurden die angebotenen Prüffragen abgeleitet:

- Amtsblatt der Europäischen Kommission 2024/1689 vom 13. Juni 2024 – Europäische KI-Verordnung
- HLEG (2018): Unabhängige Expertengruppe für Künstliche Intelligenz, eingesetzt von der Europäischen Kommission; Ethik-Leitlinien für eine vertrauenswürdige KI

- Bundestagsdrucksache 19/23700: Bericht der Enquete-Kommission Künstliche Intelligenz – Gesellschaftliche Verantwortung und wirtschaftliche, soziale und ökologische Potenziale
- Mathias Reinis (2018): Privacy impact assesment – Datenschutz-Folgenabschätzung nach ISO/IEC 29134 und ihre Anwendung im Rahmen der EU-DSGVO, Herausgeber Concept Factory
- DSK (6.11.2019): Positionspapier der unabhängigen Datenschutzaufsichtsbehörden des Bundes und der Länder zu empfohlenen technischen und organisatorischen Maßnahmen bei der Entwicklung und dem Betrieb von KI-Systemen
- BAuA: Bundesanstalt für Arbeitsschutz und Arbeitsmedizin: Ratgeber zur Gefährdungsbeurteilung – Handbuch für Arbeitsschutzfachleute
- Wolfgang Däubler (2020): Digitalisierung und Arbeitsrecht, Künstliche Intelligenz-Homeoffice-Arbeit, 7. Auflage, Bund-Verlag
- Sebastian Stiller, Jule Jäger, Sebastian Gießler (2020): Automatisierte Entscheidungen und Künstliche Intelligenz im Personalmanagement – Ein Leitfaden zur Überprüfung essenzieller Eigenschaften KI-basierter Systeme für Betriebsräte und andere Personalvertretungen, algorithm watch, Hans Böckler Stiftung
- Katko (2020): Checklisten zur Datenschutz-Grundverordnung (DSGVO); Implementieren – Mitigieren – Auditieren
- UNI Global Union (2019): Die zehn wichtigsten Grundsätze für ethische Künstliche Intelligenz, *http://www.thefutureworldofwork.org/media/35484/uni-global-union_-kuenstliche-intelligenz.pdf*
- OECD (2019): OECD – Grundsätze für Künstliche Intelligenz, oecd.org
- Konferenz der unabhängigen Datenschutzaufsichtsbehörden des Bundes und der Länder (2020): SDM Standard Datenschutzmodell; Eine Methode zur Datenschutzberatung und –prüfung auf Basis einheitlicher Gewährleistungsziele, Version 2.0b
- Oliver Suchy, DGB Bundesvorstand (2020): DGB Konzeptpapier: Künstliche Intelligenz (KI) für Gute Arbeit
- Datenschutz-Fachportal (*https://datenschutz-fachportal.tuev-sued.de/*): TÜV SÜD Akademie GmbH
- Bundesanstalt für Arbeitsschutz und Arbeitsmedizin, Fraunhofer-Institut für Angewandte Informationstechnik, FIT Projektgruppe Wirtschaftsinformatik, (27.3.2020): Belastungsfaktoren der digitalen Arbeit – Eine beispielhafte Darstellung der Faktoren, die digitalen Stress hervorrufen – Projekt PräDiTec
- Vereinbarungen von Arbeitgebern und Betriebsräten oder Tarifvertragsparteien aus dem Gestaltungsalltag zu IT-Systemen, sozialem Schutz, Qualifizierung, Ergonomie und Eingruppierung
- Vorschlag der EU-Kommission für eine Verordnung für Maschinenprodukte vom 21.4.2021
- Vorschlag der EU-Kommission für eine Verordnung zur Festlegung harmonisierter Vorschriften für KI vom 21.4.2021
- DIN/DKE (2020): Deutsche Normungsroadmap – Künstliche Intelligenz

- Allgemeines Gleichbehandlungsgesetz (AGG)
- Vortrag Prof. Dr. Prof. h.c. Jürgen Taeger, (11.11.2020): BMAS – Beirat Beschäftigtendatenschutz; Umgang mit automatisierten bzw. KI-basierten Entscheidungsfindungen
- Katarina Zweig und Tobias Kraft (2018): Fairness und Qualität algorithmischer Entscheidungen, in: R. Mohabbat Kar, B. E. P. Thapa & P.Parycek, (Un) berechenbar? Algorithmen und Automatisierung in Staat und Gesellschaft; Berlin Fraunhofer-Institut für offene Kommunikationssysteme
- Input-Consulting (14.10.2008): Vortrag: Zur Wirtschaftlichkeit von Reorganisationsmaßnahmen – Vorschläge für eine erweiterte Betrachtungsperspektive

23 Rechtskonformität

»Wer Recht erkennen will, muss zuvor in richtiger Weise gezweifelt haben.«

Aristoteles (384–322 v.Ch.)

Mit den Prüffragen, die dem Vertrauensfaktor Rechtskonformität zugeordnet sind, wird nicht alles kontrolliert, was rechtlich begründet ist. Es geht bei diesem Vertrauensfaktor eher um übergeordnete Ansprüche, die sich aus grundlegenden Rechtsvorgaben ableiten. Hinterfragt wird, ob die Verarbeitung von Daten in einem KI-System überhaupt eine Rechtsgrundlage hat, die Europäische KI-Verordnung eingehalten wird und ob der Anspruch auf Diskriminierungsfreiheit ernst genommen wird. Rechtlich hat die Würde der arbeitenden Menschen eine besondere Bedeutung, ebenso deren Möglichkeiten zur Entfaltung der Persönlichkeit. Diese Faktoren werden untersucht. Ob KI-Systeme dem körperlichen, geistigen und sozialen Wohlergehen dienen, ist ein Kriterium, das sich aus der Grundrechtecharta der Europäischen Union ableitet. Die Sittlichkeit im Handeln, die Behandlung der Beschäftigten nach Recht und Billigkeit ist ein Anspruch, den unter anderem das BetrVG fordert. Die folgenden Prüffragen zielen darauf, in Erfahrung zu bringen, inwieweit diesen grundsätzlichen Werten Beachtung geschenkt wird:

23.1 Rechtsgrundlage

Personenbezogene Daten ohne Rechtsgrundlage zu erheben, zu verarbeiten und zu nutzen, ist nach der Europäischen Datenschutz-Grundverordnung verboten. Verbotene KI-Anwendungen benennt die Europäische KI-Verordnung. Automatisierte Entscheidungen über Personen zu treffen oder Profile über sie anzulegen, das ist nur in Ausnahmefällen unter besonderen Bedingungen rechtmäßig. Die Rechte der Betroffenen müssen gewahrt bleiben, auch und gerade wenn KI-Systeme Schlussfolgerungen treffen, die Personen berühren.
Entscheidungen, die für arbeitende Menschen von Bedeutung sind, müssen überprüft werden können und wesentliche Entscheidungen Menschen vorbehalten bleiben.
Die nachfolgenden Prüffragen untersuchen, inwieweit derartigen Rechtsansprüchen entsprochen wird:

1. Welche legitimen Zwecke sollen mit der Verarbeitung verfolgt werden?
2. Welche Aussagen trifft und welche Entscheidungen berührt die Software?

3. Welche Funktionen der Software werden genutzt und sollen zugelassen werden? Wie werden die Ungenutzten gesperrt?
4. Erzeugt die Datenverarbeitung
   - Schlussfolgerungen mit mittelbarer Wirkung auf Beschäftigte (z. B. Arbeitssteuerung oder Assistenzfunktion) oder
   - Schlussfolgerungen mit unmittelbarer Wirkung (z. B. Personalentscheidungen) oder
   - keine personalwirksame Wirkung?
5. Ist die Nutzung personenbezogener/-beziehbarer Daten für die geplante Zielerreichung notwendig?
6. Wurde geprüft, ob Beschäftigtendaten anonymisiert, pseudonymisiert oder verschlüsselt für den Anwendungszweck ausreichen?
7. Hat die KI-Anwendung eines der folgenden Merkmale, die zu einer Zuordnung zu den verbotenen Anwendungen führen? (Art. 4 Europäische KI-Verordnung)
   - unterschwellige Beeinflussung, manipulative oder täuschende Techniken;
   - Ausnutzung der Schutzbedürftigkeit einer natürlichen Person oder einer bestimmten Gruppe von Personen aufgrund ihres Alters, einer Behinderung oder einer bestimmten sozialen oder wirtschaftlichen Situation mit dem Ziel oder der Wirkung, das Verhalten dieser Person oder einer dieser Gruppe angehörenden Person wesentlich zu verändern;
   - Verwendung von KI-Systemen zur Bewertung oder Einstufung von natürlichen Personen oder Gruppen von Personen über einen bestimmten Zeitraum auf der Grundlage ihres sozialen Verhaltens oder bekannter, abgeleiteter oder vorhergesagter persönlicher Eigenschaften oder Persönlichkeitsmerkmale;
   - Vorhersage, dass eine natürliche Person eine Straftat begeht;
   - Verwendung von KI-Systemen, die Datenbanken zur Gesichtserkennung durch das ungezielte Auslesen von Gesichtsbildern aus dem Internet oder von Überwachungsaufnahmen erstellen oder erweitern;
   - Verwendung von KI-Systemen zur Ableitung von Emotionen einer natürlichen Person am Arbeitsplatz und in Bildungseinrichtungen;
   - Verwendung von Systemen zur biometrischen Kategorisierung, mit denen natürliche Personen individuell auf der Grundlage ihrer biometrischen Daten kategorisiert werden, um ihre Rasse, ihre politischen Einstellungen, ihre Gewerkschaftszugehörigkeit, ihre religiösen oder weltanschaulichen Überzeugungen, ihr Sexualleben oder ihre sexuelle Ausrichtung zu erschließen oder abzuleiten.
8. Werden personenbezogene Daten verwendet, um bestimmte persönliche Aspekte der Beschäftigten zu bewerten, zu analysieren oder vorherzusagen, insbesondere Aspekte bezüglich Arbeitsleistung, wirtschaftliche Lage, Gesundheit, persönliche Vorlieben, Interessen, Zuverlässigkeit, Verhalten, Aufenthaltsort oder Ortswechsel? (Profiling entsprechend Art. 4 Nr. 4 DSGVO)

9. Wurde sichergestellt, dass eine Maßnahme als Folge einer Schlussfolgerung des KI-Systems, die rechtliche Wirkung oder erhebliche faktische Beeinträchtigungen der betroffenen Person hat, nur durch einen Menschen erfolgt?
10. Werden durch das System personelle Entscheidungen getroffen, die gerichtlich überprüfbar sein müssen?
11. Wird durch das KI-System ein Output erzeugt für den die Europäische KI-Verordnung eine Transparenzpflicht vorgibt? (Art. 50 Europäische KI-Verordnung)
12. Wird das KI-System für Entscheidungen eingesetzt, in denen bisher der Mensch einen Beurteilungs- oder Ermessensspielraum hatte?
13. Auf welche Rechtsgrundlage in der DSGVO und/oder in Betriebsvereinbarungen stützt die verantwortliche Person die Verarbeitung personenbezogener Daten durch das System?
14. In welcher Beschäftigungsphase wurde zu welchem Zeitpunkt für welchen Zweck in welcher Form eine Einwilligung durch die Beschäftigten eingeholt?
15. Hat die KI-Anwendung eines der folgenden Merkmale, die zu einer Zuordnung zu den Hochrisikosystemen nach der Europäischen KI-Verordnung führt? (Art. 6 und Anlage III Europäische KI-Verordnung)
    - KI-Systeme, die bestimmungsgemäß für Entscheidungen, die die Bedingungen von Arbeitsverhältnissen, Beförderungen und Kündigungen von Arbeitsvertragsverhältnissen beeinflussen;
    - KI-Systeme, die für die Zuweisung von Aufgaben aufgrund des individuellen Verhaltens oder persönlicher Merkmale oder Eigenschaften dienen;
    - KI-Systeme, die für die Beobachtung und Bewertung der Leistung und des Verhaltens von Beschäftigten verwendet werden sollen;
    - KI-Systeme, die für den Betrieb kritischer digitaler Infrastruktur verwendet werden sollen;
    - KI-Systeme, die zur Feststellung des Zugangs oder der Zulassung oder zur Zuweisung natürlicher Personen zu Einrichtungen aller Ebenen der allgemeinen und beruflichen Bildung verwendet werden sollen;
    - KI-Systeme, die bestimmungsgemäß für die Bewertung von Lernergebnissen verwendet werden sollen;
    - KI-Systeme, die bestimmungsgemäß zum Zweck der Bewertung des angemessenen Bildungsniveaus, das eine Person im Rahmen von oder innerhalb von Einrichtungen aller Ebenen der allgemeinen und beruflichen Bildung erhalten wird oder zu denen sie Zugang erhalten wird, verwendet werden sollen;
    - KI-Systeme, die bestimmungsgemäß zur Überwachung und Erkennung von verbotenem Verhalten von Schülern bei Prüfungen im Rahmen von oder innerhalb von Einrichtungen aller Ebenen der allgemeinen und beruflichen Bildung verwendet werden sollen;
    - KI-Systeme, die ein Profiling natürlicher Personen vornehmen.
16. Das KI-System gilt nicht als hochriskant, weil es kein erhebliches Risiko der Beeinträchtigung in Bezug auf die Gesundheit, Sicherheit oder Grundrechte

natürlicher Personen birgt oder das Ergebnis der Entscheidungsfindung nicht wesentlich beeinflusst. Grund dafür ist eines der folgenden Merkmale:

- das KI-System ist dazu bestimmt, das Ergebnis einer zuvor abgeschlossenen menschlichen Tätigkeit zu verbessern;
- das KI-System ist dazu bestimmt, Entscheidungsmuster oder Abweichungen von früheren Entscheidungsmustern zu erkennen, und ist nicht dazu gedacht, die zuvor abgeschlossene menschliche Bewertung ohne eine angemessene menschliche Überprüfung zu ersetzen oder zu beeinflussen;
- das KI-System ist dazu bestimmt, eine vorbereitende Aufgabe für eine Bewertung durchzuführen, die für die Zwecke der üblicherweise als hochriskant klassifizierten Anwendungsfälle relevant ist.

17. Kommt das System zum Einsatz, um für Entscheidungen zugunsten oder zulasten der Beschäftigten Fakten und Gesetze auszulegen?
18. Wird das KI-System für Chatbots eingesetzt, mit denen die Beschäftigten kommunizieren?
19. Welche Persönlichkeitsrechte der Beschäftigten gemäß der Europäischen Grundrechtscharta sind aus ihrer Sicht berührt?
    - Würdige, sichere und gesunde Arbeitsbedingungen Art. 31;
    - Diskriminierungsfreiheit, Art. 21;
    - Integration von Menschen mit Behinderung, Art. 26;
    - Verbot erniedrigender Behandlung, Art. 21;
    - Gedanken- und Gewissensfreiheit, Art. 10.
20. Berühren die Schlussfolgerungen, die das KI-System ziehen soll, die Achtung der Menschenwürde, der Freiheit, der Gleichheit, der Demokratie und der Rechtsstaatlichkeit, den Datenschutz und den Schutz der Privatsphäre?
21. Wurden entsprechend Erwägungsgrund 75 DSGVO die potenziellen psychischen, materiellen und immateriellen Schäden ermittelt, eingeordnet und minimiert?
22. An wen werden die Auswertungen und Schlussfolgerungen des KI-Systems übermittelt? Haben Dritte die Berechtigung, Daten abzurufen?
23. Wer trägt für welche Teile der Verarbeitung die Verantwortung?
24. Sind Auftragsverarbeiter in die Verarbeitung involviert und sind die Rechtsverhältnisse zwischen ihnen geregelt (Art. 28 DSGVO)?
25. Wie ist die Einhaltung der Grundsätze des § 5 DSGVO nachweisbar? (Rechtmäßigkeit, Treu und Glauben, Transparenz, Zweckbindung, Datenminimierung, Richtigkeit, Speicherbegrenzung, Integrität, Vertraulichkeit, Rechenschaftspflicht)
26. In welcher Form kommt die verantwortliche Person ihrer Rechenschaftspflicht hinsichtlich des Nachweises zur Einhaltung datenschutzrechtlicher Vorgaben nach? (Art. 5 Abs. 2 und Art. 24 Abs. 1 DSGVO)
27. Wird im Rahmen der Folgenabschätzung der Nachweis erbracht, dass die DSGVO eingehalten wird? (Art. 35 Abs. 7d DSGVO)
28. Ist der Weiterverarbeitungszweck personenbezogener Daten durch das KI-System mit dem ursprünglichen Erhebungszweck der Daten vereinbar? (Art. 6 Abs. 4 DSGVO)

29. Über welche Prozesse haben Betroffene Interventionsmöglichkeiten gegenüber Schlussfolgerungen und Entscheidungen des Systems?
30. Wird eine Löschfristenvorgabe hinsichtlich der unterschiedlichen Kategorien personenbezogener Daten realisiert? (Art. 30 Abs. 1c und f DSGVO)

23.2 Diskriminierungsfreiheit

»Von den vielen Einschränkungen der menschlichen Freiheiten und Autonomie, die der ungezügelte Einsatz von KI mit sich bringt, ist Diskriminierung, die am heftigsten diskutierte.«[413]

Wir haben so unsere Erfahrungen mit diskriminierenden Entscheidungen, die der Mensch als Entscheidungsträger hervorbringt. Nicht ohne Grund kennt unser Grundgesetz einen Gleichbehandlungsgrundsatz und ein Allgemeines Gleichstellungsgesetz schützt vor sachlich nicht gerechtfertigter Ungleichbehandlung. Vielleicht hoffen wir, dass lernende Maschinen es besser machen. Glücklicherweise lassen sich diskriminierende Algorithmen schneller umprogrammieren als rassistische EntscheidungsträgerInnen[414], es braucht dafür aber trotzdem Initiative und Kenntnis von verzerrenden oder unfairen Praktiken und deren Ursachen. Je mehr Schlussfolgerungen oder Teilentscheidungen über Menschen wir Maschinen überlassen, desto eher stellt sich die Frage, wie dabei falsche Vorprägungen, diskriminierende Entscheidungsmuster und verzerrte Entscheidungen vermieden werden. Menschliche Entscheidungsträger können mit ihren Entscheidungen und Schlussfolgerungen konfrontiert werden. Maschinen reagieren nicht auf Protest.

Dabei geht es nicht nur darum, notwendigerweise den Aspekten der Gleichberechtigung von Frauen mehr Gewicht zu geben. Es geht auch um diskriminierende Entscheidungen hinsichtlich Geschlecht, Religion, Weltanschauung, Behinderung, Alter, sexueller Identität oder Gewerkschaftsmitgliedschaft.

Vermeintlich neutrale Daten können abwegige Schlussfolgerungen nach sich ziehen. Soll eine Einstellung beispielsweise an der geringen Neigung der Bewerber zur Gewalttätigkeit orientiert werden, wäre es schlecht für Männer, wenn nur das Datum männlich oder weiblich ausgewertet wird. Dann haben die Männer fünfmal schlechtere Karten.[415]

Maschinen würden nach Lage der Daten entscheiden. Umso bedeutsamer ist es, die Datengrundlagen, Auswertungsvorgaben, Funktionsmechanismen, Autonomiegrade, Anwendungsfelder, potenziellen Wirkungen und Evaluationssze-

---

413 Richard David Precht (2020): Künstliche Intelligenz und der Sinn des Lebens, Goldmann-Verlag, S. 216.

414 Vgl. hierzu Thomas Ramge (2020): Augmented Intelligence – Wie wir mit Daten und KI besser entscheiden, Reclam-Verlag, S. 62.

415 Gary Markus in Martin Ford (2019): Die Intelligenz der Maschinen; Mit Koryphäen der Künstlichen Intelligenz im Gespräch, S. 328.

narien der technischen Systeme zu hinterfragen. Schließlich weist die Konferenz der Datenschutzbeauftragten des Bundes und der Länder darauf hin: »Auch unabhängig von ihrer sachlichen Richtigkeit […] können KI-Anwendungen zu unzulässigen Verarbeitungen personenbezogener Daten führen, z. B. wenn sie diskriminierend wirken«[416]. Es stellen sich einige Fragen:

1. Werden durch das KI-System Daten genutzt, die Rückschlüsse auf die ethnische Herkunft, das Geschlecht, die Religion oder Weltanschauung, eine Behinderung, das Alter, die sexuelle Identität oder die Mitgliedschaft in einer Tarifvertragspartei zulassen?
2. Werden Körpermerkmale der Beschäftigten zur Entscheidungsgrundlage des maschinellen Systems?
3. Welche Erfahrungen wurden mit der Unvoreingenommenheit von Entscheidungen in bisherigen Einsatzgebieten des Systems gemacht?
4. Erzeugen die Funktionsmechanismen des KI-Systems oder dessen Quelldaten ein Diskriminierungsrisiko für Personen, deren Daten verarbeitet werden?
5. Erzeugen die Funktionsmechanismen des KI-Systems oder dessen Quelldaten ein Diskriminierungsrisiko für Personen, die von den Schlussfolgerungen des Systems betroffen sind?
6. Wird ein Bewerberprofil der maschinellen Auswahl zugrunde gelegt, das dem Anspruch auf Diversität genügt?
7. Wird durch den Systemeinsatz das Diskriminierungsrisiko eher gefördert oder minimiert?
8. Kommen automatisierte Klassifikations- oder Entscheidungssysteme zum Einsatz, die dazu beitragen können, menschliche Vorurteile oder Unzulänglichkeiten zu vermeiden oder zu verstärken?
9. Hat der Systemeinsatz Auswirkungen auf Beschäftigungs- und Arbeitsbedingungen, auf Arbeitsentgelt oder berufliche Entwicklung?
10. Werden durch das KI-System Auswahlkriterien interpretiert oder mit Profilvorgaben abgeglichen?
11. Werden durch das System Einstellungsbedingungen für Beschäftigte administriert oder Entscheidungen über beruflichen Aufstieg vorbereitet?
12. Werden Daten zur Grundlage genommen, die verschiedene Identitäten, Kulturen, Ethnien, Sprachen und Geschlechter abbilden, um möglichst diskriminierungsfreie Schlussfolgerungen zu erlauben?
13. Werden die Ursprungsdaten auf Integrität überprüft oder bereinigt? Wie wird dabei sichergestellt, dass Verzerrungen in den Schlussfolgerungen vermieden werden?
14. Zieht das System Schlussfolgerungen für die Gewährung von sozialen Vergünstigungen im Betrieb, die soziale Sicherheit oder die Versorgung der Beschäftigten mit Gütern und Dienstleistungen?

---

416 DSK (6. Mai 2024) Orientierungshilfe »Künstliche Intelligenz und Datenschutz« Version 1.0 Ziffer 66.

15. Ist das System geeignet, Personen eine ungünstige Behandlung zuteil werden zu lassen, im Kontext von Sachverhalten, die mit der ursprünglichen Datenerhebung, -verarbeitung oder -nutzung in keinem unmittelbaren Zusammenhang stehen?
16. Ist das System geeignet, betroffene Menschen, insbesondere aufgrund eines Ungleichgewichts hinsichtlich der Mächtigkeit, des Wissens, wirtschaftlicher oder sozialer Umstände oder des Alters unterschiedlich zu behandeln?
17. Nach welchen Managementvorgaben werden Trainings-, Validierungs- und Testdatensätze hinsichtlich Relevanz, Repräsentativität, Fehlerfreiheit, Vollständigkeit und Nützlichkeit für die Erreichung der vorgegebenen Ziele ausgewählt?
18. Nach welchen Maßstäben wurden derartige Datensätze hinsichtlich ihrer Relevanz, Repräsentativität, Fehlerfreiheit und Vollständigkeit beurteilt?
19. Wurde überprüft, ob die Auswahl der Trainingsdaten zu unfairen oder diskriminierenden Schlussfolgerungen führen?
20. Wie wird die Fairness von Entscheidungen des Systems überprüft, wenn dieses sich fortentwickelt?
21. Ist die gleichberechtigte Teilhabe an der Nutzung des Systems gewährleistet?
22. Kann der Vorteil des Systemeinsatzes von den Betroffenen in gleichem Maße in Anspruch genommen werden?
23. Sind die NutzerInnen gebeten, auf maschinell reproduzierte Klischees, Verzerrungen und Unverträglichkeiten mit den in der Firma gelebten Kulturansprüchen aufmerksam zu machen?

23.3 Würde

»Die Würde des Menschen ist unantastbar«, mit diesen Worten wird das deutsche Grundgesetz eingeleitet und damit die Bedeutung der Würde gegenüber anderen Rechtsansprüchen hervorgehoben. Würdevolle Arbeitsbedingungen reklamiert auch die Europäische Grundrechtecharta. Dass der Mensch nicht zum ausgelieferten Objekt maschinell gelenkter Prozesse gemacht werden darf, hat das Bundesverfassungsgericht betont. Die Antwort auf die Frage, ob eher die Maschine den Menschen oder der Mensch die Maschine steuert, hat mit diesen Vorgaben eine ziemlich eindeutige Orientierung. Die Autonomie des Menschen ist höher zu gewichten als die Autonomie der Maschinen. Die Würde des Menschen muss unantastbar bleiben, die Optionen lernender Maschinen nicht.
Nachfolgende Fragen zielen darauf, in Erfahrung zu bringen, inwieweit derartige grundsätzliche Ansprüche von der betrieblichen Einführung eines KI-Systems berührt sind:

1. Disponiert das System die zeitliche Abfolge der Auftragserledigung durch ArbeitnehmerInnen, gibt es Inhalte oder Verhaltensnormen vor?
2. Haben Beschäftigte Interventionsrechte gegen maschinelle Entscheidungen, auch dann, wenn sie nur mittelbar betroffen sind?

3. Werden dem System vollständig automatisierte Entscheidungen in personellen Angelegenheiten übertragen?
4. Wie verändern sich Handlungsspielräume für Beschäftigte und die Arbeitsteilung von Menschen und KI?
5. Werden neben ökonomischer Nützlichkeit, Effizienz und Effektivität weitere Entscheidungsparameter in Schlussfolgerungen des Systems mit personaler Wirkung einbezogen?
6. Berühren die maschinellen Schlussfolgerungen Grundrechte und Freiheiten natürlicher Personen?

23.4 Entfaltung der Persönlichkeit

Das BetrVG macht es mit § 75 Abs. 2 zur Aufgabe von Arbeitgebern und Betriebsräten, darüber zu wachen, dass Beschäftigte im Betrieb ihre Persönlichkeit entfalten können. Es ist fragwürdig, ob das etwa gelingen kann, wenn die Beschäftigten ohne menschliche Eingriffsmöglichkeit von einem KI-System disponiert werden. Wenn ArbeitnehmerInnen nicht einmal die Möglichkeit haben, bei einem Vorgesetzten den maschinellen Vorgaben zu widersprechen, dann fehlt es an der Entfaltung der Persönlichkeit.

Die Beschäftigten in Call- und Servicecentern haben die ohnehin schon schwierige Aufgabe »mit der Stimme zu lächeln«. Zu ihrer fachlichen Professionalität gehört für viele Arbeitgeber, dass sie ihre eigene emotionale Befindlichkeit hinter der Kundenorientierung zurückstellen. Wenn diese Beschäftigten jetzt noch von einem KI-System kontrolliert werden und eine Maschine versucht auf die Stimmungslage Einfluss zu nehmen, dann wird es problematisch. »Bitte etwas freundlicher«, »Ihre Stimmlage, Intonation, Wortwahl und Sprechgeschwindigkeit deuten darauf hin, dass Sie Ihre Emotionalität nicht im Griff haben« – wer würde sich das schon gern von einer Maschine sagen lassen? Manche KI-Anwendungen wären dazu in der Lage. Lassen wir sie machen, dann würde die freie Entfaltung der Persönlichkeit gewiss unter die Räder geraten.

KI-Systeme sind in der Lage, selbst Mimik und Gestik von Personen auszuwerten und Persönlichkeitsprofile aus gesammelten Daten zu entwickeln. Wie würde es auf Betroffene wirken, wenn sie auf Basis einer algorithmischen Analyse den Stempel »unzuverlässig« angeheftet bekämen? Leider haftet Computerauswertungen oft unverdient der Ruf von neutraler Rationalität und Wahrheit an.

Das ist umso problematischer, als KI-Systeme zudem Daten in Beziehung zueinander setzen können, wie uns das als Menschen schwerfällt. »Forscher der Stanford University haben gezeigt, dass eine KI anhand von Porträtfotos die sexuelle Orientierung besser als Menschen bestimmen können. Die KI war in der Lage mit bis zu 81-prozentiger Genauigkeit zu erkennen, ob jemand homosexuell war oder nicht.«[417] Werden solche Systeme eingesetzt, ist es mit der informationellen Selbstbestimmung nicht weit her.

KI erlaubt eine neue Dimension der Analyse und der heimlichen oder allgegenwärtigen Kontrolle. In Betrieben, in denen ständig damit gerechnet werden muss, dass jeder Tastenanschlag und jede E-Mail von einem KI-System kontrolliert wird, leidet die freie Entfaltung der Persönlichkeit. Überbordende Überwachungsmechanismen erzeugen Anpassungsdruck. Der Mensch ist keine Maschine und seine Persönlichkeit muss gefördert werden, statt ihn durch maschinelle Aufsicht selbst zum Roboter zu machen.

Der europäische Gesetzgeber hat sich schon etwas dabei gedacht, als er mit Art. 22 DSGVO vorgegeben hat, dass sich niemand einer ausschließlich automatisierten Entscheidung zu unterwerfen braucht. Es besteht Bedarf genug zu hinterfragen, ob der KI-Einsatz die freie Entfaltung der Persönlichkeit beeinträchtigt:

1. Inwieweit soll oder kann die Schlussfolgerung des Systems die Entscheidungsfindung der Benutzer beeinflussen oder ersetzen?
2. Inwieweit haben die Nutzer der Schlussfolgerungen des Systems die Befugnis, weitere Entscheidungsparameter einzubeziehen als jene, die dem KI-System zugänglich sind?
3. Wird das System mit Assistenz- oder Entscheidungsfunktion eingesetzt?
4. Verstärkt oder vermindert das System die Autonomie der Beschäftigten bei der inhaltlichen und zeitlichen Aufgabenerledigung?
5. Schränkt der Einsatz des KI-Systems die Möglichkeiten der Beschäftigten ein, in autonomer Entscheidung die Tätigkeit zu unterbrechen?
6. Disponiert das System die zeitliche Abfolge der Auftragserledigung durch ArbeitnehmerInnen, gibt es Inhalte oder Verhaltensnormen vor?
7. Wie nehmen die Beschäftigten ihre eigenen Möglichkeiten wahr, den Arbeitsfortschritt zu beurteilen bzw. die Disposition der eigenen Arbeitskraft vorzunehmen?
8. Werden Beschäftigte durch das KI-System systematisch überwacht?
9. Werden Video- oder Fotoaufnahmen der Beschäftigten durch KI-Systeme ausgewertet?
10. Werden durch das KI-System schwer fassbare soziale Phänomene quantifiziert, z. B. die Zuverlässigkeit oder die Offenheit von Beschäftigten?
11. Wurde die Wirkung des KI-Systems auf krankheitsauslösende Faktoren, wie zu wenig Handlungsspielraum, fehlender Sinn, fehlende Transparenz, im Rahmen der Gefährdungsanalyse untersucht?
12. Wertet das KI-System Daten aus, die der oder die Beschäftigte nicht willentlich erzeugt?
13. Gibt das System den Beschäftigten Handlungsempfehlungen zum Umgang mit deren eigenen Gefühlen?

417 Mario Herger (2020): Wenn Affen von Affen lernen – wie künstliche Intelligenz uns erst zu Menschen macht, Plassen Verlag, S. 148.

14. Wird das KI-System zur Identifikation bestimmter Personen und Merkmale von Personen eingesetzt?
15. Inwieweit steigen oder vermindern sich die Einflussmöglichkeiten der Systemnutzer, ihre Umsatz- und Kostenverantwortung auszuüben?

23.5 Körperliches, geistiges und soziales Wohlergehen

Dem Wohlergehen des Menschen zu dienen, dies ist ein politischer Anspruch, dem auf der abstrakten Ebene kaum jemand widersprechen wird. Schließlich verpflichtet Art. 2 Abs. 2 GG dazu, körperliche Unversehrtheit zu erhalten. Eigentum wird mit Art. 14 GG auch auf das Wohl der Allgemeinheit orientiert und Art. 20 GG schafft mit Ewigkeitsgarantie eine Sozialstaatsverpflichtung. Die Europäische Grundrechtecharta reklamiert mit Art. 3 körperliche und geistige Unversehrtheit und in Art. 31 heißt es: »Jede Arbeitnehmerin und jeder Arbeitnehmer hat das Recht auf gesunde, sichere und würdige Arbeitsbedingungen«. Unsere erlebte Realität lässt aber manchmal daran zweifeln, ob dieser Anspruch auch handlungsleitend für alle betrieblichen Entscheidungen ist. Umso mehr lohnt es sich, grundsätzlich zu hinterfragen, wie das zur Einführung anstehende KI-System auf das körperliche, geistige, soziale Wohlergehen der Betroffenen wirkt. Dabei spielen die Leistungsgrenzen der Menschen, der Anspruch auf soziale und betriebliche Sicherheit ebenso eine Rolle wie die Arbeitszufriedenheit. Folgende Fragen können dabei helfen, die grundsätzliche Ausrichtung des Systems auf den Prüfstand zu stellen:

1. Existieren Strategien, die negativen Wirkungen des KI-Einsatzes für Beschäftigte so gering wie möglich zu halten?
2. Inwieweit berücksichtigt das System die Leistungsgrenzen jener Beschäftigten, die mit ihm in Interaktion treten?
3. Inwieweit berücksichtigt das KI-System die Leistungsgrenzen von Betroffenen, die durch das System disponiert werden?
4. Wie beurteilen die Beschäftigten, die am Systemtest teilgenommen haben, die ergonomischen Wirkungen des Systems?
5. Wurde die europäische Norm EN ISO 10218-20 11 beim Einsatz von embedded KI-Systemen zugrunde gelegt (Sicherheitsabstand, Selbstabschaltung, Wirkungsbegrenzung)?
6. Wie bewerten die teilnehmenden Beschäftigten vor und nach dem Training des KI-Systems ihre eigene Arbeitszufriedenheit?

23.6 Recht, Billigkeit und gute Sitten

Arbeitende Menschen nach Recht und Billigkeit zu behandeln ist ein Anspruch, der sich aus § 75 BetrVG ableitet und Arbeitgeber und Betriebsrat in die Pflicht nimmt. »Dieses Prinzip erfordert ein Verhalten, durch das nicht nur alle sich aus der Rechtsordnung ergebenden Rechtsansprüche der Arbeitnehmer anerkannt und erfüllt werden, sondern auch ihre berechtigten sozialen, wirtschaftlichen und persönlichen Interessen im Rahmen des Möglichen Berücksichtigung finden.«[418]

Gute Sitten: das ist ein unbestimmter Rechtsbegriff, der einen moralischen Anspruch auf Gerechtigkeit und Anstand ausdrückt. »Gute Sitten entsprechen der vorherrschenden Rechts- und Sozialmoral.«[419]

Ein Rechtsgeschäft, das gegen die guten Sitten verstößt, ist nach § 138 BGB nichtig. Eine freiwillige Einverständniserklärung von Beschäftigten zu einer Datenerhebung zu ihrer vollständigen Überwachung oder umfassenden Persönlichkeitsanalyse durch KI-Systeme dürfte als unsittlich zu bewerten sein und gegen Sittlichkeitsansprüche verstoßen. Artikel 5 der Europäischen Datenschutzgrundverordnung fordert für die Verarbeitung personenbezogener Daten das Prinzip von Treu und Glauben. Nachvollziehbarkeit und Transparenz werden diesem Prinzip zugeordnet.

In der Praxis fällt es uns leichter zu begründen, was wir in den Betrieben als unsittlich empfinden, als einen abstrakten und justiziablen Maßstab zur Sittlichkeit zu beschreiben. Praxiserfahrungen lassen Arbeitnehmer allerdings schnell zu einem Urteil über Sitte und Anstand, über mangelnde Nachvollziehbarkeit kommen, weil sie Grenzüberschreitungen spüren. Wer über ein KI-System und den Scanner am Handgelenk ständig hinsichtlich der Bewegungsrichtung, der Bewegungsgeschwindigkeit und der Geschwindigkeit der Arbeitsabläufe gesteuert wird, weiß ein Lied davon zu singen. In manchen Versandlagern amerikanischer Firmen ist dies so, auch in Deutschland. Grund genug, Fragen nach Billigkeit, Recht und Sitte und nach Treu und Glauben zu stellen:

1. Hat das System Assistenz- oder Entscheidungsfunktion in Angelegenheiten, die die Grundrechte der Beschäftigten berühren?
2. Wird die operative Ausführung einer Arbeitsaufgabe im Detail von einem KI-System gesteuert?
3. Wurden für die Ausrichtung des Systems auf Treu und Glauben die »vernünftigen Erwartungen« der betroffenen Personen erhoben und diese Erwartungen der Konfiguration des Systems zugrunde gelegt? (Erwägungsgrund 47 DSGVO)
4. Werden Wahrscheinlichkeitswerte mit denen das System arbeitet auch zum Zweck der Entscheidung über die Begründung, Durchführung oder Beendigung von Vertragsverhältnissen oder Finanzierungshilfen genutzt?
5. Ist bei Entscheidungen mit personeller Wirkung gewährleistet, dass fehlerhafte oder unangemessene Entscheidungen rückgängig gemacht werden können?

418 Däubler, Klebe, Wedde (2024): BetrVG – Kommentar für die Praxis, 19. Auflage, Bund-Verlag, Rn. 7 zu § 75.

419 Wikipedia, Gute Sitten, zuletzt abgerufen am 13. 4. 2025.

6. Werden Elemente der Psyche des Beschäftigten durch ein KI-System im Bewerbungsverfahren beurteilt?
7. Ist das System geeignet, Personen eine ungünstige Behandlung zuteil werden zu lassen, im Kontext von Sachverhalten, die mit der ursprünglichen Datenerhebung, -verarbeitung oder -nutzung in keinem unmittelbaren Zusammenhang stehen?
8. Ist das System geeignet, betroffene Menschen, insbesondere aufgrund eines Ungleichgewichts hinsichtlich der Mächtigkeit, des Wissens, wirtschaftlicher oder sozialer Umstände oder des Alters unterschiedlich zu behandeln?
9. Sind die maschinellen Schlussfolgerungen für die Betroffenen nachvollziehbar?

23.7 Verantwortung

»Wenn ihr Hund jemanden beißt, ist das gesetzlich eindeutig geregelt: Sie als Besitzer sind verantwortlich«.[420] Wer KI betreibt, wird sich auch nicht mit der Autonomie der Maschine rausreden können, wenn etwas passiert. Verantwortungsbewusstsein der Menschen und daraus abgeleitet organisiertes und realisiertes Verantwortungsmanagement fordern u. a. die Europäische Datenschutzgrundverordnung, das Arbeitsschutzrecht, die Gewerbeordnung und das Haftungsrecht. Zahlreiche weitere gesetzliche Regeln verlangen nach Verantwortlichkeit in den Betrieben und differenzieren die Vorgaben, die sich daraus ableiten. Das Management der unterschiedlichen Verantwortlichkeiten gehört zur Einführung und Anwendung von KI-Systemen dazu. Verantwortlichkeiten müssen erkannt, angenommen und wahrgenommen werden.
Verschiedene betriebliche Aufgabenträger kommen nicht umhin, Teilaspekte der Verantwortung zu tragen, die mit der Einführung von KI-Systemen in Zusammenhang stehen. Es geht dabei um technische und administrative Verantwortung, um haftungsrelevante Verpflichtungen, Verantwortung für den Schutz der Persönlichkeitsrechte und der Ergonomie, sowie Verantwortung für die maschinellen Schlussfolgerungen. Es lohnt sich in dieser Hinsicht, mit Prüffragen in Erfahrung zu bringen, wie die Verantwortung innerbetrieblich umgesetzt wird:

1. Hat das verantwortliche Management Kenntnis von den Risiken und wurde die Risikoakzeptanz dokumentiert?
2. In welcher Weise wird das KI-System während des Betriebes von natürlichen Personen wirksam beaufsichtigt?
3. Mit welchen Mechanismen wurde überprüft, ob die NutzerInnen des Systems oder die technisch und fachlich Verantwortlichen die entstehenden Risiken vollständig verstehen?

---

420 Rachel Botsman (2018): Wem kannst du trauen? Die Antwort auf die vielleicht wichtigste Frage unserer Zeit, Plassen, S. 286.

4. Haben die Entscheidungsträger, die den Kauf des Systems verantworten, einen Einblick in die Funktionsmechanismen und Algorithmen des eingekauften KI-Systems und in dessen Logik?
5. Welche Rechenschaftspflichten haben die Systemverantwortlichen gegenüber der Geschäftsleitung?
6. Wer trägt die Verantwortung für die technischen und administrativen Rahmenbedingungen des Systembetriebs?
7. Wer trägt die Verantwortung für die maschinellen Schlussfolgerungen oder Entscheidungen, die das KI-System herbeiführt?
8. Halten die Verantwortlichen für den Test des Systems den Umfang und die Qualität der zur Verfügung stehenden Testdaten für ausreichend?
9. Wie beurteilen die Verantwortlichen für den technischen Betrieb des Systems und jene Personen, die für die maschinellen Schlussfolgerungen verantwortlich sind, die Qualität der Information, die ihnen zu den Funktionsmechanismen des Systems zur Verfügung gestellt wurden?
10. Hat der Einsatz des Systems Auswirkungen auf die Haftungsverpflichtungen der Beschäftigten?
11. Wer ist der/die Verantwortliche für das System im Sinne der DSGVO? Wurde Teilverantwortung delegiert?
12. Sind Vereinbarungen getroffen, die Zuständigkeiten abgrenzen, wenn mehrere Verantwortliche in die Verarbeitungstätigkeit involviert sind und gemeinsam verantwortlich sind? (Art. 26 DSGVO)?
13. Sind die Verantwortlichen über die Sanktionsfolgen der DSGVO und der Europäischen KI-Verordnung aufgeklärt, die mit dem Betrieb des Systems verbunden sind? (Art. 82 und Art. 83 DSGVO, Art. 99 Europäische KI-Verordnung)
14. In welcher Form kommt die verantwortliche Person ihrer Rechenschaftspflicht hinsichtlich des Nachweises zur Einhaltung datenschutzrechtlicher Vorgaben nach? (Art. 5 Abs. 2 und Art. 24 Abs. 1 DSGVO)
15. Wurde der betriebliche Datenschutzbeauftragte in den Einführungsprozess des Systems einbezogen?
16. Wer ist für die Befriedigung der Betroffenenrechte verantwortlich? (Transparenz, Auskunftsrecht, Berichtigungsrecht, Recht auf Einschränkung der Verarbeitung, Widerspruchsrecht – Art. 12–21 DSGVO)
17. Sind Auftragsverarbeiter in die Verarbeitung involviert und sind die Rechtsverhältnisse zwischen ihnen geregelt? (Art. 28 DSGVO)
18. Wer prüft die juristischen Aspekte der Einführung des KI-Systems?
19. Sind bei einer Beauftragung von Unterauftragnehmern die Unterauftragsverhältnisse geregelt und hinreichende Garantien für den Schutz der Rechte und Freiheiten eingerichtet?
20. Gehen mit dem Systemeinsatz Veränderungen von Verantwortlichkeiten einher, die Beschäftigte als Belastung empfinden?
21. Welche Auswirkung hat der Einsatz des KI-Systems auf die Ergebnisverantwortung der Beschäftigten?
22. Hat der Systemeinsatz Auswirkungen auf die Führungsverantwortung?

23. Wie und von welchen Stellen werden Hinweise der Beschäftigten auf Sicherheits- oder Gesundheitsgefährdungen bearbeitet?
24. Haben die Aufsichtsbehörden Kenntnis von der Absicht, KI-Systeme in einer hohen Risikorelevanz zu betreiben?
25. Wer trägt die Verantwortung für die Durchführung der Arbeitsschutzmaßnahmen?
26. Welche Aufgabenträgergruppen sollen welche Berechtigungen zum Systembetrieb erhalten?
27. Wer trägt die Verantwortung für die rechtzeitige Information von Arbeitnehmervertretern und den betroffenen Arbeitnehmer*innen über die Einführung von Hochrisikosystemen?
28. Wissen die Verantwortlichen um die Höhe von Sanktionszahlungen, die verlangt werden können, wenn diese Pflichten vernachlässigt werden? (Art. 99 Abs. 4 Europäische KI-Verordnung)

24 Ethik

»Voraussetzung für ein moralisches Wertgefüge in einer demokratischen Gesellschaft ist, dass ethische Werte nicht autoritär festgelegt werden, auch nicht durch göttlich bestimmten Glauben, sondern durch Wissen, durch die Vernunft.«

Ulrich Wickert, Das Buch der Tugenden 1995, S. 35

»Was du nicht willst, das man dir tu‹, das füg‹ auch keinem andern zu!« Mit diesem Reim versuchen wir, unseren Kindern Verantwortung gegenüber anderen beizubringen. Immanuel Kant hat das kategorischen Imperativ genannt und komplizierter ausgedrückt: »Handle nur nach derjenigen Maxime, durch die du zugleich wollen kannst, dass sie ein allgemeines Gesetz werde.« Im Grunde meinen beide Handlungsorientierungen dasselbe. Wir brauchen Umgangsformen miteinander, die wir gegeneinander gelten lassen. Auf sie wollen wir uns verlassen und das nicht erst, seit wir über Künstliche Intelligenz reden.

Ethik beschreibt Normen und Maximen der Lebensführung, die sich aus der Verantwortung gegenüber anderen herleiten. »Ethik im Sinne von geltenden moralischen Überzeugungen ist dabei das Ergebnis eines gesellschaftlichen Dialogs.«[421]

Recht geht in demokratischen Gesellschaften auch aus Dialogen hervor, ist zudem aber das Ergebnis eines formal legitimierten Gesetzgebungsprozesses. Ethik und Recht unterscheiden sich in der Möglichkeit, Zwang anzuwenden. Ethik braucht Einsicht und Eigenverantwortung, Recht staatliche Durchsetzungsmechanismen. »Ethik geht nicht im Recht auf, d. h. nicht alles, was ethisch relevant ist, kann und sollte rechtlich reguliert werden [...]. Das Recht muss aber mögliche ethische Implikationen stets reflektieren und ethischen Ansprüchen genügen.«[422]

»Das Recht ist allerdings nur eines von mehreren Formaten, um ethische Prinzipien zu implementieren. Die Komplexität und Dynamik von Datenökosystemen erfordert das Zusammenwirken verschiedener Governance-Instrumente auf unterschiedlichen Ebenen [...]. Diese Instrumente umfassen neben rechtlicher Regulierung und Standardisierung verschiedene Formen der Ko- oder Selbstregulierung. Ferner kann Technik und ihr Design selbst als Governance-Instrument genutzt werden. Das Gleiche gilt für Geschäftsmodelle und Möglichkeiten ökonomischer Lenkung. In einem weiteren Sinne gehören zur Governance auch

---

421 BT-Drs. 19/23700: Bericht der Enquete-Kommission Künstliche Intelligenz – Gesellschaftliche Verantwortung und wirtschaftliche, soziale und ökologische Potenziale, S. 79.

422 Gutachten der Datenethikkommission (Oktober 2019): S. 15.

bildungs- und forschungspolitische Entscheidungen« – schreibt die Datenethikkommission der Bundesregierung.[423]

»[…] angesichts von KI-Technologien stellen sich die Fragen nach dem guten und richtigen Umgang mit dieser Technologie. ›Was sollen wir tun?‹ Diese Frage möchte die Ethik beantworten. […] Welchen übergeordneten Zielen können wir Menschen uns verpflichten und wie müssen wir KI-Technologien und deren Einsatz gestalten, damit diese Ziele erfüllt werden? […] Was ist unsere Idee vom Menschsein in einer von KI-Technologie durchdrungenen Welt? […] Ethik ist im Feld KI wichtig, weil die Maschinen zwar immer mehr leisten können und in die Domänen des Menschen eindringen, dabei aber nicht gleichzeitig auch verantwortungsvoller werden […].«[424]

Zu den ethischen Perspektiven, die mit Künstlicher Intelligenz zusammenhängen, gibt uns die Enquetekommission KI mit auf den Weg: »KI bietet zusammen mit der Digitalisierung von Prozessen in vielen Bereichen Chancen, die für mehr Transparenz, Chancengleichheit, Verteilungsgerechtigkeit, schnellere Dienstleistungen, Inklusion oder Nachhaltigkeit sorgen können. Ethische Herausforderungen werden in der KI in den Bereichen selbstfahrende Autos, Gesundheitswesen, autonome Waffensysteme, politische Manipulation durch KI-Anwendungen, Gesichtserkennung, algorithmische Diskriminierung, soziale Sortierung durch Ranking-Algorithmen, Filterblasen, interaktive Bots usw. gesehen.«[425]
Der Gesetzgeber ist angesichts der Vielfalt von Anwendungen und der Vielschichtigkeit von möglichen Folgen nicht in der Lage, alle Verästelungen dieser Herausforderungen im Detail zu durchdringen und für alles allgemeingültige Vorgaben zu schaffen. Deswegen braucht es ethische Prinzipien, die auch im Rahmen eines Dialoges im Betrieb entwickelt werden, wenn dort KI-Systeme eingesetzt werden sollen. Die Ausführungen in Kapitel 11 können bei der Entwicklung entsprechender Prinzipien helfen.

24.1 Kennzeichnung von KI-Systemen

Wir stellen uns wechselseitig vor, wenn wir uns erstmals begegnen. Menschen wollen wissen, mit wem sie es zu tun haben, bevor sie Vertrauen zueinander entwickeln. Vertrauen ist auch die Basis für die betriebliche Nutzung von KI-Systemen. Den Nutzerinnen und Nutzern, auch den vom KI-Einsatz betroffenen Kunden und Beschäftigten sollte deswegen zunächst gesagt werden, dass sie mit

423 Ebenda.
424 BT-Drs. 19/23700: Bericht der Enquete-Kommission Künstliche Intelligenz – Gesellschaftliche Verantwortung und wirtschaftliche, soziale und ökologische Potenziale, S. 79.
425 EKKI: S. 80.

einem KI-System kommunizieren, mit ihm zusammenarbeiten oder von maschinellen Entscheidungen betroffen sind.

Vor wenigen Jahren wurde ein KI-System von Google in der Presse gefeiert, das in der Lage war, die gesprochene Sprache der Menschen zu simulieren und Restaurantplätze zu buchen, ohne dass der Angerufene gemerkt hat, dass er es mit einer Maschine zu tun hat. Gerade weil KI-Systeme menschliches Handeln vortäuschen können, sollten lernende Maschinen als Maschinen zu erkennen sein. »Bots brauchen Nummernschilder, auf denen angegeben ist, wer den Bot gebaut hat, wo er hergekommen ist und wer die für ihn verantwortliche Partei ist«, fordert Rachel Botsman, eine Autorin, die veränderte Vertrauenskulturen im Zeitalter der Digitalisierung untersucht.[426]

Wollen wir, dass in den Betrieben Maschinen wie Menschen wirken oder uns verschwiegen wird, dass sie längst deren Funktionen übernehmen? Diesen Fragen lohnt es sich nachzugehen, zumal der Arbeitgeber nach § 90 BetrVG den Betriebsrat über die Planung von technischen Anlagen rechtzeitig unter Vorlage der erforderlichen Unterlagen zu unterrichten hat. Auch die Beschäftigten verdienen, eingeweiht zu werden, wenn Kollege Computer betriebliche Aufgaben übernimmt.

1. Werden die Beschäftigten darüber informiert, dass sie mit einem KI-System interagieren?
2. In welchem Umfang werden die Nutzer des KI-Systems oder betroffene Personen vom Umstand informiert, dass ihre Daten von einem KI-System verarbeitet werden oder sie maschinellen Schlussfolgerungen eines KI-Systems ausgesetzt sind?
3. Hat der Betrieb einen freiwilligen Verhaltenskodex zum Umgang mit KI-Systemen oder betrieblichen Verhaltensweisen als Selbstverpflichtung entwickelt und bekanntgegeben?

24.2 Primat menschlicher Entscheidungen

Wichtige Entscheidungen sollten wir nicht Maschinen überlassen. Es ist ein Unterschied, ob wir KI-gestützte Rechtschreibprogramme oder Übersetzungsdienste in Anspruch nehmen, ob unser Navigationssystem uns Fahrempfehlungen gibt oder ob wir einem technischen System die Arbeitsdisposition, die Entscheidung über Karrierewege oder arbeitsrechtliche Konsequenzen anvertrauen.

Der europäische Gesetzgeber hat eine rote Linie gezogen und in Art. 22 DSGVO zum Ausdruck gebracht: »Die betroffene Person hat das Recht, nicht einer ausschließlich auf einer automatisierten Verarbeitung – einschließlich Profiling – beruhenden Entscheidung unterworfen zu werden, die ihr gegenüber rechtliche Wirkung entfaltet oder sie in ähnlicher Weise erheblich beeinträchtigt.« Zum

426 Rachel Botsman (2018): Wem kannst du trauen? Die Antwort auf die vielleicht wichtigste Frage unserer Zeit, S. 271.

Profiling gehören nach Art. 4 Nr. 4 DSGVO Aspekte hinsichtlich der Arbeitsleistung, der wirtschaftlichen Lage, der Gesundheit, der persönlichen Vorlieben, der Interessen, der Zuverlässigkeit, des Verhaltens, des Aufenthaltsortes oder des Ortswechsels. Das Problem ist: es existieren Interpretationsspielräume zur Anwendung des Rechts und Ausnahmen sind möglich.

Rechtsverstöße können trotzdem teuer werden. Der italienische Lieferdienst Foodinho hat 2600000 Euro Strafe zu bezahlen, weil er u.a. die Aufträge an die 19000 Fahrer nach einer automatisierten Entscheidung vergab, nicht ausreichend über die Funktionsweise des Systems informierte, keine Anfechtungsmöglichkeiten zu den Entscheidungen eröffnete und keine Folgenabschätzung durchgeführt hat.[427]

Man sollte nicht warten, bis die Sanktionsfolgen des Rechts wirken. Man sollte sich ans Recht halten und noch besser Ethikprinzipien zum Umgang mit den eigenen Beschäftigten entwickeln. Für Mitbestimmungsakteure macht es Sinn, KI-Anwendungen zu hinterfragen. Wo fängt die Entscheidungsbefugnis der Maschine an und wo hört sie auf? Braucht es Profiling und maschinelle Entscheidungen überhaupt? Was soll zwingend der Mensch entscheiden? Oder noch detaillierter:

1. Inwieweit soll oder kann die Schlussfolgerung des Systems die Entscheidungsfindung der Benutzer beeinflussen oder ersetzen?
2. Werden neben ökonomischer Nützlichkeit, Effizienz und Effektivität weitere Entscheidungsparameter in Schlussfolgerungen des Systems mit personaler Wirkung einbezogen?
3. Wird das System mit Assistenz- oder Entscheidungsfunktion eingesetzt?
4. Welcher Grad autonomer Entscheidungen und maschineller Schlussfolgerungen ist dem KI-System erlaubt?
5. Werden vollständig automatisierte Entscheidungen in personellen Angelegenheiten dem System übertragen?
6. Wurde sichergestellt, dass eine Maßnahme als Folge einer Schlussfolgerung des KI-Systems, die rechtliche Wirkung oder erhebliche faktische Beeinträchtigungen für die betroffenen Personen nur durch einen Menschen erfolgt?
7. Sind durch das System getroffene Schlussfolgerungen, die sich auf Gesundheit und Sicherheit von Personen auswirken, leicht umkehrbar?
8. In welcher Weise wird das KI-System während des Betriebes von natürlichen Personen wirksam beaufsichtigt?
9. Sind die Nutzer*innen fachlich in der Lage und haben sie die Befugnis, Schlussfolgerungen des KI-Systems nicht zu verwenden, das System außer Kraft zu setzen oder Schlussfolgerungen umzukehren?
10. Sind die NutzerInnen in der Lage und haben sie die Befugnis, in den Betrieb des KI-Systems einzugreifen und diesen durch Drücken einer Stopptaste oder ein ähnliches Verfahren zu unterbrechen?

---

427 Newsletter @dr-datenschutz.de vom 14.6.2021.

11. Ist sichergestellt, dass bei KI-Systemen mit hohem Risiko Entscheidungen des Systems durch zwei natürliche Personen überprüft und bestätigt werden, bevor diese umgesetzt werden?
12. Wurde eine zuvor vom Arbeitnehmer disponierte Reihenfolge der zu erfüllenden Aufgaben mit dem KI-Einsatz der Dispositionsgewalt des Systems überantwortet?
13. Wie werden der Arbeitssteuerung durch KI Grenzen gesetzt? (Weisungsrecht nach § 106 GewO)
14. Werden Wahrscheinlichkeitswerte auch zum Zweck der Entscheidung über die Begründung, Durchführung oder Beendigung von Vertragsverhältnissen oder Finanzierungshilfen genutzt?
15. Werden durch das System Einstellungsbedingungen für Beschäftigte administriert oder Entscheidungen über beruflichen Aufstieg vorbereitet?
16. Müssen die Verantwortlichen für Einstellungen Abweichungen vom Ranking begründen, wenn sie von den Empfehlungen des KI-Systems abweichen?
17. Haben die mit der Aufsicht über eine Hochrisiko-Anwendung beauftragten Personen den Eindruck, über geeignete Instrumente zu verfügen, um ihren Verpflichtungen nachkommen zu können? (Art. 10 Europäische KI-Verordnung)
18. Fühlen sich die mit der Aufsicht beauftragten Personen in der Lage, die einschlägigen Fähigkeiten und Grenzen des Hochrisiko-KI-Systems angemessen zu verstehen und seinen Betrieb ordnungsgemäß zu überwachen, einschließlich in Bezug auf das Erkennen und Beheben von Anomalien, Fehlfunktionen und unerwarteter Leistung? (Art. 10 Abs. 4a Europäische KI-Verordnung)
19. Sind sich die mit der Aufsicht beauftragten Personen der Gefahren durch eine mögliche Neigung zu einem automatischen oder übermäßigen Vertrauen in die von einem Hochrisiko-KI-System hervorgebrachte Ausgabe (»Automatisierungsbias«) bewusst? (Art. 10 Abs. 4b Europäische KI-Verordnung)
20. Sind die mit der Aufsicht beauftragten Personen in der Lage, die Ausgabe des Hochrisiko-KI-Systems richtig zu interpretieren? (Art. 10 Abs. 4c Europäische KI-Verordnung)

24.3 Transparenz und Nachvollziehbarkeit

»Vertrauen entsteht durch Transparenz. Wir müssen unbedingt in der Lage sein, auf jeder Ebene die Sicherheit, Integrität oder Unversehrtheit eines Systems zu überprüfen«.[428] Transparenz und Nachvollziehbarkeit sind die Anliegen, die zum Einsatz von KI-Systemen am häufigsten formuliert werden. Man will wissen, was

428 Mustafa Suleyman, Michael Bhaskar (2023): The Coming Wave, Künstliche Intelligenz, Macht und das größte Dilemma des 21. Jahrhunderts, C. H. Beck–Verlag, S. 287.

die Systeme machen und wie sie so ticken. Diese Informationsgrundlage braucht es, damit man sich ein Urteil bilden kann. Um den Informationsanspruch zu befriedigen, reicht es aber nicht aus, sich ein allgemeines Bekenntnis zur Transparenz anzuhören oder die Funktionsmechanismen vorgeführt zu bekommen.
Transparenz und Nachvollziehbarkeit sollten auch und gerade für die Beschäftigten eines Betriebes geschaffen werden, in dem KI-Systeme eingesetzt werden. »Nach aktuellen Studien erreichen innerhalb komplexer Organisationsstrukturen lediglich 20 % der ursprünglichen Informationen die fünfte Hierarchieebene«.[429] Je größer und komplexer betriebliche Strukturen sind, desto mehr Engagement sollte in die Kommunikation von verständlichen Informationen investiert werden. Die Informationen, die den KI-Einsatz transparent und nachvollziehbar machen sollen, müssen die Beschäftigten auch erreichen.
Für die Verarbeitung personenbezogener Daten fordert Art. 5 DSGVO, dass dies »in einer für die betroffene Person nachvollziehbaren Weise« erfolgt. Die Europäische KI-Verordnung hat mit Artikel 50 Transparenzpflichten für Anbieter und Betreiber bestimmter KI-Systeme geschaffen.
Wer als Mitbestimmungsakteur*in nachvollziehbare Transparenz und Nachvollziehbarkeit schaffen will, muss sich für die Herkunft der Daten, ihre Struktur und Auswahlprinzipien interessieren und danach fragen, ob die Daten integer, vollständig, repräsentativ, verfügbar, aktuell, manipulationssicher und vertrauenswürdig sind. Die Entscheidungen, die KI-Systeme treffen können, können dann als nachvollziehbar gelten, wenn ihre Funktionsweise verständlich, ihre Ziele überzeugend und ihre Wertorientierung akzeptabel sind. Die Folgen der Systementscheidungen müssen offensichtlich gemacht werden, die Systemqualität muss stimmen und Sorgfalt auch die Fortentwicklung des Systems bestimmen. Maschinelle Entscheidungen müssen überprüfbar sein, sonst nützt alle Nachvollziehbarkeit und Transparenz nichts. Vor allem aber muss bekannt sein, dass überhaupt ein KI-System eingesetzt wird. Nachfolgende Fragen beleuchten diesen Themenkomplex:

1. Welche Transparenzpflichten gelten für die geplanten KI-Systeme?
2. Ist sichergestellt, dass KI-Systeme, die für die direkte Interaktion mit natürlichen Personen bestimmt sind, so konzipiert und entwickelt wurden, dass die betreffenden natürlichen Personen informiert werden, dass sie mit einem KI-System interagieren? (Art. 50 Abs. 1 Europäische KI-Verordnung)
3. Ist sichergestellt, dass KI-Systeme mit allgemeinem Verwendungszweck, die synthetische Audio-, Bild-, Video- oder Textinhalte erzeugen, sicherstellen, dass die Ausgaben in einem maschinenlesbaren Format gekennzeichnet und als künstlich erzeugt oder manipuliert erkennbar sind? (Art. 50 Abs. 2 Europäische KI-Verordnung)
4. Ist sichergestellt, dass KI-Systeme, die Bild-, Ton- oder Videoinhalte erzeugen oder manipulieren, die ein Deepfake sind, offenlegen, dass die Inhalte

429 Roland Erben, Frank Romeike (2016): Allein auf stürmischer See – Risikomanagement für Einsteiger, S. 78.

künstlich erzeugt oder manipuliert wurden? (Art. 50 Abs. 4 Europäische KI-Verordnung)

5. Werden die Beschäftigten darüber informiert, dass sie mit einem KI-System interagieren?
6. Erlaubt das System eine automatische Aufzeichnung von Ereignissen (Logs) während des Betriebs?
7. Erlauben die Protokollierungsfunktionen eine Rückverfolgbarkeit der Funktionsweise des Systems?
8. Wird im Rahmen der Protokollierungsfunktionen der Zeitpunkt der Verwendung des Systems aufgezeichnet und wird eine Referenzdatenbank geführt, mit der die Eingabedaten vom System überprüft werden?
9. Wie lange werden die automatisch erzeugten Protokolle aufbewahrt?
10. Sind die Gebrauchsanweisungen prägnant, vollständig, korrekt und für die Nutzer relevant, zugänglich und verständlich?
11. Mit welchen Mechanismen wurde überprüft, ob die NutzerInnen des Systems oder die technisch und fachlich Verantwortlichen die entstehenden Risiken vollständig verstehen?
12. Wie wurde beurteilt, ob die künftigen Nutzer*innen des Systems in der Lage sind, die Systemausgabe zu interpretieren und das System angemessen zu nutzen?
13. Welche Informationen enthält die technische Dokumentation des Systems?
14. Wurde die technische Dokumentation des Systems nach Maßgabe des Anhangs 4 des Verordnungsentwurfs der Europäischen Kommission zu KI-Systemen ausgerichtet?
15. Wer hat nach welchen Kriterien beurteilt, ob die Schlussfolgerungen des Systems erwartungskonform und die Ergebnisse für die Betroffenen nachvollziehbar sind? Enthalten die Schlussfolgerungen des Systems Werturteile?
16. Werden im Rahmen der Qualifizierungen die rechtlichen Rahmenbedingungen und innerbetrieblichen Vorgaben für den Systemeinsatz vermittelt und wird über Widerspruchsmöglichkeiten zu Systementscheidungen informiert?
17. Wie beurteilen die Verantwortlichen für den technischen Betrieb des Systems und jene Personen, die für die maschinellen Schlussfolgerungen verantwortlich sind, die Qualität der Information, die ihnen zu den Funktionsmechanismen des Systems zur Verfügung gestellt wurden?
18. Welche Informationen wurde den Verantwortlichen für die Folgenabschätzung zur Verfügung gestellt?
19. Wer gibt Auskunft für Betroffene zum Zustandekommen von Entscheidungen und Schlussfolgerungen des Systems?
20. Werden Betroffene oder Entscheidungsträger davon in Kenntnis gesetzt, wenn im KI-System Schwellenwerte für Entscheidungen nur knapp erreicht werden?
21. Wer stellt den Lernerfolg des KI-Systems nach welchen Maßstäben fest?
22. Wie und mit welchen Mitteln werden Schlussfolgerungen des KI-Systems für die Beschäftigen erklärbar gemacht?

23. Welches Verfahren wird eingesetzt, um Schlussfolgerungen oder Entscheidungen des Systems vorhersehbar, nachvollziehbar und beweisbar zu machen?
24. Wird gegenüber den Betroffenen nachvollziehbar gemacht, welche Daten verarbeitet werden, welche Programme und Systemelemente zum Einsatz kommen und wie diese organisatorisch in den Geschäftsprozess eingebunden sind?
25. Wurden alternative KI-Mechanismen geprüft und jene bevorzugt, deren Art der Entscheidungsfindung einem menschlichen Verständnis besser zugänglich sind?
26. Ist die Systemsteuerung selbsterklärend und wirkt sie für die Beschäftigten sinnhaft?
27. Laufen die Transaktionen zur Bedienung des Systems in der Umgangssprache der Nutzer ab?
28. Werden die Beschäftigten in den sicherheitstechnischen Prozessmerkmalen und den Möglichkeiten ergonomischer Nutzung unterwiesen?
29. Werden mögliche subtile Beeinflussungen durch die Gestaltung der Softwareoberfläche ausgeschlossen?
30. Welche Maßnahmen wurden ergriffen, um die Transparenz der Verarbeitung personenbezogener Daten zu gewährleisten?
31. In welcher Weise wurden die Beschäftigten, deren Daten erhoben, verarbeitet oder genutzt werden, von diesem Umstand in Kenntnis gesetzt?
32. Ist transparent geregelt, auf welche Weise Beschäftigtendaten genutzt werden sollen und wer wann und wie Zugang zu diesen Daten wie auch zu den datenbasierten Analysemöglichkeiten/-ergebnissen hat?
33. Sind die Beschäftigten über die Regelungen und Formalien zur Auskunftserteilung unterrichtet, ggf. in welcher Form?
34. Durch welche Maßnahmen wird den Beschäftigten ein Überblick und eine Einschätzung der Arbeitszusammenhänge gegeben, die mit dem Einsatz des KI-Systems verändert werden?
35. Wurden die Beschäftigten über Ziel, Art, Umfang und eigene Beteiligung am Verfahren der Gefährdungsbeurteilung informiert?

24.4 Interventionsmöglichkeiten

Die Europäische KI-Verordnung gibt vor, dass Arbeitgeber die Arbeitnehmervertreter und die betroffenen Arbeitnehmer darüber informieren, wenn sie der Verwendung eines Hochrisiko-KI-Systems unterliegen werden.[430] Unbeschadet anderer verwaltungsrechtlicher oder gerichtlicher Rechtsbehelfe kann jede natürliche oder juristische Person, die Grund zu der Annahme hat, dass gegen

430 EU KI-VO Art. 26 Abs. 7.

die Bestimmungen der KI-Verordnung verstoßen wurde, bei der betreffenden Marktüberwachungsbehörde Beschwerde einreichen.[431]
Das Datenschutzrecht kennt Informationspflichten, Auskunftsansprüche und das Recht auf Löschung von personenbezogenen Daten. Wenn Maschinen aber Schlussfolgerungen ziehen und Entscheidungen herbeiführen, brauchen nicht zwangsläufig personenbezogene Daten verwendet zu werden. Bedeutsam wird das maschinelle Handeln schon, wenn Personen davon betroffen sind. Für die Betroffenen ist entscheidend, wie genau die Systeme arbeiten, wofür sie eingesetzt sind und mit welchen Mechanismen sie auf die Parameter, nach denen das System ausgerichtet ist, und auf die maschinellen Schlussfolgerungen Einfluss nehmen können.
Der Aufklärung dieser Zusammenhänge dienen folgende Fragen:

1. Wurden die Beschäftigten über den Einsatz eines Hochrisikosystems informiert?
2. Wird ihnen die Logik, nach der KI-Systeme arbeiten, von denen sie betroffen sind, vermittelt?
3. Wissen sie um den Genauigkeitsgrad, mit dem diese Systeme arbeiten?
4. Wird das KI-System für Entscheidungen eingesetzt, in denen bisher der Mensch einen Beurteilungs- oder Ermessensspielraum hatte?
5. Soll das KI-System Schlussfolgerungen in Sachverhalten treffen, die nach Rechtsvorgaben oder internen Regularien der Firma einer Begründung bedürfen?
6. Werden vollständig automatisierte Entscheidungen in personellen Angelegenheiten dem System übertragen?
7. Wie hoch war der Anteil der stimmig positiven und der stimmig negativen Entscheidungen des Systems in bisherigen Einsatzgebieten?
8. Wie hoch war der Anteil der falsch positiven und der falsch negativen Entscheidungen des KI-Systems in bisherigen Einsatzgebieten?
9. Haben die Beschäftigten gegenüber personellen Entscheidungen, die durch das System getroffen werden, Möglichkeiten des Widerspruchs und die Möglichkeit, Rechtsmittel einzulegen?
10. Wird der Vollzug von Systementscheidungen ausgesetzt, bis Widersprüche bearbeitet wurden?
11. Werden mit den Schlussfolgerungen des Systems Prozesse mit Rechtsfolgen angestoßen?
12. Über welche Prozesse haben Betroffene Interventionsmöglichkeiten gegenüber Schlussfolgerungen und Entscheidungen des Systems?
13. Welche Interventions- und Anpassungsmöglichkeiten für die KI-Nutzung gibt es für Beschäftigte und deren gesetzliche Interessenvertretungen (Beschwerdestelle o. ä.)?
14. Ist ein Verfahren zur Erfüllung der Betroffenenrechte eingerichtet?
15. Wurde den Beschäftigten vermittelt, an welche betriebsinterne Stelle sie ihre Interventionen richten können?

---

431 Art. 85 EU KI-VO.

16. Haben die Beschäftigten auch Interventionsrechte bei den für die maschinellen Entscheidungen verantwortlichen Stellen, wenn sie mittelbar, z. B. bei der Arbeitssteuerung von den Wirkungen der KI-Schlussfolgerungen betroffen sind?
17. Wurden die Beschäftigten über ihre Beschwerderechte bei der KI-Marktaufsichtsbehörde und den Stellen nach dem Hinweisgeberschutzgesetz aufgeklärt?

24.5 Fairness und Diversität

Fairness drückt eine (nicht unbedingt gesetzlich geregelte) Vorstellung von Gerechtigkeit aus und hat viel mit Angemessenheit und Anständigkeit zu tun.[432]
Diversität bezeichnet die Verschiedenheit und Vielfalt von Personen und Persönlichkeiten. Betriebliche Diversitätskonzepte richten sich darauf, in der Arbeitswelt ein Klima des Respekts und Vertrauens gegenüber unterschiedlichen Menschen zu schaffen, aber auch die Vorteile zu erschließen, die aus der Zusammenarbeit von Menschen unterschiedlichen Alters und Geschlechts, unterschiedlicher ethnischer Herkunft, Nationalität, sexueller Orientierung, Religion und Weltanschauung, Identität und sozialer Herkunft mit unterschiedlichen körperlichen und geistigen Fähigkeiten erwachsen. Viele Firmen der deutschen Wirtschaft verstehen sich zu einer Charta der Vielfalt. Dabei geht es ihnen um eine Werteorientierung für die Firma, aber auch um ihr Firmenimage im Zeitalter der Globalisierung.
Diversität und Fairness im Umgang mit dem eigenen Personal sind in modernen Unternehmen mehr als eine Floskel für die Unternehmensberichterstattung. Es lohnt auch im Mitbestimmungsprozess ein paar Fragen darauf zu richten, um in Erfahrung zu bringen, ob der Einsatz eines KI-Systems derartige Wertvorstellungen unterstützt, ob KI der Fairness und der Vielfalt dient oder ihr schadet. § 75 Abs. 1 BetrVG schafft einen rechtlichen Anknüpfungspunkt dazu. Die eigenen ethischen Wertvorstellungen sollten aber genug Begründung für Initiativen liefern.

1. Unterstützt das System den in der Firma verankerten Kulturanspruch an Fairness und Diversität?
2. Hat der Betrieb einen freiwilligen Verhaltenskodex als freiwillige Selbstverpflichtung zu Fairness und Diversität entwickelt und umgesetzt, auf dessen Grundlage der Systemeinsatz ausgerichtet wird?
3. Unterstützt der Betrieb die Charta der Vielfalt und legt er Wert auf die Umsetzung?
4. Wurde das Team, das mit der Implementierung des Systems beauftragt ist, auch nach Gesichtspunkten der Diversität zusammengestellt?

432 Vgl. hierzu Wikipedia »Fairness«, zuletzt abgerufen am 13.4.2025.

5. Wurde Gelegenheit geboten, die Vielfalt von Personen, fachlichen Rollen, Hierarchieebenen und Interessengruppen, die im Betrieb mit dem System in Berührung kommen, in die Erarbeitung des Einsatzkonzepts einzubeziehen?
6. Ist das System geeignet, Personen eine ungünstige Behandlung zuteil werden zu lassen, im Kontext von Sachverhalten, die mit der ursprünglichen Datenerhebung, -verarbeitung oder -nutzung in keinem unmittelbaren Zusammenhang stehen?
7. Wie verträglich sind die Entscheidungsparameter des Systems mit den betrieblichen Ansprüchen an Fairness und Diversität?
8. Wird die Auswahl der Daten für den Systembetrieb auch nach Gesichtspunkten der Diversität getroffen?
9. Ist das System geeignet, betroffene Menschen, insbesondere aufgrund eines Ungleichgewichts hinsichtlich der Mächtigkeit, ihres Wissens, ihrer wirtschaftlichen oder sozialen Umstände oder ihres Alters unterschiedlich zu behandeln?
10. Nach welchen Fairnessmaßstäben werden die unterschiedlichen Interessen von Kunden, Mitarbeitern und Investoren zum Einsatz des Systems ausgerichtet?
11. Wurde eine angemessene Arbeitsdefinition von »Fairness« festgelegt, die bei personengruppenbezogenen Schlussfolgerungen des Systems zugrunde gelegt wird?
12. Wurde eine Folgenabschätzung für das KI-System unter Berücksichtigung verschiedener, direkt oder indirekt betroffener Interessenträger durchgeführt?
13. Vergrößert oder mindert der Einsatz des KI-Systems vorhandene Disparitäten in wirtschaftlichen, gesellschaftlichen oder technischen Möglichkeiten?
14. Ist die gleichberechtigte Teilhabe der Nutzung des Systems gewährleistet?
15. Wie wird die Fairness von Entscheidungen des Systems überprüft, wenn dieses sich fortentwickelt?

25 Nützlichkeit

»Der Politik ist eine bestimmte Form der Lüge fast zwangsläufig zugeordnet: Das Ausgeben des für eine Partei Nützlichen als das Gerechte.«

Carl Friedrich von Weizsäcker

Um die Nützlichkeit eines KI-Systems zu beurteilen, ist es erforderlich, sich für die Interessen von Beschäftigten, Betroffenen, Unternehmen, Management, Investoren und Kunden zu interessieren. Die Folgenabschätzung eines KI-Einsatzes sollte neben dem Risiko auch die Nützlichkeit des Systems für die unterschiedlichen Akteursgruppen untersuchen. Balance kann zwischen den unterschiedlichen Interessen nur hergestellt werden, wenn diese transparent und offen formuliert sind. Die Ziele, Zwecke und Wirkungen des KI-Einsatzes sollten nachvollziehbar dargelegt sein, damit die einzelnen Aspekte beurteilt werden können, die mit der Nützlichkeit zusammenhängen.

Ist das System überhaupt erforderlich, ist es für die definierte Aufgabe geeignet? Das sind zwei Fragen, auf die es Antworten braucht, um die Nützlichkeit zu beurteilen. Hat das angedachte KI-System ausreichend Funktionen, um dem Zweck dienlich zu sein, ist es gebrauchstauglich, stabil verfügbar und belastbar? Das sind weitere Fragen, die von Relevanz sind.

Aus betrieblicher Sicht ist nach der Effektivität, der Effizienz, dem Wertschöpfungsbeitrag, der Wirkung auf Innovation, Agilität und Kundenorientierung zu fragen. Es geht darum, die Genauigkeit der Systeme zu hinterfragen, sich aber auch dafür zu interessieren, welche Erfahrungen andere damit gemacht haben.

25.1 Erforderlichkeit

Systeme Künstlicher Intelligenz brauchen auch im Betrieb eine besondere Aufmerksamkeit, spezifische Reglements und eine laufende Evaluation. Der Aufwand dafür ist größer als beim Einsatz herkömmlicher IT-Systeme. Deswegen stellt sich die Frage nach der Erforderlichkeit. Braucht es überhaupt eine lernende Maschine, um die ins Auge gefasste Aufgabe zu erfüllen oder wäre die Funktion auch mit einem klugen, aber herkömmlichen Algorithmus zu bewerkstelligen, bei dem die Programmschritte im Einzelnen vorgegeben sind?

Wenn für die Erfüllung der Aufgabe personenbezogene Daten verwendet werden sollen, stellt schon der Gesetzgeber die Frage nach der Erforderlichkeit. Art. 25 Abs. 2 DSGVO verpflichtet die Verantwortlichen, nur personenbezogene Daten zu verarbeiten, die für den Verarbeitungszweck erforderlich sind. Art. 5 Abs. 1c

DSGVO gibt vor, dass die personenbezogene Daten angemessen und erheblich für den Zweck der Verarbeitung sein müssen, um dem Grundsatz der Datenminimierung zu genügen.
Es geht also darum, in Erfahrung zu bringen, ob das KI-System an sich erforderlich ist und ob es erforderlich ist, dafür personenbezogene Daten zu verwenden. KI-Systeme können auch mit verschlüsselten, pseudonymisierten oder anonymisierten Daten betrieben werden und auch herkömmliche Algorithmen ohne Lerncharakter liefern gute Ergebnisse.

1. Warum wird der Einsatz eines KI-Systems für notwendig gehalten?
2. Warum genügt nicht ein Softwaresystem, das einer herkömmlichen »Wenn-Dann-Logik« folgt?
3. Nach welchen Kriterien wurde entschieden das ausgewählte System für den speziellen Wirkungsbereich einzusetzen?
4. Welche Daten sind für die Erfüllung der zulässigen Zwecke erheblich und erforderlich?
5. Wurde geprüft ob personenbezogene Daten durch verschlüsselte, pseudonymisierte und/oder anonymisierte Daten ersetzt werden können?
6. Ist die Nutzung personenbezogener/-beziehbarer Daten für die geplante Zielerreichung überhaupt notwendig (Rechtmäßigkeit, Zweckbindung)?
7. Ist die Verarbeitung der Daten dem Zweck angemessen und erheblich sowie auf das Notwendige beschränkt?
8. Wurde eine Nutzwertanalyse zum System durchgeführt?

25.2 Angemessenheit

Die Bereitstellung von Werkzeugen, die für die Erledigung der zugewiesenen Aufgaben angemessen sind, ist für die Bundesanstalt für Arbeitsschutz und Arbeitsmedizin ein Element der Arbeitsgestaltung. Für die Gestaltung von Interaktionen zwischen Menschen und Maschinen fragt eine Prüfliste der BAuA explizit nach der Aufgabenangemessenheit der Software. Die Angemessenheit auch eines KI-Systems kann nur dann beurteilt werden, wenn Ziel, Zweck und Aufgabenstellung präzise beschrieben sind:

1. Welche Geschäftsprozesse werden mit dem KI-System ausgeführt oder unterstützt?
2. Hat die Software alle für ihre Ziele und Zwecke benötigten Funktionen?
3. Haben die Entscheidungsträger, die den Kauf des Systems verantworten, einen Einblick in die Funktionsmechanismen und Algorithmen des eingekauften KI-Systems und in dessen Logik?
4. Durch welche Mechanismen werden die Aufgabenangemessenheit und Erwartungskonformität in der Bedienerführung getestet?
5. Sind in der Gebrauchsanweisung die Genauigkeitsgrade des Systems und die relevanten Genauigkeitsmetriken angegeben?

6. Ist eine Intransparenz des Systems mit den kulturellen Gepflogenheiten in den bisherigen Prozessen verträglich?
7. Wird im Rahmen der Folgenabschätzung die Notwendigkeit und die Verhältnismäßigkeit der Datenverarbeitungsvorgänge in Bezug auf ihren Zweck beurteilt?
8. Wie wirkte sich der Einsatz des KI-Systems in bisherigen Einsatzgebieten auf die Prozessgeschwindigkeit aus?
9. Wie wurde das KI-Verfahren getestet?
10. Nach welchen Managementvorgaben werden Trainings-, Validierungs- und Testdatensätze hinsichtlich Relevanz, Repräsentativität, Fehlerfreiheit, Vollständigkeit und Nützlichkeit für die Erreichung der vorgegebenen Ziele ausgewählt?

25.3 Zweckdienlichkeit

Ungenau beschriebene Zwecke eines Systemeinsatzes erschweren die Arbeit. Auch wenn gegenwärtig die Ängste unbegründet sind, dass lernende Maschinen von sich aus heimlich die Zwecke verändern, für die sie eingesetzt sind, verdient das Maß an Zweckdienlichkeit genauere Untersuchung. Werden personenbezogene Daten verwendet, gibt Art. 5 Abs. 1 DSGVO die Zweckdienlichkeit der Daten vor:

1. Welche Aussagen trifft und welche Entscheidungen berührt die Software?
2. Welche Daten sind für die Erfüllung der zulässigen Zwecke erheblich und erforderlich?
3. Welche Leistungsfähigkeit wird erwartet?
4. Wie wird die Präzision der Funktionsmechanismen des Systems gemessen und gewährleistet?
5. Wurden während der Phasen der Entwicklung, Einführung und Nutzung des Systems Prozesse eingerichtet, mit denen das System auf mögliche »Verzerrungen« untersucht wurde?
6. Wurden im Testbetrieb falsche, nicht zweckdienliche oder verfälschende Trainingsdaten identifiziert?
7. Welche Parameter sind ausschlaggebend dafür, dass ein Trainingsergebnis die Entscheidungsbasis für die Einführung des Systems im Wirkbetrieb bieten kann?
8. Was ist das Lernziel des KI-Systems?
9. Nach welchen Verfahren werden die Ergebnisse des KI-Systems als angemessen, korrekt und hilfreich beurteilt?
10. Wie wird beim Test des KI-Systems geprüft, ob es zweckfremde oder unerwünschte Eigenschaften aufweist?
11. Wie wird im laufenden Betrieb des Systems sichergestellt, dass es keine zweckfremden oder unerwünschten Eigenschaften entwickelt?

25.4 Gebrauchstauglichkeit

»Gebrauchstauglichkeit (englisch Usability) bezeichnet nach DIN EN ISO 9241-11 das Ausmaß, in dem ein System, ein Produkt oder eine Dienstleistung durch bestimmte Benutzer in einem bestimmten Nutzungskontext genutzt werden kann, um bestimmte Ziele effektiv, effizient und zufriedenstellend zu erreichen.«[433] Die zitierte DIN-Norm stellt zur Güte der Software unter anderem Anforderungen der Benutzbarkeit und Testbarkeit, der Bedienbarkeit, der Angemessenheit und der Zuverlässigkeit für die Aufgabenerfüllung.
Wer im Berufsalltag bereits mit einer Software zu tun hatte, die nicht selbsterklärend war, dauernd abstürzt und bei der eigentlichen Aufgabenerfüllung nicht hilfreich ist, wird es begrüßen, dass es eine DIN-Norm gibt, die Anforderungen an die Gebrauchstauglichkeit stellt.
Für Mitbestimmungsakteure macht es Sinn, aus Sicht des Arbeitsschutzes Fragen nach der Gebrauchstauglichkeit zu stellen:

1. Nach welchen Verfahren werden die Ergebnisse des KI-Systems als angemessen, korrekt und hilfreich beurteilt?
2. Wurde im Rahmen des Testbetriebs untersucht, ob die Beschäftigten, die das System bedienen, dieses als zuverlässig oder als unzuverlässig wahrnehmen?
3. Wie schätzen die Beschäftigten ihre individuellen und situativen Ressourcen zur Belastungssteuerung ein? Haben sich diese mit dem Systemeinsatz verändert?
4. Sind die Gebrauchsanweisungen prägnant, vollständig, korrekt und für die Nutzer relevant, zugänglich und verständlich?
5. Wer hat nach welchen Methoden die Güte der Gebrauchsanweisungen beurteilt?
6. Nach welchen Mechanismen werden von wem Wartungs- und Pflegemaßnahmen zur Gewährleistung des ordnungsgemäßen Funktionierens des Systems durchgeführt?
7. Inwieweit sind Gefahrensignale, die das System erzeugt, für die Beschäftigten wahrnehmbar?
8. Welche unerwünschten Eigenarten des verwendeten Systems wurden während des Testbetriebes korrigiert?
9. In welchem Maß hat sich das System im Testbetrieb als gebrauchstauglich und erwartungskonform erwiesen?
10. In welcher Hinsicht wurde das System datenschutzfreundlich voreingestellt? (Art. 25 DSGVO)

433 Wikipedia, »Gebrauchstauglichkeit«, zuletzt abgerufen am 16.7.2021.

25.5 Verfügbarkeit und Belastbarkeit

»Ganz gut, wenn's denn mal funktioniert.« Solch ein Urteil über ein IT-System lässt tief blicken. Es nervt, wenn algorithmische Systeme im Arbeitsfluss integriert werden, diese aber die eigene Initiative unterbrechen, weil sie nicht dauerhaft und sicher funktionieren. Die Stabilität zu untersuchen und in Erfahrung zu bringen, ob KI-Systeme auch dann funktionieren, wenn sie im hohen Maße in Anspruch genommen werden, mit uneindeutigen Daten gefüttert oder auch mal fehlbedient werden das empfiehlt sich:

1. Wie häufig ist das System in Referenzbetrieben ausgefallen?
2. Welche Ausfallsicherheit gewährleistet der Hersteller?
3. Wird im Testbetrieb die Häufigkeit gemessen, in der die Beschäftigten Fehlfunktionen des Systems oder instabile Systemzustände wahrnehmen?
4. Wurde im Testbetrieb untersucht, ob unter gleichen Bedingungen das System in seinen Entscheidungen Schwankungen unterliegt?
5. Wurde im Rahmen des Testbetriebs untersucht, ob die Beschäftigten, die das System bedienen, dieses als zuverlässig oder als unzuverlässig wahrnehmen?
6. Nach welchen Mechanismen werden von wem Wartungs-, und Pflegemaßnahmen zur Gewährleistung des ordnungsgemäßen Funktionierens des Systems durchgeführt?
7. Wurden die genutzten Datensätze hinsichtlich ihrer Verfügbarkeit, der Menge der Daten und deren Eignung, möglicher Verzerrungen und fehlender Daten beurteilt?

25.6 Effizienz

Bei Effizienz geht es darum, die Dinge richtig zu tun – im Gegensatz zur Effektivität bei der es darum geht, die richtigen Dinge zu tun. Effizienz ist darauf ausgerichtet, den Aufwand zu reduzieren, um einem Ziel näher zu kommen, die Geschwindigkeit dafür zu steigern und die Handlungsschritte zu optimieren. Beispielsweise ist die Absicht, weniger zu arbeiten und trotzdem erfolgreicher zu sein, eine Frage der Effizienz, ressourcenschonend ein Ziel zu erreichen auch. Zur Klärung und Erhöhung der Effizienz wird der Aufwand im Verhältnis zur Zielerreichung beurteilt und optimiert. Effizienz braucht aber Bedingungen, die es erlauben, sie überhaupt zu entfalten.

Ohne ausreichende Informationen über ein KI-System ist dessen Effizienz nur schwer zu beurteilen. Lernende Maschinen benötigen die richtige Lernnahrung, sie brauchen Betreuung und Lernbeaufsichtigung, bevor sie besser und schneller machen können, was der Mensch bisher geleistet hat. Es lohnt sich, einige Fragen auf die Effektivität eines Systemeinsatzes auszurichten, zumal vom Management sehr häufig mit der angeblich steigenden Effizienz Personaleinsparungen begründet werden:

1. Ist der Systemeinsatz darauf ausgerichtet, die Effizienz vorhandener Geschäftsmodelle auszubauen?
2. Welchen Zeiteffekt hat der Systemeinsatz für die Aufgabenerledigung?
3. Nach welchen Maßstäben wird die ökonomische Wirkung für das Unternehmen und der Nutzen für die Kunden gemessen?
4. Welche ökonomische Zielsetzung wird mit dem Einsatz des Systems verfolgt?
5. Haben die Beschäftigten während des Testbetriebs das Gefühl geäußert, dass sie aufgrund des Systemeinsatzes mehr oder schneller arbeiten müssen?
6. Welche Unterstützungsleistungen stehen den Systemnutzern zur Verfügung, wenn sie Rat und Hilfe für die sachgemäße Bedienung des Systems oder Erklärungen hinsichtlich der Funktionsweisen brauchen?
7. Sind die Gebrauchsanweisungen prägnant, vollständig, korrekt und für die Nutzer relevant, zugänglich und verständlich?
8. In welcher Verfügbarkeit wird ein qualifizierter Benutzerservice zu welchen fachlichen und technischen Funktionen zur Verfügung gestellt?
9. Ist der qualifizierte Benutzerservice zum Zeitpunkt der üblichen Nutzung für die Beschäftigten mit angemessenen Wartezeiten erreichbar?

25.7 Effektivität

Effektivität meint, das Richtige zu tun. Dazu gehört beim Einsatz von KI-Systemen die nachvollziehbare Ausrichtung auf einen definierten und erreichbaren Zweck, eine Vorgabe der Ziele und die Schaffung ausreichender Bedingungen und Funktionsmechanismen, diese Ziele zu erreichen. Die Mächtigkeit des Systems muss zur Dimension der Aufgabe passen. Es macht schließlich auch keinen Sinn, einen Baum mit einer Nagelfeile fällen zu wollen oder nur das Werkzeug bereitzustellen, ohne an jene zu denken, die es bedienen.

Während bei der Effizienz der erbrachte Aufwand im Mittelpunkt der Betrachtung steht, ist dies bei der Effektivität die bestmögliche Zielerreichung. Bei der Effektivität geht es um die Auswahl der richtigen Strategie, um ein Ziel zu erreichen, bei der Effizienz darum, die Handlungsschritte mit wenig Aufwand zu vollziehen.

Im Wirtschaftsgeschehen ist leider die Praxis verbreitet, bei mangelndem Erfolg alles dranzusetzen die Effizienz zu steigern. Dabei wäre es manchmal sinnvoller über die Effektivität nachzudenken. Wenn das Ziel nicht stimmt oder die Strategie die falsche ist, dann nützt es nichts, diese schneller, präziser und mit weniger Aufwand durchzudrücken. Auch beim Einsatz von KI-Systemen sollte die Effektivität hinterfragt werden:

1. Auf welche strategischen Überlegungen stellt die Erwartung auf höhere Effektivität ab?
2. Welche neuen Funktionen, die es im Arbeitsprozess bisher nicht gab, übernimmt die Software, welche bisherigen Funktionen entfallen?

3. Wird mit dem Einsatz des KI-Systems ein relevanter Beitrag zur Gewinnung neuer Marktanteile, zur Erhöhung der Umsätze oder der Qualität von Angeboten geleistet?
4. Erlaubt der Systemeinsatz neue Geschäftsfelder zu entwickeln und/oder zusätzliche Wertschöpfung im Kundenverhältnis zu erschließen?
5. Nach welchen Maßstäben wird die ökonomische Wirkung für das Unternehmen und der Nutzen für die Kunden gemessen?
6. Sind während des Testbetriebs Kundeneffekte durch den Systemeinsatz nachweisbar geworden?
7. Wie wirkte sich der Einsatz des KI-Systems in bisherigen Einsatzgebieten auf die Prozessgeschwindigkeit aus?
8. Wie wirkt der Systemeinsatz auf die Qualität des Arbeitsprozesses, die Flexibilität im Arbeitsprozess und die Produktivität des eingesetzten Personals?

25.8 Wertschöpfungsbeitrag

Ein vernünftiges Verhältnis von Aufwand und Nutzen bestimmt den ökonomischen Erfolg auch beim Einsatz von KI-Systemen. Zu Beginn gründlich zu bedenken, welcher nicht nur kurzfristige Aufwand entsteht und welche nachvollziehbaren Wertschöpfungsbeiträge damit zu erzielen sind, das sollte die Grundlage für jede Einsatzplanung sein.
Die Faktoren zu überwachen, mit denen in Businessplänen der Einkauf eines KI-Systems begründet wird, liefert manchmal bittere Erkenntnisse, ist aber trotzdem notwendig. Fehler, die man dabei erkennt, aber die nicht berichtigt werden, können den Wertschöpfungsbeitrag ebenso wie die Beschäftigten belasten. KI-Systeme für unschlagbar preiswert und unschlagbar nützlich zu halten, reicht nicht aus, um betrieblichen Erfolg sicherzustellen. Kontrolle ist notwendig, auch die Formulierung fester Größen, die zugunsten des wirtschaftlichen Erfolges nicht zur Disposition gestellt werden.
Wertschöpfung meint, dass der Output den Input übersteigen muss. Bei lernenden Systemen hat man dabei mit dynamischen Größen zu tun. Eine negative Wertschöpfung erzeugt nur Kosten und keinen ökonomischen Erfolg. Wenn am Ende beim Personal gespart wird, weil sich sonst das System nicht rechnet, ist der Output für Arbeitnehmerinnen und Arbeitnehmer negativ.

1. In welchem Umfang schafft die Einführung des Systems ökonomischen Wert für die Firma oder den Prozess, in dem es verwendet wird?
2. Wie hoch sind die Kosten für die Einführung und den Betrieb des Systems?
3. Welche Kosten- und Erlöseffekte treten durch den Einsatz des KI-Systems einmalig und laufend auf?
4. Welchen finanziellen Wertschöpfungsbeitrag soll das eingesetzte KI-System leisten?
5. Ist das KI-System geeignet, Wachstum hinsichtlich Umsatz und Beschäftigung zu generieren?

6. Wurde eine Nutzwertanalyse zum System durchgeführt, in die auch Risiken durch Fehlanwendung des Systems eingeflossen sind?
7. Welche monetären Vorteile ergeben sich durch den Einsatz des KI-Systems für die Firma, die Nutzer und die Betroffenen?
8. Hat der Einsatz des KI-Systems Auswirkungen auf die Umsatz-, Kosten- und Budgetverantwortung der Beschäftigten?
9. Wie umfassend ist der Fortbildungsaufwand, der durch den Systemeinsatz ausgelöst wird? Von welchen Kosten wird ausgegangen?
10. Wie wird die Erreichung der ökonomischen Ziele überwacht?

25.9 Innovationsbeitrag

Nicht alles Neue ist innovativ oder verdient es, als Chance begriffen zu werden. Innovation entsteht nicht nur durch eine gute Idee, sondern insbesondere durch deren Umsetzung. Menschen machen Innovationen und arbeitende Menschen sollten von Innovationen profitieren. Deswegen ist es maßgeblich, den Charakter »der Innovation« KI-Einsatz zu hinterfragen und jene zu beteiligen, die Systeme entwickeln, trainieren, verantworten und mit den Schlussfolgerungen zurechtkommen sollen. Verfahrensinnovationen haben häufiger als Geschäftsmodellinnovationen eine negative Beschäftigungswirkung im Betrieb. Kennziffern sind notwendig, an denen sich der Innovationsbeitrag messen lassen muss, beispielsweise die Zeit, um neue Produkte in den Markt zu bringen und die Chance, mit dem Systemeinsatz Neugeschäft und Beschäftigungspotenziale zu erschließen:

1. Wird das KI-System als Verfahrensoptimierung oder als Geschäftsfeldinnovation eingesetzt?
2. Für wie innovativ wird der Einsatz des KI-Systems gegenüber der herkömmlichen Arbeitsmethode von den Systemverantwortlichen und den Beschäftigten gehalten?
3. Wie wirkt der Einsatz des KI-Systems für die Innovationsprozesse der Firma und das Innovationsimage bei den Kunden?
4. Verändert sich mit dem Systemeinsatz die Vorlaufzeit, bis neue Produkte oder Dienstleistungen im Markt angeboten werden können?
5. Bietet die Funktionsweise des Systems die Möglichkeit, Produkte oder Dienstleistungen anzubieten, die bisher nicht angeboten wurden?
6. In welchem Umfang nutzen Mitwettbewerber bereits vergleichbare KI-Systeme?
7. Sind für den KI-Einsatz langwierige behördliche Abstimmungen zu erwarten oder umfangreiche Auflagen zu erfüllen?
8. Treten monetär nicht quantifizierbare Effekte auf, die auf das Geschäftsmodell der Firma wirken?

25.10 Agilität und Flexibilität

Agilität gilt als Zauberwort in modernen Unternehmen. Das Gabler Wirtschaftslexikon definiert Agilität als »die Gewandtheit, Wendigkeit oder Beweglichkeit von Organisationen und Personen in Strukturen und Prozessen«.[434] In der Softwareentwicklung hat eine agile Arbeitsform ihren Platz erobert. Sie verdrängt zunehmend die herkömmliche Wasserfallmethode, mit der Schritt für Schritt das einmal definierte Programm erstellt wurde. Bei agilen Methoden werden Kunden- und Nutzergesichtspunkte laufend in die Programmierarbeit integriert, die Erarbeitungszyklen sind viel kürzer, sich selbst steuernde Teams erarbeiten die nötigen Ergebnisse.
Häufig verbindet sich der Anspruch auf Agilität mit hohem Erfolgsdruck, neuen Führungskulturen und Arbeitsmechanismen. Werden KI-Systeme in den Arbeitsprozess integriert, bietet es sich an, danach zu fragen, ob die Systeme diese Agilität im Arbeitsprozess und Flexibilität in der Aufgabenerledigung zu steigern geeignet sind und ob sie rasch wechselnde Aufgabenstellungen unterstützen. Wenn lernende Maschinen und ihr Kontext dazu zwingen, möglichst lange an überkommenen Arbeitsstrukturen festzuhalten, nützt Agilität in der Entwicklung der zugrunde gelegten Software wenig. Auch KI-Systeme müssen fortentwickelt werden und entsprechend anpassbar sein:

1. Wie wirkt der Systemeinsatz auf die Agilität des Arbeitsprozesses und die Flexibilität im Arbeitsprozess?
2. Welche Abhängigkeiten in den Arbeitsprozessen löst der KI-Einsatz aus?
3. Bleiben für den Einsatzbereich alternative Optionen zur Erfüllung der notwendigen Aufgabe, auch wenn das System nicht einsatzfähig wäre?
4. Mit welchem Aufwand kann das System auf geänderte Anforderungen und Zwecke umgestellt werden?
5. Inwieweit ist die Systemnutzung an die individuellen Anforderungen der Nutzer anpassbar?

25.11 Kundenorientierung

Wenn sich ein Betrieb mit den eigenen Kunden überwirft oder Kunden das Vertrauen verlieren, sind häufig Beschäftigte der Firma die Leidtragenden. Der Abgasskandal bei deutschen Automobilherstellern hat gezeigt, welche Folgen eine unredliche Einsatzentscheidung zu einer Software haben kann.
Tricksen und Täuschen sollte kein Zweck sein, für den lernende Maschinen eingesetzt werden. Gerade weil manche Kunden ohnehin Vorbehalte gegen den Einsatz von KI-Systemen haben, macht es Sinn danach zu fragen, wie die Kunden vom Systemeinsatz betroffen sind. Werden sie übertölpelt oder beeinflusst? Werden sie auf rein ökonomische Größen reduziert oder werden auch ihre gesell-

434 *https://wirtschaftslexikon.gabler.de/definition/agilitaet-99882.*

schaftlichen und ethischen Anforderungen aufgegriffen? Wird ihnen überhaupt mitgeteilt, dass sie mit einem KI-System kommunizieren oder von ihm analysiert werden? Gerade weil Kundenorientierung zum Zauberwort geworden ist, sollten die Folgewirkungen eines KI-Einsatzes für die Kunden in Erfahrung gebracht werden:

1. Erlaubt der Systemeinsatz, neue Geschäftsfelder zu entwickeln und/oder zusätzliche Wertschöpfung im Kundenverhältnis zu erschließen?
2. Werden die Kundenbedürfnisse, die das KI-System aufgreift oder bedient, auf ökonomische Aspekte reduziert?
3. Sind während des Testbetriebs Kundeneffekte durch den Systemeinsatz nachweisbar geworden?
4. Nach welchen ethischen Anforderungen der Kunden wurde das System in der Folgenabschätzung hinterfragt?
5. Wurden die gesellschaftlichen Folgewirkungen des KI-Einsatzes reflektiert und bei der Einsatzentscheidung berücksichtigt?
6. Welche Vorteile und welche Risiken ergeben sich durch den Einsatz des KI-Systems für die Kunden?

25.12 Vor-Erfahrungen

Fehler, die andere gemacht haben, braucht man nicht selbst zu wiederholen, um daraus Schlussfolgerungen zu ziehen. Auch für den Einsatz von KI-Systemen macht es Sinn, danach zu fragen, welche bisherigen Erfahrungen mit dem System bereits vorliegen und wer welche Erfahrungen gemacht hat. Tests und Training für den KI-Einsatz sollten systematisch eigene Erfahrungen mit dem System und dem Kontext liefern, um Schlussfolgerungen für den Dauerbetrieb zu ziehen:

1. Wird ein bereits fertig entwickeltes und am Markt angebotenes KI-System eingesetzt?
2. Welche Referenzen hat das eingekaufte KI-System?
3. Traten beim Einsatz des Systems in anderen Betrieben Gefährdungen für Betroffene durch Diskriminierung oder Beeinträchtigungen der psychischen und physischen Gesundheit auf?
4. Wurden in Betrieben, in denen die Systeme bisher eingesetzt wurden, nach dem Systemeinsatz andere Entscheidungen im Geschäftsprozess getroffen als vorher? Wenn ja, welcher Art?
5. Wurden die potenziellen Nutzer und Betroffenen bei der Konzeption einer Eigenentwicklung eines KI-Systems einbezogen? Wurden diese Beteiligten oder ihre Vertreter vor einer Kaufentscheidung konsultiert?
6. Inwieweit wurden vor Einführung des KI-Systems betroffene Arbeitnehmer*innen sowie deren Vertreter im Voraus informiert und in den Prozess der Einführung einbezogen? (Art. 35 Abs. 9 DSGVO und Art. 26 Abs. 7 Europäische KI-Verordnung)

7. Werden oder wurden die Betroffenen oder Beteiligten des Systems an der Beurteilung der Gebrauchstauglichkeit beteiligt?
8. Halten die Verantwortlichen für den Test des Systems den Umfang und die Qualität der zur Verfügung stehenden Testdaten für ausreichend?
9. Wurde gemeinsam mit den Beschäftigten in der Testphase untersucht, ob das KI-System Fehlhandlungen begünstigt oder dazu beiträgt, diese zu vermeiden?
10. Für wie übersichtlich und strukturiert halten die Beschäftigten und die Verantwortlichen die zur Verfügung stehenden Steuerungsmasken des KI-Systems?
11. Werden die Icons, die das System verwendet, ohne Erklärung verstanden und sind diese in der Einsatzfirma gebräuchlich?
12. Liegen Erfahrungen mit der Entwicklung der Mitarbeiterzufriedenheit aus Referenzbetrieben vor?
13. Wie beurteilen die Beschäftigten im Testbetrieb die Entwicklung ihrer Inanspruchnahme?
14. Wie sind die Mitsprache- und Mitgestaltungsmöglichkeiten der Beschäftigten und deren gesetzlicher Interessenvertretungen für Experimentier- und Testphasen geregelt?
15. Gibt es ein transparentes Feedbacksystem unter Einbeziehung der betroffenen Beschäftigten?
16. Wurde im Einkauf oder bei der Entwicklung des Systems bereits analysiert, ob mit dessen Einsatz Unfall- und Gesundheitsgefährdungen einhergehen können?

25.13 Genauigkeit

Je mehr Autonomie wir lernenden Maschinen überlassen, desto bedeutsamer wird die Antwort auf die Frage, mit welcher Genauigkeit die Systeme arbeiten. Sind ihre Schlussfolgerungen zutreffend und schlüssig, wird das System unter zweckdienlichen Bedingungen betrieben? Sind die genutzten Daten hilfreich und zielführend? Befriedigt das System die gestellten Anforderungen? Inwieweit arbeitet es fehlerfrei und erweist sich auch bei der Überprüfung als erwartungskonform? Gerade weil wir es mit lernenden Systemen zu tun haben, die sich im Laufe ihrer Anwendung verändern, sollte der Genauigkeit besondere Aufmerksamkeit gewidmet werden:

1. Zu welchem prozentualen Anteil werden fehlerhafte Schlussfolgerungen des KI-Systems in Kauf genommen?
2. Nach welchen Verfahren werden die Ergebnisse des KI-Systems als angemessen, korrekt und hilfreich beurteilt?
3. Wurden die Daten, die dem System zur Verfügung gestellt werden, hinsichtlich Konsistenz, Integrität und möglicher Verzerrungen geprüft?

4. Wie hoch war der Anteil der stimmig positiven und der stimmig negativen Entscheidungen des Systems in bisherigen Einsatzgebieten?
5. Wie hoch war der Anteil der falsch positiven und der falsch negativen Entscheidungen des KI-Systems in bisherigen Einsatzgebieten?
6. Wurde im Testbetrieb untersucht, ob unter gleichen Bedingungen das System in seinen Entscheidungen Schwankungen unterliegt?
7. Wie wurde geprüft, ob ausreichende Datenmengen vorliegen, um den Einsatzzweck des KI-Systems zu gewährleisten?
8. Wie wird sichergestellt, dass der Datenbestand, den das KI-System nutzt, aussagekräftig, notwendig und fehlerbereinigt sind?
9. Wie wurde die Aussagekraft der Roh- oder Trainingsdaten für das System getestet?
10. Werden die Ursprungsdaten akkreditiert oder bereinigt? Wie wird dabei sichergestellt, dass Verzerrungen in den Schlussfolgerungen vermieden werden?
11. Welche Fehler im Rohdatenbestand wurden beseitigt?
12. Haben sich im Testbetrieb die Trainingsdaten als repräsentativ erwiesen?
13. Wodurch wird während und nach Systemveränderungen, Releasewechseln und Funktionsänderungen der regelgerechte Betrieb des Systems sichergestellt?
14. Nach welchen Managementvorgaben werden Trainings-, Validierungs- und Testdatensätze hinsichtlich Relevanz, Repräsentativität, Fehlerfreiheit, Vollständigkeit und Nützlichkeit für die Erreichung der vorgegebenen Ziele ausgewählt?
15. Wurden derartige Datensätze hinsichtlich ihrer Verfügbarkeit, ihrer Anzahl an Daten und deren Eignung, möglicher Verzerrungen und fehlender Daten beurteilt?
16. Sind in der Gebrauchsanweisung die Genauigkeitsgrade des Systems und die relevanten Genauigkeitsmetriken angegeben?

26 Kontrollierbarkeit

»Vertrauen ist gut, Kontrolle sei besser? Aber der muss man auch erst mal vertrauen.«

Erhard Blanck

»Kontrollverlust bedeutet immer Risiko.«[435] Das stimmt, in unserem Lebensalltag tolerieren wir aber viele Risiken, die durch die Abgabe von Kontrolle entstehen. Wir geben persönliche Kontrolle an Anwälte und Banken, an Nachbarn und Fahrzeugführer, an Suchmaschinen und Navigationssysteme ab, neuerdings auch an digitale Assistenten, teilautonome Fahrzeuge und elektronische Text- oder Bildgeneratoren. Wenn uns etwas nützlich erscheint, sind wir eher bereit, gelassen damit umzugehen und dadurch ein Stück weit die Kontrolle zu verlieren.
Lange bevor lernende Maschinen in den Betriebsalltag einzogen, haben Filme Eindrücke von künstlicher Intelligenz hinterlassen, in denen der Mensch die Kontrolle über Maschinen verloren hat und deshalb in Gefahr gerät. Kein Wunder, dass Kontrollverlust heute eine der wichtigsten Sorgen ist, die mit der Einführung von KI-Systemen in den Betrieben verbunden wird.
Arbeitende Menschen wollen die Handlungsträgerschaft behalten und nicht den Maschinen ausgeliefert sein. Sie wollen aber gleichzeitig vom Nutzen lernender Maschinen profitieren. Werkzeuge werden gebraucht, mit denen in Abhängigkeit vom entstehenden Nutzen und Risiko, variabel Handlungsvollmacht gegenüber KI-Systemen verliehen werden kann und trotzdem Kontrolle möglich bleibt.
Die Europäische KI-Verordnung gibt eine Orientierung für den Zweck der Kontrolle von KI-Systemen: »Zweck dieser Verordnung ist es, [...] die Einführung einer auf den Menschen ausgerichteten und vertrauenswürdigen künstlichen Intelligenz (KI) zu fördern und gleichzeitig ein hohes Schutzniveau in Bezug auf Gesundheit, Sicherheit und die in der Charta verankerten Grundrechte, einschließlich Demokratie, Rechtsstaatlichkeit und Umweltschutz, vor schädlichen Auswirkungen von KI-Systemen in der Union zu gewährleisten und die Innovation zu unterstützen.«[436]
Sie bringt zum Ausdruck: »Die menschliche Aufsicht dient der Verhinderung oder Minimierung der Risiken für Gesundheit, Sicherheit oder Grundrechte, die entstehen können[...].«[437] Nach der Verordnung muss dies sichergestellt werden, indem die Fähigkeiten und Grenzen des KI-Systems verstanden werden und in-

435 Roland Erben, Frank Romeike (2016): Allein auf stürmischer See – Risikomanagement für Einsteiger, Wiley-Verlag, S. 173.
436 EU KI-VO Art. 1.
437 EU KI-VO Art. 14 Abs. 2.

dem in die Funktionsmechanismen der Systeme eingegriffen werden kann. Dies gilt für Hochrisiko-Anwendungen, bei denen die Genauigkeitsgrade gemessen und die sehr robust gegenüber Fehlsteuerungen und Unstimmigkeiten gemacht werden sollen. Es wird nach Back-Up Lösungen verlangt. Die Anwender werden auf automatisierte Protokolle verpflichtet und sollen Konformitätsbewertungen durchführen. Ein Qualitätsmanagement soll schriftlich Strategien, Verfahren und Anweisungen dokumentieren. Darin sollen Validierungsverfahren beschrieben werden, die vor, während und nach der Entwicklung des KI-Systems durchzuführen sind. Technische Dokumentationen sollen erstellt werden müssen.[438]
Es ist schon beachtlich, in welchem Umfang die Europäische Kommission KI-Systeme in der Arbeitswelt zu den Hochrisikoanwendungen zählt[439] und welche Vorgaben für diese zur Anwendung gebracht werden. Entsprechend der Kritikalität der unterschiedlichen KI-Systeme bietet es sich an, orientiert an den EU-Intensionen die Kontrollmechanismen proportional zur Risikorelevanz zu intensivieren. Eine lernende Maschine, die Übersetzungsleistungen erbringt, mag als ungefährlich gelten. Sie wird aber dann risikoreich, wenn Personen von den Übersetzungen betroffen sind, weil sie etwa staatliche Leistungen in Anspruch nehmen wollen oder die übersetzten Texte Gegenstand einer Gerichtsauseinandersetzung werden. Es geht darum, die KI, aber auch ihren Einsatzkontext, zu beurteilen.
Bedeutsame Entscheidungen müssen rückholbar sein und die Systeme brauchen klar definierte Ziele und Zwecke. Ihre Funktionsmechanismen müssen dokumentiert sein und sie dürfen nur mit integren Daten gefüttert werden. Ihre Entscheidungsprinzipien sollten erklärbar und die künstliche Intelligenz auf alle Fälle steuerbar sein. Sicherheitsmaßnahmen sollten integriert werden, ein Evaluationskonzept stehen und die Fehlanwendung des Systems schon durch dessen Design verhindert werden können. Es braucht einen Notabschaltungsmechanismus und ein Alternativkonzept, das dann greift, wenn der Mechanismus ausgelöst wird. Notwendig ist ein Berechtigungskonzept, wie bei herkömmlichen IT-Systemen, in denen personenbezogene Daten verarbeitet werden. Eine Fülle von Vorgaben der Europäischen Datenschutz-Grundverordnung gilt auch für KI-Anwendungen, in denen Personendaten verwendet werden. Unter anderem ist ein dediziertes Verzeichnis der Verarbeitungstätigkeiten zu führen und es muss nachgewiesen werden, wie transparent und gesichert die Datenverarbeitung arbeitet.
Mitbestimmungsträger sollten sich getrost zu Leistungs- und Verhaltenskontrollen bekennen, aber Maschinen müssen von Menschen kontrolliert werden und nicht umgekehrt. Angesichts der Geschwindigkeit und Verarbeitungsdimension, mit der KI-Systeme arbeiten können, auch angesichts der Vielfalt ihrer Einsatzmöglichkeiten braucht es dafür verschiedene Mechanismen, die in diesem Kapitel thematisiert werden.

438 EU KI-VO Abschnitt 3.
439 Siehe auch Kapitel 13.

26.1 Dokumentation

Etwas »schwarz auf weiß« haben, das gilt in unserem Lebens- und Arbeitsumfeld als Mechanismus, der Sicherheit gibt und Vertrauen schafft. Die Dokumentation von KI-Anwendungen, der Absichten, die mit dem System verknüpft sind, der Möglichkeiten, die das System bietet, und der Maßnahmen, die getroffen werden, um rechtliche Vorgaben einzuhalten, das gehört in eine Dokumentation. Diese Informationen »schwarz auf weiß« zu haben, ist eine solide Vertrauensbasis für den Systemeinsatz.

Die Europäische KI-Verordnung gibt für Hochrisiko-KI-Systeme die Erstellung einer Dokumentation vor, die erstellt werden muss, bevor dieses System in Verkehr gebracht oder in Betrieb genommen wird. Sie ist auf dem neuesten Stand zu halten.[440]

Werden personenbezogene Daten verwendet, dann macht die Europäische Datenschutzgrundverordnung das Führen einer Dokumentation ohnehin erforderlich, auch die Arbeitsstättenverordnung verlangt danach. In Kapitel 21.8 werden Empfehlungen zur Dokumentation von KI-Systemen gegeben. An dieser Stelle soll mit Prüffragen Hilfestellung dabei gegeben werden, in Erfahrung zu bringen, inwieweit KI-Systeme im Betrieb dokumentiert werden:

1. Steht eine Dokumentation eines Hochrisiko KI-Systems in klarer und verständlicher Form zur Verfügung, um beurteilen zu können, ob das KI-System gestellte Anforderungen erfüllt? (Europäische KI-Verordnung Art. 11 Abs. 1)
2. Enthält die Dokumentation folgende Angaben (Europäische KI-Verordnung Anhang IV)
   - Beschreibung der Systemarchitektur;
   - Bewertung der nach Art. 14 erforderlichen Maßnahmen der menschlichen Aufsicht;
   - Verwendete Validierungs- und Testverfahren;
   - Parameter, die zur Messung der Genauigkeit, Robustheit und der Erfüllung anderer einschlägiger Anforderungen sowie potenziell diskriminierender Auswirkungen verwendet werden;
   - Darlegungen zur Eignung der Leistungskennzahlen für das spezifische KI-System;
   - Detaillierte Beschreibung des Risikomanagementsystems;
   - Trainingsmethoden und -techniken und die verwendeten Trainingsdatensätze, deren Herkunft, Umfang und Hauptmerkmale;
   - die allgemeine Logik des KI-Systems und der Algorithmen;
   - Kopie der EU-Konformitätserklärung gemäß Art. 47;
3. Sind die vereinbarten Ziele für die KI-Nutzung verständlich und überprüfbar dokumentiert?
4. Welche Maßnahmen wurden ergriffen, um die Transparenz der Verarbeitung personenbezogener Daten zu gewährleisten?

440 EU KI-VO Art. 11; siehe auch Kapitel 13.

5. In welcher Form werden die Erhebung, Verarbeitung und Nutzung der Daten, die präzisen Ziele und Zwecke und die Methode, nach denen das KI-System arbeitet, dokumentiert?
6. Wie transparent und dokumentiert sind die Entscheidungen über die Nutzung der Software oder von einzelnen Modulen eines umfassenden Softwarepaketes?
7. In welcher Form kommt die verantwortliche Person ihrer Rechenschaftspflicht hinsichtlich des Nachweises zur Einhaltung datenschutzrechtlicher Vorgaben nach? (Art. 5 Abs. 2 und Art. 24 Abs. 1 DSGVO)
8. Wie wird das KI-System im Verzeichnis von Verarbeitungstätigkeiten nach Art. 30 DSGVO geführt? (Verantwortlichkeiten, Kategorien, Zwecke, Empfänger, Übermittlungen, Löschfristen, technische und organisatorische Maßnahmen etc.)
9. Wie ist die Einhaltung der Grundsätze des Art. 5 DSGVO nachweisbar? (Rechtmäßigkeit, Treu und Glauben, Transparenz, Zweckbindung, Datenminimierung, Richtigkeit, Speicherbegrenzung, Integrität, Vertraulichkeit, Rechenschaftspflicht)
10. Ist eine Übersicht über die Auftragsverhältnisse vorhanden, ggf. wo?
11. Wie werden Erfahrungen aus Experimentier- und Testphasen evaluiert und dokumentiert?
12. Wie wurden die Ergebnisse der Gefährdungsbeurteilung dokumentiert?

26.2 Präzision von Zielen und Zwecken

Ziele und Zwecke zu definieren, das sind wir bereits von der Reglementierung herkömmlicher IT-Systeme gewohnt. In dazugehörenden Betriebsvereinbarungen wurden häufig alle zulässigen Auswertungen in der Anlage zum Vereinbarungstext geführt. Das dürfte für KI-Systeme schwierig sein, da den Maschinen häufiger abverlangt wird, Muster zu erkennen, die der Mensch nicht erkennt, und dies mit einer Geschwindigkeit, bei der der Mensch nicht mithalten kann. Gerade deshalb ist Präzision beim Festlegen von Zielen und Zweckbestimmungen gefragt. Manche lernenden Maschinen entwickeln sich auch im laufenden Betrieb weiter. Deshalb sollte über den gesamten Lebenszyklus des Systems kontrolliert werden können, dass das System den Anforderungen an Ziele und Zwecke auch genügt.

1. Auf welche genauen Ziele und für welchen präzisen Zweck wird das KI-System ausgerichtet?
2. Sind die vereinbarten Ziele für die KI-Nutzung verständlich und überprüfbar dokumentiert?
3. Wer legt nach welchen Kriterien die Kennzahlen fest, anhand derer die Software die Zielerreichung feststellt?
4. Welche Genauigkeitsansprüche sollen für maschinelle Schlussfolgerungen erreicht werden?

5. Welche Daten sind für die Erfüllung der zulässigen Zwecke erheblich und erforderlich?
6. Ist die Nutzung personenbezogener/-beziehbarer Daten für die geplante Zielerreichung notwendig (Rechtmäßigkeit, Zweckbindung)?
7. Wie lange werden Daten gespeichert? Werden gesammelte Daten auch wieder gelöscht?
8. Welches Verfahren ist zur Löschung/Vernichtung der genutzten Daten vorgegeben?
9. Durch welche technisch-organisatorischen Maßnahmen wird sichergestellt, dass Ergebnisse nicht zweckwidrig oder durch Unbefugte verwendet werden?
10. Wie lange werden die Testdaten und die Ergebnisse gespeichert?
11. Wird im Rahmen der Protokollierungsfunktionen der Zeitpunkt der Verwendung des Systems aufgezeichnet und wird eine Referenzdatenbank geführt, mit der die Eingabedaten vom System überprüft werden?
12. Welche legitimen Zwecke können mit der Verarbeitung verfolgt werden und welche Zweckänderungen sind im Zuge der Verarbeitung zulässig?

26.3 Integrität der Daten

Wird ein KI-System mit zweifelhaften Daten gefüttert, dann kommen zweifelhafte Ergebnisse zustande. Nach der Europäischen KI-Verordnung sollen KI-Systeme im Einklang mit den geltenden Vorschriften zum Schutz der Privatsphäre und zum Datenschutz entwickelt und verwendet werden und dabei Daten verarbeiten, die hohen Qualitäts- und Integritätsstandards genügen.[441] Schon die die Trainings-, Validierungs- und Testdatensätze, einschließlich der Kennzeichnungen, sollten im Hinblick auf die Zweckbestimmung des Systems relevant, hinreichend repräsentativ und so weit wie möglich fehlerfrei und vollständig sein. Die Datensätze sollten auch die geeigneten statistischen Merkmale haben, um mögliche Verzerrungen zu vermeiden, die die Gesundheit und Sicherheit von Personen beeinträchtigen, sich negativ auf die Grundrechte auswirken oder zu einer nach dem Unionsrecht verbotenen Diskriminierung führen könnten.[442] Integrität bedeutet nur Daten zu nutzen, die aus geeigneten, seriösen, nicht manipulierten und aussagekräftigen Datengrundlagen stammen. Die Herkunft und Qualität der Daten spielen eine entscheidende Rolle für die Aussagekraft der maschinellen Schlussfolgerungen.
Dem Training und Test von KI-Systemen sowie dessen Evaluation sollte ein Datenmodell zugrunde liegen, das überzeugende Antworten auf die Frage liefert, ob es vertrauensstiftend wirken und verzerrungsfrei die Ziele und Zwecke des Systems erreichen kann:

441 EU KI-VO Erwägungsgrund 27.
442 EU KI-VO Erwägungsgrund 67.

1. Welche Art von Daten, aus welchen Quellen, werden verwendet?
   - Datenquellen sind identifiziert;
   - Datenquellen sind unklar;
   - keine personenbezogenen Daten von Beschäftigten;
   - keine personenbezogenen Daten, bis auf Logdaten für Zwecke der Systemsicherheit oder Daten zur Identifikation der Beteiligten an Bearbeitungsvorgängen;
   - personenbezogene Daten der Beschäftigten;
   - personenbezogene Daten die auf geprüften Tatsachen beruhen;
   - unüberprüfbare personenbezogene Daten oder Einschätzungen;
   - anonymisierte, verschlüsselte oder pseudonymisierte Daten über Beschäftigte;
   - besonders schützenswerte personenbezogene Daten der Beschäftigten, wie etwa zu Gesundheit, Emotion, Herkunft, Charaktereigenschaften, Überzeugungen, Gewerkschaftszugehörigkeit, Genetik, Biometrie, sexuelle Orientierung;
2. Nach welchen Methoden wurde das System getestet und trainiert oder welches Vorgehen ist geplant?
3. Hat sich im Training der Ursprungsdatensatz als erforderlich, geeignet, integer und das KI-Modell als nützlich und angemessen erwiesen?
4. Mit welchen Maßnahmen wird sichergestellt, dass die Daten, die dem System zur Verfügung gestellt werden, aktuell und aussagekräftig sind?
5. Welche Maßnahmen wurden ergriffen, um die Integrität der Daten zu gewährleisten oder Integritätsverletzungen festzustellen?
6. Nach welchen Managementvorgaben werden Trainings-, Validierung- und Testdatensätze hinsichtlich Relevanz, Repräsentativität, Fehlerfreiheit, Vollständigkeit und Nützlichkeit für die Erreichung der vorgegebenen Ziele ausgewählt?
7. Ist das System geeignet, Personen eine ungünstige Behandlung zuteil werden zu lassen, im Kontext von Sachverhalten, die mit der ursprünglichen Datenerhebung, -verarbeitung oder -nutzung in keinem unmittelbaren Zusammenhang stehen?
8. Wurden derartige Datensätze hinsichtlich ihrer Verfügbarkeit, ihrer Menge der Daten und deren Eignung, möglicher Verzerrungen und fehlender Daten beurteilt?
9. Nach welchen Maßstäben wurden derartige Datensätze hinsichtlich ihrer Relevanz, Repräsentativität, Fehlerfreiheit und Vollständigkeit beurteilt?
10. Haben Betroffene, von denen personenbezogenen Daten vom System genutzt werden, die Möglichkeit, den Wahrheitsgehalt und die Aussagekraft ihrer Daten zu beurteilen?
11. Welche Institutionen oder innerbetrieblichen Einheiten haben die Rohdaten geliefert?
12. Ist die Weitergabe von Rohdaten aus dem Ausgangs-IT-System in das KI-System nach den für das Ursprungssystem geltenden Bedingungen und Betriebsvereinbarungen zulässig?

13. Wurde die dafür notwendige Schnittstelle mit den Betriebsparteien abgestimmt?
14. Welche Trainingsdaten wurden für das KI-Verfahren verwendet?
15. Wurde überprüft, ob die Auswahl der Trainingsdaten zu unfairen oder diskriminierenden Schlussfolgerungen führt?
16. Wie wird eine Manipulation von Ursprungs- und Trainingsdaten verhindert?
17. Haben Drittunternehmen, die das System betreiben, oder externe Auftragnehmer der Firma Zugang zu den Daten, die im System verwandt werden?

26.4 Erklärbarkeit

Bei manchen KI-Systemen kann leichter als bei anderen erklärt werden, wie die Anwendung zu Schlussfolgerungen kommt. Mit einem beaufsichtigten oder bekräftigenden Lernen ist eher erklärbar, wie das System Schlüsse zieht, als beim Einsatz von neuronalen Netzwerken. Die Deutsche Normungsroadmap 2 hält Überprüfbarkeit und Erklärbarkeit von KI-Schlussfolgerungen für ein wesentliches Gestaltungsziel. Die Europäische KI-Verordnung macht Erklärbarkeit ebenfalls zum Thema: KI-Systeme sollen »so entwickelt und verwendet werden, dass sie angemessen nachvollziehbar und erklärbar sind«.[443] In einer Studie, die das Bundesministerium für Wirtschaft und Klimaschutz zum Thema Erklärbarkeit in Auftrag gegeben hatte, fasst einer der Verfasser, Dr. Tom Kraus vom VDI/VDE zusammen: Es ist »das Ziel der meisten Erklärungsstrategien, diejenigen Eingabedaten hervorzuheben, die ein konkretes Ergebnis besonders stark beeinflusst haben.«[444]

Damit im Betrieb Vertrauen entsteht, indem das Wirken lernender Maschinen erklärbar gemacht wird, sollte also die Systemgrundlage hinterfragt und den Einsatzbedingungen einige Fragen gewidmet werden:

1. Nach welchen mathematischen, statistischen und technischen Verfahren arbeitet das KI-System?
2. Nutzt das KI-System ein Verfahren des überwachten, des unüberwachten oder bestärkenden Lernens? Kommen neuronale Netzwerke zum Einsatz?
3. In welcher Form werden die Erhebung, Verarbeitung und Nutzung der Daten, die präzisen Ziele und Zwecke und die Methode, nach denen das KI-System arbeitet, den Beschäftigten verständlich gemacht?
4. Welche Eingabedaten beeinflussen das Ausgabeergebnis wie stark?
5. Wurden die Arbeitsanforderungen verständlich beschrieben und bietet eine verständliche Gebrauchsanweisung zum KI-System Hilfe zur Umsetzung?

---

443 EU KI-VO Erwägungsgrund 27.

444 *https://www.digitale-technologien.de/DT/Redaktion/DE/Downloads/Publikation/KI-Inno/2021/Studie_Erklaerbare_KI.pdf;jsessionid=C94CE1AF540F11B6D64E3EB19A61A2AF?__blob=publicationFile&v=9;* zuletzt abgerufen am 24.11.2024.

6. Welche technischen Mechanismen zur Rückverfolgung und Protokollierung der Prozesse und Ergebnisse des KI-Systems werden eingeführt?
7. Wie und mit welchen Mitteln werden Schlussfolgerungen des KI-Systems für die Beschäftigten erklärbar gemacht?
8. Ist die Systemsteuerung selbsterklärend und wirkt sie für die Beschäftigten sinnhaft?
9. Laufen die Transaktionen zur Bedienung des Systems in der Umgangssprache der Bediener*innen ab?
10. Werden die Beschäftigten in den sicherheitstechnischen Prozessmerkmalen und den Möglichkeiten ergonomischer Nutzung unterwiesen?
11. Wie wurde beurteilt, ob die künftigen Nutzer*innen des Systems in der Lage sind, die Systemausgabe zu interpretieren und das System angemessen zu nutzen?
12. Welcher Anspruch an Genauigkeit wird verfolgt?

26.5 Steuerbarkeit

Der Anspruch, menschliche Aufsicht über lernende Maschinen zu organisieren, verlangt nach Steuerbarkeit der Systeme. In die Datenverarbeitungsprozesse eingreifen zu können und für maschinelle Schlussfolgerungen über Interventionsmöglichkeiten zu verfügen, das sind Elemente der Steuerbarkeit. Zu ihnen gehört auch, dass die Nutzerinnen und Nutzer verstehen, mit welchen Initiativen sie den Systembetrieb beeinflussen können:

1. Wie beurteilen die Verantwortlichen für den technischen Betrieb des Systems und jene Personen, die für die maschinellen Schlussfolgerungen verantwortlich sind, die Qualität der Information, die ihnen zu den Funktionsmechanismen des Systems zur Verfügung gestellt wurden?
2. Welche Möglichkeiten, das KI-System im Notfall zu stoppen, maschinelle Fehlentscheidungen oder Verzerrungen zu verhindern oder die Verbreitung zweckwidriger Informationen zu unterbinden, sind technisch realisiert?
3. Sind Onlineverbindungen zu einem Hersteller oder Betreiber des KI-Systems vorgesehen, der außerhalb des Geltungsbereichs der DSGVO ansässig ist?
4. Wie ist das System in den Betrieb anderer IT-Systeme integriert?
5. Erlaubt das System eine automatische Aufzeichnung von Ereignissen (Logs) während des Betriebs?
6. Welche Maßnahmen wurden ergriffen, um die Intervenierbarkeit in die Datenverarbeitungsprozesse sicherzustellen?
7. Erlauben die Protokollierungsfunktionen die Nachvollziehbarkeit der maschinellen Schlussfolgerungen in einer Art und Weise, die dem beabsichtigten Zweck angemessen ist?
8. In welcher Form stehen Gebrauchsanweisungen zur Verfügung?

9. In welcher Weise wird das KI-System während des Betriebes von natürlichen Personen wirksam beaufsichtigt?
10. Sind die Nutzer*innen in der Lage und haben sie die Befugnis, in den Betrieb des KI-Systems einzugreifen und diesen durch Drücken einer Stopptaste oder ein ähnliches Verfahren zu unterbrechen?
11. Erhalten die Beschäftigten zuverlässige, zutreffende und verständliche Fehlermeldungen?
12. Werden unklare Systemzustände erzeugt, die die Arbeit der Beschäftigten erschweren?
13. Erhalten die Benutzer*innen eine klare Rückmeldung über den Systemzustand und getätigte Eingaben?
14. Sind die Verantwortlichkeiten für das technisch-organisatorische System für die Nutzer*innen eindeutig erkennbar?
15. Mit welchen Prozeduren werden fehlerhafte oder nicht regelkonforme Systementscheidungen identifiziert und revidiert?

26.6 Sicherheitsmaßnahmen

Softwaresysteme, auch lernende Maschinen, bieten häufig Funktionen, die über jene hinausgehen, die im Betrieb verwendet werden. Daraus können Risiken im Falle einer nicht legitimierten Verwendung hervorgehen. Auch durch Manipulation, Systemstörungen und Fehlanwendungen können Risiken entstehen. Sicherheitsmaßnahmen müssen diese Risiken minimieren, sie sollten in Tests und Trainings überprüft und während des Systembetriebs evaluiert werden können. Das Datenschutzrecht verlangt nach technisch-organisatorischen Maßnahmen, um den ordnungsgemäßen Betrieb von Systemen zu gewährleisten, wenn personenbezogene Daten verwendet werden. Es macht Sinn und ist aufgrund geltender Normen auch geboten, für den Betrieb von KI-Systemen generell Sicherheitsmaßnahmen vorzusehen sowie der Sicherheit durch das Design des Systems und der Einsatzbedingungen besondere Aufmerksamkeit zu widmen:

1. Mit welchen Mechanismen wird die Widerstandsfähigkeit des Systems gegenüber Versuchen Dritter gestärkt, durch Ausnutzung von Systemschwächen Veränderungen in den Schlussfolgerungen herbeizuführen?
2. Wie werden Trainingsdaten gegen äußere Angriffe und Manipulationen geschützt?
3. Gibt es innerbetriebliche Sanktionsmechanismen, die greifen, wenn die Funktionsmechanismen des KI-Systems dazu führen, dass die zur Verfügung gestellten Daten nicht mehr nach Treu und Glauben genutzt werden?
4. Welche Spezifikation erlaubt das genutzte KI-System und welche werden in der konkreten Anwendung eingesetzt? Wie wird verhindert, dass nicht zugelassene Spezifikationen verwendet werden?
5. Inwieweit sind Gefahrensignale, die das System erzeugt, für die Beschäftigten wahrnehmbar?

6. Ist ein den Beschäftigten bekanntes Hinweisgeber-Verfahren eingeführt, das auch auf den Schutz der Persönlichkeitsrechte abstellt?[445]
7. Wie ist der Schutz des Hinweisgebers im Whistleblower-Verfahren geregelt (Vertraulichkeitsgarantie etc.)?
8. Ist das interne Kontrollsystem für Datenschutz- und IT-Sicherheit auch auf die Besonderheiten von KI-Systemen ausgerichtet?
9. Ist eine interne Revision eingerichtet, die auch IT- und sicherheitsrelevante Themen überprüft?
10. Ist im IT-Bereich das Prinzip der Funktionstrennung verwirklicht (Trennung von Entwicklung/Programmierung des KI-Systems von den fachverantwortlichen Stellen und der Revision)?
11. Wie werden Revisions- und Evaluationsergebnisse dokumentiert und welche Stellen erhalten die Ergebnisse?
12. Hat der betriebliche Datenschutzbeauftragte oder sein Hilfspersonal Beschwerden von Beschäftigten während des Testbetriebs des Systems erhalten?
13. Wurden Einlassungen des Datenschutzbeauftragten zum Systembetrieb von den Systemverantwortlichen nicht umgesetzt?

26.7 Evaluationskonzept

Die Europäische KI-Verordnung verlangt ein Risikomanagementsystem, das sich als ein kontinuierlicher iterativer Prozess versteht, der während des gesamten Lebenszyklus eines Hochrisiko-KI-Systems geplant und durchgeführt wird und eine regelmäßige systematische Überprüfung und Aktualisierung erfordert.[446] Zu den Erwartungen an lernende Maschinen gehört eben, dass diese dazulernen. Mit dem Lernen können sich Systeme verändern. Deswegen ist es erforderlich, im laufenden Systembetrieb zu überprüfen, ob die gestellten Funktions- und Sicherheitsanforderungen auch nach Zeitablauf erfüllt werden. Auf die Ausführungen in Kapitel 21 Phase 11 wird verwiesen. Hier einige Fragen, um die Sorgfalt zu überprüfen, mit der die Evaluation angegangen wird:

1. Wie wird sichergestellt, dass die KI-Systeme während ihres gesamten Lebenszyklus laufend hinsichtlich der Einhaltung fixierter Anforderungen überprüft werden?
2. Welche Parameter sind ausschlaggebend dafür, dass ein Trainingsergebnis die Entscheidungsbasis für die Einführung des Systems im Wirkbetrieb bieten kann?
3. Welche Mechanismen wurden eingeführt, die die Nachprüfbarkeit des Systems durch interne oder externe Prüfer erleichtern?
4. Wer stellt den Lernerfolg des KI-Systems nach welchen Maßstäben fest?

---

445 Siehe auch Hinweisgeberschutzgesetz in Kapitel 15.
446 EU KI-VO Art. 9.

5. In welcher Häufigkeit werden Validierungsverfahren zur Überprüfung der Konformität und der Güte des Systems durchgeführt?
6. Nach welchen Mechanismen werden von wem Wartungs-, und Pflegemaßnahmen zur Gewährleistung des ordnungsgemäßen Funktionierens des Systems durchgeführt?
7. In welchen Zeitintervallen werden technisch-organisatorische Maßnahmen evaluiert, um ihre Wirksamkeit zu überprüfen? (Art. 24 Abs. 1 Satz 2, Art. 32 Abs. 1 Satz 1 DSGVO)?
8. Welche Eigenarten, Funktionselemente und Folgen durch den KI-Einsatz werden einer Systemevaluation ausgesetzt?
9. Welche Revisionsmöglichkeiten für den laufenden Wirkbetrieb des Systems sind vorgesehen?
10. Wie wird im Rahmen der Systemevaluation eine Wirksamkeitskontrolle der Maßnahmen für Arbeitsschutz und Arbeitssicherheit durchgeführt?
11. Wie wird die Fairness von Entscheidungen des Systems überprüft, wenn dieses sich fortentwickelt?
12. Wie wird die Erreichung der ökonomischen Ziele überwacht?

26.8 Verhinderung von Fehlanwendungen

Transparente und nachvollziehbare Systeme und ihre technisch-organisatorischen Sicherungen verlieren an Bedeutung, wenn die Systeme selbst Fehlanwendungen erlauben. Es braucht für deren betrieblichen Gebrauch Mechanismen, um Fehlanwendungen zu verhindern. Folgende Fragen zielen darauf, in Erfahrung zu bringen, wie dies organisiert wird:
1. Von welchen Fehlanwendungen des Systems wird ausgegangen?
2. Für welche Fehlanwendungen wurden welche Sicherungsmaßnahmen ergriffen?
3. Welche Art von Erkennung- und Reaktionsmechanismen sind etabliert, um zu beurteilen, ob ein selbstlernendes KI-System sich abseits von ursprünglichen Zielen, Zwecken und Erwartungen entwickelt?
4. Mit welchen Mechanismen wird die Widerstandsfähigkeit des Systems gegenüber Versuchen Dritter gestärkt, durch Ausnutzung von Systemschwächen Veränderungen in den Schlussfolgerungen herbeizuführen?
5. Wurden Mitarbeiterinnen und Mitarbeiter gebeten, potenzielle Schwachstellen des Systems zu benennen, unvorhergesehene Risiken aufzuzeigen oder auf Verzerrungen durch das System aufmerksam zu machen?
6. Welche unerwünschten Eigenarten des verwendeten Systems wurden während des Testbetriebes korrigiert?
7. Wie werden Trainingsdaten gegenüber äußeren Angriffen und Manipulationen geschützt?

8. Welche Möglichkeiten, das KI-System im Notfall zu stoppen, maschinelle Fehlentscheidungen oder Verzerrungen zu verhindern oder die Verbreitung zweckwidriger Informationen zu unterbinden, sind technisch realisiert?
9. Inwieweit sind Gefahrensignale, die das System erzeugt, für die Beschäftigten wahrnehmbar?
10. Inwieweit sind durch das System getroffene Schlussfolgerungen, die sich auf Gesundheit und Sicherheit von Personen auswirken, leicht umkehrbar?
11. Wissen die Beschäftigten um Widerspruchsrechte gegenüber Systementscheidungen und kennen sie Adressaten, die sie anrufen können, um auf nicht regelgerechte Nutzung des Systems aufmerksam zu machen?

26.9 Notabschaltung, Alternativkonzept

Die Europäische KI-Verordnung fordert, dass die natürlichen Personen, denen die menschliche Aufsicht übertragen wurde, »angemessen und verhältnismäßig in der Lage sind, in den Betrieb des Hochrisiko-KI-Systems einzugreifen oder den Systembetrieb mit einer ›Stopptaste‹ oder einem ähnlichen Verfahren zu unterbrechen, was dem System ermöglicht, in einem sicheren Zustand zum Stillstand zu kommen.«[447] Dies ist nicht nur für Hochrisikoanwendungen sinnvoll. Jeder kennt den Bedarf, den Rechner schon mal runterzufahren, wenn er Fehlfunktionen hat und alle Steuerungsbemühungen nicht mehr helfen. Wenn das System auch nach mehreren Anläufen mit eigener Anstrengung nicht mehr in die Funktionsfähigkeit gebracht werden kann, müssen die betrieblichen Aufgaben auch ohne einen entsprechenden Systemeinsatz erfüllt werden können. Die nachfolgenden Fragen wollen mehr Informationen darüber zu Tage fördern, wie derartige Probleme im Betrieb angegangen werden sollen:

1. Welche Maßnahmen wurden ergriffen, um die Intervenierbarkeit in die Datenverarbeitungsprozesse sicherzustellen?
2. Welche Möglichkeiten, das KI-System im Notfall zu stoppen, maschinelle Fehlentscheidungen oder Verzerrungen zu verhindern oder die Verbreitung zweckwidriger Informationen zu unterbinden, sind technisch realisiert?
3. Sind die Nutzer*innen in der Lage und haben sie die Befugnis, in den Betrieb des KI-Systems einzugreifen und diesen durch Drücken einer Stopptaste oder ein ähnliches Verfahren zu unterbrechen?
4. Durch welche technischen Redundanzlösungen oder Backup-Systeme wird auf Fehlfunktionen des Systems vorbereitet?
5. Sind bei der Notfallplanung und dem Business-Continuity-System die Datenschutzanforderungen berücksichtigt?
6. Welches Verfahren greift im Fall eines Widerrufs einer Einwilligung des Betroffenen?

447 EU KI-VO Art. 14 Abs. 4e.

26.10 Berechtigungskonzept

Dass keine unbefugten Personen Zugang zu IT-Systemen und deren Daten haben, sollte gute Gepflogenheit in den Betrieben sein. Für die Verarbeitung personenbezogener Daten sind Berechtigungskonzepte obligatorisch.
Das Standard-Datenschutzmodell (SDN) der Datenschutzaufsichtsbehörden Deutschlands will das Gewährleistungsziel »Vertraulichkeit« gesichert wissen. Hiernach darf »keine unbefugte Person personenbezogene Daten zur Kenntnis nehmen oder nutzen. Unbefugte sind nicht nur Dritte außerhalb der verantwortlichen Stelle, sondern auch Beschäftigte von technischen Dienstleistern, die zur Erbringung der Dienstleistung keinen Zugriff zu personenbezogenen Daten benötigen, oder Personen in Organisationseinheiten, die keinerlei inhaltlichen Bezug zu einer Verarbeitungstätigkeit oder zu den jeweiligen betroffenen Personen haben. Die Vertraulichkeit personenbezogener Daten ist auch dann sicherzustellen, wenn die unterliegenden Systeme und Dienste unerwartet hoher Last unterliegen [...].«[448]
Mit den folgenden Fragen kann das Berechtigungskonzept auf den Prüfstand gestellt werden:

1. Wie wird sichergestellt, dass das KI-System nur durch befugte Personen konzipiert, programmiert, trainiert, genutzt und überwacht wird?
2. Wie wird sichergestellt, dass nur Berechtigte Zugriff auf die Daten des Systems und die maschinellen Schlussfolgerungen nehmen können?
3. Wurde ein Überwachungsmechanismus eingerichtet, mit dem protokolliert wird, wann, wo, wie, von wem und zu welchem Zweck ein Datenzugriff erfolgte?
4. Durch welche technisch-organisatorischen Maßnahmen wird sichergestellt, dass Ergebnisse nicht zweckwidrig oder durch Unbefugte verwendet werden?
5. Wurde beim Berechtigungskonzept der Zugang zu personenbezogenen Daten auf deren Kritikalität ausgerichtet?
6. Welche Stellen erhalten die Testergebnisse zur Kenntnis (Personalabteilung, Fachvorgesetzte, Betriebsrat, sonstige Stellen)?
7. Wie werden Revisions- und Evaluationsergebnisse dokumentiert und welche Stellen erhalten die Ergebnisse?
8. Ist transparent geregelt, auf welche Weise Beschäftigtendaten genutzt werden sollen und wer wann und wie Zugang zu diesen Daten wie auch zu den datenbasierten Analysemöglichkeiten/-ergebnissen hat?
9. Ist der Kreis der zugriffsberechtigten Personen im Hinweisgeberschutzverfahren auf den erforderlichen Umfang begrenzt und dokumentiert?

448 Konferenz der unabhängigen Datenschutzaufsichtsbehörden des Bundes und der Länder (April 2020), SDM Standard Datenschutzmodell, Eine Methode zur Datenschutzberatung und -prüfung auf Basis einheitlicher Gewährleistungsziele, Version 2.0b, S. 27.

27 Regelkonformität

»Ein Leben ohne Normen ist wie eine Straße ohne Markierung. Man ist schneller im Abseits, als man denkt.«

Peter Amendt: Wenn das Leben uns lehrt

Nach § 80 Abs. 1 Nr. 1 BetrVG hat der Betriebsrat darüber zu wachen, dass die zugunsten von Beschäftigten geltenden Gesetze, Verordnungen, Unfallverhütungsvorschriften, Tarifverträge und Betriebsvereinbarungen durchgeführt werden. § 91 desselben Gesetzes bindet die Arbeitsgestaltung an die gesicherten arbeitswissenschaftlichen Erkenntnisse über die menschengerechte Gestaltung der Arbeit und gibt dem Betriebsrat die Möglichkeit, angemessene Maßnahmen zur Abwendung, Milderung oder zum Ausgleichen der Belastung zu verlangen. Für die vom Gesetz geforderten wissenschaftlichen Erkenntnisse sind auch die in DIN-, EN-ISO-Normen, VDI Richtlinien und ähnlichen technischen Regelwerken enthaltenen Aussagen maßgeblich.[449]
Die wesentlichsten weiteren Rechtsvorgaben finden sich in den Kapiteln 12 bis 17 dieses Praxishandbuches.
Norm hat etwas mit Normalität zu tun. Wenn der Betrieb von KI-Systemen zur Normalität werden soll, müssen herkömmliche einschlägige Vorgaben auf den Systemeinsatz angewendet werden. Die spezifischen Funktionsmechanismen von lernenden Maschinen werden in der Zukunft zu spezifischen gesetzlichen Vorgaben und Normen führen. Dies rechtfertigt heute aber nicht, darauf zu warten oder aber alles über Bord zu werfen, was bisher gegolten hat.

27.1 Nationale Verordnungen

Die Arbeitsschutzverordnung, die Arbeitsstättenverordnung und auch die Betriebssicherheitsverordnung enthalten relevante Regeln, die auch für KI-Systeme gelten. Es lohnt sich, danach zu fragen, wie weit deren Einsatz an diesen Vorgaben orientiert wurde:

1. Inwieweit wurde der Systemeinsatz an der Arbeitsstättenverordnung orientiert?
2. Welche Instanzen haben die Einhaltung der Arbeitsstättenverordnung überprüft?

449 Däubler, Klebe, Wedde (2024): BetrVG – Kommentar für die Praxis, 19. Auflage; Bund-Verlag, Rn. 10 zu § 90.

3. Wurde überprüft, ob die Vorgaben zur Gestaltung von Bildschirmarbeitsplätzen aus der Arbeitsstättenverordnung eingehalten wurden?
4. Wurden die Vorgaben der Betriebssicherheitsverordnung dem KI-Einsatz zugrunde gelegt?

27.2 DIN-, ISO- und EN-Normen

Die deutsche Normungsroadmap kündigt spezifische Regeln für KI-Systeme an und gibt einen Überblick über den Stand der Normungsaktivitäten: *https://www.din.de/de/forschung-und-innovation/themen/kuenstliche-intelligenz/fahrplan-festlegen.*

Aber auch bereits die vorhandenen Normen zu IT-Systemen beinhalten Vorgaben zu Anwendungen der Künstlichen Intelligenz. In Abhängigkeit von betrieblichen Regelungsdefiziten lohnt es, die eine oder andere Normvorgabe zu vertiefen und danach zu fragen, inwieweit diese auch bei der Verwendung lernender Maschinen zugrunde gelegt wird. Nachstehende Fragen geben eine Auswahl zu den Normgrundlagen:

1. Wurde das System auf die Einhaltung relevanter internationaler, europäischer und deutscher Normen geprüft? Welche Aussagen treffen hierzu die Anbieter des KI-Systems?
2. Welche Normen wurden der Auswahl- und Einführungsentscheidung zugrunde gelegt?
3. Wurden bei der Risikobeurteilung die Privatheit der Person, deren persönliches Handeln, deren Kommunikation, deren Denken und Fühlen sowie die persönliche Freiheit zur Versammlung und die Gruppenzugehörigkeit berücksichtigt? (ISO/IEC 29134)
4. Wurde die Datenschutzfolgenabschätzung nach ISO/IEC 29134 durchgeführt?
5. Wurde hinsichtlich der grafischen Benutzungsoberfläche die DIN-Norm 9241 zur Grundlage genommen?
6. Welche Normen zur IT-Sicherheit wurden berücksichtigt?
7. An welchen Richtlinien und Normen wurde die Gefährdungsbeurteilung orientiert?

27.3 Verhaltensregeln von Aufsichtsbehörden oder interne Leitlinien

»Mein Haus, meine Regeln.« Dieses Sprichwort gilt für deutsche Betriebe nur insoweit, als nicht äußere Vorgaben, Auflagen und interne Verabredungen existieren. Die Aufsichtsbehörden zum Datenschutz, die Finanzaufsicht BaFin und die Arbeitsschutzbehörden stellen dezidierte Vorgaben und Orientierungswerke zur Verfügung, die Verhaltensregeln für den Betrieb von KI-Systemen in beruflichem Kontext enthalten. Eine Marktaufsichtsbehörde einzurichten, um ihre Einhaltung zu hinterfragen ergibt Sinn. Ebenso sinnvoll ist es, Aufmerksamkeit darauf zu richten, inwieweit die in Betrieben oder Konzernen ohnehin geltenden internen Leitlinien auch dann umgesetzt werden, wenn KI-Systeme eingeführt werden. Gibt es bereits Vorgaben zur Benutzungsoberfläche oder zur Hardware, auf der die Systeme laufen sollen? Gibt es Verabredungen zum Ort der Datenhaltung, zur Datensicherheit? In dieser Hinsicht verdient der Betrieb von KI-Systemen keine Ausnahmen:

1. Ist eine Datenschutzfolgenabschätzung im Sinne der DSGVO durch die Muss-Liste der Deutschen Konferenz unabhängiger Datenschutzaufsichtsbehörden des Bundes und der Länder begründet?
2. Wird eine Datenschutzfolgenabschätzung nach Art. 35 DSGVO entsprechend der Vorgaben der zuständigen Aufsichtsbehörde durchgeführt?
3. Werden in der Finanzbranche die Prinzipien eingehalten, die die BaFin für KI-vorgegeben hat?[450]
4. Wird das KI-System nach einem iterativen Prozess eingeführt, wie es das Standard-Datenschutzmodell der Datenschutzaufsichtsbehörden vorsieht?
5. Wurden die Gewährleistungsziele des Standard-Datenschutzmodells SDM der Konzipierung des Systems zugrunde gelegt, um das Risiko des Eintretens von Abweichungen von einer rechtskonformen Verarbeitung hinreichend zu mindern?
6. Wurde zur Gewährleistung der Verfügbarkeit und zur Eingrenzung von Missbrauchsmöglichkeiten den Empfehlungen des IT-Grundschutzkataloges des Bundesamtes für Sicherheit in der Informationstechnik gefolgt?
7. Werden die Icons, die das System verwendet, ohne Erklärung verstanden und sind diese im Unternehmen gebräuchlich?
8. Weichen die Hardwarebedingungen von den im Unternehmen üblichen Voraussetzungen ab?
9. Inwieweit wurde geprüft, ob die Softwareoberfläche unternehmensinternen Softwareanforderungen genügt und mit gebräuchlichen Bedienoberflächen verträglich ist?
10. Wie wird sichergestellt, dass die KI-Systeme während ihres gesamten Lebenszyklus laufend hinsichtlich der Einhaltung fixierter Anforderungen überprüft werden?
11. Welches Qualitätsmanagementsystem haben die Anbieter des KI-Systems eingerichtet?

450 BaFin – Bundesanstalt für Finanzdienstleistungsaufsicht (15.7.2021) Big Data und Künstliche Intelligenz: Prinzipien für den Einsatz von Algorithmen in Entscheidungsprozessen.

12. Werden die Beschäftigten insbesondere für die Entscheidungsfindung in geschäftskritischen Prozessen eingebunden und finden regelmäßige Validierungsprozesse statt?[451]
13. Wurde überprüft, ob die nationale KI-Marktaufsichtsbehörde, die nach Art. 70 der Europäischen KI-Verordnung eingerichtet wurde, Vorgaben oder Leitlinien für den Sachverhalt erlassen hat, die im Betrieb zur Entscheidung anstehen?

27.4 Zertifizierungen

Spezifische Zertifizierungen für KI-Systeme sind von den Normungsinstanzen angekündigt. Sie existieren bereits für die Robustheit von IT-Systemen. Für die betriebliche Gestaltung von KI-Systemen ist es nützlich, zu beobachten, welche seriösen Zertifizierungen in den nächsten Jahren auf den Markt kommen und wonach sich Betriebe zertifizieren lassen. Ein paar Fragen dazu:

1. Wurde die Robustheit des Systems zertifiziert? Wenn ja, nach welcher Qualitätsnorm?
2. Kommen Geräte zum Einsatz, die mit einem Prüfsiegel und/oder Umweltzeichen ausgestattet sind?
3. Wurde eine Konformitätsprüfung, ein Audit nach verbreiteten Maßstäben oder eine Zertifizierung des Einsatzprozesses, der Software oder der Ethik der Einsatzbedingungen vorgenommen?

27.5 Tarifvorgaben

Betriebe in der Tarifbindung stehen in der Durchführungspflicht für Tarifverträge. Diese nehmen sich in beachtlichem Umfang verschiedener Aspekte des IT-Einsatzes an. Derartige Vorgaben gelten auch für KI-Systeme. Sind beispielsweise Ruhezeiten für die Arbeiten an Bildschirmgeräten tarifvertraglich geregelt oder gibt es tarifliche Regelungen zur Telearbeit, zur Eingruppierung computergestützter Arbeitsaufgaben und zur Arbeitszeitdisposition, dann gelten solche Regeln auch, wenn Arbeitsprozesse von KI-Systemen mit beeinflusst werden:

1. Wurde geprüft, welche tariflichen Verabredungen durch den KI-Einsatz im Arbeitsprozess berührt sind?
2. Hat der Einsatz des KI-Systems Auswirkungen auf die Dimension oder die Realisierungsoptionen zu tarifvertraglichen Arbeitszeitvorgaben oder Ruhezeiten für die Arbeit an Bildschirmgeräten?

451 BaFin – Bundesanstalt für Finanzdienstleistungsaufsicht (15.7.2021) Big Data und Künstliche Intelligenz: Prinzipien für den Einsatz von Algorithmen in Entscheidungsprozessen.

3. Hat der Systemeinsatz Auswirkungen auf die Planbarkeit der Arbeitsunterbrechungen?
4. Schränkt der Einsatz des KI-Systems die tarifliche oder im Rahmen von Betriebsvereinbarungen verabredeten Möglichkeiten für Beschäftigte ein, alternierende Telearbeit, mobile Telearbeit oder mobile-working-Arbeitsformen zu verrichten?
5. Werden durch den Systemeinsatz Arbeitsumgebungen, Arbeitsabläufe, Arbeitszeiten und Arbeitsmittel, die tariflich reguliert sind, in einem nicht unwesentlichen Umfang verändert?
6. Wurde überprüft, ob der KI-Einführungsprozess tariflich vereinbarte Beteiligungsechte einhält?[452]

27.6 Betriebsvereinbarungen

Betriebsvereinbarungen zu IT-Systemen sind in den Betrieben seit nahezu 50 Jahren üblich. Sie regeln das Zulässige und das Unzulässige und zielen insbesondere auf die Eingrenzung maschineller Leistungs- und Verhaltenskontrollen. Die Schnittstellen zwischen einzelnen Systemen werden oft genau definiert. Die Aufgabe für Mitbestimmungsinstitutionen bleibt es, darauf zu achten, dass derartige Vorgaben auch für KI-Systeme zur Anwendung gebracht werden. Sind Abweichungen notwendig, so ist dies zu verabreden:

1. Ist die Weitergabe von Rohdaten aus dem Ausgangs-IT-System in das KI-System nach den für das Ursprungssystem geltenden Bedingungen und Betriebsvereinbarungen zulässig?
2. Wurde die dafür notwendige Schnittstelle mit den Betriebsparteien abgestimmt?
3. Wie ist das System in den Betrieb anderer IT-Systeme integriert?
4. Ist der Weiterverarbeitungszweck personenbezogener Daten durch das KI-System mit dem ursprünglichen Erhebungszweck der Daten vereinbar (Art. 6 Abs. 4 DSGVO)?
5. Wodurch wird während und nach Systemveränderungen, Releasewechseln und Funktionsänderungen der regelgerechte Betrieb des Systems sichergestellt?
6. Wie wird gewährleistet, dass die KI-Systeme während ihres gesamten Lebenszyklus laufend hinsichtlich der Einhaltung von in Betriebsvereinbarungen fixierten Anforderungen überprüft werden?

452 Siehe Beispiele aus Kapitel 38.4.

27.7 Unfallverhütungsvorschriften

In den unterschiedlichen Branchen geben verschiedene Berufsgenossenschaften oder Unfallkassen Empfehlungen für den Einsatz von IT-Systemen und machen Vorschriften zur Beurteilung von Gefährdungen und Belastungen im Arbeitsprozess. Diese gilt es nicht zu vergessen, wenn KI-Systeme im Betrieb zur Einführung anstehen:

1. Werden die Empfehlungen der Berufsgenossenschaften/Unfallkassen und der Normungsinstitute zur Grundlage der System-Auswahlentscheidung gemacht?
2. Werden die berufsgenossenschaftlichen Vorschriften zur Beurteilung von Gefährdungen und Belastungen zugrunde gelegt?
3. Wird die Einhaltung von Vorschriften der Berufsgenossenschaften oder Unfallkassen im laufenden Betrieb evaluiert?

27.8 Intensität und Rechtzeitigkeit der Beteiligung

Partizipation und Mitbestimmung von betrieblichen Interessenvertretungen und Beschäftigten sind auch im KI-Kontext bedeutsame Erfolgsfaktoren. Das hat auch die Bundesregierung in ihrer Strategie Künstliche Intelligenz im November 2018 zum Ausdruck gebracht: »Betriebliche Mitbestimmung und eine frühzeitige Einbindung der Betriebsräte stärken das Vertrauen und die Akzeptanz der Beschäftigten bei der Einführung und der Anwendung von KI. Dies ist Voraussetzung für eine positive Haltung zu KI allgemein sowie eine erfolgreiche Implementierung von KI-Anwendungen auf betrieblicher Ebene.«[453] Die EU-Verordnung stärkt nun auch einen Rechtsanspruch, den die deutsche Mitbestimmung in ähnlicher Weise bereits aus § 90 Abs. 1 Nr. 3 Betriebsverfassungsgesetz kennt. Die bindende EU-Rechtsvorschrift macht für Hochrisikosysteme die rechtzeitige Information von Interessenvertretung und Beschäftigten über den KI-Einsatz zur verbindlichen Aufgabe der Arbeitgeber: »Vor der Inbetriebnahme oder Verwendung eines Hochrisiko-KI-Systems am Arbeitsplatz informieren Betreiber, die Arbeitgeber sind, die Arbeitnehmervertreter und die betroffenen Arbeitnehmer darüber, dass sie der Verwendung des Hochrisiko-KI-Systems unterliegen werden«. Kommen sie dieser Verplichtung nicht nach, können Geldbußen von bis zu 15 000 000 EUR oder – im Falle von Unternehmen – von bis zu 3 % des gesamten weltweiten Jahresumsatzes des vorangegangenen Geschäftsjahres verhängt werden, je nachdem, welcher Betrag höher ist. Viele überzeugende Argumente sprechen dafür, die Beschäftigten frühzeitig und intensiv an der Einführung von Systemen Künstlicher Intelligenz zu beteiligen. Es braucht Vertrauen und das kann nicht entstehen, wenn Beschäftigte ungefragt und einflusslos zuschauen sollen, wie sich lernende Maschinen in ihrem Arbeitsumfeld verbreiten.

453 Bundesregierung, (November 2018): Strategie Künstliche Intelligenz, S. 28.

Je nach Anwendung können viele Persönlichkeitsrechte der Beschäftigten berührt sein. Die laufende Weiterentwicklung lernender Maschinen verlangt im gesamten Lebenszyklus nach einer Evaluation, die nicht ohne die Mitwirkung der betroffenen Beschäftigten auskommt. Lernende Maschinen können Menschen analysieren, identifizieren und beeinflussen. Sie können ganze Persönlichkeitsbilder erzeugen, die mit der sinnlichen Wahrnehmung eines Vorgesetzten nicht herzustellen sind. Die Dimensionen ihrer Wirkung können gewaltig oder vernachlässigbar sein. Nicht ohne Grund hat die Europäische Kommission ein spezifisches Regelwerk herausgegeben das nach Risiken differenziert und haben sich in Deutschland Bundesregierung und Parlament Gedanken darüber gemacht, wie KI-Systeme differenziert reguliert werden können.

Auch innerhalb der Betriebe gilt es zu differenzieren und geplante Vorgaben mit den verschiedenen Akteursgruppen zu erörtern, damit stimmig und nachvollziehbar wird, was geregelt wird. Dies ist umso mehr notwendig, als sich eigenverantwortliche Arbeitsformen immer mehr verbreiten und die Möglichkeit, »mitreden zu können«, für das Arbeitgeberimage an Bedeutung gewinnt. Im Betriebsgeschehen nicht nur Befehlsempfänger, sondern Mitgestalterin und Mitgestalter zu sein, das wird für die Beschäftigten immer wichtiger.

Folgenabschätzung, Gefährdungsbeurteilung, Gebrauchstauglichkeitstests, Testbetrieb, Training und Evaluation sollten mit und nicht ohne die Beschäftigten organisiert werden. Ob ihre Vorbereitung auf den Systemeinsatz ausreichend ist, ihre Qualifizierung adäquat und ihre Kenntnisse über die Systembedingungen ausreichend, das können nur die Beschäftigten selbst beurteilen.

1. Liegen Erfahrungen mit der Entwicklung der Mitarbeiterzufriedenheit aus Referenzbetrieben vor?
2. Wurde die Risikobeurteilung vor dem Inverkehrbringen und der Inbetriebnahme des Systems durchgeführt?
3. Wurde die Risiko- und Folgenabschätzung für das KI-System unter Berücksichtigung verschiedener, direkt oder indirekt betroffener Interessenträger durchgeführt?
4. Inwieweit wurden vor Einführung des KI-Systems betroffene Arbeitnehmerinnen und Arbeitnehmer sowie deren Vertreter im Voraus informiert, und in den Prozess der Einführung einbezogen? (Art. 35 Abs. 9 DSGVO und Art. 26 Abs. 7 Europäische KI-Verordnung)
5. Wird die betriebliche Expertise unter Einbeziehung der Beschäftigten genutzt und wird externer Sachverstand einbezogen? (Art. 35 Abs. 9 DSGVO)?
6. Werden die Betroffenen oder Beteiligten des Systems an der Beurteilung der Gebrauchstauglichkeit beteiligt?
7. Wurde gemeinsam mit den Beschäftigten in der Testphase untersucht, ob das KI-System Fehlhandlungen begünstigt oder dazu beiträgt, diese zu vermeiden?
8. Wie beurteilen die Beschäftigten, die am Systemtest teilgenommen haben, die ergonomischen Wirkungen des Systems?
9. Wie beurteilen die Beschäftigten im Testbetrieb die Entwicklung der Arbeitsintensität?

10. Wie sind die Mitsprache- und Mitgestaltungsmöglichkeiten der Beschäftigten und deren gesetzlicher Interessenvertretungen für Experimentier- und Testphasen geregelt?
11. Wurde im Rahmen des Testbetriebs gemessen, ob die Beschäftigten eine erhöhte Erschöpfung oder eine größere emotionale Inanspruchnahme wahrnehmen?
12. Wird im Testbetrieb die Häufigkeit gemessen, in der die Beschäftigten Fehlfunktionen des Systems oder instabile Systemzustände wahrnehmen?
13. Wurde im Rahmen des Testbetriebs untersucht, ob die Beschäftigten, die das System bedienen, dieses als zuverlässig oder als unzuverlässig wahrnehmen?
14. Wurde im Rahmen des Testbetriebs untersucht, ob die Beschäftigten den Systemeinsatz als Störung oder Unterstützung ihrer Arbeitstätigkeit verstehen?
15. Haben die Beschäftigten während des Testbetriebs das Gefühl geäußert, dass sie aufgrund des Systemeinsatzes mehr oder schneller arbeiten müssen?
16. Wurde im Rahmen des Testbetriebs untersucht, ob für die Systemnutzer*innen eine höhere Menge an Informationen bereitgestellt wird, die für die Beschäftigten zu einer Informationsüberflutung oder zumindest zu einer stärkeren Inanspruchnahme durch die Informationsbearbeitung führen?
17. Hat die Veränderung der Kompetenzanforderungen Verunsicherung bei den Beschäftigten ausgelöst?
18. Wurde im Rahmen der Gefährdungsanalyse überprüft, ob sich die Belastungsanforderungen derart verändert haben, dass die psychischen Belastungen von den Beschäftigten als zu hoch empfunden werden?
19. Nehmen die Beschäftigten, die mit dem KI-System arbeiten, ein verändertes Gefühl der Überwachung oder Bewertung ihrer Arbeitsleistung wahr?
20. Gehen mit dem Systemeinsatz Veränderungen von Verantwortlichkeiten einher, die Beschäftigte als Belastung empfinden?
21. Fühlen sich die Beschäftigten ausreichend qualifiziert, um das KI-System zu nutzen?
22. Wie bewerten die Beschäftigten vor und nach dem Testbetrieb ihre eigene Arbeitszufriedenheit?
23. Erfahren die Beschäftigten größere Arbeitsplatzunsicherheit, die durch den Systemeinsatz ausgelöst wird?
24. Wurden die Beschäftigten über Ziel, Art, Umfang und eigene Beteiligung am Verfahren der Gefährdungsbeurteilung informiert?
25. Wurde die Schwerbehindertenvertretung in die Gefährdungsbeurteilung einbezogen?
26. Wie wird ein transparentes Feedbacksystem unter Einbeziehung der betroffenen Beschäftigten organisiert (Usability, Ziel-Nutzen, Belastungen, Handlungsträgerschaft etc.)?
27. Welche Interventions- und Anpassungsmöglichkeiten für die KI-Nutzung gibt es für Beschäftigte und deren gesetzliche Interessenvertretungen (Beschwerdestelle o. ä., Regeln)?
28. Wie werden Revisions- und Evaluationsergebnisse dokumentiert und welche Stellen erhalten die Ergebnisse?

28 Schutz der Persönlichkeitsrechte

»Bis auf weiteres müssen wir uns nicht vor künstlicher Intelligenz fürchten, sondern vor Menschen, die sie missbrauchen«.

Thomas Ramge

»Das älteste Privacy-Gesetz, dass es in der westlichen Welt gibt, wurde vom englischen König im Jahr 1604 erlassen. Bis dahin war es der Obrigkeit erlaubt, ohne Rücksprache in private Wohnräume einzudringen. Dieses Recht wurde missbraucht und für die einfachen englischen Leute war es daher ein großer Fortschritt zu wissen, dass ihr privates Haus zukünftig ihr privates Königreich sein würde. Daher kommt auch der englische Spruch ›my home is my castle‹.«[454]
Der Schutz der Privatsphäre hat Geschichte und Relevanz. Mit dem Volkszählungsurteil wurde in Deutschland ein Prinzip zum Schutz der Persönlichkeitsrechte aus dem Grundgesetz abgeleitet, wonach jede und jeder grundsätzlich selbst entscheiden darf, wer welche Informationen über sie oder ihn erhält. »Informationelle Selbstbestimmung« ist der Begriff dafür. Auch hierzu gibt es gesetzlich zugelassene Ausnahmen, aber der Schutz der Privatsphäre ist das grundlegende Prinzip, das unser Datenschutzrecht begründet. Mit der Europäischen Datenschutzgrundverordnung wurde ein europäischer Rahmen für den Schutz der Persönlichkeitsrechte geschaffen.

Wesentliche, für KI-Systeme bedeutsame Rechtsgrundlagen, zum Schutz der personenbezogenen Daten sind in der Übersicht in Kapitel 15 dargestellt. Die nachfolgenden Fragenkataloge stellen auf den Schutz personenbezogener Daten und nicht auf alle anderen Grundrechte und Grundfreiheiten natürlicher Personen ab, wie dies Art. 1 Abs. 2 DSGVO fordert. Fragen, die sich mit unwürdigen Arbeitsbedingungen, körperlicher und geistiger Unversehrtheit, Schutz vor erniedrigender Behandlung und dem Recht auf freie Meinungsäußerung sowie Vereinigungsfreiheit befassen, wurden anderen Vertrauensfaktoren zugeordnet, ebenso wie Diskriminierungsfreiheit, Ergonomie und Selbstbestimmung. Es geht bei den folgenden Fragen um den klassischen Datenschutz, für den die Rechtsgrundlagen in Kapitel 15 vertieft wurden. Dort findet sich auch die Beschreibung des Projektes BeDaX. Dieses Projekt bietet eine sehr nützliche Analysemöglichkeit für die Güte des Arbeitnehmerdatenschutzes im Betrieb.

Fragen nach dem Schutz der Persönlichkeitsrechte finden sich aber nicht nur in diesem Kapitel, sie sind auch anderen Vertrauensfaktoren in diesem Prüffragenkatalog zugeordnet. Beispielsweise wird die Rechtsgrundlage der Daten-

454 Sarah Spiekermann (2019): Digitale Ethik: Ein Wertesystem für das 21. Jahrhundert, Droemer-Verlag, S. 179.

erhebung beim Faktor »Rechtskonformität« überprüft. Dort geht es auch um die Verantwortlichkeiten, nach der das Datenschutzrecht bei der Datenerhebung, -verarbeitung und -nutzung verlangt. Die Betroffenenrechte werden unter dem Faktor »Ethik« zum Qualitätsindikator »Interventionsmöglichkeiten« hinterfragt. Die unter »Ethik« adressierten Fragen, die auf das Primat menschlicher Entscheidung abheben, korrespondieren mit Art. 22 DSGVO, die Personen den rechtlichen Anspruch einräumt, einer maschinellen Entscheidung nicht ausgeliefert zu sein.
In Kapitel 21 finden sich darüber hinaus Prüflisten, nach denen der oder die Datenschutzbeauftragte in der Einführungsphase den erforderlichen Schutz der Persönlichkeitsrechte auf den Prüfstand stellen kann. In Kapitel 21.4 sind exemplarisch Themen für die Folgenabschätzung von KI-Systemen gelistet. Auch sie korrespondieren stark mit dem Schutz personenbezogener Daten.

28.1 Schutz personenbezogener Daten

Smartphones erzählen Geschichten über ihre Benutzer. Tala ist die in Kenia am fünftmeisten genutzte App. Sie hilft dabei, Mikrokredite zu vermitteln und Menschen vor Kredithaien zu schützen, und sie schafft die Möglichkeit, finanzielle Transaktionsbeziehungen zwischen Menschen herzustellen, ohne ein dazwischengeschaltetes Bankinstitut. Aber wodurch entsteht dabei Vertrauen zwischen Fremden? »Tala kann in weniger als 1 Minute mehr als 10 000 Datenpunkte aus einem Handy herausziehen, um die Fähigkeit und Bereitschaft einer Person zu beurteilen, Darlehen zurückzuzahlen.«[455] U.a. das Ausgabeverhalten und die Größe des Kontaktnetzwerks einer Person liefern Vertrauenssignale. »Wenn unsere Telefonate länger als 4 Minuten dauern, dann haben wir tendenziell stärkere Beziehungen und dürften daher kreditwürdiger sein. Auch sind Menschen, die mit mehr als 58 verschiedenen Kontakten kommunizieren, tendenziell bessere Kreditnehmer, weil sie auf ein größeres Netzwerk zurückgreifen können. Sogar die Art, wie wir unsere Kontakte organisieren, ist aufschlussreich. Wenn mehr als 20 % der Einträge in der Kontaktliste einer Person aus Vor- und Nachnamen bestehen, deutet das darauf hin, dass ein Kunde 16-mal so zuverlässig ist wie einer mit nur wenigen Kontakten.«[456]
Die Anwendungen, die wir im Betrieb nutzen, können Geschichten über Beschäftige erzählen. So wie Tala das Smartphone auswerten kann, könnte eine KI, die Daten aus dienstlichen Handys, betrieblich genutzten sozialen Netzwerken, Fahrdaten von Dienstfahrzeugen mit den Gewohnheiten verknüpft, die aus dem Surfverhalten auf dienstlichen PCs und den versandten E-Mails hervorgehen. Die Aussagekraft der miteinander verknüpften Daten wäre enorm, der Über-

455 Rachel Botsman (2018): Wem kannst du trauen? Die Antwort auf die vielleicht wichtigste Frage unserer Zeit, Plassen-Verlag, S. 348.

456 Ebenda.

wachungsdruck uferlos und nicht hinnehmbar. Um die Autonomie und die Selbstentfaltung von Beschäftigten wäre es geschehen.

KI-Systeme können Daten in gewaltigen Dimensionen mit unglaublicher Geschwindigkeit auswerten, dazulernen und so autonom interagieren, wie wir sie lassen. Werden sie in die Betriebe eingeführt, macht es Sinn, nach dem Schutz der personenbezogenen Daten zu fragen. Die Rechte von Personen müssen geschützt werden, nicht die Autonomie von Maschinen.

1. Werden personenbezogene oder -beziehbare Daten vom System verarbeitet?
2. Auf welche Rechtsgrundlage stützt sich die Verarbeitung personenbezogener Daten?
   - Einwilligung der Betroffenen
   - Gesetzliche Verpflichtung
   - Erfüllung eines Vertragsanspruches
   - Berechtigtes Interesse des Verantwortlichen
   - Zwecke der Begründung oder Durchführung des Beschäftigungsverhältnisses
   - Durchführung einer Vereinbarung mit dem Betriebsrat
3. In welcher Hinsicht wurde das System datenschutzfreundlich voreingestellt? (Art. 25 DSGVO)
4. Werden die KI-Komponenten im Geltungsbereich der DSGVO betrieben und verbleiben die erzeugten Daten in diesem Bereich?
5. Wie wurde das Prinzip der Datenminimierung mit dem Umfang der genutzten Daten in Übereinklang gebracht?
6. Wurden Maßnahmen zum Schutz der Privatsphäre ergriffen, z. B. durch Verschlüsselung, Anonymisierung und Pseudonymisierung?
7. Werden im Rahmen der Folgenabschätzung die Notwendigkeit und die Verhältnismäßigkeit der Datenverarbeitungsvorgänge in Bezug auf ihren Zweck beurteilt?
8. Werden Daten verarbeitet, die nach Art 9 DSGVO als besonders schützenswert gelten?
9. Haben Drittunternehmen, die das System betreiben, oder externe Auftragnehmer der Firma Zugang zu den Daten, die im System verwandt werden?
10. An wen werden die Auswertungen und Schlussfolgerungen des KI-Systems übermittelt? Haben Dritte die Berechtigung, Daten abzurufen?
11. Mit welchen Trainingsdaten wird das System getestet bis das erwartete Ergebnis erzeugt wird?
12. Was passiert mit den Daten, die in das Test-System eingegeben wurden, nach dem Test?
13. Wie wird das KI-System im Verzeichnis von Verarbeitungstätigkeiten nach Art. 30 DSGVO geführt? (Verantwortlichkeiten, Kategorien, Zwecke, Empfänger, Übermittlungen, Löschfristen, technisch-organisatorische Sicherungsmaßnahmen, etc.)
14. Wird eine Löschfristenvorgabe hinsichtlich der unterschiedlichen Kategorien personenbezogener Daten realisiert? (Art. 30 Abs. 1c, f DSGVO)

15. Ist der Weiterverarbeitungszweck personenbezogener Daten durch das KI-System mit dem ursprünglichen Erhebungszweck der Daten vereinbar? (Art. 6 Abs. 4 DSGVO)
16. Sind Auftragsverarbeiter in die Verarbeitung involviert und sind die Rechtsverhältnisse zwischen ihnen geregelt? (Art. 28 DSGVO)
17. Wurde vor dem Betrieb eines risikoreichen KI-Systems die Aufsichtsbehörde konsultiert?
18. Wie ist die Einhaltung der Grundsätze des Art. 5 DSGVO nachweisbar? (Rechtmäßigkeit, Treu und Glauben, Transparenz, Zweckbindung, Datenminimierung, Richtigkeit, Speicherbegrenzung, Integrität, Vertraulichkeit, Rechenschaftspflicht)
19. Wurden die Gewährleistungsziele des Standard-Datenschutzmodells SDM der Konzipierung des Systems zugrunde gelegt, um das Risiko des Eintretens von Abweichungen von einer rechtskonformen Verarbeitung hinreichend zu mindern?
20. Ist transparent geregelt, auf welche Weise Beschäftigtendaten genutzt werden sollen und wer wann und wie Zugang zu diesen Daten wie auch zu den datenbasierten Analysemöglichkeiten/-ergebnissen hat?
21. Werden durch das KI-System Daten genutzt, die Rückschlüsse auf die ethnische Herkunft, das Geschlecht, die Religion oder Weltanschauung, eine Behinderung, das Alter, die sexuelle Identität oder die Mitgliedschaft in einer Tarifvertragspartei zulassen?
22. Welche Logdateien werden für Zwecke des Datenschutzes, der Datensicherheit und des ordnungsgemäßen Betriebes des KI-Systems betrieben

28.2 Autonomie

Das BetrVG macht es mit § 75 Abs. 2 zur Aufgabe der Betriebsräte, »die freie Entfaltung der Persönlichkeit der im Betrieb beschäftigten Arbeitnehmer zu schützen und zu fördern.« Die DSGVO will das Selbstbestimmungsrecht der Beschäftigten über ihre personenbezogenen Daten verwirklichen. Die Europäische KI-Verordnung warnt: »KI-gestützte manipulative Techniken können dazu verwendet werden, Personen zu unerwünschten Verhaltensweisen zu bewegen oder sie zu täuschen, indem sie in einer Weise zu Entscheidungen angeregt werden, die ihre Autonomie, Entscheidungsfindung und freie Auswahl untergräbt und beeinträchtigt.«[457] Nach den Leitlinien der hochrangigen Expertengruppe bedeutet »menschliches Handeln und menschliche Aufsicht«, dass ein KI-System entwickelt und als Instrument verwendet wird, das den Menschen dient, die Menschenwürde und die persönliche Autonomie achtet und so funktioniert, dass es von Menschen angemessen kontrolliert und überwacht werden kann.[458]

457 EU KI-VO Erwägungsgrund 29.
458 EU KI-VO Erwägungsgrund 27.

Die Rechtsgrundlagen verlangen beim Profiling nach einer Folgenabschätzung und sie schaffen Widerspruchsrechte gegen automatisierte Entscheidungen. Bedeutsam ist die Antwort auf die Frage, inwieweit automatisierte Entscheidungen in die Autonomie der Menschen eingreifen und ob die Betroffenen dies billigen oder gar als nützliche Hilfe begreifen. Die automatisierte Rechtschreibkorrektur mag als hilfreich empfunden werden. Aber würden wir es auch als nützlich begreifen, wenn ein KI-System die aus verschiedenen Datenquellen verfügbaren Daten über eine Person zusammenführt, um deren Zuverlässigkeit zu beurteilen? Maschinelle Überwachung bringt Anpassungsdruck hervor, umso mehr als sie unbestimmte Eigenarten zu schematisieren versucht. Das wiederum wird die Grundrechte gefährden, insbesondere das Recht auf freie Entfaltung der Persönlichkeit.

Es ist notwendig, mit der Einführung von KI-Systemen zu hinterfragen, inwieweit diese die Autonomie von Beschäftigten beeinträchtigen. In der Verknüpfung von Daten lauert ein besonderes Risiko.

1. Verstärkt oder vermindert das System die Autonomie der Beschäftigten bei der Aufgabenerledigung?
2. Wie schätzen die Beschäftigten die Bandbreite ihrer Entscheidungskompetenzen vor und nach der Beteiligung am Systemtest ein?
3. Inwieweit soll oder kann die Schlussfolgerung des Systems die Entscheidungsfindung der Benutzer beeinflussen oder ersetzen?
4. Welchen Grad an autonomen Schlussfolgerungen und Entscheidungen darf das KI-System treffen?
5. Welche bindende Wirkung haben Entscheidungsvorschläge der KI für Beschäftigte?
6. Inwieweit haben die Nutzer der Schlussfolgerungen des Systems die Befugnis, weitere Entscheidungsparameter einzubeziehen als jene, die dem KI-System zugänglich sind?
7. Disponiert das System die zeitliche Abfolge der Auftragserledigung durch Arbeitnehmer*innen, gibt es Inhalte oder Verhaltensnormen vor?
8. Werden durch das KI-System schwer fassbare soziale Phänomene quantifiziert, z. B. die Zuverlässigkeit von Beschäftigten?
9. Wertet das KI-System Daten aus, die der oder die Beschäftigte nicht willentlich erzeugt?
10. Wird das System für ausbeuterische oder soziale Kontrollpraktiken eingesetzt? (Erwägungsgrund 15 EU VO-Entwurf)
11. Kann der Einsatz des Systems bei den Betroffenen oder Nutzer*innen ein Gefühl der ständigen Überwachung hervorrufen?
12. Können mit dem Systemeinsatz die Versammlungsfreiheit oder andere Grundrechte berührt werden?

28.3 Privatsphäre im Denken und Fühlen

KI-Systeme sind in der Lage, aus dem Denken und Fühlen natürlicher Personen Daten abzuleiten. Verantwortungslos eingesetzt, kann KI »uns nicht altmodisch die Gedanken von den Lippen ablesen, sie wird auch mit neuesten Methoden des Datamining unser Denken durchschauen und, wenn das geboten erscheint, manipulieren.«[459] »Die Unterscheidung von Emotionen auf Grundlage von Gesichtsausdrücken eignet sich vorzüglich für die algorithmische Emotionserkennung.«[460]
KI kann auch das gesprochene Wort auswerten. »So weist Ärger ein Muster mit gesteigerter Lautstärke und Tonhöhe auf, während bei Furcht die Tonhöhe und Sprechgeschwindigkeit höher sind. Auch die Anzahl der Pausen sowie die Häufigkeit von Überschneidungen, die entstehen, wenn eine Person einer anderen ins Wort fällt [...] sind aussagekräftig. Mithilfe der Mikromimik (kurze, schnelle Gesichtsbewegungen, die nur Sekundenbruchteile andauern) lässt sich erkennen, welche Emotionen jemand tatsächlich hat, auch wenn die Person dies verbergen möchte.« Wird sie ausgewertet, »erlaubt sie den Nutzern, die wahren Emotionen einer Person zu erkennen, ohne auf deren Selbstinterpretation angewiesen zu sein.«[461] »Eine führende technische Analystin der Firma Gartner prophezeit sogar, dass um das Jahr 2022 unsere technischen Geräte mehr über unser Gefühlsleben wissen, als unsere eigene Familie«.[462] Dabei will gerade die Grundrechtecharta der Europäischen Union die Gedanken- und Gewissensfreiheit der Personen schützen und Art. 9 der DSGVO gibt biometrischen Daten, politischen Meinungen und weltanschaulichen Überzeugungen besonderen Schutz. Artikel 3 der Europäischen KI-Verordnung verbietet am Arbeitsplatz oder in Bildungseinrichtungen Emotionserkennung durchführen, die über medizinische Zwecke oder Sicherheitsanwendungen hinausgehen.
Es ist deshalb sinnvoll, im Zuge des Einführungsprozesses von KI-Systemen danach zu fragen, inwieweit die Privatsphäre im Denken und Fühlen gewahrt bleibt:

1. Wird das KI-System zur psychologischen Auswertung menschlichen Verhaltens genutzt?
2. Werden vom KI-System personenbezogene Daten verwendet, die von den Betroffenen willentlich nicht erzeugt werden (zum Beispiel Mimik, Gestik, Gewohnheiten, etc.)?
3. Werden Daten verarbeitet, die nach Art. 9 DSGVO als besonders schützenswert gelten?
4. Gibt das System den Beschäftigten Handlungsempfehlungen zum Umgang mit deren eigenen Gefühlen?

---

459 Robert Simanowski (2020): Todesalgorithmus – Das Dilemma der künstlichen Intelligenz, Passagen-Verlag, S. 85.
460 Catrin Misseldorf, (2021): Künstliche Intelligenz und Empathie, Reclam–Verlag, S. 19.
461 Ebenda: S. 19, 21 und 25.
462 Ebenda: S. 37.

5. Kann durch das KI-System das menschliche Verhalten beeinflusst werden?
6. Setzt das KI-System Mechanismen ein, um außerhalb des Bewusstseins einer Person das Verhalten in einer schädlichen Weise zu beeinflussen, oder ist es geeignet, Personen körperlichen oder psychischen Schaden zuzufügen?
7. Wie nehmen die Betroffenen, deren Daten im System verarbeitet werden, den Systemeinfluss auf ihre Privatsphäre wahr?
8. Wird eine Emotionserkennung durchgeführt, die unzulässig ist?
9. Wird eine KI eingesetzt, um einer Person Charaktereigenschaften zuzuschreiben?

28.4 Reglementierung der Überwachungspotenziale

Die Reglementierung der Möglichkeiten, die Beschäftigten maschinell zu überwachen, ist seit jeher eine Aufgabe, die Mitbestimmungsorgane ernst nehmen. Dafür gibt das Betriebsverfassungsgesetz seit 50 Jahren Einflussmöglichkeiten, es gibt aber mindestes zwei weitere bedeutsame rechtliche Handlungsgrundlagen. Die Bewertung der Leistung und des Verhaltens von Beschäftigten zählt die Europäische KI-Verordnung zum Hochrisikobereich.[463] Zum Profiling zählt die Europäische Datenschutzgrundverordnung die Erhebung personenbezogener Daten, die die Arbeitsleistung, die Gesundheit, die persönlichen Vorlieben, die Interessen, die Zuverlässigkeit, das Verhalten und den Aufenthaltsort von Beschäftigten verarbeiten. Automatisierte Entscheidungen – auch Profiling – sind im Art. 22 DSGVO stark reglementiert, im Grundsatz verboten. Es braucht für Ausnahmen die Einwilligung der Betroffenen, ein nationales Gesetz, das dies erlaubt, und zudem die explizite Zustimmung eines Betriebsrats. Selbst wenn automatisierte Entscheidungen für Vertragszwecke erforderlich wären, sind besondere Schutzmaßnahmen erforderlich.
Die Optionen, Beschäftigte zu überwachen, erweitern sich mit der Verbreitung digitaler Anwendungen. Leistung und Verhalten zu kontrollieren ist in einer völlig neuen Dimension möglich, wenn KI-Systeme unreglementiert auf die Beschäftigten losgelassen werden. Fragen zu stellen hat rechtliche und praktische Dimensionen:

1. Sind Beschäftigte von den Schlussfolgerungen oder Entscheidungen des KI-Systems betroffen?
2. Kann der Einsatz des Systems bei den Betroffenen oder Nutzer*innen ein Gefühl der ständigen Überwachung hervorrufen?
3. Sind Leistungs- und Verhaltensanalysen mit dem KI-Einsatz möglich oder geplant? (§ 87 Abs. 1 Nr. 6 BetrVG)
4. Nehmen die Beschäftigten, die mit dem KI-System arbeiten, ein verändertes Gefühl der Überwachung oder Bewertung ihrer Arbeitsleistung wahr?
5. Wie wird die Nutzung des KI-Systems technisch protokolliert?

463 EU KI-VO Anlage III.

6. Wie ist der Einsatz von Schlussfolgerungen durch KI bei arbeitsrechtlichen Maßnahmen geregelt?
7. Wäre der Einsatz eines entsprechenden Systems durch eine Rechtsgrundlage legitimiert?

28.5 Einschränkung von Profiling und automatisierten Entscheidungen

Wie eben beschrieben, verbietet Art. 22 DSGVO grundsätzlich Profiling und automatisierte Entscheidungen über Personen und lässt nur Ausnahmen zu. Das gilt auch im Berufsleben. Daraus erwächst der Bedarf, den Möglichkeiten und Grenzen entsprechend nutzbarer Daten und den geplanten Auswerteoptionen besondere Aufmerksamkeit zu widmen:

1. Werden Beschäftigte einer automatisierten Entscheidung des KI-Systems unterworfen? (Art. 22 DSGVO)
2. Werden personenbezogene Daten verwendet, um bestimmte persönliche Aspekte der Beschäftigten zu bewerten, zu analysieren oder vorherzusagen, insbesondere Aspekte bezüglich Arbeitsleistung, wirtschaftlicher Lage, Gesundheit, persönlicher Vorlieben, Interessen, Zuverlässigkeit, Verhalten, Aufenthaltsort oder Ortswechsel? (Profiling entsprechend Art. 4 Nr. 4 DSGVO)
3. Werden durch das KI-System Daten genutzt, die Rückschlüsse auf die ethnische Herkunft, das Geschlecht, die Religion oder Weltanschauung, eine Behinderung, das Alter, die sexuelle Identität oder die Mitgliedschaft in einer Tarifvertragspartei zulassen?
4. Werden durch das KI-System Auswahlkriterien interpretiert oder mit Profilvorgaben abgeglichen?
5. Wertet das KI-System Daten aus, die der oder die Beschäftigte nicht willentlich erzeugt?
6. Werden KI-Systeme in Bewerbungsverfahren eingesetzt?
7. Beurteilen KI-Systeme potenzielle Bewerber*innen über Online-Recherchen im Netz?
8. Wer kann automatische Entscheidungen nach welchen Maßstäben korrigieren?
9. Werden die Betroffenen darüber informiert, dass sie einer automatisierten Entscheidung oder einem Profiling ausgesetzt werden?
10. Wurden die Betroffenen auf ihre Widerspruchsrechte nach Art. 21 DSGVO hingewiesen?

28.6 Beschränkung von personalwirksamen Schlussfolgerungen

Es braucht nicht unbedingt komplette Persönlichkeitsbilder, einen Rückgriff auf Daten nach der Definition von Profiling in Art. 4 Nr. 4 DSGVO oder Daten nach Art. 9 DSGVO, um Entscheidungen oder Schlussfolgerungen zu treffen, die personelle Wirkungen haben. Werden aus Maschinendaten zwingende Wartungsaufgaben abgeleitet, beeinflusst dies z. B. Dienstpläne. Schon die maschinell gelenkte Aufgabendisposition oder ein KI-System, das berufliche Aufgaben von Beschäftigten in der Sachbearbeitung übernimmt, ruft Wirkungen für Beschäftigte hervor.

Nicht ohne Grund kennen wir z. B. in der Verwaltung und in der Rechtsprechung Ermessens- und Beurteilungsspielräume, um den situativen Bedingungen und den persönlichen Umständen einer Person Rechnung zu tragen. Für den Einsatz eines KI-Systems ist es entscheidend, in welchem Umfang die Anwendungen Assistenz- oder Entscheidungsfunktionen wahrnehmen. Hier einige Prüffragen dazu:

1. Wird das System mit Assistenz- oder Entscheidungsfunktion eingesetzt?
2. Können die Schlussfolgerungen des KI-Systems rechtliche Wirkung gegenüber natürlichen Personen entfalten oder auf ähnliche Weise wirken?
3. Werden durch das System personelle Entscheidungen getroffen, die gerichtlich überprüfbar sein müssen?
4. Wie wird sichergestellt, dass Personalentscheidungen, die eine rechtliche Folge nach sich ziehen oder den einzelnen erheblich beeinträchtigen, sich nicht allein auf die Auswertungen und Ausgaben des KI-Systems stützen?
5. Werden Betroffene oder Entscheidungsträger davon in Kenntnis gesetzt, wenn im KI-System Schwellenwerte für Entscheidungen nur knapp erreicht werden?
6. Wird das KI-System für Entscheidungen eingesetzt, in denen bisher der Mensch einen Beurteilungs- oder Ermessensspielraum hatte?
7. Kommt das KI-System in verwaltungsrechtlichen Verfahren zum Einsatz?
8. Soll das KI-System Schlussfolgerungen in Sachverhalten treffen, die nach Rechtsvorgaben oder internen Regularien der Firma einer Begründung bedürfen?
9. Über welche Prozesse haben Betroffene Interventionsmöglichkeiten gegenüber Schlussfolgerungen und Entscheidungen des Systems?
10. Haben auch mittelbar betroffene Beschäftigte (z. B. bei der Arbeitssteuerung) Interventionsrechte?
11. Sind maschinelle Entscheidungen, die Beschäftigte betreffen Rückholbar?

28.7 Wahrnehmung der Betroffenenrechte

Die Europäische Datenschutzgrundverordnung gibt den von einer Datenverarbeitung Betroffenen Rechte in erheblichem Umfang. Gerade weil KI-Systeme im Betrieb in ihren Funktionsmechanismen oft nicht von sich aus nachvollziehbar oder transparent sind, kommt jenen Rechten der Betroffenen eine besondere Rolle zu, die darauf zielen, mehr über die Anwendungen in Erfahrung zu bringen oder ihren Schlussfolgerungen zu widersprechen. Die Europäische KI-Verordnung macht für Hochrisikosysteme die rechtzeitige Information von Interessenvertretung und Beschäftigten über den KI-Einsatz zur verbindlichen Aufgabe der Arbeitgeber.[464] Die Anlage IV der Verordnung stellt Anforderungen an die technische Dokumentation derartiger Systeme. Diese kann für die Information der Betroffenen genutzt werden:

»Detaillierte Informationen über die Überwachung, Funktionsweise und Kontrolle des KI-Systems, insbesondere in Bezug auf Folgendes: die Fähigkeiten und Leistungsgrenzen des Systems, einschließlich der Genauigkeitsgrade bei bestimmten Personen oder Personengruppen, auf die es bestimmungsgemäß angewandt werden soll, sowie des in Bezug auf seine Zweckbestimmung insgesamt erwarteten Maßes an Genauigkeit; angesichts der Zweckbestimmung des KI-Systems vorhersehbare unbeabsichtigte Ergebnisse und Quellen von Risiken in Bezug auf Gesundheit und Sicherheit sowie Grundrechte und Diskriminierung; die nach Artikel 14 erforderlichen Maßnahmen der menschlichen Aufsicht, einschließlich der technischen Maßnahmen, die getroffen wurden, um den Betreibern die Interpretation der Ausgaben von KI-Systemen zu erleichtern; […]«

Derartige Informationen können bei der Wahrnehmung der Betroffenenrechte helfen. Ob beim KI-Einsatz Betroffenenrechte wahrgenommen werden können, ist bedeutsam. Gesetzliche Vorschriften verkümmern, wenn sie nicht wahrgenommen werden. Wichtig dafür sind betriebliche Möglichkeiten, auf Fehlanwendungen oder missbräuchliche Nutzungen von KI-Systemen aufmerksam zu machen:

1. Wurden die Beschäftigten und deren Interessenvertretungen ausreichend und rechtzeitig über die Einführung des KI-Systems informiert?
2. Welche personenbezogenen Daten werden verwendet?
3. Wer ist als Adressat für die Wahrnehmung der Betroffenenrechte verantwortlich? (Transparenz, Berichtigungsrecht, Recht auf Einschränkung der Verarbeitung, Widerspruchsrecht Art. 12 bis 21 DSGVO)
4. Wie werden die Betroffenenrechte auf Auskunft bzgl. Verarbeitungszweck, Kategorien der Daten, Empfänger, Speicherdauer, Löschkonzept, Umfang etc. gewahrt? (Art. 4, 5, 9, 15, 22, 35 DSGVO)
5. Werden den Betroffenen und den Nutzer*innen die rechtlichen Rahmenbedingungen und innerbetrieblichen Vorgaben für den Systemeinsatz ver-

---

464 EU KI-VO Art. 26 Abs. 7.

mittelt und werden sie über Widerspruchsmöglichkeiten zu Systementscheidungen informiert?

6. Wissen die Beschäftigten um Widerspruchsrechte gegenüber Systementscheidungen und kennen sie Adressaten, die sie anrufen können, um auf eine nicht regelgerechte Nutzung des Systems aufmerksam zu machen?
7. Wer bearbeitet Einsprüche von Beschäftigten gegen maschinelle Schlussfolgerungen, nach welchen Prinzipien?
8. Haben Betroffene, von denen personenbezogene Daten vom System genutzt werden, die Möglichkeit, den Wahrheitsgehalt und die Aussagekraft ihrer Daten zu beurteilen?
9. Wer gibt Betroffenen Auskunft zum Zustandekommen von Entscheidungen und Schlussfolgerungen des Systems?
10. Haben die Beschäftigten gegenüber personellen Entscheidungen, die durch das System getroffen werden, Möglichkeiten des Widerspruchs und die Möglichkeit, Rechtsmittel einzulegen?
11. Wird der Vollzug von Systementscheidungen ausgesetzt, bis Widersprüche bearbeitet wurden?
12. Wurde den Arbeitnehmer*innen ihr Recht vermittelt, unbillige Weisungen des KI-Systems zu ignorieren?
13. Welche Maßnahmen wurden ergriffen, um die Intervenierbarkeit in die Datenverarbeitungsprozesse sicherzustellen?
14. Ist bei Entscheidungen mit personeller Wirkung gewährleistet, dass fehlerhafte oder unangemessene Entscheidungen rückgängig gemacht werden können?
15. Welche Interventions- und Anpassungsmöglichkeiten für die KI-Nutzung gibt es für Beschäftigte und deren gesetzliche Interessenvertretungen (Beschwerdestelle o. ä., Regeln)?
16. Existiert ein Hinweisgeber-Verfahren, in dessen Rahmen auf eine nicht regelgerechte Nutzung des KI-Systems aufmerksam gemacht werden kann?
17. Ist bei Beschwerden der Betroffenen oder Whistleblower-Eingaben die Beteiligung des Datenschutzbeauftragten sichergestellt, ggf. auf welche Weise?
18. Wie wird die Information der Betroffenen vorgenommen, wenn die Daten nicht bei den Betroffenen erhoben worden sind?

29 Ergonomie

»Die Gesundheit schätzt man erst, wenn man sie verloren hat.«

Deutsches Sprichwort

Algorithmische Systeme, die auf Künstlicher Intelligenz basieren, bleiben IT-Systeme. Für sie gelten die gesetzlichen Vorgaben, Normen und Prinzipien, mit der wir seit Jahrzehnten IT-Systeme reglementieren. Einige Besonderheiten von lernenden Maschinen veranlassen uns aber dabei, manchen Aspekten besondere Aufmerksamkeit zu widmen:

- Embedded-KI wirkt mit beweglichen und mechanischen Teilen zusammen. Wenn sie ihre Funktionsweisen durch Lernfortschritt verändern, können neue Risiken für Nutzer und Arbeitsumfeld entstehen.
- Wenn lernende Maschinen die Arbeitsdisposition steuern und sich dabei selbst optimieren, sollte laufend überprüft werden, inwieweit die Optimierung noch zur menschlichen Leistungsfähigkeit passt, denn die ist nicht beliebig steigerungsfähig.
- Arbeitende Menschen sollten sich lernenden Maschinen nicht ausgeliefert fühlen. Menschen dürfen nicht zum Objekt der Maschinen werden. Fremdbestimmung und Unterordnung unter maschinelle Vorgaben können eine Arbeitsbelastung auslösen, die auf die Psyche wirkt. Das gilt es zu verhindern.
- Lernende Maschinen können viel schneller als der Mensch Muster erkennen und Schlussfolgerungen ziehen. Ergeben sich daraus Zwänge für die Arbeitserledigung der Beschäftigten, können psychische Belastungsfaktoren und eine wachsende Arbeitsverdichtung entstehen, die es einzugrenzen gilt.
- Hohe, nicht erfüllbare Qualifikationsanforderungen bei den Beschäftigten, die die Verantwortung für ein System und dessen Schlussfolgerungen tragen oder für dessen Bedienung zuständig werden, können Belastungen und Gesundheitsbeeinträchtigungen hervorrufen. Dem gilt es gegenzusteuern.
- Die Marginalisierung der Vorgesetztenkommunikation bei einer Arbeitssteuerung durch KI-Systeme oder der Abbau der Sozialkontakte zu anderen Beschäftigten kann psychische Erschöpfung auslösen. Wird Arbeit durch den KI-Einsatz monotoner und fehlen Interventionsmöglichkeiten und Dialoge, so wirkt das auf die wahrgenommene Arbeitsbelastung. Derartige Zusammenhänge müssen analysiert und beeinflusst werden.
- Die Angst vor der Entwertung der eigenen Fachlichkeit und die Angst um den Verlust des Arbeitsplatzes kann Arbeitnehmer*innen in erheblichem Umfang psychisch belasten. Löst ein KI-Einsatz entsprechende Ängste aus, ist dem entgegenzuwirken.

In Kapitel 17 werden ausführlich gesetzliche Regelungen und Normen für den Arbeitsschutz vorgestellt, die für KI-Systeme Relevanz haben. Kapitel 21.7 nimmt sich detailliert der dafür erforderlichen Gefährdungsbeurteilung an. Rekapitulierend soll den folgenden Prüffragen lediglich vorausgestellt werden, dass es nach dem Arbeitsschutzgesetz die gesetzliche Grundpflicht des Arbeitgebers ist, eine Verbesserung von Sicherheit und Gesundheitsschutz der Beschäftigten anzustreben und dabei Technik, Arbeitsorganisation und sonstige Arbeitsbedingungen, auch die sozialen Beziehungen, sachgerecht zu verknüpfen. Für die Gefährdungsbeurteilung spielen Arbeitsstätten, Arbeitsmittel, Arbeitsabläufe, Qualifikationen, Arbeitszeit und psychische Belastungen eine Rolle. Nach der Betriebssicherheitsverordnung sind auch Risiken einzudämmen, die aus Betriebsstörungen entstehen können.

Zu den Hochrisikosystemen der Europäischen KI-Verordnung zählen Anwendungen, die »ein Risiko der Schädigung in Bezug auf die Gesundheit und Sicherheit oder nachteilige Auswirkungen auf die Grundrechte haben [...].«[465] Das Risikomanagementsystem soll die einschlägigen Risiken von KI-Systemen für Gesundheit, Sicherheit und Grundrechte ermitteln und mindern und sollte regelmäßig überprüft und aktualisiert werden, um seine dauerhafte Wirksamkeit [...] zu gewährleisten.[466]

Nach § 89 BetrVG hat sich der Betriebsrat dafür einzusetzen, dass die Vorschriften über den Arbeitsschutz und die Unfallverhütung im Betrieb durchgeführt werden. Nach § 91 BetrVG kann die Einigungsstelle angerufen werden, wenn keine Verständigung darüber herbeigeführt werden kann, ob eine Änderung der Arbeitsplätze, des Arbeitsablaufs oder der Arbeitsumgebung den gesicherten arbeitswissenschaftlichen Erkenntnissen über die menschengerechte Gestaltung der Arbeit offensichtlich widerspricht. § 90 BetrVG führt aus, dass Arbeitgeber und Betriebsrat bei der Arbeitsgestaltung auch die gesicherten arbeitswissenschaftlichen Erkenntnisse über die menschengerechte Gestaltung der Arbeit berücksichtigen sollen. »Die Einfügung des Wortes ›auch‹ in den Gesetzestext verlangt danach, sonstige Gesichtspunkte wie personelle, wirtschaftliche und soziale Bedingungen zu berücksichtigen.«[467] »Eine arbeitswissenschaftliche Erkenntnis gilt dann als gesichert, wenn sie nach anerkannten Methoden zu plausiblen, wahrscheinlichen Ergebnissen geführt hat, nicht widerlegt ist und unter den Arbeitswissenschaftlern der internationalen Fachwelt Anwendung gefunden hat, also herrschende Meinung geworden ist. Bei neuen Technologien oder Werkstoffen sind die Risiken für die Beschäftigten nicht immer erkennbar. Hier liegen gesicherte arbeitswissenschaftliche Erkenntnisse nach richtiger Auffassung dann vor, wenn anerkannte Grundsätze methodisch einwandfrei weiterentwickelt werden.«[468]

465 EU KI-VO Art. 7 Abs. 1.
466 EU KI-VO Erwägungsgrund 65.
467 Däubler, Klebe, Wedde (2024): BetrVG – Kommentar für die Praxis, 19. Auflage, Bund-Verlag, Rn. 31 zu § 90.
468 Ebenda: Rn. 11 zu § 91.

Technische Regelwerke und Normen gelten als gesicherte arbeitswissenschaftliche Erkenntnisse. Seit langem hat die internationale Norm ISO 9241 eine Leitlinie für die Mensch-Computer-Interaktion vorgegeben. Die Norm gliedert sich in 17 Teile, die sich unter anderem den Arbeitsaufgaben, der Arbeitsplatzgestaltung, der Arbeitsumgebung, der Dialoggestaltung, der Gebrauchstauglichkeit, der Dialogführung, der Softwareergonomie der Individualisierbarkeit von Software und Sprachdialogsystemen annehmen. Für die Barrierefreiheit von Computersystemen gilt seit dem 25. 5. 2019 die »Barrierefreie-Informationstechnik-Verordnung (BITV)« in Deutschland.
Im Mittelpunkt der ergonomischen Anforderungen, die auch für KI-Systeme gelten, stehen Nutzer*innen und Bediener*innen. Dazu zählen Beschäftigte, aber auch Kunden, im Bereich der öffentlichen Angebote die Bürger, die die Systeme nutzen können. Insbesondere in Fragen der Barrierefreiheit und Softwareergonomie zielen deswegen die nachfolgend gestellten Fragen auch darauf, Anforderungen von Menschen zu erfüllen, die nicht unmittelbar im Betrieb beschäftigt sind.

29.1 Unversehrtheit

Körperliche und geistige Unversehrtheit für die Beschäftigten zu gewährleisten ist ein Grundziel der Arbeitsgestaltung. Einige Fragen zum körperlichen und geistigen Wohlergehen wurden bereits zum Vertrauensfaktor »Rechtskonformität« angeboten. Die dort formulierten, eher allgemeinen Fragen werden an dieser Stelle vertieft. Es geht u. a. um Referenzerfahrungen in Sachen Ergonomie, um Wahrscheinlichkeiten, dass Risiken eintreten, um die Beurteilung von Erfahrungen der Beschäftigten, die das System trainiert haben, und um die Systemevaluation:

1. Liegen hinsichtlich der ergonomischen Bedingungen des Systems Referenzerfahrungen aus Betrieben vor, in denen das System bisher eingesetzt wurde?
2. Wurde im Einkauf oder bei der Entwicklung des Systems bereits analysiert, ob Unfall- und Gesundheitsgefährdungen mit dem Systemeinsatz einhergehen können?
3. Wurden gesundheitliche Beeinträchtigungen durch den Systemeinsatz eingeschätzt und dabei das Ausmaß und die Eintrittswahrscheinlichkeit der Beeinträchtigung beurteilt?
4. Mit welchen Verfahren werden Bedrohungen der körperlichen und psychischen Unversehrtheit von Menschen eingegrenzt, die durch das KI-System entstehen können?
5. Wie beurteilen die Beschäftigten, die am Systemtest teilgenommen haben, die ergonomischen Wirkungen des Systems?
6. Entstehen neue physische und psychische Belastungen für Beschäftigte im Betrieb?

7. Wurde die Wirkung des KI-Systems im Rahmen der Gefährdungsanalyse auf krankheitsauslösende Faktoren wie zu wenig Handlungsspielraum, fehlender Sinn, fehlende Transparenz untersucht?
8. Wurde die europäische Norm EN ISO 10218-20 11 beim Einsatz von embedded KI-Systemen zugrunde gelegt (Sicherheitsabstand, Selbstabschaltung, Wirkungsbegrenzung)?
9. Wurde im Rahmen des Testbetriebes gemessen, ob die Beschäftigten eine erhöhte Erschöpfung oder eine größere emotionale Inanspruchnahme wahrnehmen?
10. Wie bewerten die Beschäftigten vor und nach dem Testbetrieb ihre eigene Arbeitszufriedenheit?
11. Zu welchem Zeitpunkt und in welchem Umfang ist während der Phase der Systemeinführung die Durchführung einer Gefährdungsbeurteilung geplant?
12. Welche Maßnahmen zum Gesundheits- und Arbeitsschutz wurden als Ergebnis der Gefährdungsbeurteilung erarbeitet und stehen zur Umsetzung an?
13. Wie wurden die Ergebnisse der Gefährdungsbeurteilung dokumentiert?
14. Wie wird im Rahmen der Systemevaluation eine Wirksamkeitskontrolle der Maßnahmen für Arbeitsschutz und Arbeitssicherheit durchgeführt?
15. Wer trägt die Verantwortung für die Durchführung der Arbeitsschutzmaßnahmen?

29.2 Individualisierbarkeit

Individualisierbarkeit ist ein Element der Gebrauchstauglichkeit von technischen Systemen. Der Anspruch darauf leitet sich aus DIN EN ISO 9241-110 ab. Individualisierbarkeit zielt darauf, ein System so einzustellen, dass es nicht mit Informationen überflutet oder Darstellungsformen anbietet, die nicht für jede Nutzerin und für jeden Nutzer gebrauchstauglich sind. Auch die Bedienung von KI-Systemen sollte an persönliche Gewohnheiten anpassbar sein. Aussagen für die Individualisierbarkeit liefert das Maß an Steuerbarkeit, die Klarheit und Nachvollziehbarkeit der Systemausgabe, ebenso wie ihre Darstellungsform. Bedeutsam ist auch, dass die Qualifizierungsmaßnahmen, die auf die Systembedienung vorbereiten, auf die individuellen Lernfähigkeiten ausgerichtet werden können:

1. Verstärkt oder vermindert das System die Autonomie der Beschäftigten bei der zeitlichen und inhaltlichen Aufgabenerledigung?
2. Wurde eine zuvor vom Arbeitnehmer disponierte Reihenfolge der zu erfüllenden Aufgaben mit dem KI-Einsatz in die Dispositionsgewalt des Systems überantwortet?
3. Wurden die Arbeitsanforderungen vollständig beschrieben und bieten sie Handlungsspielraum in der Erledigung?

4. Sind die Darstellungen von Schlussfolgerungen des Systems individualisierbar?
5. Laufen die Transaktionen zur Bedienung des Systems in der Umgangssprache der Nutzer*innen ab?
6. Sind die Qualifizierungsmaßnahmen für die Nutzer des Systems hinsichtlich des individuellen Lernverhaltens individualisierbar?

29.3 Barrierefreiheit

»Barrierefreiheit« ist ein Ziel für die Gestaltung unserer Umgebung und unserer Werkzeuge, das darauf ausgerichtet ist, diese Faktoren zugänglich und gebrauchstauglich zu machen, auch für Menschen mit Beeinträchtigungen. Auch KI-Systeme müssen ohne zusätzliche Hilfe genutzt und ihre Schlussfolgerungen wahrgenommen werden können. »Im moderneren weiteren Sinn zielt das Prinzip der Barrierefreiheit darauf, allen Menschen [...] adäquaten Zugang zu ermöglichen.« Das stellt auf körperliche und geistige Handicaps aller Art ab, aber auch auf »Auswirkungen von Jugend und Alter, von Bildungsstand und Kenntnissen, bis hin zu ökonomischen und sozialen Möglichkeiten des Zugangs zu technischen Hilfsmitteln, die eine speziellere barrierefreie Gestaltung an sich unnötig machen würden.«[469] Es geht dabei darum, Systeme der Informationsverarbeitung, auch KI-Systeme ohne fremde Hilfe nutzbar zu machen.

Seit dem 25.5.2019 gilt in Deutschland eine »Barrierefreie-Informationstechnik-Verordnung« (BITV) für elektronisch unterstützte Verwaltungsabläufe von öffentlichen Stellen. Damit stellen sich Anforderungen der Barrierefreiheit nicht nur für die Beschäftigten, sondern auch für die Bürgerinnen und Bürger, die öffentliche Angebote in Anspruch nehmen. Die BITV verweist auf harmonisierte Normen der Europäischen Union zur Barrierefreiheit. Die europäische Norm EN 301 549 gilt als anzuwendender Standard für digitale Barrierefreiheit:

1. Wurde die Hard- und Software auf Barrierefreiheit geprüft?
2. Kann das KI-System von körperlich beeinträchtigten Menschen genutzt werden?
3. Mit welchen gezielten Maßnahmen wurde die Barrierefreiheit angestrebt?
4. Erlaubt die Ergebnisdarstellung der Schlussfolgerungen des KI-Systems die Nutzung durch sehbehinderte und hörbehinderte Menschen?
5. Wurden Aspekte der kulturellen, sprachlichen und altersbedingten Barrierefreiheit untersucht?

469 Wikipedia, »Barrierefreiheit«, zuletzt abgerufen am 23.7.2021.

29.4 Arbeitsplatzgestaltung

Zu den Arbeitsplätzen zählen nach der Arbeitsstättenverordnung die Bereiche, in denen die Beschäftigten im Rahmen ihrer Arbeit tätig sind. Bildschirm- und Telearbeitsplätze gehören dazu. Wie herkömmliche IT-Systeme können auch lernende Maschinen Auswirkungen auf die Arbeitsplatzgestaltung haben:

1. Welche Abläufe und Arbeitsplätze sind direkt oder indirekt und in welcher Form berührt? (§§ 90, 111 BetrVG)
2. Werden durch den Systemeinsatz Arbeitsumgebungen in einem nicht unwesentlichen Umfang verändert?
3. Verändert der Systemeinsatz die bisherige Arbeitsplatzgestaltung?
4. Wurden im Rahmen der Gefährdungsbeurteilung Defizite in der Arbeitsplatzgestaltung festgestellt, die noch nicht beseitigt wurden?

29.5 Güte der Arbeitsmittel

Es kommt darauf an zu beurteilen, ob sich ein KI-System als Arbeitsmittel eignet. Wie aufgabenangemessen, gebrauchstauglich und bedienungsfreundlich ist die Software? Gibt es Auswirkungen auf andere Arbeitsmittel? Wie beurteilen die Beschäftigten im Testbetrieb das System? Weitere Fragen sind:

1. Welche Software mit welchen Komponenten soll verwendet werden?
2. Werden durch den Systemeinsatz Arbeitsmittel in einem nicht unwesentlichen Umfang verändert?
3. Weichen die Hardwarebedingungen der Software von den im Betrieb üblichen Voraussetzungen ab?
4. Ist die Ergebnispräsentation für mobile Endgeräte geeignet?
5. Erhalten die Benutzer*innen eine klare Rückmeldung über den Systemzustand und getätigte Eingaben?
6. Erfordert das System einen umständlichen Wechsel zwischen unterschiedlichen Anwendungen?
7. Für wie übersichtlich, strukturiert und verständlich halten die Beschäftigten und die Verantwortlichen die zur Verfügung stehenden Steuerungsmasken des KI-Systems?
8. Durch welche Mechanismen werden die Aufgabenangemessenheit und Erwartungskonformität in der Bedienerführung getestet?
9. Ist die mögliche Intransparenz des Systems mit den kulturellen Gepflogenheiten in den bisherigen Prozessen verträglich?

29.6 Arbeitsverfahren

Wenn insbesondere die Effizienzsteigerung das Einsatzziel für KI-Systeme im Betrieb ist, dann werden lernende Maschinen Veränderungen im Arbeitsverfahren zur Folge haben. Dazu zählen Wirkungen auf die Arbeitssteuerung, die Autonomie und das Verhältnis von Routine- zu anspruchsvollen Tätigkeiten. Es ist absehbar, dass Folgen für die Prozessgeschwindigkeit auftreten, die Systemstabilität zum kritischen Faktor wird und Berichtslinien, Qualifikationsanforderungen, Jobprofile und Arbeitsabläufe sich ändern:

1. Inwieweit erweitert das KI-System die menschlichen Fähigkeiten im Arbeitsprozess?
2. Verstärkt oder vermindert das System inhaltliche, ablauftechnische oder zeitliche Freiheitsgrade bei der Aufgabenerledigung?
3. Wie wirkt der Systemeinsatz auf die Qualität des Arbeitsprozesses, die Flexibilität im Arbeitsprozess und die Produktivität des eingesetzten Personals?
4. Wurde eine zuvor vom Arbeitnehmer disponierte Reihenfolge der zu erfüllenden Aufgaben mit dem KI-Einsatz in die Dispositionsgewalt des Systems überantwortet?
5. Wie wird der Arbeitssteuerung durch KI Grenzen gesetzt? (Weisungsrecht nach § 106 GewO)
6. Fallen durch den Systemeinsatz vermehrt Vorgänge mit Multitasking-Anforderungen an?
7. Führt das System zu Monotonie in der Arbeitserledigung?
8. Erleichtert das KI-System die Erledigung von belastenden Routinetätigkeiten?
9. Stärkt oder schwächt der Einsatz des KI-Systems den Abwechslungsreichtum für Beschäftigte in der Aufgabenerledigung?
10. Welchen Zeiteffekt hat der Systemeinsatz für die Aufgabenerledigung?
11. Wie wirkt sich eine veränderte Prozessgeschwindigkeit auf die Arbeitsbelastung aus?
12. Erhöht sich die Anzahl der Arbeitsvorgänge pro Zeiteinheit?
13. Wie beurteilen die Beschäftigten ihre Stellung im Arbeitsprozess vor und nach dem Systemtest?
14. Wurde im Rahmen des Testbetriebs untersucht, ob die Beschäftigten den Systemeinsatz als Störung oder Unterstützung ihrer Arbeitstätigkeit verstehen?
15. Wie schätzen die Beschäftigten die Bandbreite ihrer Entscheidungskompetenzen vor und nach der Beteiligung am Systemtest ein?
16. Verändern sich mit dem KI-Einsatz Berichtslinien?
17. Steigen oder fallen Anforderungen an die Kommunikation jener Beschäftigten, die mit dem System arbeiten?
18. Werden Aufgaben, die bisher von der Führungskraft wahrgenommen worden sind, mit dem Einsatz des KI-Systems künftig in die Obhut der Beschäftigten verlagert?

19. Inwieweit verändern sich Struktur, Art der Aufgabenstellung und die Zusammensetzung verschiedener Aufgabenstellungen in einem Jobprofil?
20. Werden mit dem Systemeinsatz Arbeitsabläufe verändert?
21. Disponiert das System die zeitliche Abfolge der Auftragserledigung durch Arbeitnehmer*innen, gibt es Inhalte oder Verhaltensnormen vor?
22. Inwieweit verändern sich die Vorgaben zur Aufgabenerledigung durch den Einsatz des Systems?
23. Welche Abläufe sind direkt oder indirekt und in welcher Form berührt? (§§ 90, 111 BetrVG)
24. Wurden die Arbeitsaufgaben, die mit der Bedienung des KI-Systems zusammenhängen, unter ergonomischen Gesichtspunkten gestaltet?
25. Bindet das System Aufmerksamkeit über den herkömmlichen Prozess hinaus?
26. Werden Kommunikationsanforderungen auf qualitativ oder quantitativ höherem Niveau gestellt?
27. Erhöht sich die Anzahl der Arbeitsvorgänge pro Zeiteinheit?
28. Führen spontane Benachrichtigungen oder Informationen durch das System vermehrt dazu, dass die Beschäftigten ihre momentane Arbeitstätigkeit unterbrechen müssen?
29. Kann der Erledigungsgrad der Aufgaben von den Beschäftigten nach dem Systemeinsatz besser oder schlechter eingeschätzt werden?
30. Empfinden die Beschäftigten die organisatorischen Restriktionen, denen das System unterworfen ist, als hilfreich oder als Beeinträchtigung?
31. Inwieweit verändern sich die Möglichkeiten der Beschäftigten, Ziele, Arbeitsmethoden und deren Rahmenbedingungen autonom gestalten zu können?
32. Werden veränderte Anforderungen an die Zusammenarbeit der Systemnutzer*innen mit anderen Funktionsträgern in derselben oder einer anderen Organisationseinheit gestellt?

29.7 Arbeitszeiten

Die Arbeitszeiten der Beschäftigte können durch den Einsatz von KI-Systemen beeinflusst werden. Neben den Systembediener*innen können auch andere Beschäftigte oder Auftragnehmer von einer maschinellen Arbeitsdisposition betroffen sein. Es stellt sich die Frage, ob die Beschäftigten vom Zugewinn an Effizienz, etwa durch kürzere Arbeitszeiten, profitieren:

1. Werden durch den Systemeinsatz Arbeitszeiten in einem nicht unwesentlichen Umfang verändert?
2. Welche Auswirkungen hat der Systemeinsatz auf die bisherige Arbeitszeitdisposition?
3. Verändert der Systemeinsatz die Ansprüche an die Erreichbarkeit der Beschäftigten?

4. Verlagern sich mit dem Systemeinsatz Tätigkeitsbestandteile der Beschäftigten in die Nacht-, Früh- oder Spätstunden oder hilft der Einsatz, derartige Arbeitszeiten zu vermeiden?
5. Hat der Systemeinsatz Auswirkungen auf die Planbarkeit der Arbeitsunterbrechungen?
6. Erlaubt der Produktivitätsgewinn durch den KI-Einsatz Arbeitszeiten zu verkürzen oder die Beschäftigten anderweitig zu entlasten?

29.8 Qualifikation

Es ist bezeichnend, dass das im Juni 2021 verabschiedete Betriebsrätemodernisierungsgesetz es für Betriebsräte erleichtert, Sachverständige in Sachen »Künstliche Intelligenz« hinzuzuziehen, und es gleichzeitig erlaubt, eine Einigungsstelle einzusetzen, wenn eine Verständigung zwischen Arbeitgeber und Arbeitnehmer über Maßnahmen der Berufsbildung nicht zustande kommt. Artikel 4 der Europäischen KI-Verordnung verlangt:

»Die Anbieter und Betreiber von KI-Systemen ergreifen Maßnahmen, um nach besten Kräften sicherzustellen, dass ihr Personal und andere Personen, die in ihrem Auftrag mit dem Betrieb und der Nutzung von KI-Systemen befasst sind, über ein ausreichendes Maß an KI-Kompetenz verfügen, wobei ihre technischen Kenntnisse, ihre Erfahrung, ihre Ausbildung und Schulung und der Kontext, in dem die KI-Systeme eingesetzt werden sollen, sowie die Personen oder Personengruppen, bei denen die KI-Systeme eingesetzt werden sollen, zu berücksichtigen sind.«

Die Qualifikation von Beschäftigten gewinnt mit der Verbreitung von lernenden Maschinen an Bedeutung. Bediener*innen, Anwender*innen und Betroffene vom KI-Einsatz brauchen die nötigen Qualifikationen, um mit dem System umzugehen, es verstehen und steuern zu können. Es braucht aber auch die Fähigkeit, maschinelle Schlussfolgerungen beurteilen zu können. Dies darf nicht ohne Folgen für die Personalentwicklung bleiben. Natürlich bieten Einweisungen und Gebrauchsanweisungen eine Möglichkeit, sich Bedienfähigkeiten anzueignen. Ausreichend Qualifikation zu haben verlangt aber nach mehr. Es gilt auch andere Aspekte in den Blick zu nehmen, die Selbsterklärungsfähigkeit der Software etwa, die Vorbereitung auf Veränderungen von Aufgaben und Jobprofilen und die Qualifizierung für ein verändertes Verhältnis von Beschäftigten zu Führungskräften.

1. Welche Fähigkeiten und Kenntnisse werden auf Seiten der Anwender*innen der Software benötigt?
2. Verfügen die mit der Entwicklung und dem Betrieb der Anwendung beauftragten Personen über ausreichende Kompetenz für ihre Aufgabe und sind sie mit den Vorgaben der Europäischen KI-Verordnung, den internen Regeln sowie den geltenden Sanktionsregeln vertraut?

3. Steigen oder fallen Anforderungen an die Kommunikation jener Beschäftigten, die mit dem System arbeiten?
4. Sind die dafür erforderlichen Kompetenzen zur Nutzung, Einschätzung und Interpretation der Wirkungsweise von KI-Systemen vorhanden?
5. Werden Führungskräfte und Entscheidungsträger*innen in die Lage versetzt, die betrieblichen Leitlinien zu KI effektiv zu vermitteln, an der Weiterentwicklung der Einsatzbedingungen von KI-Systemen mitzuarbeiten, aktiv an Freigabeprozessen mitarbeiten zu können?
6. Wird Entscheidungsträger*innen vermittelt, dass für manche Anwendungsszenarien aufgrund mangelnder Genauigkeit, systembedingter Verzerrungen oder Neigungen zum Halluzinieren die Verwendung entsprechender KI-Systeme nicht sinnhaft ist?
7. Wie lange dauert die Schließung von Qualifikationslücken zur Bedienung des Systems?
8. Wurden den Arbeitnehmer*innen die für den Umgang mit dem KI-System erforderlichen Fähigkeiten und Fertigkeiten vermittelt?
9. Wie wirkt das KI-System auf die herkömmliche qualitative und quantitative Personalplanung?
10. Sind Qualifizierungsmaßnahmen für und wegen KI-Anwendungen geplant? (§ 97 BetrVG)
11. In welcher Periodizität werden die Schulungen/Einweisungen durchgeführt?
12. Fühlen sich die Beschäftigten ausreichend qualifiziert, um das KI-System zu nutzen?
13. Hat die Veränderung der Kompetenzanforderungen Verunsicherung bei den Beschäftigten ausgelöst?
14. Haben die Systemnutzer zu gleichen Bedingungen Zugang zu beruflicher Aus-und Fortbildung?
15. Sind die Qualifizierungsmaßnahmen für die Nutzer des Systems hinsichtlich des individuellen Lernverhaltens individualisierbar?
16. Werden die Beschäftigten in den sicherheitstechnischen Prozessmerkmalen und den Möglichkeiten ergonomischer Nutzung unterwiesen?
17. Ist die Systemsteuerung selbsterklärend und wirkt sie für die Beschäftigten sinnhaft?
18. Sind die Gebrauchsanweisungen prägnant, vollständig, korrekt und für die Nutzer relevant, zugänglich und verständlich?
19. In welcher Hinsicht verändern sich Anforderungen an das Denken und Handeln der Beschäftigten?
20. Wie beurteilen die Beschäftigten die Wirkung des Systemeinsatzes für den Schwierigkeitsgrad ihrer Aufgabe?
21. In welchem Umfang verändert der Systemeinsatz die bisherigen Jobprofile der Beschäftigten, die mit dem System arbeiten, oder jene der Betroffenen, die von den Schlussfolgerungen des Systems berührt sind?
22. Werden veränderte Anforderungen an die Zusammenarbeit der Systemnutzer*innen mit anderen Funktionsträgern in derselben oder einer anderen Organisationseinheit gestellt?

23. Werden mit dem Einsatz des KI-Systems Aufgaben, die bisher von der Führungskraft wahrgenommen worden sind, künftig in die Obhut der Beschäftigten verlagert?
24. Werden mit dem Einsatz des KI-Systems Aufgaben, die bisher von der Führungskraft wahrgenommen worden sind, künftig vom KI-System wahrgenommen?
25. Stellen sich durch die Systemnutzung veränderte Anforderungen an die Beschäftigten hinsichtlich des Datenschutzes und der Datensicherheit?
26. In welcher Weise wurden die Beschäftigten mit der ergonomisch gebotenen Anpassung und Handhabung des KI-Systems als Arbeitsmittel vertraut gemacht?
27. Fühlen sich die Nutzer*innen des Systems in der Lage, den System-Output korrekt zu interpretieren?
28. Wie wird sichergestellt, dass sich die Nutzer*innen des Systems nicht automatisch auf den System-Output verlassen oder zu sehr darauf vertrauen?
29. Sind die Nutzer*innen in der Lage und haben sie die Befugnis, Schlussfolgerungen des KI-Systems nicht zu verwenden oder das System außer Kraft zu setzen?

29.9 Psychische Belastung

Psychische Belastungsfaktoren können sich für Beschäftigte durch den Einsatz von KI-Systemen verändern. Die Norm EN ISO 10075 definiert als psychische Belastung »die Gesamtheit aller erfassbaren Einflüsse, die von außen auf den Menschen zukommen und psychisch auf ihn einwirken«.[470] Belastungen werden nicht von allen Beschäftigten unter allen Bedingungen als Herausforderung begriffen. Sie können auch schädliche Wirkung für die Gesundheit haben, die sowohl aus Über-als auch aus Unterbelastung und Fehlbelastung entsteht.
Werden Menschen fremdbestimmt oder müssen sie sich maschinellen Schlussfolgerungen unterordnen, steigt das Risiko einer negativen psychischen Belastung. Ihr kann entgegengewirkt werden, wenn nach Erfahrungen mit psychischen Belastungen aus Referenzbetrieben gefragt wird oder die Beschäftigten im Testbetrieb daran beteiligt werden, die Arbeitsintensität zu beurteilen und ihre Arbeitserfahrungen ohne einen Systemeinsatz mit den Erfahrungen zu vergleichen, die sie mit dem Einsatz lernender Maschinen machen. Verändert das System Arbeitsanforderungen und treten messbare Gesundheitswirkungen auf? Das sind entscheidende Fragen:

1. Wie wird die emotionale Inanspruchnahme von Beschäftigten, Nutzern und Betroffenen durch das KI-System analysiert und bewertet?
2. Welche Erfahrungen zu psychischen Belastungen liegen aus Referenzbetrieben vor?

470 Wikipedia, »Belastung«, zuletzt abgerufen am 23.7.2021.

3. Wurde die Gefährdungsbeurteilung auch auf die psychischen Belastungen ausgerichtet?
4. Wurde das System darauf ausgerichtet, psychische Fehlbeanspruchungen durch Über- oder Unterforderung der Beschäftigten zu vermeiden?
5. Wurde die Wirkung des KI-Systems auf krankheitsauslösende Faktoren – wie zu wenig Handlungsspielraum, fehlender Sinn, fehlende Transparenz – im Rahmen der Gefährdungsanalyse untersucht?
6. Wurde im Rahmen der Gefährdungsanalyse untersucht, ob die Beschäftigten vor und nach dem Systemeinsatz besser oder schlechter von der Arbeit abschalten können?
7. Wie beurteilen die Beschäftigten im Testbetrieb die Entwicklung der Arbeitsintensität?
8. Wurde im Rahmen des Testbetriebes untersucht, ob die Beschäftigten den Systemeinsatz als Störung oder Unterstützung ihrer Arbeitstätigkeit verstehen?
9. Wurde im Rahmen des Testbetriebs gemessen, ob die Beschäftigten eine erhöhte Erschöpfung oder eine größere emotionale Inanspruchnahme wahrnehmen?
10. Welche Fragen in einer Mitarbeiterbefragung stellen darauf ab, die psychischen Belastungen der Beschäftigten durch das KI-System in Erfahrung zu bringen?
11. Wie haben sich während der Testphase die Antworten der Beschäftigten in der internen Mitarbeiterbefragung verändert?
12. Binden die Schlussfolgerungen des KI-Systems die Aufmerksamkeit der Beschäftigten in höherem Maße als in der herkömmlichen Prozessgestaltung ohne KI-System?
13. Erhalten die Beschäftigten zuverlässige, zutreffende und verständliche Fehlermeldungen?
14. Werden unklare Systemzustände erzeugt, die die Arbeit der Beschäftigten erschweren?
15. Bindet das System Aufmerksamkeit über den herkömmlichen Prozess hinaus?
16. Wie wirkt das KI-System auf die Arbeitsanforderungen hinsichtlich Konzentration und Anspruchsniveau an Fähigkeiten und Fertigkeiten?
17. Wie wirkt der KI-Einsatz auf den Wiederholungsgrad einzelner, immer gleicher Verrichtungen, z. B. in Call- oder Servicecentern?
18. Zeigte sich in der Evaluation, dass psychische Störungen im Zusammenhang mit dem Systemeinsatz verstärkt auftraten?
19. Gibt das System den Beschäftigten Handlungsempfehlungen zum Umgang mit deren eigenen Gefühlen?

29.10 Aktualität und Umsetzung des arbeitswissenschaftlichen Erkenntnisstandes

Lernende Maschinen entwickeln sich fort. Der arbeitswissenschaftliche Erkenntnisstand entwickelt sich auch laufend fort. Er entwickelt sich aus dem Lernfortschritt der Forschung und den Praxiserfahrungen. Mehrere dynamische Größen treffen also beim Einsatz lernender Maschinen im Betrieb aufeinander. Anlass genug, danach zu fragen, wie diese Größen in der betrieblichen Arbeitsgestaltung zusammengebracht werden:

1. Wie wird der Einsatz des KI-Systems danach beurteilt, ob es »den gesicherten arbeitswissenschaftlichen Erkenntnissen über die menschengerechte Arbeit« entspricht? (§ 91 BetrVG)
2. Über welche Verfahren werden die Systemverantwortlichen über den aktuellen Erkenntnisstand auf dem Laufenden gehalten?
3. Wer verfolgt in der Firma den Stand von Normung und Arbeitswissenschaft?
4. Gibt es schon zu herkömmlichen IT-Systemen innerbetriebliche Meinungsverschiedenheiten um die Erfordernisse, die sich aus dem Stand der Arbeitswissenschaften ableiten, die Vorprägungen zum Einsatz von KI-Systemen auslösen?
5. Liegen Ausstellungen von Aufsichtsinstanzen zur Umsetzung von technischen, arbeitswissenschaftlichen oder medizinischen Erfordernissen vor?
6. In welchen Abständen wird das System einer gründlichen Evaluation unterworfen?
7. Wie wird der aktuelle Erkenntnisstand bei einer Evaluation des KI-Systems berücksichtigt?

29.11 Wirksamkeit von Arbeitsschutzmaßnahmen

Arbeitsschutz und Gesundheitsförderung dürfen nicht nur Anspruch bleiben, erforderliche Maßnahmen müssen auch umgesetzt werden. Insbesondere bei der Evaluation des Einsatzes von KI-Systemen sollte der Frage nachgegangen werden, inwieweit Arbeitsschutzmaßnahmen zur Durchführung gekommen sind. Bereits die Testphase und das Training von KI-Systemen bieten Gelegenheit, nach der Risikobewältigung beim Systemeinsatz für den Arbeitsschutz zu fragen. Die Evaluation im praktischen Systembetrieb bietet weitere Optionen nachzufragen:

1. Wurden die Beschäftigten im Rahmen der Anwendungsqualifizierung über Sicherheit und Gesundheitsschutz an Bedienplätzen für das KI-System unterwiesen?
2. Wurden gesundheitliche Beeinträchtigungen durch den Systemeinsatz eingeschätzt und dabei das Ausmaß und die Eintrittswahrscheinlichkeit der Beeinträchtigung beurteilt?

3. Zu welchem Zeitpunkt und in welchem Umfang ist während der Phase der Systemeinführung die Durchführung einer Gefährdungsbeurteilung geplant?
4. Welche Maßnahmen zum Gesundheits- und Arbeitsschutz wurden als Ergebnis der Gefährdungsbeurteilung erarbeitet und stehen zur Umsetzung an?
5. Wurde während der Testphase festgestellt, ob Arbeitsunfälle, Berufskrankheiten oder arbeitsbedingte Erkrankungen verstärkt auftreten oder mittelfristig ein erhöhter Krankenstand bei den Systemnutzern auftritt?
6. Wie und von welchen Stellen werden Hinweise der Beschäftigten auf Sicherheits- oder Gesundheitsgefährdungen bearbeitet?
7. Wer trägt die Verantwortung für die Durchführung der Arbeitsschutzmaßnahmen?
8. Welche Parameter sind hinsichtlich des Arbeitsschutzes ausschlaggebend dafür, dass ein Trainingsergebnis die Entscheidungsbasis für die Einführung des Systems im Wirkbetrieb bieten kann?
9. Welche Maßnahmen wurden ergriffen, um Gefährdungen zu beseitigen oder einzugrenzen?
10. Welche technisch-organisatorischen Maßnahmen werden ergriffen, damit in ihrer Leistungsfähigkeit eingeschränkte Beschäftigte auch nach dem Systemeinsatz ihre bisherige Tätigkeit wahrnehmen können?
11. Müssen im vermehrten Umfang personenbezogene Zeitzuschläge an die in ihrer Leistungsfähigkeit eingeschränkten Beschäftigten gewährt werden, um die künftigen Arbeitsanforderungen zu erfüllen?
12. Wie wird im Rahmen der Systemevaluation eine Wirksamkeitskontrolle der Maßnahmen für Arbeitsschutz und Arbeitssicherheit durchgeführt?

29.12 Softwareergonomie

Fragen zur Softwareergonomie ergeben sich aus der Arbeitsstättenverordnung und sind in der EN ISO 9241 formuliert. Sie sind für die Gebrauchstauglichkeit und die Anwenderfreundlichkeit der Anwendungen von besonderer Bedeutung. »Ein System ist angemessen, wenn es die zur Lösung der Arbeitsaufgabe erforderlichen Funktionen bereitstellt. Ein System ist handhabbar, wenn es dem Benutzer eine leichte Erlernbarkeit, Bedienbarkeit und Verständlichkeit ermöglicht. Ein System ist persönlichkeitsfördernd, wenn es den Fähigkeiten und Kenntnissen des Benutzers angepasst […] ist und den Prinzipien der Arbeitsgestaltung entspricht.«[471]

Soweit innerhalb der Betriebe nicht schon üblicherweise nach der Softwareergonomie gefragt wird, verdient der Einsatz von KI-Systemen eine entsprechende Fragestellung:

471 Wikipedia, »Softwareergonomie«, zuletzt abgerufen am 23.7.2021.

1. Welche Elemente der Softwareergonomie wurden vor der Einsatzentscheidung des KI-Systems überprüft?
2. Wurde hinsichtlich der grafischen Benutzungsoberfläche die DIN-Norm 9241 zur Grundlage genommen?
3. Wurden mögliche Gefährdungen des Sehvermögens sowie potenziell entstehende körperliche und psychische Belastungen ermittelt und beurteilt?
4. Inwieweit wurde geprüft, ob die Softwareoberfläche unternehmensinternen Softwareanforderungen genügt und mit gebräuchlichen Bedienoberflächen verträglich ist?
5. Wird die Nutzungsoberfläche, die das System verwendet, ohne Erklärung verstanden und ist diese im Betrieb gebräuchlich?
6. Für wie übersichtlich und strukturiert halten die Beschäftigten und die Verantwortlichen die zur Verfügung stehenden Steuerungsmasken des KI-Systems?
7. Erhalten die Benutzer*innen eine klare Rückmeldung über den Systemzustand und getätigte Eingaben?
8. Erfordert das System einen umständlichen Wechsel zwischen unterschiedlichen Anwendungen?

29.13 Leistungsanforderungen

Zielt das KI-System auf Verfahrensoptimierung in der Arbeitssteuerung, auf Personaldisposition oder Personalbeurteilung, dann sind Fragen besonders begründet, die in Erfahrung bringen wollen, welche Wirkungen die Anwendung auf die Leistungsanforderungen an das eigene Personal hat. Wie beurteilen die Beschäftigten die Arbeitsbelastung durch die Veränderung von Arbeitsanforderungen? Werden sie durch das System be- oder entlastet? Wie beurteilen sie die Einsatzbedingungen des Systems? Antworten auf diese und weitere Fragen helfen dabei, sich ein Bild von den Folgen lernender Maschinen für Leistungsanforderungen zu machen:

1. Wer hat die Arbeitsbelastung nach welchen Kriterien vor dem Systemeinsatz und während des Testbetriebs beurteilt und verglichen?
2. Wie verändern sich Anforderungs- und Belastungsprofile der Arbeitsplätze? (§ 5 ArbSchG in Verbindung mit § 87 Abs. 1 Nr. 7 BetrVG)
3. Wurde im Rahmen des Testbetriebs untersucht, ob die Beschäftigten den Systemeinsatz als Störung oder Unterstützung ihrer Arbeitstätigkeit verstehen?
4. Wie beurteilen die Beschäftigten die Wirkung des Systemeinsatzes für den Schwierigkeitsgrad ihrer Aufgabe?
5. Haben die Beschäftigten während des Testbetriebs das Gefühl geäußert, dass sie aufgrund des Systemeinsatzes mehr oder schneller arbeiten müssen?
6. Inwieweit berücksichtigt das System die Leistungsgrenzen jener Beschäftigten, die mit ihm in Interaktion treten?

7. Inwieweit berücksichtigt das KI-System die Leistungsgrenzen von Betroffenen, die durch das System disponiert werden?
8. Werden mit dem Systemeinsatz geistig fordernde Aufgaben verstärkt oder vermindert angefordert?
9. Ist die Systembedienung bei Personalmangel, Krankheit oder Urlaub durch ausreichend dimensionierte Qualifizierungsmaßnahmen sichergestellt?
10. Steigert das System die Komplexität der Aufgabenerledigung oder vereinfacht es die Arbeitsprozesse?
11. Steigt die Arbeitsverdichtung durch den Systemeinsatz oder geht sie zurück?
12. Erhöht sich die Anzahl der Arbeitsvorgänge pro Zeiteinheit?
13. Steigen oder fallen die Anforderungen an die Zusammenarbeit mit anderen Beschäftigten?
14. Steigt oder fällt die Bandbreite der Anforderungen mit dem Einsatz des Systems?
15. Wird die Komplexität der bisherigen Aufgabenstellung durch das KI-System verändert?
16. Gehen mit dem Systemeinsatz Veränderungen von Verantwortlichkeiten einher, die Beschäftigte als Belastung empfinden?
17. Kann der Erledigungsgrad der Aufgaben von den Beschäftigten nach dem Systemeinsatz besser oder schlechter eingeschätzt werden?
18. Wie schätzen die Beschäftigten ihre individuellen und situativen Ressourcen zur Belastungssteuerung ein? Haben sich diese mit dem Systemeinsatz verändert?
19. Wurde mit standardisierten Mitarbeiterbefragungen oder Arbeitsbeobachtungen oder Beschäftigteninterviews die Arbeitsbelastung professionell untersucht?
20. Beschränkt oder erweitert der Systemeinsatz die Möglichkeit für Beschäftigte, die in ihrer Leistungsfähigkeit gemindert sind, ihre Fähigkeiten und Kenntnisse voll zu verwerten und weiterzuentwickeln?

30 Sozialverträglichkeit

»Die Abhängigkeit des Menschen von den Menschen besteht, und sie zwingt unsern Instinkt in soziale Empfindungen. Sozial empfinden heißt somit, sich der Zugehörigkeit zur Gemeinschaft der Menschen bewusst sein; sozial handeln heißt im Geiste der Gemeinschaft wirken.«

Erich Mühsam

»Die Gestaltung der KI ist das Ergebnis von Aushandlungsprozessen. [...] Das Ergebnis der Optimierung durch die KI hängt also von den gesteckten Zielen und deren Priorisierung ab.«[472]

Die Enquetekommission Künstliche Intelligenz, die der Deutsche Bundestag eingerichtet hatte, listet in ihrem Abschlussbericht Ziele für den KI-Einsatz auf, auf die Normsetzungsakteure auch in den Betrieben ihre Gestaltungsarbeit ausrichten sollten, um den Anspruch auf sozialverträgliches Handeln zu erfüllen. Sie appelliert: »Es ist sinnvoll, die Einflussnahme des Gesetzgebers und der weiteren Normsetzungsakteure unter anderen auf folgende Ziele auszurichten:

- das Potenzial von KI zur Produktivitätssteigerung und zur Steigerung des Wohlergehens der Erwerbstätigen nutzen
- neue Geschäftsmodelle entwickeln und fördern, die dazu beitragen, Beschäftigung zu sichern und auszubauen
- ›Gute Arbeit by design‹ entwickeln und vorrangig eintönige oder gefährliche Aufgaben an Maschinen übertragen
- sozialer Sicherheit und Gesundheit dienen
- den arbeitenden Menschen unterstützen und entlasten
- dafür sorgen, dass der Mensch als soziales Wesen an seinem Arbeitsplatz die Möglichkeit hat, sozial mit anderen Menschen zu interagieren, menschliches Feedback zu erhalten und sich als Teil einer Belegschaft zu begreifen
- Kompetenzen der Beschäftigten entwickeln
- menschlichen Fähigkeiten wie Empathie und Kreativität Raum geben
- ethische Gestaltungsprinzipien auch in die Arbeitswelt tragen
- den Beschäftigten und deren Interessenvertretungen ausreichende Mitbestimmungsrechte eröffnen
- barrierefreie Zugänge schaffen
- KI-Anwendungen im Betrieb transparent, nachvollziehbar und erklärbar machen

472 BT-Drs. 19/23700, Bericht der Enquete-Kommission Künstliche Intelligenz – Gesellschaftliche Verantwortung und wirtschaftliche, soziale und ökologische Potenziale, S. 328.

- gute betriebliche Regulierungsbeispiele sowie Ergebnisse der Arbeitsforschung verbreiten und Gestaltungskompetenz vermitteln
- eine Vision für eine menschenzentrierte KI in der Arbeitswelt im Dialog mit betrieblichen Normsetzungsakteuren entwickeln«.[473]

»Die selbstbestimmte Entfaltung von Fähigkeiten und Talenten, die soziale Sicherheit und die Gesundheit der Beschäftigten sowie Fragen der sozialen Teilhabe und Inklusion sollen dabei gleichermaßen Berücksichtigung finden«, verlangt die Bundesregierung in ihrer Strategie Künstliche Intelligenz.[474]

Art. 14 Abs. 2 GG verpflichtet Eigentum zugleich auch auf das Wohl der Allgemeinheit. Dieser Anspruch erhält neue Bedeutung, nachdem mit der Verbreitung lernender Maschinen die Lernfähigkeit nicht mehr allein ans Individuum gebunden ist, sondern von Firmen besitzbar wurde. Gemäß Art. 20 Abs. 1 GG ist die Bundesrepublik Deutschland »ein demokratischer und sozialer Bundesstaat«, womit auch für die Gestaltungsarbeit der betrieblichen Normsetzungsakteure ein Wertegerüst vorgegeben ist. Gesetzlich werden in Deutschland zahlreiche Anforderungen gestellt, auch die ISO Norm 26000 nimmt die Unternehmen in soziale Verantwortung.

Nach Art. 35 DSGVO ist eine Folgenabschätzung für den Schutz personenbezogener Daten durchzuführen, insbesondere wenn bei der Verwendung neuer Technologien ein hohes Risiko für die Rechte und Freiheiten natürlicher Personen entstehen kann. Die Durchführung einer sozialen Folgenabschätzung macht Sinn, wenn der unternehmensintern häufig bemühte Begriff des »sozialverträglichen Handelns« mit Substanz gefüllt werden soll.

Obwohl der Begriff Sozialverträglichkeit innerhalb der Betriebe oft abgenutzt erscheint und manchmal auch missbräuchlich verwendet wird, verdient er es, mit Leben ausgefüllt zu werden Der Anspruch auf Sozialverträglichkeit zwingt dazu, Fragen der Inklusion und der Beschäftigungswirksamkeit beim Einsatz von KI-Systemen aufzugreifen. Er veranlasst auch, sich dem Ziel zu verpflichten, KI-Systeme alters- und alternsgerecht in den Betrieben zu verwenden. Sozialkontakte der Beschäftigten sind zu erhalten und zu fördern und die Belastungen durch Rationalisierungsfolgen zu minimieren.

30.1 Soziale Folgenabschätzung

Der Arbeitgeber hat den Betriebsrat nach § 90 BetrVG über die Planung zu technischen Anlagen, Arbeitsverfahren, Arbeitsabläufen und Arbeitsplätzen rechtzeitig und umfassend zu unterrichten. Das gleiche gilt gemäß § 92 BetrVG für die Personalplanung und die Berufsbildung. »Er hat mit dem Betriebsrat über Art und Umfang der erforderlichen Maßnahmen und über die Vermeidung von Härten zu beraten.« Dies ist Begründung genug, eine soziale Folgenabschätzung

473 EKKI: S. 309.
474 Bundesregierung (November 2018): Strategie Künstliche Intelligenz, S. 25.

durchzuführen. Die folgenden Fragen zielen darauf, eine Übersicht über die sozialen Folgen der Einführung von KI-Systemen in den Betrieben zu erhalten:

1. Welche sozialen Auswirkungen des KI-Systems wurden untersucht und welche Feststellungen wurden dabei gemacht?
2. Fördert oder mindert der KI-Einsatz gesellschaftliche Vielfalt, Solidarität oder Verteilungsgerechtigkeit?
3. Befriedigt der KI-Einsatz gesellschaftliche Bedarfsfelder etwa durch Verbesserung medizinischer Versorgung, Bildung oder durch die Lösung von Verkehrsproblemen?
4. Fördert der Einsatz des KI-Systems die Entstehung von Filterblasen oder Falschinformationen?
5. Welchen Sozialinteressen der Beschäftigten nützt, welchen schadet der KI-Einsatz?
6. Verändern sich Tätigkeiten und Qualifikationsanforderungen von Arbeitnehmer*innen durch den Einsatz des Systems?
7. Wie wirkt der KI-Einsatz auf das innerbetriebliche Beschäftigungsvolumen, die Arbeitsgüte und den finanziellen Wertstatus der Beschäftigten?
8. Hat der Systemeinsatz Auswirkungen auf Beschäftigungs- und Arbeitsbedingungen, auf Arbeitsentgelt oder berufliche Entwicklung?
9. Reduziert die Auswahl der Quelldaten des Systems Beschäftigte oder Kunden zu ökonomischen Größen?
10. Fördert oder mindert der KI-Einsatz die Entfaltung der Persönlichkeit im Betrieb, wie wirkt das System auf die Autonomie der Beschäftigten?
11. Wie wirkt der KI-Einsatz auf die Beschäftigungssicherheit?
12. Löst der KI-Einsatz einen Transformationsprozess im Betrieb aus, mit tiefgreifenden Folgen für die Beschäftigten?
13. Wie viele Beschäftigte sind vom Einsatz des KI-Systems betroffen?
14. Welche unterschiedlichen Auswirkungen hat der KI-Einsatz auf unterschiedliche Beschäftigtengruppen?
15. Wurde die Verträglichkeit mit Sozialinteressen mit Beschäftigten oder deren Vertretern erörtert und zum Ausgleich gebracht?

30.2 Inklusion

Art. 26 der Europäischen Grundrechtecharta verlangt danach, den Anspruch von Menschen mit Behinderungen »auf Maßnahmen zur Gewährleistung ihrer Eigenständigkeit, ihrer sozialen und beruflichen Eingliederung und ihrer Teilnahme am Leben der Gemeinschaft« sicherzustellen. Das Leitbild der internationalen Behindertenrechtskonvention dazu lautet »Inklusion«.
Für die Europäische Union ist dieses Übereinkommen seit dem 22.1.2011 in Kraft. Die Konvention adressiert u.a. Fragen der individuellen Autonomie, der Nichtdiskriminierung, der Teilhabe an der Gesellschaft, der Chancengleichheit

und der Zugänglichkeit.[475] § 75 BetrVG auferlegt es auch den Arbeitgebern, darüber zu wachen, dass alle im Betrieb tätigen Personen mit Behinderungen nicht benachteiligt werden.
Auch die Gewerbeordnung, die mit § 106 ein Weisungsrecht des Arbeitgebers begründet, gibt vor: »Bei der Ausübung des Ermessens hat der Arbeitgeber auch auf Behinderungen des Arbeitnehmers Rücksicht zu nehmen.« Angesichts der vielen Möglichkeiten, zu denen KI-Systeme zum Einsatz kommen können, ist es notwendig, einige Fragen darauf zu richten, wie der Anspruch auf Inklusion erfüllt werden soll:

1. Wie werden individuell unterschiedliche, auch eingeschränkte, Leistungsvoraussetzungen der Beschäftigten bei der Nutzung des Systems berücksichtigt? (z. B. Farbblindheit, Sehschwäche, etc.)
2. Können Vorteile des Systemeinsatzes von den Betroffenen in gleichem Maße in Anspruch genommen werden?
3. Beschränkt oder erweitert der Systemeinsatz die Möglichkeit für Beschäftigte, die in ihrer Leistungsfähigkeit gemindert sind, ihre Fähigkeiten und Kenntnisse voll zu verwerten und weiterzuentwickeln?
4. Welche technisch-organisatorischen Maßnahmen werden ergriffen, damit in ihrer Leistungsfähigkeit eingeschränkte Beschäftigte ihre bisherige Tätigkeit auch nach dem Systemeinsatz wahrnehmen können?
5. Müssen im vermehrten Umfang personenbezogene Zeitzuschläge an die in ihrer Leistungsfähigkeit eingeschränkten Beschäftigten gewährt werden, um die künftigen Arbeitsanforderungen zu erfüllen?
6. Müssen Beschäftigte umgesetzt werden, weil sie den geänderten Arbeitsanforderungen nicht mehr entsprechen können?
7. Wurde die Schwerbehindertenvertretung in die Gefährdungsbeurteilung einbezogen?

30.3 Beschäftigungswirksamkeit

Die Unterrichtungs- und Beratungsrechte des Betriebsrats veranlassen den Arbeitgeber nach §§ 90 und 92 BetrVG, die Wirkungen von neuen technischen Anlagen auf die Beschäftigung im Betrieb darzulegen. § 92a BetrVG gibt dem Betriebsrat die Möglichkeit, eigene Vorschläge zur Sicherung und Förderung von Beschäftigung zu machen.
Es ist ein gewaltiger Unterschied, ob mit KI-Systemen vorhandene Arbeitsabläufe optimiert oder neue Geschäftsmodelle mit zusätzlicher Beschäftigung entwickelt werden sollen. Selbst wenn KI-Systeme Rationalisierungsmaßnahmen auslösen, werden die Beschäftigten die Folgen unterschiedlich erfahren. Dies hängt davon ab, ob ihre eigene Qualifikation fortentwickelt wird oder sie ihre Tätigkeiten ver-

475 Vgl. hierzu Wikipedia, »Übereinkommen über die Rechte von Menschen mit Behinderungen«, zuletzt abgerufen am 28.7.2021.

lieren, ohne dass ihnen eine Perspektive angeboten wird. Für die sozialverträgliche Gestaltung von betrieblichen Umorganisationen ist seit jeher die wichtigste Frage für Arbeitnehmer*innen: Hat das Folgen für meine Beschäftigung?
Die Beschäftigungswirkung von KI-Systemen zu dem Zeitpunkt zu hinterfragen, an dem die Systeme eingeführt werden sollen, ist sinnvoll. Die sozialverträgliche Gestaltung der KI-Einführung sollte nicht erst dann gefordert werden, wenn individuelle personelle Folgen für die Beschäftigten bereits eingetreten und zu bewältigen sind:

1. Ersetzt der Einsatz von KI-Systemen vorhandene Beschäftigte oder löst er Personalgewinnungsprobleme?
2. Mit welchem Ergebnis wurde das Risiko drohender Arbeitsplatzverluste, Entwertung von Qualifikationen oder eines Abbaus von Tätigkeiten von Arbeitnehmer*innen beurteilt?
3. Welche Maßnahmen wurden ergriffen, um sozialen Risiken entgegenzuwirken?
4. Ist das KI-System geeignet, Wachstum hinsichtlich Umsatzes und Beschäftigung zu generieren?
5. Welche Beschäftigtengruppen sind betroffen und wie verändert sich die Beschäftigung im Betrieb? (§§ 90, 92a BetrVG)
6. Hat der Betriebsrat Vorschläge zur Sicherung der Beschäftigung gemacht, die unberücksichtigt blieben? (§ 92a BetrVG)
7. Wie nehmen die Beschäftigten ihre eigene Jobsicherheit vor und nach dem Systemeinsatz wahr?

30.4 Altersverträglichkeit

Art. 25 der Europäischen Grundrechtecharta macht es zur Aufgabe der Europäischen Union, »das Recht älterer Menschen auf ein würdiges und unabhängiges Leben und auf Teilnahme am sozialen und kulturellen Leben« zu achten. § 80 BetrVG macht es zur allgemeinen Aufgabe von Betriebsräten, die Beschäftigung älterer Arbeitnehmer im Betrieb zu fördern. Diesem Anspruch dient es, in Erfahrung zu bringen, wie ältere Arbeitnehmer*innen vom Einsatz von KI-Systemen betroffen sein werden:

1. Inwieweit berücksichtigt das System die altersbedingten Leistungsgrenzen jener Beschäftigten, die mit ihm in Interaktion treten?
2. Inwieweit berücksichtigt das KI-System die Leistungsgrenzen von Betroffenen, die durch das System disponiert werden?
3. Sind aus Referenzbetrieben Fälle der Altersdiskriminierung bekannt, die mit dem Systemeinsatz in Verbindung gebracht werden?
4. Werden die Beschäftigten unabhängig von ihrem Alter mit den Einsatzbedingungen des Systems vertraut gemacht?
5. Variiert die Mitarbeiterzufriedenheit bei Nutzern und Betroffenen in den gleichen Altersclustern nach dem Systemeinsatz stärker als vorher?

30.5 Kontaktförderlichkeit

»Im Grunde sind es immer wieder die Verbindungen mit Menschen, die dem Leben seinen Wert geben.« Diese Erkenntnis hat uns Wilhelm von Humboldt hinterlassen. Der Jenaer Soziologe Hartmut Rosa führt den rasanten Anstieg von Depressions- und Burnouterkrankungen darauf zurück, dass dem Menschen die Resonanz zu anderen Menschen im Zuge der Arbeitsverdichtung in den letzten Jahren zunehmend verloren gegangen ist.[476]

Spätestens in der Corona-Pandemie dürften viele von uns gemerkt haben, dass ein Rückgang persönlicher Kontakte während des Arbeitsprozesses Folgen für das eigene Wohlbefinden hat. Nachvollziehbar wird mit diesen Erfahrungen auch, warum die Enquetekommission Künstliche Intelligenz es als Gestaltungsziel für den KI-Einsatz formuliert hat, soziale Interaktion aufrechtzuerhalten und zu pflegen.[477]

Nachfolgende Fragen sollen dabei helfen, diesem Anspruch die nötige Aufmerksamkeit zu widmen:

1. Inwieweit wirkt sich die Systemeinführung auf soziale Interaktionen aus?
2. Binden die Schlussfolgerungen des KI-Systems im höheren Maße die Aufmerksamkeit der Beschäftigten als in der herkömmlichen Prozessgestaltung ohne KI-System?
3. Welche Folgen hat der Systemeinsatz für die sozialen Beziehungen zwischen den Beschäftigten und deren Interaktionen innerhalb oder außerhalb der eigenen Gruppe?
4. Nutzen die Beschäftigten nach dem Einsatz des KI-Systems digitale Techniken und Medien intensiver als vorher?
5. Steigen oder fallen Anforderungen an die Kommunikation jener Beschäftigten, die mit dem System arbeiten?
6. Verändern sich Kommunikationsarten, Kommunikationsintensität und Anzahl der Kommunikationspartner?
7. Hat der Einsatz des Systems Auswirkungen auf die bisherigen Möglichkeiten, gleichberechtigt und im konstruktiven Dialog Lösungen zu erarbeiten?
8. Beeinträchtigt die Systemnutzung die Möglichkeiten der Beschäftigten, einen sozialen Kontakt zum Team und zum innerbetrieblichen Informationsfluss aufrechtzuerhalten?
9. Bleibt mit dem Einsatz des KI-Systems eine direkte und arbeitsbezogene Kommunikation sowie der soziale Kontakt zwischen Arbeitnehmer*innen erhalten?

---

476 Hartmut Rosa (2016), Resonanz – Eine Soziologie der Weltbeziehung, Suhrkamp–Verlag, S. 78.

477 BT-Drs. 19/23700: Bericht der Enquete-Kommission Künstliche Intelligenz – Gesellschaftliche Verantwortung und wirtschaftliche, soziale und ökologische Potenziale, S. 309.

30.6 Belastungsminimierung

Nicht immer werden sich personelle Folgen durch den Einsatz von KI-Systemen vermeiden lassen. Für entsprechende Betriebsänderungen sehen die §§ 111 und 112 BetrVG eine Beteiligung des Betriebsrats auch bei der Einführung grundlegender Arbeitsmethoden und Fertigungsverfahren vor, ebenso wie bei grundlegenden Änderungen der Betriebsanlagen. Auch wenn wesentliche Arbeitsprozesse künftig auf lernende Maschinen gestützt werden, können derartige gesetzliche Handlungsmöglichkeiten genutzt werden, um einen Interessenausgleich herbeizuführen. Vorausschauend sollte bereits in der Einführungsphase von KI-Systemen danach gefragt werden, welche Art von Belastungen für Beschäftigte entstehen und wie diese minimiert werden können:

1. Wie wurde das Risiko drohender Arbeitsplatzverluste gemildert?
2. Mit welchen Maßnahmen sollen die negativen Wirkungen des KI-Einsatzes für Beschäftigte so gering wie möglich gehalten werden?
3. Wie wurden die Beschäftigten auf die Veränderung von Tätigkeiten vorbereitet?
4. Werden die vorhandenen Beschäftigten für den Umgang mit KI-Systemen oder den Einsatz in alternativen Aufgabengebieten qualifiziert?
5. Welche Anzahl von Personen kann von automatisierten Entscheidungen betroffen sein?
6. Müssen Beschäftigte umgesetzt werden, weil sie den geänderten Arbeitsanforderungen nicht mehr entsprechen können?
7. Welche Restrukturierungskosten werden voraussichtlich durch den Systemeinsatz ausgelöst? In welcher Dimension werden davon Mittel zur Belastungsminimierung verwendet?

31 Gute Arbeit

»Man kann sich des Eindrucks nicht erwehren, dass die Menschen gemeinhin mit falschen Maßstäben messen, Macht, Erfolg und Reichtum für sich anstreben und bei anderen bewundern, die wahren Werte des Lebens aber unterschätzen.«

Sigmund Freud

»›Gute Arbeit by design‹ ist ein Konzept des DGB und bezeichnet einen vorausschauenden Ansatz zur Arbeitsgestaltung im Kontext von autonomen Softwaresystemen. Beschäftigte und deren Interessenvertretungen sollen bereits bei der Konzeption neuer Systeme in die Planungen einbezogen werden und Mitbestimmungsrechte bei der Definition von Zielen erhalten. Der DGB empfiehlt, KI als Assistenzsysteme zu nutzen, um Arbeitsbelastungen zu reduzieren und gute Arbeit zu fördern.«[478] Die Enquetekommission Künstliche Intelligenz hat das Ziel »gute Arbeit by design« zum Gestaltungsziel erhoben und auch die betrieblichen Normsetzungsakteure aufgefordert, ihre Bemühungen auf dieses Ziel auszurichten.

Schon im November 2018 hatte zuvor die Bundesregierung erklärt, dass vor dem Hintergrund der Einführung von Systemen Künstlicher Intelligenz »die Strategien zur Gestaltung und weiteren Humanisierung von Arbeit neu« zu »justieren« seien.[479]

Die Gewerkschaft ver.di hat in ihrer Grundsatzerklärung definiert, was Gute Arbeit ausmacht:

»Alle haben das Recht auf gute Arbeit und gute Bildung. Gute Arbeit ist eine Arbeit, die Menschen ausfüllt, die sie fordert, die ihrer Tätigkeit einen Sinn gibt. Menschen brauchen Anerkennung, Wertschätzung und Respekt. Sie wollen ernst genommen, informiert, an Planungen und Entscheidungen beteiligt werden. Gute Arbeit fördert die Gesundheit und wahrt die Persönlichkeitsrechte. Sie entspricht dem Leistungsvermögen, den Fähigkeiten und den Fertigkeiten der Beschäftigten. Arbeit muss gut entgolten werden, auf die Interessen von Frauen und Männer gleichermaßen ausgerichtet und planbar sein und umfassende Teilhabe ermöglichen. Jeder Mensch hat das Recht auf ein Einkommen durch Arbeit, das ein Leben in Würde ermöglicht. […] Jedes Beschäftigungsverhältnis und auch die selbstständige Arbeit muss sozial abgesichert sein. […] Alle haben das Recht, über die Verteilung ihrer Arbeit mit-

478 BT-Drs. 19/23700: Bericht der Enquete-Kommission Künstliche Intelligenz – Gesellschaftliche Verantwortung und wirtschaftliche, soziale und ökologische Potenziale, S. 309.
479 Bundesregierung (November 2018): Strategie Künstliche Intelligenz, S. 25.

zubestimmen. Das Recht auf Zeitsouveränität schließt die soziale Sicherheit wie den Anspruch auf Zeit für die Tätigkeit außerhalb der Erwerbsarbeit ein.«[480]

Damit wird näher präzisiert, was Art. 31 der Europäischen Grundrechtecharta bereits zum Ausdruck bringt: »Jede Arbeitnehmerin und jeder Arbeitnehmer hat das Recht auf gesunde, sichere und würdige Arbeitsbedingungen.«

Arbeitsqualität misst der Deutsche Gewerkschaftsbund seit mehr als 15 Jahren mit dem »Index Gute Arbeit«. Der Index hat 11 Kriterien zur Arbeitsqualität definiert. Dafür wurden Beschäftigte danach gefragt, welche Faktoren für sie bedeutsam sind und was für sie gute Arbeit ausmacht. Regelmäßig werden in einer repräsentativen Befragung über alle Branchen hinweg Daten erhoben, die Aufschluss darüber geben, inwieweit im betrieblichen Alltag den von den Beschäftigten formulierten Ansprüchen entsprochen wird.

Zu den Faktoren der Arbeitsqualität gehören beim »Index Gute Arbeit« Gestaltungsmöglichkeiten, Entwicklungsmöglichkeiten, Betriebskulturen und die Sinnhaftigkeit der Arbeit. Arbeitszeitlagen spielen neben emotionalen und körperlichen Anforderungen und Arbeitsintensität gleichfalls eine Rolle. Wichtige Faktoren sind die Beschäftigungssicherheit und das Einkommen.

Nicht alle dieser Kriterien für die Arbeitsqualität werden unter dem Vertrauensfaktor »gute Arbeit« adressiert, den dieses Buch begründet. Auch bei den Vertrauensfaktoren »Ergonomie« und »Persönlichkeitsschutz« werden Teilaspekte der Arbeitsqualität zum Gegenstand dieses Qualitätsmodells gemacht. Die folgenden Fragestellungen nehmen sich spezifisch der Arbeitszeitsouveränität, dem Zugang zu den Arbeitsmitteln, der Mischarbeit und der Frage an, ob der KI-Einsatz die herkömmliche Arbeitserledigung erleichtert oder erschwert. Hinterfragt wird die Auswirkung des KI-Einsatzes auf den Wertstatus der Beschäftigten, also die eingruppierungsrelevanten Merkmale, die das Einkommen der Beschäftigten beeinflussen. Es wird die Frage aufgerufen, inwieweit der von KI ausgelöste Qualifizierungsbedarf in der qualitativen Personalplanung berücksichtigt wird und Elemente der Personalentwicklung mit dem Systemeinsatz verbunden werden. Die Frage, ob das System selbst lernförderlich ausgeprägt ist, wird ebenso gestellt, wie die Frage, ob die neuen, aus der Zusammenarbeit mit lernenden Maschinen resultierenden Aufgaben klar definiert sind. Auch wie der KI-Einsatz auf das Arbeitsklima wirkt, soll in Erfahrung gebracht werden.

Der DGB »Index Gute Arbeit« ist ein Dialoginstrument, um Betriebe, Branchen und Regionen hinsichtlich ihrer Arbeitsqualität miteinander zu vergleichen. Er soll Stärken und Schwächen im eigenen Betrieb aufzeigen und den Austausch über Gestaltungskonzepte erleichtern. Die gleiche Zielsetzung verfolgt dieses Praxishandbuch, auch mit den Fragen zum Vertrauensfaktor »Gute Arbeit«. Es geht darum, eine Kommunikationsbasis für den innerbetrieblichen Dialog zu schaffen, der darauf ausgerichtet ist, jene Ansprüche zu befriedigen, die bereits die alte Bundesregierung von 2018 in ihrer Strategie Künstliche Intelligenz for-

480 Vereinte Dienstleistungsgewerkschaft ver.di (März 2010): Grundsatzerklärung, S. 9 und 10.

muliert hatte: »Wir wollen dafür Sorge tragen, dass die Erwerbstätigen bei der Entwicklung von KI-Anwendungen in den Mittelpunkt gestellt werden.«[481]

31.1 Arbeitszeitsouveränität

Mehr Souveränität der Beschäftigten für die örtliche und zeitliche Arbeitserledigung ist in den letzten Jahren durch verschiedene Formen der Telearbeit möglich geworden. Laptops, Smartphones und Tablets boten spätestens seit der Corona-Pandemie beachtliche Spielräume für die Autonomie der Beschäftigten, ihre Arbeit auch aus der Ferne zu erledigen. Die Option, damit Familie und Beruf besser in Einklang zu bringen, wird von Arbeitnehmer*innen geschätzt. Sollten solche Möglichkeiten durch den Einsatz von KI-Systemen abgebaut oder ausgenutzt werden, würde dies der Arbeitsqualität schaden. Schädlich wäre auch, wenn KI die Arbeitsdisposition übernimmt und darüber gerade gewonnene Freiheitsrechte wieder verloren gehen. Es geht darum, die Autonomie der Beschäftigten zu schützen und nicht die Autonomie von Maschinen zu fördern. Die folgenden Fragen untersuchen die Wirkungen des KI-Einsatzes auf die Arbeitszeitsouveränität:

1. Welche Auswirkungen hat der Systemeinsatz auf die bisherige Arbeitszeitdisposition?
2. Wurden die Arbeitsanforderungen vollständig beschrieben und bieten sie Handlungsspielraum in der Erledigung?
3. Verstärkt oder vermindert das System zeitliche Freiheitsgrade bei der Aufgabenerledigung?
4. Disponiert das System die zeitliche Abfolge der Auftragserledigung durch Arbeitnehmer*innen, gibt es Inhalte oder Verhaltensnormen vor?
5. Haben die Beschäftigten das Gefühl, durch den Einsatz des Systems ständig erreichbar sein zu müssen?
6. Verändert der Einsatz des KI-Systems die Grenzen zwischen Arbeits- und Privatleben?

31.2 Zugang

Der Zugang zu den Arbeitsmitteln ist für Beschäftigte entscheidend. Sie sind im Gegensatz zu den übers Netz verlagerbaren Funktionen räumlich gebunden. Bei der Schließung von Betriebsstandorten wird dies offensichtlich. Die Frage ist, ob herkömmliche Zugänge zu den Arbeitsplätzen und Arbeitsmitteln auch trotz der Einführung eines KI-Systems erhalten bleiben. Vielleicht braucht es dafür einen

481 Bundesregierung, (November 2018): Strategie Künstliche Intelligenz, S. 9.

veränderten Benutzerservice oder andere Netzzugänge, um die Nützlichkeit der KI in Anspruch nehmen zu können:

1. Schränkt der Einsatz des KI-Systems die Möglichkeiten für Beschäftigte ein, alternierende Telearbeit, mobile Telearbeit oder mobile-working-Arbeitsformen zu verrichten?
2. Hat der Arbeitgeber die Absicht, nach dem Systemeinsatz weniger oder mehr Telearbeitsformen im Rahmen seiner Dispositionsmöglichkeit zuzulassen?
3. Kann das KI-System auch außerhalb der herkömmlichen Arbeitsplätze im Beschäftigungsbetrieb genutzt werden?
4. Stellt der Systemzugriff von Arbeitsplätzen aus, die nicht in herkömmlichen Betrieben verortet sind, zusätzliche Anforderungen hinsichtlich der IT-Sicherheit?
5. Haben die in mobilen Arbeitsformen Beschäftigten für Systemstörungen auch von zu Hause oder von unterwegs Zugriff auf einen Benutzerservice?

31.3 Mischarbeit

Monotonie zu vermeiden und eine ausgleichende Inanspruchnahme der Beschäftigten zu organisieren, ist ein Ziel der menschengerechten Arbeitsgestaltung. Die Integration unterschiedlicher Tätigkeiten mit unterschiedlichen Belastungsarten in einem Jobprofil ist ein Arbeitsorganisationsmodell, das darauf zielt, gesundheitliche Beeinträchtigungen zu minimieren. Inwieweit der Einsatz des KI-Systems förderlich oder schädlich für sogenannte Mischarbeit wirkt, sollte im Zuge der Einführung des Systems hinterfragt werden:

1. Führt das System zur Aufgabenerweiterung oder Aufgabenreduktion von Beschäftigten?
2. Stärkt oder schwächt der Einsatz des KI-Systems den Abwechslungsreichtum für Beschäftigte in der Aufgabenerledigung?
3. Führt das System zu Fehlbeanspruchungsfolgen durch eine Steigerung von Monotonie?
4. Verändern sich nach dem Systemeinsatz Optionen, wie bisher oder in größerem Maße Mischarbeitsplätze einzurichten?
5. Wie wirkt der KI-Einsatz auf den Wiederholungsgrad einzelner, immer gleicher Verrichtungen z. B. in Call- oder Servicecentern?

31.4 Arbeitserleichterung

Die Arbeit für die Beschäftigten zu erleichtern, das ist ein häufig formulierter Anspruch, der mit der Einführung von KI-Systemen verbunden wird. Ob dies praktisch realisiert werden kann, ist zum Zeitpunkt des Einkaufs eines Systems häufig nicht klar. Spätestens im Rahmen von Systemtests und beim Training von

KI-Systemen sollte untersucht werden, ob der Anspruch der Arbeitserleichterung erfüllt wird. Die nachfolgend aufgelisteten Fragen zielen darauf, in Erfahrung zu bringen, ob der Einsatz von lernenden Maschinen im Betrieb tatsächlich Nutzen für die Beschäftigten entfaltet:

1. Welche Vorteile ergeben sich durch den Einsatz des KI-Systems für die Firma, die Nutzer und die Betroffenen?
2. Wird das System mit Assistenz- oder Entscheidungsfunktion eingesetzt?
3. Erleichtert das KI-System die Erledigung von belastenden Routinetätigkeiten?
4. Werden mit dem Systemeinsatz geistig fordernde Aufgaben verstärkt oder vermindert angefordert?
5. Fallen vermehrt Vorgänge mit Multitasking-Anforderungen durch den Systemeinsatz an?
6. Laufen die Transaktionen zur Bedienung des Systems in den Umgangssprachen der Nutzer*innen ab?
7. Werden die Beschäftigten in den sicherheitstechnischen Prozessmerkmalen und den Möglichkeiten ergonomischer Nutzung unterwiesen?
8. Sind die Gebrauchsanweisungen prägnant, vollständig, korrekt und für die Nutzer relevant, zugänglich und verständlich?
9. Welche Unterstützungsleistungen stehen den Systemnutzern zur Verfügung, wenn sie Rat und Hilfe für die sachgemäße Bedienung des Systems oder Erklärungen hinsichtlich der Funktionsweisen brauchen?
10. Wie beurteilen die Beschäftigten ihre Stellung im Arbeitsprozess vor und nach dem Systemtest?

31.5 Wertstatus

Jobprofile beschreiben Tätigkeitsinhalte, Arbeitsanforderungen sowie Qualifikationsvoraussetzungen und korrespondieren mit der Eingruppierung und dem Einkommen von Beschäftigten. Sie sind in vielen Betrieben in ein Wertegerüst eingebettet, welches auch relevant für Karriere, Arbeitsplatzsuche und Beschäftigungswechsel ist.

Wird mit Einführung von KI-Systemen die bisherige Qualifikation und Tätigkeit von Beschäftigten entwertet, leidet der Wertstatus der Beschäftigten darunter. Negative Folgen für die berufliche Entwicklung bis hin zu drohendem Einkommensverlust wären vorgezeichnet. Eine Arbeitsanreicherung und abverlangte höhere Qualifikation oder ein Zuwachs an Verantwortung können hingegen positive Wirkung entfalten. Die nachfolgenden Fragen adressieren Aspekte rund um das Thema Wertstatus, unter anderem zu Entscheidungskompetenzen, der Berichtslinien, Qualifikationsanforderungen und des Schwierigkeitsgrades von Aufgaben:

1. Hat die Einführung des KI-Systems absehbare Folgen für den Wertstatus der Beschäftigten, für den Job-Profillevel, auf dem der/die Beschäftigte eingesetzt ist oder die beruflichen Entwicklungschancen?
2. Inwieweit verändern sich Struktur, Art der Aufgabenstellung und die Zusammensetzung verschiedener Teilaufgabenstellungen in einem Jobprofil?
3. Hat der Systemeinsatz unmittelbare Auswirkungen auf das Arbeitsentgelt, wie z. B. Grundeinkommen, variable Entgeltbestandteile oder bisherige Zulagen?
4. Welche Entscheidungsbefugnisse hatte der/die Beschäftigte vor dem Systemeinsatz z. B. hinsichtlich der Umsatz- und Kostenverantwortung, welche Entscheidungskompetenzen hat er/sie nach dem Systemeinsatz?
5. Verändern sich mit dem KI-Einsatz Berichtslinien oder Hierarchieebenen?
6. Werden veränderte Anforderungen an die Zusammenarbeit der Systemnutzer*innen mit anderen Funktionsträgern in derselben oder einer anderen Organisationseinheit gestellt?
7. Werden Aufgaben mit dem Einsatz des KI-Systems, die bisher von der Führungskraft wahrgenommen worden sind, künftig in den Aufgabenbereich der Beschäftigten verlagert?
8. Sind Wirkungen auf die fachliche oder personelle Führungsrolle absehbar?
9. Verändert sich die Anzahl der unmittelbar unterstellten Beschäftigten oder die Anzahl der Betroffenen, für die der Beschäftigte fachlich verantwortlich ist?
10. In welcher Hinsicht verändern sich Qualifikationsansprüche an die Beschäftigten mit dem Systemeinsatz?
11. Ändert sich das Anforderungsprofil hinsichtlich Schul-, Hochschul-, oder beruflicher Ausbildung?
12. Welche funktionsspezifischen Fachkenntnisse werden mit dem KI-Einsatz erforderlich, welche gehen ggf. verloren oder werden ersetzt?
13. Sind neben der Bedienungs- und Verantwortungsfähigkeit auch spezielle Berufserfahrungen in dem Funktionsbereich gefordert, in denen das KI-System eingesetzt wird?
14. Steigt oder fällt die Bandbreite der Anforderungen mit dem Einsatz des Systems?
15. In welcher Hinsicht verändern sich Anforderungen an das Denken und Handeln der Beschäftigten?
16. Sind Veränderungen im Schwierigkeitsgrad herkömmlicher Aufgaben zu erwarten?
17. Werden Kommunikationsanforderungen auf höherem oder geringerem qualitativem oder quantitativem Niveau gestellt?
18. Hat der Einsatz des Systems Auswirkungen auf die bisherigen Möglichkeiten, gleichberechtigt und im konstruktiven Dialog Lösungen zu erarbeiten?
19. Wie beurteilen die Beschäftigten, die am Testbetrieb teilgenommen haben, die Wirkung des Systemeinsatzes für den Schwierigkeitsgrad sowie die Selbstständigkeit ihrer Aufgabenwahrnehmung?

20. Wie werden Veränderungen bezüglich der Zusammenarbeit in den Kommunikationserwartungen von den Beschäftigten beurteilt, die an dem Testbetrieb teilnehmen?
21. Zieht das System Schlussfolgerungen für die Gewährung von sozialen Leistungen im Betrieb, die soziale Sicherheit oder die Versorgung der Beschäftigten mit internen Gütern und Dienstleistungen?

31.6 Personalentwicklung

Während beim Vertrauensfaktor Ergonomie die Wirkungen auf individuelle Änderungen von Qualifikationsanforderungen hinterfragt werden sollen, betrachtet der Indikator Personalentwicklung eher die kollektiven Konzepte, mit denen der KI-Einsatz begleitet wird. Hier stellen sich Fragen der qualitativen Personalplanung und Personalentwicklung. Systematisch sollte hinterfragt werden, welche Fähigkeiten und Fertigkeiten bei Anwendern, Verantwortungsträgern und bei Betroffenen durch den KI-Einsatz erforderlich werden und wie Qualifikationslücken planvoll geschlossen werden sollen. Konzeptionelle Ansätze sind gefragt, die nicht nur auf Bedienfähigkeiten beschränkt werden dürfen. Es geht darum, Systemzusammenhänge zu verstehen, den Kontext zu beherrschen, neu definierte Verantwortlichkeiten seriös wahrnehmen zu können und auch die technisch-organisatorischen Systembedingungen zu beeinflussen. Maschinelle Schlussfolgerungen müssen interpretiert und eingeordnet werden können. Es muss die Fähigkeit entwickelt werden, die Rechte der Betroffenen zu unterstützen. Dafür braucht es Personalentwicklung:

1. Wie werden den Arbeitnehmer*innen die für den Umgang mit dem KI-System erforderlichen Fähigkeiten und Fertigkeiten vermittelt?
2. Durch welche Maßnahmen wird den Beschäftigten ein Überblick und eine Einschätzung der Arbeitszusammenhänge gegeben, die mit dem Einsatz des KI-Systems verändert werden?
3. Welche Fähigkeiten und Kenntnisse werden auf Seiten der Anwender*innen der Software benötigt?
4. Welche funktionsspezifischen Fachkenntnisse werden mit dem KI-Einsatz erforderlich?
5. Wie wirkt das KI-System auf die herkömmliche qualitative und quantitative Personalplanung?
6. Welche Weiterbildungsmaßnahmen werden angeboten, um mögliche Qualifizierungsdefizite bei den Beschäftigten zur Bedienung des Systems zu schließen?
7. Wie lange dauert die Schließung von Qualifikationslücken zur Bedienung des Systems?
8. Welche Qualifikationslücken zur Übernahme der Verantwortung für die technisch-organisatorischen Rahmenbedingungen des Systems müssen geschlossen werden?

9. Welche Qualifizierungsangebote werden den Beschäftigten angeboten um Verantwortung für den Systembetrieb, die maschinellen Schlussfolgerungen oder dessen technisch-organisatorische Rahmenbedingungen zu übernehmen?
10. Sind neben der Bedienungs- und Verantwortungsfähigkeit auch spezielle Berufserfahrungen in dem Funktionsbereich gefordert, in denen das KI-System Unterstützung leistet?
11. Werden die Verantwortlichen für das technische System und die Verantwortlichen für die maschinellen Schlussfolgerungen hinsichtlich der Einhaltung ethischer Prinzipien und der Verpflichtungen auf die zum System festgelegten Regulationsvorgaben aus- und fortgebildet?
12. Durch welche Qualifikationsmaßnahmen wird sichergestellt, dass sich die Nutzer*innen des Systems nicht automatisch auf den System-Output verlassen oder zu sehr darauf vertrauen?
13. Wird die Einarbeitungszeit der Beschäftigten als ausreichend betrachtet?
14. Ist die Systembedienung bei Personalmangel, Krankheit oder Urlaub durch eine angemessene Anzahl qualifizierter Beschäftigter sichergestellt?
15. In welcher Periodizität werden die Schulungen/Einweisungen durchgeführt?

31.7 Lernförderlichkeit

Wenn lernende Maschinen dazulernen, Beschäftigte es aber nicht verstehen, entsteht Argwohn, aber kein Vertrauen. Wenn lernende Maschinen die Arbeit bereichern und Assistenz für Beschäftigte leisten sollen, sollten auch Beschäftigte mit der Verwendung des Systems dazulernen können. »Der Begriff Lernförderlichkeit stammt aus der Benutzerfreundlichkeit und Ergonomie. Lernförderlichkeit spielt in der Softwareergonomie eine wichtige Rolle und dient dort als Kriterium. Ein Dialog ist lernförderlich, wenn er den Benutzer beim Erlernen der Nutzung des interaktiven Systems unterstützt und anleitet. Die allgemeine geistige Flexibilität des Beschäftigten soll erhalten bleiben bzw. gefördert werden. Dazu müssen ihm Möglichkeiten geboten werden, seine berufliche Qualifikation zu erhalten bzw. weiterzuentwickeln. Dies setzt einerseits Arbeitsaufgaben und Arbeitsmittel voraus, die ausreichend komplex und gestaltbar sind, so dass sie es [...] erlauben, [...] Fähigkeiten, Fertigkeiten und Kenntnisse weiterzuentwickeln. Andererseits müssen [...] die notwendigen qualifikatorischen Voraussetzungen vermittelt werden, die [...] eine Beherrschung der Arbeitsaufgabe und der Arbeitsmittel ermöglichen.«[482]

482 Vgl. hierzu Wikipedia, »Lernförderlichkeit«, zuletzt abgerufen am 30.7.2021. Dort auch folgender Hinweis: »Der Begriff ›Lernförderlichkeit‹ ist in der Neufassung DIN EN ISO 9241-110 Interaktionsprinzipien durch ›Erlernbarkeit‹ ersetzt und mit anderen Inhalten belegt worden.« Er wird wegen seiner Prägnanz und Verbreitung von uns dennoch als Qualitätsindikator verwendet.

Transparenz und Nachvollziehbarkeit sind Ansprüche an KI-Systeme. Für die Nutzer korrespondieren diese Größen mit der Lernförderlichkeit des Systems und des dazugehörenden Kontextes. Nachfolgend einige Fragen zur Lernförderlichkeit von KI-Systemen, aber auch die Frage danach, ob die Qualifizierungsmaßnahmen, mit denen auf den Systemeinsatz vorbereitet wird, hinsichtlich des persönlichen Lernverhaltens individualisierbar sind. Soll mit unverständlichen Qualifizierungsmaßnahmen auf die Einführung hochkomplexer KI-Systeme vorbereitet werden, wird sich das gesamte Werkzeug als nicht sonderlich lernförderlich erweisen:

1. Ist die Systemsteuerung selbsterklärend und wirkt sie für die Beschäftigten sinnhaft?
2. Wurden den Arbeitnehmer*innen die für den Umgang mit dem KI-System erforderlichen Fähigkeiten und Fertigkeiten in einer Art und Weise vermittelt, die das Weiterlernen fördert?
3. Sind die Qualifizierungsmaßnahmen für die Nutzer des Systems hinsichtlich des individuellen Lernverhaltens individualisierbar?

31.8 Aufgabenklarheit

Mit der Einführung lernender Maschinen kann eine Veränderung von Verantwortlichkeiten und Aufgaben von Beschäftigten und deren Vorgesetzten verbunden sein. Klare Verantwortlichkeiten fordert schon die DSGVO und die Funktionsfähigkeit betrieblicher Prozesse verlangt danach, die Aufgaben klar zu beschreiben. Die folgenden Fragen zielen darauf in Erfahrung zu bringen, ob dem in der betrieblichen Praxis entsprochen wird:

1. Wie wird sichergestellt, dass die Personen, die Funktionen im Zusammenhang mit dem KI-Einsatz wahrnehmen, von den betrieblichen Vorgaben zum KI-System Kenntnis erhalten?
2. Wurden die Arbeitsanforderungen vollständig beschrieben und bieten Sie Handlungsspielraum in der Erledigung?
3. Welche Informationen wurden den Verantwortlichen für die Folgenabschätzung zur Verfügung gestellt?
4. Wie transparent ist die Funktionsweise des KI-Systems für die Verantwortlichen für die maschinellen Schlussfolgerungen?
5. Welche Rechenschaftspflichten haben die Systemverantwortlichen gegenüber der Geschäftsleitung?
6. Wird gegenüber den Betroffenen nachvollziehbar gemacht, welche Daten verarbeitet wurden, welche Programme und Systemelemente zum Einsatz kommen und wie diese organisatorisch in den Geschäftsprozess eingebunden sind?
7. Werden die Beschäftigten in den sicherheitstechnischen Prozessmerkmalen und den Möglichkeiten ergonomischer Nutzung unterwiesen?

8. Sind Vereinbarungen getroffen, die Zuständigkeiten abgrenzen, wenn mehrere Verantwortliche in die Verarbeitungstätigkeit involviert und gemeinsam verantwortlich sind? (Art. 26 DSGVO)
9. Wer trägt die Verantwortung für die technischen und administrativen Rahmenbedingungen des Systembetriebs?
10. Sind die Verantwortlichen über die Sanktionsfolgen der DSGVO aufgeklärt, die mit dem Betrieb des Systems verbunden sind? (Art. 82, 83 DSGVO)
11. Was folgt aus dem Einsatz von KI-Systemen für die Haftungsfragen im Arbeitsrecht?
12. Wer kommt bei unrichtigen Entscheidungen in der Interaktion von KI und Beschäftigten als Haftungsträger in Frage?
13. Wurden die Beschäftigten, die Schlussfolgerungen des Systems für Personalentscheidungen nutzen, von der Haftung für die Schlussfolgerungen befreit?
14. Gehen mit dem Systemeinsatz Veränderungen von Verantwortlichkeiten einher, die Beschäftigte als Belastung empfinden?
15. Mit welchen Mechanismen wurde überprüft, ob die Nutzer*innen des Systems oder die technisch und fachlich Verantwortlichen die entstehenden Risiken vollständig verstehen?
16. Sind die Nutzer*innen in der Lage und haben sie die Befugnis, Schlussfolgerungen des KI-Systems nicht zu verwenden oder das System außer Kraft zu setzen?

31.9 Arbeitsklima

Es ist leicht vorstellbar, dass Beschäftigte, deren Qualifikation durch den KI-Einsatz entwertet werden, deren Arbeitsplätze unsicherer werden, deren neues Verantwortungsspektrum sie überfordert oder deren Sozialkontakte eingeschränkt werden, sich kaum einen Nutzen von KI versprechen. Ihre Haltung zum KI-Einsatz ist aber entscheidend dafür, ob sich Vertrauen aufbauen kann oder nicht. Das kann sich im Arbeitsklima niederschlagen. Nachfolgende Fragen versuchen, die Wirkung des Systemeinsatzes auf das Arbeitsklima in Erfahrung zu bringen. Für wie verträglich halten die Beschäftigten die Anwendung hinsichtlich der bisher im Betrieb herrschenden kulturellen Gepflogenheiten? Wie wirkt der Systemeinsatz auf die Mitarbeiterzufriedenheit? Diese und andere Fragen sollten spätestens im Testbetrieb rückgekoppelt werden. Sie zu stellen, bietet auch Gelegenheit, die Beschäftigten bereits frühzeitig an der Systemeinführung zu beteiligen:

1. Wurde beurteilt, wie sich die Systemeinführung auf das Vertrauensverhältnis zwischen Arbeitgeber und Arbeitnehmer auswirkt?
2. Ist eine mögliche Intransparenz des Systems mit den kulturellen Gepflogenheiten in den bisherigen Prozessen verträglich?
3. Unterstützt das System den in der Firma verankerten Kulturanspruch an Fairness und Gerechtigkeit?

4. Wie bewerten die Beschäftigten vor und nach dem Testbetrieb ihre eigene Arbeitszufriedenheit?
5. Hat der Einsatz des Systems Auswirkungen auf die bisherigen Möglichkeiten, gleichberechtigt und im konstruktiven Dialog Lösungen zu erarbeiten?

32 Robustheit

»Wer das Morgen nicht bedenkt, wird Kummer haben, bevor das Heute zu Ende geht.«

Konfuzius

Art. 15 der Europäischen KI-Verordnung gibt vor: »Hochrisiko-KI-Systeme werden so konzipiert und entwickelt, dass sie ein angemessenes Maß an Genauigkeit, Robustheit und Cybersicherheit erreichen und in dieser Hinsicht während ihres gesamten Lebenszyklus beständig funktionieren.« Art. 32 DSGVO verlangt nach geeigneten, technischen und organisatorischen Maßnahmen, um ein dem Risiko angemessenes Schutzniveau zu gewährleisten. Für den Schutz personenbezogener Daten geht es dabei unter anderem um die Integrität und Verfügbarkeit der Daten und um die Belastbarkeit der Systeme. Es geht um die Fähigkeit, Daten wieder herzustellen und die Sicherheit der Verarbeitung zu gewährleisten.
Zum IT-Grundschutz zählt das Bundesamt für Sicherheit in der Informationstechnik Maßnahmen, die darauf ausgerichtet sind, das Risiko von Fehlverhalten, Manipulation, Datenverlust, unbefugter Datennutzung auch von Bedienfehlern zu minimieren.[483]
Die Datenschutzaufsichtsbehörden Deutschlands haben in einem »Positionspapier der DSK« am 6.11.2019 technisch-organisatorische Maßnahmen für die Entwicklung und den Betrieb von KI-Systemen empfohlen.[484] Es werden Gewährleistungsziele genannt, die sicherzustellen sind. Dazu zählen unter anderem Integrität, Vertraulichkeit und Verfügbarkeit personenbezogener Daten. Die diesen Zielen zugeordneten Maßnahmen sollen über den gesamten Lebenszyklus eines KI-Systems nachgehalten und darauf ausgerichtet werden, den regelgerechten Betrieb von KI-Systemen zu gewährleisten, vor Manipulation zu schützen, Möglichkeiten des unerwünschten Verhaltens einzugrenzen, Systemgüte sicherzustellen und unbefugte Zugriffe zu verhindern.
Die deutsche Normungsroadmap 1[485] verweist auf die vielfältigen »Normen, Standards sowie Gesetze und Regulierungen zum Thema Sicherheit, IT-Sicherheit (IT Security)«, ebenso auf »Normen und Standards zur Risikoermittlung

---

483 *https://www.bsi.bund.de/SharedDocs/Downloads/DE/BSI/Grundschutz/sonstiges/Informationssicherheit_mit_System.pdf?__blob=publicationFile&v=3*, zuletzt abgerufen am 23.10.2021.

484 DSK (6.11.2019): Positionspapier der unabhängigen Datenschutzaufsichtsbehörden des Bundes und der Länder zu empfohlenen technischen und organisatorischen Maßnahmen bei der Entwicklung und dem Betrieb von KI-Systemen.

485 DIN/DKE (November 2020): Deutsche Normungsroadmap – Künstliche Intelligenz, S. 99ff.

und -behandlung«. Die Roadmap empfiehlt die Vielzahl der bereits existierenden Orientierungsvorgaben, um KI-Spezifika zu erweitern, damit entsprechende Konformitätsprüfungs- und Zertifizierungsverfahren auch Sicherheit beim Umgang mit lernenden Maschinen geben können. Kritikalitätsstufen sollen mit IT-Sicherheit verbunden, Sicherheitskriterien für Trainingsmethoden verbreitet werden. Eine Anlage der Normungsroadmap gibt einen Überblick über laufende Normungs- und Standardisierungsverfahren zu KI.[486] Es ist im Sinne einer vertrauenswürdigen KI gewiss sinnvoll, wenn das Normungsgeschehen in der Zukunft die Besonderheiten lernender Maschinen aufgreift. Gleichwohl bleibt Künstliche Intelligenz ein IT-System und für IT-Systeme existieren bereits Normen, Standards und Vorgaben.

Der Anhang zur Arbeitsstättenverordnung hebt beispielsweise mit Ziffer 6.5 auf die gesundheitsgerechte Gestaltung von Bildschirmarbeit ab und gibt vor, dass IT–Systeme »eventuelle Fehler bei der Handhabung beschreiben und eine Fehlerbeseitigung mit begrenztem Arbeitsaufwand erlauben« müssen.

Auch die Normreihe DIN EN ESO 9241 nimmt sich diesem Anspruch an. In Teil 110 dieser Norm werden Grundsätze der Dialoggestaltung formuliert. Kriterien für Softwareergonomie sind hiernach u. a. Erwartungskonformität und Fehlertoleranz. Diese Elemente tragen wiederum zur Robustheit von KI-Systemen bei.

Die ISO/TEC Norm 27001 zielt auf die Verbesserung der Informationssicherheit beim Betrieb von IT-Systemen. Sie gibt Anforderungen und Zielsetzungen zur Informationssicherheit vor und schafft die Basis für eine Zertifizierung der IT-Sicherheit oder eine Auditierung der internen Sicherheitsrichtlinien von Unternehmen. Ihre Intentionen spielen auch für KI-Systeme eine Rolle.

Auch im KI-Lagom-Qualitätsmodell sollen Faktoren der Robustheit lernender Maschinen adressiert werden, allerdings nicht in der Tiefe, wie dies bereits in der existierenden Normenlandschaft erfolgt. Näher beleuchtet werden die Elemente Fehlertoleranz, Missbrauchsschutz, Erwartungskonformität, Manipulationssicherheit und Sicherheitsmaßnahmen.

KI-Systeme ohne Sicherheitsmaßnahmen in den Betrieben einzuführen, wäre rechtlich nicht nur unzulässig, es wäre auch äußerst gefährlich. Wenig sinnhaft wäre es, KI-Systeme zu regulieren, aber die damit verbundenen technisch-organisatorischen Prozesse nicht vor Missbrauch zu schützen. Unlegitimierte Einflussnahme könnte dann jede gut gemeinte Vorgabe aushebeln.

32.1 Fehlertoleranz

Nach den Grundsätzen der Dialoggestaltung ist ein Dialog dann fehlertolerant, »wenn das beabsichtigte Arbeitsergebnis trotz erkennbar fehlerhafter Eingaben

486 Ebenda: S. 164–170, *https://www.din.de/resource/blob/772438/6b5ac6680543eff9fe372603514be3e6/normungsroadmap-ki-data.pdf.*

entweder mit keinem oder minimalem Korrekturaufwand seitens des Benutzers erreicht werden kann.«[487] Da KI-Systeme oft teilautonom maschinelle Schlussfolgerungen liefern sollen, ist es nicht nur bedeutsam, die Möglichkeit für Bedienfehler zu minimieren. Notwendig ist es auch, darauf Einfluss zu nehmen, ob und inwieweit das System selbst fehlerhafte Schlussfolgerungen liefern kann. Maschinelle Fehler sollten so gering wie möglich gehalten werden. Sie sollten zumindest eine definierte Toleranzschwelle nicht überschreiten. Bedienfehler sollten transparent gemacht werden und korrigierbar sein, um dem Anspruch auf Fehlertoleranz zu genügen:

1. Zu welchem prozentualen Anteil, werden fehlerhafte Schlussfolgerungen des KI-Systems in Kauf genommen?
2. Nach welchen Maßstäben wurde die Robustheit und Genauigkeit des Systems beurteilt?
3. Wie wird die Zuverlässigkeit von KI-Systemen, die unbeaufsichtigt lernen, gewährleistet?
4. Erhalten die Beschäftigten zuverlässige, zutreffende und verständliche Fehlermeldungen?
5. Wurde gemeinsam mit den Beschäftigten in der Testphase untersucht, ob das KI-System Fehlhandlungen begünstigt oder dazu beiträgt, diese zu vermeiden?
6. Wird im Testbetrieb die Häufigkeit gemessen, in der die Beschäftigten Fehlfunktionen des Systems oder instabile Systemzustände wahrnehmen?
7. Wurde im Rahmen des Testbetriebs untersucht, ob die Beschäftigten, die das System bedienen, dieses als zuverlässig oder als unzuverlässig wahrnehmen?

32.2 Missbrauchsschutz

Missbrauchsschutz nimmt sich der Risiken an, die aus regelwidrigen Schlussfolgerungen erwachsen können. Zu tiefes Vertrauen in die maschinellen Schlussfolgerungen ist ein solches Risiko. Ein anderes ist die Möglichkeit, zweckwidrige und unsachgemäße Schlussfolgerungen zu erzeugen oder zu nutzen. Für die Minimierung entsprechender Risiken gibt es zahlreiche Maßnahmen, z. B. Protokollierungsfunktionen, die Nutzung der Möglichkeiten, die das Hinweisgeberschutzgesetz bietet oder die Betroffenenrechte nach der DSGVO.

Die folgenden Fragen zielen darauf ab, in Erfahrung zu bringen, inwieweit und wodurch in den Betrieben vor regelwidrigen Schlussfolgerungen geschützt werden soll:

487 Ergo-online, zuletzt abgerufen am 23.10.2021 (*https://www.ergo-online.de/ergonomie-und-gesundheit/software/dialoggestaltung/grundsaetze-der-dialoggestaltung-nach-din-en-iso-9241-110/grundsaetze-der-dialoggestaltung-nach-din-en-iso-9241-110*).

1. Welche Art von Erkennungs- und Reaktionsmechanismen sind etabliert, um zu beurteilen, ob ein selbstlernendes KI-System sich abseits von ursprünglichen Zielen, Zwecken und Erwartungen entwickelt?
2. Welche Vorkehrungen verhindern, dass den Schlussfolgerungen des KI-Systems im Rahmen der Arbeitsprozesse übermäßig und unsachgemäß vertraut wird?
3. Was sind relevante Risikoquellen für einen missbräuchlichen, zweckwidrigen oder unsachgemäßen Einsatz des KI-Systems?
4. Durch welche technisch-organisatorischen Maßnahmen wird sichergestellt, dass Ergebnisse nicht zweckwidrig oder durch Unbefugte verwendet werden?
5. An wen werden die Auswertungen und Schlussfolgerungen des KI-Systems übermittelt? Haben Dritte die Berechtigung, Daten abzurufen oder einzuspeisen? Sind sie mit den Risiken vertraut?
6. Wie werden die Schlussfolgerungen des KI-Systems vor unbefugter Manipulation geschützt?
7. Wer kommt bei unrichtigen Entscheidungen in der Interaktion von KI und Beschäftigten als Haftungsträger in Frage?
8. Ist ein den Beschäftigten bekanntes Hinweisgeber-Verfahren eingeführt?
9. Wie ist der Schutz des Hinweisgebers und der Meldungen im Whistleblowing-Verfahren geregelt?
10. Ist ein Verfahren zur Realisierung der Betroffenenrechte eingerichtet?
11. Sind Beschwerden der Betroffenen im Zusammenhang mit der Ausübung der Betroffenenrechte in das Beschwerdemanagement integriert bzw. ist ein Verfahren zur Bearbeitung der Beschwerden eingerichtet?
12. Auf welche Weise ist bei Beschwerden der Betroffenen der Datenschutzbeauftragte beteiligt?
13. Erlaubt das System eine automatische Aufzeichnung von Ereignissen (Logs) während des Betriebs?
14. Wird im Rahmen der Protokollierungsfunktionen der Zeitpunkt der Verwendung des Systems aufgezeichnet und wird eine Referenzdatenbank geführt, mit der die Eingabedaten vom System überprüft wurden?
15. Ist eine interne Revision eingerichtet, die auch IT-sicherheitsrelevante Themen überprüft?

32.3 Erwartungskonformität

Ein Dialog mit einem IT-System ist dann erwartungskonform, »wenn er aus dem Nutzungskontext heraus vorhersehbaren Benutzerbelangen sowie allgemein anerkannten Konventionen entspricht«, definiert die DIN 9241 Teil 10. Ob der Dialog mit einem KI-System und die Schlussfolgerungen der lernenden Maschinen den Erwartungen entsprechen, das sollte beim Training des KI-Systems überprüft werden. Auch in der Systemevaluation während des laufenden Betriebseinsatzes gehört die Erwartungskonformität auf die Prüfliste. Schließlich lernen KI-Systeme dazu und entwickeln sich fort. In Abhängigkeit von der Methode, mit dem ein KI-System lernt, ergeben sich unterschiedlich stark ausgeprägte Risiken dafür, ob eine Anwendung von der ursprünglichen Ziel- und Zweckbestimmung abweicht:

1. Wer hat nach welchen Kriterien beurteilt, ob die Schlussfolgerungen des Systems erwartungskonform und die Ergebnisse für die Betroffenen nachvollziehbar sind?
2. Nutzt das KI-System ein Verfahren des überwachten, des unüberwachten oder des bestärkenden Lernens?
3. Kommen neuronale Netzwerke zum Einsatz?
4. Wie wird die Erwartungskonformität von KI-Systemen, die unbeaufsichtigt lernen, gewährleistet?
5. Gibt es Experimentier-, Trainings- und Testphasen während der Einführung?
6. In welchem Maß hat sich das System im Testbetrieb als gebrauchstauglich und erwartungskonform erwiesen?
7. Nach welchen Verfahren werden die Ergebnisse des KI-Systems als angemessen, korrekt und hilfreich beurteilt?
8. Hat sich im Testbetrieb gezeigt, dass das System nachvollziehbare und hilfreiche Schlussfolgerungen zieht?
9. Wie wird beim Test des KI-Systems geprüft, ob das System zweckfremde oder unerwünschte Eigenschaften aufweist?
10. Wie wird im laufenden Betrieb des Systems sichergestellt, dass das System keine zweckfremden oder unerwünschten Eigenschaften entwickelt?
11. Welche Eigenarten, Funktionselemente und Folgen durch den KI-Einsatz werden einer Systemevaluation ausgesetzt?
12. Wodurch wird während und nach Systemveränderungen, Releasewechseln und Funktionsänderungen der regelgerechte Betrieb des Systems sichergestellt?
13. Durch welche Mechanismen werden die Aufgabenangemessenheit und Erwartungskonformität in der Bedienerführung getestet?

32.4 Manipulationsfestigkeit

Menschliche Entscheidungsträger zu manipulieren, gilt zumindest als anrüchig. Wird Druck ausgeübt, kann das sogar strafbewehrt sein. Wenn wir Entscheidungen oder Schlussfolgerungen Maschinen überlassen, sollten wir auch Vorkehrungen treffen, mit denen maschinelle Schlussfolgerungen vor unautorisierter Einflussnahme und vor Manipulation geschützt werden. Folgende Fragen zielen darauf ab, in Erfahrung zu bringen, inwieweit der Schutz vor unautorisierter Einflussnahme ernst genommen wird:

1. Wie werden die Komponenten des KI-Systems vor unbefugter Manipulation geschützt?

2. Durch welche Maßnahmen wurde das KI-System gegenüber Datenverunreinigung, Manipulation und Cyberangriffen geschützt?
3. Wurde die Robustheit des Systems zertifiziert? Wenn ja, nach welcher Qualitätsnorm?
4. Wurde ein Überwachungsmechanismus eingerichtet, mit dem protokolliert wird, wann, wo, wie, von wem und zu welchem Zweck ein Datenzugriff erfolgte?
5. Wo liegt nach Einschätzung der Beteiligten an der Datenschutzfolgenabschätzung die größte Verwundbarkeit des Systems?
6. Was sind relevante Risikoquellen für einen missbräuchlichen, zweckwidrigen oder unsachgemäßen Einsatz des KI-Systems?
7. Durch welche technisch-organisatorischen Maßnahmen wird sichergestellt, dass Ergebnisse nicht zweckwidrig oder durch Unbefugte verwendet werden?
8. Sind Onlineverbindungen zu einem Hersteller oder Betreiber des KI-Systems vorgesehen, der außerhalb des Wirkungsbereiches der DSGVO ansässig ist?
9. Wer hat die Software erstellt und welche Komponenten wurden von Dritten übernommen?
10. Wurde zur Gewährleistung der Verfügbarkeit und der Eingrenzung von Missbrauchsmöglichkeiten den Empfehlungen des IT-Grundschutzkatalogs des Bundesamtes für Sicherheit in der Informationstechnik gefolgt?

32.5 Sicherheitsmaßnahmen

Art. 32 DSGVO gibt zum Schutz personenbezogener Daten vor: »Unter Berücksichtigung des Stands der Technik, der Implementierungskosten und der Art, des Umfangs, der Umstände und der Zwecke der Verarbeitung sowie der unterschiedlichen Eintrittswahrscheinlichkeit und Schwere des Risikos für die Rechte und Freiheiten natürlicher Personen treffen der Verantwortliche und der Auftragsverarbeiter geeignete technische und organisatorische Maßnahmen, um ein dem Risiko angemessenes Schutzniveau zu gewährleisten.« Die technisch-organisatorischen Sicherheitsmaßnahmen werden in der Fachsprache TOM genannt. Diese werden von den Datenschutzaufsichtsbehörden in deren »Standard-Datenschutzmodell«[488] und in einem Positionspapier[489] eingefordert. Die nachfolgenden Fragestellungen wollen die Güte der TOM und ihre Angemessenheit hinterfragen:

488 DSK, Konferenz der unabhängigen Datenschutzaufsichtsbehörden des Bundes und der Länder (April 2020): SDM Standard Datenschutzmodell, Eine Methode zur Datenschutzberatung und – Prüfung auf Basis einheitlicher Gewährleistungsziele.

489 DSK (6.11.2019): Positionspapier der unabhängigen Datenschutzaufsichtsbehörden des Bundes und der Länder zu empfohlenen technischen und organisatorischen Maßnahmen bei der Entwicklung und dem Betrieb von KI-Systemen.

1. Mit welchen technischen und organisatorischen Maßnahmen wurden die Risiken des KI-Systems minimiert?
2. Was sind die Maßstäbe dafür, nach denen die Systemverantwortlichen die technisch-organisatorischen Maßnahmen für angemessen und ausreichend halten?
3. Welche Art von Erkennungs- und Reaktionsmechanismen sind etabliert, um zu beurteilen, ob ein selbstlernendes KI-System sich abseits von ursprünglichen Zielen, Zwecken und Erwartungen entwickelt?
4. Durch welche technisch-organisatorischen Maßnahmen der IT-Sicherheit wird sichergestellt, dass Unbefugte nicht die Produktion, Speicherung oder Übermittlung der Rohdaten beeinflussen können?
5. Sind technisch-organisatorische Maßnahmen zunächst für risikoadäquat gehalten worden, die dann aus finanziellen Erwägungen zurückgestellt werden mussten?
6. Für welche Fehlanwendungen wurden welche Sicherungsmaßnahmen ergriffen?
7. Mit welchen Mechanismen wird die Widerstandsfähigkeit des Systems gegenüber Versuchen Dritter getestet, durch Ausnutzung von Systemschwächen Veränderungen in den Schlussfolgerungen herbeizuführen?
8. Wurden Maßnahmen zum Schutz der Privatsphäre ergriffen, z. B. durch Verschlüsselung, Anonymisierung und Pseudonymisierung?
9. Wurde ein Überwachungsmechanismus eingerichtet, mit dem protokolliert wird, wann, wo, wie, von wem und zu welchem Zweck ein Datenzugriff erfolgte?
10. Wird im Rahmen der Folgenabschätzung der Nachweis erbracht, dass die DSGVO eingehalten wird? (Art. 35 Abs. 7d DSGVO)
11. Werden Rahmenwerke für die IT- und Informationssicherheit angewendet, ggf. welche?
12. Sind die zur Sicherheit der Daten eingerichteten technischen und organisatorischen Maßnahmen aktuell und dokumentiert?
13. Stellt der Systemzugriff von Arbeitsplätzen aus, die nicht in herkömmlichen Betrieben verortet sind, zusätzliche Anforderungen hinsichtlich der IT-Sicherheit? Wie werden sie erfüllt?
14. Wurden die Beschäftigten im Rahmen der Anwendungsqualifizierung über die Sicherheit an Bedienplätzen für das KI-System unterwiesen?
15. Ist sichergestellt, dass bei KI-Systemen mit hohem Risiko Entscheidungen des Systems durch zwei natürliche Personen überprüft und bestätigt werden, bevor diese umgesetzt werden?
16. Welches Qualitätsmanagementsystem haben die Anbieter des KI-Systems eingerichtet?
17. In welchen Zeitintervallen werden technisch-organisatorische Maßnahmen evaluiert, um ihre Wirksamkeit zu überprüfen? (Art. 24 Abs. 1 Satz 2, 32 Abs. 1 Satz 1 DSGVO)
18. Ist eine interne Revision eingerichtet, die auch IT- und sicherheitsrelevante Themen überprüft?

33 Risikoangemessenheit

»Nichts geschieht ohne Risiko, aber ohne Risiko geschieht auch nichts.«

Sprichwort

»Ein Blick auf die Gesetze im Risikomanagementumfeld verraten die scheinbar grenzenlose Welt – rund 2000 Gesetze und etwa 3500 Verordnungen mit rund 77000 Artikeln und Paragrafen allein in Deutschland. Ein Blick auf die Gesetze, Normen und Standards zum Risikomanagement zeigt eine große Bandbreite an Handlungsleitlinien, die Organisationen in allen Branchen und Größen zur Verfügung stehen und allein im deutschsprachigen Raum greifen oder in Krafttreten. [...] Hierzu zählen branchen- und themenspezifische Regelungen, wie die Vorgaben des Bundesamtes für Sicherheit in der Informationstechnik (BSI) oder die internationalen Regelwerke ISO 17799 zur Informationssicherheit.«[490]

Für KI-Anwendungen gibt Artikel 9 der Europäischen KI-Verordnung vor: »Für Hochrisiko-KI-Systeme wird ein Risikomanagementsystem eingerichtet, angewandt, dokumentiert und aufrechterhalten. Das Risikomanagementsystem versteht sich als ein kontinuierlicher iterativer Prozess, der während des gesamten Lebenszyklus eines Hochrisiko-KI-Systems geplant und durchgeführt wird und eine regelmäßige systematische Überprüfung und Aktualisierung erfordert.«
Die ISO-Norm 12100 beschreibt Schritte zur Bewertung von Risiken einer Maschine und legt Strategien und Leitsätze zur Risikobeurteilung vor. Ein Vorgehensmodell, Risiken einzuschätzen, zu bewerten, zu klassifizieren und sie dann zu bewältigen, geht ebenfalls aus dieser Norm hervor.
Einen umfassenden Überblick über die Vielfalt von Gesetzen, Normen und Standards, die zur Risikobewertung von KI-Systemen herangezogen werden können, gibt schon die deutsche Normungsroadmap 1.[491] Sie nennt unter anderem die ISO 31000, die für das Risikomanagement Leitlinien gibt, und verweist auf die ISO/IEC 27001 zum Risikomanagement der IT-Security, sowie die ISO/IEC 29134 zur Datenschutzfolgenabschätzung.[492] In der Normungsroadmap wird von weiteren laufenden Normungs- und Standardisierungsanstrengungen zu KI berichtet, unter anderem zu KI-Risikomanagement, KI-Training und KI-Sicherheitstests.[493]

---

490 Frank Romeike (2018): Risikomanagement, Springer-Gabler-Verlag, S. 20, 21.
491 DIN/DKE (November 2020): Deutsche Normungsroadmap – Künstliche Intelligenz.
492 Ebenda: S. 113ff.
493 Ebenda: S. 164ff.

»Mit der ISO-Norm 31000 zielen die Protagonisten darauf, Risikomanagement mit bestehenden Managementsystemen zu verbinden und ein aktives und vorbeugendes Risikokontrollsystem zu etablieren.«[494] Auch das Risikomanagement entsprechend dem ISO Standard 31000 stellt darauf ab, Risiken zu identifizieren, zu analysieren, zu bewerten und zu steuern. Dieses iterative Model wurde auch dem KI-Lagom Modell zugrunde gelegt und in die Qualitätsfaktoren Risikoeinschätzung, Risikobewertung, Risikoklassifizierung und Risikobewältigung übersetzt. Diese Faktoren wurden um ein Qualitätsmerkmal ergänzt, das die Datenethikkommission empfohlen hatte und das von zahlreichen anderen Institutionen aufgegriffen wird. »Die Datenethik-Kommission für Künstliche Intelligenz sieht u. a. die Sicherheit und Robustheit einer KI als wesentliche Voraussetzung an und stellt Stufen einer Kritikalität als Pyramide vor.«[495] Dem folgt die »Einordnung in Kritikalitätsstufen«. Dieser Qualitätsfaktor erlaubt es, neben den Risiken auch die Nützlichkeit von KI-Systemen in das Bewertungssystem zu integrieren und so den Kritikalitätsstufen einen nach Verhältnismäßigkeit differenzierten Ordnungsrahmen zu hinterlegen.
Die Risikobeurteilung und -klassifikation ist eine wesentliche Phase bei der Einführung von KI-Systemen im Betrieb. Dies wird in Kapitel 21.5 dieses Handbuches ausführlich beschrieben. Dem Risikomanagement dient auch die Datenschutzfolgenabschätzung nach § 35 DSGVO (siehe hierzu Kapitel 21.4) und die Gefährdungsbeurteilung nach dem Arbeitsschutzgesetz (siehe Kapitel 21.7).
Die Europäische KI-Verordnung setzt in Art. 95 den Anspruch, dass die Normsetzungsakteure in den Betrieben freiwillig die Anforderungen an KI-Systeme mit hohem Risiko auch für andere KI-Systeme zur Anwendung bringen. Für besonders risikoreich hält sie Systeme, die nach der Grundrechtecharta geschützte Rechte beeinträchtigen können. Für sie soll ein Risikomanagementsystem aufgebaut werden. In der Anlage III der Verordnung werden KI-Systeme gelistet, die als Hochrisikoanwendungen gelten. Im Arbeitsleben sind dies KI-Systeme zur Personalauswahl oder zur Entscheidung über Karrierewege. Auch Anwendungen, die über den Zugang von Personen zu Bildungs- und Berufsbildungseinrichtungen bestimmen, zählen dazu.
Gängige Praxis zum Risikomanagement ist die Beurteilung von Risikodimensionen und Risikoeintrittswahrscheinlichkeiten. Die Risiken werden in der Praxis bearbeitet, in dem versucht wird, sie zu vermeiden, zu vermindern, zu begrenzen oder zu versichern.[496]

494 Frank Romeike, (2018): Risikomanagement, Springer-Gabler-Verlag, S. 20, 21.
495 DIN/DKE (November 2020): Deutsche Normungsroadmap – Künstliche Intelligenz, S. 102; siehe auch Kapitel 7.2 und 21.5 dieses Buches.
496 Frank Romeike (2018): Risikomanagement, Springer-Gabler-Verlag, S. 45.

33.1 Risikoeinschätzung

Art. 9 Abs. 2 der Europäischen KI-Verordnung verlangt nach einem Risikomanagement, das hinsichtlich der Risikoeinschätzung folgende Schritte umfasst: die Ermittlung und Analyse der bekannten und vernünftigerweise vorhersehbaren Risiken, die vom Hochrisiko-KI-System für die Gesundheit, Sicherheit oder Grundrechte ausgehen können, wenn es entsprechend seiner Zweckbestimmung verwendet wird; die Abschätzung und Bewertung der Risiken, die entstehen können, wenn das Hochrisiko-KI-System entsprechend seiner Zweckbestimmung oder im Rahmen einer vernünftigerweise vorhersehbaren Fehlanwendung verwendet wird.

Eine Einschätzung des Risikos verlangt die DSGVO mit der Datenschutzfolgenabschätzung und auch das Arbeitsschutzrecht. Die Einschätzungen sollten sich des Risikos für materielle und immaterielle Schäden bei betroffenen Personen, aber auch der Schadenspotenziale für den Betrieb annehmen, sowie die jeweilige Eintrittswahrscheinlichkeit beurteilen. Risikoeinschätzung dient der Feststellung möglicher Risikoquellen und deren Erstbeurteilung. Für deren Einschätzung sollten mindestens Risiken betrachtet werden, die in der Gesetzes- und Normenlandschaft bereits benannt sind.

Nachfolgende Fragestellungen gehen in weiten Teilen auf die Europäische KI-Verordnung zurück. Daraus können Qualitätsansprüche und Charakteristika zur Risikobeurteilung abgeleitet werden:

1. Welche Art von Folgenabschätzung wurde bereits durchgeführt oder ist geplant?
   - Grundrechte-Folgenabschätzung
   - Datenschutzfolgenabschätzung
   - Gefährdungsbeurteilung entsprechend dem Arbeitsschutzrecht
   - Folgenabschätzung nach der Betriebssicherheitsverordnung
   - Prüfung vorbeugender Maßnahmen zur Vermeidung von Diskriminierungen entsprechend dem AGG
2. Welche Instanzen werten die durchgeführten Folgenabschätzungen nach welchen Beurteilungskriterien durch?
3. Wurde ein Verfahren zur Messung und Bewertung von Risiken und Sicherheit eingeführt?
4. Wurden bereits im Planungsprozess mögliche Risiken für den Systembetrieb identifiziert und bewertet?
5. Wurden entsprechend Erwägungsgrund Nr. 75 der DSGVO die potenziellen psychischen, materiellen und immateriellen Schäden ermittelt, eingeordnet und minimiert?
6. Welche neuen Risiken durch den KI-Einsatz entstehen für das Unternehmen einerseits und die betroffenen Personen andererseits?
7. Von welchen Fehlanwendungen des Systems wird ausgegangen?
8. Haben die Entscheidungsträger, die den Kauf des Systems verantworten, einen Einblick in die Funktionsmechanismen und Algorithmen des eingekauften KI-Systems und in dessen Logik?

9. Wurden die Folgen von Fehlfunktionen für Reputation und Firmenwert beurteilt?
10. Wie wird der potenzielle monetäre Schaden oder Rufschaden, den das System verursachen könnte, für den Betrieb oder für die Persönlichkeitsrechte der Betroffenen finanziell maximal beziffert?
11. Welche Maßstäblichkeit wurde genutzt, um die Eintrittswahrscheinlichkeit und die Schwere eines Risikos für die Rechte und Freiheiten der betroffenen Personen zu beurteilen?
12. Wie werden Risiken hinsichtlich der Rechte und Freiheit der betroffenen Personen beurteilt?
13. Wird das KI-System für die biometrische Identifikation natürlicher Personen aus der Ferne verwendet?
14. Wird das KI-System dazu eingesetzt, den Zugang natürlicher Personen zu Bildungs- und Berufsbildungseinrichtungen zu bestimmen oder diese ihnen zuzuweisen?
15. Ist das KI-System zur Beurteilung von Teilnehmern an Maßnahmen der beruflichen Bildung bestimmt?
16. Wird das System für die Einstellung oder Auswahl von natürlichen Personen eingesetzt, insbesondere für die Ausschreibung freier Stellen, das Screening oder Filtern von Bewerber*innen und/oder die Bewertung von Bewerber*innen im Rahmen von Vorstellungsgesprächen oder Tests?
17. Ist das System dazu bestimmt, Entscheidungen über die Beförderung und Beendigung von arbeitsbezogenen Vertragsverhältnissen herbeizuführen?
18. Wird das System eingesetzt, um Aufgaben zuzuweisen sowie die Leistung und das Verhalten von Personen im Beschäftigungsverhältnis zu überwachen oder zu bewerten? (Anlage III EU VO)
19. Wird mithilfe des Systems über die Inanspruchnahme von Unterstützungsleistungen zugunsten der Beschäftigten entschieden?
20. Wird mittels des Systems die Kreditwürdigkeit von Kunden und/oder Beschäftigten beurteilt?
21. Wird das System für die Disposition oder die Festlegung von Prioritäten bei Notfalldiensten und medizinischer Hilfe eingesetzt?
22. Wird das System zur Erkennung eines emotionalen Zustands einer natürlichen Person verwendet?
23. Wird das System verwendet, um Gesundheitsrisiken der Beschäftigten zu beurteilen?
24. Kommt das System zum Einsatz, um für Entscheidungen zugunsten oder zulasten der Beschäftigten Fakten und Gesetze auszulegen?
25. Wird das System zur Bestimmung der Zugehörigkeit von Personen zu sozialen Kategorien auf Grundlage biometrischer Daten eingesetzt?
26. Berühren die Schlussfolgerungen, die das KI-System ziehen soll, die Achtung der Menschenwürde, der Freiheit, der Gleichheit, der Demokratie und der Rechtsstaatlichkeit, das Recht auf Nichtdiskriminierung, den Datenschutz, den Schutz der Privatsphäre sowie die Rechte von Kindern?
27. Können durch das KI-System psychische oder physische Schäden entstehen?

28. Wurde bei der Risikobeurteilung des Systems sowohl die Schwere eines möglichen Schadens als auch die Wahrscheinlichkeit seines Eintretens beurteilt?
29. Setzt das KI-System Mechanismen ein, um außerhalb des Bewusstseins einer Person das Verhalten in einer schädlichen Weise zu beeinflussen, oder ist es geeignet, Personen körperlichen oder psychischen Schaden zuzufügen?
30. Inwieweit sind durch das System getroffene Schlussfolgerungen, die sich auf Gesundheit und Sicherheit von Personen auswirken, leicht umkehrbar?
31. Mit welchen Mechanismen wurde überprüft, ob die Nutzer*innen des Systems oder die technisch und fachlich Verantwortlichen die entstehenden Risiken vollständig verstehen?
32. Hat das KI-System Merkmale, die es erforderlich machen, es nach der EU-KI-Verordnung zur Gruppe der Systeme mit »verbotenen Praktiken« nach Art. 5 oder »hohem Risiko« nach Art. 6 zuzuordnen?

33.2 Risikobewertung

Arbeitnehmervertreterinnen und -vertreter in Aufsichtsräten kennen Risikoberichte von Vorstand und Geschäftsführung, die insbesondere dem Prüfungsausschuss der Aufsichtsräte vorgelegt werden. In derartigen Berichten werden die Risiken für das Geschäft hinsichtlich der Dimensionen und der Eintrittswahrscheinlichkeit beurteilt. Eine Risikobewertung sollte sich dieser Kategorien annehmen und finanzielle Wirkungen benennen, wie beispielsweise die Sanktionsfolgen, die ein rechtswidrig betriebenes System auslösen könnte (bis zu 35 Mio. nach Art. 100 der Europäischen KI-Verordnung). Aber auch zunächst monetär nicht bezifferbare Effekte sollten aufgegriffen werden, wie etwa der Imageschaden, den ein unsachgemäß betriebenes KI-System anrichten kann:

1. Zu welchen Wirkungen für das Unternehmen und die betroffenen Personen können falsche Ergebnisse oder eine Nichtverfügbarkeit des Systems führen?
2. Wurde der Schaden finanziell bewertet, der entstehen würde, wenn das KI-System nicht erwartungskonform funktioniert?
3. Was sind die Maßstäbe für die Beurteilung der Risikodimension und der Eintrittswahrscheinlichkeit des Risikos?
4. Nach welchen Verfahren wurden eine Risikobewertung und eine Risikoüberwachung durchgeführt?
5. Wie wird der potenzielle monetäre Schaden oder Rufschaden, den das System verursachen könnte, für den Betrieb oder für die Persönlichkeitsrechte der Betroffenen finanziell maximal beziffert?
6. Treten monetär nicht quantifizierbare Effekte auf, die auf das Geschäftsmodell der Firma wirken?
7. Welche Abhilfemaßnahmen wurden getroffen, um die Dimension und die Eintrittswahrscheinlichkeit eines Risikos zu minimieren?

8. Sind technisch-organisatorische Maßnahmen zunächst für risikoadäquat gehalten worden, die dann aus finanziellen Erwägungen zurückgestellt werden mussten?
9. Sind in dem Risikomanagementsystem auch die Risiken aus dem Umgang mit personenbezogenen Daten berücksichtigt?
10. Wurden gesundheitliche Beeinträchtigungen durch den Systemeinsatz eingeschätzt und dabei das Ausmaß und die Eintrittswahrscheinlichkeit der Beeinträchtigung beurteilt?
11. Wurden die finanziellen Folgen mit beurteilt, die aus Sanktionsmaßnahmen für eine unrechtmäßig betriebene KI-Anwendung entstehen können?

33.3 Risikoklassifikation

Die eingangs zitierte Klassifizierung der Europäischen Kommission für besonders risikobehaftete KI-Anwendungen im Arbeitsleben gibt bereits Hinweise für eine entsprechende Klassifizierung innerhalb der Betriebe. Das Datenschutzrecht will bestimmte sensible Daten besonders schützen (Art. 4 und 9 DSGVO). Derartige gesetzliche Vorgaben sollten bei der Risikoklassifizierung berücksichtigt werden. Da sich KI-Systeme in ihrem Lebenszyklus verändern, ist es auch notwendig, eine einmal vorgenommene Risikoklassifizierung immer wieder zu überprüfen:

1. Werden automatisierte Profiling-Verfahren entsprechend Art. 4 Abs. 4 DSGVO durch das KI-System durchgeführt?
2. Werden Beschäftigte einer automatisierten Entscheidung des KI-Systems unterworfen? (Art. 22 DSGVO)
3. Werden Daten verarbeitet, die nach Art. 9 DSGVO als besonders schützenswert gelten?
4. Nach welchen Maßstäben und Verfahren wurde eine Risikoklassifizierung vorgenommen?
5. Sollen KI-Systeme eingesetzt werden, die nach der Europäischen KI-Verordnung dem Hoch-Risiko-Bereich zugeordnet würden oder die nach dem Verordnungsentwurf verboten werden sollen?
6. Steigen die Anforderungen an Sicherheitsmaßnahmen und die innerbetrieblichen Regulierungsvorgaben mit der Risikorelevanz?
7. Mit welchen Mechanismen wird die Risikoklassifikation im Laufe des Lebenszyklus des Systems immer wieder überprüft?

33.4 Risikobewältigung

Die Verwundbarkeit von Systemen zu kennen, ist die Grundlage dafür, die Robustheit der Systeme auszubauen und Mechanismen zur Risikobewältigung zu schaffen. Die technisch organisatorischen Maßnahmen, die das Datenschutzrecht vorsehen, dienen demselben Zweck. Die Mitarbeit der Beschäftigten bei der Risikobewältigung ist ein wesentlicher Faktor für den Erfolg und gleichzeitig ein Erfordernis, das beteiligungsorientierte Prozesse begründet:

1. Wurde die Robustheit des Systems zertifiziert? Wenn ja, nach welcher Qualitätsnorm?
2. Wo liegt nach Einschätzung der durchgeführten Folgenabschätzungen die größte Verwundbarkeit des Systems?
3. Mit welchen technischen und organisatorischen Maßnahmen wurden die Risiken des KI-Systems minimiert?
4. Welche Abhilfemaßnahmen wurden getroffen, um die Dimension und die Eintrittswahrscheinlichkeit eines Risikos zu minimieren?
5. Sind im internen Kontrollsystem Datenschutz- und IT-Sicherheitsanforderungen bzw. Anforderungen an die Ordnungsmäßigkeit der Datenverarbeitung berücksichtigt?
6. Wurde zur Gewährleistung der Verfügbarkeit und der Eingrenzung von Missbrauchsmöglichkeiten den Empfehlungen des IT-Grundschutzkataloges des Bundesamtes für Sicherheit in der Informationstechnik gefolgt?
7. Wodurch wird während und nach Systemveränderungen, Releasewechseln und Funktionsänderungen der regelgerechte Betrieb des Systems sichergestellt?
8. Wurden Mitarbeiter*innen gebeten, potenzielle Schwachstellen des Systems zu benennen, unvorhergesehene Risiken aufzuzeigen oder auf Verzerrungen durch das System aufmerksam zu machen?
9. Ist ein den Beschäftigten bekanntes Hinweisgeber-Verfahren eingeführt?
10. Ist eine interne Revision eingerichtet, die auch IT- und sicherheitsrelevante Themen überprüft?
11. Wie werden Revisions- und Evaluationsergebnisse dokumentiert und welche Stellen erhalten die Ergebnisse?
12. Wurde im Sinne der Europäischen KI-Verordnung bereits eine Konformitätsbewertung des geplanten Systems durchgeführt
13. Ist sichergestellt, dass bei KI-Systemen mit hohem Risiko Entscheidungen des Systems durch zwei natürliche Personen überprüft und bestätigt werden, bevor diese umgesetzt werden?

33.5 Einordnung in Kritikalitätsstufen

Die Europäische KI-Verordnung ist die Basis für die Einordnung von KI-Systemen in Kritikalitätsstufen (siehe auch Kapitel 13). Es macht Sinn, sich darauf aufbauend betrieblich darüber zu verständigen, in welches Modell der Kritikalitätsstufen die zur Einführung anstehenden KI-Systeme eingeordnet werden. Derartige Stufen im Dialog auch für KI-Systeme mit überschaubarem oder geringem

Risiko zu definieren erlaubt es, betriebliche Spezifika aufzugreifen, Verständlichkeit zu erzeugen, Vertrauen aufzubauen und verhältnismäßig zu handeln.
Werden betriebliche Einstufungsstandards im Dialog entwickelt, so erleichtert dies die Einführung weiterer KI-Systeme, weil diese dann vorhandenen Kritikalitätsstufen zugeordnet werden können. Wirkungsrelevant dafür ist jedoch, dass den Kritikalitätsstufen jeweils ein Standardregulierungsmechanismus zugeordnet wurde und die Einordnung in die Stufen nach einem abgestimmten strategischen Filter erfolgt.
Das Bundesministerium für Arbeit und Soziales zitiert eine Kritikalitätsmatrix, die von den Wissenschaftler*innen Katharina Zweig und Tobias Kraft entwickelt wurde. Hiernach sollen die Systeme in Abhängigkeit von der Kritikalität unterschiedlich reguliert werden. Die Vorschläge reichen von einer nachträglichen Betrachtung über die ständige Überwachung der Funktionsmechanismen des Systems, die Überprüfungen der Systeminputs bis hin zur Vorgabe, für bestimmte Aufgabengebiete nur nachvollziehbare KI-Systeme zu verwenden oder keine KI-Systeme zu verwenden, wenn das Schadenspotenzial zu groß ist und nicht minimiert werden kann.[497]
Denkbare Kriterien für die Einordnung in betriebsübliche Kritikalitätsstufen könnten beispielsweise folgende Beurteilungsgrößen sein: Grad maschineller Autonomie, Schädigungspotenzial, Grundrechtsrelevanz der Schlussfolgerungen, verwendete Datenarten, Ziele und Zwecke der KI-Anwendung, Erklärbarkeit, Kontrollierbarkeit, Revisionssicherheit, Robustheit, Anzahl der Betroffenen, Art des KI-Systems, Vernetzungsgrad und Rückholbarkeit maschineller Entscheidungen.
Nachfolgende Fragestellungen sollen dabei helfen, einen Standard für die Kritikalitätseinstufung zu finden:

1. Hat die KI-Anwendung eines der folgenden Merkmale, die zu einer Zuordnung zu den verbotenen Anwendungen führen? (Art. 4 Europäische KI-Verordnung)
   - unterschwellige Beeinflussung, manipulative oder täuschende Techniken;
   - Ausnutzung der Schutzbedürftigkeit einer natürlichen Person oder einer bestimmten Gruppe von Personen aufgrund ihres Alters, einer Behinderung oder einer bestimmten sozialen oder wirtschaftlichen Situation mit dem Ziel oder der Wirkung, das Verhalten dieser Person oder einer dieser Gruppe angehörenden Person wesentlich zu verändern;
   - Verwendung von KI-Systemen zur Bewertung oder Einstufung von natürlichen Personen oder Gruppen von Personen über einen bestimmten Zeitraum auf der Grundlage ihres sozialen Verhaltens oder bekannter, abgeleiteter oder vorhergesagter persönlicher Eigenschaften oder Persönlichkeitsmerkmale;
   - Vorhersage, dass eine natürliche Person eine Straftat begeht;

497 Bundesministerium für Arbeit und Soziales, Deutschlands Vorsitz im Rat der Europäischen Union (Juli-Dezember 2020): Neue Arbeitswelt – menschliche Arbeitswelt, Abbildung 3.

- Verwendung von KI-Systemen, die Datenbanken zur Gesichtserkennung durch das ungezielte Auslesen von Gesichtsbildern aus dem Internet oder von Überwachungsaufnahmen erstellen oder erweitern;
- Verwendung von KI-Systemen zur Ableitung von Emotionen einer natürlichen Person am Arbeitsplatz und in Bildungseinrichtungen;
- Verwendung von Systemen zur biometrischen Kategorisierung, mit denen natürliche Personen individuell auf der Grundlage ihrer biometrischen Daten kategorisiert werden, um ihre Rasse, ihre politischen Einstellungen, ihre Gewerkschaftszugehörigkeit, ihre religiösen oder weltanschaulichen Überzeugungen, ihr Sexualleben oder ihre sexuelle Ausrichtung zu erschließen oder abzuleiten.

2. Wird durch das KI-System ein Output erzeugt für den die Europäische KI-Verordnung eine Transparenzpflicht vorgibt (Art. 50 Europäische KI-Verordnung)
3. Hat die KI-Anwendung eines der folgenden Merkmale, die zu einer Zuordnung zu den Hochrisikosystemen nach der Europäischen KI-Verordnung führen? (Art. 6 und Anlage III Europäische KI-Verordnung)
   - KI-Systeme, die bestimmungsgemäß Entscheidungen, die die Bedingungen von Arbeitsverhältnissen, Beförderungen und Kündigungen von Arbeitsvertragsverhältnissen beeinflussen;
   - KI-Systeme, die der Zuweisung von Aufgaben aufgrund des individuellen Verhaltens oder persönlicher Merkmale oder Eigenschaften dienen;
   - KI-Systeme, die für die Beobachtung und Bewertung der Leistung und des Verhaltens von Beschäftigten verwendet werden sollen;
   - KI-Systeme, die für den Betrieb kritischer digitaler Infrastruktur verwendet werden sollen;
   - KI-Systeme, die zur Feststellung des Zugangs oder der Zulassung oder zur Zuweisung natürlicher Personen zu Einrichtungen aller Ebenen der allgemeinen und beruflichen Bildung verwendet werden sollen;
   - KI-Systeme, die bestimmungsgemäß für die Bewertung von Lernergebnissen verwendet werden sollen;
   - KI-Systeme, die bestimmungsgemäß zum Zweck der Bewertung des angemessenen Bildungsniveaus, das eine Person im Rahmen von oder innerhalb von Einrichtungen aller Ebenen der allgemeinen und beruflichen Bildung erhalten wird oder zu denen sie Zugang erhalten wird, verwendet werden sollen;
   - KI-Systeme, die bestimmungsgemäß zur Überwachung und Erkennung von verbotenem Verhalten von Schülern bei Prüfungen im Rahmen von oder innerhalb von Einrichtungen aller Ebenen der allgemeinen und beruflichen Bildung verwendet werden sollen;
   - KI-Systeme, die ein Profiling natürlicher Personen vornehmen.
4. Das KI-System gilt nicht als hochriskant, weil es kein erhebliches Risiko der Beeinträchtigung in Bezug auf die Gesundheit, Sicherheit oder Grundrechte natürlicher Personen birgt oder das Ergebnis der Entscheidungsfindung nicht wesentlich beeinflusst. Grund dafür ist eines der folgenden Merkmale:

- das KI-System ist dazu bestimmt, das Ergebnis einer zuvor abgeschlossenen menschlichen Tätigkeit zu verbessern;
- das KI-System ist dazu bestimmt, Entscheidungsmuster oder Abweichungen von früheren Entscheidungsmustern zu erkennen, und ist nicht dazu gedacht, die zuvor abgeschlossene menschliche Bewertung ohne eine angemessene menschliche Überprüfung zu ersetzen oder zu beeinflussen;
- das KI-System ist dazu bestimmt, eine vorbereitende Aufgabe für eine Bewertung durchzuführen, die für die Zwecke der üblicherweise als hochriskant klassifizierten Anwendungsfälle relevant ist.

5. Sind betriebliche Kritikalitätsstufen definiert und wurden diese in Abhängigkeit von der Risikorelevanz von Anwendungen mit Regulierungsmechanismen hinterlegt?
6. Sind die betriebsüblichen Kritikalitätsstufen im Dialog zustande gekommen?
7. Auf welche Normen und Gesetze stellt die Verwendung der betriebsüblichen Kritikalitätsstufen ab?
8. Wurde bei der Einordnung von KI-Systemen in Kritikalitätsstufen auch deren Nützlichkeit mit betrachtet?
9. Welche finanzielle Risikodimension kann mit welchem zu erwartendem Wertschöpfungsbeitrag in Beziehung gesetzt werden?
10. Wie beurteilen Beschäftigte und Verantwortliche die Nützlichkeits- und Risikodimensionen?
11. Welche Nützlichkeits- und Risikodimensionen waren für das Management ausschlaggebend, um die Einführungsentscheidung zu begründen?
12. Welche Kriterien waren für die Einordnung von KI-Systemen in Kritikalitätsstufen ausschlaggebend?
13. Werden die Risiken als unbedeutend, eingeschränkt, signifikant oder maximal eingestuft (ISO/IEC 29134)?
14. Sind die personenbezogenen Daten, die das KI-System nutzt, hinsichtlich ihrer unterschiedlichen Art und Kritikalität kategorisiert?
15. Wurde beim Berechtigungskonzept der Zugang zu personenbezogenen Daten auf deren Kritikalität ausgerichtet?
16. Wird das KI-System für Chatbots eingesetzt, mit denen die Beschäftigten kommunizieren?
17. Ist das System geeignet, um »deep fakes« zu erzeugen?
18. Wird das System zur Bestimmung der Zugehörigkeit von Personen zu sozialen Kategorien auf Grundlage biometrischer Daten eingesetzt?

34 Nachhaltigkeit

»Unsere gemeinsame Mutter Natur zeigt ihren Kindern immer deutlicher, dass ihr der Geduldsfaden gerissen ist.«

Dalai Lama

»›KI ist alles andere als grün.‹ Mit dieser zugespitzten Überschrift titelte im Sommer 2019 ein Technologiemagazin – und führte weiter aus, dass das einmalige Training eines sehr großen neuronalen Netzwerks über 300 Tonnen CO2 verursachen könne, wenn man den typischen Strommix von Amazon Web Services oder Microsoft zugrunde legt. Die verursachte Menge CO2 entspräche demnach in etwa der fünffachen Menge der Emissionen eines PKW im kompletten Lebenszyklus – oder mehr als der 30-fachen Menge dessen, was ein Mensch in Deutschland jährlich verursacht.« Aber »keineswegs jede KI-Anwendung benötigt ähnlich viel Energie beim Training, und viele Anwendungen sind bereits in wenigen Minuten mit einem relativ kleinen Speicher trainiert.«[498]

Es kommt also darauf an, welche KI verwendet wird. Der Stromverbrauch richtet sich nach der Funktionsweise, aber auch nach dem Anwendungszweck, und er kann für den Anspruch auf Nachhaltigkeit förderlich oder schädlich sein. Die Enquetekommission Künstliche Intelligenz führt dazu aus: »KI-Systeme können zu einer nachhaltigen Entwicklung der Mobilität […], zu einem effizienteren Umgang mit Ressourcen und einer gelingenden Energiewende […] beitragen und so auch das Erreichen der Klimaziele unterstützen.«[499] Die Kommission hebt hervor, dass KI-Systeme verwendet werden sollen, um gesellschaftlichen Fortschritt, z. B. bei Diskriminierungsfreiheit, Chancengerechtigkeit und Arbeitsbedingungen und dem Erreichen der Nachhaltigkeitsziele zu unterstützen.

Nachhaltigkeit wird im Wirtschaftsgeschehen mit den sogenannten ESG-Kriterien gemessen. Das »E« in der Abkürzung steht für Environment, also für Umwelt. »S« steht für Social und damit für soziale Verantwortung und das »G« für Governance, also für betriebliche Steuerungsprinzipien. Den sozialen und Governance-Kriterien wird bereits mit den Prüffragen zu anderen Vertrauensfaktoren nachgegangen. Das Kapitel Nachhaltigkeit im KI-Lagom-Prüfprozess stellt auf Environment, also Umweltgesichtspunkte ab.

Grundlage dafür ist das in der Europäischen Grundrechtecharta verankerte Grundrecht auf ein hohes Umweltschutzniveau, das auch für die Gestaltung von KI-Systemen in Betrieben entscheidend sein sollte. Betriebsräte haben nach § 89

---

498 BT-Drs. 19/23700: Bericht der Enquete-Kommission Künstliche Intelligenz – Gesellschaftliche Verantwortung und wirtschaftliche, soziale und ökologische Potenziale, S. 93.

499 Ebenda: S. 32.

Abs. 2 BetrVG mitzureden, wenn es um betrieblichen Umweltschutz geht. »Der Arbeitgeber hat den Betriebsrat auch bei allen im Zusammenhang mit dem betrieblichen Umweltschutz stehenden Besichtigungen und Fragen hinzuzuziehen [...]«. Zum betrieblichen Umweltschutz zählen Maßnahmen, die technische Anlagen, Arbeitsverfahren, Arbeitsabläufe und Arbeitsplätze auf Umweltschutzgesichtspunkte ausrichten. Seit mehr als zehn Jahren orientiert sich die Wirtschaft an der DIN ISO 26000, die Leitlinien für gesellschaftliche Verantwortung vorgibt und auch Orientierung für den Umweltschutz bietet. Die Norm drängt auf einen Vorsorgeansatz und auf ein Umweltrisikomanagement. Sie will Umweltauswirkungen während des gesamten Lebensweges von Produkten analysieren, rät zu einer Umweltverträglichkeitsprüfung und zu einem nachhaltigen Beschaffungswesen.[500]

34.1 Nachhaltiger Ressourceneinsatz

Betriebliches Umweltbewusstsein braucht Glaubwürdigkeit und Umsetzungsmanagement. Werden im Marketing und in der Unternehmensberichterstattung nur Glaubenssätze verbreitet, leidet Vertrauen. In wachsendem Umfang richten ernstzunehmende Investorengruppen ihr Beteiligungsverhalten auf Nachhaltigkeitsziele aus. Nachhaltigkeitsratings vermitteln Anlegern Übersicht. Aufsichtsräte geben Unternehmen Nachhaltigkeitsziele vor, um die Verantwortung der Unternehmen für unsere Umwelt in Steuerungsgrößen zu übersetzen. Auf Hauptversammlungen wird nach dem ESG-Engagement gefragt. Vor diesem Hintergrund ist es nicht nur verantwortungsbewusst, sondern auch vorausschauend und standardisiert, beim Einsatz von KI-Systemen danach zu fragen, inwieweit diese einen nachhaltigen Ressourceneinsatz unterstützen:

1. Wurden während der Entwicklung, der Einführung und der Nutzung des KI-Systems Maßnahmen zur Messung der Umweltauswirkungen eingeführt?
2. Wird das in der Grundrechtecharta verankerte und in der Unionspolitik umgesetzte Grundrecht auf ein hohes Umweltschutzniveau bei der Bewertung der Schäden, die das KI-System verursachen kann, berücksichtigt?
3. Wurden die Umweltbelastungen für den gesamten Lebenszyklus des Systems bei der Einführungsentscheidung mit erwogen?
4. Wurden die gesellschaftlichen Folgewirkungen des KI-Einsatzes für Umwelt und nachhaltige Unternehmenssteuerung reflektiert und bei der Einsatzentscheidung berücksichtigt?
5. Erlaubt der KI-Einsatz klimafreundlichere Prozesse oder eine nachhaltigere Produktgestaltung?
6. Kommen Geräte zum Einsatz, die mit einem Prüfsiegel und/oder Umweltzeichen ausgestattet sind?
7. Wie recyclingfähig sind die Komponenten des KI-Systems?

---

500 Judith Vitt, Peter Franz, Annette Kleinfeld, Matthias Thorns (2011): Gesellschaftliche Verantwortung nach DIN ISO 26000, S. 68.

34.2 Emissionsminderung und nachhaltiges Energiemanagement

»Glaubt man den Forschern der TU Dresden, dann verbraucht das World Wide Web im Jahr 2030 so viel Strom wie die gesamte Weltbevölkerung im Jahr 2011.«[501] Demgegenüber haben Menschen »eine Masse im Kopf, grau in der Farbe, etwas fester als Vanillepudding. Mit knapp 1400g ist sie nicht schwer, mit einem Energiebedarf von nur 20 Watt recht umweltfreundlich.«[502] »Das Gehirn kann 10 Billiarden analoge Rechnungen pro Sekunde durchführen und verbraucht dabei 20 Watt. Alpha Go nutzte in der Partie gegen Lee Sedol 2200 Prozessoren mit einem Verbrauch von jeweils 150 Watt. AlphaGo verbrauchte pro Stunde 330 000 Watt, das 16500 fache des menschlichen Gehirns [...]«[503] »Der Energieverbrauch von ChatGPT und anderen intelligenten Bots steigt immer weitern, das lassen neue Berechnungen vermuten. Dabei wurde durchkalkuliert, wieviel die ca. 1 Milliarde Anfragen bei ChatGPT im Februar 2023 an Strom verbraucht haben: Etwa 581 Gigawattstunden, was wiederum 244 000 Tonnen CO^2 entspricht. Umgerechnet bedeutet dies, dass der Stromverbrauch von ChatGPT in einem Monat etwa so hoch war, wie der durchschnittliche Stromverbrauch von 2,78 Millionen deutschen Haushalten.«[504] Die Internationale Energieagentur prognostiziert, dass die KI-Industrie im Jahr 2026 10-mal so viel Energie verbrauchen wird wie 2023.[505]

Der Schwenk von natürlicher auf Künstliche Intelligenz hat Wirkungen auf den Energieverbrauch. KI basiert auf dem Einsatz von Strom. Stromverbrauch lässt sich durch die Auswahl einer energiesparenden Anwendung senken. Strom lässt sich aus fossilen Energieträgern, aber auch aus erneuerbaren Energiequellen gewinnen. Unter Umweltgesichtspunkten sollte geprüft werden, welche Auswirkungen der Energieverbrauch während des gesamten Lebenszyklus eines KI-Systems auslöst und wie dies auf die Emissionsziele der Firma wirkt. Ein erhöhter Energiebedarf kann gerechtfertigt sein, wenn die KI-Anwendung dabei hilft, nachhaltiger zu wirtschaften und den Energieverbrauch an anderer Stelle senkt. Eine Umweltverträglichkeitsprüfung sollte in einem ganzheitlichen Ansatz auf Emissionsminderung und nachhaltige Energieeffizienz zielen:

1. Wurde bei der Auswahl des KI-Systems auch verglichen, welches System am wenigsten Energie verbraucht?
2. Aus welchen Energiequellen wird der Stromverbrauch gedeckt?

501 Richard David Precht (2020): Künstliche Intelligenz und der Sinn des Lebens, Goldmann-Verlag, S. 19.

502 Jay Tuck (2016): Evolution ohne uns – Wird künstliche Intelligenz uns töten?, Plassen-Verlag, S. 236.

503 Janick p. Mischler (2022): Die zweite digitale Revolution – Wie Künstliche Intelligenz, Blockchain und Quantencomputer die Welt verändern, edition winterwork, S. 289.

504 Christoph Santner (2024): Alles KI? Die neue Welt der künstlichen Intelligenz verstehen und nutzen; Goldmann–Verlag; S. 96.

505 Managermagazin online 11. 11. 2024: Ihre KI frißt zu viel Strom? Green AI ist die Lösung.

3. Welchen Stromverbrauch hat das KI-System im Betrieb im Vergleich zur herkömmlichen Arbeitsweise?
4. Vermehrt oder vermindert der KI-Einsatz die Emissionen des Einsatzbetriebes?
5. Wie verändert sich die betriebliche CO2-Emission durch den Systembetrieb?
6. Wie nachhaltig ist der KI-Einsatz in betrieblicher, gesellschaftlicher und technischer Hinsicht?
7. Werden gesellschaftliche Effekte durch den Systemeinsatz ausgelöst oder unterstützt?
8. Kann durch den Einsatz des KI-Systems der Energieverbrauch bei Kunden, Lieferanten oder Beschäftigten reduziert werden?

35 Über die Einstellung von Mitbestimmungsakteuren zu KI-Systemen: Ergebnisse zweier Onlinebefragungen von Betriebs- und Personalräten zu Vertrauensfaktoren und Regulierungserfordernissen

von *Markus Hoppe*

35.1 Problemhintergrund

Was ist betrieblichen Mitbestimmungsakteuren beim Thema KI wichtig? Dieser Frage ging zunächst eine im September 2021 von der INPUT Consulting gGmbH durchgeführte Onlinebefragung von Betriebs- und Personalräten zum betrieblichen Einsatz von KI-Systemen nach, mit der Informationen über erwartete Wirkungen, die Möglichkeiten zur Bewertung von Risiken sowie die betriebliche Regulierung gesammelt wurden. Im Ergebnis zeigte sich damals, dass Betriebs- und Personalräte im Umgang mit KI vielfach noch skeptisch, aber auch differenziert aufgeschlossen sind und Unterstützungsbedarfe in Fragen der Funktionsweise von KI-Systemen und ihrer mitbestimmungsrechtlichen Handhabe artikulieren. Deutlich wird, dass neben technologischen Kenntnissen auch Strategien und Instrumente einer prozessorientierten Mitbestimmungspraxis an Relevanz gewinnen.

Heute wird die Debatte von generativer KI dominiert, der Siegeszug von Systemen zur Erstellung von Texten wie die Open-AI-Anwendung ChatGTP oder von Bild- und Videobearbeitungsanwendungen wie Leonardo AI oder InVideo scheint unaufhaltsam. Längst ist generative KI, wie eine zweite, von der INPUT Consulting gGmbH im Sommer 2024 durchgeführte Befragung verdeutlicht, auch aus der betrieblichen Anwendungspraxis kaum noch wegzudenken. Doch welche Herausforderungen sehen betriebliche Interessenvertretungen bei der Nutzung derartiger KI-Systeme?

In beiden Befragungen wurden zunächst Einschätzungen hinsichtlich der möglichen Auswirkungen von KI bzw. generativer KI für Arbeit und Beschäftigung eingeholt. Während in der ersten Befragung, zu deren Zeitpunkt KI insgesamt in der Betriebspraxis lediglich in Vorreiterunternehmen eine größere Rolle gespielt hat, das Vertrauen in die KI-Anwendung ein zentrales Kriterium für die Bewertung von KI war, scheint zum Zeitpunkt der zweiten Befragung die Frage, ob KI auf Basis von Vertrauensfaktoren genutzt wird oder nicht, bereits entschieden. KI ist, auch in ihrer generativen Ausprägung, inzwischen Teil des Arbeitsalltags

vieler Beschäftigter, vor allem in den Büros. Deshalb wird generative KI stärker anhand des Kriteriums der Zuverlässigkeit bewertet. Gleichwohl sollte der betriebliche Einsatz von (generativer) KI aus der Perspektive von Betriebs- und Personalräten (BR/PR) anhand von Prüfindikatoren zur Abschätzung potenzieller Risiken bewertet werden, die in einer Folgenabschätzung münden können.
Zudem wurde in beiden Befragungen erhoben, in welchen Handlungsfeldern Betriebs- und Personalräte Unterstützungsbedarf beim Umgang mit (generativer) KI artikulieren. Mit Bezug zur betrieblichen Regulierung von KI wurde darüber hinaus abgefragt, welche Regulationsinstrumente geeignet erscheinen sowie, falls KI-Umsetzungserfahrungen vorliegen, tatsächlich genutzt werden. Während an unserer ersten Befragung im Jahr 2021 insgesamt 778 Personen, die einem Betriebs- oder Personalratsgremium angehören, geantwortet haben, waren es bei der zweiten Befragung mit 180 Personen deutlich weniger. Dennoch gewährleisteten die identische Zielgruppe sowie der Umstand, dass deutlich mehr als die Meinung von ein paar wenigen Interessierten eingeholt werden konnte, die Vergleichbarkeit der Ergebnisse beider Befragungen.

35.2 Erwartete Wirkungen von Künstlicher Intelligenz

Der bisherige Diskussionsstand hinsichtlich der (potenziellen) Auswirkungen von KI-Technologien betont drei wesentliche Veränderungsrichtungen infolge des KI-Einsatzes. In einer ersten Perspektive hat KI das Potenzial zur Ersetzung bzw. Substitution menschlicher Arbeit, indem vor allem Routineaufgaben automatisiert werden können.
Für diesen Blickwinkel stehen stellvertretend die auf breite Resonanz treffende Untersuchung von Frey und Osborne[506] sowie die für Deutschland vom Institut für Arbeitsmarkt- und Berufsforschung analysierten Substituierbarkeitspotenziale von Berufen, die den Anteil an beruflichen Tätigkeiten je Beruf ausdrücken, die auf Basis der gegenwärtigen technologischen Entwicklung bei Digitalisierungs-, IT- und Softwarelösungen als prinzipiell automatisierbar gelten.[507]
Die zweite Perspektive richtet ihren Fokus auf neu entstehende Tätigkeiten und Berufe und die damit verbundenen Kompensationseffekte in Bezug auf den rationalisierungsbedingten Personalrückgang. In diesem Kontext wird zum einen

506 Carl B. Frey und Michael A. Osborne (2013): The future of employment: how susceptible are jobs to computerisation? (2013), *http://www.oxfordmartin.ox.ac.uk/downloads/academic/The_Future_of_Employment.pdf.*

507 Katharina Dengler und Britta Matthes (2015): Folgen der Digitalisierung für die Arbeitswelt: Substituierbarkeitspotenziale von Berufen in Deutschland. IAB Forschungsbericht 11/2015; Katharina Dengler und Britta Matthes (2018): Substituierbarkeitspotenziale von Berufen: Wenige Berufsbilder halten mit der Digitalisierung Schritt. IAB-Kurzbericht 4/2018; Katharina Dengler und Britta Matthes (2021): Folgen des technologischen Wandels für den Arbeitsmarkt: Auch komplexere Tätigkeiten könnten zunehmend automatisiert werden. IAB-Kurzbericht 13/2021.

darauf verwiesen, dass durch den technologischen Wandel verursachte Beschäftigungsverluste aus historischer Sicht bislang regelmäßig durch neu entstehende Arbeitsplätze ausgeglichen wurden[508] und es zum anderen einer Umschichtung von Beschäftigung bzw. der Nachfrage nach Arbeitskräften entlang von Wirtschaftszweigen und Branchen kommt. Entsprechende Nachweise wurden in gesamtwirtschaftlichen Analysen erbracht. So wird davon ausgegangen, dass es mittelfristig nicht zu einer Abnahme des Arbeitskräftebedarfs insgesamt kommt, der wirtschaftliche und berufliche Strukturwandel aber mit spezifischen Fachkräfteengpässen verbunden sein kann.[509] Schließlich wird in einer dritten Lesart betont, dass die zunehmende Verbreitung von KI veränderte Tätigkeits- und Qualifikationsanforderungen bewirkt, wobei prognostiziert wird, dass es infolge der digitalen Transformation zu einer Verschiebung allgemeiner Kompetenzbedarfe weg von physischen und standardisierbaren Wissenstätigkeiten hin zu einem Bedeutungsaufschwung sozial-interaktiver Querschnittskompetenzen kommen dürfte[510], wobei KI auch Flexibilisierungspotenziale schaffen und damit Qualifizierung unterstützen kann.[511]

Abbildung 1: Erwartete Wirkungen des KI-Einsatzes (Befragung 2021)

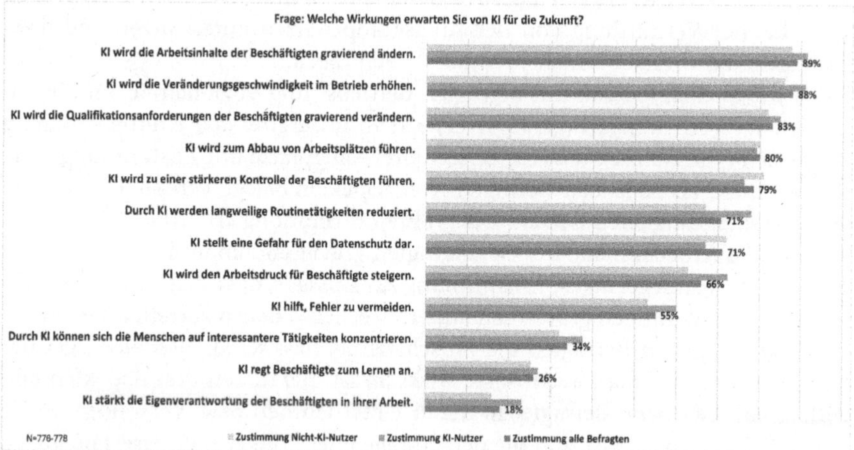

508 Hermann Gartner und Heiko Stüber (2019): Strukturwandel am Arbeitsmarkt seit den 70er Jahren: Arbeitsplatzverluste werden durch neue Arbeitsplätze immer wieder ausgeglichen. IAB-Kurzbericht 13/2019, *http://doku.iab.de/kurzber/2019/kb1319.pdf.*

509 Gerd Zika et al., (2019): BMAS-Prognose »Digitalisierte Arbeitswelt«. Kurzbericht. Forschungsbericht 526/1K, Bundesministerium für Arbeit und Soziales (BMAS). Berlin, *https://www.bmas.de/SharedDocs/Downloads/DE/Publikationen/Forschungsberichte/fb526-1k-bmas-prognose-digitalisierte-arbeitswelt.pdf;jsessionid=565F1A0481FE0A6AC603BB61FAE62405.delivery1-replication?__blob=publicationFile&v=1.*

510 Cornelius Patscha et al. (2017): Kompetenz- und Qualifikationsbedarfe bis 2030: Ein gemeinsames Lagebild der Partnerschaft für Fachkräfte. Bundesministerium für Arbeit und Soziales (Hrsg.).

511 Matthias Peissner, Falko Kötter und Helmut Zaiser (2019): Künstliche Intelligenz – Anwendungsperspektiven für Arbeit und Qualifizierung, BWP, Nr. 3/2019.

Die Wirkrichtung von Beschäftigungseffekten, die speziell von generativer KI ausgehen, dürfte sich in das beschriebene Spektrum einfügen. Studien, in denen die Auswirkungen generativer KI auf Tätigkeiten und Berufe untersucht werden, liegen derzeit nur vereinzelt vor. Eine Studie der International Labour Organization (ILO)[512] kommt zum Ergebnis, dass insbesondere Berufe, in denen das Schreiben von Texten eine hohe Bedeutung hat (etwa Beschäftigte in Sekretariaten, Reisebüros, Beamtinnen/Beamte, Beschäftigte im Kundenservice, Banken- und Versicherungsangestellte), eine hohe Empfänglichkeit für den Einsatz generativer KI aufweisen, weil ein hohes Unterstützungspotenzial erwartet wird. Gleichwohl wird in der Studie darauf hingewiesen, dass es eine »große Unbekannte« gibt hinsichtlich des konkreten Ausmaßes konkurrierender Unterstützungs- und des Automatisierungseffekte für einen Beruf. Erwartet wird jedoch, dass generative KI die Nachfrage nach bestimmten Dienstleistungen, wie sie nicht selten von Solo-Selbstständigen erbracht werden (Schreibarbeit, Software-, App- und Webentwicklung, Grafikdesign), nachhaltig negativ beeinflusst.[513] Darüber hinaus werden einer Untersuchung des Fraunhofer IAO zufolge hohe Unterstützungspotenziale für das Innovationsmanagement im Hinblick auf analytisch und/oder kreativ geprägte Aufgaben erwartet.[514] Generative KI kann auch, wie am Beispiel der Ausbildung für Online-Berater*innen gezeigt wird, bei der Vermittlung von Beratungskompetenzen unterstützen und dazu beitragen, die »Berater*innen-Identität«[515] zu prägen.

Doch wie blicken die von uns befragten Betriebs- und Personalräte auf die potenziellen Auswirkungen (generativer) KI? In unserer ersten Onlinebefragung zeigte sich (vgl. Abb. 1), dass die oberen drei Rangplätze mit Zustimmungswerten von mehr als 80 % aller Befragten von Aspekten belegt werden, die konkret an der Arbeitstätigkeit ansetzen. Die größte Zustimmung erfährt das Statement, KI wird die Arbeitsinhalte der Beschäftigten gravierend ändern. Damit korrespondiert die kaum geringere Zustimmung zur Aussage, dass sich auch die Qualifikationsanforderungen gravierend ändern werden. Ebenso zutreffend ist in der Perspektive unserer Befragten die Einschätzung, dass KI als Beschleuniger betrieblicher Transformationsprozesse wirksam ist. Bei diesen drei Aspekten fällt zudem auf, dass jene Befragte, in deren Unternehmen bzw. Verwaltungen KI tatsächlich im Einsatz ist und die demzufolge über konkrete Praxiserfahrungen

512 Pawel Gmyrek et al. (2023): Generative AI and jobs: A global analysis of potential effects on job quantity and quality. ILO Working Paper 96. Geneva, *https://www.ilo.org/sites/default/files/wcmsp5/groups/public/@dgreports/@inst/documents/publication/wcms_890761.pdf.*

513 Jonas Hannane et al. (2024): Generative KI reduziert Nachfrage nach Freelance-Arbeit auf Online-Plattformen. Deutsches Institut für Wirtschaftsforschung (IW). Berlin, *https://www.diw.de/documents/publikationen/73/diw_01.c.912117.de/24-35-1.pdf.*

514 Lukas Keicher et al. (2024): Generative KI im Innovationsmanagement – Potenziale und Herausforderungen. Fraunhofer IAO. Stuttgart, *https://publica-rest.fraunhofer.de/server/api/core/bitstreams/0287f4b2-5f33-43e0-a1b1-805a71eca37c/content.*

515 Carolyn Lippert et al. (2024): Generative KI in der beraterischen Ausbildung. Der Einsatz eines*r virtuellen Klient*in als Übungstool für angehende Onlineberater*innen. In: e-beratungsjournal.net – Zeitschrift für Onlineberatung und computervermittelte Kommunikation, Jg. 20, Heft 1, S. 41–60, doi.org/10.48341/tcgc-st69.

verfügen, häufiger als der Durchschnitt aller Befragten von entsprechenden Wirkungen ausgehen. Dies spricht dafür, dass die Einschätzungen nicht nur aus einem subjektiven Bauchgefühl herrühren, sondern eine empirische Fundierung aufweisen.

Auf den mittleren Rangplätzen mit Anteilen zwischen 50 bis 80 % der Befragten, die entsprechende Wirkungen erwarten, finden sich unterschiedliche Aspekte, die sich wie folgt clustern lassen. Zum einen sind jene Aspekte vertreten, die in der öffentlichen Wahrnehmung von KI am Arbeitsplatz regelmäßig als die größten Risiken diskutiert werden. Dazu gehört der drohende Arbeitsplatzabbau aufgrund des Ersetzungspotenzials von KI-Technologien (80 % Zustimmung) ebenso wie die Datenschutzkonformität digitaler Arbeitsmittel, die durch KI unterlaufen zu werden drohe (71 % Zustimmung) sowie das KI-immanente Potenzial zur Leistungs- und Verhaltenskontrolle (79 % Zustimmung). Bei diesen Aspekten fällt auf, dass die Zustimmungswerte der KI-Anwender jeweils unterdurchschnittlich hoch sind, das Gefährdungspotenzial demnach in der Praxis geringer zu sein scheint als subjektiv meist wahrgenommen. Dagegen scheinen sich zum anderen einige in KI gesetzte Erwartungen, etwa dass sie zur Reduktion langweiliger Routinetätigkeiten (71 % Zustimmung) und zur Fehlerreduktion (55 % Zustimmung) beiträgt, nicht im erhofften Ausmaß zu bestätigen. Bei diesen beiden Aspekten sind die Zustimmungswerte der KI-Anwender jedoch höher als im Durchschnitt aller befragten BR/PR, woraus sich folgern lässt, dass die betriebliche KI-Praxis der vorhandenen Skepsis gegenüber ihren positiven Potenzialen zur Verbesserung der Arbeitsqualität die Grundlage entzieht. Von KI-Anwendern kritischer als vom Durchschnitt wird jedoch die Wirkung von KI bewertet, den Arbeitsdruck der Beschäftigten zu erhöhen (72 % Zustimmung bei KI-Nutzern, 66 % bei allen BR/PR).

Im unteren Bereich der Rangliste befinden sich Aspekte, die an der subjektiven Arbeitssituation der Beschäftigten ansetzen und die ebenfalls als Hoffnungsträger des KI-Einsatzes diskutiert werden. Dabei geht es um die entlastende Wirkung von KI, indem es Beschäftigten ermöglicht wird, sich auf interessantere Tätigkeiten zu konzentrieren (34 % Zustimmung). Weiterhin stimmen der Aussage, KI regt Beschäftigte zum Lernen an, nur wenige zu (26 %). Am unteren Ende rangiert der Aspekt, KI stärkt die Eigenverantwortung von Beschäftigten in ihrer Arbeit (18 % Zustimmung). Damit scheint sich in der Perspektive unserer befragten BR/PR die Erwartung, KI könne zur Steigerung von Autonomie in der Arbeit und Empowerment beitragen, nicht zu bestätigen. Jedoch sind auch bei diesen Aspekten jene, die KI-Praxiserfahrungen gesammelt haben, weniger kritisch als der Durchschnitt aller Befragten.

In unserer zweiten Befragung haben wir konkret nach den Auswirkungen generativer KI auf Beschäftigte gefragt. Dabei zeigt sich, dass einerseits erwartet wird, dass generative KI zu einer stärkeren Überwachung und Kontrolle führt. 61 Prozent der Befragten teilen diese Einschätzung. Weiterhin wird davon ausgegangen, dass generative KI – trotz ihres Augmentations- und Unterstützungspotenzials – eine Zunahme der Arbeitsbelastungen und der Arbeitsdichte auslöst. Bei diesen Aspekten liegen die Anteile, die von entsprechenden Wirkungen ausgehen, bei

etwa 50 % der Befragten. Wenngleich, wie gezeigt wurde, noch offen erscheint, wie die Gesamtbilanz aus Unterstützungs- und Automatisierungseffekten ausfallen wird, gehen etwa die Hälfte der befragten Betriebs- und Personalräte davon aus, dass durch die Nutzung generativer KI die Aufgabenkomplexität und damit auch das Anspruchsniveau der Arbeit steigt, während gleichzeitig der Personalbedarf sinkt. Auf der anderen Seite wird erwartet, dass die Möglichkeiten zur Mitgestaltung und die Autonomie in der Arbeit geringer werden. Ebenso wird davon ausgegangen, dass generative KI die Fehlerhäufigkeit bei der Arbeit reduziert. Bei den Aspekten des Zeitaufwands für berufliche Tätigkeiten, dem Abwechslungsreichtum der Arbeit und dem Zeitaufwand für berufliche Tätigkeiten halten sich die positiven wie negativen Erwartungen die Waage.
Die erwarteten Wirkungen deuten insgesamt darauf hin, dass Betriebs- und Personalräte in generativer KI vor allem ein Instrument zur Überwachung und Kontrolle von Beschäftigten sehen, das zudem Rationalisierungspotenzial hat. Wenngleich generative KI zur Fehlerreduktion beiträgt, besteht eine weitere Befürchtung darin, dass Arbeit monotoner, weniger abwechslungsreich und dennoch belastender wird. Kurzum, das von den befragten Betriebs- und Personalräten gezeichnete Bild von generativer KI ist von Skepsis geprägt, es überwiegt eine auf Risiken gerichtete Perspektive. Chancen für Beschäftigte werden dagegen nur von wenigen gesehen.

Abbildung 2: Erwartete Beschäftigungswirkungen generativer KI (Befragung 2024)

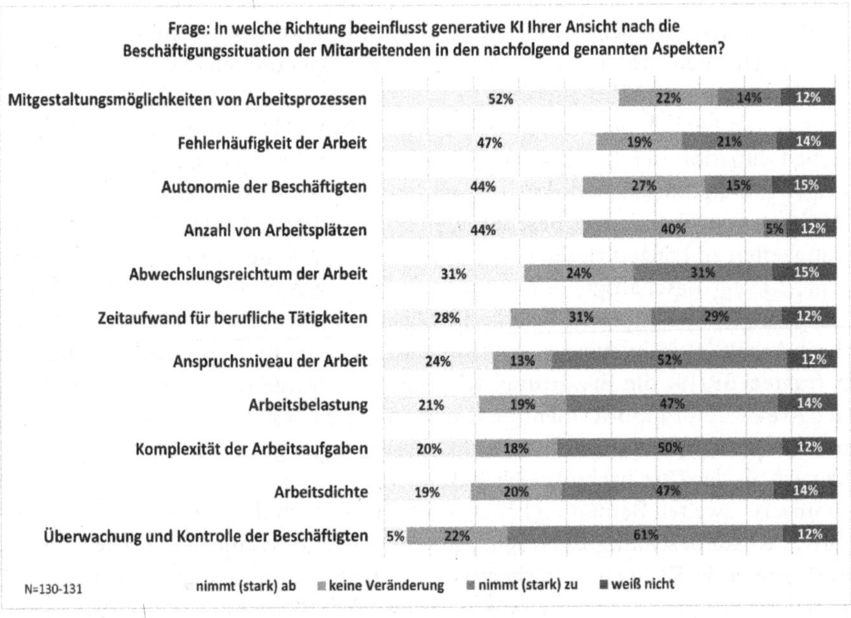

35.3 Vertrauen schaffen, Risiken bewerten

Die Analyse der Auswirkungen des KI-Einsatzes hat bei beiden Befragungen gezeigt, dass die Zustimmungswerte bei den Risiken des KI-Einsatzes (Substitution von Beschäftigung, Datenschutzkonformität, Leistungs- und Verhaltenskontrolle, Arbeitsbelastungen und -intensität) hoch sind. Umso bedeutsamer erscheint es, den KI-Einsatz in Unternehmen und Verwaltungen an ethische und rechtliche Rahmenbedingungen zu knüpfen[516] und diese auch bei der KI-Entwicklung und -Implementierung zu berücksichtigen. Dies fängt an bei den Zielen und Zwecken des KI-Einsatzes, die aus ethischer Perspektive als vertretbar erscheinen. Leitlinien zur ethischen KI-Nutzung wurden zwischenzeitlich vielfach formuliert[517] und fanden mittlerweile Eingang in die gesetzliche[518] (KI-Verordnung der EU) sowie betriebliche KI-Regulierung (z. B. KI-Manifest der Telekom[519]). Die Orientierung an Wertemaßstäben zur KI-Nutzung setzt sich fort bei der Orientierung an Gestaltungsprinzipien für die Technologieentwicklung. Prominente Beispiele dafür sind das Prinzip »Gute Arbeit by Design« des Deutschen Gewerkschaftsbundes DGB,[520] das »Qualitäts-Meta-Modell« der KI-Entwicklung des Deutschen Instituts für Normung DIN[521] oder das »KI Gütesiegel« des KI Bundesverband e. V.[522] Nicht

516 Walter Ganz et al. (2021): Arbeits- und Prozessgestaltung für KI-Anwendungen. Automatisierung und Unterstützung in der Sachbearbeitung mit künstlicher Intelligenz, Band 3, Stuttgart, Fraunhofer Verlag, *https://publica.fraunhofer.de/eprints/urn_nbn_de_0011-n-630603-12.pdf.*

517 European Commission (2019): Ethik-Leitlinien für eine vertrauenswürdige KI: Unabhängige hochrangige Expertengruppe für künstliche Intelligenz, Eingesetzt von der Europäischen Kommission im Juni 2018, *https://ec.europa.eu/newsroom/dae/document.cfm?doc_id=60425;* ver.di (2020): Ethische Leitlinien für die Entwicklung und den Einsatz von Künstlicher Intelligenz (KI): Gemeinwohl und Gute Arbeit by Design, Diskussionspapier, *https://innovation-gute-arbeit.verdi.de/++file++5e561a72452768ee1b1845cd/download/verdi_Ethische_Leitlinien_KI_170220.pdf.*

518 Europäische Union (2024): Verordnung (EU) 2024/1689 des Europäischen Parlaments und des Rates vom 13. Juni 2024 zur Festlegung harmonisierter Vorschriften für künstliche Intelligenz und zur Änderung der Verordnungen (EG) Nr. 300/2008, (EU) Nr. 167/2013, (EU) Nr. 168/2013, (EU) 2018/858, (EU) 2018/1139 und (EU) 2019/2144 sowie der Richtlinien 2014/90/EU, (EU) 2016/797 und (EU) 2020/1828 (Verordnung über künstliche Intelligenz). Brüssel, *https://eur-lex.europa.eu/legal-content/DE/TXT/PDF/?uri=OJ:L_202401689.*

519 Deutsche Telekom AG (2022): Manifest zwischen dem Konzern Deutsche Telekom und dem Konzernbetriebstat über die Einführung und Nutzung lernender informationstechnischer Systeme (sog. Künstliche Intelligenz) (KI Manifest). Bonn.

520 DGB (2020): Künstliche Intelligenz (KI) für Gute Arbeit: DGB-Konzeptpapier »Gute Arbeit by Design«, *https://www.dgb.de/++co++c6aec8d8-8473-11ea-9ada-52540088cada;* DIN (2019): DIN SPEC 92001-1: Artificial Intelligence – Life Cycle Processes and Quality Requirements – Part 1: Quality Metamodel, *https://www.din.de/resource/blob/327852/d096973d2c9e77719214b22c1b20b19f/din-spec-92001-data.pdf.*

521 DIN (2019): DIN SPEC 92001-1: Artificial Intelligence – Life Cycle Processes and Quality Requirements – Part 1: Quality Metamodel, *https://www.din.de/resource/blob/327852/d096973d2c9e77719214b22c1b20b19f/din-spec-92001-data.pdf.*

522 KI Bundesverband e. V. (2019): KI Gütesiegel, *https://ki-verband.de/wp-content/uploads/2019/02/KIBV_Guetesiegel.pdf?etcc_med=newsletter&etcc_cmp=nl_algoethik_12919&etcc_plc=aufmacher&etcc_grp=.*

zuletzt muss es jedoch beim laufenden KI-Praxisbetrieb darum gehen, bestehende Risiken zu bewerten und die Folgen des Technikeinsatzes abzuschätzen. Die Risikobewertung sollte, wie das Beispiel des Vorgehensmodells »Lagom« aufzeigt,[523] als Qualitätsmerkmal von KI etabliert werden, indem jedes KI-System vor seiner Implementierung einen sozialpartnerschaftlich abgestimmten Katalog von Prüffragen durchlaufen muss.
Eine Bewertung der Risiken dient wesentlich auch zur Beurteilung der Vertrauenswürdigkeit von KI-Systemen. In unserer Onlinebefragung von 2021 wurden die teilnehmenden Personen danach gefragt, anhand welcher Faktoren sie ihr Vertrauen in KI-Technologie festmachen. Dazu sollten die aus der individuellen Perspektive fünf wichtigsten Faktoren, die aus zwölf Vorschlägen ausgewählt werden konnten, in eine Reihenfolge gebracht werden. Die präsentierten Vorschläge bilden im Wesentlichen die Kriterien der ethischen und betriebspolitischen Debatte um den Einsatz von KI im Betrieb ab. Die einbezogenen Faktoren schaffen nach dem Weißbuch Künstliche Intelligenz der Europäischen Kommission als KI-Regulierungsrahmen ein »Ökosystem für Vertrauen«.[524] Welche Wertigkeit den abgefragten Einzelaspekten von den befragten BR/PR beigemessen wird, ist in nachfolgender Abbildung 3 dargestellt.

Abbildung 3: Vertrauensfaktoren der betrieblichen KI-Nutzung (Befragung 2021)

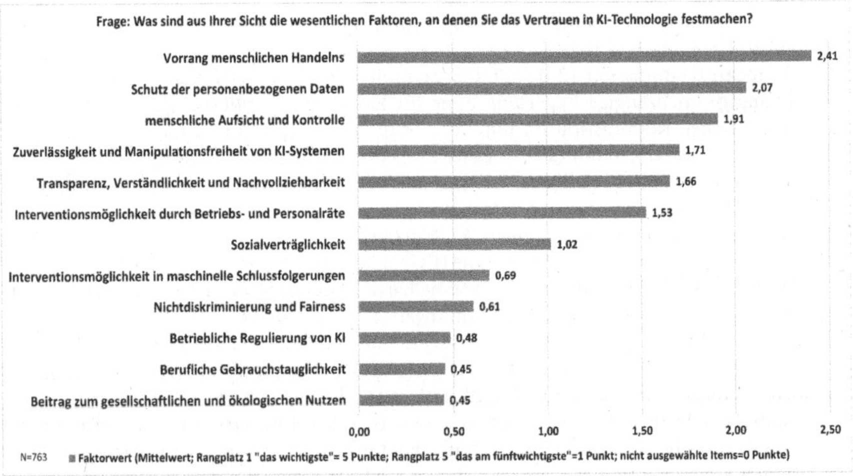

523 Markus Hoppe und Adrian Hermes (2021): Beschäftigteninteressen und Regulierungserfordernisse bei KI-Anwendungen. Automatisierung und Unterstützung in der Sachbearbeitung mit Künstlicher Intelligenz, Band 7, Stuttgart, Fraunhofer Verlag, *https://publica.fraunhofer.de/eprints/urn_nbn_de_0011-n-6361556.pdf*; Lothar Schröder (2021): Lagom – betrieblicher Ordnungsrahmen für den Einsatz von KI, in: Josef Haverkamp und Karl-Heinz Brandl (Hrsg.): Datenschutzpraxis für Betriebs- und Personalräte, DSGVO und BDSG mit Checklisten und Arbeitshilfen, Frankfurt am Main, Bund-Verlag, S. 117–134.

524 Europäische Kommission (2020): Weißbuch. Zur Künstlichen Intelligenz – ein europäisches Konzept für Exzellenz und Vertrauen, S. 10–12, *https://ec.europa.eu/info/sites/default/files/commission-white-paper-artificial-intelligence-feb2020_de.pdf.*

Der für Betriebs- und Personalräte wichtigste Vertrauensfaktor ist der »Vorrang menschlichen Handelns«. Darin drückt sich das Interesse von Betriebs- und Personalräten nach dem Erhalt von Handlungsfähigkeit aus, verbunden mit der Ablehnung einer »maschinellen Bevormundung«[525], durch die maschinelle bzw. KI-gestützte Entscheidungen das Arbeitshandeln von Beschäftigten determinieren würden. Damit korrespondiert die ebenfalls hohe Wertigkeit des Aspekts »menschliche Aufsicht und Kontrolle«, der infolge der Auswahl der Befragten auf dem dritten Rang platziert ist. Mit ebenfalls hoher Priorität machen unsere Befragten ihr Vertrauen in KI-Technologien am »Schutz der personenbezogenen Daten« fest. Dieser Aspekt reiht sich auf Rangplatz zwei der wichtigsten Vertrauensfaktoren ein. Aus betriebspolitischer Perspektive ergibt sich dabei insbesondere die Anforderung, den Beschäftigtendatenschutz beim Einsatz von KI-Systemen sicherzustellen.[526] Weiterhin wichtig für das Vertrauen in KI-Systeme sind Anforderungen nach »Zuverlässigkeit und Manipulationsfreiheit« sowie »Transparenz, Verständlichkeit und Nachvollziehbarkeit« (Rangplätze 4 und 5). Diese Aspekte fokussieren auf die technischen Voraussetzungen, denen KI-Systeme genügen müssen, um als vertrauenswürdig zu gelten. Weiterhin bedeutsam in der Einschätzung der Befragten sind »Interventionsmöglichkeiten durch Betriebs- und Personalräte« auf Rangplatz sechs. Dieses Kriterium spricht das Selbstverständnis des überwiegenden Teils der Befragten als betriebliche Interessenvertretung an und ist auf deren Möglichkeiten zur Mitgestaltung und Kontrolle von KI-Systemen ausgerichtet.

Bei den übrigen abgefragten Aspekten liegen die Faktorwerte deutlich niedriger, was zum einen der geringeren Relevanz für die Vertrauensbildung in KI und zum anderen der methodischen Tatsache geschuldet ist, dass nur fünf Aspekte ausgewählt werden konnten. Unter den als weniger bedeutsam erachteten KI-Vertrauensaspekten befinden sich zum einen Faktoren, die sich auf allgemein gesellschaftlich anerkannte Werteprinzipien richten. Hierzu zählen die »Sozialverträglichkeit«, »Nichtdiskriminierung und Fairness« sowie der »Beitrag zum gesellschaftlichen und ökologischen Nutzen«. Zum anderen werden Faktoren niedriger gewichtet, die sich auf die Regulierung von KI beziehen (»Interventionsmöglichkeit in maschinelle Schlussfolgerungen«, »Betriebliche Regulierung von KI«) sowie die intuitive Nutzbarkeit von KI-Systemen im beruflichen Arbeitsalltag (»Berufliche Gebrauchstauglichkeit«). Dass die Regulierungsaspekte nicht zu den wichtigsten Vertrauensfaktoren gehören, mag angesichts der Hauptzielgruppe der Befragung überraschen, wird aber anhand des hohen Anteils an Befragten ohne konkrete betriebliche KI-Anwendungserfahrungen nachvollziehbar. Ebenso stehen allgemeine Werteorientierungen nicht im Zentrum des

525 Sascha Lobo (2017): HomePod, Alexa und Co.: Bevormundung durch Künstliche Intelligenz, Spiegel Online (7.6.2017), *https://www.spiegel.de/netzwelt/netzpolitik/homepod-alexa-und-co-bevormundung-durch-kuenstliche-intelligenz-kolumne-a-1151017.html.*

526 Edgar Rose (2021): Arbeit 4.0 und Beschäftigtendatenschutz: Herausforderungen und rechtlicher Anpassungsbedarf, Stuttgart, INPUT Consulting gGmbH, *https://www.input-consulting.de/files/inpcon-DATA/download/2021_Studie-Besch%C3%A4ftigtendatenschutz-E-Rose-INPUTConsulting_final.pdf.*

Interesses, wenn es konkret um KI-Systeme mit betrieblichem Anwendungsbezug geht, da deren Einhaltung in der Wahrnehmung der Befragten als Selbstverständlichkeit gelten dürfte.

Ob KI-Systeme als vertrauensvoll betrachtet werden, hängt maßgeblich auch davon ab, inwieweit die von ihnen ausgehenden Risiken kalkulierbar sind. Deshalb wurde in unserer ersten Onlinebefragung auch danach gefragt, wie wichtig verschiedene Prüfindikatoren hinsichtlich der Risiken von KI-Systemen sind (vgl. Abb. 4). Im Ergebnis zeigt sich, dass die »Einhaltung von Grundrechten bei KI-Entscheidungen« sowie die »Einhaltung der Rechtsgrundlagen der Datenerhebung und -verwendung« als wichtigste Prüfindikatoren von KI-Systemen gelten. Bei diesen Aspekten liegen die Anteile jener BR/PR, die die Relevanz mit »sehr wichtig« eingestuft haben, jeweils über 80 %. Einen entscheidenden Beitrag zur Qualität von KI-Systemen kann weiterhin die »Verträglichkeit mit Tarifverträgen und Betriebsvereinbarungen« leisten. Diesen Aspekt beurteilen 79 % als »sehr wichtig«. Damit einher geht die »Reglementierung von Leistungs- und Verhaltenskontrolle« (79 % »sehr wichtig«), die regelmäßig Bestandteil von Betriebs- bzw. Dienstvereinbarungen zur Anwendung neuer IT und Software ist. Etwa zwei Drittel der befragten BR/PR betrachten die »Transparenz des KI-Systems gegenüber Beschäftigten und Kunden« als sehr wichtiges Kriterium der Risikobewertung. Im Mittelfeld mit Anteilen zwischen 50 und 61 % jener, die mit »sehr wichtig« antworten, rangieren zum einen Prüfkriterien, die sich auf die Sicherheit und technische Zuverlässigkeit der KI-Systeme beziehen sowie auf deren Vereinbarkeit mit ethischen Maßstäben. Am unwichtigsten erscheinen die »Einhaltung von Normen und Zertifikaten«, die »Gewährleistung von Ergonomie und Barrierefreiheit« sowie die »Reichweite maschineller Entscheidungen« als Prüfkriterien. Diese Aspekte sind für maximal 50 % der Befragten »sehr wichtig« bei der Überprüfung von KI-Systemen hinsichtlich ihrer potenziellen Risiken.

Abbildung 4: Relevanz von Prüfindikatoren hinsichtlich der Risiken von KI-Systemen (Befragung 2021)

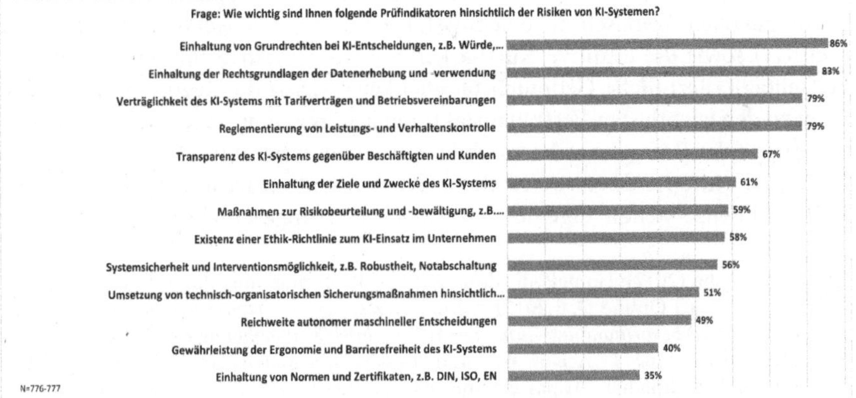

Vor dem Hintergrund der Vertrauensfaktoren, die unsere befragten BR/PR an KI-Systeme anlegen und der darauf basierenden Relevanz von Prüfindikatoren zur Kalkulation der von ihnen ausgehenden Risiken haben wir damals im Jahr 2021 konkret danach gefragt, in welchen beruflichen Anwendungsszenarien KI-Systeme als vertrauensvoll gelten können oder auch nicht. Die Befragten wurden dabei gebeten anzugeben, ob sie den Einsatz von KI im jeweiligen Bereich als bedenklich oder unbedenklich bewerten. Die Ergebnisse sind in Abbildung 5 dargestellt. In der Kategorie »vertrauensvoll« sind jene Befragten zusammengefasst, die bei der Beantwortung die Möglichkeiten »vollkommen unbedenklich« oder »unbedenklich« gewählt haben.

Abbildung 5: Vertrauen in KI-Systeme in unterschiedlichen beruflichen Anwendungsfeldern (Befragung 2021)

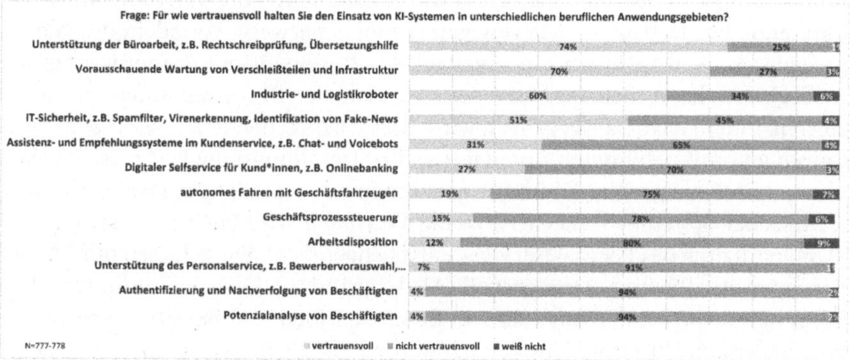

Im Ergebnis zeigt sich, dass das Vertrauen in KI-Systeme mit beruflichem Anwendungsbezug stark variiert. Auf den oberen vier Rangplätzen mit Anteilen von 50 % und mehr, die den abgefragten Anwendungsszenarien Vertrauenswürdigkeit attestieren, befinden sich KI-Systeme, die zum einen arbeitserleichternd wirken können, indem sie monotone, wiederkehrende Arbeitsaufgaben mit hohem Fehlerpotenzial sowie körperlich belastende Tätigkeiten übernehmen (»Unterstützung der Büroarbeit«, »Industrie- und Logistikroboter«) und zum anderen Motive der Nachhaltigkeit (»vorausschauende Wartung«) und Sicherheit (»IT-Sicherheit«) bedienen. Bei solchen KI-Anwendungen überwiegt offenbar in der Perspektive der Befragten der Nutzen deutlich bei gleichzeitig überschaubaren Risiken, weshalb ihnen mehrheitlich Vertrauen entgegengebracht wird.
Auf den mittleren Rängen mit Anteilen von ca. 30 % an Betriebs- und Personalräten, die den genannten Anwendungen Vertrauen entgegenbringen, befinden sich KI-Systeme, die auf die »Mensch-Maschine-Interaktion«[527], d. h. die Zusammenarbeit von Mensch und KI-Technologie, ausgerichtet sind. Hierzu zählen etwa

527 Norbert Huchler (2020): Die Mensch-Maschine-Interaktion bei Künstlicher Intelligenz im Sinne der Beschäftigten gestalten – Das HAI-MMI-Konzept und die Idee der Komplementarität, in: Digitale Welt, *https://digitaleweltmagazin.de/fachbeitrag/die-mensch-*

KI-Systeme zum »Digitalen Selfservice«, wie er im Kundenservice häufig genutzt wird, oder »Assistenz- und Empfehlungssysteme«. Bei diesen Anwendungen existiert offenbar eine Ambivalenz in der Bewertung der Befragten, die einerseits geprägt ist von der arbeitsentlastenden, unterstützenden Wirkung der Systeme, andererseits jedoch auch von den systemimmanenten Rationalisierungspotenzialen, die sich nachteilig auf Beschäftigte auswirken können.
Das untere Ende der Rangliste ist von KI-Systemen besetzt, die von der überwiegenden Mehrheit der Befragten für nicht vertrauensvoll gehalten werden. Die Anteile jener, die Vertrauen in diese Anwendungen haben, liegen bei höchstens 20 %. Beim »autonomen Fahren mit Geschäftsfahrzeugen« liegt die Vertrauensquote bei 19 %. Hier spielen offenbar Sicherheitsbedenken sowie die potenziell schwerwiegenden Auswirkungen bei Systemversagen eine entscheidende Rolle bei der Bewertung. Die Anwendungsszenarien »Geschäftsprozesssteuerung« und »Arbeitsdisposition«, bei denen die Anteile jener, die Vertrauen in sie artikulieren, bei 15 bzw. 12 % liegen, gelten möglicherweise vor allem deshalb als bedenklich, weil in ihnen ein »verstecktes« Rationalisierungsmotiv vermutet wird. Zudem kann auch das Motiv der »maschinellen Bevormundung« eine Rolle spielen, indem davon ausgegangen wird, dass entsprechende KI-Systeme die Autonomie von Beschäftigten unterlaufen, ihre Handlungsfähigkeit einschränken und sie im Kontext von KI und Algorithmen zu »Handlangern wirtschaftlich-technischer Systeme«[528] machen. Wenig Vertrauen wird auch KI-Systemen zur »Unterstützung des Personalservice« entgegengebracht. Diese halten nur 7 % der befragten BR/PR für vertrauensvoll. Als Begründung lässt sich anführen, dass KI-Systeme, die bei der Auswahl von Bewerberinnen und Bewerbern sowie zur Personalentwicklungsplanung genutzt werden, möglicherweise ethische Aspekte wie die »Würde des Menschen« oder den »Vorrang menschlichen Handelns« tangieren, was es aus der Perspektive von Betriebs- und Personalräten zu verhindern gelte. Personalentscheidungen, die allein aufgrund der Resultate einer KI zustande kommen, gelten aus der Mitbestimmungsperspektive als Problem, weshalb eine »angemessene Transparenz in Bezug auf im HR eingesetzte datengetriebene Werkzeuge«[529] zu gewährleisten sei. Noch kritischer mit lediglich 4 % der Befragten, die entsprechende KI-Systeme als vertrauensvoll betrachten, werden Technologien zur »Authentifizierung und Nachverfolgung von Beschäftigten« sowie zur »Potenzialanalyse von Beschäftigten« bewertet. Solche Anwendungen stehen in besonderem Maße im Verdacht, in Konflikt mit bestehenden Datenschutzbestimmungen zu geraten und Potenzial zur Leistungs- und Verhaltenskontrolle von Mitarbeitenden zu entfalten. Betriebs- und Personalräte stehen solchen Anwendungen entsprechend kritisch gegenüber. Gestützt auf

---

maschine-interaktion-bei-kuenstlicher-intelligenz-im-sinne-der-beschaeftigten-gestalten-das-hai-mmi-konzept-und-die-idee-der-komplementaritaet/.

528 Armin Grunwald (2018): Der unterlegene Mensch: Die Zukunft der Menschheit im Angesicht von Algorithmen, künstlicher Intelligenz und Robotern, München.

529 Michele Loi (2021): People Analytics muss den Menschen zugutekommen: Eine ethische Analyse datengesteuerter algorithmischer Systeme im Personalmanagement, Study der Hans-Böckler-Stiftung, Nr. 450, Düsseldorf, S. 92–94.

arbeitsrechtliche Analysen gelte es deshalb, die »Vermessung der Belegschaft« zu vermeiden[530] und »Gläsernen Belegschaften« Grenzen zu setzen.[531]
Zu den ethischen Anforderungen an KI gehören auch Aspekte der Zuverlässigkeit und Robustheit. Deshalb haben wir unsere Befragten in unserer aktuellen Befragung vom Sommer 2024 um eine Einschätzung darüber gebeten, für wie zuverlässig sie den Einsatz generativer KI in verschiedenen beruflichen Anwendungsszenarien halten.

Abbildung 6: Zuverlässigkeit generativer KI in beruflichen Anwendungsszenarien (Befragung 2024)

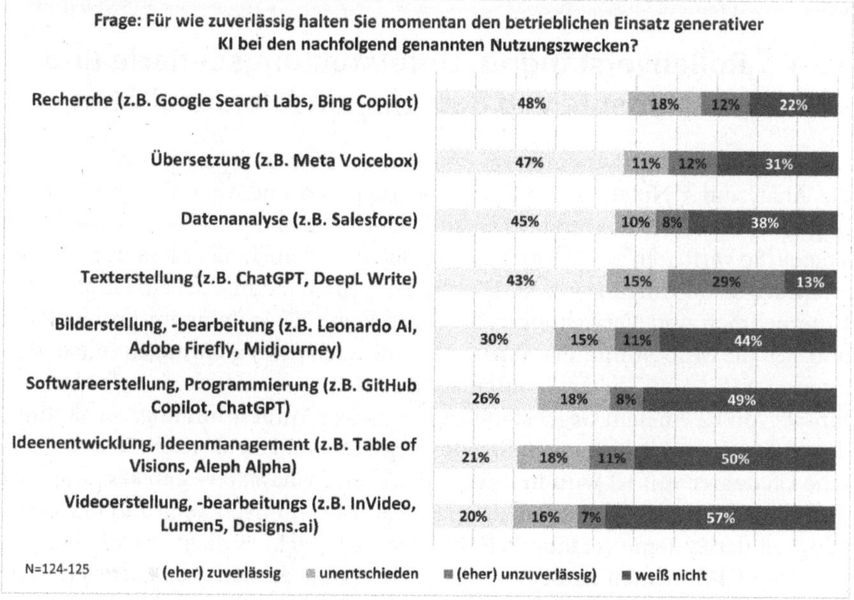

Dabei zeigt sich zunächst, dass generative KI unabhängig vom Nutzungszweck für maximal die Hälfte der Befragten als (eher) zuverlässig gilt. Dies drückt ein relativ hohes Maß an Skepsis dahingehend aus, ob die betreffenden Systeme die ihnen angedachten Zwecke auch erfüllen. Des Weiteren fällt auf, dass sich bezogen auf generative KI ein Großteil noch im Bereich des Nichtwissens aufgrund fehlender Praxiserfahrung abspielt. Lediglich bei der Erstellung von Texten mit ChatGTP liegt der Anteil jener, die mit »weiß nicht« antworten, mit 13 % im eher niedrigen Bereich. Bei den übrigen Anwendungsszenarien generativer KI können zwischen 20 % und 60 % der Befragten keine Angaben über die Zuverlässigkeit beim Einsatz machen. Generative KI ist zwar grundsätzlich in der Be-

530 Heinz-Peter Höller und Peter Wedde (2018): Die Vermessung der Belegschaft, in: Mitbestimmungspraxis 10/2018, *https://www.boeckler.de/pdf/p_mbf_praxis_2018_010.pdf.*
531 Peter Wedde (2019): Gläsernen Belegschaften Grenzen setzen – Datenschutz im Betrieb, in: Soziales Recht, Nr. 3/2019, S. 175–187.

triebspraxis angekommen, jedoch scheint es an konkreter Erfahrung bzw. an deren Reflexion bislang noch zu mangeln. Am zuverlässigsten gilt der Einsatz generativer KI vor allem bei Recherchezwecken, bei Übersetzungsaufgaben, zu Zwecken der Datenanalyse und zur Texterstellung. Bei diesen Anwendungen liegen die Zustimmungswerte zwischen 40 % und 50 %. Bei den übrigen Anwendungsmöglichkeiten generativer KI ist das Vertrauen in die Zuverlässigkeit beim betrieblichen Einsatz geringer. Systeme zur Bild- und Videoerstellung und -bearbeitung, zur Softwareentwicklung und zur Ideenentwicklung werden nur von maximal 30 % der Befragten für zuverlässig gehalten.

35.4 Rollenverständnis, Unterstützungsbedarfe und Instrumente von Betriebs- und Personalräten

Der Umgang mit KI-Systemen war zum ersten Befragungszeitpunkt 2021, wie die Analyse der Nutzung von KI in Unternehmen und Verwaltungen damals zeigte, für viele Betriebs- und Personalräte noch neu bzw. kein betriebsrelevantes Thema. So verfügten zwei Drittel der Befragten noch nicht über konkrete Praxiserfahrungen im Umgang mit KI. Dies lag zum einen daran, dass ein Großteil der Unternehmen und Verwaltungen bis dahin keine KI-Systeme im Einsatz hatte und sich die Mitbestimmungsakteure deshalb auch nicht gezwungen sahen, sich intensiv mit dieser Thematik auseinanderzusetzen. Zum anderen erfordert der Einsatz von KI ein dem Gegenstand angemessenes Mitbestimmungsverständnis, das nicht selten von bisherigen Regulierungserfahrungen abweicht. Der spezifische Charakter von KI wird in ihrem »Black-Box-Charakter« gesehen, was sich dadurch äußert, dass die Resultate von KI-Entscheidungen aufgrund der Lernfähigkeit der Systeme veränderlich sind. Deshalb reicht es nicht aus, die Einführung von KI-Systemen zu Beginn mitbestimmungsrechtlich zu beurteilen, sondern gefragt ist eine Prozessorientierung, die eine fortwährende Neubewertung des Echtbetriebs erfordert.[532] Eine solche Perspektive stellt jedoch spezifische Rollenanforderungen an die Mitbestimmungsakteure hin zu einer »prozessualen partnerschaftlichen Konfliktkultur«,[533] die flexibel und beteiligungsorientiert ist und in deren Rahmen verstärkt in »Projekten« gedacht und gehandelt werden sollte.[534] Die Kompetenzen zur Einnahme der Rolle als prozessbegleitend mitgestaltende Interessenvertretung müssen in Betriebs- und Personalratsgremien aber vielfach noch hergestellt werden. Positive Beispiele aus der betrieblichen

532 Markus Hoppe und Adrian Hermes (2021): Beschäftigteninteressen und Regulierungserfordernisse bei KI-Anwendungen. Automatisierung und Unterstützung in der Sachbearbeitung mit Künstlicher Intelligenz, Band 7, Kap. 7.3, Stuttgart, Fraunhofer Verlag, *https://publica.fraunhofer.de/eprints/urn_nbn_de_0011-n-6361556.pdf.*

533 Detlef Gerst (2020): Mitbestimmung in digitalen und agilen Betrieben – das Modell einer prozessualen partnerschaftlichen Konfliktkultur, in: Verena Bader und Stephan Kaiser (Hrsg.): Arbeit in der Data Society, Wiesbaden, Springer Fachmedien, S. 35–56.

534 Thomas Klebe (2017): Betriebsrat 4.0 – Digital und global?, in: NZA Beilage, 2017, S. 84.

Praxis gibt es[535], sie sind in der Fläche aber noch selten. Deshalb haben wir in unseren Befragungen nach den Unterstützungsbedarfen für Betriebs- und Personalräte gefragt, die aus der Einführung und Nutzung von (generativen) KI-Systemen resultieren.
Wie Abbildung 7 zeigt, fällt zunächst auf, dass die in der ersten Befragung erhobenen Unterstützungsbedarfe in allen abgefragten Aspekten mit Anteilen zwischen 69 % und 88 % hoch sind. Am größten sind die Bedarfe bei den »rechtlichen, normativen und arbeitswissenschaftlichen Grundlagen der Mitgestaltung und Einflussnahme«, aber auch bei der »Durchführung von Folgenabschätzungen«. Beides drückt ein hohes Maß an Unsicherheit aus, das Mitbestimmungsakteure in Unternehmen und Verwaltungen beim Thema KI zeigen. Mit Anteilen von über 80 % fast ebenso hoch sind die Unterstützungsbedarfe bei den »handwerklichen« Aspekten von KI im Hinblick auf die Funktionsweise von KI-Systemen sowie deren Unterscheidung von »herkömmlichen« IT-Systemen. Etwas weniger problematisch werden die vorhandenen Kompetenzen hinsichtlich jener Aspekte eingeschätzt, die nicht KI-spezifisch sind, sondern als Querschnittsthemen auch in anderen Handlungsfeldern relevant sind. Dazu zählen die »Suche nach geeigneten Sachverständigen«, »Ideen zur Beschäftigtenbeteiligung«, der »Austausch über Gestaltungserfahrungen gelungener Praxis« sowie die »Unterstützung bei Gesprächsinitiativen mit dem Arbeitgeber«. In diesen Fragen sind die Anteile jener befragten BR/PR, die hohen bzw. sehr hohen Unterstützungsbedarf adressieren, geringer und liegen zwischen 69 % und 77 %.

Abbildung 7: Unterstützungsbedarfe von Betriebs- und Personalräten bei der Einführung und Nutzung von KI-Systemen (Befragung 2021)

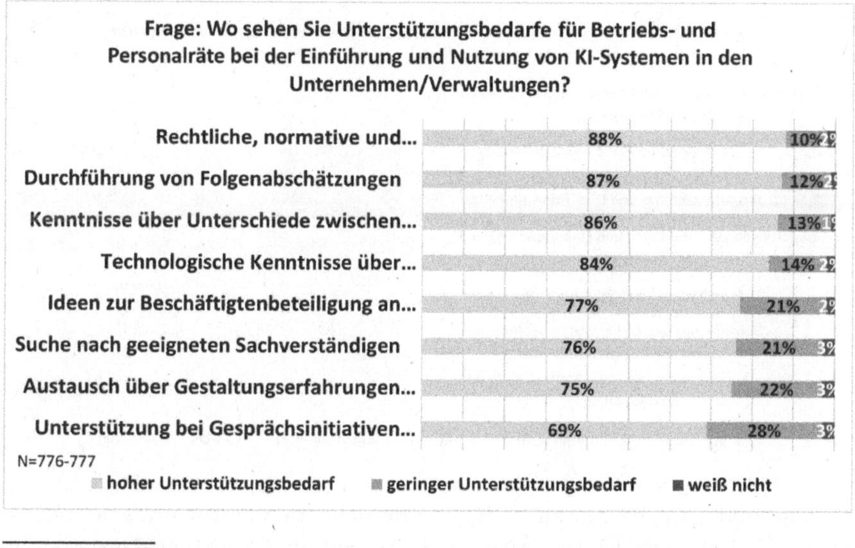

535 humAIn work lab (Hg.) (2023): KI und Mitbestimmung – Lessons learned aus der Praxis. München, *https://www.humain-worklab.de/wp-content/uploads/2023/05/humAIn_Paper_KI-und-Mitbestimmung.pdf*.

Die Unterstützungsbedarfe, die wir in unserer aktuellen Befragung im Jahr 2024 zum betrieblichen Einsatz generativer KI erhoben haben, unterscheiden sich wenig von dem mit der ersten Befragung gezeichneten Bild. Auch hier erreichen die Aspekte der KI-spezifischen Kenntnisse, der Grundlagen der Einflussnahme und Mitgestaltung sowie die Durchführung einer Folgenabschätzung mit Anteilen von 80 und mehr Prozent, die hohen Unterstützungsbedarf artikulieren, die oberen Rangplätze. Mit Anteilen zwischen 70 % und 75 % jener, die hohen Unterstützungsbedarf haben, erscheinen Themen, die nicht KI-spezifisch sind, wie etwa die Suche nach Sachverständigen, Ideen zur Beschäftigtenbeteiligung oder der Austausch über Gestaltungserfahrungen der Mitbestimmungspraxis, etwas weniger problematisch. Mit 56 % am niedrigsten ist auch in unserer zweiten Befragung der Unterstützungsbedarf hinsichtlich der Gesprächsinitiativen mit dem Arbeitgeber.

Teil des proaktiven Mitbestimmungsverständnisses ist es, die Folgen des Einsatzes von KI-Systemen fortlaufend und systematisch in den Blick zu nehmen. Mit dem Instrument einer Folgenabschätzung kann dies gewährleistet werden. Unsicherheit besteht jedoch vielfach hinsichtlich der Frage, welche Anforderungen an eine betriebliche Folgenabschätzung des KI-Einsatzes zu stellen sind und welche Kriterien zur Bewertung der Auswirkungen des Technikeinsatzes herangezogen werden sollen. Deshalb wurden unsere Befragten in der ersten Befragung 2021 gebeten, Angaben darüber zu machen, welche Aspekte mit welcher Relevanz Bestandteil einer Folgenabschätzung von KI-Systemen sein sollten. Über das Ergebnis gibt Abbildung 8 Auskunft.

Abbildung 8: Aspekte der Folgenabschätzung von KI-Systemen (Befragung 2021)

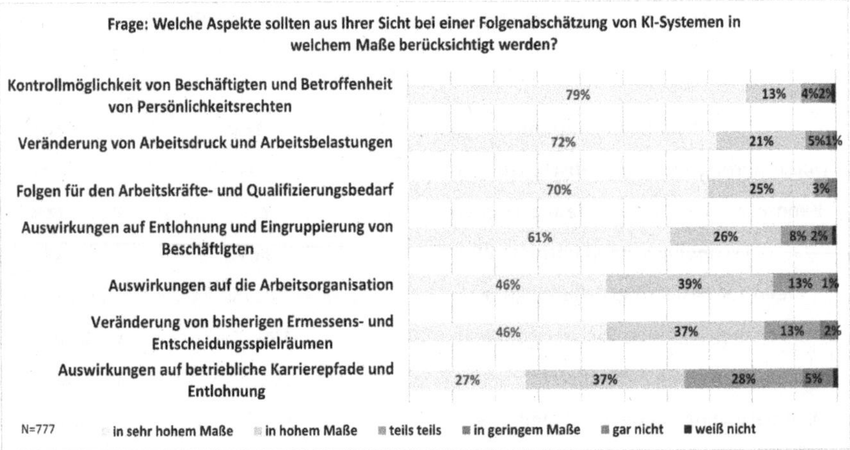

Es zeigt sich, dass die von uns befragten Betriebs- und Personalräte der potenziellen Eignung von KI-Systemen zur Leistungs- und Verhaltenskontrolle die größte Bedeutung beimessen, die es durch Berücksichtigung des Faktors »Kontrollmöglichkeit von Beschäftigten und Betroffenheit von Persönlichkeitsrech-

ten« bei einer KI-Folgenabschätzung zu reglementieren gilt. 79 % der Befragten finden, dieses Kriterium sollte in sehr hohem Maße berücksichtigt werden, 13 % in hohem Maße. Mit Blick auf die Arbeitsbedingungen der Beschäftigten haben auch die Folgen hinsichtlich des Aspekts »Arbeitsdruck und Arbeitsbelastungen« eine hohe Priorität, 72 % geben an, er sollte in sehr hohem Maße berücksichtigt werden, 21 % antworten mit »in hohem Maße«. Ähnlich bedeutsam sind die »Folgen des KI-Einsatzes auf den Arbeitskräfte- und Qualifizierungsbedarf«. Auch hier geben insgesamt 95 % an, dass das Kriterium in sehr hohem oder hohem Maße Bestandteil einer Folgenabschätzung sein sollte. Auch die »Auswirkungen auf Entlohnung und Eingruppierung von Beschäftigten« trifft auf kaum geringere Zustimmungswerte. Damit zeigt sich, dass alle Kriterien, die auf das Beschäftigungsverhältnis als solches und die zentralen Aspekte der Arbeitsbedingungen fokussieren, als höchst relevant eingestuft werden, wenn es um die Abschätzung der Folgen des Einsatzes von KI-Systemen geht.
Etwas weniger hoch gewichtet sind Aspekte, die sich nicht unmittelbar aus dem Beschäftigungsverhältnis und dessen Stabilität ergeben, sondern eher im Kontext von Merkmalen der Arbeitgeberattraktivität zu verorten sind, indem KI-Systeme zur produktiven, sicheren und gesunden Arbeitsgestaltung beitragen können.[536] Dazu gehören die Aspekte »Veränderung von Ermessens- und Entscheidungsspielräumen«, die »Auswirkungen auf die Arbeitsorganisation« sowie die »Auswirkungen auf betriebliche Karrierepfade und Entlohnung«. Die niedrigere Wertigkeit dieser Kriterien bei der betrieblichen Folgenabschätzung von KI dürfte sich wiederum erklären lassen durch die über die Techniknutzung hinausgehende Relevanz dieser Aspekte als allgemeingültige Organisationsprinzipien von Arbeit.

35.5 Regulierung von Künstlicher Intelligenz in der Unternehmens- und Verwaltungspraxis

Die Anwendung von KI-Systemen für berufliche Nutzungszwecke ist, wie die Präsentation der Ergebnisse zu Vertrauensfaktoren und Prüfindikatoren der Folgenabschätzung deutlich gemacht hat, auch eine Frage der Regulierung und Mitgestaltung durch betriebliche Interessenvertretungen und Beschäftigte. Jedoch gibt es bezogen auf die konkrete Anwendung von KI-Systemen im beruflichen Kontext bislang noch wenig Mitbestimmungserfahrungen. Dennoch ist es, wie Kapitel 14 in diesem Band zeigt, auf Basis der aktuellen Rechtslage möglich, eine betriebliche Mitbestimmungspraxis zu entwickeln. Für die betriebliche Regulierung spielen Betriebs- und Dienstvereinbarungen eine entscheidende Rolle. Deren Geltungsbereich kann jedoch variieren. Neben Vereinbarungen, mit denen

536 Martina Frost et al. (2020): Produktive, sichere und gesunde Arbeitsgestaltung mit digitalen Technologien und Künstlicher Intelligenz – Hintergrundwissen und Gestaltungsempfehlungen, in: Zeitschrift für Arbeitswissenschaft 74 (2), S. 76–88.

eine konkrete Technologie geregelt wird, kann auch der Rahmen der Nutzung (»IKT-Rahmenregelung«) oder der Pilotierungsprozess bei der Einführung neuer KI-Systeme (»Prozessvereinbarung«) Regelungsgegenstand sein. Zudem lassen sich Fragestellungen, die sich aus der betrieblichen KI-Nutzung ergeben, indirekt über Vereinbarungen zu anderen Regulierungszielen erfassen (z.B. Qualifizierung, Datenschutz). Neben der formalen Regulierung in Betriebs- und Dienstvereinbarungen gehört auch die Kommunikations- und Austauschkultur im Kontext der betrieblichen Sozialbeziehungen zu den Instrumenten der Mitbestimmung, die beim Umgang mit KI-Systemen Erfolg versprechen. Mit Blick auf KI haben dabei IT-Arbeitskreise oder ähnliche Austauschformate eine hohe Relevanz.

Die Notwendigkeit zur betrieblichen Regulierung von KI resultiert auch aus der Komplexität von KI als Gegenstand der Betriebspolitik. Betriebs- und Personalräte stoßen mitunter an ihre fachlichen Grenzen, weshalb der Gesetzgeber die Hinzuziehung externen Sachverstands ermöglicht, soweit dies zur Erfüllung der Aufgaben der Interessenvertretung notwendig ist (§ 80 Abs. 3 BetrVG).[537] Dieses Recht erfährt nun unter expliziter Bezugnahme auf Künstliche Intelligenz eine Stärkung, indem im Betriebsrätemodernisierungsgesetz klargestellt wird, dass nach § 80 Abs. 3 BetrVG die Hinzuziehung eines Sachverständigen durch den Betriebsrat dann als erforderlich gilt, wenn der Betriebsrat die Einführung oder Anwendung von Künstlicher Intelligenz bei der Durchführung seiner Aufgaben beurteilen muss.[538] Bei KI-Systemen ist, wie unsere Befragung zeigt, die Beurteilung der Folgen des Technikeinsatzes (»Folgenabschätzung«) entscheidendes Akzeptanz- und Vertrauenskriterium, weshalb die Folgenabschätzung ebenfalls entweder für sich genommen oder im Rahmen einer Betriebs- bzw. Dienstvereinbarung zur IT- oder KI-Nutzung als bedeutsames Regulierungsinstrument angewandt wird.

In unseren Befragungen haben wir danach gefragt welche Regulierungsinstrumente als geeignet erscheinen, (generative) KI-Systeme betrieblich zu regulieren. Im Ergebnis der ersten Befragung zeigt sich (vgl. Abb. 9), dass die betriebliche Folgenabschätzung in Form einer »Regelung zur Durchführung einer Risikobewertung möglicher Auswirkungen« das als am geeignetsten erscheinende Regulierungsinstrument den obersten Rangplatz einnimmt. Dieses Instrument halten 83 % der befragten Betriebs- und Personalräte für »geeignet« bzw. »eher geeignet«. Ähnlich wichtig ist in der Perspektive der Befragten die betriebliche

537 Friedhelm Michalke (2018): Gut beraten! Externe Sachverständige für den Betriebsrat: Ratgeber für die Praxis mit rechtlichen Hinweisen und Musterschreiben, Reihe Arbeit, Gesundheit, Umwelt, Technik, Nr. 87; Technologieberatungsstelle beim DGB NRW e.V., *https://www.tbs-nrw.de/fileadmin/Shop/Broschuren_PDF/externe_sachverstaendige_fuer_den_Betriebsrat.pdf.*

538 Deutscher Bundestag (2021): Gesetz zur Förderung der Betriebsratswahlen und der Betriebsratsarbeit in einer digitalen Arbeitswelt (Betriebsrätemodernisierungsgesetz). In: Bundesgesetzesblatt Jahrgang 2021, S. 1762–1765, *https://www.bgbl.de/xaver/bgbl/start.xav?startbk=Bundesanzeiger_BGBl&jumpTo=bgbl121s1762.pdf#__bgbl__%2F%2F*%5B%40attr_id%3D%27bgbl121s1762.pdf%27%5D__1664459476077.*

Kommunikation zwischen Arbeitgeber und Betriebs- bzw. Personalrat in Fragen von Digitalisierung und KI, die regelmäßig Thema in »IT-Arbeitskreisen« sind. Hier geben ebenfalls 82 % der BR/PR an, dass systematische Kommunikation der Sozialparteien zur Regulierung von KI-Systemen geeignet ist. Hohe Zustimmungswerte erfahren ebenfalls die vorgeschlagenen Varianten an Betriebs- und Dienstvereinbarungen. Vergleichbar hohe Anteile (79 % bzw. 78 %) jener, die dem Instrument die Tauglichkeit zur KI-Regulierung attestieren, entfallen auf die »gesonderte KI-Vereinbarung«, deren Geltung sich auf die konkrete Anwendung richtet, sowie die »Prozessvereinbarung« als Instrument einer prozessualen Mitbestimmungspraxis. Geringfügig weniger Befragte (72 %) gehen davon aus, dass Betriebs- bzw. Dienstvereinbarungen zu »konventionellen« IT- und Softwarelösungen auf die Regulierung von KI-Systemen übertragbar sind, indem sie sich als »Blaupause« nutzen lassen. Als deutlich weniger geeignet erscheinen nach den Antworten unserer befragten BR/PR die »indirekte Regulierung« sowie die »IKT-Rahmenvereinbarung«. Hier ist jeweils nur etwa die Hälfte der Befragten der Meinung, diese Instrumente seien für die Regulierung von KI-Systemen brauchbar.

Abbildung 9: Zur betrieblichen KI-Regulierung (un-)geeignete Instrumente (Befragung 2021)

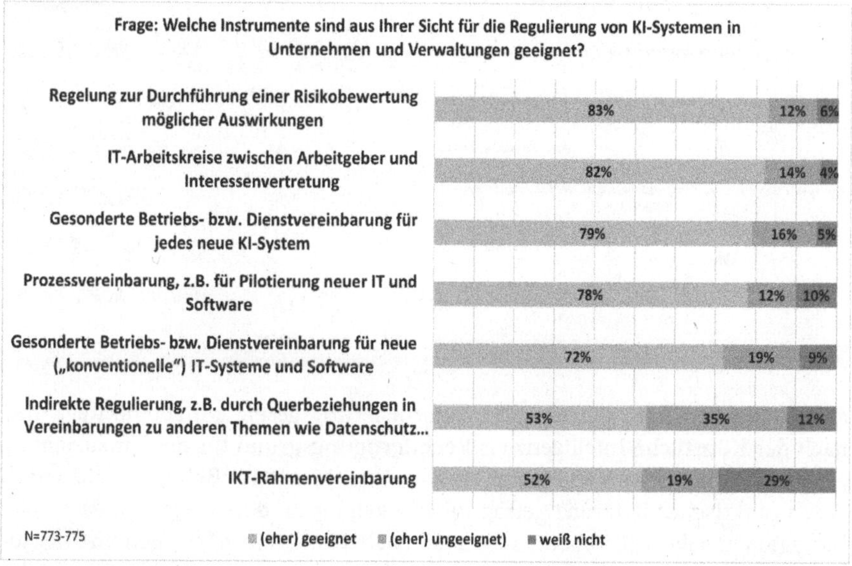

In unserer zweiten Befragung von 2024 haben wir danach gefragt, welche Instrumente aus der Sicht von Betriebs- und Personalräten zur Regulierung generativer KI geeignet erscheinen (vgl. Abb. 10). Dabei zeigt sich, dass dies insbesondere Instrumente sind, die auf eine Verbesserung der KI im Vorfeld und im laufenden Prozess abzielen und dabei die Nutzerinnen und Nutzer systematisch einbeziehen. So halten 86 % der Befragten die »Einbeziehung von Beschäftigten in die Evaluation von KI-Systemen« für ein geeignetes Regulierungsinstrument. Kaum weniger tauglich erscheint eine »Regelung zur Begleitung von Training und Test von KI-Systemen« (76 %). Mit Anteilen zwischen 70 % und 75 % attestierter Eignung folgen »Paritätisch besetzte Arbeitskreise zur Vorbereitung einer KI-Regelung«, eine »Regelung zur Durchführung einer Folgenabschätzung« und die »IKT-Rahmenvereinbarung«. In der Gunst der Befragten etwas abfallend sind die »Gesonderte Vereinbarung jedes neuen (generativen) KI-Systems« sowie die »Prozessvereinbarung«. Diese Instrumente gelten bei 67 % bzw. 64 % als geeignet. Am wenigsten zur Regulierung generativer KI tauglich ist im Urteil der Befragten die »indirekte Regulierung«, bei der generative KI durch Querverweis in Regelungen zu anderen, verwandten Themen »mitgeregelt« wird. Dies halten nur 47 % der Befragten für geeignet bei der Regulierung generativer KI.

Abbildung 10: Zur Regulierung generativer KI (un-)geeignete Instrumente (Befragung 2024)

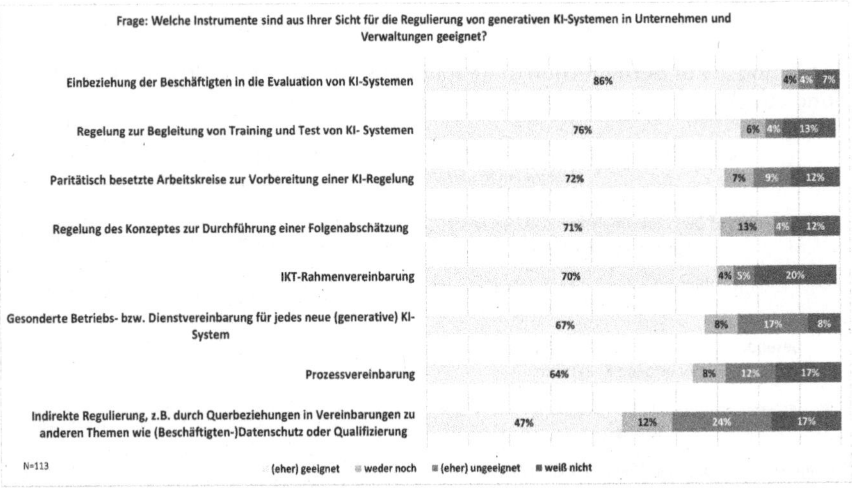

Mit Blick auf die im Betriebsrätemodernisierungsgesetz enthaltene Regelung, nach der Künstliche Intelligenz als Rechtfertigungsgrund für die Hinzuziehung externen Sachverstands anerkannt ist, haben wir in unserer Befragung 2024 nach deren praktischer Relevanz gefragt. Dabei zeigt sich, dass insgesamt 21 % aller Befragten angeben, dass bereits externer Sachverstand in KI-Fragen hinzugezogen worden ist. Zum überwiegenden Teil erfolgte dies aber unabhängig von der Regelung im Betriebsrätemodernisierungsgesetz, lediglich 5 % aller Befragten geben an, sich auf diese gesetzliche Regelung berufen zu haben. Wenn externer Sachverstand hinzugezogen wurde[539], dann ging es zumeist um Hilfestellung

539 Aufgrund der teilweise geringen Fallzahl hinter den Einzelaspekten werden die nachfolgenden Aussagen ohne Angabe der prozentualen Anteile, sondern qualitativ präsentiert.

bei der Formulierung konkreter Regulierungsgrundlagen oder um allgemeines Fachwissen hinsichtlich der Gestaltungsmöglichkeiten von KI-Systemen. Wenn beim KI-Einsatz kein externer Sachverstand hinzugezogen wurde, dann lag das am häufigsten daran, dass die Arbeitsschwerpunkte in den Gremien der Interessenvertretung nicht auf der KI-Regulierung lagen, die intern verfügbaren Kompetenzen für ausreichend gehalten wurden oder KI bislang noch keine Rolle im Betrieb gespielt hat. Zu einem geringen Teil sei auch die Regelung des Betriebsrätemodernisierungsgesetzes bislang nicht bekannt.

In der Gesamtschau beider Befragungen sprechen die Antworten unserer Befragten dafür, dass das für die Regulierung von KI-Systemen geeignete Instrumentarium drei Anforderungen entsprechen sollte. Erstens stehen die Folgen des KI-Einsatzes für Beschäftigte im Zentrum. Eine gute Regulierung von KI bedarf offensichtlich einer systematischen Überprüfung der Auswirkungen von KI-Systemen in zentralen Aspekten der Arbeitssituation von Beschäftigten, die mit einem Monitoring der Systeme hinsichtlich der möglichen Risiken einhergeht. Zweitens ist für die Regulierung von KI-Systemen eine betriebliche Kommunikationskultur zwischen Arbeitgeber und Interessenvertretung nötig, die es ermöglicht, geplante technologische Innovationen beteiligungsorientiert umzusetzen. Dazu passt auch, dass die Befragten insbesondere bei generativer KI die Rolle von Beschäftigten beim Training der Systeme und der Evaluierung des laufenden Betriebs stark machen. Ein informeller, geschützter Rahmen kann dazu seinen Beitrag leisten. Drittens werden unseren Befragungsergebnissen zufolge Regulierungsinstrumente dann als geeignet für KI-Systeme betrachtet, wenn sie konkret auf die einzelne Anwendung bezogen und auf eine differenzierte Regulierung je nach Kritikalität oder Risikorelevanz ausgerichtet sind. Dafür spricht, dass sowohl die IKT-Rahmenvereinbarung als auch die indirekte Regulierung im Urteil der Befragten hinsichtlich der potenziellen Eignung zur Regulierung am schlechtesten abschneiden.

Vertiefend haben wir jeweils auch danach gefragt, welche Regulierungsinstrumente in der Praxis tatsächlich genutzt werden. Die betreffenden Fragen haben nur die Personen beantwortet, in deren Unternehmen bzw. Verwaltungen (generative) KI-Systeme bereits im Einsatz sind oder aktuell geplant werden. Im Ergebnis der Befragung von 2021 zeigt sich (vgl. Abb. 11), dass die am weitesten verbreitete Regulierungsform die »gesonderte Betriebs- oder Dienstvereinbarung für neue (›konventionelle‹) IT-Systeme und Software« ist. 55 % der befragten BR/PR geben an, dass dieses Instrument für die Regulierung von KI-Systemen genutzt wird. Dies ist vermutlich damit erklärbar, dass im Vorfeld der Nutzung von KI-Systemen Vorerfahrungen mit digitalen Technologien und Softwareanwendungen gesammelt werden konnten, auf denen die KI-Regulierung aufbauen kann. Es zeigen sich jedoch Unterschiede, wenn man die Betriebsgröße der Unternehmen und Verwaltungen, in denen die Befragten tätig sind, berücksichtigt. Bei einer Betriebsgröße bis 999 Beschäftigte sind solche Vereinbarungen unterdurchschnittlich häufig verbreitet, bei größeren Unternehmen und Verwaltungen liegt die Verbreitung dagegen über dem Durchschnitt. Am zweithäufigsten genannt werden »IT-Arbeitskreise zwischen Arbeitgeber und Interessen-

vertretung«, deren Nutzung von 42 % der Befragten bestätigt wird. Auch hier ist zu konstatieren, dass es Unterschiede zwischen den Betriebsgrößenklassen gibt. IT-Arbeitskreise sind wiederum bei kleineren Unternehmen und Verwaltungen seltener verbreitet als bei größeren. Ähnliches gilt für das Instrument »Prozessvereinbarung«, das zur Pilotierung von IT und Software genutzt werden kann. Damit haben 39 % der BR/PR Erfahrungen. Jedoch sind auch hierbei kleinere Unternehmen und Verwaltungen zurückhaltender als die größeren.
Seltener werden »IKT-Rahmenvereinbarungen« zur Regulierung von KI-Systemen verwendet. 29 % der Befragten geben an, dass es solche bei ihnen gebe. Bei diesem Instrument sind auch die Nutzungsunterschiede zwischen kleinen und großen Unternehmen bzw. Verwaltungen geringer. Ähnlich verbreitet ist die »indirekte Regulierung«, mit der 27 % der BR/PR Erfahrungen haben. Auch hier sind die Unterschiede zwischen den Betriebsgrößenklassen relativ gering. Die »gesonderte Betriebs- oder Dienstvereinbarung für jedes neue KI-System« ist nach dem Ergebnis unserer Befragung ebenfalls nicht stark verbreitet, 23 % bestätigen, dass dieses Instrument zur KI-Regulierung eingesetzt wird. Große Unternehmen und Verwaltungen nutzen KI-Vereinbarungen etwa doppelt so häufig wie kleinere. Für die Regulierung von KI-Systemen werden bislang am wenigsten »Regelungen zur Durchführung einer Risikobewertung möglicher Auswirkungen« getroffen. Lediglich 18 % der Befragten bestätigen, dass dieses Regulationsinstrument genutzt würde. Jedoch sind auch hier die Großbetriebe und -verwaltungen aktiver als die Kleineren. In der Betriebsgrößenklasse bis 249 Beschäftigte beträgt der Anteil der Befragten, die Nutzungserfahrungen mit diesem Instrument haben, lediglich 5 %.
Was lässt sich nun aus den präsentierten Befragungsergebnissen lernen? Betrachtet man die Rangplätze der Instrumente, die unsere Befragten als zur KI-Regulierung geeignet betrachten und jenen, die tatsächlich genutzt werden (vgl. Abb. 11), dann fällt zunächst auf, dass beide Ranglisten nicht deckungsgleich sind. Als am besten geeignet gelten die Regelung zur Risikobewertung, IT-Arbeitskreise und gesonderte Vereinbarungen für jedes neue KI-System. IT-Arbeitskreise existieren als etablierte Regulierungsinstrumente der Digitalisierung von Unternehmen und Verwaltungen bereits länger. Die KI-spezifischen Regulierungsinstrumente (Risikobewertung, KI-Vereinbarung) finden sich in der Rangliste der genutzten Instrumente jedoch auf den letzten beiden Positionen wieder. Somit lässt sich konstatieren, dass jene Regulierungsformen, mit denen sich aus der Sicht der Befragten KI-Systeme am besten regulieren lassen, in der betrieblichen Praxis bislang die geringste Relevanz haben.
Prozessvereinbarungen und Vereinbarungen für »konventionelle« IT und Software rangieren im Mittelfeld der als geeignet geltenden Regulierungsinstrumente auf den Plätzen drei und vier. Auch wenn die genannten Instrumente keinen direkten Bezug zu KI-Systemen aufweisen, lassen sich die Vorerfahrungen mit ihnen, die in Unternehmen und Verwaltungen gesammelt wurden, auf deren Regulierung übertragen. Dies zeigt sich daran, dass Vereinbarungen für konventionelle IT und Software auf der Rangliste der am häufigsten genutzten In-

strumente zur KI-Regulierung auf dem ersten Platz liegt und die Prozessvereinbarung auf dem dritten.

Abbildung 11: Zur Regulierung generativer KI genutzte Instrumente (Befragung 2024)

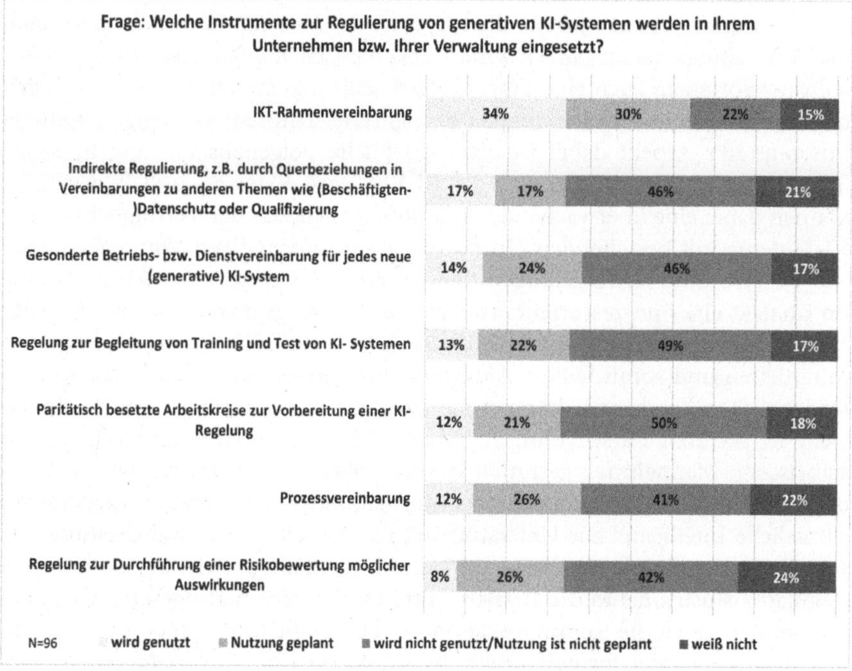

In der aktuellen Befragung von 2024 ist ein leicht verändertes Bild gegenüber der ersten Befragung erkennbar. Wenngleich die IKT-Rahmenvereinbarung wie gezeigt nur im Mittelfeld der als geeignet eingeschätzten Instrumente rangiert, ist diese Regulierungsform bislang bei der Regulierung generativer KI am weitesten verbreitet. Etwa ein Drittel der Befragten, bei denen generative KI eine Rolle spielt, integrieren diese in den Geltungsbereich einer IKT-Rahmenvereinbarung, weitere 30 % planen, dies in Zukunft zu tun. Auch die indirekte Regulierung, in der Liste der geeigneten Instrumente auf dem letzten Platz liegend, spielt in der Praxis eine weitaus größere Rolle. Aktuell nutzen 17 % diese Regulierungsform. Die übrigen Regulierungsinstrumente (vgl. Abb. 11) werden zu vergleichbaren Anteilen von 8 % bis 14 % genutzt. Somit ist insgesamt ein gewisser Pragmatismus im Umgang mit der Regulierungsfrage generativer KI erkennbar, der sich dadurch ausdrückt, dass – wissend, dass es besser geeignete Alternativen geben könnte – vor allem Regulierungsinstrumente genutzt werden, die es entweder bereits im Unternehmen bzw. der Verwaltung gibt oder die sich mit überschaubarem Aufwand schaffen lassen.

35.6 Diskussion und Ausblick

Das Ziel unserer Befragungen bestand darin, eine Wissens- und empirische Informationsbasis darüber zu schaffen, wie Betriebs- und Personalräte mit der betrieblichen Anwendung von Künstlicher Intelligenz umgehen, welche Faktoren ihr Vertrauen in die Technologie bestimmen, welche Auswirkungen des KI-Einsatzes erwartet werden und wie die Frage der Regulierung in den Unternehmen und Verwaltungen angegangen wird. Dabei hat sich gezeigt, dass Künstliche Intelligenz vor allem auch eine Frage der betrieblichen Gestaltung ist, in die sich betriebliche Interessenvertretungen in mehrerlei Hinsicht einbringen können. Ein zentraler Aspekt dabei ist die betriebliche Folgenabschätzung hinsichtlich der potenziellen Wirkungen des KI-Einsatzes. Betriebs- und Personalräte können dabei eine überwachende Funktion hinsichtlich der Verträglichkeit der KI-Systeme mit bestehenden Grundwerten und normativen Voraussetzungen wie Gesetze und Tarifregelungen übernehmen. Als Akteur der Mitgestaltung im Kontext einer prozessorientierten Mitbestimmungspraxis können sie an der Herstellung von Transparenz über die Ziele und den Nutzen von KI-Systemen mitarbeiten und somit helfen, Akzeptanz für den betrieblichen KI-Einsatz zu fördern. Darüber hinaus können sie darüber mitbestimmen, welche Reichweite KI-gestützte Entscheidungen haben dürfen und welche technisch-organisatorischen Maßnahmen getroffen werden sollen, damit Beschäftigte nicht zu den »Getriebenen« der digitalen Transformation werden, sondern (generative) Künstliche Intelligenz zur Unterstützung von Arbeit und Gewährleistung von Handlungsfähigkeit genutzt werden kann. Dabei helfen nicht nur betriebliche Regulationsinstrumente wie Betriebs- und Dienstvereinbarungen für KI-Systeme, sondern auch die Kommunikation mit dem Arbeitgeber über geplante Änderungen neben der formalen Betriebspolitik, etwa in IT-Arbeitskreisen. Dies hilft, die Beschäftigteninteressen frühzeitig in den betrieblichen Diskussionsprozess einzubringen, z. B. hinsichtlich der Folgen für den Arbeitskräfte- und Qualifizierungsbedarf oder die Auswirkungen auf die Kontrollmöglichkeiten von Beschäftigten im Kontext der potenziellen Eignung von KI-Systemen zur Verhaltens- und Leistungskontrolle.

Unter dem Strich ist die Grundeinstellung unserer Befragten dem Thema Künstliche Intelligenz gegenüber jedoch ambivalent. Zum Abschluss der ersten Befragung 2021 wurden die Teilnehmenden um eine Einschätzung darüber gebeten, ob sie in KI eher eine Chance oder ein Risiko sehen (vgl. Abb. 12).

Abbildung 12: Künstliche Intelligenz als Chance oder Risiko (Befragung 2021)

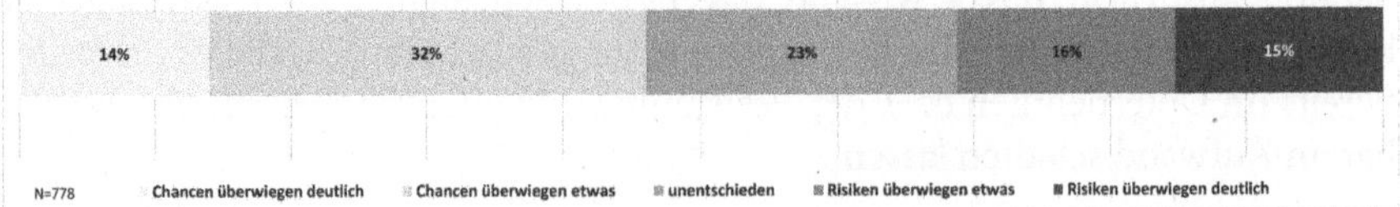

Dabei zeigte sich, dass beide Positionen in etwa gleichverteilt sind. Insgesamt 46 % unserer befragten Betriebs- und Personalräte gaben an, dass in ihrer Perspektive die Chancen deutlich oder etwas überwiegen. Bei 54 % war dies entsprechend nicht der Fall, sie sind entweder unentschieden oder gewichten die Risiken etwas oder deutlich höher. Wenngleich in der Befragung im Jahr 2024 die Frage nach den Chancen bzw. Risiken von (generativer) KI nicht gestellt wurde, kann jedoch aufgrund der Beurteilung der potenziellen Auswirkungen, verbunden mit den mit der Technologie verbundenen Herausforderungen davon ausgegangen werden, dass sich an der Risikobewertung von (generativer) KI wenig geändert hat.

Angesichts der Tatsache, dass KI-Technologien trotz der aktuell noch überschaubaren, aber stetig wachsenden Verbreitung in Unternehmen und Verwaltungen in Zukunft zunehmen werden, ist eine reaktive bis ablehnende Haltung von betrieblichen Interessenvertretungen jedoch kaum problemangemessen. Deshalb sollten Betriebs- und Personalräte Künstliche Intelligenz zu »ihrer Sache« machen, Veränderungsprozesse aktiv mitgestalten und die Beschäftigten dabei mit ins Boot holen. Aktuell wird eine Vielzahl an Ansätzen partizipativer KI-Gestaltung diskutiert und erprobt, bei denen in einem sozialpartnerschaftlich abgesicherten Rahmen Lösungsansätze entwickelt werden, in die Beschäftigte systematisch ihre Anforderungen und Erwartungen einbringen können. Ein Beispiel ist das Lern- und Experimentierraumprojekt »humAIn work lab«, in dem partizipative Lösungs- und Gestaltungsansätze menschenzentrierter KI entwickelt und Handlungsempfehlungen für betriebliche Interessenvertretungen formuliert werden.[540] Darüber hinaus erarbeitete das Projekt »smartAIwork« am Beispiel der Sachbearbeitung Empfehlungen, wie sich Arbeit, Prozesse und Technik integriert mit Künstlicher Intelligenz gestalten lässt. Die Ergebnisse wurden auch für die Zielgruppe der Betriebs- und Personalräte aufbereitet.[541] Voraussetzung einer gelingenden Einbindung von KI-Systemen in betriebliche Abläufe ist jedoch, wie die aktuellen Forschungsergebnisse und Beratungsansätze zeigen, eine positive Positionierung von Betriebs- und Personalratsgremien im Hinblick auf eine prozessbegleitend mitgestaltende Rolle, was die Begleitung durch Gewerkschaften und externen Sachverstand einschließt. Ein betrieblicher Ordnungsrahmen für

---

540 Markus Hoppe, Ines Roth, Liv Oßwald und Selina Bux (2023): KI-Kompass für KMU. Ein Praxishandbuch für den betrieblichen Einsatz von KI. INPUT Consulting gGmbH, Stuttgart, *https://www.input-consulting.de/publikationen/publikation/ki-kompass-fuer-kmu.html;* Peter Wedde (2023): KI-Einsatz im Betrieb. Antworten auf häufige Fragen zur KI-Mitbestimmung. INPUT Consulting gGmbH. Stuttgart, *https://www.input-consulting.de/publikationen/publikation/faq-ki-einsatz-im-betrieb.html.*

541 Walter Ganz et al. (2021): Arbeits- und Prozessgestaltung für KI-Anwendungen. Automatisierung und Unterstützung in der Sachbearbeitung mit künstlicher Intelligenz, Band 3, Stuttgart, Fraunhofer Verlag, *https://publica.fraunhofer.de/eprints/urn_nbn_de_0011-n-630603-12.pdf;* Markus Hoppe und Adrian Hermes (2021): Beschäftigteninteressen und Regulierungserfordernisse bei KI-Anwendungen. Automatisierung und Unterstützung in der Sachbearbeitung mit Künstlicher Intelligenz, Band 7, Stuttgart, Fraunhofer Verlag, *https://publica.fraunhofer.de/eprints/urn_nbn_de_0011-n-6361556.pdf.*

den Einsatz von KI, wie er im Beratungsansatz »LAGOM« vorgeschlagen wird,[542] kann dabei hilfreiche Impulse liefern. Unsere Befragungsergebnisse deuten jedenfalls eine vorsichtige Skepsis eines Großteils der befragten Betriebs- und Personalräte an, der mit Lern- und Transfererfahrungen aus guten Praxisbeispielen und der Vermittlung fachlicher Kompetenzen in Digitalisierungs- und KI-Fragen begegnet werden sollte.

542 Lothar Schröder (2021): Lagom – betrieblicher Ordnungsrahmen für den Einsatz von KI, in: Josef Haverkamp und Karl-Heinz Brandl (Hrsg.): Datenschutzpraxis für Betriebs- und Personalräte. DSGVO und BDSG mit Checklisten und Arbeitshilfen, Frankfurt am Main, Bund-Verlag, S. 117–134.

36 KI und Mitbestimmung – das Risiko ist erkannt, jetzt sind differenzierte Gestaltungshilfen gefragt

von *Christoph Schmitz-Dethlefsen*

Die Befragung der Input Consulting zeigt, dass Betriebs- und Personalräte der Einführung von KI-Systemen zwar skeptisch, jedoch auch aufgeschlossen gegenüberstehen. Ihre Haltung zu lernenden Maschinen hängt dabei stark vom Verwendungszweck derartige Systeme ab. Sie fokussieren ihre Risikobetrachtung auf Faktoren, die bei herkömmlichen IT-Systemen schon eine Rolle gespielt haben, und wissen aus Erfahrung, dass sich die Humanisierungspotenziale von KI nicht im Selbstlauf entfalten werden. So muss der Beschäftigtendatenschutz gesichert, das Potenzial von KI zur Leistungs- und Verhaltenskontrolle reguliert und die assistierende Funktion für Beschäftigte gestaltet werden.

Deshalb ist die Einflussnahme betrieblicher Interessenvertretungen auf KI-Systeme gefordert. In einer dialogischen Gestaltung durch die betrieblichen Sozialparteien muss Vertrauen aufgebaut werden. Dies wird auch vonseiten der Politik gefordert, wie die Initiative Neue Qualität der Arbeit (INQA) des Bundesministeriums für Arbeit und Soziales (BMAS) zeigt. Dort heißt es, dass die erfolgreiche Einführung und Nutzung von KI-Technologien auch eine Frage der Unternehmenskultur ist, indem Betriebe und Beschäftigte die Planung und Implementierung von KI am besten in einem partizipativen Prozess bewerkstelligen und insbesondere Aspekte der Transparenz, der Beschäftigungssicherheit und der Weiterbildung betonen.[543] Dabei helfen zunächst Belege, mit denen die Nützlichkeit von KI-Systemen nachgewiesen werden kann. Zum anderen werden Gestaltungshilfen benötigt, die am betrieblichen Bedarf orientiert und praxisrelevant für Betriebs- und Personalräte sind.

Längst erreichen die unterschiedlichsten KI-Anwendungen die Betriebe (vgl. Kapitel 5 und 6 in diesem Band). KI wird zum einen zur Geschäftsmodellinnovation genutzt, indem Daten zur Entwicklung neuer Produkte und Dienstleistungen verwendet werden. Mindestens genauso wichtig und für Beschäftigte weitaus direkter erlebbar sind jedoch Prozessinnovationen, die auf die Optimierung betrieblicher Abläufe und die Veränderung von Arbeitstätigkeiten ausgerichtet sind, z. B. Automatisierungslösungen von sich wiederholenden geistigen Tätigkeiten (Chatbots in der Sachbearbeitung) oder Verfahren des maschinellen Lernens (Predictive Maintainance, Qualitätskontrolle). Zu erwartende Durchbrüche

543 INQA (2021): Mit den Beschäftigten auf Innovationsreise gehen – Ziel: Künstliche Intelligenz (KI), *https://www.inqa.de/DE/wissen/schwerpunkt-ki/mit-den-beschaeftigten-auf-innovationsreise-gehen-ziel-ki.html.*

im Bereich der intelligenten Mustererkennung und einer deutlich erhöhten Verfügbarkeit an Rechenleistung werden zukünftig weitere Anwendungsmöglichkeiten eröffnen.
Jedoch sind, worauf auch die Europäische Kommission jüngst hingewiesen hat, KI-Technologien nicht frei von Risiken. Insbesondere dort, wo personenbezogene Daten von Beschäftigten betroffen sind, ist Regulation erforderlich, weil KI-Systeme auch missbraucht werden können, indem sie »neue und wirkungsvolle Instrumente für manipulative, ausbeuterische und soziale Kontrollpraktiken bereitstellen«.[544] Demnach gilt etwa die Auswertung von Profilen als hochriskant. Für die betriebliche Regulierung von KI-Technologien gilt deshalb das Credo, gleichzeitig die Risiken auszuschließen und die positiven Potenziale für Arbeitsbedingungen und Arbeitsqualität zu fördern.

36.1 Künstliche Intelligenz und der Faktor Vertrauen

Wenn es um die Zukunft der Arbeit im Kontext der digitalen Transformation geht, ist häufig von der »Zukunftstechnologie Künstliche Intelligenz« die Rede, die Arbeit substanziell verändert und Unternehmen wie ihre Beschäftigten in die Lage versetzt, die Herausforderungen der Zukunft zu meistern. So nutzten dem ver.di-Innovationsbarometer 2019 zufolge lediglich ein Viertel der Unternehmen des Dienstleistungssektors KI-Technologien bzw. planen, solche in Zukunft anzuwenden.[545] Eine Untersuchung des Fraunhofer IAO wies den Anteil der Unternehmen, die mindestens eine konkrete KI-Anwendung im Einsatz haben, mit 16 % aus.[546] Das hat sich gründlich geändert, seit sich mit ChatGPT eine niederschwellig zugängliche und offensichtlich sehr nützliche KI-Anwendung verbreitet hat. Ende 2024 berichtet die BitKom von einer Studie, wonach 20 % der Firmen KI nutzen und 37 % den Einsatz ins Auge fassen. Einsatzhindernisse gibt es aber nach wie vor.
Die Gründe hierfür sind vielfältig.[547] Zunächst kommen Grenzen der technologischen Machbarkeit infolge der Datenverfügbarkeit und der Identifikation ge-

---

544 COM (2021): 206 final 2021/0106 (COD) vom 21.4.2021 (Vorschlag für eine Verordnung des Europäischen Parlaments und des Rates zur Festlegung harmonisierter Vorschriften für Künstliche Intelligenz (Gesetz über Künstliche Intelligenz) und zur Änderung bestimmter Rechtsakte der Union: S. 24.

545 Claus Zanker, Ines Roth und Markus Hoppe (2019): ver.di-Innovationsbarometer 2019. Künstliche Intelligenz, Studie im Auftrag der ver.di-Bundesverwaltung, Ressort 13, Bereich Innovation und Gute Arbeit, *https://innovation-gute-arbeit.verdi.de/++file++5dd3f17cd62276747746838b/download/innobaro_KI_RZweb3.pdf.*

546 Claudia Dukino et al. (2019): Künstliche Intelligenz in der Unternehmenspraxis: Studie zu Auswirkungen auf Digitalisierung und Produktion, Stuttgart, Fraunhofer Verlag, S. 28, *http://www.smart-ai-work.de/wp-content/uploads/2020/01/kuenstliche-intelligenz-in-der-unternehmenspraxis.pdf.*

547 Markus Hoppe und Adrian Hermes (2021): Beschäftigteninteressen und Regulierungserfordernisse bei KI-Anwendungen, Reihe Automatisierung und Unterstützung in der

eigneter Anwendungsszenarien ins Spiel, die einer breiteren KI-Nutzung derzeit (noch) entgegenstehen. Jenseits technologischer Machbarkeitserwägungen muss die KI-Nutzung auch ökonomisch sinnvoll erscheinen, um für Unternehmen interessant zu sein. In KI getätigte Investitionen sollten aus der Unternehmensperspektive einen »Return of Invest« versprechen, der die verausgabten Mittel mindestens ausgleicht. Hinzu kommen rechtliche Anforderungen, insbesondere beim Datenschutz,[548] die bei KI-Technologien anspruchsvoll sind und aufgrund der Betroffenheit von Persönlichkeitsrechten von Beschäftigten in aller Regel die Positionierung von Mitbestimmungsakteuren zu KI-Technologien prägen.[549] Nicht zuletzt hängt die Akzeptanz von KI-Technologien vom Vertrauen ab, das ihnen entgegengebracht wird.[550] Die Unternehmensberatung PWC sieht in fehlendem Vertrauen in KI und mangelnde Akzeptanz der Beschäftigten bedeutsame Herausforderungen.[551] Für Mitbestimmungsakteure wird deshalb auf die Notwendigkeit einer betrieblichen Innovationskultur hingewiesen, die auf Vertrauen und Sicherheit basiert und es erlaubt, den Einsatz von KI im betrieblichen Kontext beteiligungs- und prozessorientiert mitzugestalten. Dies drückt sich etwa in der gewerkschaftlich formulierten Forderung aus, »Gute Arbeit by design« als Gestaltungsprinzip bei der Organisation technologischer Veränderungsprozesse in Unternehmen zu etablieren.[552]

Für Betriebs- und Personalräte stellt sich folglich die Frage, unter welchen Bedingungen der Einsatz von KI in Unternehmen und Verwaltungen als vertrauenswürdig gelten kann. Vertrauen bezieht sich auf die Ziele und Effekte des Einsatzes von KI-Systemen und drückt die Erwartung von Mitbestimmungsakteuren aus, dass die Anwendung entsprechender Technologien humanisierende Wirkungen erzeugt und für Beschäftigte schädigungsfrei erfolgt. Zwar wurden verschiedentlich Anforderungen formuliert, denen eine »vertrauenswürdige« KI genügen müsse.[553] Die »High Level Expert Group« der Europäischen Kommis-

---

Sachbearbeitung mit künstlicher Intelligenz, Band 7, Stuttgart, Fraunhofer Verlag, S. 27ff., *http://publica.fraunhofer.de/documents/N-636155.html.*

548 Josef Haverkamp und Karl-Heinz Brandl (Hrsg.) (2021): Datenschutzpraxis für Betriebs- und Personalräte: DSGVO und BDSG mit Checklisten und Arbeitshilfen, Frankfurt am Main, Bund-Verlag.

549 Thomas Klebe und Johanna Wenckebach (2020): Künstliche Intelligenz – Handlungsfeld für betriebliche Mitbestimmung und Arbeitsrechtsregulierung, in: Verena Bader und Stephan Kaiser (Hrsg.): Arbeit in der Data Society, Wiesbaden, Springer Fachmedien, S. 331–350.

550 Till M. Saßmannshausen und Thomas Heupel (2020): Vertrauen in KI – Eine empirische Analyse innerhalb des Produktionsmanagements, in: Rüdiger Buchkremer, Thomas Heupel und Oliver Koch (Hrsg.): Künstliche Intelligenz in Wirtschaft & Gesellschaft, Wiesbaden, Springer Fachmedien, S. 169–192.

551 PWC, (Juni 2024) Künstliche Intelligenz im Arbeitsalltag.

552 DGB (2020): Künstliche Intelligenz (KI) für Gute Arbeit: DGB-Konzeptpapier »Gute Arbeit by Design«, *https://www.dgb.de/++co++c6aec8d8-8473-11ea-9ada-52540088cada.*

553 Europäische Kommission (2019): Ethik-Leitlinien für eine vertrauenswürdige KI: Unabhängige hochrangige Expertengruppe für künstliche Intelligenz. Eingesetzt von der Europäischen Kommission im Juni 2018, *https://ec.europa.eu/newsroom/dae/document.cfm?doc_id=60425;* Thilo Hagendorff et al. (2020): Risiken künstlicher Intelligenz für die

sion stellt dabei sieben systemische, individuelle und gesellschaftliche Aspekte in den Vordergrund: den Vorrang menschlichen Handelns und menschlicher Aufsicht; die technische Robustheit und Sicherheit; den Schutz der Privatsphäre und das Datenqualitätsmanagement; die Transparenz; die Vielfalt, Nichtdiskriminierung und Fairness; das gesellschaftliche und ökologische Wohlergehen sowie die Rechenschaftspflicht. Das »Forum Privatheit und selbstbestimmtes Leben in der digitalen Welt« empfiehlt ergänzend die Gewährleistung einer ausreichenden Vielfalt von algorithmischen Entscheidungsprozessen, die Beachtung demokratisch festgelegter Fairnesskriterien, die risikoadaptive, d. h. Risiken einkalkulierende Regulierung, die Identifikation von Risiken seitens der Produkt- und Technologiehersteller, die flankierende Beratung durch die Aufsichtsstellen, die Beteiligung nichtstaatlicher Initiativen sowie die Weiterentwicklung der rechtlichen Rahmenbedingungen.
Mit Blick auf die Handlungs- und Beteiligungsmöglichkeiten von Betriebs- und Personalräten beim betrieblichen KI-Einsatz bedarf die Formulierung von Vertrauensfaktoren jedoch einer Konkretisierung, da diese aufgrund ihrer relativen Abstraktheit noch wenig Handlungsrelevanz entfalten können. Gemäß der Rollenerwartung an betriebliche Interessenvertretungen, die Arbeitssituation von Beschäftigten positiv mitzugestalten, bilden die Folgen des KI-Einsatzes für zentrale Aspekte der Arbeitssituation von Beschäftigten (quantitativer Personalbedarf, sich verändernde Arbeits- und Tätigkeitsanforderungen, Qualifikationsbedarfe, Handlungsspielräume) ein zentrales Kriterium, an dem sich das Vertrauen von Betriebs- und Personalräten in KI-Technologien festmachen ließe. Vertrauen kann dann entstehen, wenn die Risiken überschaubar und die Folgen für Beschäftigte kalkulierbar sind. Bei der betrieblichen Nutzung von KI-Technologien sind Betriebs- und Personalräte somit gefordert, ihren Beitrag zu leisten, Regulierungserfordernisse zu formulieren und mitbestimmt KI-Technologie im Interesse der Beschäftigten zu gestalten.

36.2 Einordnung der Betriebs- und Personalrätebefragung von INPUT Consulting

Eine erste wichtige Erkenntnis aus der Befragung der INPUT Consulting ist zunächst, dass das Thema des betrieblichen Einsatzes von KI-Technologien höchst relevant ist. Mehr als 900 Personen beteiligten sich an der Befragung, sodass die Resultate mehr sind als nur ein Stimmungsbild weniger interessierter Betriebs- und Personalräte. Aus der Sicht von ver.di ist es begrüßenswert, dass die Gestaltungsthemen der Zukunft der Arbeit mit der Befragung aufgegriffen und

menschliche Selbstbestimmung: Policy Paper. Forum Privatheit und selbstbestimmtes Leben in der digitalen Welt, *https://www.forum-privatheit.de/download/risiken-kuenstlicher-intelligenz-fuer-die-menschliche-selbstbestimmung/*.

Ansatzpunkte für die betriebliche und tarifliche Regulierung von KI aufbereitet werden.

Die zweite hervorzuhebende Erkenntnis ist die, dass sich die Arbeitsgestaltung den Zukunftsthemen annehmen muss, bevor diese zum Problem geworden sind. Dies zeigt sich daran, dass sich auch viele Betriebs- und Personalräte an der Befragung beteiligt haben, bei denen der betriebliche KI-Einsatz bislang noch kein Thema ist, die sich aber dennoch mit Bezug auf dessen Regulierung proaktiv mit dem Thema auseinandersetzen. Dabei stehen die Risikoprophylaxe und die partizipative Mitgestaltung an oberster Stelle auf der Prioritätenliste betrieblicher Interessenvertretungen. Partizipatives Handeln, bei dem Beschäftigte und ihre Interessenvertretungen einen zentralen Stellenwert haben, prägt seit jeher die Forschungspraxis des »Denkfabrikle« INPUT Consulting.[554] Als Ergebnis einer Vielzahl an Forschungsprojekten lässt sich konstatieren, dass eine gelingende digitale Transformation auf die Mitwirkung von Beschäftigten als Betroffene angewiesen ist. Dies zeigt sich nicht zuletzt bei der Umsetzung mobiler Arbeit,[555] der Gestaltung innovativer Arbeitsmodelle[556] oder der Analyse des digitalen Strukturwandels in unterschiedlichen Dienstleistungsbranchen, etwa bei Zeitungsverlagen.[557] Die Untersuchung zu den Vertrauensfaktoren und Regulierungserfordernissen betrieblicher Interessenvertretungen zum betrieblichen KI-Einsatz kann als ein weiteres Beispiel für die Resonanz arbeitnehmer*innenorientierter Mitgestaltung von Veränderungsprozessen gelten und bestätigt den Ansatz, die Arbeitsgestaltung nicht als Folge des Technologieeinsatzes zu betreiben, sondern ein auf wissenschaftlicher Analyse basierendes Agenda Setting zu organisieren. Die Untersuchung belegt den aktuellen Bedarf an einem an den Interessen von Arbeitnehmer*innen orientierten Ordnungsmodell zur Einflussnahme auf KI-Systeme in Unternehmen und Verwaltungen. Um ein solches zu unterstützen war es folgerichtig, dass vonseiten der Politik die Nutzung von Sachverständigen in der Frage der betrieblichen Regulierung von KI zum Thema gemacht wurde.

554 INPUT Consulting (2019): 25 Jahre INPUT Consulting. Ein Vierteljahrhundert Denkfabrikle, Stuttgart, *https://www.input-consulting.de/files/inpcon-DATA/download/2020_INPUT_25-Broschu%CC%88re_web.pdf.*

555 Claus Zanker, Karl H. Brandl und Mario Daum (2021): Digitalisierung im Betrieb gestalten: Ortsflexibles Arbeiten, Qualifizierung und Beschäftigtendatenschutz, Stuttgart, *https://www.input-consulting.de/files/inpcon-DATA/download/2021_Betriebliche-Gestaltung-Digitalisierung_INPUTConsulting.pdf.*

556 Marie-Christine Fregin und Ines Roth (2020): AKTIV-kommunal. Innovative Arbeitsmodelle gestalten. Forschung – Ideen – Praxisbeispiele, Stuttgart, *https://www.input-consulting.de/files/inpcon-DATA/download/2020_AKTIV-kommunal-Praxishandbuch-Arbeitsmodelle_INPUTConsulting_02-2020.pdf.*

557 Mario Daum und Markus Hoppe (2020): Branchenanalyse Zeitungsverlage: Herausforderung digitaler Strukturwandel – Auswirkungen auf Beschäftigung und Mitbestimmung. Working Paper Forschungsförderung, Nr. 177, Düsseldorf, *https://www.boeckler.de/download-proxy-for-faust/download-pdf?url=http%3A%2F%2F217.89.182.78%3A451%2Fabfrage_digi.fau%2Fp_fofoe_WP_177_2020.pdf%3Fprj%3Dhbs-abfrage%26ab_dm%3D1%26ab_zeig%3D8852%26ab_diginr%3D8482.*

Dies fand seinen Ausdruck im Gesetzesentwurf der Bundesregierung zum Betriebsrätemodernisierungsgesetz.[558]

36.3 Vertrauen als Schlüsselfaktor für KI

Wie die Befragung der INPUT Consulting gezeigt hat, ist Vertrauen in die schädigungsfreie, risikoarme und humanisierende Wirkung von KI ein wesentlicher Aspekt, an dem die Beurteilung von KI-Systemen durch betriebliche Interessenvertretungen festgemacht werden kann. Damit die positiven Potenziale, die KI im betrieblichen Alltag zweifelsohne haben kann, sich im betriebspraktischen Alltag auch entfalten können, ist die Vertrauensbildung in entsprechende Technologien zu unterstützen. Dabei erscheinen drei Perspektiven als zentral:

- *Vertrauen entsteht durch Sachkunde:* Die Betriebs- und Personalrätebefragung hat gezeigt, dass die größten Wissensdefizite der Befragten in rechtlichen, normativen und arbeitswissenschaftlichen Grundlagen der Einflussnahme und Mitgestaltung liegen. Kompetenzaufbau ist ebenfalls in Kenntnissen über die Funktionsmechanismen von KI sowie ihre Unterschiede zu herkömmlichen IT- und Softwarelösungen zu leisten.
- *Vertrauen entsteht durch Dialog:* Als Ergebnis der Befragung hat sich ebenfalls gezeigt, dass Kommunikations- und Austauschformate zwischen Arbeitgeber und Interessenvertretung, etwa im Rahmen von IT-Arbeitskreisen, zu jenen Instrumenten der KI-Regulierung zählen, die von den meisten Befragten sowohl als geeignet beurteilt als auch in der betrieblichen Praxis tatsächlich angewandt werden. Die Kommunikation über geplante technologische Veränderungen trägt als wesentlicher Erfolgsanker dazu bei, dass Innovationen frühzeitig hinsichtlich ihrer Chancen und Risiken bewertet werden können und dadurch auf Akzeptanz stoßen.
- *Vertrauen entsteht durch Transparenz:* Als wesentliches Handlungsfeld lässt sich den Befragungsergebnissen zufolge die Folgenabschätzung im Sinne einer Risikobewertung von KI-Systemen herausstellen. Dabei sollte es konkret um die Überprüfung der Auswirkungen des KI-Einsatzes in zentralen Aspekten der Arbeits- und Beschäftigungssituation von Beschäftigten gehen. Als wichtigste Kriterien, die in einer Folgenabschätzung zu prüfen seien, wurden die KI-immanenten Potenziale zur Leistungs- und Verhaltenskontrolle, verbunden mit der Betroffenheit von Persönlichkeitsrechten, die Auswirkungen auf Arbeitsdruck und Belastungen sowie die Folgen für den Arbeitskräfte- und Qualifizierungsbedarf genannt.

558 Die Bundesregierung (2021): Entwurf eines Gesetzes zur Förderung der Betriebsratswahlen und der Betriebsratsarbeit in einer digitalen Arbeitswelt (Betriebsrätemodernisierungsgesetz). Gesetzesentwurf vom 30. 3. 2021, Berlin, *https://www.bmas.de/SharedDocs/Downloads/DE/Gesetze/Regierungsentwuerfe/reg-betriebsraetemodernisierungsgesetz.pdf?__blob=publicationFile&v=1.*

Die Befragungsergebnisse bestätigen im Wesentlichen die Linie, die ver.di bislang beim Thema Künstliche Intelligenz verfolgt hat. Unsere gewerkschaftlichen Aktivitäten lassen sich dabei in verschiedenen Handlungsfelder bündeln, die nachfolgend beleuchtet werden:

- *Gestaltungsempfehlungen:* Mit Blick auf Betriebs- und Personalräte hat ver.di Empfehlungen formuliert, wie sich Künstliche Intelligenz und Gute Arbeit gestalten lassen.[559] Darin fordern wir, dass KI die Arbeit vor allem besser machen soll. Die Betonung der Würde des Menschen, die Verhinderung unrechtmäßiger Datenverwendungen zu Zwecken der Leistungs- und Verhaltenskontrolle sowie der Schutz von Persönlichkeitsrechten der Beschäftigten sind dabei zentrale Eckpunkte, die in der Forderung nach einem Gesetz zum Beschäftigtendatenschutz ihren Ausdruck finden. Darüber hinaus wurden von ver.di auch ethischen Leitlinien für die Entwicklung und den Einsatz von KI formuliert,[560] die am Beitrag von KI zum Gemeinwohl sowie an der Orientierung am Gestaltungsprinzip »Gute Arbeit by Design«[561] orientiert sind. Diese Ethikleitlinien richten sich an Entwickler*innen, Programmierer*innen, Entscheider*innen, aber auch an Beschäftigte, die an der Konzeptionierung, Planung, Entwicklung und dem Einkauf sowie dem Einsatz von KI-Systemen in Unternehmen und Verwaltungen als Verantwortliche beteiligt sind.
- *Wissenschafts-Praxis-Dialog:* Mit Blick auf den Austausch von Wissenschaft und Praxis zur Umsetzung und den Wirkungen von KI hat ver.di schon 2019 den Digitalisierungskongress zum Thema »Künstliche Intelligenz – Wer steuert wen?« durchgeführt.[562] Dort wurden gute Praxisbeispiele diskutiert, Anforderungen aus der Praxis an Politik und Gewerkschaft adressiert, ethischen und gesellschaftlichen Aspekten nachgegangen, Ansatzpunkte für Gute Arbeit formuliert und die Notwendigkeit regulatorischer Leitplanken für KI erörtert. Darüber hinaus war und ist ver.di an einer Vielzahl an Forschungsprojekten als Anwendungs- oder Transferpartner beteiligt, die sich mit der Umsetzung von KI oder der digitalen Transformation in einem weiteren Sinne befassen. Beispiele sind »Transwork«[563], »SmartAIwork«[564] oder aktuell das »humAIn work lab«[565]. Zudem beauftragt ver.di auch Studien und trägt da-

559 ver.di (2019): Künstliche Intelligenz und Gute Arbeit gestalten: Wir mischen uns ein, gestalten, regeln – mit euch gemeinsam! Berlin, *https://innovation-gute-arbeit.verdi.de/++file++5df736aac66a02389b29be54/download/ver.di-Flyer_KI%20in%20der%20betrieblichen%20Arbeit.pdf.*

560 ver.di (2020): Ethische Leitlinien für die Entwicklung und den Einsatz von Künstlicher Intelligenz (KI): Gemeinwohl und Gute Arbeit by Design: Diskussionspapier, Berlin, *https://innovation-gute-arbeit.verdi.de/++file++5e561a72452768ee1b1845cd/download/verdi_Ethische_Leitlinien_KI_170220.pdf.*

561 DGB (2020): Künstliche Intelligenz (KI) für Gute Arbeit: Ein Konzeptpapier des Deutschen Gewerkschaftsbundes zum Einsatz von Künstlicher Intelligenz (KI) in der Arbeitswelt, Berlin.

562 *https://www.verdi.de/themen/digitalisierungskongresse/kongress-2019.*

563 *https://www.transwork.de/.*

564 *https://www.smart-ai-work.de/.*

565 *https://www.humain-worklab.de/.*

mit zur Generierung und Verbreitung von Wissen zum Thema KI bei, etwa in Form einer Sonderauswertung des DGB-Index Gute Arbeit zum Schwerpunktthema Künstliche Intelligenz[566] oder ein in Kooperation mit der IBM Deutschland durchgeführtes, sozialpartnerschaftliches Forschungsprojekt zu den Beschäftigungswirkungen von KI.[567]

- *Teilnahme an der gesellschaftspolitischen Debatte:* ver.di war intensiv an der Formulierung der Empfehlungen der vom Deutschen Bundestag einberufenen Enquete-Kommission »Künstliche Intelligenz – Gesellschaftliche Verantwortung und wirtschaftliche, soziale und ökologische Potenziale« beteiligt, indem ein Vorstandsmitglied in die Kommission entsandt wurde. Die Enquete-Kommission legte Ende 2020 ihren Abschlussbericht vor.[568]
- *Gewerkschaftliche Bildungsangebote:* Dem gewerkschaftlichen Auftrag als Interessenorganisation folgend werden auch Bildungs- und Beratungsangebote für Betriebs- und Personalräte unterbreitet. Im Organisationsbereich der Gewerkschaft ver.di sind die Angebote der ver.di-Bildungswerke, die in jedem Bundesland existieren, sowie die Angebote der ver.di-Tochtergesellschaft »bildung und beratung« (ver.di b&b) anzuführen, die Schulungen für Betriebs- und Personalräte, Ehrenamtliche sowie Mitglieder anbieten. Ein Beispiel ist die Seminarreihe »Prozessmanager/-in für künstliche Intelligenz/maschinelles Lernen« des ver.di-Bildungsträgers »b&b«.[569]
- *Tarifpolitik:* Ihrem Organisationszweck als Tarifvertragspartei folgend schließt ver.di auch Tarifverträge zum Regelungsgegenstand »Künstliche Intelligenz« ab. Beispiele sind der »Tarifvertrag Zukunft« bei Eurogate.[570] Dieser hat eine ausgesprochen lange Laufzeit von 10 Jahren und sieht u. a. den Ausschluss betriebsbedingter Kündigungen, die Anwendung flexibler Arbeitszeitmodelle zur Abfederung von Schwankungen im Personalbedarf, einen Anspruch von Beschäftigten auf individuelle Weiterqualifizierungsmöglichkeiten sowie Nachteilsausgleiche für den Zeitraum von fünf Jahren für Beschäftigte, die als Automatisierungsfolge andere Tätigkeiten im Unternehmen mit niedrigerer

---

566 Claus Zanker, Ines Roth und Markus Hoppe (2019): ver.di-Innovationsbarometer 2019. Künstliche Intelligenz, Studie im Auftrag der ver.di-Bundesverwaltung, Ressort 13, Bereich Innovation und Gute Arbeit, *https://innovation-gute-arbeit.verdi.de/++file++5dd3f17cd62276747746838b/download/innobaro_KI_RZweb3.pdf.*

567 IBM Deutschland GmbH und ver.di (Hrsg.) (2020): Künstliche Intelligenz: Ein sozialpartnerschaftliches Forschungsprojekt untersucht die neue Arbeitswelt, Ehningen und Berlin, *https://www.input-consulting.de/files/inpcon-DATA/download/2020_IBMverdi_KI-Brosch%C3%BCre_fin_Nov2020.pdf.*

568 Deutscher Bundestag (2020): Bericht der Enquete-Kommission Künstliche Intelligenz – Gesellschaftliche Verantwortung und wirtschaftliche, soziale und ökologische Potenziale: Unterrichtung, BT-Drs. 19/23700, Berlin, *https://dip21.bundestag.de/dip21/btd/19/237/1923700.pdf.*

569 *https://verdi-bub.de/seminar/4301.*

570 Marion Salot (2019): Exkurs: Tarifvertrag Zukunft – bei Eurogate soll die Automatisierung sozial und mitbestimmt gestaltet werden, in: Arbeitnehmerkammer Bremen (Hrsg.): Bericht zur Lage der Arbeitnehmerinnen und Arbeitnehmer im Land Bremen 2019, Bremen, S. 88–89, *https://www.arbeitnehmerkammer.de/fileadmin/user_upload/Downloads/Jaehrliche_Publikationen/Lagebericht_2019_01.pdf.*

Eingruppierung ausführen, vor. Zur Umsetzung ist eine ständige, paritätisch besetzte »Automatisierungskommission« eingesetzt, die eine Ausweitung der Mitbestimmung darstellt. Um ein weiteres Beispiel anzuführen, auch in der Versicherungsbranche existieren Vereinbarungen, in denen sich die Sozialparteien proaktiv zum betrieblichen Einsatz von KI positionieren. So haben die Tarifvertragsparteien der Versicherungswirtschaft im Tarifvertrag zum Mobilen Arbeiten[571] darauf hingewiesen, dass der digitale Wandel im Interesse der Arbeitgeberattraktivität der Branche, der Belegschaft und der Unternehmen positiv zu gestalten ist. Auch auf der Ebene der europäischen Sozialpartner der Versicherungswirtschaft wurde kürzlich eine gemeinsame Erklärung zum Einsatz von KI im HR-Bereich verabschiedet,[572] in der darauf hingewiesen wird, dass der KI-Einsatz verantwortungsvoll zu erfolgen hat und darauf gerichtet sein müsse, das Vertrauen bei der Anwendung von KI zu fördern.

- *Gewerkschaftliche Betriebspolitik:* Die Mitgestaltung des betrieblichen Einsatzes von KI wird seitens ver.di auch über den Weg der gewerkschaftlichen Betriebspolitik verfolgt. So führt etwa die Mitwirkung von ver.di-Vertreter*innen in den Aufsichtsratsgremien großer Unternehmen und Konzerne dazu, dass die Beschäftigtenperspektive bei strategischen Weichenstellungen stark gemacht werden kann. Ein Beispiel ist die Anmahnung des Themas »qualitative Personalplanung« im Kontext der KI-Nutzung bei der Deutsche Telekom AG durch das Aufsichtsratsmitglied Lothar Schröder.

36.4 Lerneffekte für ver.di aus der Befragung von INPUT Consulting

Die vorliegende Studie von INPUT Consulting liefert deutliche Hinweise darauf, mit welcher Schwerpunktsetzung unsere gewerkschaftlichen Bemühungen mit Blickrichtung Einflussnahme auf die menschengerechte Gestaltung von KI-Systemen fortentwickelt werden müssen.

Dabei muss es erstens darum gehen, das Nützlichkeitspotenzial von KI-Systemen stärker zu fördern. In diesem Zusammenhang ist insbesondere die Forderung nach der systematischen Beteiligung von Beschäftigten an der Entwicklung, Implementierung, Nutzung und Bewertung von KI-Systemen wichtig. KI-Systeme, an denen Beschäftigte beteiligt sind und die ihre Anforderungen und Bedürfnisse berücksichtigen, stoßen auf größere Akzeptanz und die Bereitschaft, dass

571 ver.di (2019): Tarifvereinbarung: Tarifvertrag Mobiles Arbeiten, Berlin, *https://fidi.verdi.de/++file++5d02392e2193fb173ad9852f/download/TV%20mobiles%20Arbeiten%20verdi-1.pdf.*

572 European Social Partners in the Insurance Sector (2021): Joint declaration on AI insurance sector, Brüssel, *https://www.agv-vers.de/fileadmin/doc/tn/tn_2021/TN_2021_02_Anhang_ISSDC_Joint_declaration_on_Artificial_Intelligence_final.pdf.*

Arbeitnehmer*innen sie zu »ihrer Sache« machen. Betriebs- und Personalräte sind dabei gefordert, für die Etablierung beteiligungsorientierter Strukturen in den Unternehmen und Verwaltungen zu sorgen.
Zweitens ist es erforderlich, ein praxistaugliches Instrumentarium für Betriebs- und Personalräte zu entwickeln, das es erlaubt, die von KI-Systemen und lernenden Maschinen ausgehenden Risiken kalkulieren zu können. Die Tatsache, dass in der Befragung mehr als 80 % der befragten Interessenvertreter*innen die Durchführung einer Risikobewertung als das am meisten geeignete Instrument der KI-Regulierung bewerten, aus der Praxis der KI-anwendenden Unternehmen jedoch weniger als 20 % bestätigen, tatsächlich eine solche zu nutzen, weist auf einen Handlungsbedarf auch an die Adressatin ver.di hin, sich konzeptionell mit der Entwicklung handhabbarer Umsetzungshilfen zur Beurteilung von KI-Risiken zu befassen.
Deutlich wird drittens auch, dass eine Folgenabschätzung nicht auf die Bewertung von Datenschutzaspekten beschränkt bleiben darf, sondern auch die sozialen Auswirkungen von zentraler Relevanz sind. Der »Veränderung von Arbeitsdruck und Arbeitsbelastungen« und den »Folgen für den Arbeitskräfte- und Qualifizierungsbedarf« wird von den befragten Betriebs- und Personalräten kaum weniger Bedeutung beigemessen als den »Kontrollmöglichkeiten von Beschäftigten und der Betroffenheit von Persönlichkeitsrechten«, wenn es um die Priorisierung von Elementen einer Folgenabschätzung geht. Aus den Ergebnissen wird ersichtlich, dass es auch einer sozialen Folgenabschätzung bedarf. Und für diese müssen Standards entwickelt werden.
Doch worauf sollte sich die betriebliche Gestaltungsarbeit im Hinblick auf die Bewertung der Risiken von KI-Systemen richten? Auch auf diese Frage gibt die Untersuchung von INPUT Consulting eine Antwort. Der Fokus sollte viertens auf den wesentlichen Faktoren liegen, die für das Vertrauen in KI-Technologie maßgeblich sind. Dazu zählen der Vorrang menschlichen Handelns, der Schutz der Persönlichkeitsrechte, die menschliche Aufsicht und Kontrolle, die Zuverlässigkeit und Manipulationsfreiheit von KI-Systemen, die Transparenz und Nachvollziehbarkeit maschineller Entscheidungen sowie die Interventionsmöglichkeit betrieblicher Interessenvertretungen auch nach der Inbetriebnahme entsprechender Systeme.
Daraus leiten sich fünftens auch neue Anforderungen an das Rollenverständnis von Mitbestimmungsakteuren und den Charakter der Mitbestimmungspraxis ab. Künstliche Intelligenz lässt sich verstehen als »Black Box«, bei der nicht immer vorhersehbar ist, was hinten herauskommt. Dies liegt an der Lernfähigkeit von KI-Systemen, wodurch sich die Resultate trotz identischem Input verändern können. Betriebs- und Personalräte brauchen deshalb Einflussmöglichkeiten, die nicht mit der Inbetriebnahme von KI-Systemen enden. Notwendig ist ein prozessbegleitendes Verständnis von Mitbestimmung. KI-Systeme müssen auch im laufenden Betrieb evaluiert werden können, um im Bedarfsfall intervenieren und nachjustieren zu können.
Sechstens deuten die Befragungsergebnisse von INPUT Consulting darauf hin, dass es Unterschiede in der Vertrauenswürdigkeit von KI-Systemen gibt, die

auf den jeweiligen Nutzungszweck zurückgeführt werden können. Während einfache Assistenzsysteme, wie sie in Callcentern und in der Sachbearbeitung häufig zum Einsatz kommen, weitgehend unkritisch betrachtet werden, gelten KI-Systeme, mit denen sich Beschäftigte in Rangfolgen bringen lassen oder die der Arbeitsdisposition dienen, als riskant. Solche Anwendungen werden häufig im Personalservice eingesetzt, etwa bei der Auswahl von Bewerber*innen, internen Stellenvergaben oder bei der Entscheidung über Karrierechancen. Die Resultate der Befragung sprechen dafür, dass solche Anwendungen deshalb als wenig vertrauensvoll gelten, weil Konflikte mit allgemein anerkannten Fairness- und Transparenzgeboten nahe liegen und die potenzielle Eignung zur Leistungs- und Verhaltenskontrolle groß ist. Im Wesentlichen bestätigen die Befunde damit auch die von der Europäischen Kommission formulierten Anforderungen an eine vertrauenswürdige KI.[573]

36.5 Fazit: Ansatzpunkte für die betriebliche und gewerkschaftliche Interessenvertretung

Damit Betriebs- und Personalräte in den Unternehmen und Verwaltungen dem Einsatz von KI-Systemen gewachsen sind, brauchen sie das notwendige Handwerkszeug, das ihnen bislang, so lassen sich die Befragungsergebnisse der INPUT Consulting deuten, häufig noch fehlt. Deshalb ist es eine dringliche Aufgabe auch von Gewerkschaften, für den notwendigen Kompetenzaufbau vor Ort durch geeignete Bildungs- und Beratungsangebote sowie die Organisation von Austausch über gute Praxiserfahrungen zu sorgen.

Wie die Befragung zeigt, besteht der größte Unterstützungsbedarf von Betriebs- und Personalräten bei den rechtlichen, normativen und arbeitswissenschaftlichen Grundlagen der Einflussnahme und Mitgestaltung. Als große Herausforderung im Umgang mit KI-Systemen gilt dabei zunächst der Datenschutz, insbesondere dann, wenn Beschäftigtendaten betroffen sind. Für dieses Handlungsfeld liegen inzwischen praxisorientiert aufbereitete Handlungshilfen vor.[574] Wie sich Arbeitsprozesse und Tätigkeiten bei der Einführung und Nutzung von KI-Systemen gestalten lassen, wurde u. a. im Projekt »smartAIwork« analysiert, das hilfreiche, arbeitswissenschaftlich fundierte Handlungs- und Gestaltungshinweise formuliert hat.[575]

573 Europäische Kommission (2019): Ethik-Leitlinien für eine vertrauenswürdige KI: Unabhängige hochrangige Expertengruppe für künstliche Intelligenz. Eingesetzt von der Europäischen Kommission im Juni 2018, *https://ec.europa.eu/newsroom/dae/document.cfm?doc_id=60425*.

574 Josef Haverkamp und Karl-Heinz Brandl (Hrsg.) (2021): Datenschutzpraxis für Betriebs- und Personalräte: DSGVO und BDSG mit Checklisten und Arbeitshilfen, Frankfurt am Main, Bund-Verlag

575 Walter Ganz et al. (2021): Arbeits- und Prozessgestaltung für KI-Anwendungen, Reihe Automatisierung und Unterstützung in der Sachbearbeitung mit künstlicher Intelligenz,

KI und Mitbestimmung – das Risiko ist erkannt

Als weiteres Kompetenzfeld, in dem große Unterstützungsbedarfe gesehen werden, gilt die Vermittlung von Funktionsgrundlagen von KI und deren Unterschiede zu herkömmlichen IT- und Softwaresystemen. Um diese Wissenslücke zu schließen, ist der Aufbau von KI-Sachverstand in den Betriebs- und Personalratsgremien erforderlich. Dazu eignen sich sowohl thematisch einschlägige gewerkschaftliche Bildungsangebote (s. o.) als auch die Hinzuziehung externen Sachverstands in Digitalisierungs- und KI-Fragen. Die Aufgabe von ver.di besteht darin, für die Verfügbarkeit an geeigneten Schulungs- und Seminarangeboten zu sorgen und Transparenz über geeignete Sachverständige herzustellen, z. B. durch den Aufbau eines Expertennetzwerks. Zudem können KI- oder IT-Arbeitskreise dazu beitragen, Beispiele guter Praxis zu verbreiten.

Die Gestaltung von KI-Systemen in Unternehmen und Verwaltungen stützt sich jedoch nachdrücklich auf die Abschätzung der Folgen des KI-Einsatzes in Form einer Risikobewertung. Hier sollten die positiven Ansätze, die es in der gewerkschaftsnahen und wissenschaftlichen Forschungs- und Beratungspraxis gibt, offensiv aufgegriffen und zu einem zentralen Unterstützungswerkzeug für Betriebs- und Personalräte ausgearbeitet werden. Ein Beispiel ist der Beratungsansatz »KI-Lagom«, der einen betrieblichen Ordnungsrahmen für den betrieblichen KI-Einsatz zur Verfügung stellt.[576]

Die Hinzuziehung von Sachverständigen bei der Einstufung von KI-Systemen in verschiedene Kritikalitätsstufen gilt als weiterer Baustein zur Unterstützung der betrieblichen Regulierung von KI. Der Gesetzgeber hat hierzu mit dem Betriebsrätemodernisierungsgesetz für Erleichterung gesorgt. Diese Gesetzesinitiative ist aus einer arbeitnehmer*innenorientierten Sicht zu begrüßen.

Die betriebliche Nutzung von KI-Systemen erfordert von Mitbestimmungsakteuren zum einen ein proaktives Mitbestimmungsverständnis[577] und zum anderen die Möglichkeit zur prozessorientierten Mitbestimmung. In diesem Kontext werden Instrumente benötigt, die es erlauben, bestimmte KI-Anwendungen, deren Auswirkungen auf Beschäftigte nicht abschließend vorhergesehen werden können, in einem Experimentierraum zunächst zu erproben, bevor sie mitbestimmungsrechtlich bewertet werden. Daher wird empfohlen, in einer Prozessvereinbarung die Pilotierung von KI in Teilbereichen bzw. mit ausgewählten Beschäftigten zu regeln, anschließend die Piloterfahrungen zu evaluieren und erst bei positivem Ergebnis den Echtbetrieb zu vereinbaren. Diese Strategie der »rückholbaren Experimente« lässt sich betrieblich auch als (Standard-)Modell

---

Band 3, Stuttgart, Fraunhofer Verlag, *http://publica.fraunhofer.de/eprints/urn_nbn_de_0011-n-6306036.pdf*

576 Lothar Schröder (2021): Lagom – betrieblicher Ordnungsrahmen für den Einsatz von KI, in: Josef Haverkamp und Karl-Heinz Brandl (Hrsg.): Datenschutzpraxis für Betriebs- und Personalräte: DSGVO und BDSG mit Checklisten und Arbeitshilfen, Frankfurt am Main, Bund-Verlag, S. 117–134

577 Markus Hoppe und Adrian Hermes (2021): Beschäftigteninteressen und Regulierungserfordernisse bei KI-Anwendungen. Reihe Automatisierung und Unterstützung in der Sachbearbeitung mit künstlicher Intelligenz, Band 7, Stuttgart, Fraunhofer Verlag, Kap. 7, *http://publica.fraunhofer.de/documents/N-636155.html.*

der Einführung von KI-Systemen normieren. Aus gewerkschaftlicher Perspektive gilt es dabei, Praxiserfahrungen zu sammeln und zu transportieren und aus ihnen Umsetzungsempfehlungen abzuleiten.

Für den Erfolg der betrieblichen Nutzung von KI-Systemen ist auch die Akzeptanz der Beschäftigten ein entscheidender Faktor. Deshalb werden Konzepte der Beschäftigtenbeteiligung immer wichtiger. Mit gewerkschaftlicher Unterstützung sollten Betriebs- und Personalräte an den Bedingungen zur Beschäftigtenbeteiligung an der KI-Entwicklung, -Implementierung und -Praxis in Unternehmen und Verwaltung mitarbeiten. Beschäftigte legen ihre Vorbehalte gegen KI-Technologien dann ab, wenn ihre Bedürfnisse bereits bei der Anforderungsdefinition von KI berücksichtigt werden, sie Ideen zur Weiterentwicklung einbringen können und ihr Feedback zum Echtbetrieb bei den für die Technologieentwicklung zuständigen Stellen ankommt. Hier gilt es für Betriebs- und Personalräte, ihre Mitbestimmungsmöglichkeiten auszunutzen, etwa beim Ideenmanagement. Die Beteiligung von Beschäftigten an technologischen Veränderungsprozessen ist auch ein politisch formuliertes Ziel bei der Bewältigung der digitalen Transformation von Arbeit und findet seinen Ausdruck in der vom BMAS umgesetzten Förderrichtlinie Initiative Neue Qualität der Arbeit (INQA). In deren Rahmen werden Projekte gefördert, in denen Strategien der Beschäftigtenbeteiligung bei der betrieblichen Nutzung von KI entwickelt und erprobt werden. Diese Initiativen liefern aus der Sicht von ver.di wertvolle Ideen für Gute Praxis und werden deshalb unterstützt, etwa durch die Mitwirkung am Projekt »humAIn work lab«[578] als Transferpartner.

Abschließend ist die Forderung der Enquete-Kommission »Künstliche Intelligenz – Gesellschaftliche Verantwortung und wirtschaftliche, soziale und ökologische Potenziale« nach dem Auf- oder Ausbau staatlich geförderter Technologieberatungsstellen[579] als Anlaufpunkt für Betriebs- und Personalräte zu prüfen, da gerade für eine adäquate Folgenabschätzung ein einfacher Zugang zu externem Expertenwissen notwendig ist, das entweder durch Arbeitgeber oder öffentlich finanziert ist.

578 *https://www.humain-worklab.de/.*

579 Deutscher Bundestag (2020): Bericht der Enquete-Kommission Künstliche Intelligenz – Gesellschaftliche Verantwortung und wirtschaftliche, soziale und ökologische Potenziale: Unterrichtung, BT-Drs. 19/23700, Berlin, *https://dip21.bundestag.de/dip21/btd/19/237/1923700.pdf.*

37 Experimente und Handlungsalternativen

Auf der Suche nach einem stimmigen betrieblichen Ordnungsrahmen für KI-Systeme stellt sich die Frage nach den Regelungsinhalten, aber auch nach der Regelungsform.

37.1 Die eine Antwort für alle KI-Fragen?

Es gibt sie wohl nicht, die eine Antwort auf alle KI-Anwendungen und auf sämtliche Fragen, die damit zusammenhängen. Die Vielfalt der Systeme und Aspekte macht es unmöglich, zu liefern, was in der Mitbestimmungslandschaft manchmal gesucht wird – die Musterbetriebsvereinbarung für alle Eventualitäten. Gegen einen solchen Standard spricht auch inhaltlich vieles, nicht nur die Vielfältigkeit der Systeme und die unterschiedliche Art, wie diese ins Betriebsgeschehen eingebunden werden. Auch die betrieblichen Prozesse und Kulturen differieren. Ebenso die Anforderungen von Arbeitnehmerinnen und Arbeitnehmern und die Schwerpunktsetzung von Betriebsräten. Angesichts der großen Anzahl von Qualitätsfaktoren dürfte sich deutlich unterscheiden, was in den verschiedenen Betrieben von den Mitbestimmungsakteuren eingefordert wird. Wenn daneben bei einer entscheidenden Anzahl von Akteuren, auf Arbeitgeber- oder auf Arbeitnehmerseite erst ein rudimentäres Verständnis von den Funktionsmechanismen von KI-Systemen und deren Regulationserfordernissen herrscht, dann ist eine Standardbildung schwierig.
Die Systeme sind heute für viele Betriebe noch etwas Neues, die betriebliche Nutzungserfahrung ist im Betrieb noch gering. Auch der Blick über den Tellerrand des eigenen Betriebes hilft oft nicht weiter. Die Suche nach adaptierbaren betrieblichen Gestaltungsnormen ist nicht besonders ergiebig. Eine Benchmark, die die Priorisierung betrieblicher Gestaltungsschwerpunkte erleichtert, gibt es noch nicht. Die »Leuchttürme«, die in Kapitel 38 beschrieben sind, können noch nicht als verbreitet und üblich bezeichnet werden. Daneben ist die Gesetzes-, Verordnungs- und Normenlage zum Thema »Künstliche Intelligenz« in Bewegung.
All dies erschwert es, bei der Einführung des ersten KI-Systems eine für alle Zeit endgültige Betriebsvereinbarung zu schreiben, die sich aller denkbaren Aspekte annimmt. Ein tastendes, schrittweises Vorgehen ist oft der bessere Weg. Das

kann bedeuten, dass KI-Systeme nacheinander im Betriebs- oder Personalrat erörtert werden und sukzessive Verabredungen zu immer mehr Qualitätsfaktoren und Anwendungen getroffen werden. Das kann aber auch bedeuten, dass ein Ordnungsrahmen verabredet wird, der über die Zeit fortgeschrieben wird, oder ein Experimentierrahmen angestrebt wird, der zunächst den Suchprozess für etwas Endgültiges beschreibt und Grundsätze dafür festlegt.

37.2 Keine betriebliche Verabredung

Anstrengungen darauf zu richten, KI-Systeme mit unvertretbaren Risiken betrieblich zu regulieren, macht keinen Sinn. Gleiches gilt für das etwaige Ansinnen, eine betriebliche Vereinbarung zu einer Anwendung zu legitimieren, die nicht rechtskonform ist oder anrüchigen Zwecken dient.

Die Europäische KI-Verordnung hat KI-Systeme benannt, die in Europa verboten sind (siehe Kapitel 13). Dabei geht es z. B. um Techniken, die außerhalb des Bewusstseins einer Person deren Verhalten beeinflussen, die Schwächen einer Personengruppe ausnutzen, »social scoring« praktizieren wollen oder Emotionsanalysen am Arbeitsplatz durchführen.

Das Datenschutzrecht begründet heute schon ein grundsätzliches Verbot der Nutzung personenbezogener Daten, wenn die Rechtsgrundlage fehlt oder eine Person einer ausschließlich automatisierten Entscheidung ausgesetzt wird, die für sie erhebliche Wirkung entfaltet. § 26 BDSG gibt die Möglichkeit, eine Rechtsgrundlage für die Datenverarbeitung von Beschäftigten durch Tarifvertrag, Betriebs- oder Dienstvereinbarung zu schaffen. Diese muss sich allerdings im gültigen Rechtsrahmen bewegen.

Abwegig wäre es, mit diesen Optionen rechtlich und ethisch zweifelhafte Anwendungen zu legitimieren. Die Beschäftigten würden sich schon wundern, wenn innerhalb der Betriebe für die Anwendung von KI-Systemen großzügigere Möglichkeiten geschaffen werden, als dies mit herkömmlicher IT gestattet war oder es der Gesetzgeber zulassen will. Daten von den Beschäftigten zu analysieren, dafür gibt es bisher bereits betriebliche Restriktionen in vielen Firmen. Diese zu untergraben, nur weil KI erweiterte technische Möglichkeiten bietet, würde Vertrauen zerstören. Betriebliche Verabredungen sollten keine Basis für den Einsatz von anrüchigen KI-Systemen schaffen oder Gefahr laufen, nicht rechtskonform zu sein oder zu werden.

37.3 Eine Betriebsvereinbarung für jede KI-Anwendung?

Werden von Mitbestimmungsgremien Einzelvereinbarungen zu jedem zur Einführung anstehenden KI-System verabredet, dann ist es sinnvoll, die Verabredungen auf jene Qualitätsmerkmale auszurichten, die in Kapitel 18 vorgestellt werden und für die Prüffragen hinterlegt sind. Das hilft dort weiter, wo es für die einzelnen Qualitätsfaktoren nicht schon bereits innerbetriebliche Verabredungen gibt, die anwendbar sind. Es können für die methodische Begründung der Aspekte, die neu geregelt werden sollen, auch die Checklisten bemüht werden, die den einzelnen Einführungsschritten in Kapitel 21 hinterlegt sind.

Die alleinige Ausrichtung von Verabredungen zu einzelnen KI-Systemen auf die Reglementierung maschineller Leistungs- und Verhaltenskontrolle würde allerdings zu kurz greifen. Derartige Systeme können sich im Laufe ihres Lebenszyklus verändern, sonst bräuchte es keine lernende Maschine. Das erfordert Evaluations- und Interventionsmechanismen. Manche KI-Systeme wirken intransparent und ihre Schlussfolgerungen erscheinen wenig nachvollziehbar. Das verlangt nach Erklärungen, mindestens nach einer betriebsöffentlichen Kennzeichnung der Anwendungen. Die Systeme erkennen Muster, die der Mensch nicht immer erkennt, und sie bewerkstelligen dies mit einer Geschwindigkeit, bei der der Mensch nicht nachkommt. Deswegen wird es in vielen Fällen kaum möglich sein, ein Muster für alle zulässigen Auswertungen in der Anlage zur Betriebsvereinbarung beschreiben zu wollen.

Demgegenüber macht eine sehr präzise Ziel- und Zweckbeschreibung sehr viel Sinn. Wird dies mit Sanktionspflichten für Missbrauchsfälle verbunden, so entsteht im Betrieb Aufmerksamkeit, die der Regelkonformität dient. Derartige Systeme wirken in Abhängigkeit von ihrem Zweck auf viele Persönlichkeitsrechte der Beschäftigten im Betrieb. Deswegen sollten auch Einzelverabredungen auf jene Qualitätsaspekte ausgerichtet werden, die sich der berührten Persönlichkeitsrechte annehmen.

Auch für eine Betriebsvereinbarung zu einer einzelnen KI-Anwendung ist es hilfreich, diese in eine Kritikalitätsstufe einzuordnen. Das macht für die Beschäftigten und die Aufsichtsbehörden die Einschätzung zur Risikodimension deutlich und zwingt zur Differenzierung. Wird über mehrere Verabredungen zu unterschiedlichen Systemen für die einzelnen Kritikalitätsstufen ein verallgemeinerbarer Ordnungsrahmen entwickelt, könnte dieser für künftige Anwendungen verwendet werden. Diese Arbeitserleichterung kann aber auch die Absicht begründen, eine Rahmenbetriebsvereinbarung anzustreben.

37.4 Eine Rahmenbetriebsvereinbarung?

In vielen Betrieben wurden über die letzten Jahrzehnte hinweg bereits Grundsätze für die Einführung von IT-Systemen erarbeitet. Oft brauchen derartige Regelwerke nur eine Ergänzung und Anpassung um jene Spezifika, die Systeme Künstlicher Intelligenz ausmachen. Rahmenvereinbarungen zur KI fallen leichter, wenn sie auf existierende Verabredungen aufbauen können. Insbesondere in Fragen des Arbeitsschutzes, der Reglementierung maschineller Leistungs- oder Verhaltenskontrollen, der Ergonomie und der Berechtigungskonzepte gibt es bereits in vielen Betrieben Standards, die nicht neu erfunden werden müssen, weil KI-Systeme in die Betriebe einziehen.

Spezifische Schlüsselfaktoren für die betriebliche Gestaltung von KI-Systemen, die auf den in Kapitel 18 eingeführten Vertrauensfaktoren aufbauen, sind:

- die risikoadäquate Klassifikation der Systeme
- ein definiertes Qualitätsmodell, das auf die berührten Persönlichkeitsrechte ausgerichtet ist
- ein iteratives Einführungsmodell
- Kommunikationsanstrengungen, um Transparenz und Nachvollziehbarkeit zu schaffen
- die Steuerbarkeit und Robustheit des Systems
- die Partizipation der Beschäftigten bei der Entwicklung
- die Folgenabschätzung
- die Konformitätsprüfung im laufenden Betrieb

Eine Rahmenbetriebsvereinbarung sollte Standards für diese Schlüsselfaktoren vorgeben. In einen derartigen Ordnungsrahmen gehören aber auch Grundsätze für die Definition von Verantwortlichkeit für die maschinellen Schlussfolgerungen und das technische System.

Ethikprinzipien sollten benannt, Revisionsrechte für Mitbestimmungsträger begründet, Folgen für die Personalentwicklung vorgegeben, Robustheitsnormen eingefordert, ein Hinweisgeberschutz verankert und ein Beweisverwertungsverbot für nicht regelgerechte Datennutzung fixiert werden.

Definierten einzelnen Kritikalitätsstufen können unterschiedlich dimensionierte Folgenabschätzungen, Zyklen für Konformitätsprüfungen und Sanktionen von Regelverstößen hinterlegt werden. Auch die Information der Beschäftigten kann je nach Risikorelevanz der Systeme unterschiedliche Detaillierungsgrade annehmen. Je kritischer sich ein entsprechendes System darstellt, desto ausführlicher sollte informiert werden. Darauf könnte eine Rahmenbetriebsvereinbarung abstellen.

Aus der Vielzahl der Prüfindikatoren sind für die Beurteilung der spezifischen Merkmale einzelner KI-Systeme deren Rechtsgrundlagen, deren Diskriminierungs- und Verzerrungsfreiheit sowie deren Wirkung auf die Autonomie und die Leistungsbelastung der Beschäftigten von besonderer Bedeutung. Besondere Aufmerksamkeit und Reglements brauchen Systeme, die darauf ausgerichtet sind, das Denken und Fühlen der Beschäftigten zu analysieren, zusätzliche Überwachungspotenziale zu schaffen oder automatisierte Entscheidungen und Profiling

durchzuführen. Es lohnt sich festzulegen, welche Schlussfolgerungen Menschen vorbehalten bleiben, und zu beschreiben, welche Interventionsmöglichkeiten die Beschäftigten bei Schlussfolgerungen mit personeller Wirkung haben. Eine Festlegung, dass im Training des Systems auch dessen Gebrauchstauglichkeit und Steuerbarkeit geprüft wird, kann sich als nützlich erweisen.
Die Integrität der Daten, die verwendet werden, hat sehr große Auswirkungen auf die Güte dessen, was das System liefert. Dazu sollten Auswahlmechanismen definiert werden. Auch ein Evaluationskonzept ist bedeutsam, ebenso wie eine Notabschaltung und ein Alternativkonzept, das greift, wenn das System mal nicht die gewünschten Ziele und Zwecke erfüllt. Ein Berechtigungskonzept ist ebenso wie bei anderen IT-Systemen obligatorisch, ebenso die Orientierung des KI-Einsatzes an den bereits verfügbaren Normen. Das System sollte vorab hinsichtlich der sozialen Folgen eingeschätzt werden. Das sollte eine Rahmenbetriebsvereinbarung vorgeben. Der Anspruch sollte präzisiert werden, den Systemeinsatz mit Beschäftigung und Persönlichkeitsschutz in Einklang zu bringen. Festlegungen zur Minimierung von Belastungen der Beschäftigten verdienen darin fixiert zu werden.
Vereinbarungen, dass Einkommen und Wertstatus der Beschäftigten nicht gefährdet werden, sind bedeutsam für die Beschäftigten. Die Qualifikationen der Beschäftigten sollten dahingehend entwickelt werden, das System zu verstehen, zu hinterfragen, zu steuern und auch maschinelle Schlussfolgerungen kritisch einordnen zu können. Dafür sind konkrete Verabredungen praxisrelevant und vertrauensbildend.
Eine Orientierung für eine Rahmenbetriebsvereinbarung liefert die Betriebsvereinbarung von IBM, die auszugsweise in Kapitel 38.2 wiedergegeben wird. Nun ist dieses Unternehmen ein Schrittmacher in Sachen KI-Einsatz und auch die Beschäftigten dieser IT-Firma haben, ebenso wie die Mitbestimmungsträger, mit derartigen Systemen wahrscheinlich viel mehr Erfahrung als die Beschäftigten vieler anderer Betriebe. Diese sachkundige Basis bei IBM erlaubte es nicht nur, das KI-System Watson in Betrieb zu nehmen, sondern auch frühzeitig eine Vereinbarung dazu zu verabreden. Eine derartige Basis wird nicht in vielen anderen Betrieben vorhanden sein. Deswegen macht es dort Sinn, auf Expertenwissen zurückzugreifen und ein schrittweises Vorgehen mit tastenden Schritten zu verfolgen, damit nicht Mitbestimmungsrechte für eine unzulängliche Verabredung auf einem unzulänglichen Kenntnisstand verbraucht werden.

37.5 Ein Regelrahmen für Experimente?

Auf der Suche nach einem betrieblichen Ordnungsrahmen kann es angemessen und hilfreich sein, zunächst dem Suchprozess Regeln zu geben, bevor eine dauerhaft wirkende Verabredung getroffen wird.
Solange weder im eigenen noch in vergleichbaren Betrieben tiefgreifende Erfahrungen mit der Gestaltung von KI-Systemen vorhanden sind, bietet sich als

weiteres praxisorientiertes Vorgehensmodell an, zunächst einen Rahmen für Experimente zu verabreden, der wieder rückholbar ist.
Dies hätte den Vorteil, dass Mitbestimmungsrechte nicht verbraucht werden oder erste Festlegungen dauerhaft Wirkung entfalten, obwohl sie sich mittelfristig als nicht haltbar erweisen. In der Entwicklungsphase von Ordnungsmodellen kann sich zudem Vertrauen aufbauen, indem mit der Einbeziehung von Beschäftigten und Betriebsratsgremien ein Handlungsrahmen entsteht, der gemeinsam mit dem Arbeitgeber entwickelt wurde.
Es bietet sich an, zum besseren Verständnis eines Regelrahmens für Experimente einleitend den Charakter und den Gegenstand der Vereinbarung zu erläutern. Auf die Eigenarten von KI-Systemen, die diese von herkömmlichen IT-Systemen unterscheiden, sollte darin eingegangen werden, um Verständnis für das verabredete Vorgehen zu wecken. Beide Sozialparteien könnten ihre Motivlagen für den Abschluss einer Verabredung zum Ausdruck bringen. Stichworte für eine derartige Einleitung sind nachfolgend aufgeführt:

Gegenstand:
Lernende Systeme und deren Entscheidungsfunktionen, Sensorik und Transaktionsinstrumente.

Eigenarten von KI-Systemen:
Maschinelles Schlussfolgern, erhöhte Prozessgeschwindigkeit, unterschiedliche Kritikalität, vielfältige Einsatzmöglichkeiten, dynamische technische Systeme, Bedeutung für Persönlichkeitsrechte, Normenvielfalt.

Motivlagen, die für einen Regelrahmen sprechen:
Praxiserfahrung zur Entwicklung von Standards sammeln, Vertrauenswürdigkeit der Mensch-Maschine Kooperation ausbauen, Transparenz und Verständlichkeit erzeugen, Normen einhalten, handlungsleitenden Ordnungsrahmen schaffen, Prinzipien fixieren, Abstimmungsprozesse beschleunigen, Doppelarbeit und Fehlentwicklungen vermeiden, Nutzen erzeugen, Risiken eindämmen, Arbeit erleichtern, Wettbewerbsfähigkeit verbessern, ethische Grundsätze des Betriebes operationalisieren.

37.6 Ideen für Verfahrensverabredungen auf der Suche nach Verfahrens- und Qualitätsstandards

Der explorative Charakter von Experimenten sollte mit Verfahrensverabredungen für deren Durchführung begleitet werden. Denkbar sind folgende Festlegungen:

- Es wird ein gemeinsamer Expertenkreis aus Vertreter*innen des Unternehmens und des Betriebsrates sowie externer Sachverständiger zur Präzisierung

eines betrieblichen Ordnungsrahmens und zur Definition handlungsleitender Qualitätsfaktoren und Indikatoren für KI-Systeme eingerichtet.
- Parallel zu den zuständigen Betriebsräten werden dem gemeinsamen Expertenkreis KI-Systeme schon vor Einführung, Pilotierung, Test oder Training vorgelegt. Für die Vorlage an diese Gremien wird ein standardisierter Steckbrief verwendet.
- Zur Findung eines verallgemeinerbaren Verfahrens zur Risikoklassifikation und eines den jeweiligen Risikostufen angemessenen Ordnungsrahmens, werden Modelltests durchgeführt. Die Modelltests werden vom Expertenkreis begleitet.
- In der Experimentierphase werden gemeinsam Beurteilungsmaßstäbe für die Zuordnung von KI-Systemen zu unterschiedlichen Kritikalitätsstufen entwickelt.
- Alle Betriebsräte des Unternehmens können bei innerbetrieblichen Meinungsverschiedenheiten über die Risikoklassifikation von Systemen den gemeinsamen Expertenkreis anrufen. Dieser Kreis nimmt vor der Anrufung einer formalen Einigungsstelle eine Schiedsstellenfunktion war.
- Der gemeinsame KI-Expertenkreis erhält Informationen über Ergebnisse und Methoden der Systemtests. Er wird beteiligt an der Entwicklung von Verfahren zur Folgenabschätzung, von Standards zur Beurteilung von Risikodimensionen und deren Eintrittswahrscheinlichkeiten sowie an der Erarbeitung von Methoden zur Analyse von Nützlichkeitspotenzialen und Checklisten zur Evaluation und Erstprüfung von KI-Systemen. Er kann von den Beschäftigten angerufen werden, um Sachverhalte aufzuklären oder Anregungen zu adressieren.
- Bis zur Phase des KI-Trainings gilt ein »Pilotstatus« für die Systeme. Dafür wird lediglich eine zeitbefristete Zustimmung vom Betriebsrat eingeholt.

Das Ziel der gemeinsamen Bemühungen sollte zum Ausdruck gebracht werden. Als Suchfelder für die Entwicklung eines innerbetrieblichen Ordnungsrahmens könnten genannt werden:
- Verfahrensstandards für die künftige Einführung von KI-Systemen
- Regulierungselemente zu Systemen unterschiedlicher Kritikalität
- ein Katalog von Zuordnungsbeispielen
- Verschiedene Arten von Folgenabschätzungen für Systeme in unterschiedlicher Kritikalität
- Zeitabläufe und Auslöser der Konformitätsprüfungen
- Verfahren der Revision von Zuordnungen zu Risikostufen
- Feedbacksysteme für Beschäftigte
- eine Negativliste für im Betrieb nicht angestrebte KI-Anwendungen
- Checklisten, Fragenkataloge, Verfahrensstandards für die Einführungsschritte

37.7 Ideen für Regeln in der Experimentierphase

Werden Regeln für die Experimentierphase festgelegt, könnten diese den Beschäftigten vermittelt werden und auch den fachlichen Verantwortlichen Orientierung geben. Denkbar sind folgende Regeln:

1. Der Einsatz von KI-Systemen zielt auf die Erfüllung von Qualitäts- und Vertrauensfaktoren, die gemeinsam entwickelt werden. Beschäftigte und Akteure der Mitbestimmung werden an der Auswahl und Priorisierung dieser Faktoren in geeigneter Form beteiligt.
2. Im Rahmen des Einführungsprozesses durchlaufen die geplanten Systeme festgelegte Phasen der Qualitätsprüfung und Beteiligung.
3. Es werden keine KI-Systeme betrieben, die nicht das gemeinsam beschriebene Phasenmodell durchlaufen haben.
4. Im Rahmen des Einführungsprozesses wird darauf Einfluss genommen, dass die Systeme im größtmöglichen Umfang den Qualitätsfaktoren entsprechen. Dazu wird ein standardisierter Prüfprozess bereitgestellt und Checklisten erarbeitet.
5. Für den Einkauf und die Entwicklung von KI-Systemen werden gemeinsam Ethik- und Qualitätsstandards entwickelt
6. Robustheit und Manipulationsfreiheit der Systeme werden durch die Einhaltung eines definierten Sicherheitsstandards gewährleistet.
7. Alle KI-Systeme durchlaufen vor dem Betriebseinsatz eine Folgenabschätzung.
8. KI-Systeme werden nach Kritikalitätsstufen klassifiziert und der betriebliche Ordnungsrahmen entsprechend der Risikorelevanz differenziert.
9. KI-Systeme werden vor dem Wirkbetriebseinsatz umfassend getestet und trainiert. Die für den Arbeitsschutz erforderliche Gefährdungsanalyse wird dabei durchgeführt.
10. Die während einer Vorprüfung, Folgenabschätzung, Risikobewertung, eines Trainings, einer Gefährdungsbeurteilung oder Evaluation gewonnenen Erkenntnisse über nicht hinnehmbare Abweichungen von den Qualitäts- und Vertrauensstandards des Betriebes werden zum Anlass für technisch-organisatorische Maßnahmen und eine Prüfung soziotechnischer Alternativen gemacht.
11. KI-Systeme im Wirkbetrieb und deren Risikoklassifizierung werden in festzulegenden Abständen einer Konformitätsprüfung unterzogen.
12. Hinweisgeber*innen, die den gemeinsamen Expertenkreis oder den Betriebsrat über eine nicht regelgerechte Nutzung von KI-Systemen informieren, bleiben vor arbeitsrechtlichen Folgen geschützt.
13. KI-Systeme werden nicht für den Zweck der individuellen Leistungs- oder Verhaltenskontrolle der Beschäftigten eingesetzt. Durch das KI-System dürfen anonymisierte oder pseudonymisierte Schlussfolgerungen zum Beschäftigtenverhalten nur für Zwecke des Arbeitsschutzes, der Compliance und des Datenschutzes nach Verabredung mit den zuständigen Betriebsräten gezogen werden.

14. Personalrelevante Schlussfolgerungen zu treffen, die rechtliche Wirkung gegenüber Personen entfalten oder diese in ähnlicher Weise erheblich beeinflussen, sind den Menschen vorbehalten.
15. KI-Systeme werden nicht eingesetzt, um für Personalführung, -entwicklung und -auswahl Informationen oder Schlussfolgerungen über die Beschäftigten zu gewinnen, hinsichtlich deren politischer Meinungen, weltanschaulicher Überzeugungen, Gewerkschaftszugehörigkeit, sexueller Orientierung und psychischer Verfassung. Schwer fassbare soziale Phänomene, wie z. B. die Zuverlässigkeit von Beschäftigten, werden nicht durch KI-Systeme beurteilt.
16. Von den Beschäftigten nicht willentlich erzeugte Daten werden nicht, auch nicht auf Basis freiwilliger Verabredungen zwischen Arbeitgeber und Betroffenen, zur Auswertung durch KI-Systeme zugänglich gemacht.
17. Den Beschäftigten werden verständliche Informationen über die Funktionsmechanismen, Ziele und Wirkungen der freigegebenen KI-Systeme zugänglich gemacht. Der Informationsumfang steigt mit der Risikorelevanz.
18. Bei der Interaktion von Beschäftigten mit Maschinen wird den Beschäftigten der Zeitpunkt transparent gemacht, an dem er/sie mit einer Maschine interagiert.
19. Beschäftigte, die von maschinellen Schlussfolgerungen mit personenbezogenen Wirkungen betroffen sind, können von den Verantwortlichen eine Überprüfung der Systementscheidung verlangen.
20. Informationen aus nicht regelgerecht betriebenen KI-Systemen, zweckwidrig gewonnene Informationen oder automatisierte Schlussfolgerungen, die nicht dem Einsatzziel des jeweiligen Systems entsprechen, dürfen weder direkt noch indirekt zum Anlass oder zur Begründung für individuelle arbeits- oder dienstrechtliche Maßnahmen herangezogen werden.
21. Betriebliche Verantwortungsträger und Vertreter*innen der Betriebsräte werden zur Anwendung dieser Prinzipien unterrichtet.

38 Orientierung in unbekannten Gewässern: Leuchttürme und Navigationskarten

Sich am Licht von Leuchttürmen zu orientieren, hilft auf See gerade im Dunkeln weiter. Wenn es nicht möglich ist, auf Sicht zu fahren, braucht es Orientierungspunkte, um trotzdem Strecke zu machen. Künstliche Intelligenz gilt in manchen Betrieben als düster und wenig durchschaubar, auch dafür braucht es Orientierungshilfen. Helle Leuchttürme für die Gestaltung von KI-Systemen in der Arbeitswelt sind die Konzernbetriebsvereinbarung bei IBM Deutschland, das KI-Manifest der Deutschen Telekom, das Regulativ der Provinzial, der Verhaltenskodex der ÖRAG und das KI-Rahmenpapier der Deutschen Bahn. Die AI-Cards von Siemens geben Anregungen, so auch die Verabredungen bei der Commerzbank. Es dürfte hilfreich sein, diese Regelwerke als Orientierungspunkte für eigenes betriebliches Handeln zu nehmen.
Den Charakter einer Seekarte hat die »Handreichung zur Gestaltung und Anwendung Künstlicher Intelligenz«, die vom ver.di-Bundesvorstand gemeinsam mit der Technologieberatungsstelle TBS in Berlin herausgegeben wurde. Sie nimmt sich der Vielfalt der Aspekte einer Gestaltung von KI-Systemen an und versucht für die betriebliche Kursbestimmung eine Karte zu liefern, die Orientierung ermöglicht.
Eine gute Praxis vermitteln auch Tarifverträge, deren Festlegungen dabei helfen das Thema KI zu gestalten. Auszüge von Tarifverträgen der EVG mit der Deutschen Bahn, der ver.di mit Eurogate und dem Norddeutschen Rundfunk sowie die erste ver.di-Tarifregelung in Filmproduktionen werden hier vorgestellt.
So wie beim Segeln die Auswahl des Kurses auch vom Wind und Wetter, von der zur Verfügung stehenden Zeit, der Belastbarkeit des Bootes und dem Zutrauen in die eigene Mannschaft abhängt, so ist die Kursbestimmung für den Umgang mit KI von so manchen Einflussgrößen abhängig. Karten und Leuchttürme bleiben aber unverzichtbar.

38.1 IBM: Watson verantwortungsbewusst – eine soziale Folgenabschätzung

Schon im Jahr 2014 gründete IBM einen eigenen Geschäftsbereich für künstliche Intelligenz, der den Namen Watson trägt. Die mit der Watson-KI-Plattform angebotenen Serviceleistungen können in drei Kategorien eingeteilt werden:

- Verstehen natürlicher Sprache
- Erkennen von Bildern und Analyse von Videodaten
- Erkennen von Zusammenhängen in großen Datenmengen

In Deutschland werden die Leistungen des Systems Watson von München aus für die unterschiedlichsten Anwendungsfelder angeboten. Je mehr von dem Angebot Gebrauch gemacht wird, desto bedeutsamer werden soziale Fragen, die mit dem Systemeinsatz zusammenhängen. Das gilt im Prinzip für alle KI-Systeme. Aber der ehemalige Arbeitsdirektor von IBM, Norbert Jansen, bekannte sich zu der Verantwortung: »Bei allen Potenzialen und Hoffnungen ist aber klar, das KI fundamentale Veränderungsdynamiken auslöst. Für Arbeitnehmende kann der technologische Fortschritt nur dann eine Chance sein, wenn sie frühzeitig die Möglichkeit haben, dem Wandel aktiv zu begegnen und ihn mitzugestalten.«[580]
Ver.di Bundesvorstandsmitglied Christoph Schmitz drückte im Zusammenhang mit dem KI-Einsatz viele der Beschäftigtensorgen aus: »Wer hat die Kontrolle? Sorgt die Unterstützung durch KI für Entlastung oder steigt der Arbeitsdruck? Was sind meine beruflichen Erfahrungen in Zukunft noch wert? Wird KI-Arbeitsplätze vernichten?«[581]
Ver.di und IBM sind Tarifvertragsparteien, die sicher nicht immer einer Meinung sind. Beim Thema KI verständigten sie sich aber auf eine gemeinsame Initiative. Beide Akteure arbeiteten gemeinsam mit dem Bundesministerium für Arbeit und Soziales, der INPUT Consulting in Stuttgart und der Universität Maastricht in einem Forschungsprojekt zusammen, um der Frage nachzugehen, wie KI-Assistenzsysteme die Arbeit verändern. Fallstudien wurden durchgeführt und die Fragen bearbeitet: »Welche Effekte hat der Einsatz von KI am Arbeitsplatz auf Arbeitnehmerinnen und Arbeitnehmer? Wie wirkt KI auf Arbeitsqualität und -zufriedenheit? Wie verändern sich Leistung und Produktivität? Macht KI menschliche Arbeit besser und schneller? Welche neuen Tätigkeiten entstehen, was fällt weg? Wie ändern sich Kompetenzprofile bestehender Jobs?«
Die ausführlichen Forschungsergebnisse können in einer Broschüre nachgelesen

580 Vgl. hierzu: IBM, ver.di, Bundesministerium für Arbeit und Soziales (2020): Künstliche Intelligenz – ein sozial partnerschaftliches Forschungsprojekt untersucht die neue Arbeitswelt, download über die Webseiten von IBM, ver.di und dem BMAS (*https://www.ibm.com/de-de/marketing/pdf/200918_IBM_KI-Broschure_Ansicht_Online-Einzel.pdf*).

581 Vgl. hierzu: IBM, ver.di, Bundesministerium für Arbeit und Soziales (2020): Künstliche Intelligenz – ein sozial partnerschaftliches Forschungsprojekt untersucht die neue Arbeitswelt, download über die Webseiten von IBM, ver.di und dem BMAS (*https://www.ibm.com/de-de/marketing/pdf/200918_IBM_KI-Broschure_Ansicht_Online-Einzel.pdf*).

werden, die auf den Webseiten von IBM, ver.di und dem BMAS heruntergeladen werden kann.[582]

Die Wissenschaftlerin Marie-Christine Fregin von der Universität Maastricht, der ver.di-Unternehmensbetreuer Bert Stach und Wolfgang Braun, der Leiter der Tarifpolitik von IBM, haben gemeinsam die wichtigsten Learnings aus dem Forschungsprojekt zusammengefasst:

- KI bedeutet nicht das Ende der Arbeit. Es wird strukturelle Veränderungen geben, immer mehr einfache und rein administrative Tätigkeiten werden von KI übernommen. Gleichzeitig entstehen neue anspruchsvolle Arbeitsfelder und Arbeitsplätze in der Entwicklungsberatung und Dienstleistung.
- Mensch und Maschine können einander ergänzen. KI-Systeme können Routineaufgaben übernehmen und bei komplexeren Tätigkeiten unterstützen. Dadurch ergeben sich für Führungs- und Fachkräfte Freiräume für die verstärkte Wahrnehmung der Kundenbeziehung sowie die kreativen und strategischen Aspekte wirtschaftlichen Handelns.
- Die Veränderung der Aufgabenprofile muss in die Ausbildung, die Qualifizierung und ein permanentes Training von KI-Skills eingehen.
- KI-Anwendungen sollten auch aus der Perspektive von beschäftigten Führungskräften betrachtet werden und Technikfolgen schon bei der Implementierung in den Blick genommen werden.
- Richtig eingesetzt, können KI-Systeme auch positive Effekte auf die Qualität des Arbeitslebens und die Arbeitszufriedenheit der Beschäftigten auslösen.
- KI-Assistenzsysteme werden als negativ empfunden, wenn mit ihrer Verwendung der Überblick über den Gesamtprozess verloren geht. Deswegen sind für eine motivierende Arbeitsgestaltung Anforderungsvielfalt, Aufgabenklarheit, Sinnhaftigkeit der Aufgabenstellung, Freiräume bei der Aufgabenumsetzung und Feedbackkulturen hilfreich.

Zusammenfassend stellen die Forschungsbeteiligten fest: »Rahmenbedingungen, ebenso wie konkrete Anwendungen von KI sollten gemeinsam im Rahmen der Sozialpartnerschaft auf der betrieblichen Ebene entwickelt werden. Dies fördert das Vertrauen und die Technologieakzeptanz bei den Beschäftigten, da die unterschiedlichen Perspektiven der handelnden AkteurInnen zusammengeführt werden. Technologischer und gesellschaftlicher Wandel kann dabei am besten gelingen, wenn Unternehmen, Gewerkschaften, Betriebsräte, Wissenschaft und Politik gemeinsam daran arbeiten und in konstruktive Dialoge miteinander gehen.«[583]

---

582 Vgl. hierzu: IBM, ver.di, Bundesministerium für Arbeit und Soziales (2020): Künstliche Intelligenz – ein sozial partnerschaftliches Forschungsprojekt untersucht die neue Arbeitswelt, download über die Webseiten von IBM, ver.di und dem BMAS (*https://www.ibm.com/de-de/marketing/pdf/200918_IBM_KI-Broschure_Ansicht_Online-Einzel.pdf*).

583 Vgl. hierzu: IBM, ver.di, Bundesministerium für Arbeit und Soziales (2020): Künstliche Intelligenz – ein sozial partnerschaftliches Forschungsprojekt untersucht die neue Arbeitswelt, download über die Webseiten von IBM, ver.di und dem BMAS (*https://www.ibm.com/de-de/marketing/pdf/200918_IBM_KI-Broschure_Ansicht_Online-Einzel.pdf*), S. 114.

38.2 Die IBM-Betriebsvereinbarung – ein Ergebnis des Dialoges

Im Herbst 2019 haben die Unternehmensleitung und der Konzernbetriebsrat von IBM begonnen, über eine Rahmenregelung für den Einsatz von KI-Systemen jeglicher Art zu diskutieren. Die Überlegungen setzten auf eine bereits abgeschlossene Rahmenbetriebsvereinbarung zu IT-Systemen auf und legten einen starken Fokus auf das Thema maschineller Leistungs- und Verhaltenskontrolle. Diese Aspekte sind »für einen sich verändernden, selbstlernenden Algorithmus schwer in eine statistische Vereinbarung zu fassen«.[584] Das vermittelten die verantwortlichen Betriebsräte Frank Remers und Wolfgang Zeiher. Ihr Ziel: Die angestrebte Betriebsvereinbarung sollte sich an europäischen Richtlinien zur verantwortungsvollen KI orientieren.
Die Betriebsräte zielten darauf, KI-Systeme aufgrund einer Checkliste in fünf Kategorien einzustufen und eine Bewertung von Risiken und Chancen für Mitarbeiterinnen und Mitarbeitern zugrunde zu legen. Risikoreiche KI-Systeme sollten umfangreicher und detaillierter geregelt werden als risikoarme. Auf Hochrisikosysteme sollte die Firma verzichten, um die Mitarbeiter zu schützen.
Die Initiative gelang. Am 30.7.2020 konnten die Betriebsparteien eine »Konzernbetriebsvereinbarung über die Einführung und den Einsatz von Systemen der Künstlichen Intelligenz« unterschreiben. Diese Vereinbarung setzt Rahmenbedingungen und »verpflichtet zu einer Interessenabwägung, welche die Chancen und Risiken für das Unternehmen sowie die möglichen Vor- und Nachteile für Arbeitnehmerinnen und Arbeitnehmer ins Verhältnis setzt.« Die Vereinbarung ergänzt die IBM-Rahmen-Betriebsvereinbarung IT, setzt auf die Ethikleitlinien für eine vertrauenswürdige KI der Europäischen Kommission auf und will folgende Grundsätze berücksichtigt sehen:

- Transparenz des KI-Systems
- Erklärbarkeit (= Nachvollziehbarkeit) des Ergebnisses
- Sicherstellung menschlicher Entscheidung
- Einhaltung von Nicht-Diskriminierung/Fairness
- Qualitätssicherung/Robustheit von Eingangsdaten und Algorithmen
- Einrichtung eines KI-Ethik Rats und Sicherstellung eines Regelkreises
- Bewertung in einem Gefährdungsspektrum (Chancen/Risiken und Wahrscheinlichkeiten)

Hinsichtlich der Klassifizierung von KI-Systemen und der entsprechend hinterlegten Regulierungsmechanismen schafft die Vereinbarung eine bemerkenswerte Klarheit, die auch dabei helfen kann, entsprechende Kategorisierungen in anderen Betrieben vorzunehmen:

584 Vgl. hierzu: IBM, ver.di, Bundesministerium für Arbeit und Soziales (2020): Künstliche Intelligenz – ein sozial partnerschaftliches Forschungsprojekt untersucht die neue Arbeitswelt, download über die Webseiten von IBM, ver.di und dem BMAS (*https://www.ibm.com/de-de/marketing/pdf/200918_IBM_KI-Broschure_Ansicht_Online-Einzel.pdf*), S. 84, 85.

Kategorie	Schadensrisiko in Abwägung mit Chancen	Charakter/Zweck der Empfehlung Beispiele	Verhaltens- und Leistungskontrolle
1	Kein Risiko	Unverbindlicher Vorschlag, dessen Befolgen oder Nichtbefolgen keine messbaren Auswirkungen hat. Beispiel: Buchempfehlung	keine
2	Geringes Risiko (geringe potenzielle Schadenshöhe)	Vorschläge für durchzuführende/nicht durchzuführende Aktionen, Tätigkeiten oder Schulungen als vorbereitende Diskussionsgrundlage zwischen den beteiligten Funktionen. Beispiel: Schulungsvorschläge	keine
3	Mittleres Risiko (geringe Wahrscheinlichkeit des Eintritts des Schadens, nicht unerhebliche Schadenshöhe möglich)	Vorschläge für durchzuführende/nicht durchzuführende Aktionen, Tätigkeiten oder Schulungen, die einen Einfluss auf die Arbeitsweise/Tätigkeit oder Einstufung der Arbeitnehmer haben. Beispiel: Karriereplanung	möglich
4	Hohes Risiko (Höhere Wahrscheinlichkeit des Eintritts des Schadens, erhebliche Schadenshöhe möglich)	Vorschläge für durchzuführende/nicht durchzuführende Aktionen, Tätigkeiten oder Schulungen, die einen starken Einfluss auf die Arbeitsweise/Tätigkeit oder Einstufung der Arbeitnehmer haben Personalmaßnahmen mit Nutzen- & Schadensminimierung für einen wesentlichen Teil der Belegschaft Beispiel: Automatisierte Auswahl von Arbeitnehmern	möglich
5	Sehr hohes Risiko	Ohne –/Schadensminimierung für einen wesentlichen Teil der Belegschaft: Personalmaßnahmen Automatisierte Entscheidungen mit unmittelbarer Auswirkung ohne Vorabkontrolle durch Menschen	–

Es werden bemerkenswerte Festlegungen getroffen und Details verabredet, die an dieser Stelle nicht in Gänze wiedergegeben werden können. Eine Checkliste normiert, mit welchen Informationen KI-Systeme dem Betriebsrat vorgelegt

werden müssen. Auch vorhandene Konfliktlösungsmöglichkeiten aus der klassischen KBV IT-Systeme werden übertragen.
Bedeutsam sind die gemeinsam fixierten Anforderungen an KI-Systeme. Die Rahmenbetriebsvereinbarung formuliert Ansprüche an KI-Systeme und schafft Regelkreise und ein Expertengremium. Diese Regelungen helfen dabei, dem Wesen eines dynamischen Systems gerecht zu werden.
Auszüge aus der Betriebsvereinbarung finden sich nachfolgend:

> **Qualitätssicherung**
> Die Eingangsdaten sind sachlich richtig und auf dem neuesten Stand. Auf diese Daten und ihre Verarbeitung werden geeignete Maßnahmen zur Qualitätssicherung und zur Prüfung der Robustheit der Algorithmen angewendet, welche die Arbeitgeberin auf Verlangen nachzuweisen hat.
>
> **Transparenz**
> Die Transparenz, die ein KI-System erfüllen muss, richtet sich nach der Einstufung des KI-Systems:
> Kategorie 1:
> Es ist keine Transparenz über die Kennzeichnung als KI-System hinaus notwendig, aber wünschenswert.
> Kategorie 2:
> Dem AN [Arbeitnehmerin und Arbeitnehmer – die Redaktion] muss für die wichtigsten Eingangsdaten dargelegt werden, in welcher Form sie die Entscheidung beeinflussen.
> Kategorie 3 und 4:
> Es ist eine größtmögliche Transparenz erforderlich. Dem AN muss dargelegt werden:
> - welche Eingangsdaten die Entscheidung beeinflussen
>   - bei Kategorie 3: die wichtigsten Eingangsdaten
>   - bei Kategorie 4: alle Eingangsdaten
> - der Einfluss der Eingangsdaten auf die Ergebnisfindung
> - das Konfidenzniveau des Ergebnisses (Wahrscheinlichkeit der Richtigkeit des Ergebnisses) Regelkreis
>
> […]
>
> **Regelkreis**
> Ein KI-System kann keine perfekte Empfehlung abgeben, da seine Vorschläge nicht auf eindeutigen Ursache-Wirkung-Beziehungen beruhen und außerdem von der Datenqualität der Trainingsdaten abhängen. Daher ist die Einführung eines Regelkreises ab Kategorie 2 in jedem Fall zwingend notwendig. Unter einem Regelkreis gemäß dieser KBV wird Folgendes verstanden: Möglichkeit zur Rückmeldung falscher Vorschläge, Korrektur des KI-Modells sowie Korrektur der Ergebnisse zur Verhinderung negativer Auswirkungen.
> Die Anforderungen an den Regelkreis richten sich nach der Einstufung des KI-Systems:
> - Kategorie 1:
>   Es ist kein Regelkreis notwendig; er ist jedoch wünschenswert.

- Kategorie 2:
  Es muss zum Zeitpunkt der Einführung ein definierter Prozess zur Meldung und Korrektur falscher KI-Vorschläge existieren (nicht persönliche Kommunikation).
- Kategorie 3:
  Es muss zum Zeitpunkt der Einführung ein definierter Prozess zur Meldung und Korrektur falscher KI-Vorschläge existieren (persönliche Kommunikation mit einem Verantwortlichen möglich).
- Kategorie 4:
  Zusätzlich zu den Regelungen von Kategorie 3 kann der KI-Ethik-Rat gemäß [...] vom AN angerufen werden; eine schnelle Fehlerkorrektur in der Anwendung muss sichergestellt sein.

Bei Kategorie 1 bis 4 soll zur Klärung von Sachverhalten zuerst das Gespräch mit der Führungskraft erfolgen. Weiterhin können der Betriebsrat und der Personalbereich eingeschaltet werden. Sollten die Klärungsversuche scheitern, können der Betriebsrat oder der Personalbereich den KI-Ethik-Rat einbeziehen.

Nichtdiskriminierung/Fairness
KI-Systeme müssen gerechte und nicht-diskriminierende Entscheidungsvorlagen liefern. Die Arbeitgeberin hat nachzuweisen, dass die KI-Systeme mit geeigneten Methoden (wie z. B. »Watson OpenScale«) auf Diskriminierungsfreiheit und Fairness geprüft wurden.
Arbeitgeber, KBR und Konzernschwerbehindertenvertretung (im Folgenden »KSBV«) sind sich einig, die Schwerbehinderteneigenschaft beim Einsatz von KI-basierten Tools nicht zu erfassen/berücksichtigen. Daher kommt den Führungskräften bei der Umsetzung von datenunterstützten Entscheidungen eine besondere Verantwortung zu, dafür Sorge zu tragen, dass die besonderen Rechte der schwerbehinderten und ihnen gleichgestellten AN aus dem SGB IX und der Integrationsvereinbarung gewahrt werden.

KI-Ethik-Rat
Um die Einführung von KI-Systemen in der IBM in Deutschland zu begleiten, wird ein sich selbst organisierendes und agil arbeitendes Team etabliert. Dessen Aufgaben umfassen:
- Kenntnis über die in der IBM für Deutschland eingesetzten KI-Systeme
  - Zweck
  - Art
  - Transparenzinformationen
- Überprüfen der Richtigkeit einer durch eine KI ausgesprochenen Empfehlung
- Sicherstellung der Korrektur der Empfehlung im Fehlerfalle (bei Kategorie 4 kann sich der AN direkt an den KI-Ethik-Rat wenden)
- Hinwirkung auf Korrektur des KI-Systems bei Vorliegen systematischer Fehler, besonders auch bei Vorliegen von Diskriminierung
- Klärung von komplexen und richtungsweisenden Sachverhalten
- Beratung bei der Einführung von KI-Systemen (verpflichtend bei Kategorie 4)

Die Zusammensetzung des KI-Ethik-Rats erfolgt in Abstimmung mit dem Konzernbetriebsrat. Der KI-Ethik-Rat repräsentiert die beteiligten Funktionen wie »Data Privacy«, »Business Units«, KBR, KSBV und »HR-Labor Relations« und wird durch einen Sprecher organisiert.

Rechte der AN
[…] sind die Empfehlungen eines KI-Systems erwiesenermaßen fehlerhaft, hat der AN einen Anspruch auf Korrektur.

Veränderung der Arbeitsbedingungen durch KI-Systeme
Bei Wegfall des Arbeitsplatzes oder Änderung der Tätigkeit durch den Einsatz von KI-Systemen gilt § 5.2 (Betriebsbedingte Änderung der Tätigkeit) des Entgeltrahmentarifvertrags. Danach hat die Arbeitgeberin des AN, soweit möglich, dem betroffenen AN einen gleichwertigen Arbeitsplatz anzubieten. Sofern erforderlich, erhält der AN eine entsprechende Umschulung.
Gem. § 2 (Arbeitsplatz, -umgebung, -gestaltung) des Tarifvertrags Allgemeine Beschäftigungsbedingungen sind die Arbeitsbedingungen so zu gestalten, dass sie im Rahmen der betrieblichen und wirtschaftlichen Möglichkeiten auf die Dauer zu keiner gesundheitlichen Beeinträchtigung der AN führen, die freie Entfaltung der Persönlichkeit der AN geschützt und gefördert sowie das Recht auf Menschenwürde geachtet wird.
Werden diese Grundsätze nicht eingehalten, so können die AN Vorschläge zur Verbesserung der Arbeitssituation einbringen. Die Vorschläge sind umgehend zu prüfen und, soweit sachlich berechtigt und wirtschaftlich vertretbar, von der Arbeitgeberin umzusetzen.

38.3 Das »KI-Manifest« der Deutschen Telekom AG

Der Duden definiert als Manifest »ein öffentlich dargelegtes Programm« das Absichten vermittelt. Genau das brauchte nach Überzeugung des Konzernbetriebsrats die Deutsche Telekom zu IT-Systemen, die mit Mechanismen der »Künstlichen Intelligenz« arbeiten. Derartige KI-Systeme verbreiten sich zunehmend im Unternehmen, ohne dass es hierfür bei der Deutschen Telekom bisher mit dem Konzernbetriebsrat vereinbarte Rahmenbedingungen gab. Es fehlte also ein wichtiger Vertrauensanker.
Der Konzernbetriebsrat des Unternehmens war überzeugt: Vertrauen der Beschäftigten in neue Techniken entsteht durch Nützlichkeit der Anwendungen, Regeln, Einwirkungsmöglichkeiten, Transparenz und Berücksichtigung von Arbeitnehmerinteressen. Vertrauen kann nicht verordnet, sondern muss erarbeitet werden. Skepsis wird dabei durch Partizipation und nicht durch das beteiligungslose Schaffen von Fakten abgebaut. Das ist nicht nur bei IT-Anwendungen, sondern gerade bei KI-Anwendungen entscheidend, weil seit Jahrzehnten die Filmindustrie unsere Kopfkinos mit Bildern bedient, in denen Künstliche Intelligenz die Menschen bedroht.
»Nun ist es schwierig für alle denkbaren Arten von KI-Anwendungen, allein auf theoretischer Basis stimmige und dauerhaft gültige Spielregeln zu verabreden. Es braucht ein schrittweises und herantastendes Vorgehen in der Praxis und dies gerade dann, wenn nur wenige praktische Gestaltungserfahrungen vorliegen und die Wirkungszusammenhänge einer technischen Innovation erst einmal für die Regel-

setzung durchdrungen werden müssen« sagt Constantin Greve, der stellvertretende Konzernbetriebsratsvorsitzende, der arbeitnehmerseitig die Verhandlungen zum Manifest zu führen hatte.
Der Konzernbetriebsrat hat die Deutsche Telekom dazu gebracht, sich im KI-Manifest zunächst zu Grundregeln für den KI-Einsatz zu bekennen, vor allem aber ein Verfahren zu verabreden, mit dem Arbeitnehmervertreter und Arbeitgeber gemeinsam weitergehende Prinzipien und Ordnungsmuster für den Einsatz von KI-Systemen bei der Deutschen Telekom entwickeln wollen.
»Auf herkömmliche IT-Systeme nehmen wir seit mehr als 50 Jahren Einfluss. Jetzt müssen wir lernen, wie wir lernende Maschinen im Beschäftigteninteresse beeinflussen können. Balance zwischen verschieden Interessen kann aber nur entstehen, wenn es eine gemeinsame Erkenntnisgrundlage gibt und sich auch Entscheidungsträger der Arbeitgeber dem Suchprozess stellen.« Mit diesen Worten hatte der ehemalige Vorsitzende des Konzernbetriebsrats, Jupp Bednarski, die Initiative begründet, erst einmal ein gemeinsames KI-Manifest zu verabreden und nicht sofort eine Betriebsvereinbarung anzustreben. Auch sollten Mitbestimmungsrechte nicht in der Experimentierphase verbraucht werden.
Die jetzt getroffene Verfahrensvereinbarung im Manifest setzt auf herkömmliche Vorgaben zu IT-Systemen auf, ebenso auf die konzerninternen Ethikleitlinien für KI-Systeme. Der Konzernbetriebsrat und der Arbeitgeber Deutsche Telekom verpflichten sich gemeinsam auf einen Ordnungsrahmen für KI hinzuarbeiten, der diese und weitere schon existierende Regelwerke ergänzt und alle Persönlichkeitsrechte der Beschäftigten schützt.
Einige Grundregeln für Beschäftigte gelten mit dem Inkrafttreten des Manifestes sofort. Der Einsatz von KI-Systemen wird den Beschäftigten transparent gemacht und der Informationsumfang steigt mit der Risikoeinstufung der KI-Anwendung. Es gilt das Primat menschlicher Entscheidungen, von KI-Schlussfolgerungen betroffene Beschäftigte haben ein Interventionsrecht. Eine Analyse von persönlichen Charaktereigenschaften unter dem Einsatz einer KI wird es nicht geben. KI-Systeme werden nicht eingesetzt, um Emotionen und die psychische Verfassung der Beschäftigten zu analysieren, zu beeinflussen oder zu steuern. Eine gesonderte Betriebsvereinbarung kann aber zugunsten des Wohlbefindens der Beschäftigten z. B. für Zwecke des Arbeitsschutzes den Einsatz eines KI-Systems zulassen.
Das Manifest gibt vor: Schon Einkauf, Entwicklung und Einsatz von KI-Systemen sollen auf festgelegte Qualitäts- und Vertrauensfaktoren ausgerichtet werden.
Qualitäts- und Vertrauensfaktoren sind dafür verabredet. Ein Expertenkreis wird eingesetzt. Er soll Modelltests begleiten und Empfehlungen für Standards, Checklisten und Prüfprozesse entwickeln. Er soll Empfehlungen dazu erarbeiten, wie bei der Deutschen Telekom künftig KI-Systeme nach Risiko und Nützlichkeit klassifiziert werden. Der Expertenkreis hat auch den Auftrag, Mechanismen zur Qualitätsprüfung in der erforderlichen Folgeabschätzung, in Trainings, Tests und der Evaluation von KI-Systemen vorzuschlagen. Der Expertenkreis wird paritätisch aus jeweils vier Mitgliedern besetzt und ist auch für örtliche Betriebsräte

adressierbar, wenn es Streit um die Risikoeinschätzung von KI-Systemen gibt. Er wird zwingend vor dem Einsatz von Hochrisiko-Anwendungen einbezogen. Auch ohne Zutun dieser internen und externen KI-Sachverständigen werden alltagsprägende Vorgaben mit dem Manifest wirksam. Beispielsweise ist das bei der Deutschen Telekom übliche »Privacy and Security Assessment« für KI-Systeme obligatorisch. In diesem Verfahren werden, unter der Obhut des Konzerndatenschutzbeauftragten, Systeme auf Datenschutzkonformität, Robustheit und Manipulationsfreiheit geprüft. Das macht Sinn: Welchen Wert hätten denn die besten Verabredungen zur Reglementierung der Einsatzbedingungen von Künstlicher Intelligenz, wenn sie unterlaufen werden können. Im Training entsprechender Systeme wird auf Verzerrungs- und Diskriminierungsfreiheit getestet, auch das gibt das Manifest vor. Schon während der Systemtests und dem Training sollen Gefährdungsanalysen für die betroffenen Beschäftigten durchgeführt werden.
In der Folgenabschätzung können auch Sachverhalte untersucht werden, die über die engen Belange des Datenschutzes hinausgehen. Auch das ist hilfreich: Schließlich entwickeln KI-Systeme immer mehr Funktionen und werden in immer mehr Arbeitsfeldern einsetzbar. Es muss beispielsweise um würdige und gesunde Arbeitsbedingungen für die Beschäftigten gehen, wenn solche Systeme die Arbeitssteuerung übernehmen sollten. Es muss um Chancengleichheit gehen, wenn sie in Personalentscheidungen einbezogen werden. Wenn KI-Systeme mit Beschäftigten kommunizieren, ist zu untersuchen, ob eine unterschwellige Beeinflussung stattfindet, die selbst die europäische Kommission für sehr kritisch hält. Nicht ohne Grund will die Europäische Datenschutzgrundverordnung die personenbezogenen Daten und die Grundrechte natürlicher Personen geschützt sehen. Wenn sich lernende Maschinen zur eigenen Optimierung fortentwickeln, stellt sich die Frage, wie dabei Mitbestimmung und demokratische Kontrolle organisiert werden kann.
Nach den Vorgaben des verabredeten KI-Manifestes wird bei der Deutschen Telekom nun über verallgemeinerbare Verfahren zur Qualitätssicherung aber auch zur Mitbestimmung nachgedacht. Maßstäbe, Checklisten und verbindliche Verfahrensvorgaben können auch die Arbeit der Betriebsräte erleichtern. Deshalb sollen die zentral erarbeiteten Standards dokumentiert werden, um für die verschiedenen Betriebsratsgremien des Unternehmens, ebenso wie für die Fachseiten und die Entscheidungsträger im Personalmanagement Orientierung zu geben. Das KI-Manifest wird den Beschäftigten bekannt gemacht und die Verantwortungsträger werden in der Anwendung des Regelwerkes geschult. Lernende Maschinen brauchen aber auch lernende Mitbestimmungsgremien, deshalb sollen auch Betriebsratsmitglieder fortgebildet werden.
Dem Konzernbetriebsrat wird bereits heute zur Einführung von IT-Anwendungen ein standardisierter Systemsteckbrief vom Arbeitgeber vorgelegt. Darin enthalten sind u. a. Informationen zu den Verantwortlichen für Technik und fachliche Funktionen, eine Kurzbeschreibung des Systems, dessen Einsatzziele und Auswirkungen auf Beschäftigte. Über Aspekte des Datenschutzes, der Ergonomie und der Barrierefreiheit wird systematisch informiert. Dieser Standard wird nun

zur Befassung mit KI-Systemen erweitert. Werden KI-Systeme eingeführt, sollen künftig ergänzende Informationen zur Verfügung gestellt werden.
Verabredet wurde, dass die Betroffenen zu Beteiligten gemacht werden sollen. Beschäftigte erhalten verständliche Informationen über Funktionsmechanismen, Ziele und Wirkungen freigegebener KI-Anwendungen. Ohne eine Einbeziehung der Beschäftigten kann ohnehin im Training des Systems kaum eine Gefährdungsanalyse durchgeführt werden. Neben der Nutzung der bereits existierenden Hinweisgeberportalen des Compliance-Bereichs des Konzerns können Beschäftigte auch den Expertenkreis oder den KBR auf einen nicht regelrechten Einsatz der KI-Systeme aufmerksam machen. Solche Hinweise sind wesentlich, wenn sich die Systeme auch im Wirkbetrieb von sich aus verändern. Die Beschäftigten können damit zum unverzichtbaren Element der »Lernerfolgskontrolle« von Künstlicher Intelligenz werden. Menschen praktizieren Leistungs- und Verhaltenskontrolle über Maschinen und nicht umgekehrt.
Für den KBR der Deutschen Telekom war ein differenziertes Herangehen an die unterschiedlichen Zwecke, Funktionsmechanismen, Datenarten und Rahmenbedingungen verschiedener KI-Systeme gefragt. Eine Klassifizierung, ein Gestaltungsmuster und Ordnungsmodell dafür zu suchen, wurde vom KBR nun verabredet. Es soll die Beschäftigten schützen, indem auf die problematischen Anwendungen fokussiert wird und den fachlich Verantwortlichen die Arbeit erleichtern. Künftig sollen KI-Systeme nach Risiko und Nützlichkeit klassifiziert werden.
Jede und Jeder soll wissen können, worauf es in den unterschiedlichen Anwendungen ankommt. Es soll Transparenz geschaffen und Vertrauen durch Partizipation entwickelt werden. Das KI-Manifest will die Nützlichkeit von KI-Systemen erschließen und die Risiken für Beschäftigte eindämmen. Es geht den Vertragspartnern darum, eine Balance zwischen der Innovationskraft des Unternehmens und den Anspruch auf Gute Arbeit zu realisieren.

Das KI-Manifest in Wortlaut:

»Präambel

Die Deutsche Telekom AG greift zur Gestaltung ihrer internen Prozesse, zur Steigerung der Qualität ihrer Dienstleistungsangebote und zur Verbesserung ihres Kundenservices zunehmend auch auf Systeme zurück, die als künstliche Intelligenz oder lernende Maschinen bezeichnet werden (KI-Systeme). Davon sind auch die Beschäftigten betroffen. Der Einsatz von KI-Systemen birgt für die Beschäftigten Chancen und Risiken.
Gegenstand dieser Verabredung sind lernende informationstechnische Systeme, die sich zur Erfüllung ihrer Aufgaben fortentwickeln, sich selbst optimieren und Probleme lösen, indem sie eigenständig Muster erkennen, Schlussfolgerungen ziehen und Entscheidungen vorbereiten oder treffen. Häufig nutzen sie elektronische Sensorik für ihren Input und Maschinenkommunikation für ihren Output.
Dieses Manifest entwickelt erste Prinzipien, die für die Einführung von KI-Systemen sowie für bereits eingeführte Systeme gelten und nach denen ein standar-

disierter betrieblicher Ordnungsrahmen für derartige Systeme entwickelt werden soll. Es baut auf den nationalen und internationalen (EU) rechtlichen Regelungen und (technischen) Standards auf und ergänzt die Konzernbetriebsvereinbarung IT-Systeme, die Leitlinien Digitale Ethik des Konzerns zum Umgang mit künstlicher Intelligenz und die Konzernrichtlinie zum Datenschutz.
KI-Systeme haben für die Deutsche Telekom und den KBR unterschiedliche Kritikalität in Abhängigkeit von ihrer Ausprägung, ihrem Zweck und ihren Folgen. Sie bieten vielfältige Einsatzmöglichkeiten, entwickeln sich als dynamische Werkzeuge fort, können sich auf eine Vielzahl von Persönlichkeitsrechten auswirken und werden aller Erwartung nach die Prozessgeschwindigkeit im Unternehmen weiter erhöhen. Mit dem Einsatz entsprechender KI-Systeme können die Innovationskraft der Firma ausgebaut, die Qualität erhöht, Fehler reduziert und mit der Entwicklung neuer Geschäftsmodelle Beschäftigungswirksamkeit erzielt werden.
KI-Systeme sollen für die Interessen der Beschäftigten und die Wertschöpfung des Unternehmens nützlich sein. Dieses Manifest soll Vertrauen zur Nutzung derartiger Systeme fördern und Vorbehalte zum KI-Einsatz abbauen, indem von den Betriebsparteien gemeinsam getragene Bedingungen für die KI-Systeme bei der deutschen Telekom geschaffen und Transparenz sowie Verständlichkeit erhöht werden.
Das Manifest verfolgt dort, wo Beschäftigte betroffen sind, das Ziel, die Arbeit im Umgang mit entsprechenden Systemen zu erleichtern und Zeit zu sparen, indem ein einheitlicher Ordnungsrahmen für die Vielzahl der zu erwartenden Anwendungen Maßstäbe und Standards liefert. Damit kann künftig die Gestaltungsarbeit auf risikorelevante Systeme fokussiert und für Systeme mit unterschiedlicher Risikorelevanz ein adäquater Beteiligungsprozess verabredet werden. Die gemeinsamen Anstrengungen zielen darauf, Abstimmungsprozesse zu beschleunigen, Doppelarbeit und Fehlinterpretationen zu vermeiden, Risiken einzudämmen und die Arbeit zu erleichtern.
Die Digitale Ethik ›KI-Leitlinien‹ unterstreichen das Verantwortungsbewusstsein der Deutschen Telekom AG gegenüber ihren Kunden sowie der Gesellschaft und gemeinsam mit diesem Manifest gegenüber Beschäftigten und Bewerbern.
Ethische Grundsätze sollen operationalisiert und systematisch Praxiserfahrungen zur Entwicklung künftiger Standards zusammengeführt werden.

Korrespondierende Regelwerke
Eine Vielzahl von inner- und außerbetrieblichen Normen für die Sicherung ihrer Qualität existieren bereits. KI-Systeme bleiben IT-Systeme, trotz ihrer Besonderheiten. Deshalb sind auch für KI-Anwendungen die allgemein im Konzern für IT-Systeme geltenden Vorgaben maßgeblich. Dies sind insbesondere:

- *Die Konzernrichtlinie ›Datenschutz – Binding corporate rules privacy‹ mit ihren Vorgaben zu den Rechten und zur Information der Betroffenen, zum Anspruch an Rechtskonformität und technisch organisatorische Schutzmaßnahmen sowie den Regeln zur Auditierung von Anwendungen.*
- *Die Konzernbetriebsvereinbarung IT-Systeme, die Vorgaben macht unter anderem zu den Rechten der Betroffenen, dem Datenschutz, zur regelkonformen*

Anwendung von Systemen, zur Reglementierung maschineller Leistungs- und Verhaltenskontrolle und dem Schutz der Betroffenen.
- *Die Konzernvorgaben zur Hard- und Softwareergonomie.*
- *Die ethischen Leitlinien der Deutschen Telekom AG zum Einsatz von Systemen künstlicher Intelligenz haben Leitliniencharakter für Verantwortung, Sicherheit und Schutz, Erklärbarkeit, Selbstbestimmung, und Chancengleichheit.*
- *Der Verhaltenskodex für Lieferanten. Er gibt daneben Nachvollziehbarkeit, Dokumentierbarkeit, Diskriminierungsfreiheit, Barrierefreiheit, Transparenz, Not-Aus-Optionen, Möglichkeiten zum Monitoring und die Orientierung auf Europäische Grundwerte als Leitlinien für die Beschaffung von KI-Systemen vor. Er will die die Würde und Privatsphäre jedes Menschen respektiert sehen und reklamiert Rechtskonformität, Sicherheit am Arbeitsplatz und Nachhaltigkeit.*

Charta der Prinzipien
- *Die Interaktion zwischen Beschäftigten und lernenden Maschinen wird so gestaltet, dass die Beschäftigten darüber informiert werden, dass sie mit einer solchen Maschine interagieren.*
- *Zum Schutz vor maschineller Leistungs- und Verhaltenskontrolle und zum Verwertungsverbot für unerlaubt gewonnenen Daten, kommen die Verabredungen der Konzernbetriebsvereinbarung IT-Systeme (KBV IT-Systeme) zur Anwendung.*
- *Personalrelevante Schlussfolgerungen zu treffen, die rechtliche Wirkung gegenüber Beschäftigten entfalten oder sie in ähnlicher Weise erheblich beeinflussen, ist menschlichen Entscheidungsträgern vorbehalten.*
- *Beschäftigte, die mittelbar von maschinellen Schlussfolgerungen mit personenbezogenen Wirkungen betroffen sind, können von den Verantwortlichen eine Überprüfung der Systementscheidung verlangen.*
- *KI-Systeme werden nicht eingesetzt, um Informationen oder Schlussfolgerungen über die Beschäftigten zu gewinnen, hinsichtlich deren politischer Meinungen, weltanschauliche Überzeugungen, Gewerkschaftszugehörigkeit und sexueller Orientierung.*
- *KI-Systeme werden nicht eingesetzt, um Emotionen von Beschäftigten oder deren psychische Verfassung zu analysieren, zu beeinflussen oder diese zu steuern. Biometrische Daten von Beschäftigten und KI-Systeme, die das Wohlbefinden der Beschäftigten verbessern sollen, werden nur verwendet, wenn eine Betriebsvereinbarung dies zulässt. Es werden keine KI-Systeme eingesetzt, die dem Zweck dienen, Charaktereigenschaften zuzuschreiben.*

Gemeinsame Zielsetzungen

Mit dieser Vereinbarung wird ein Ordnungsrahmen für den Einsatz von KI-Systemen geschaffen. Der Konzernbetriebsrat und die Deutsche Telekom wollen unmittelbar nach Verabredung dieses Manifests gemeinsam eine Anlage zur KBV IT-Systeme entwickeln, die dem Charakter lernender Systeme gerecht wird und dafür einen verallgemeinerbaren Ordnungsrahmen schafft. Bereits für die Phase der Entwicklung von Standards und der dafür erforderlichen Modelltests, mit der die Nützlichkeit, als auch die erforderlichen Gestaltungsbedingungen für KI-Systeme untersucht werden sollen, werden Verfahrensverabredungen und die vorstehende Charta der Prinzipien verabredet. Ziel ist es, alle Persönlichkeitsrechte der Beschäftigten entsprechend der europäischen Grundrechtscharta zu schützen, wie dies Art. 1 Abs. 2 der Europäischen Datenschutz-Grundverordnung verlangt.

Verfahrensverabredungen

Die Deutsche Telekom sucht im Dialog mit dem KBR einen allgemein gültigen Ordnungsrahmen für den Einsatz von KI-Systemen, von denen Beschäftigte betroffen sind. Während der gemeinsamen Suche werden derartige Systeme zunächst auf insbesondere folgende Qualitäts- und Vertrauensfaktoren ausgerichtet:

- *Rechts- und Regelkonformität*
- *Transparenz*
- *Vereinbarkeit mit den Digitale Ethik ›KI-Leitlinien‹*
- *Nützlichkeit im Leistungsprozess*
- *Risikoangemessenheit*
- *Kontrollierbarkeit*
- *Schutz der Persönlichkeitsrechte*
- *Ergonomie*
- *Sozialverträglichkeit*
- *Gute Arbeit*
- *Robustheit*
- *Nachhaltigkeit*

Im Rahmen des Einführungsprozesses des jeweiligen KI-Systems und der Modelltests wird auf die Umsetzung der Qualitätsanforderungen der unter Ziffer 1 genannten Regelwerke und der genannten Qualitäts- und Vertrauensfaktoren durch Qualitätschecks hingearbeitet. Die darin gewonnenen Erkenntnisse über nicht hinnehmbare Abweichungen von den Qualitäts- und Vertrauensstandards des Konzerns sollen zum Anlass der Prüfung von technisch-organisatorischen Maßnahmen und von Alternativen gemacht werden.

Bereits im Einkauf und bei der Entwicklung von KI-Systemen werden die gemeinsam definierten Qualitätsfaktoren zur Beurteilung der Systeme herangezogen.

Im Rahmen des bereits verabredeten System-Steckbriefs für IT-Systeme werden künftig auch Spezifika von KI-Systemen, von denen Beschäftigte betroffen sind, näher erläutert. Der Standardsteckbrief der KBV IT-Systeme wird um entsprechende Informationsanforderungen ergänzt zu:

- *Datenquellen des KI-Systems und Einschätzungen zur Aussagekraft und Integrität der Daten,*
- *Systembeschreibung/Modell des KI-Systems,*
- *Planungen zur Evaluation der Modellqualität im laufenden Betrieb und Notfallkonzept, abhängig von der jeweiligen Risikoklassifizierung und Planungsphase,*
- *Referenzerfahrungen zu Verzerrungsfreiheit, Fairnessmetrik und Genauigkeit des KI-Systems, sofern diese vorhanden sind,*
- *Dimension der Berechtigungen des KI-Systems (teil)autonome Schlussfolgerungen zu ziehen,*

- *einen begründeten Vorschlag für eine Risikoklassifizierung,*
- *Planungen oder Erfahrungen im Zusammenhang mit dem Training des KI-Systems,*
- *KI-spezifische Elemente der Folgenabschätzung.*

Zur Findung eines geeigneten Verfahrens zur Risikoklassifizierung und eines den jeweiligen Risikostufen angemessenen Ordnungsrahmens, werden fünf (5) Modelltests mit bereits eingeführten KI-Systemen durchgeführt. Die Modelltests werden von einem gemeinsamen Expertenkreis begleitet.

Im Rahmen der Modelltests wird untersucht, über welche möglichen Beurteilungsfaktoren KI-Systeme zu unterschiedlichen Kritikalitätsstufen zugeordnet werden können und welche Reglementierung für die Systeme unterschiedlicher Einstufung erforderlich ist.

Empfehlungen für künftige Systemeinführungen werden erarbeitet.

Der gemeinsame Expertenkreis erhält Informationen über Ergebnisse und Methoden der Systemtraining und -tests. Er wird beteiligt an der Entwicklung von Verfahren zur Folgeabschätzung, Standards zur Beurteilung von Risikodimensionen und deren Eintrittswahrscheinlichkeiten sowie an der Erarbeitung von Methoden zur Analyse von Nützlichkeitspotenzialen und Checklisten zur Evaluation und Erstprüfung von KI-Systemen.

Zur Entwicklung eines gemeinsamen Ordnungsrahmens wird der gemeinsame Expertenkreis, um KI-Sachverständige von Seiten des Unternehmens und seitens der Betriebsräte ergänzt. Auch externe Sachverständige können berufen werden. Der so besetzte Expertenkreis dient der Realisierung der Ansprüche dieses Manifests und zur Begleitung der Modelltests.

Der Expertenkreis besteht aus je vier festen Mitgliedern (mit jeweils einem festen Vertreter) auf Arbeitgeberseite und auf Seiten des KBR. Die Mitglieder auf Arbeitgeberseite und Arbeitnehmerseite können jeweils nur einheitlich abstimmen. In Abhängigkeit von der jeweiligen Fragestellung können beide Parteien bei Bedarf weitere Experten als Sachverständige hinzuziehen. Der Expertenkreis wird bei KI-Systemen mit hohem Risiko für betroffene Beschäftigte eingebunden und gibt eine Handlungsempfehlung ab. Der Expertenkreis kann von einer der Parteien angerufen werden, wenn Uneinigkeit hinsichtlich der Risikoklassifizierung besteht. In diesem Fall gibt er zusätzlich eine eigene Risikoklassifikation ab.

Entwicklungen am Markt (z. B. EU AI Act) werden beobachtet, um Doppelarbeiten zu vermeiden.

Die Robustheit und Manipulationsfreiheit der Systeme werden durch die Einhaltung eines en Sicherheitsstandards gewährleistet. Die Durchführung des PSA-Verfahrens (privacy and security assessment Verfahren) ist für KI-Systeme obligatorisch.

Für die Folgeabschätzung und Risikoklassifizierung werden gemeinsame Standards entwickelt, ebenso ein Standard für Beteiligungsverfahren, der der unterschiedlichen Kritikalität von Systemen gerecht werden kann und gleichzeitig die Arbeit erleichtert.

Das Training der KI-Systeme mit Beschäftigtenrelevanz wird darauf ausgerichtet, die konzerninternen Qualitätsmaßstäbe zu verwirklichen und insbesondere Verzerrungen und Diskriminierungen zu vermeiden.

Während des Testbetriebs oder des Trainings der KI-Systeme findet eine Gefährdungsanalyse unter Beteiligung von betroffenen Beschäftigten statt.
Standards zur Dokumentation und Evaluation der Systeme werden gemeinsam entwickelt.
Die in diesem Manifest beschriebenen KI-Systeme im Wirkbetrieb und deren Risikoklassifizierung werden nach festgelegten Regeln und bei begründetem Anlass einer Konformitäts- und Schlüssigkeitsprüfung unterzogen. Betriebsräte können von den Systemverantwortlichen ein außerplanmäßiges Monitoring verlangen, wenn Indizien für eine nicht verabredungskonforme Nutzung oder Fehlentwicklung des Systems vorliegen.
Beschäftigte können Vorschläge zum Einsatz von KI über das Ideenmanagement einreichen.
Für Prüfung und Evaluation von KI-Systemen kann der KBR im Rahmen der betriebsverfassungsrechtlichen Regelungen einen externen Sachverständigen beauftragen. Der Expertenkreis gibt auf Anforderung einer Betriebspartei eine Einschätzung zur Risikoklassifikation, Folgeabschätzung, Regulierung, Training und Evaluation der KI-Systeme ab. Der Expertenkreis kann eine interne oder externe Expertise anfordern.
Die Folgeabschätzung (für Aspekte, die über den Datenschutz hinausgehen) für derartige Systeme wird von der MMS oder einer Einrichtung mit vergleichbarer Erfahrung durchgeführt.
Die Datenschutzfolgeabschätzung für derartige Systeme wird von GPR grundsätzlich im PSA-Verfahren erstellt. Wenn dies noch nicht durchlaufen ist, wird eine GPR-Stellungnahme vorab erfolgen.
Bei Ressourcenmangel beauftragt GPR eine Datenschutzfolgenabschätzung.
Unternehmen und Konzernbetriebsrat wirken darauf hin, für alle Einheiten des Konzerns verallgemeinerbare Verfahren für Mitbestimmung und Qualitätssicherung zu KI-Systemen von denen Beschäftigte betroffen sind zu schaffen. Dazu wollen die Betriebsparteien Maßstäbe für die Prüfprozesse, Checklisten zur Folgeabschätzung, Standards zur Kritikalitätseinstufung und Regulierungsvorgaben entwickeln, die sowohl einen übergeordneten Ordnungsrahmen für alle KI-Systeme als auch eine spezifische Regulierung unterschiedlicher Anwendungen zulassen. Ein Katalog von Beispielen soll erstellt werden, um für weitere Mitbestimmungsverfahren Orientierung zu bieten.
Die Betriebsräte im Telekom Konzern können, gemeinsam mit den Verantwortlichen der Arbeitgeber, im Rahmen von Mitbestimmungsverfahren zu KI-Systemen, zentral erarbeitete Regulierungsstandards zur Anwendung bringen. Diese werden dafür derart dokumentiert, dass eine nachvollziehbare Bezugnahme ermöglicht wird. Zur Lösung innerbetrieblicher Meinungsverschiedenheiten über den Einsatz von KI-Systemen von denen Beschäftigte betroffen sind, können beide Seiten den gemeinsamen Expertenkreis anrufen.
Für die Beschäftigten soll dieses Manifest zum Einsatz von KI-Systemen im Konzern bekannt gemacht werden. Sie sollen über gängige Feedbackinstrumente bei den fachlich Verantwortlichen Gelegenheit erhalten, gemeinsam formulierte Qualitätsstandards zu unterstützen. Den Beschäftigten werden im internen Informations-

system (zurzeit YAM United) verständliche Informationen über die Funktionsmechanismen, Ziele und Wirkungen der freigegebenen KI-Systeme, von denen Beschäftigte betroffen sind, zugänglich gemacht. Der Informationsumfang steigt mit der Risikorelevanz.
Betriebliche funktionale Verantwortungsträger für die KI-Anwendungen und VertreterInnen der Betriebsräte werden zur Anwendung dieses Manifestes fortgebildet.
Hinweisgeber (Whistleblower) können ohne arbeitsrechtliche Folgen den zentralen Expertenkreis oder den Konzernbetriebsrat über eine nicht regelgerechte Nutzung von KI-Systemen informieren. Hierzu können sie auch die Anlaufstellen nutzen, die vom Compliance-Bereich eingerichtet sind (TellMe).«

38.4 Eine »Verkehrsordnung« für die Nutzung von Künstlicher Intelligenz – das Regulativ der Provinzial Holding AG

Es hat mehr als 100 Jahre gedauert, bis unsere Straßenverkehrsordnung den heutigen Reifegrad erreicht hat. Den ersten Autos in England musste 1896 eine Person vorausgehen, die eine rote Fahne schwang. Das ging als »Red Flag Act« in die Geschichte ein. Heute schmunzeln wir darüber. 2024 sind unsere Regeln für den Straßenverkehr viel differenzierter. Neue Techniken verbreiten sich schneller. Wir haben auch weniger Zeit, Regeln dafür zu entwickeln.
In nur dreieinhalb Monaten haben Konzernbetriebsrat und Management der Provinzial Holding AG ein Regulativ für Künstliche Intelligenz erarbeitet. Im internen Sprachgebrauch wurde das Werk auch »Verkehrsordnung für KI« genannt. Damit ließ sich im Betrieb besser vermitteln, um was es geht. Der KBR wollte eine Schrittmacherrolle übernehmen bei der Regulierung von KI, zumindest in der Versicherungsbranche. Neue technische Möglichkeiten sollen genutzt, aber mit den Werten der Firma und den Interessen der Beschäftigten in Übereinstimmung gebracht werden. Balance sollte geschaffen werden, zwischen Effizienz und Persönlichkeitsrechten, zwischen Schutz und Innovation, zwischen Arbeitgeber und Arbeitnehmerinteressen. Das ist gelungen. So wie sich auch im Laufe der Zeit unsere Straßenverkehrsordnung immer weiter entwickeln konnte, soll das Regulativ der Ausgangspunkt werden, damit sich dann sukzessive weitere Verkehrsregeln für KI im Betrieb entwickeln können. Das Motto des KBR: Raus aus dem Staunen, rein in die Gestaltung.
Das Ergebnis des Dialoges bei der Provinzial Holding AG kann sich sehen lassen. Vorausschauend wurde vieles schon berücksichtigt, was nun in der Europäischen KI-Verordnung steht. Das macht die internen Prozesse schneller und schafft Vertrauen. Der Einsatz von Künstlicher Intelligenz wird sich bei der Provinzial Holding AG an den Unternehmenswerten orientieren, die mit den Beschäftigten entwickelt wurden. KI wird auf abgestimmte Qualitätsmaßstäben ausgerichtet sein und der Arbeitserleichterung und Guter Arbeit dienen. Kontrollverluste

sollen verhindert werden. Der Qualitätsansatz »KI-Lagom« war für die Verhandlungen handlungsleitend. Transparenz, Rechtmäßigkeit und Kontrollierbarkeit der Technik, blieben keine Floskeln.

Das Regulativ hat, wie eine Straßenverkehrsordnung Elemente, die sich mit Zulassungsverfahren für Fahrzeuge, Führerscheinen, Verkehrsregeln und Sicherheitsüberprüfungen durch den TÜV vergleichen lassen. Damit sollen weder Vorbehalte noch Euphorie gegenüber der neuen Technik gefördert werden. Es geht darum, Prinzipien und Regeln aufzustellen. Mit einer Straßenverkehrsordnung werden Möglichkeiten zur sicheren Mobilität eröffnet. Das Regulativ will den Weg freimachen für eine vertrauenswürdige und sichere KI. Hier die wichtigsten Regeln in Kürze:

- KI wird bei der Provinzial Holding AG nicht automatisiert wichtige Entscheidungen über Beschäftigte treffen.
- KI darf keine Profile von Beschäftigten anlegen und analysieren.
- Auch für KI gelten die bisherigen Regelungen zum Schutz vor maschineller Leistungs- oder Verhaltenskontrolle.
- Beschäftigtendaten dürfen von KI-Systemen nur genutzt werden, falls dies in einem formalen Mitbestimmungsverfahren genehmigt wird. Dann werden die Beschäftigten über derartige Freigaben in Kenntnis gesetzt.
- Vor dem Einsatz von Beschäftigtendaten ist zu prüfen, ob nicht besser pseudonyme oder anonyme Daten verwandt werden können.
- Die Beschäftigten werden darauf aufmerksam gemacht, wenn sie mit einem KI-System zusammenarbeiten oder ihre Daten darin verwendet werden.
- Im Intranet wird darüber informiert, welche KI-Systeme zu welchem Zweck eingesetzt werden.
- Besonders sensible Informationen über die Beschäftigten, etwa deren politische Meinungen oder weltanschauliche Überzeugungen, dürfen durch KI-Systeme nicht verarbeitet werden.
- KI-Systeme werden nicht eingesetzt, um Emotionen von Beschäftigten zu analysieren oder den Mitarbeitern Charaktereigenschaften zuzuschreiben.
- Auch Beschäftigte, die nur mittelbar von maschinellen Schlussfolgerungen betroffen sind, können von den Verantwortlichen eine Überprüfung der Systementscheidung verlangen.
- Entscheidungen, die Provinzial-Beschäftigte betreffen und die mit KI zustande kommen, sollen, soweit es geht, rückholbar sein.
- Für die Beschäftigten werden Möglichkeiten geschaffen, den Verantwortlichen anonyme Hinweise auf eine nicht regelgerechte Nutzung von KI-System zu geben.
- Betriebsräte können ein außerplanmäßiges Monitoring verlangen, wenn sie Indizien für eine nicht regelkonforme Nutzung der Systeme haben.
- Sowohl Beschäftigte als auch Führungskräfte werden bedarfsgerecht qualifiziert, mit derartigen Systemen und den internen Regeln umgehen zu können.
- Es wird vermittelt, dass nicht 100-prozentig auf KI-Ergebnisse vertraut werden kann.

- Um Transparenz zu schaffen, werden maschinell generierte Ergebnisse als »KI generiert« gekennzeichnet.
- Wenn KI-Nutzer*innen die Verantwortung für die KI-Ergebnisse übernehmen wollen, sind sie in der Pflicht, den Output auf Integrität, Genauigkeit und Zuverlässigkeit zu prüfen.
- Deepfakes müssen gekennzeichnet werden.
- Generative KI wird in einem abgeschotteten und kontrollierten Bereich betrieben.
- Welche Anfragen die Beschäftigten an generative KI richten, erfahren die Anbieter von diesen KI-Modellen nicht.
- Grundsätzlich haben nur die Beschäftigten Zugang zum Verlauf ihrer Anfragen, die nach 90 Tagen automatisiert gelöscht werden.
- Not-Aus Prozeduren und alternative Arbeitsmodelle werden vorgehalten. Sie sollen verhindern, dass keine zu große Abhängigkeit von KI entsteht.
- Sicherheitsstandards sollen formuliert werden.
- Die Beteiligung der Datenschutzbeauftragten ist obligatorisch bei der Einführung von KI-Systemen, die personenbezogene Daten verarbeiten.
- Beim Training der Systeme wird geprüft, ob diese Verzerrungen oder Diskriminierungen erzeugen.
- Im Testbetrieb oder im Training wird eine Gefährdungsanalyse durchgeführt.
- Auch Beschäftigte können Vorschläge dazu einbringen, wo ihnen der Einsatz von KI-Systemen die Arbeit erleichtern kann.

Nochmals zum Vergleich mit einer Verkehrsordnung: Bei einer Führerscheinprüfung gibt es einen theoretischen und einen praktischen Teil. Die KI-Regeln und Prinzipien der Provinzial Holding AG müssen jetzt in der Theorie vermittelt und in der betrieblichen Praxis geübt werden. Auch wenn man Verkehrsregeln kennt, hat man schließlich noch keine Fahrpraxis. Die Verhandlungsführerinnen des KBR, Kerstin David und Anke Paletta sind davon überzeugt: »Wir alle haben Bedarf dazuzulernen und uns zu qualifizieren. Wir haben gelernt, uns mit externem Sachverstand bei der Suche nach Praxisstandards helfen zu lassen. Wir haben schnell verstanden: Einflussname auf KI geht nur bedingt mit unseren herkömmlichen Prinzipien der IT-Gestaltung. Allein die Möglichkeiten für maschinelle Leistung oder Verhaltenskontrollen kleinzuarbeiten, das reicht nicht.« Nun soll zügig die Europäische KI-Verordnung umgesetzt werden. Muster für die Risikoklassifikation und die Folgenabschätzung von KI-Systemen sollen geschaffen werden, auch für eine Grundrechtsfolgenabschätzung. An einer digitalen Checkliste für die Fachbereiche wird gearbeitet. Für die Verantwortlichen soll es einfach werden rechts- und regelkonforme Planungen zum künftigen KI-Einsatz zu entwickeln.

Die Intention des KBR folgt den oben erwähnten Beispielen aus dem Straßenverkehr: Fortbewegung soll einfach, bequem, sicher und nachhaltig werden, auch auf dem Weg in eine betriebliche Zukunft mit KI. Niemand soll unter die Räder geraten. Bei der Provinzial Holding AG sollen die Beschäftigten nicht auf die Gehgeschwindigkeit von Fußgängern begrenzt bleiben und mit einer roten Flagge winken müssen, obwohl es zeitgemäßer ginge.

Der Wortlaut der Regelungsabrede der Provinzial Holding AG

»Regulativ und Wegweiser für die KI-Gestaltung: Verantwortungsbewusst, innovativ und nachhaltig künstliche Intelligenz in der Provinzial nutzen«

1. Präambel – Unser Selbstverständnis für die Gestaltung von KI-Einführungen

Wir wollen mit den Möglichkeiten, die uns Systeme Künstlicher Intelligenz bieten, so verantwortungsbewusst umgehen, wie dies die Beschäftigten aus unserer Unternehmenskultur, unseren gelebten Werten und Gepflogenheiten kennen. Dafür wollen wir mit diesen Leitlinien die Grundlage schaffen.

Gemeinsam und partnerschaftlich wollen wir die Chancen derartiger Techniken erschließen und die Risiken beherrschen. Wir alle wissen, dass sich die Welt um uns herum rasch und wechselhaft verändert und dabei auch Unübersichtlichkeit und Komplexität entsteht, die zu Verunsicherung führen kann. Diese Leitlinien sollen dem entgegenwirken und dazu beitragen, die Komplexität innerhalb der Provinzial zu bewältigen. Unsere Leitlinien sollen klarmachen, wie wir KI begreifen, worauf es uns ankommt und worauf sich die Beschäftigten verlassen können.

Wertschätzung gegenüber den Interessen unserer Beschäftigten und unseren Kunden ist dabei für uns handlungsleitend. Wir wollen bei der Implementierung und Nutzung dieser neuen Technologie eine Schrittmacherrolle übernehmen und gleichzeitig Kundenbegeisterung, Effizienz, Wettbewerbsfähigkeit sowie Innovationskraft und Arbeitgeberattraktivität ausbauen sowie zugleich Beschäftigte entlasten, ihre Perspektiven verbessern und die Persönlichkeitsrechte schützen.

Diese Leitlinien sollen den künftigen Handlungsrahmen transparent beschreiben oder zumindest erläutern, wie wir ihn uns erarbeiten wollen. Wir wollen selbst dazu lernen, wie und wofür wir KI-Systeme nutzen wollen, um Zukunftsperspektiven für das Unternehmen und die Beschäftigten auszubauen. Weil für uns die Mitarbeiterinnen und Mitarbeiter der Schlüssel zum Erfolg sind, wollen wir deren Zukunftskompetenzen ausbauen und ihnen moderne Arbeitsinstrumente zur Verfügung stellen. Wir wollen Möglichkeiten für Feedback geben, auch wenn etwas mal nicht so läuft, wie wir uns das vorstellen, gerade beim Thema Künstliche Intelligenz. Mit diesen Leitlinien wollen wir vermitteln, auf welche Werte und Verabredungen sich die Beschäftigten der Provinzial verlassen können und welche Regeln für KI-Nutzung gelten. Es geht uns darum, Vertrauen aufzubauen, indem wir uns eine Balance zwischen den Interessen von Beschäftigten und Arbeitgebern erarbeiten und zugleich ausdrücken, wie wir uns eine Balance zwischen den Möglichkeiten der Technik und unseren Werten vorstellen. Wir wollen mit diesen Verabredungen Berechenbarkeit bieten und ermutigen, Neues auszuprobieren.

2. Unsere kulturellen Werte übersetzen

Viele Beschäftigte haben sich daran beteiligt, das Unternehmensleitbild der »Nähe-Kultur« zu beschreiben. Die darin formulierten Ansprüche, was »Nähe-Kultur« ausmacht, wollen wir ernst nehmen und auf den Einsatz von KI-Systemen übersetzen. Für uns bedeuten:

Verlässlichkeit: *Beschäftigte müssen darauf hingewiesen werden, wenn sie auf Systeme mit Künstlicher Intelligenz treffen. Für sie muss nachvollziehbar sein, welche Aufgaben die Systeme wahrnehmen, welchem Zweck sie dienen und welche Folgen ihr Einsatz hat. Sie sollen Klarheit über die Regeln haben, die für die KI gelten. Das, was KI-Systeme liefern, soll nachvollziehbar sein und die Technik soll uns erwartungskonform bei der Aufgabenerledigung unterstützen.*

Sicherheit: *Wie die Soziale Sicherheit so hat auch die Sicherheit der technischen Systeme für uns einen hohen Stellenwert. Um Sicherheit zu schaffen, braucht es klare Regeln, Verabredungen, technisch-organisatorische Maßnahmen und Interventionsmöglichkeiten. Es braucht rote Linien, die beschreiben, wofür wir KI-Systeme in unserem Unternehmen nicht einsetzen wollen.*

Sicherheit soll auch durch den Erhalt und den Ausbau von Zukunftsperspektiven entstehen – KI-Systeme können dazu beitragen.

Beschäftigte sollen sich sicher sein können, dass wichtige Entscheidungen von Personen und nicht von Maschinen getroffen werden und Menschen bei der Entscheidungsfindung die wichtigste Rolle spielen.

Wir wissen: Das wichtigste Interesse der Beschäftigten gilt der Beschäftigung, der Einkommenssicherheit, ihren Persönlichkeitsrechten und den eigenen Perspektiven. Dem haben wir bei wichtigen Entscheidungen in der Provinzial bisher Rechnung getragen. Dies soll auch so bleiben. Diese Faktoren sozialer Sicherheit wollen wir fördern, auch und gerade, weil KI-Systeme in der Lage sind, arbeitende Menschen nicht nur zu unterstützen, sondern auch zu vertreten. In unserer Kultur soll die Anwendung der Technik darauf zielen, Arbeit zu erleichtern und nicht darauf, eigene Beschäftigung und Beschäftigtenperspektiven abzubauen.

Offenheit: *Unser entschlossenes und vorausschauendes Gestalten drückt unsere Offenheit gegenüber den Möglichkeiten aus, die Künstliche Intelligenz uns bieten kann. Offenheit verlangt aber auch danach, unterschiedliche Interessen anzuhören und zum Ausgleich zu bringen. Partizipation ist dafür das Mittel unserer Wahl und Mitbestimmung unsere gemeinsame Basis für die Regelungen im Betrieb. Offenheit braucht die Möglichkeit, auf die rasche technische Entwicklung auch in Zukunft reagieren zu können und eigene Erfahrungen zur Grundlage unseres Wollens und Handelns machen zu können.*

Schutz: *Wir wollen die Persönlichkeitsrechte der Beschäftigten ebenso schützen wie die vertraulichen Daten unseres Unternehmens. Wir wollen unsere Umgangskultur und unsere üblichen Gepflogenheiten schützen und dazu die Technik gestalten Wir wollen unser Geschäftsmodell und das Niveau unserer Arbeitsbedingungen schützen und verbessern, indem wir uns auf eine Entwicklung einlassen, die aus unserer Sicht prägend für die Versicherungsbranche sein wird. Unsere Orientierung auf soziale und ökologische Nachhaltigkeit des Systemeinsatzes verfolgt den Schutz unserer Lebensgrundlagen.*

Mut: *Wer vorneweg geht, braucht den Mut, sich auch in bisher unbekannter Umgebung zu bewegen. Unser zugleich experimentelles wie entschiedenes, aber vorsichtiges Vorgehen beim Einsatz Künstlicher Intelligenz, verbindet Mut mit Achtsamkeit. Dieses Vorgehen soll Vertrauen schaffen.*

Flexibilität: *Flexibilität wird zunehmend zum Erfolgsfaktor in einem sich rasch ändernden Marktumfeld. Deshalb wollen wir Optionen zusätzlicher Flexibilität erschließen, wenn es zu unseren Regeln passt. Es wird in unserem Unternehmen immer einen »Not-Aus-Knopf« für Hochrisiko-KI-Systeme geben und wir werden uns nicht blind auf die Ergebnisse maschineller Schlussfolgerungen verlassen. Künstliche Intelligenz kann es uns aber auch erlauben, mit Anwendungen flexibler zu werden, die uns bei der Aufgabenerledigung helfen.*

Kooperation: *Diese Leitlinien drücken die Kooperationsbereitschaft von Arbeitgeber- und Arbeitnehmerinstanzen aus. Unsere bisherigen, gemeinsamen Modelltests und die Durchführung von Beschäftigtenbefragungen unterstreichen unseren Anspruch an Partizipation beim schrittweisen Vorgehen. Wir wollen uns die Möglichkeiten der neuen Technik durch einen Dialog eröffnen. Unsere interdisziplinär zusammengesetzte Verhandlungskommission zur Erarbeitung dieser Leitlinien belegt dabei, dass wir unseren Anspruch an Diversität auch praktisch umsetzen.*

Leichtigkeit: *Unser Anspruch, es für unsere Kunden leichter zu machen, soll auch für den Umgang mit unseren Beschäftigten gelten. Dort, wo es passt, wollen wir die Möglichkeiten der KI-Technologie nutzen, um Arbeit zu erleichtern.*

Weil wir in vielen Teilen unserer Wirtschaft aber über Fachkräftemangel reden müssen und der demographische Wandel Veränderungen in den Betrieben herbeiführt, geht es uns auch darum, unsere Arbeit und Aufgaben durch den Einsatz technischer Mittel bewältigbar zu halten. Wir wollen uns deshalb Optionen offenhalten, mit KI den Fachkräftemangel zu entschärfen, Arbeitsspitzen belastungsärmer abzuarbeiten und unnötige Vergaben von Leistungen an Dritte zu reduzieren.

Wir führen dafür zuerst aber keine kräfteraubende Kontroverse um die theoretischen Chancen und Risiken von KI, bevor wir uns auf dem Weg machen. Wir machen praktische, reglementierte Schritte, damit wir auf Basis unserer Erfahrungen laufend feinjustieren können, welche Regeln übermorgen gelten sollen. Dieses Maß an Leichtigkeit nehmen wir für uns selbst in Anspruch.

3. An welchen Qualitätsfaktoren wir gute KI messen

Der Einsatz von vertrauenswürdiger, guter, hilfreicher und sicherer KI ist unser Ziel in der Provinzial. Dafür braucht es eine gemeinsame Orientierung darauf, was wir unter »guter KI« verstehen. Insbesondere folgende Qualitätsfaktoren sollen für unsere Gestaltungsarbeit bestimmend sein:

Rechtskonformität: *Der Einsatz KI-basierter Systeme – insbesondere unter Verwendung personenbezogener Daten – wird durch nationale und internationale Normen reguliert. Deren Einhaltung wird durch die Provinzial überwacht und technische oder organisatorische Anpassungen auf die rechtlichen Normen ausgerichtet. Damit wollen wir auch sicherstellen, dass bei uns eingesetzte KI-Systeme frei von Diskriminierung und Verzerrung sind. Wir werden dokumentieren und kommunizieren, wer die Verantwortung für maschinell unterstützte Entscheidungen in unserem Unternehmen trägt.*

Regelkonformität. *Gültige Tarifvorgaben, Betriebsvereinbarungen und Vorgaben der Aufsichtsbehörden werden wir einhalten und uns an gültigen Industrienormen orientieren. Verabredete Mitbestimmungsprozesse werden gewährleistet.*

Transparenz & Ethik: Die Beschäftigten der Provinzial müssen darauf hingewiesen werden, wenn sie mit KI-Systemen interagieren. Es gilt ein Vorrang menschlicher Entscheidungen und es soll nachvollziehbar sein, wie KI-Systeme zu Schlussfolgerungen kommen. Wir bieten Interventionsmöglichkeiten bei maschineller Schlussfolgerung im beruflichen Alltag. Wenn Entscheidungen Personen betreffen, muss es fair zugehen.
***Nützlichkeit:** Es geht uns um Gebrauchstauglichkeit ebenso wie um Effizienz und Effektivität. KI-Systeme müssen einen merklichen Wertschöpfungsbeitrag für unsere Arbeitserledigung erbringen und wir wollen Agilität und Flexibilität bewahren und ausbauen. Unsere Kundenorientierung soll gefördert werden. Die Systeme müssen zu den Aufgaben passen und unseren Genauigkeitsansprüchen Rechnung tragen.*
***Risikoangemessenheit**: Wir wollen das Risiko, das durch den Systemeinsatz entsteht, einschätzen, bewerten und klassifizieren können sowie Maßnahmen zur Risikobewältigung für unterschiedliche Kritikalitätsstufen implementieren.*
***Robustheit**: KI-Systeme sollen das liefern, was wir von ihnen erwarten. Sie sollen manipulationsfest sein, aber auch tolerant gegenüber Fehleingaben. Nutzungsfehler sollen vermieden und Entscheidungen, soweit möglich, rückholbar sein.*
***Kontrollierbarkeit**: Transparenz ist die Basis für Kontrollierbarkeit. Die eingesetzten Systeme müssen einfach steuerbar und evaluiert werden können. Sie sollen mit integren Daten gespeist werden. Sicherheitsmaßnahmen sollen Fehlanwendungen vermeiden. Eine Notabschaltung und ein Alternativkonzept soll uns die Kontrolle über die Arbeitsprozesse auch dann erhalten, wenn etwas schiefläuft.*
***Sozialverträglichkeit:** Soziale Folgenabschätzung ist unser Thema, wenn Personen vom Einsatz der KI-Systeme betroffen sind. Dabei geht es uns auch um Inklusion und Diversität.*
***Gute Arbeit**: Der Einsatz von KI-Systemen soll gute Arbeit fördern und Arbeit erleichtern.*
***Schutz der Persönlichkeitsrechte**. Wir werden die Persönlichkeitsrechte der betroffenen Beschäftigten schützen, insbesondere deren personenbezogene Daten. Privatsphäre muss gewahrt bleiben. Überwachungspotenziale bleiben deshalb reglementiert. Profiling von Beschäftigten werden wir ebenso wenig praktizieren, wie vollständig automatisierte Entscheidungen über Mitarbeitende treffen.*
***Ergonomie**: Unser Anspruch an Barrierefreiheit und die Minimierung psychischer Belastungen sind für uns handlungsleitend. Die Güte des Arbeitsmittels Künstliche Intelligenz werden wir auch unter ergonomischen Gesichtspunkten beurteilen. Ausreichende Qualifikation der Beschäftigten soll Überforderung verhindern.*
***Nachhaltigkeit**: Wir wollen uns dafür interessieren, wie natürliche Ressourcen, insbesondere durch den Energieverbrauch von KI-Systemen in Anspruch genommen werden, um unsere ESG-Prinzipien zu verfolgen.*
Auf die Verwirklichung dieser Qualitätsfaktoren wollen wir im Einführungsprozess achten und mit Qualitätschecks darauf hinarbeiten, dass sie auch beim Betrieb von KI-Systemen zum Tragen kommen. Schon beim Einkauf und der Entwicklung von KI-Systemen sollen die Qualitätsfaktoren zur Beurteilung von Systemen herangezogen werden.

Korrespondierende, bereits existierende Regelwerke
Eine Vielzahl von innerbetrieblichen Vorgaben zur Qualitätssicherung und zum Schutz der Beschäftigten existieren bei der Provinzial bereits. Sie gelten auch für den Einsatz von KI-Systemen. Erinnert sei insbesondere an:
- *die IT-Vereinbarungen, die die Möglichkeit zu maschineller Leistungs- oder Verhaltenskontrolle stark reglementieren, Vorgaben zur Arbeitsplatzgestaltung beim Einsatz von Technik machen und Kontrolle sowie Mitbestimmungsrechte des Betriebsrats präzisieren. Vorgegeben wird mit diesem Regelwerk, dass mitarbeiterbezogene Daten, die unter Verletzung vorhandener Regelungen gewonnen wurden, für arbeitsrechtliche Maßnahmen nicht eingesetzt werden dürfen.*
- *den Tarifvertrag Integration und die Rahmenbetriebsvereinbarung zum Zusammenschluss der Konzerne Provinzial Nordwest und Provinzial Rheinland. In beiden Regelwerken wurde der Ausschluss betriebsbedingter Beendigungskündigungen bis 31. 12. 2030 verabredet und Standortgarantien für die Beschäftigten fixiert. Vergütungsschutz für Stellenbesetzungsverfahren wurde verabredet.*

4. Unsere Prinzipien für den Einsatz von KI in der Provinzial
Unsere Prinzipien für den Gestaltungsprozess für den Einsatz von KI in der Provinzial lassen sich in folgende Bereiche einteilen.

Rechtliche und ethische Verantwortung
- *Die Nutzung personenbezogener Daten von Beschäftigten braucht eine Legitimation durch den Betriebsrat.*
  Personenbezogene Daten von Beschäftigten dürfen durch KI-Systeme nur genutzt werden, wenn dies in einem formalen Mitbestimmungsverfahren freigegeben wurde. Die Beschäftigten werden über derartige Freigaben informiert. Die Verantwortlichen auf Unternehmensseite begründen im Vorfeld nachvollziehbar, dass auf die Daten nicht verzichtet werden kann und/oder pseudonymisierte oder anonymisierte Daten nicht ausreichen.
- ***Transparenz über den Einsatz von KI-Systemen***
  Die Interaktion zwischen Beschäftigten und KI-Systemen wird so gestaltet, dass die betroffenen Beschäftigten darüber informiert werden, wenn sie mit einem solchen System interagieren. Über das Intranet können sich alle Beschäftigten laufend darüber informieren, welche KI-Systeme in der Provinzial zu welchem Zweck eingesetzt werden. Der angebotene Informationsumfang steigt mit der Risikorelevanz der Systeme.
- ***Schutz vor Leistungs- und Verhaltenskontrolle***
  Zum Schutz vor maschineller Leistungs- und Verhaltenskontrolle und zum Verwertungsverbot für unerlaubt gewonnene Daten kommen die Verabredungen aus den IT-Vereinbarungen zur Anwendung.
- ***Keine automatisierten Entscheidungen über Beschäftigte***
  Personalrelevante Schlussfolgerungen zu treffen, die rechtliche Wirkung gegenüber Beschäftigten entfalten oder sie in ähnlicher Weise erheblich beeinflussen,

ist menschlichen Entscheidungsträgern vorbehalten. Automatisierte Entscheidungen über Beschäftigte werden durch KI-Systeme nicht getroffen. Profiling von Beschäftigten erfolgt nicht.

- ***Schutz der Persönlichkeitsrechte – Keine Nutzung von sensiblen Informationen***
  KI-Systeme werden nicht eingesetzt, um Informationen oder Schlussfolgerungen über die Beschäftigten hinsichtlich deren politischer Meinungen, weltanschaulicher Überzeugungen, Gewerkschaftszugehörigkeit und sexueller Orientierung zu gewinnen.
  KI-Systeme werden ebenfalls nicht eingesetzt, um Emotionen von Beschäftigten oder deren psychische Verfassung zu analysieren, zu beeinflussen oder diese zu steuern. Biometrische Daten von Beschäftigten und KI-Systeme, die das Wohlbefinden oder die Arbeitssicherheit der Beschäftigten verbessern sollen, werden nur verwendet, wenn eine Betriebsvereinbarung dies zulässt. Es werden keine KI-Systeme eingesetzt, die dem Zweck dienen, Charaktereigenschaften zuzuschreiben.
- ***Überprüfungs- und Interventionsmöglichkeiten der Beschäftigten***
  Beschäftigte, die mittelbar von maschinellen Schlussfolgerungen mit personenbezogenen Wirkungen betroffen sind, können von den Verantwortlichen eine Überprüfung der Systementscheidung verlangen. Derartige Entscheidungen sollen, soweit es geht, rückholbar sein.
  Hinweisgeber (»Whistleblower«) können ohne arbeitsrechtliche Folgen das zentrale Expertengremium (siehe unten) oder den Konzernbetriebsrat über eine nicht regelgerechte Nutzung von KI-Systemen informieren. Hierzu können sie auch die Anlaufstellen nutzen, die vom Compliance-Bereich eingerichtet sind.

Qualifikation und Schulung

- ***Beschäftigte werden qualifiziert***
  Es werden notwendige Qualifikationsmaßnahmen bereitgestellt und durchgeführt. Beschäftigte werden damit bedarfsgerecht qualifiziert, um KI-Systeme nutzen zu können, die Regulationsauflagen zu verstehen, ihre Persönlichkeitsrechte und Interventionsmöglichkeiten zu kennen und an der betrieblichen Umsetzung dieser Leitlinie mitzuwirken.
- ***Führungskräfte und Entscheidungsträger werden geschult***
  Sie werden in die Lage versetzt,
  - *diese Leitlinien effektiv zu vermitteln,*
  - *an der Weiterentwicklung der Einsatzbedingungen von KI-Systemen mitzuarbeiten,*
  - *aktiv an Freigabeprozessen mitarbeiten zu können sowie*
  - *sich nicht bedingungslos an KI-gestützte Vorschläge gebunden zu fühlen.*

  Es wird zudem vermittelt, dass für manche Anwendungsszenarien aufgrund mangelnder Genauigkeit, systembedingter Verzerrungen oder Neigungen zum Halluzinieren die Verwendung entsprechender KI-Systeme nicht zulässig ist.

Regulierung und Kontrolle

- ***Betriebsrätliche Mitbestimmung bleibt bestehen***
  Diese Leitlinien schaffen den Rahmen für den künftigen innerbetrieblichen Einsatz von KI-Systemen. Die betriebsrätliche Mitbestimmung zu einzelnen Vorhaben bleibt bestehen.
- ***Kennzeichnung zu Generativer KI***
  Folgende innerbetrieblichen Vorgaben sind Teil der Beschäftigten-Qualifizierung:
  - *Maschinell generierte Ergebnisse werden bei der Weitergabe als »KI-generiert« gekennzeichnet, um Transparenz gegenüber den Empfängerinnen und Empfängern zu schaffen und blindes Vertrauen in die KI-generierten Texte zu vermeiden.*
  - *Die Kennzeichnung kann entfallen, wenn das Ergebnis von den Verantwortlichen überprüft und verändert wurde. Systemnutzerinnen und -nutzer sind in der Pflicht, die maschinell erzeugten Ergebnisse auf Integrität, Genauigkeit und Zuverlässigkeit zu prüfen und mit einem geeigneten Prüfvermerk auszustatten.*
  - *Sofern Beschäftigte mit einem KI-System künstliche Bilder erzeugen, die den Charakter von »deep fakes« haben, müssen diese bei der Weitergabe als »künstlich erzeugtes Bild« gekennzeichnet werden.*
- ***Kontrollierter Betrieb von generativer KI***
  Generative KI wird bei der Provinzial in einem abgeschotteten und kontrollierten Bereich betrieben. Eine Datenhaltung auf EU-Servern im Geltungsbereich der DSGVO soll unkontrollierten Datenabfluss und Missbrauch verhindern. Die Anbieter derartiger, von der Provinzial genutzter KI-Modelle dürfen die Anfragen von Beschäftigten der Provinzial nicht für das Re-Training ihrer KI-Modelle benutzen.
  Nur die Nutzerinnen und Nutzer der KI-Anwendung haben die Verfügungsgewalt über ihre eigenen Verläufe der Anfragen, die sie in generative KI eingegeben haben. Eingaben werden spätestens nach 90 Tagen automatisiert gelöscht. Die Nutzung der Anwendungen ist an dienstliche Aufgaben gebunden.
- ***Notfall-Management bei Hochrisiko-KI-Systemen***
  Um betriebliche Prozesse auch bei Störungen unter Verwendung von Hochrisiko-KI-Systemen lauffähig zu halten und Risiken einzugrenzen, werden »Not-Aus-Prozeduren« und alternative Arbeitsmodelle vorgehalten.

5. Unsere Mitbestimmungsprozesse

5.1 Basisinformation

Im Rahmen des bereits verabredeten System-Steckbrief-Verfahrens für IT-Systeme, werden künftig auch Spezifika von allen KI-Systemen, von denen Beschäftigte betroffen sind, näher erläutert. Die Informationen werden den Beteiligten der in Ziffer 5.2 und 5.3 beschriebenen Mitbestimmungspfade vorgelegt. Neben den Informationen, die nach dem Standardsteckbrief der Vereinbarungen zu IT-Systemen ohnehin erforderlich sind, erhalten die Beteiligten zur Einführung von KI-Systemen Informationen über:

- *Datenquellen des KI-Systems und Einschätzungen zur Aussagekraft und Integrität der Daten*
- *Systembeschreibung/Modell des KI-Systems*
- *Planungen zur Evaluation der Modellqualität im laufenden Betrieb und Notfallkonzept, abhängig von der jeweiligen Risikoklassifizierung und Planungsphase*
- *Referenzerfahrungen zu Verzerrungsfreiheit, Fairnessmetrik und Genauigkeit des KI-Systems, sofern diese vorhanden sind*
- *Dimension der Berechtigungen des KI-Systems, (teil)autonome Schlussfolgerungen zu ziehen*
- *einen begründeten Vorschlag für eine Risikoklassifizierung*
- *Planungen oder Erfahrungen im Zusammenhang mit dem Training des KI-Systems*
- *KI-spezifische Elemente der Folgenabschätzung, inhaltliche und methodisches Konzept für die Durchführung einer Grundrechtsfolgenabschätzung für Hochrisikoanwendungen*

5.2 Zuordnung zu Mitbestimmungspfaden und Verfahrensgang

Die Art der Beteiligung der Mitbestimmungsgremien richtet sich nach den Verabredungen zu IT-Systemen. Das Verfahren, das überwiegend Informationspflichten begründet, wird im folgenden Mitbestimmungspfad 1 (MP 1) genannt. Das Verfahren, das Beratungspflichten begründet, wird im Folgenden als Mitbestimmungspfad 2 (MP 2) bezeichnet. Das Verfahren, für das eine Mitbestimmungspflicht besteht, wird im folgenden Mitbestimmungspfad 3 (MP 3) genannt.

Die Zuordnung von KI-Systemen zu den Mitbestimmungspfaden erfolgt im Dialog jeweils einer durch einen Expertenkreis legitimierten Person mit KI-Expertise jeder Betriebspartei. Diese beiden legitimierten Personen bilden die Zuordnungsgruppe. Kommt eine Einigung nicht zustande, richtet sich das weitere Verfahren nach den betriebsüblichen Eskalationsmechanismen.

Die Zuordnungsgruppe wird auch tätig, wenn für eine der Betriebsparteien unklar ist, ob es sich bei dem zur Einführung geplanten System um ein KI-System nach der Definition dieser Verabredung handelt. Die Zuordnungsgruppe kann sich bei Bedarf juristischen und technischen Sachverstand hinzuziehen.

Für die Zuordnung von KI-Systemen zu den Mitbestimmungspfaden sollen folgende Anhaltspunkte herangezogen werden:

MP 1:

- *KI-System mit geringer Risikorelevanz für die Persönlichkeitsrechte der Beschäftigten.*
- *Vergleichbare Anwendung hat den Mitbestimmungsprozess bereits durchlaufen.*
- *Es sollen nur geringfügige Änderungen an bereits eingeführten Systemen vorgenommen werden, die geltende Reglements nicht unterminieren.*
- *Neben den Log-Daten kommen keine personenbezogenen Daten der Beschäftigten zum Einsatz.*
- *KI hat niedrigen Autonomiegrad.*

- *Schlussfolgerungen des Systems sind nachvollziehbar und erklärbar.*
- *Das System arbeitet erwartungskonform und ist vollständig steuerbar.*
- *Entscheidungen mit Wirkung auf die Beschäftigten sind rückholbar.*
- *Die Robustheit des Systems ist überprüft.*
- *Das System lernt nach der Betriebsaufnahme nicht mehr dazu oder lernt nur beaufsichtigt.*
- *Die Fachbereiche haben ein Konzept, wie sie diese Leitlinie umsetzen.*

MP 2:

- *KI-System mit vergleichbarem Risiko für die Persönlichkeitsrechte der Beschäftigten wie ein herkömmliches IT-System.*
- *Komplexitätsgrad erfordert Befassung des Expertengremiums.*
- *Es werden keine hochsensiblen personenbezogenen Daten der Beschäftigten verarbeitet.*
- *System macht Empfehlungen, setzt ohne menschliches Zutun aber nicht um.*
- *System hat ausreichend Steuerungsmöglichkeiten und gesicherte Referenzen zum Einsatz in vergleichbaren Arbeitszusammenhängen.*

MP 3:

- *Es handelt sich um eine Hochrisikoanwendung nach der Europäischen KI-Verordnung.*
- *Persönlichkeitsrechte der Beschäftigten können erheblich geschädigt werden.*
- *Die Grundrechtsfolgenabschätzung hat erhebliche Risiken identifiziert.*
- *Es werden hochsensible personenbezogene Daten der Beschäftigten verarbeitet.*
- *Die Anwendung wurde nach den betriebsüblichen Mechanismen eskaliert.*
- *Systemerfahrungen sind nicht verfügbar.*
- *Systementscheidungen sind nicht rückholbar.*
- *KI hat hohen Autonomiegrad, auch für die Umsetzung automatisierter personalrelevanter Entscheidungen.*
- *System optimiert sich ohne menschlichen Einfluss selbst.*

5.3 Das Wesen und Regularien für die Mitbestimmungspfade

Die Betriebsparteien möchten den Mitbestimmungs-Prozess bei der Einführung von KI-Systemen strukturiert, bewältigbar und agil halten, um die Bearbeitung und Entscheidung zu KI-Systemen ressourcenschonend und zeiteffizient durchzuführen. Deshalb werden differenzierte Mitbestimmungspfade festgelegt und dafür folgende Festlegungen verabredet:

- *Für alle Mitbestimmungspfade gelten die Vorgaben dieser Leitlinie.*
- *Informationen über die mit MP 1 freigegebenen Anwendungen werden dem KBR und dem IT Expertengremium zur Kenntnis gebracht. Dort werden nach Bedarf auch die Informationen nach Ziffer 5.1 zur Verfügung gestellt.*
- *Eine inhaltliche Befassung des KBR und des IT-Expertengremiums erfolgt nur, wenn Betriebsräte dies aus begründetem Anlass einfordern.*
- *Eine formale Beschlussfassung im KBR erfolgt nur nach dem üblichen Eskalationsverfahren.*
- *Die Anwendungen gelten nach der, auf einer einvernehmlichen Zuordnung zum MP1 Prozess, folgenden Sitzung des IT-Expertengremiums als freigegeben. Mit*

der Umsetzung kann aber bereits nach einer einvernehmlichen Zuordnung begonnen werden.

- *Die Erörterung von KI-Systemen, die dem Mitbestimmungspfad 2 zugewiesen wurden, erfolgt im IT-Expertengremium.*
- *Die Freigabe erfolgt dort mit den Stimmen der Betriebsräte.*
- *Das Gremium kann VertreterInnen der Standardisierungsgruppe entsprechend Ziffer 6 zu den Beratungen hinzuziehen.*
- *Die Ausübung der Mitbestimmungsrechte in MP 3 erfolgt in den Plenumssitzungen des KBR.*
- *Das Gremium kann VertreterInnen der Standardisierungsgruppe entsprechend Ziffer 6 zu den Beratungen hinzuziehen.*

5.4 Weitere Verabredungen zum Einführungsprozess

Die Robustheit und Manipulationsfreiheit der Systeme werden durch die Einhaltung eines definierten Sicherheitsstandards gewährleistet. Die Beteiligung der Datenschutzbeauftragten ist bei der Einführung von KI-Systemen, die personenbezogen Daten verarbeiten, obligatorisch.

Das Training der KI-Systeme mit Beschäftigtenrelevanz wird darauf ausgerichtet, die konzerninternen Qualitätsmaßstäbe zu verwirklichen und insbesondere Verzerrungen und Diskriminierungen zu vermeiden.

Während des Testbetriebs oder des Trainings der KI-Systeme findet eine erforderliche Gefährdungsanalyse unter Beteiligung von betroffenen Beschäftigten statt.

Die mit diesen Leitlinien regulierten KI-Systeme werden im Wirkbetrieb nach festgelegten Regeln und bei begründetem Anlass einer Konformitäts- und Schlüssigkeitsprüfung unterzogen. Betriebsräte können von den Systemverantwortlichen ein außerplanmäßiges Monitoring verlangen, wenn Indizien für eine nicht verabredungskonforme Nutzung oder Fehlentwicklung des Systems vorliegen.

Für Prüfung und Evaluation von KI-Systemen kann der KBR im Rahmen der betriebsverfassungsrechtlichen Regelungen einen externen Sachverständigen beauftragen. Auch das Expertengremium kann eine interne oder externe Expertise anfordern.

Beschäftigte können Vorschläge zum Einsatz von KI einbringen, dafür werden Wege publiziert.

6. Mit einer Standardisierungsgruppe unsere gemeinsamen Aufgaben bewältigen

Die Provinzial wird die zu erwartende Europäische KI-Verordnung rechtskonform und zügig umsetzen und ein Vorgehenskonzept im Dialog mit dem KBR entwickeln. Unternehmen und Konzernbetriebsrat wollen für die Umsetzung gesetzlicher Anforderungen Maßstäbe für die Prüfprozesse, Checklisten zur Folgeabschätzung, Standards zur Kritikalitätseinstufung und Regulierungsvorgaben verabreden, die sowohl einen übergeordneten Ordnungsrahmen für alle KI-Systeme als auch eine spezifische Regulierung unterschiedlicher Anwendungen zulassen. Ein Katalog von Beispielen soll erstellt werden, um für weitere Mitbestimmungsverfahren Orientierung zu bieten.

Bei der Entwicklung des gemeinsamen, differenzierten Ordnungsrahmens wird das gemeinsame Expertengremium tätig, das nach den IT-Vereinbarungen eingerichtet wurde. Es wird von Seiten des Unternehmens und seitens der Betriebsräte um KI-Sachverständige ergänzt, die in einer Standardisierungsgruppe tätig werden und Entscheidungsträger beider Betriebsparteien unterstützen. Die Standardisierungsgruppe wird auf Anforderung des Expertengremiums oder der Zuordnungsgruppe tätig und begleitet die Entwicklung von Standards zur KI-Einführung.
Die Standardisierungsgruppe wird bei KI-Systemen mit hohem Risiko für Beschäftigte in den Einführungsprozess eingebunden und gibt eine Handlungsempfehlung ab. Sie kann von einer der Betriebsparteien angerufen werden, wenn Uneinigkeit hinsichtlich der Risikoklassifizierung von KI-Systemen besteht. In diesem Fall gibt sie zusätzlich eine eigene Empfehlung zur Risikoklassifikation ab.
Die Standardisierungsgruppe erarbeitet Empfehlungen für Prozessstandards für künftige Systemeinführungen. Dazu zählen:

- *Verfahren zur Folgeabschätzung, insbesondere einer Grundrechtsfolgeabschätzung*
- *Standards zur Beurteilung von Risikodimensionen und Eintrittswahrscheinlichkeiten von Risiken*
- *Regulierungsstandards adäquat zu den Kritikalitätsstufen*
- *Verfahren zur Beurteilung in Test und Training, ob und inwieweit diesen Leitlinien und den Regulierungsvorgaben entsprochen wurde*
- *Prinzipien zur Analyse von Nützlichkeitspotenzialen*
- *Checklisten zur Evaluation und Erstprüfung von KI-Systemen*
- *Qualifizierungsstandards*
- *Standards zur Schaffung von Transparenz*
- *Standards zur Dokumentation*
- *Prinzipien für die Formulierung adäquater Genauigkeitsanforderungen und Fairnessmaßstäbe*
- *Anforderungen an den Einkauf und die Entwicklung von KI-Systemen*
- *Standards für Mitbestimmungsverfahren deren Beteiligungsintensität den unterschiedlichen Risikoklassen der Systeme gerecht wird.*

Die Standardisierungsgruppe begleitet die Entwicklung einer digitalen Checkliste, die Fachbereiche dabei unterstützt, eine Einschätzung zur Regelkonformität von Planungen zur KI-Einführung zu gewinnen.
Die Standardisierungsgruppe hat 4 Mitglieder. Jeweils 2 Personen werden durch eine Betriebspartei ernannt. Die Gruppe wird aufgelöst, sobald im Unternehmen hinreichend Standards entwickelt sind und deren Fortentwicklung vom IT-Expertengremium übernommen wird.

7. Schlussbestimmungen

Die Regelungsabrede tritt mit Unterzeichnung in Kraft. Die Parteien sind sich einig, die Inhalte dieser Regelungsabrede laufend weiterzuentwickeln und zu einem späteren Zeitpunkt in eine Konzernbetriebsvereinbarung IT-Systeme zu überführen.
Düsseldorf/Münster, den 18. 03. 2024

38.5 KI-Verhaltenskodex bei der ÖRAG – Künstliche Intelligenz: Nicht ohne unsere Werte und Regeln

Der Konzernbetriebsrat der ÖRAG hat mit der Geschäftsführung einen Verhaltenskodex zum Umgang mit IT-Systemen verabredet, die als »Künstliche Intelligenz« (KI) gelten. Der Kodex beschreibt den künftigen Handlungsrahmen für KI-Systeme, gibt dafür Regeln vor und erläutert weitere Gestaltungschritte. Den Verfassern des Kodex geht es darum selbst dazu zu lernen, wie und wofür in der ÖRAG KI-Systeme genutzt werden sollen, um Zukunftsperspektiven für das Unternehmen und die Beschäftigten auszubauen.
Für die Beschäftigten sollen moderne Arbeitsinstrumente zur Verfügung gestellt werden, um ihnen die Arbeit zu erleichtern und nicht, um sie entbehrlich zu machen. Auch in der ÖRAG geht es in der Verabredung darum, eine Balance zwischen den Interessen von Beschäftigten und Arbeitgebern herzustellen und zugleich eine Balance zwischen den Möglichkeiten der Technik und den Werten der ÖRAG zu vermitteln.
Mit der Kommunikation von Interventionsmöglichkeiten für Beschäftigte, will der Kodex Vertrauen schaffen, ebenso mit transparenten Steuerungskriterien und nachvollziehbaren Prinzipien. Er beschreibt ein Qualitätsmodell für vertrauenswürdige KI. Führungskräfte und Beschäftigte sollen wissen, worauf es der ÖRAG beim Einsatz von KI-Systemen ankommt. Deswegen leitet der Verhaltenskodex Regeln für KI von den bereits fixierten Werten der ÖRAG ab. Sie werden in der Firma verbreitet, vermittelt und deren Einhaltung überwacht werden. Einige Beispiele:

- Menschlichen Entscheidungen wird Vorrang gegenüber maschinellen Schlussfolgerungen gegeben und es wird nicht blind auf die Ergebnisse vertraut, die ein KI-System liefert.
- Die eingesetzten Systeme müssen einfach steuerbar sein und evaluiert werden können. Sicherheitsmaßnahmen sollen Fehlanwendungen vermeiden. Eine Notabschaltung und ein Alternativkonzept soll den Beschäftigten die Kontrolle über die Arbeitsprozesse auch dann erhalten, wenn etwas schiefläuft.
- Ziel ist es, derartige Systeme auf Barrierefreiheit auszurichten. Derartige Systeme sollen dabei helfen, Diskriminierung zu vermeiden und nicht neue Verzerrungen und diskriminierende Entscheidungen hervorbringen.
- Der Einsatz von KI-Systemen soll gute und gesunde Arbeit fördern und Arbeit erleichtern. KI soll dem Ziel dienen, zukunftssichere Arbeitsplätze sowie persönliche Weiterbildungs- und Gestaltungsmöglichkeiten zu schaffen.
- Die Persönlichkeitsrechte der Beschäftigten, die ihnen die Europäische Grundrechtscharta gibt, sollen geschützt werden. Dazu zählt auch der Schutz ihrer personenbezogenen Daten.
- Personenbezogene Daten von Beschäftigten dürfen durch KI-Systeme nur genutzt werden, wenn dies in einem formalen Mitbestimmungsverfahren freigegeben wurde.

- Zum Schutz vor maschineller Leistungs- und Verhaltenskontrolle und zum Verwertungsverbot für unerlaubt gewonnene Daten kommen die Verabredungen aus den bereits existierenden IT-Vereinbarungen zur Anwendung.

Die weiteren Festlegungen folgen einem sehr guten Standard, der sich seit Mitte 2024 in der Versicherungsbranche zu etablieren beginnt. Auf die vollständige Wiedergabe wird zur Vermeidung von Doppelungen verzichtet. Auf die bemerkenswerte Orientierung der KI-Gestaltung der ÖRAG auf die eigenen Firmenwerte soll aber zugunsten hilfreicher Anregungen nicht verzichtet werden:

Im Wortlaut: Auszüge aus dem ÖRAG KI-Verhaltenskodex:

»Geltung und rechtlicher Charakter des Verhaltenskodexes
Die Verabredungen dieses Verhaltenskodexes wirken nicht auf das Verhältnis der ÖRAG zu ihren Kunden. Dieser Verhaltenskodex zielt darauf, Ordnungsprinzipien zum Verhältnis von Arbeitgeber und Beschäftigten zu schaffen, Verfahrensreglungen für die Mitbestimmungsprozesse zu verabreden sowie Vorgaben zu Prinzipien und Prozessen zu beschreiben, die die Ordnung im Betrieb und das Verhalten der Arbeitnehmer prägen. Sie gelten für alle Gesellschaften des ÖRAG-Konzerns.
Im Sinne des § 77 BetrVG gelten:

- *§ xy sowie z dieses Verhaltenskodex als Regelungsabrede*
- *§ ab und c als Konzernbetriebsvereinbarung.*

Den KI-Verhaltenskodex haben wir bewusst entwicklungsoffen und anpassungsfähig formuliert, damit wir ihn fortentwickeln können.

Intentionen: Unser Selbstverständnis für die Gestaltung von KI-Einführungen
*Die Versicherungsbranche unterliegt ständigen Veränderungen, prägende Wirkungen gehen gegenwärtig vom demografischen Wandel, der Digitalisierung und der Regulierung aus. Das Thema »KI« hat mit jedem dieser prägenden Faktoren zu tun und veranlasst uns, vorausschauend und umsichtig zu handeln. Wir wollen mit den Möglichkeiten, die uns Systeme künstlicher Intelligenz bieten, so verantwortungsbewusst umgehen, wie dies die Beschäftigten aus unserer Unternehmenskultur kennen. Dafür wollen wir mit diesem Verhaltenskodex die Grundlage schaffen. Unser Verhaltenskodex soll vermitteln, wie wir KI begreifen, worauf es uns ankommt und worauf die Beschäftigten und Bewerber*innen vertrauen können. Respekt gegenüber deren Interessen ist dabei für uns handlungsleitend.*
*Dieser Verhaltenskodex soll den künftigen Handlungsrahmen transparent beschreiben oder zumindest erläutern, wie wir ihn uns erarbeiten wollen. Wir wollen selbst dazu lernen, wie und wofür wir KI-Systeme nutzen wollen, um Zukunftsperspektiven für das Unternehmen und die Beschäftigten auszubauen. Dazu wollen wir einen kontinuierlichen Verbesserungsprozess beginnen, der die Mitarbeiter*innen einbezieht und deren Teilhabe und Weiterentwicklung fördert. Gemeinsam und partnerschaftlich wollen wir die Chancen derartiger Techniken erschließen und die Risiken beherrschen.*
Wir wollen den Beschäftigten moderne Arbeitsinstrumente zur Verfügung stellen, um ihnen die Arbeit zu erleichtern und nicht, um sie entbehrlich zu machen. Es

geht uns darum, Vertrauen aufzubauen, indem wir uns eine Balance zwischen den Interessen von Beschäftigten und Arbeitgebern erarbeiten und zugleich ausdrücken, wie wir uns eine Balance zwischen den Möglichkeiten der Technik und unseren Werten vorstellen. Wir suchen eine Balance zwischen neuen Wertschöpfungsoptionen für unsere Versicherung und den Persönlichkeitsrechten unserer Beschäftigten. Wir wollen mit diesen Verabredungen Berechenbarkeit bieten, indem wir verbindlich rechtliche Verpflichtungen umsetzen und mit der Bereitstellung eines verständlichen Verhaltenskodex jene Handlungssicherheit schaffen, die wir brauchen, um Neues auszuprobieren. Dieser Kodex bringt die Werte zum Einsatz von KI-Systemen zur Anwendung, zu denen wir stehen und zu denen wir uns in unserer Compliancerichtlinie verpflichtet haben.

Werte und Qualitätsanforderungen
Unser Wertverständnis ist zugleich ein Qualitätsmodell für den Einsatz von vertrauenswürdiger KI. Eine vertrauenswürdige KI muss sich an den Faktoren Integrität, Ehrlichkeit, Fairness, Vertrauen, Transparenz, Verbindlichkeit, Verantwortung und Nachhaltigkeit orientieren. Auch Diversity, Teilhabe, würdige, gesunde und sichere Arbeitsbedingungen, Schutz der Persönlichkeitsrechte und umsichtiges Risikomanagement zählen zu unseren Grundwerten. Die Einführungsprozesse von KI-Systemen werden wir auf diese Werte ausrichten. Wir werden beim Einkauf, bei der Anwendungsentwicklung, beim Training, bei Tests und bei der Evaluierung nicht aus den Augen verlieren, was für uns vertrauenswürdige KI ausmacht:
Integrität: *Wir werden nur integre Daten für die KI-Systeme zugänglich machen, die wir einsetzen. Dies zielt darauf, irreführenden Output, Diskriminierung und Verzerrungen von maschinellen Schlussfolgerungen zu vermeiden. Damit KI-Systeme liefern, was wir von Ihnen erwarten, wollen wir Überprüfungsmechanismen für maschinelle Schlussfolgerungen implementieren, die Systeme risikoadäquat evaluieren und die Beschäftigten dazu einzuladen, uns nicht regelgerechte Arbeitsweisen von KI-Systemen mitzuteilen. Schon beim Einkauf von KI-Systemen werden wir nach Referenzen für Verzerrungsfreiheit und Genauigkeit der Anwendungen fragen und für die Anwendungsentwicklung eine Provisionsethik vermitteln, die unser Werteverständnis und unseren Qualitätsanspruch zur Arbeitsgrundlage macht.*
Ehrlichkeit: *Zur Sicherstellung von Rechts- und Regelkonformität gehört, dass wir die europäische KI-Verordnung zügig umsetzen. Aber auch existierende gesetzliche Vorgaben, Auflagen der Aufsichtsbehörden und gängige Industrienormen, die für KI prägend sind, werden wir umsetzen. Existierende Betriebsvereinbarungen und gültige Tarifvereinbarungen werden wir einhalten, gesetzliche und verabredete Mitbestimmungsprozesse gewährleisten.*
Fairness: *Unser Anspruch auf Fairness verlangt danach, dass wir menschlichen Entscheidungen Vorrang gegenüber maschinellen Schlussfolgerungen geben und nicht blind auf die Ergebnisse vertrauen, die uns ein KI-System liefert. Fairness braucht Fairnessmaßstäbe. Wir werden in den Dialog darüber treten, für welche KI-Anwendungen wir welches Maß an Genauigkeit brauchen und welche Elemente der Fairness bei maschinellen Schlussfolgerungen zu berücksichtigen sind.*

Fairness bedeutet für uns, unterschiedliche Interessen anzuhören und zum Austausch zu bringen. Fairness bedeutet, den Einsatz der Technik laufend zu überprüfen, damit unsere Anforderungen auch erfüllt werden, wenn die Systeme dazulernen. Fairness bedeutet für uns, rote Linien zu beschreiben, wofür wir KI-Systeme in unserem Unternehmen nicht einsetzen wollen. Zur Fairness gehört Transparenz über die Verantwortungszuordnung. Wir werden dokumentieren und kommunizieren, wer die Verantwortung für maschinell unterstützte Entscheidungen in unserem Unternehmen trägt.

Vertrauen: *Vertrauenswürdigkeit ist unser übergeordneter Anspruch an alle KI-Systeme, die wir in unserer Firma einsetzen. Dabei geht es uns nicht allein um die Technik, sondern auch um die Einsatzbedingungen und die internen Regeln, die vertrauensstiftend wirken sollen. Mit der Kommunikation von Interventionsmöglichkeiten für Beschäftigte, Entscheidungsträger*innen und Systemnutzerinnen wollen wir Vertrauen schaffen, ebenso mit transparenten Steuerungskriterien und nachvollziehbaren Regeln. Dieses Qualitätsmodell beschreibt unseren Anspruch an vertrauenswürdige KI.*

Verbindlichkeit: *Wir können nur verbindlich bleiben, wenn wir sicherstellen, dass KI für uns kontrollierbar bleibt. Dazu gehört, dass wir wirksame menschliche Aufsicht über den Systembetrieb sicherstellen und mit technisch organisatorischen Maßnahmen einen sicheren Systembetrieb gewährleisten. Führungskräfte und Beschäftigte müssen wissen, worauf es beim Einsatz von Systemen Künstliche Intelligenz ankommt. Deswegen beschreibt dieser Verhaltenskodex verbindliche Regeln, die wir verbreiten, vermitteln und deren Einhaltung wir überwachen wollen.*

Transparenz: *Transparenz ist die Basis dafür, dass KI-Systeme und ihre Wirkung kontrollierbar bleiben. Beschäftigte werden in unserer Firma darauf hingewiesen, wenn sie mit Systemen interagieren, die mit KI arbeiten. Maschinell erzeugte Bilder, Texte, Videos, Sprache und Programmkodes werden wir kennzeichnen. Für uns alle muss nachvollziehbar sein, welche Aufgaben die Systeme wahrnehmen, welchem Zweck sie dienen und welche Folgen ihr Einsatz hat. Wir wollen Klarheit über die Regeln haben, die für die KI gelten. Die Technik soll uns erwartungskonform bei der Aufgabenerledigung unterstützen. Deshalb werden wir unsere Erwartungen präzise formulieren.*

Teilhabe: *Zur Teilhabe gehört für uns, im Dialog zwischen Geschäftsleitung und den Betriebsräten zu definieren, welche innerbetrieblichen Standards wir für einen regel- und rechtskonformen KI-Einsatz brauchen. Die Beschäftigten wollen wir über unseren Arbeitsfortschritt informieren und einladen, uns Hinweise zu geben, wie wir den Nutzen dieser Technik entfalten und die Risiken eingrenzen können. Sie sollen die fachlichen Anwendungsmanager, die Betriebsräte und nach der Compliancerichtlinie benannten Stellen auf einen nicht regelgerechten Einsatz von KI-Systemen aufmerksam machen können. Nicht nur unsere Firma und ihre Kund*innen, sondern auch die Beschäftigten sollen Nutzen von den neuen technischen Möglichkeiten haben. Dazu werden wir die personalen und sozialen Folgen des KI-Einsatzes abschätzen und nachhalten. Wir werden die Wirkung auf die Arbeitsverhältnisse und Wertschöpfung untersuchen und zwischen den Sozialparteien erörtern.*

Nachhaltigkeit: *»Nur wenn wir die Ansprüche und Bedürfnisse unserer Stakeholder*innen kennen, werden wir auch in Zukunft erfolgreich sein und können diese nachhaltig gestalten«. Dies bedeutet für uns, wechselnde gesetzliche Vorgaben und neu entstehende technische Optionen, aber auch sich ändernde Interessen an den Vorgaben unseres Verhaltenskodex zu reflektieren. Die sozialen Folgen des KI-Einsatzes, die Wechselwirkung zur Governance unserer Firma beobachten wir ebenso wie den Verbrauch natürlicher Ressourcen, insbesondere den Energieverbrauch, den der KI-Einsatz auslöst. Wie die soziale Sicherheit so hat auch die Sicherheit der technischen Systeme für uns einen hohen Stellenwert.*

Diversity: *Unserem Anspruch an Diversity und Inklusion wollen wir mit der Beteiligung vielfältiger Akteurinnen und Akteure an der Einsatzplanung von KI Rechnung tragen. Unser Ziel ist es, derartige Systeme auf Barrierefreiheit auszurichten. Wir wollen allen Beschäftigten den gleichen Zugang verschaffen. Derartige Systeme sollen uns dabei helfen, Diskriminierung zu vermeiden und nicht neue Verzerrungen und diskriminierende Entscheidungen hervorbringen.*

Würdige, gesunde und sichere Arbeitsbedingungen: *Der Einsatz von KI-Systemen soll gute und gesunde Arbeit fördern und Arbeit erleichtern. Die Güte des Arbeitsmittels KI werden wir auch unter ergonomischen Gesichtspunkten beurteilen. Ausreichende Qualifikation der Beschäftigten soll Überforderung verhindern. Der KI-Einsatz soll unserem Ziel dienen, zukunftssichere Arbeitsplätze sowie persönliche Weiterbildungs- und Gestaltungsmöglichkeiten zu schaffen.*

Schutz der Persönlichkeitsrechte: *Wir werden die Persönlichkeitsrechte der Beschäftigten schützen, die ihnen die europäische Grundrechtscharta gibt. Neben den Arbeitsbedingungen müssen insbesondere personenbezogene Daten der Beschäftigten, deren Privatsphäre, Gewissensfreiheit und freie Entfaltung der Persönlichkeit beim Einsatz von KI-Systemen geschützt bleiben. Personenbezogene Daten von Beschäftigten werden in unserer Firma deswegen nur durch mitbestimmte Verfahren für eine Nutzung durch KI-Systeme zugänglich gemacht. Es bleibt bei den bisherigen Verabredungen zum Schutz vor Leistungs- oder Verhaltenskontrolle der Mitarbeiterinnen und Mitarbeiter. Wenn ein KI-System Daten liefern sollte, deren Nutzung gegen gesetzliche Vorgaben oder interne Regeln verstoßen sollte, dürfen diese nicht arbeitsrechtlich oder in der Personaldisposition gegen Mitarbeiter verwendet werden. Es bleibt in diesen Fällen beim bereits verabredeten Verwertungsverbot. Überwachungspotenziale bleiben reglementiert. Profiling von Beschäftigten werden wir ebenso wenig praktizieren, wie vollständig automatisierte Entscheidungen über Mitarbeitende treffen.*

Risikomanagement: *Die eingesetzten Systeme müssen einfach steuerbar und evaluiert werden können. Sicherheitsmaßnahmen sollen Fehlanwendungen vermeiden. Eine Abschalteoption für riskante KI-Anwendungen und ein Alternativkonzept soll uns die Kontrolle über die Arbeitsprozesse auch dann erhalten, wenn die Systeme nicht regelkonform arbeiten. Wir wollen das Risiko, das durch den Systemeinsatz entsteht, einschätzen, bewerten und klassifizieren sowie Maßnahmen zur Risikobewältigung für unterschiedliche Kritikalitätsstufen implementieren. KI-Systeme sollen manipulationsfest sein, aber auch tolerant gegenüber Fehleingaben. Nutzungsfehler sollen vermieden und Entscheidungen, soweit möglich, rückholbar sein.*

Unser Gesetzes- und Richtlinienkonformes Verhalten werden wir, mit unseren vorhandenen Compliance Mechanismen, überwachen um Haftungs-, Sanktions- und Reputationsrisiken zu minimieren.«

38.6 Verständnis von KI-Systemen im Arbeitskontext der Deutschen Bahn (KI-Rahmenpapier)

»So soll die Deutsche Bahn aufgefordert und verpflichtet werden, Meilensteine für den zukünftigen Einsatz von KI zu erarbeiten und zu kommunizieren sowie die bereits vorhandenen Instrumente/Möglichkeiten der KI schnellstmöglich zu nutzen«.[585]

Mit diesen Worten forderte die Enquetekommission des Deutschen Bundestages einvernehmlich die Bundesregierung auf, ihre Rolle als Hauptanteilseigner bei der Deutschen Bahn gerecht zu werden, um diese für KI »zu ertüchtigen«. Diese parteiübergreifend getragene Aufforderung wurde im Oktober 2020 beschlossen. Auch die Unterarbeitsgruppe »Künstliche Intelligenz und Mobilität« der Enquetekommission hatte bedeutsame Empfehlungen formuliert, die mit dem Kommissionsbericht beschlossen wurden. Neben der zitierten Aufforderung an die Deutsche Bahn, KI zu nutzen, wurden weitere Erwartungen zum Einsatz von lernenden Maschinen im Schienenverkehr zum Ausdruck gebracht wird:

»Ein wesentliches Einsatzfeld von lernenden Systemen im Schienenverkehr ist auch hier das automatisierte bzw. fahrerlose fahren. Solches Fahren ermöglicht [...] eine höhere Kapazität des Schienennetzes. Darüber hinaus kann das Verkehrssystem besser auf den Bedarf der Kundinnen und Kunden zugeschnitten und optimiert werden. Beispielhaft sind hier flexible und kürzere Takte des öffentlichen Verkehrs und eine angepasste Beförderungskapazität. Durch den KI-Einsatz in der Fahrzeugwartung lassen sich Fahrzeugausfälle reduzieren, die Betriebsstabilität erhöhen und Zugausfälle und Verspätungen vermeiden. KI in der Leitstelle kann zum Beispiel den Fahrplan laufend überprüfen und Unregelmäßigkeiten beheben, was die Stabilität des Fahrplans erhöht.«[586]

»Eine Schienenvernetzung könnte [...] auch eine mobilitätsübergreifende Kommunikation ermöglichen. Neue Zugbildungs- und Zugsicherungssysteme in Verbindung mit optimierten, lernenden Logistiksystemen und neugestalteten automatisierten Umschlagsterminals könnten einen Effizienzgewinn und eine Verlagerung von Verkehr von der Straße auf die Schiene ermöglichen. Entsprechend werden sich

585 Bundestagsdrucksache 19/23700 vom 28.10.2020: Bericht der Enquete-Kommission Künstliche Intelligenz – Gesellschaftliche Verantwortung und wirtschaftliche, soziale und ökologische Potenziale, S. 401.

586 EKKI, S. 378.

künftig auch die Arbeitsplätze und -bedingungen von Fahrdienstleiterrinnen und -leitern verändern. Mithilfe lernender Assistenz- und Automatisierungssysteme können Sie Ihre Aufgaben ebenfalls effizienter gestalten.«[587]

»Die weiterführende Digitalisierung und Implementierung von KI in der Mobilität kann auch und vor allem im Bereich der Schiene zu erheblichen Fortschritten in der Sicherheit, Effizienz, Planbarkeit und Zuverlässigkeit sowie nicht zuletzt in der Ökologie führen.«[588]

Der Kommissionsbericht nahm sich der Herausforderungen für den Schienenverkehr insgesamt an und schlussfolgert für die Deutsche Bahn:

»Mit einem Marktanteil von knapp 50 % auf der Schiene ist die Deutsche Bahn AG hierzulande auch in diesem Bereich unbestrittener Marktführer und spielt auch in Europa eine große Rolle. In 17 Ländern ist die DB Cargo selbst, über Tochterunternehmen oder mit Partnerbahnen unterwegs. Bei einem Unternehmen dieser Größe und entsprechender internationaler Vernetzung spielt die Frage der Implementierung der KI eine große Rolle.«[589]

Diese Feststellungen, die rasche Entwicklung der Möglichkeiten von KI-Systemen und die Mitbestimmungskultur bei der Deutschen Bahn veranlassten das Unternehmen ein »gemeinsames Verständnis zum Einsatz von KI-Systemen im Arbeitskontext« (KI-Rahmenpapier) zu entwickeln. Im März 2024 wurde es verabschiedet. Es ist das gemeinsame Ergebnis einer interdisziplinären Arbeitsgruppe, an der der Konzernbetriebsrat ebenso beteiligt war, wie der Konzerndatenschutz. Das Regelwerk will Chancen und Risiken partnerschaftlich austarieren und wichtige Schutzmechanismen etablieren.
Die Gestaltungsakteure begreifen das Papier als einen »übergreifenden konditionierten ersten Rahmen, der Leitplanken und Standards für einen möglichen Einsatz von KI-Systemen im DB-Konzern und deren mitbestimmungsrechtliche und datenschutzrechtliche Begleitung etabliert.« Es ist bewusst auf eine menschenzentrierte Betrachtung von KI-Systemen ausgerichtet und stellt auf eine gemeinsame Beurteilung und Einstufung von KI-Systemen anhand der kulturellen Leitlinien der Deutschen Bahn ab.
Hierfür benennt das Regelwerk ethische Grundprinzipien und einen maßvollen Kriterienkatalog an technischen und organisatorischen Maßnahmen, die den Einsatz von KI im Arbeitskontext risikobasiert steuern und allen Beteiligten Leitsätze für den Einsatz gibt und Handlungssicherheit schafft. Es wurde besonderen Wert darauf gelegt, dass das Regelwerk Widerspruchsfreiheit und Anschlussfähigkeit an die bereits vorhandenen Regelwerke im DB-Konzern sicherstellt. Es soll als Richtschnur für die Beurteilung und praktische Handhabbarkeit

587 EKKI, S. 378.
588 EKKI, S. 398.
589 EKKI, S. 399.

von KI-Systemen auch in der IT-Mitbestimmung bieten. Es will aber nach wie vor existierende Beteiligungsrechte der betrieblichen Interessenvertretung nicht abgelten. Die betriebsverfassungsrechtliche Zuständigkeit für die Beteiligung zu einem konkreten KI-System bleibt erhalten.
Die Gestaltungsakteure sind sich bewusst, dass die Inhalte des vorliegenden Rahmenpapiers angesichts der fortschreitenden technischen und regulatorischen Entwicklungen, insbesondere durch die KI-Verordnung nicht statisch und daher auch nicht abschließend sein können. Sie sprechen von einem »lebenden Papier« und haben sich darauf verständigt, konkrete weitere Schritte zur Prüfung und Fortschreibung des Papiers nach festgelegten Qualitätsankern und in enger zeitlicher Folge zu unternehmen.
Gleichwohl bietet das KI-Rahmenpapier wertvolle Hinweise auch für andere Unternehmen, eine betriebspraktische Risikobewertung vorzunehmen, technische Grundsätze zu fassen, organisatorische Rahmenbedingungen zu beschreiben und ein Vorgehensmodell für die IT-Mitbestimmung zur Einführung von KI-Systemen zum Ausdruck zu bringen. Es wird im Wortlaut zum Zeitpunkt des Abschlusses nachfolgend wiedergegeben:

Im Wortlaut, das gemeinsame Verständnis von KI-Systemen im Arbeitskontext der Deutschen Bahn (KI-Rahmenpapier)

»Grundgedanken

Die Entwicklung und der Einsatz von KI-Systemen, erlebt aktuell einen rasanten Fortschritt, der mit großer Wahrscheinlichkeit auch in Zukunft weiter anhalten wird. Der Einsatz von KI-Systemen beinhaltet dabei gerade im Arbeitskontext sowohl Chancen als auch Risiken. Diese gilt es auszutarieren. Der Einsatz und die Nutzung von KI-Systemen sind nach dem Prinzip einer »KI für den Menschen« auszurichten. KI-Systeme unterstützen Menschen in ihrer Arbeit. Sie sind in diesem Sinne ein Hilfsinstrument z. B. für Empfehlungen, bilden aber keinen Ersatz für Entscheidungen. Die Sicherung der Persönlichkeitsrechte, hier insbesondere der Schutz unserer Beschäftigten vor einer Entscheidung durch ein KI-System über sie hinweg, ist dabei unser oberstes Prinzip.
Hierbei ist stets im Blick zu behalten, dass auch KI-Systeme fehlbar sind und ihre Effizienz im Wesentlichen von der Qualität der Daten, den Algorithmen, der Bewertung der Ausgabe und der Qualifizierung der Mitarbeitenden im Umgang mit ihnen abhängen.
Der Einsatz von KI-Systemen erfordert eine Risikobewertung durch den Arbeitgeber im Hinblick auf die technische Eintrittswahrscheinlichkeit eines Schadens und das Schadensausmaß im Falle des Eintritts. Hierfür bietet das Gemeinsame Verständnis eine Verankerung und inhaltliche Präzisierung. Die Bewertung möglicher Auswirkungen des Einsatzes von KI-Systemen auf Arbeitsplätze oder Tätigkeitsveränderungen sind hingegen gemeinsame Aufgabe der Betriebspartner auf der zuständigen Ebene und richtet sich nach den dafür einschlägigen gesetzlichen, tarifvertraglichen und betriebsverfassungsrechtlichen Regelungen (z. B. BetrVG, TV Arbeit 4.0 und KBV Konzernweiter Arbeitsmarkt).

Mit diesem gemeinsamen Verständnis werden für den Einsatz von KI-Systemen im Arbeitskontext Grundsätze vereinbart, die den Mitbestimmungspartnern auf der jeweils zuständigen Ebene einen Leitfaden an die Hand geben, der Vertrauen schafft und Orientierung gibt. Hierfür wird ein Vorgehensmodell beschrieben, das im Sinne von Leitplanken für die betriebliche Mitbestimmung bei der Einführung und Nutzung von KI-Systemen zu verstehen ist.
Es besteht Einvernehmen, dass die vorliegenden Rahmenbedingungen vor dem Hintergrund des weiter voranschreitenden technischen Wandels regelmäßig auf Aktualität und ggf. Ergänzungsbedarf zu prüfen sind. Diese Rahmenbedingungen sind daher bewusst als »lebendes Papier« ausgestaltet, um sie künftigen technischen Weiterentwicklungen anpassen zu können.
Dieses gemeinsame Verständnis berührt nicht die gesetzlich geregelte Zuständigkeit in der Betriebsverfassung im Zusammenhang mit KI-Systemen. Bei der Einführung neuer oder der Änderung bestehender IT-Systeme ist somit, wie bei anderen IT-Systemen auch, jeweils der zuständige Betriebsrat (Konzernbetriebsrat, Gesamtbetriebsrat oder örtliche Betriebsrat) im Rahmen seiner betriebsverfassungsrechtlichen Rechte zu beteiligen.

§ 1 Begriffsbestimmung
KI-Systeme im Sinne dieses gemeinsamen Verständnisses sind IT-Systeme, die sich zur Erfüllung ihrer Aufgaben durch maschinelles Lernen weiterentwickeln bzw. ihre Datengrundlage fortlaufend vergrößern, mit dem Ziel, daraus Muster zu erkennen, Schlussfolgerungen zu ziehen und so Entscheidungen für Menschen vorzubereiten. Generative KI-Systeme sind eine Unterart von KI-Systemen. Sie sind dadurch gekennzeichnet, dass mit ihnen neue Inhalte erzeugt werden können (z. B. Texte oder Bilder).

§ 2 Risikobewertung durch den Arbeitgeber
(1) Der Arbeitgeber ist für das Risiko aus dem Betreiben von KI-Systemen verantwortlich.
(2) KI-Systeme sind vor einer Beteiligung durch den Arbeitgeber unter Einbeziehung einer datenschutzrechtlichen Bewertung in Bezug auf die Eintrittswahrscheinlichkeit eines Schadens und das mögliche Schadensausmaß wie folgt zu bewerten:
Eintrittswahrscheinlichkeit eines Schadens für Mitarbeitende bzw. Unternehmen
1 = sehr unwahrscheinlich: auch bei vergleichbaren Unternehmen bisher kein Risiko dieser Art aufgetreten, Risiko kann aber nicht gänzlich ausgeschlossen werden
2 = unwahrscheinlich: erwartet innerhalb der nächsten 5 Jahre
3 = wahrscheinlich: erwartet innerhalb der nächsten 3 Jahre
4 = sehr wahrscheinlich: erwartet innerhalb des nächsten Jahres.
Höhe des Schadens für Mitarbeitende bzw. Unternehmen
1 = kein Einfluss: keine Auswirkungen auf das Persönlichkeitsrecht der Mitarbeitenden bzw. auf die Reputation des Unternehmens

2 = geringer Einfluss: keine Auswirkungen auf das Persönlichkeitsrecht der Mitarbeitenden bzw. geringer Reputationsschaden des Unternehmens
3 = hoher Einfluss: Eingriff in das Persönlichkeitsrecht der Mitarbeitenden bzw. erheblicher Reputationsschaden des Unternehmens
4 = extremer Einfluss: unverhältnismäßiger Eingriff in das Persönlichkeitsrecht der Mitarbeitenden bzw. Existenzgefährdung des Unternehmens.
In der Gesamtbewertung ist zusätzlich auch die Latenz, d. h. die Zeitspanne zwischen einer KI-Empfehlung und ihrer Bestätigung oder Korrektur durch einen Menschen vor Umsetzung, zu berücksichtigen.

(3) Die bewerteten Auswirkungen sind wie folgt in einer Matrix zu positionieren:

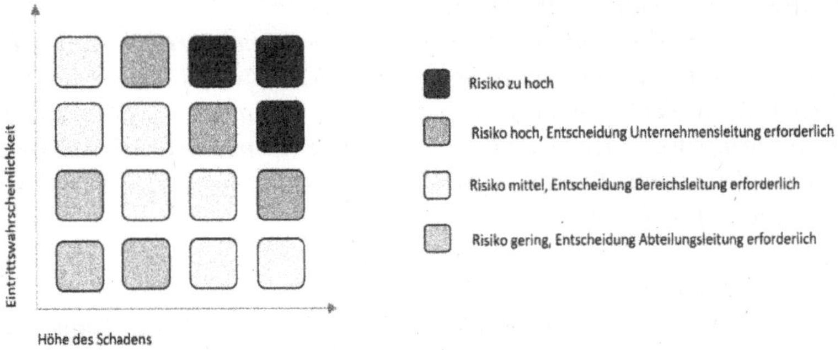

(4) Die Risikobewertung des Arbeitgebers und die datenschutzrechtliche Bewertung sind bei der Beteiligung der zuständigen Interessenvertretung vorzulegen.

§ 3 Technische Grundsätze

KI-Systeme müssen mindestens folgende technische Grundsätze sicherstellen:

(1) Transparenz
KI-Systeme müssen transparent sein. Hierzu gehört, dass ihre Datenquellen vollständig dargestellt und erläutert werden können. Zudem muss der Prozess der Daten-bereinigung, Datenaggregation und Anonymisierung bzw. Pseudonymisierung dieser Datenquellen darstellbar sein. Es muss dargelegt werden können, welche Faktoren der Algorithmus eines KI-Systems in welcher Gewichtung für seine Entscheidungsfindung verwendet und welchen Zwecken die Entscheidungen des Algorithmus dienen. Bei externen KI-Systemen hat der Arbeitgeber gegenüber dem Hersteller darauf hinzuwirken, dass die Transparenz so weit als möglich mit konzernintern entwickelten KI-Systemen vergleichbar gegeben ist.
Mitarbeitende müssen zudem in der Lage sein, nachvollziehen zu können, welche Eingabeinformationen die Ergebnisfindung beeinflussen und wie hoch die Wahrscheinlichkeit für die Richtigkeit des Ergebnisses bei Eingabe dieser Informationen ist.

(2) Kennzeichnung
Für die Nutzerinnen und Nutzer von KI-Systemen muss klar sein, wo ein Mensch und wo eine Maschine handelt. KI-Systeme, die mit Nutzerinnen und Nutzern interagieren, müssen daher kennzeichnen, dass sie ein KI-System sind.

(3) *Datenintegrität*
Der Arbeitgeber wirkt darauf hin, dass die von einem KI-System verwendeten Daten, die in eine Entscheidungsfindung einfließen, korrekt und auf dem jeweils neuesten Stand sind. Insoweit müssen die verwendeten Prozesse zur Sicherstellung der Datenintegrität des KI-Systems fortlaufend und während des gesamten Lebenszyklus des KI-Systems regelmäßig getestet und dokumentiert werden.
Möglichkeiten der Anonymisierung von Daten sind konsequent zu nutzen. Eine Erhebung von personenbezogenen Daten auf Vorrat ist unzulässig (§ 4 Absatz 5 KBV Beschäftigtendatenschutz).

(4) *Diskriminierungsfreiheit*
Die Nutzung von KI-Systemen darf nicht dazu führen, dass Mitarbeitende insbesondere aus den in § 1 des Allgemeinen Gleichbehandlungsgesetzes genannten Gründen benachteiligt werden. Hierzu gehört die Dokumentation, dass die dem KI-System zugrundeliegende Datenbasis und der Algorithmus keine Vorurteile oder Diskriminierungen enthalten oder verstärken. Sie sind hierauf fortlaufend zu kontrollieren. Beim Erwerb externer KI-Systeme ist DB-Intern sicherzustellen, dass die KI-Systeme mit entsprechenden Policy-Filtern/Engines ausgestattet werden, um das Risiko von Diskriminierung zu minimieren.

(5) *Erklärbarkeit und Nachvollziehbarkeit*
KI-Systeme sind so zu betreiben, dass ihre Entscheidungen möglichst in einer klaren und verständlichen Weise erklärt werden können. Dies umfasst die Offenlegung von Merkmalen, die zur Entscheidungsfindung verwendet werden, sowie deren Gewichtung durch den Algorithmus. Die Fähigkeit, den Entscheidungsprozess nachvollziehen zu können, ist fortlaufend zu überprüfen.

§ 4 Organisatorische Grundsätze

KI-Systeme müssen mindestens folgende organisatorische Grundsätze sicherstellen:

(1) *Rechtmäßigkeit*
Bei der Einführung und Anwendung von KI-Systemen sind die Konzerngrundsätze Ethik des DB-Konzerns, die Ethik-Leitlinien für eine vertrauenswürdige KI der europäischen Kommission, die vom europäischen Parlament und europäischen Rat geplanten Regelungen zur KI-Verordnung zu beachten. Zudem sind die weiteren anzuwendenden gesetzlichen oder betrieblichen Regelungen und Bestimmungen, insbesondere die datenschutzrechtlichen Vor-gaben, vollumfänglich einzuhalten.

(2) *Entscheidungsinstanz Mitarbeitende*
Bei der Anwendung von KI-Systemen ist durch die Interaktion zwischen Mensch und Maschine die Einhaltung ethischer Grundsätze und Werte unabdingbar. Für im DB-Konzern eingesetzte KI-Systeme sind daher grundsätzlich die Mitarbeitenden als Entscheidungsinstanz festzulegen.

(3) *Bewertungskontinuität*
KI-Systeme sind für die Dauer ihres Lebenszyklus fortlaufend auf ihre Datenschutz-Konformität und die Einhaltung der technischen Grundsätze dieses gemeinsamen Verständnisses zu überprüfen.

(4) *Hinweis auf fehlerhafte Ergebnisse von KI-Systemen durch Mitarbeitende*
Mitarbeitende haben das Recht, auf nachweislich fehlerhafte Ergebnisse eines KI-Systems hinzuweisen. Hierzu sind für Mitarbeitende Möglichkeiten vorzusehen, Ergebnisse als fehlerhaft zu kennzeichnen, sodass sie überprüft und korrigiert werden können. Weitere Rechte der Mitarbeitenden, insbesondere deren datenschutzrechtlicher Berichtigungsanspruch oder auch im Rahmen der KBV Hinweismanagement, bleiben unberührt.

(5) *Einbindung und Befähigung von Mitarbeitenden*
Mitarbeitende können von der Unterstützung durch KI-Systeme nur profitieren, wenn sie verstehen, was KI ist und wozu diese genutzt werden soll. Dies bedeutet, dass sie über die Ziele und den Einsatz eines KI-Systems frühzeitig allgemeinverständlich zu informieren sind. Hierzu zählen auch Informationen darüber, welche Zwecke mit dem Einsatz eines KI-Systems verfolgt werden und welchen Einfluss der Einsatz eines KI-Systems auf die Arbeitsplätze im Betrieb hat.
Verantwortliches Handeln im Umgang mit KI ist ohne ausreichende Befähigung nicht möglich. Mitarbeitende sind daher im Umgang mit KI im Allgemeinen und im Umgang mit den von Ihnen jeweils genutzten KI-Systemen zu qualifizieren.

(6) *Chancengleichheit und Inklusion*
KI-Systeme sollen Inklusion und Teilhabe von Mitarbeitenden fördern. Bei Entwicklung bzw. Erwerb von KI-Systemen sowie bei ihrer Einführung sind daher auch die Bedürfnisse von Menschen mit Einschränkung zu berücksichtigen. Zur Sicherung der Datenintegrität und zum Schutz vor Diskriminierung ist darauf Wert zu legen, dass KI-Systeme auch mit repräsentativen Trainingsdaten von Menschen mit Einschränkungen trainiert und sie in die Entwicklung von KI-Systemen einbezogen werden.

(7) *Auswirkung auf Arbeitsbedingungen*
Der zuständige Betriebsrat ist über Auswirkungen von KI-Systemen auf die Arbeitsbedingungen und die Arbeitsplätze rechtzeitig und umfassend zu unterrichten. Dabei ist neben dem Schutz vor gesundheitlicher Beeinträchtigung, der freien Entfaltung der Persönlichkeit und der Menschenwürde auch der Wegfall von Arbeitsplätzen oder die Änderung von Tätigkeiten durch den Einsatz von KI-Anwendungen darzustellen. Der Arbeitgeber hat entsprechende Auswirkungen des Einsatzes von KI-Systemen auf die Arbeitsbedingungen und die Arbeitsplätze dauerhaft zu bewerten.

(8) *Leistungs- und Verhaltenskontrolle*
Leistungs- und Verhaltenskontrollen durch ein KI-System unterliegen der vollen Mitbestimmung auf der zuständigen betriebsverfassungsrechtlichen Ebene (§ 87 Abs. 1 Nr. 6 BetrVG).

(9) *Verantwortlichkeit*
Die Verantwortlichkeit für ein bei der DB betriebenes KI-System liegt beim jeweiligen Arbeitgeber, der das System betreibt.
Mitarbeitende, die ein solches KI-System nutzen, haften für Fehler in der Bedienung oder in der Nutzung lediglich im Rahmen der allgemeinen Grundsätze zur Arbeitnehmerhaftung, wie sie durch tarifvertragliche Regelungen (insb. BasisTV) bzw. die Rechtsprechung ausgestaltet sind. Dies gilt zudem für die Nutzung der seitens der KI unterbreiteten Vorschläge und Unterstützungsleistungen für den Mitarbeitenden.

§ 5 Vorgehensmodell für die IT-Mitbestimmung zur Einführung von KI-Systemen

(1) *KI-Systeme sind besondere Ausprägungen von IT-Systemen. Folglich setzt das Vorgehensmodell für die betriebsverfassungsrechtliche Beteiligung von KI-Systemen auf den innerhalb des DB-Konzerns etablierten Beteiligungsverfahren bei IT-Systemen auf und ergänzt diese, soweit erforderlich.*

(2) *Basis-Informationen:*
Entsprechend der jeweiligen Betriebsüblichkeit für die Beteiligung zu IT-Systemen bedeutet dies, dass jedes KI-System einen in sich geschlossenen Sachverhalt für die Beteiligung darstellt. Wie bei anderen IT-Systemen auch, hat der Arbeitgeber daher vor Beginn der Umsetzung oder der Pilotierung eines KI-Systems der zuständigen Interessenvertretung rechtzeitig zur Beteiligung folgende Basis-Informationen vorzulegen:
- *Zweckbeschreibung*
- *Beschreibung der Rollen und Berechtigungen*
- *Speicher- und Löschkonzept*
- *Beschreibung der Schnittstellen mit anderen Systemen*
- *Checkliste o. Ä. zu IT-Verfahren*
- *Ggf.: Verarbeitungsmeldung mit FactSheet und Datenflussdiagramm.*

(3) *Zusätzliche Informationen für KI-Systeme:*
Zusätzlich zu den Basis-Informationen hat der Arbeitgeber für KI-Systeme vorzulegen:
- *Ergebnis der arbeitgeberseitigen Risikobewertung (§ 2)*
- *Ergebnis der datenschutzrechtlichen Risikobewertung*
- *Erklärung des Arbeitgebers zur Risikoübernahme beider Bewertungsergebnisse*
- *Erklärung zur Konformität des KI-Systems mit den technischen und organisatorischen Grundsätzen (§§ 3 und 4).*

(4) *Die konkrete IT-Mitbestimmung zu KI-Systemen erfolgt abgestuft:*

Niveau 0
- *Keine Verarbeitung personenbezogener Daten.*
  Information der zuständigen Interessenvertretung vor geplantem Einführungszeitpunkt, entsprechend der Betriebsüblichkeit für IT-Anwendungen (in der Regel: Basis-Informationen nach Absatz 2).

Niveau 1

- *Verarbeitung personenbezogener Daten, die jedoch noch keine Kontrolle von Verhalten und Leistung ermöglichen (z. B. lediglich Anmeldedaten).*
  Einbindung der zuständigen Interessenvertretung vor Einführung, unter Vorlage der betriebsüblichen Einreichungsunterlagen für IT-Anwendungen (in der Regel: Basis-Informationen nach Absatz 2).

Niveau 2

- *Verarbeitung personenbezogener Daten, die eine Kontrolle von Verhalten und Leistung von Mitarbeitenden ermöglichen.*
  Frühzeitige Einbindung der zuständigen Interessenvertretung vor Einführung, unter Vorlage der Basis- und Zusatzinformationen nach den Absätzen 2 und 3.

Niveau 3

- *Verarbeitung personenbezogener Daten mit dem Zweck der Kontrolle von Verhalten und Leistung von Mitarbeitenden.*
  KI-Systeme auf diesem Niveau werden zunächst nicht eingeführt, es sei denn, hierüber wird eine Betriebsvereinbarung auf der zuständigen Ebene abgeschlossen.

§ 6 Wahrung tarif- und betriebsverfassungsrechtlicher Regelungen

(1) KI-Systeme sollen die Mitarbeitenden unterstützen und entlasten. Für die Einführung eines KI-Systems gilt daher das Vorgehensmodell zur Einführung von Prozessen zur Digitalisierung der Arbeitswelt (TV Arbeit 4.0 – Digitale Roadmap). Die dort niedergelegten Kriterien zur Bewertung von Auswirkungen von digitalen Innovationen auf die Arbeitswelt gelten uneingeschränkt auch für KI-Systeme.

(2) Zur Sicherung der Beschäftigung finden darüber hinaus die gesetzlichen Regelungen des BetrVG, die tarifvertraglichen Regelungen zur Beschäftigungssicherung (Abschnitt C Kapitel 5 DemografieTV) und die KBV Konzernarbeitsmarkt Anwendung.

§ 7 Experimentierlabore

(1) Digitale KI-Innovationen erfordern besondere Herangehensweisen, um regulatorische Aspekte und Auswirkungen der KI auf ethische Prinzipien bereits im Vorfeld eines Echtbetriebs in realitätsnahen, abgesicherten Testräumen erkennen zu können. Experimentierlabore sollen die Möglichkeit bieten, KI-Systeme in einem rechtlich abgesicherten Rahmen zeitlich und räumlich begrenzt in einem realen Umfeld vorab zu erproben.

(2) Auf der für ein vorab zu verprobendes KI-System zuständigen Ebene können die Betriebsparteien entsprechende Regelungen (Experimentierklauseln) schaffen, unter denen ein realitätsnaher Testbetrieb zeitlich und räumlich begrenzt ermöglicht werden kann.

§ 8 Zukunftsregeln und Qualitätsanker

(1) Den Parteien ist der kontinuierliche Entwicklungsfortschritt bei KI-Technologien sehr bewusst. Aus diesem Grund wird insbesondere im Jahr 2024 die

Fortschreibungsbedürftigkeit dieses Gemeinsamen Verständnisses quartalsweise geprüft.
Neben anlassbezogenen Fortschreibungsbedürfnissen werden dafür folgende Qualitätsanker angestrebt:

- *Quartal II 2024: Prüfung auf Ergänzungsbedarfe nach Verabschiedung der endgültigen Fassung der Europäischen KI-Verordnung (EU AI Act)*
- *Quartal III 2024: Prüfung auf Vereinheitlichung von Mitbestimmungsstandards*
- *Quartal IV 2024: Prüfung auf Reifegrad für konzerneinheitliche KI-Standards*
- *Quartal I 2025: Jahresrückblick und Festlegung Qualitätsanker für 2025.*

(2) *Die Prüfung und Erarbeitung von Änderungen erfolgt in der interdisziplinären Arbeitsgruppe KI und bei regelmäßiger Berichtspflicht an den KBR.*

§ 9 Schlussbestimmungen

(1) *Aufgrund der fortschreitenden Entwicklungen der KI-Technologien und der auf ihr basieren-den KI-Systeme ist dieses gemeinsame Verständnis fortlaufend auf Anpassungs- und Ergänzungsbedarfe nach Maßgabe der Qualitätsanker (§ 8) zu überprüfen. Es handelt sich somit um ein »lebendes Papier« und nicht um eine rein statische Beschreibung.*

(2) *Der Konzernbetriebsrat ist berechtigt, die Einhaltung der Regelungen dieses gemeinsamen Verständnisses in geeigneter Weise zu überprüfen. Die hierfür erforderlichen Informationen werden ihm auf Anforderung zur Verfügung gestellt.*

(3) *Sollten sich hierdurch Hinweise auf einen Verstoß gegen dieses gemeinsame Verständnis ergeben, werden die unterzeichnenden Parteien unverzüglich zusammentreten und über geeignete Schritte beraten.*

(4) *Die gesetzlichen Rechte des für ein betroffenes KI-System zuständigen Betriebsrats bleiben hiervon unberührt.«*

38.7 Einsatz sogenannter AI-Cards bei der Siemens AG

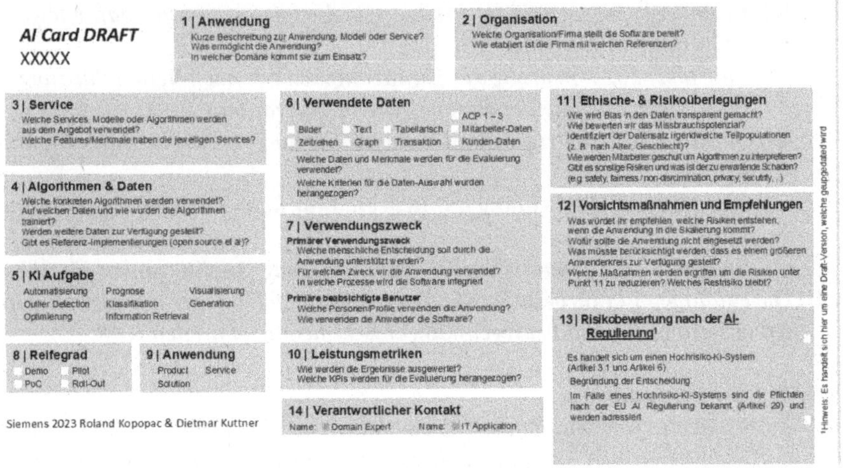

Kurzpräsentation

Um das Thema KI bei Siemens zu strukturieren, suchte der GBR nach Möglichkeiten, Betriebsräten und firmenseitigen Entscheidern Hilfestellung bei der Beurteilung von KI-Systemen zu geben. Das Gremium entwickelte sogenannte »AI-Cards«. Diese dokumentieren die wesentlichen Fakten, Vorteile und möglichen Risiken von KI-Anwendungen. Mit diesen Steckbriefen können angemessene Fragen zu den Auswirkungen der KI-Anwendungen gestellt und beantwortet werden. Wichtig war dem Gremium dabei besonders, aktuell diskutierte ethische Aspekte unter Beteiligung der Mitbestimmung in den Diskurs mit einfließen zu lassen. Diese Steckbriefe dokumentieren die wesentlichen Fakten, Vorteile und möglichen Risiken von KI-Anwendungen. Damit können wichtige Fragen zu den Auswirkungen der KI-Anwendungen gestellt und beantwortet werden. Berücksichtigung finden dabei besonders aktuell diskutierte ethische Aspekte unter Beteiligung der Mitbestimmung.

Die Vorgeschichte:

Der Gesamtbetriebsrat (GBR) wurde mit IT-Verfahren konfrontiert, die gemäß der Produktbewerbung KI enthalten. Fragen des GBR zu KI-Systemen wurden nicht oder nur unvollständig beantwortet. Immer wieder wurde damit argumentiert, dass die geplante Technik keine KI im engeren Sinne sei. Offensichtlich fehlte ein Siemens-interner Prozess bei der Einführung von KI-Systemen, der zu zufriedenstellenden Antworten auf Fragen der Mitbestimmung geführt hätte. Fragen zu Herausforderungen und Auswirkungen durch die Technologien der KI begegnete die Firmenseite je nach Verfahren auf sehr unterschiedliche Weise. Der GBR war in diesem Zusammenhang firmenseitig zudem mit Vorbehalten konfrontiert. Es war schnell klar, dass es Orientierungshilfen und Diskussionspartner zu Fragen brauchte, wie und besonders auf welche Ziele und Werte die Systeme optimiert werden sollen.

Vorgehen

Der GBR gründete einen Sonderausschuss KI, der die Erwartungen der Mitbestimmung, des Geschäftsleitung und die Personalorganisation zusammenbringen und eine Lösung für den verantwortungsvollem Umgang mit den leistungsstarken KI-Technologien finden sollte.

Gemeinsam mit den Zentralabteilungen Technologie und IT wurde die Notwendigkeit erkannt, einen neuen Prozess aufzusetzen, der die Herausforderungen der KI aufgreift und die Erwartungen aller Beteiligten erfüllt. In gemeinsamer Abstimmung wurden die Fragen der »AI-Cards« (KI-Steckbriefe) entwickelt und mit der Personalorganisation in der Mitbestimmung getestet und weiter angepasst. Im Rahmen der Diskussion bestand das Gremium darauf, auch in ethische Fragestellungen eingebunden zu werden. Ziel war es, KI mit verantwortungsvollem Design, einen verantwortungsvollen Einsatz und die Überprüfung von qualitativ hochwertigen KI-Systemen sicherzustellen. Auch Menschen, die keine echten KI-Experten sind, sollte es möglich sein, damit die KI-Systeme beurteilen zu können.

Ergebnisse

Die »AI-Cards« dokumentieren die wesentlichen Fakten, Vorteile und möglichen Risiken von einzelnen KI-Anwendungen. Mit den AI-Cards wurde eine Orientierungshilfe geschaffen, die schon vor einer gesetzlichen Regelung Mindeststandards bei der Einführung von KI garantiert. Diese Steckbriefe stellen somit ein Instrument zur Verfügung, um frühzeitig ein gemeinsames Verständnis und eine Wissensbasis für gezielte Nachfragen zu erlangen. Die wesentlichen Fakten, Vorteile und möglichen Risiken von KI-Anwendungen sind jetzt strukturiert dokumentiert. Mit den »AI-Cards« können angemessene Fragen zu den Auswirkungen der KI-Anwendungen gestellt und beantwortet werden. Wichtig war dem GBR dabei besonders, aktuell diskutierte ethische Aspekte unter Beteiligung der Mitbestimmung in den Diskurs mit einfließen zu lassen.[590]

Roland Konopac, Sprecher des Ausschusses für Datenverarbeitungssysteme und des temporären Sonderausschusses KI kommentiert die entwickelten »AI-Cards«: »Das ist ein Stück Firmenkultur, was wir hier prägen. Man kann das nicht allein dem Arbeitsrecht überlassen und warten bis eine gesetzliche Regelung kommt, das wäre verantwortungslos.«

»2023 wurde die Initiative für den Deutschen Betriebsrätepreis nominiert und die Hans-Boeckeler-Stiftung[591] widmete der Initiative eine Publikation aus der

---

590 *https://www.bund-verlag.de/betriebsrat/deutscher-betriebsraete-preis/Preis-2023/Nominierung35;* zuletzt abgerufen am 24.10.2024.

591 Jonas Grasy und Bettina Seibold, Die Komplexität von KI-Systemen durch Steckbriefe bewältigen (2023), Hans-Böckler-Stiftung, I.M.U. Institut für Mitbestimmung und Unternehmensführung Betriebs- und Dienstvereinbarungen, zitiert nach *https://www.imu-boeckler.de/fpdf/HBS008560/p_mbf_bvd_portrait_29_2023.pdf.*

nachfolgend die Fragen und Sachverhalte zitiert werden, die der GBR der Siemens AG mit den nun verabredeten Steckbriefen adressiert:

1. Anwendung
- *Kurze Beschreibung der Anwendung, des KI-Modells oder des Dienstes*
- *Was ermöglicht diese Anwendung?*
- *In welchem Bereich (des Unternehmens) wird diese KI-Anwendung verwendet?*

2. Organisation
- *Welche Organisation bzw. welches Unternehmen stellt die Anwendung zur Verfügung?*
- *Wie etabliert ist dieses Unternehmen – mit welchen Referenzen?*

3. Dienst
- *Welche Dienste, KI-Modelle oder Algorithmen werden aus dem Umfang der Anwendung genutzt?*
- *Welche Funktionen/Merkmale haben die jeweiligen Dienste? – Um welche Software bzw. Komponenten handelt es sich?*

4. Algorithmen und Daten
- *Welche spezifischen Algorithmen werden verwendet?*
- *Welche Trainingsdaten wurden verwendet und mit welcher Methode wurde der Algorithmus trainiert?*
- *Werden zusätzliche Daten verfügbar gemacht?*
- *Gibt es Referenzimplementierungen (Open Source u. a.)?*
- *Welche Schlussfolgerungen zieht die Software und mit welchem Wahrheitsgrad (= Verhältnis der korrekten Antworten zu allen Antworten)?*
- *Nach welchen Kriterien entscheidet die Software?*
- *Wie wurde die Methode des maschinellen Lernens getestet?*
- *Wie wird die Qualität der Implementierung (des Programmcodes) sichergestellt?*

5. Aufgabe(n) der KI
Eine oder mehrere der folgenden Möglichkeiten müssen ausgewählt werden:
- *Automatisierung*
- *Prognose*
- *Visualisierung*
- *Erkennung von Ausreißern – Klassifikation*
- *Erzeugung von Daten*
- *Optimierung*
- *Informationsbeschaffung*

6. Verwendete Daten
Eine oder mehrere der folgenden Möglichkeiten müssen ausgewählt werden:
- *Bilder*
- *Text*

- *Tabellen*
- *Zeitreihen*
- *Graphen*
- *Transaktionen*

Diese Daten stammen von:

- *Beschäftigten*
- *Kunden*

Zusätzlich müssen diese Fragen beantwortet werden:

- *Welche Daten/Merkmale werden für die Bewertung verwendet?*
- *Auf welche Daten greift die Software zu?*
- *Welche Kriterien wurden für die Datenauswahl verwendet?*

7. Verwendung

- *Welche menschliche Entscheidung soll durch die Anwendung unterstützt werden?*
- *Wofür wird die Anwendung eingesetzt?*
- *Wie viele Menschen sind von der Anwendung betroffen?*
- *In welchen Prozess ist die Software integriert?*
- *Von welchen Personen/Profilen wird die Anwendung genutzt?*
- *Wie verwenden die Nutzer die Software?*
- *Welche Fähigkeiten und Kenntnisse werden von den Nutzern der Software verlangt?*

8. Reifegrad (der Anwendung)

Eine der folgenden Möglichkeiten muss ausgewählt werden:

- *Demo*
- *Pilot*
- *Proof of Concept (PoC)*
- *Roll-Out*

Diese Unterscheidung ist interessant für die Mitbestimmung. Denn an ihr lässt sich grob ablesen, ob die konkrete Einführung der KI-Anwendung temporär oder dauerhaft ist, ob noch Veränderungen am Funktionsumfang zu erwarten sind und ob bzw. wie viele Beschäftigte davon betroffen sein können.

9. Anwendung

Eine oder mehrere der folgenden Möglichkeiten müssen ausgewählt werden:

- *Produkt*
- *Dienst*
- *Lösung*

Die zusammenfassende Frage für diesen Bereich lautet: Innerhalb welcher Anwendung für welchen Geschäftsprozess verwenden wir welche Daten mit welchen Auswirkungen auf welche Benutzer/Beschäftigte?

10. Leistungskennzahlen

- *Wie werden die Ergebnisse ausgewertet?*
- *Welche KPIs [Key Performance Indicators] (= Kennzahlen) werden für die Bewertung verwendet?*
- *Wer legt die Messgrößen fest, die zur Definition der Ziele in der Software verwendet werden?*
- *Wie transparent ist der Entscheidungsprozess?*

11. Ethische und risikobezogene Erwägungen

- *Wurde eine Risikobewertung durchgeführt?*
- *Wie werden Bias (= die Verzerrungen) in den Daten transparent gemacht?*
- *Wie beurteilen wir das Missbrauchspotenzial?*
- *Weist der Datensatz irgendwelche Untergruppen aus (z. B. nach Alter, Geschlecht)?*
- *Wie werden die Mitarbeitenden für die Interpretation der Algorithmen geschult?*
- *Sind mögliche subtile Einflüsse durch die Gestaltung der Softwareoberfläche (= »dark pattern«) ausgeschlossen?*
- *Gibt es noch andere Risiken und wie hoch ist der zu erwartende Schaden? (z. B. Sicherheit, Fairness/Nicht-Diskriminierung, Privatsphäre ...)*

12. Vorkehrungen und Empfehlungen

- *Was sind die Risiken, wenn die Anwendung skaliert wird?*
- *Wofür sollte die Anwendung nicht verwendet werden?*
- *Können automatische Entscheidungen korrigiert werden/wie?*
- *Welche Maßnahmen werden ergriffen, um die unter Punkt 11 genannten Risiken zu verringern? Welches Restrisiko verbleibt?*

13. Risikobewertung

- *Handelt es sich um ein KI-System mit hohem Risiko (Artikel 3.1 und 6 der EU-KI-Verordnung)? Begründung der Entscheidung?*
- *Im Falle eines KI-Systems mit hohem Risiko sind die Verpflichtungen gemäß der EU-KI-Verordnung bekannt (Artikel 29 EU-KI-Verordnung) und werden angegangen.*

14. Kontaktdaten

- *Bereichsverantwortliche:r*
- *Anwendungsbetreuung IT*

38.8 Commerzbank: Dialog mit Leitplanken

Betriebsrat und Arbeitgeber bei der Commerzbank haben Grundsätze zur Nutzung Künstlicher Intelligenz und maschinellem Lernen verabredet.
»Etwaige manipulative, ausbeuterische und soziale Kontrollpraktiken werden in KI-Systemen nicht eingesetzt.« Mit dieser weitgehenden Festlegung macht sich die Commerzbank auf Betreiben des Konzernbetriebsrats eine Position zu eigen, die die europäische Kommission schon für den Entwurf der KI-Verordnung empfohlen hatte. Der KBR der Commerzbank hat darauf gedrängt, dem zunehmenden Einsatz von KI-Systemen bei der Bank eine Wertorientierung und Leitplanken zu geben. Am 19. 10. 2023 wurde ein Regelwerk verabredet, das Qualitätsmerkmale für eine vertrauenswürdige KI gibt und gleichzeitig dem KI Einsatz Grenzen setzt.
Hiernach werden bei der Commerzbank, ebenso wie in vielen anderen Firmen, KI-Systeme nicht eingesetzt, um Emotionen, Persönlichkeitseigenschaften oder die psychische Verfassung der Beschäftigten zu analysieren oder zu manipulieren. Es wird von vornherein ausgeschlossen, KI-Systeme zum Einsatz zu bringen, die dem Zweck dienen, Charaktereigenschaften zuzuschreiben. Thomas Kühnl, der Verhandlungsführer für den KBR brachte die Intention der Arbeitnehmervertretung zum Ausdruck: »Wir wollten Mitbestimmungsrechte nicht verbrauchen und trotzdem Orientierungspunkte und Grenzen setzen.«
Der Einsatz von KI-Systemen bei der Commerzbank öffnet sicherlich Chancen für Bankprozesse. Der Betriebsrat wollte aber auch das Ziel festgeschrieben wissen, dass der Einsatz von KI Guter Arbeit dient. Gunnar de Buhr, Mitglied im Konzernbetriebsrat führt aus: »Wir haben seit Jahren in der Bank Gestaltungskriterien für Gute Arbeit die für Prozesse und Software gilt. Diese Fixierung ist uns auch hier gelungen.« Die Verabredung orientiert die Commerzbank auf vertrauenswürdigen und verantwortungsvollen Einsatz von Systemen Künstlicher Intelligenz. Sie gibt dafür die Qualitätsmaßstäbe, Fairness, Transparenz, Robustheit, Sicherheit, Datenschutzkonformität und menschliche Kontrolle vor. Den Beschäftigten soll stets klar verständlich sein, welche Rechte und Pflichten, auch welche Interventionsmöglichkeiten und Prüfpflichten für die Ergebnisse maschinell erzeugter Schlussfolgerungen bestehen. Den Beschäftigten soll auch dargelegt werden, welche Konzepte und Begrifflichkeiten die Firma mit dem Einsatz von KI verbindet.
Den verabredeten Grundsätzen voraus gestellt sind drei Leitprinzipien, die darauf zielen die Persönlichkeitsrechte der Beschäftigten zu schützen:

- »Als Konzern sind wir uns der Tatsache bewusst, dass KI-Systeme, die Möglichkeiten und Rechte von anderen betreffen können.
- KI-Systeme müssen die fundamentalen Rechte von Betroffenen, geltenden Gesetze und demokratischen Rechte berücksichtigen.
- KI-Systeme müssen die Daten der Beschäftigten in nachvollziehbarer Weise verarbeiten.«

Damit betont die Commerzbank, dass KI-Systeme auf Basis geltenden Rechts zu gestalten sind. Rechtskonform sind sie dann, wenn sie entsprechend der Euro-

päischen Grundrechtscharta würdige, sichere und gesunde Arbeitsbedingungen, Diskriminierungsfreiheit, Gleichheit und Vielfalt, Integration von Menschen und mit Behinderungen, Gedanken- und Gewissensfreiheit gewährleisten.
Die Commerzbank und die Arbeitnehmervertretung wollen sich weiterhin regelmäßig zum Einsatz Künstlicher Intelligenz und maschinellem Lernen austauschen. Im Fokus des gemeinsamen Dialogs soll dabei die Überprüfung und Weiterentwicklung, der nun verabredeten Grundsätzen und deren Operationalisierung stehen.
Festgelegt wurde vorab, dass die nun verabredeten Grundsätze die vorhandenen Mitbestimmungsrechte nicht einschränken. Für die zu erwartenden Mitbestimmungsverfahren ist aber äußerst hilfreich auf eine Grundorientierung aufzubauen. »Damit wird vermieden, dass wir bei jedem geplantem KI-System von vorne anfangen müssen«, sagt Thomas Kühnl. Man will die Vorteile dieser Technologien ausschöpften, Fehler und Missbrauch vermeiden, Persönlichkeitsrechte schützen und Perspektiven für die Beschäftigten erhalten und ausbauen. Gemeinsames Ziel ist es, die Beschäftigten zu befähigen mit KI und den damit verbundenen Veränderungen umgehen zu können. »Dazu ist auch eine qualitative Personalplanung notwendig, die die Beschäftigten in der Lage versetzt, derartige Techniken zu nutzen, zu steuern, und zu regulieren«, kommentiert Kühnl. Er gibt damit einen Ausblick auf die Ziele, die der Konzernbetriebsrat im weiteren Gestaltungsprozess verfolgt. Für den Betriebsrat ist klar, dass es bei KI nicht möglich ist einmal Rahmenparameter zu setzen und dann wegzuschauen. Es sind immer wieder technologische Entwicklungen zu berücksichtigen und bestehende Regelungen zu überdenken.

Im Wortlaut:

»Grundsätze der Nutzung von Künstlicher Intelligenz (KI) und Maschinellem Lernen (ML)

bei der Commerzbank AG und den inländischen Töchtern in Bezug auf ihre Beschäftigten

Künstliche Intelligenz (KI) und Maschinelles Lernen (ML) halten zunehmend Einzug in unser tägliches Leben und in die Arbeitswelt in der Commerzbank. KI und ML eröffnen vielfältige Chancen, unsere Kunden noch besser zu bedienen, Bankprozesse schneller, besser und effizienter zu gestalten sowie Verluste durch Risiken, Betrug und Finanzkriminalität zu verringern. Gleichzeitig verändert die Implementierung von KI und ML-Modellen die Arbeitsprozesse unserer Mitarbeitenden. Der Einsatz von KI soll die Mitarbeitenden bei ihrer Arbeit unterstützen und Prozesse effizienter gestalten. Ziel ist es auch, dass die Mitarbeitenden befähigt sind, mit den Veränderungen im Zusammenhang mit KI umgehen zu können

Aus diesen Gründen ist es wichtig, dass Arbeitgeberseite und Konzernbetriebsrat ein gemeinsames Verständnis zum Einsatz von Künstlicher Intelligenz und Maschinellem Lernen in der Commerzbank etablieren. Gemeinsames Ziel ist es, Sorgen und Ängste in diesem sensiblen Themenumfeld ernst zu nehmen, die Mitarbeitenden und ihr Know-how bei neuen Prozessen und veränderten Arbeitsbedingungen

zu integrieren und den Einsatz von KI und ML angemessen transparent zu machen und zu erklären. Auf dieser Basis können die Vorteile dieser Technologien ausgeschöpft und gleichzeitig Fehler und Missbrauch vermieden werden.
Die Begriffe »Künstliche Intelligenz« und »Maschinelles Lernen« werden im allgemeinen Sprachgebrauch nicht einheitlich verwendet. Traditionelle Programmierung basiert auf durch den Programmierer vorgegebenen Regeln. In Abgrenzung dazu wird in den hier vereinbarten Grundsätzen der Ausdruck »KI-System« für die Implementierung von Modellen verwendet, die solche Regeln aus den ihnen vorliegenden Daten mit einem signifikanten Grad an Autonomie und Flexibilität selbst »lernen«.

Grundsätze
Die Persönlichkeitsrechte unserer Mitarbeitenden werden im Kontext des Einsatzes von Künstlicher Intelligenz und Maschinellem Lernen in unserem Konzern geachtet und geschützt im Einklang mit den bestehenden Gesetzen. Darunter verstehen wir:

- *Als Konzern sind wir uns der Tatsache bewusst, dass KI-Systeme die Möglichkeiten und Rechte von anderen betreffen können.*
- *KI-Systeme müssen die fundamentalen Rechte von Betroffenen, geltende Gesetze und demokratische Werte berücksichtigen.*
- *KI-Systeme müssen die Daten der Beschäftigten in einer nachvollziehbaren Weise verarbeiten*
- *Die strategische Ausrichtung des Konzerns im Themenumfeld KI und ML sowie die relevanten Konzepte und Begrifflichkeiten werden den Mitarbeitenden transparent dargelegt und erklärt.*
- *Bei der Wahl der Modelle und der Implementierung von KI-Systemen werden Chancen und Risiken adressiert und abgewogen.*
- *Der Einsatz von KI-Systemen sowie deren Qualitätsmaßstäbe werden so ausgerichtet, dass Diskriminierung vermieden wird.*
- *Wir stellen sicher, dass KI-Systeme vertrauenswürdig und verantwortungsvoll eingesetzt werden.*
- *Dies beinhaltet insbesondere Fairness, Transparenz, Robustheit, Sicherheit, Datenschutz-konformität und menschliche Kontrolle.*
- *Bei Interaktionen von Menschen mit Chatbots, Talkbots und Deep Fakes wird am Frontend rechtzeitig, klar und verständlich Transparenz darüber geschaffen, dass eine Interaktion mit einem KI-System vorliegt.*
- *In Prozessen mit Unterstützung von Künstlicher Intelligenz muss den Mitarbeitenden stets klar und verständlich sein, welche Rechte und Pflichten (z. B. Interventionsmöglichkeiten und Prüfpflichten) bestehen.*
- *Mitbestimmungsrechte des Betriebsrats und existierende Betriebsvereinbarungen gelten auch beim Einsatz von Künstlicher Intelligenz und werden durch die vorliegenden Grundsätze nicht eingeschränkt. Es gelten insbesondere die Bestimmungen der Rahmen IT-KBV.*
- *Der Einsatz von KI-Systemen in personalrelevanten Prozessen (»HR-Prozessen«) wird außerhalb der vorliegenden Grundsätze gesondert im Rahmen der bestehenden Mitbestimmungsrechte des Betriebsrats betrachtet.*

Unsere Mitarbeitenden dürfen durch den Einsatz von KI-Systemen nicht gläsern werden. Das bedeutet:

- *Etwaige manipulative, ausbeuterische und soziale Kontrollpraktiken werden in KI-Systemen nicht eingesetzt.*
- *KI-Systeme werden nicht eingesetzt, um Emotionen, Persönlichkeitseigenschaften oder die psychische Verfassung unserer Mitarbeitenden zu analysieren oder zu manipulieren. KI-Systeme, die das Wohlbefinden der Beschäftigten verbessern sollen, werden nur verwendet, wenn die Betriebsvereinbarung es zulässt. Es werden keine KI-Systeme eingesetzt, die dem Zweck dienen, Charaktereigenschaften zuzuschreiben.*
- *Auch für KI-Systeme gilt Artikel 9 Absatz 1 DSGVO: »Die Verarbeitung personenbezogener Daten, aus denen die rassische und ethnische Herkunft, politische Meinungen, religiöse oder weltanschauliche Überzeugungen oder die Gewerkschaftszugehörigkeit hervorgehen, sowie die Verarbeitung von genetischen Daten, biometrischen Daten zur eindeutigen Identifizierung einer natürlichen Person, Gesundheitsdaten oder Daten zum Sexualleben oder der sexuellen Orientierung einer natürlichen Person ist untersagt«. 5 Ausnahmen hiervon gelten gemäß Artikel 9 Absatz 2 DSGVO.*

Die Commerzbank und die Arbeitnehmervertretung werden sich weiterhin regelmäßig zum Einsatz von Künstliche Intelligenz und Maschinellem Lernen austauschen. Im Fokus dieses gemeinsamen Dialoges stehen insbesondere der sich fortwährend entwickelnde Einsatz von KI und ML in der Bank, die Überprüfung und Weiterentwicklung der vorliegenden Grundsätze sowie deren Operationalisierung.«

38.9 Ver.di Bundesvorstand und tbs-Berlin: Soziales Pflichtenheft für Künstliche Intelligenz

Als Handreichung zur Gestaltung und Anwendung künstlicher Intelligenz hat ver.di gemeinsam mit der tbs Berlin Gestaltungsgrundsätze für EntwicklerInnen, Beschäftigte und Interessenvertretungen formuliert. Anpassungsfähigkeit ist für die Autoren ein zentrales Merkmal lernender Systeme. Gestaltungsanforderungen sollten der Wahrung der Persönlichkeitsrechte, der Transparenz und Nachvollziehbarkeit dienen. Eine Technikfolgenabschätzung erhält bei KI-Systemen neue Bedeutung, ebenso wie die Systemevaluation. Die Qualifizierung der Beschäftigten dient nicht nur deren eigener Arbeitsmarktfähigkeit und dem eigenen Wertstatus. Sie dient auch der Handlungsfähigkeit der Unternehmen beim Umgang mit KI-Systemen. Diesen Fragen nimmt sich die Handreichung an.[592]

592 ver.di | Vereinte Dienstleistungsgewerkschaft, Bereich Politik und Planung (November 2020): *www.verdi.de/themen/digitalisierung*, diese Leitlinien zur Gestaltung und Anwendung Künstlicher Intelligenz wurden erstellt in Kooperation mit der tbs Berlin GmbH, *www.tbs-berlin.de*, Version 25.6.2020.

Die Handlungsempfehlungen werden im Folgenden ungekürzt wiedergegeben, weil sie eine gute Übersicht über die Sachverhalte bieten, auf die es bei KI-Systemen ankommt.
Die Handreichung wurde der Öffentlichkeit im November 2020 vorgestellt und hat u. a. folgende Inhalte:

Handreichung zur Gestaltung und Anwendung Künstlicher Intelligenz (KI) – Gestaltungsgrundsätze für Entwickler*innen, Beschäftigte und ihre Interessenvertretungen

Umfassende Beteiligung und prozessbegleitende Mitbestimmung
KI ist eine Schlüsseltechnologie des 21. Jahrhunderts mit weitreichenden Folgen für die Gesellschaft. Sie geht mit einer Transformation der Arbeit einher, bei der voraussichtlich viele Tätigkeiten automatisiert, andere tiefgreifend geändert, neue entstehen werden.
Um diesen Prozess sozial, menschengerecht und gemeinwohlorientiert, unter Wahrung der Interessen der Beschäftigten, mit ihrer Unterstützung, ihrem Wissen und ihren Erfahrungen zu gestalten, ist eine umfassende Beteiligung der Beschäftigten und ihrer Interessenvertretungen unabdingbar. Zu beachten ist dabei, dass bereits in frühen Stadien der Planung und Beschaffung weitreichende Weichenstellungen erfolgen, die Prozesse der Entwicklung und Einführung sich meist über längere Zeiträume erstrecken und mit der Produktivsetzung eines Systems, dessen Entwicklung nicht endet.
Die Auswirkungen auf die Arbeitsbedingungen sind vorab schwer abschätzbar, insbesondere nicht zu dem Zeitpunkt, zu dem Interessenvertretungen im Allgemeinen gebeten oder aufgefordert werden, ihre Zustimmung zur Einführung eines IT-Systems zu geben. In Anbetracht dessen sind frühzeitige Informationen im Planungsstadium sowie fortlaufende Informationen und eine weitgehende Mitbestimmung über den gesamten Projektverlauf und das Änderungsmanagement im weiteren Betrieb geboten.
Besonders zu beachten ist, dass die Anpassungsfähigkeit ein genuines Merkmal lernender KI-Systeme ist. Eine automatisierte Anpassung kann unwillkürlich im Zuge ihrer Anwendung oder gezielt erfolgen, um das System einer sich ständig wandelnden Umgebung anzupassen oder von Fehlern zu bereinigen und zu optimieren. Die maschinellen Lernverfahren bergen wiederum Gefahren, die Funktionstüchtigkeit des Systems zu untergraben, womöglich in einem Ausmaß, das einer verantwortungsbewussten Weiternutzung des Systems entgegensteht.
Der Einsatz agiler Methoden der Entwicklung und Anpassung von KI-Systemen wie maschineller Lernverfahren erfordert agile Verfahren der Beteiligung und Mitbestimmung. Es ist notwendig, dass sich die Mitbestimmung auf alle Phasen von KI-Vorhaben erstreckt und wesentliche Änderungen und Erweiterungen der Systeme einschließt.

Wahrung der Persönlichkeitsrechte
Bei der Gestaltung und Anwendung von KI-Systemen müssen die Persönlichkeitsrechte aller Betroffenen, insbesondere der an der Entwicklung und Anwendung beteiligten Beschäftigten, gewahrt werden. Dies schließt die Beachtung der Bestimmungen des Datenschutzes gemäß DSGVO und BDSG sowie der Bestimmun-

gen des Arbeits- und Gesundheitsschutzes gemäß Arbeitsschutzgesetz und Arbeitsstättenverordnung ein. Durch technische und organisatorische Maßnahmen ist zu gewährleisten,

- dass die freie Entfaltung der Persönlichkeit gefördert und geschützt wird, insbesondere dass die menschliche Souveränität bei der Anwendung algorithmischer Entscheidungssysteme (ADMs[593]) gewahrt bleibt (Souveränitätsgebot) und die Aufgaben der Beschäftigten und Interoperabilität mit KI-Systemen menschengerecht gestaltet werden;
- dass unzulässige Leistungs- und Verhaltenskontrollen ausgeschlossen werden;
- dass natürliche Personen nicht einer voll- oder überwiegend[594] automatisierten Entscheidung unterworfen werden, die rechtliche Wirkung für sie entfaltet oder sie in ähnlicher Weise erheblich beeinträchtigt;
- dass die Verarbeitung besonderer Kategorien personenbezogener Daten gemäß Art. 9 DSGVO nur zulässig ist, wenn die besonderen Schutzbedürfnisse für diese Datenkategorien unter Berücksichtigung der besonderen Merkmale der eingesetzten KI-Systeme, insbesondere Risiken von Fehlschlüssen und Diskriminierungen, beachtet werden; die Verarbeitung besonderer Kategorien personenbezogener Daten erfordert grundsätzlich eine Technologiefolgenabschätzung (TFA, siehe Technologiefolgenabschätzung) und die Umsetzung daraus hervorgehender Auflagen;dass die Arbeit gesundheitsgerecht gestaltet wird, insbesondere die erforderlichen Sicherheitsvorkehrungen im Umgang mit Robotern getroffen werden und gesundheitsgefährdende psychische Belastungen aufgrund nicht oder schwerlich nachvollziehbarer und/oder risiko- und folgenreicher Entscheidungen von ADMs ausgeschlossen werden.[595]

Die sachgerechte Planung und Umsetzung der Maßnahmen ist durch geeignete Maßnahmen der Beteiligung und Mitbestimmung (siehe Umfassende Beteiligung und prozessbegleitende Mitbestimmung) sowie der Technologiefolgenabschätzung (siehe Technologiefolgenabschätzung) und Evaluation (siehe Evaluation) sicherzustellen.

593 ADM: Algorithmic Decision Making System

594 Die Erweiterung auf »überwiegend automatisierte Entscheidungen« geht über die Vorschrift von Artikel 22 Abs. 1 DSGVO hinaus. Sie betrifft Entscheidungen, die in einem so erheblichen Maß automatisiert erfolgen oder vorbereitet werden, dass die Entscheidung durch eine natürliche Person überwiegend formaler Natur ist und eine angemessene Sacherwägung und Prüfung der vom System vorgeschlagenen Entscheidung aufgrund der Umstände, insbesondere verfügbarer Zeit, Information und Kompetenz, nachweislich oder mutmaßlich nicht erfolgt ist und praktisch schwerlich erfolgen kann.

595 Die gesundheitsgerechte Gestaltung der Arbeit ist ein Gebot des Arbeits- und Gesundheitsschutzes. Maßgebliche Rechtsgrundlagen hierfür sind das Arbeitsschutzgesetz (ArbSchG) und die Arbeitsstättenverordnung (ArbStättV). Der Arbeitgeber ist zur Durchführung einer Gefährdungsbeurteilung, zur Umsetzung daraus hervorgehender erforderlicher Maßnahmen sowie zur Dokumentation und Wirksamkeitskontrolle dessen verpflichtet (siehe §§ 3, 4, 5 ArbSchG, §§ 3, 3a ArbStättV). Die Arbeit mit KI-Systemen bringt spezifische körperliche und psychische Gefährdungen mit sich, die im Rahmen der Gefährdungsbeurteilung zu ermitteln sind.

Transparenz und Nachvollziehbarkeit

KI-Systeme müssen einschlägigen Richtlinien der Transparenz[596] und Nachvollziehbarkeit genügen (Transparenzgebot)

- KI-Systeme mit personenbezogenen Daten müssen diese »auf rechtmäßige, nach Treu und Glauben und in einer für die betroffene Person nachvollziehbaren Weise« (Art. 5 Abs. 1 lit. a DSGVO) verarbeiten.
- Für KI-Systeme muss eine Kennzeichnungspflicht eingeführt werden, die die Anwender – respektive Verbraucher*innen über den Einsatz von KI-Methoden angemessen informiert.[597]
- KI-Systeme müssen grundsätzlich sachgerecht dokumentiert und so gestaltet werden, dass die von ihnen generierten Schlussfolgerungen/Entscheidungen nachvollziehbar sind (Transparenz-by-Design).[598] Dieser Grundsatz gilt uneingeschränkt für grundrechtssensitive Anwendungen oder Anwendungen, die erhebliche gesundheitliche, soziale oder monetäre Risiken bergen.
- Die Anforderungen an die Dokumentation sowie Transparenz und Nachvollziehbarkeit sind bezüglich der Anwendungsgebiete und Funktionen der Systeme sowie den damit verbundenen Risiken zu differenzieren.
- Technische Verfahren zur Umsetzung der Anforderungen hängen von der Architektur der Systeme respektive den zugrundeliegenden Algorithmen (wie insb. Neuronale Netze/deep learning, Regel- und Logiksysteme, Bayessche Netze, Fuzzy-Systeme) ab.
- Umfang und Darstellungsweise von Erklärungen sind zudem nach Stakeholdern (insb. betroffene Person gemäß Art. 4 Abs. 1 DSGVO, Entwickler, Anwender, Verbraucher, Interessenvertretungen, Öffentlichkeit) zu differenzieren.
- Die Dokumentation muss mindestens Auskunft über die Systemarchitektur, insbesondere der verwandten Algorithmen, sowie die Wissens- oder Datenquellen bieten. Die Ausführlichkeit und Genauigkeit dieser und weiterer Informationen hängt vom Anwendungsfall ab.

---

596 Das hier geforderte Transparenzgebot inkludiert das in der DSGVO verankerte Recht, geht aber zugleich, wie die folgenden Ausführungen verdeutlichen, über es hinaus. Es ist nicht primär und schon gar nicht einzig im informationellen Selbstbestimmungsrecht begründet und beschränkt sich nicht darauf, Risiken des Datenschutzes zu begegnen.

597 Ein typischer Anwendungsfall hierfür wären Chatbots.

598 Erklärungskomponenten waren von Beginn an ein integraler Bestandteil wissensbasierter Systeme oder Expertensysteme. Für regelbasierte Systeme wurden sehr elaborierte Erklärungskomponenten bis hin zu »intelligenten Tutorsystemen« entwickelt. Dies belegen bspw. die Systeme Mycin, Neomycin und Guidon. Die in der symbolorientierten KI entwickelten Ansätze zur Erklärungsfunktionalität sind nicht einfach übertragbar auf andere Verfahren wie künstliche neuronale Netze, insb. deep learning. Sie sind aber auch nicht obsolet, weil symbolorientierte Verfahren und Wissensrepräsentationsformalismen weiter zum Einsatz kommen (siehe bspw. Watson) und Maßstäbe zur Erklärungsfunktionalität gesetzt haben. Für künstliche neuronale Netze wurden und werden andere Verfahren entwickelt und erforscht. Dazu gehören insbesondere auch eigenständige Erklärungssysteme für ADMs wie bspw. LIME (Local Interpretable Model-Agnostic Explanations). Die Forschungen auf diesem Gebiet sollten intensiviert werden und die Gebrauchstauglichkeit derartiger Systeme sollte genauer untersucht werden, um ihre Erklärungs- und Kontrollfunktionalität in der Praxis besser beurteilen und verbindliche Standards für derartige Systeme entwickeln zu können.

- Die Dokumentation muss grundsätzlich Änderungen der Wissens- oder Datenbasis, insbesondere Anreicherungen und Transformationen von Trainingsdaten von KI-Systemen mit maschinellen Lernverfahren, einschließen und revisionssicher sein.
- KI-Systeme, insbesondere ADMs, die auf Verfahren maschinellen Lernens basieren, müssen nachweislich einschlägigen Anforderungen an die Qualität der zugrundeliegenden Daten genügen.
- Informationen über die Daten, die Datenquellen und datenerhebenden Stellen sowie das Datenqualitätsmanagement sind ein wichtiger Bestandteil der Kontrolle von KI-Systemen. Sie sind als Teil der Information über die involvierte Logik algorithmischer Entscheidungssysteme zu behandeln.
- Im Rahmen des Datenqualitätsmanagements sind alle erforderlichen Maßnahmen zur Gewährleistung einer hohen Datenqualität einschließlich der Anwendung geeigneter statistischer Prüfverfahren zu ergreifen und Informationen bereitzustellen, die etwaige Abhängigkeiten von besonderen Nutzungskontexten und Verzerrungen bei der Datenerhebung erkennen lassen.
- Es sollten technische Regeln für KI-Systeme erstellt werden, die unter Beachtung der verschiedenen Transparenz-Anforderungen und Systemarchitekturen verbindliche Richtlinien vorgeben, die zur Dokumentation sowie zur Gestaltung und Prüfung dieser Systeme einschließlich diesbezüglicher Prüfwerkzeuge verwandt werden können.
- Anforderungen an die Transparenz von KI-Systemen schließen nicht zuletzt klare Festlegungen von Verantwortlichkeiten sowie die Klärung von Haftungsfragen ein.
- Insbesondere ist bei der Anwendung von KI-Systemen über die Bestimmungen zu dem Verantwortlichen oder den gemeinsamen Verantwortlichen bezüglich der Datenverarbeitung gemäß DSGVO (Artikel 24ff.) eine Klärung der Abgrenzung von Hersteller- und Betreiberhaftung erforderlich.

Gebrauchstauglichkeit von KI-Systemen

Gebrauchstauglichkeit gemäß ISO 9241-11 ist ein Gebot der effizienten und gesundheitsgerechten Gestaltung und Anwendung von IT-Systemen. Den Grundsätzen und Richtlinien der Gebrauchstauglichkeit kommt eine maßgebliche Funktion bei der menschengerechten Gestaltung von KI-Systemen zu. Gebrauchstauglichkeit ist unabdingbar für gute digitale Arbeit mit KI. Ihr muss in Planung, Entwicklung, Beschaffung, Erprobung, Anpassung und Betrieb von KI-Systemen hohe Priorität eingeräumt werden.

Die Maße und Richtlinien der Gebrauchstauglichkeit sind anzuwenden und zu konkretisieren für KI-Systeme und ihre jeweiligen Nutzungskontexte. Die Dialoggestaltung von KI-Systemen hat vor allem so zu erfolgen, dass die Kontrolle der Systeme, ihre Überwachung und der Nachvollzug von ihnen generierter Entscheidungen und sonstiger Schlussfolgerungen und Resultate möglichst einfach und effizient erfolgen kann.

Dies gilt insbesondere für Richtlinien der Benutzerführung und Informationsdarstellung sowie für die Grundsätze der Dialoggestaltung. So implizieren die Grundsätze der Aufgabenangemessenheit, Selbstbeschreibungsfähigkeit, Fehlertoleranz und Lernförderlichkeit gemäß ISO 9241-110 Anforderungen an eine transparente und nachvollziehbare Gestaltung von KI-Systemen wie umgekehrt das Transparenzgebot (siehe Transparenz und Nachvollziehbarkeit) eine Konkretisierung dieser

Grundsätze im Hinblick auf die Merkmale von KI-Systemen und Bestimmungen des Transparenzgebots ermöglicht und erfordert. Analoges gilt auch für den Grundsatz der Steuerbarkeit in Relation zum Souveränitätsgebot (siehe Wahrung der Persönlichkeitsrechte).
Anforderungen an die Gebrauchstauglichkeit betreffen sowohl die KI-Systeme selbst wie separate Werkzeuge, die der Überwachung, Überprüfung und Dokumentation von KI-Systemen, insbesondere der Bereitstellung von Erklärungen dienen.[599]

Technologiefolgenabschätzung

- In der KI-TFA sind alle wesentlichen gesellschaftlichen Auswirkungen unter besonderer Beachtung der Grundsätze zur Wahrung der Persönlichkeitsrechte (siehe Wahrung der Persönlichkeitsrechte) zu berücksichtigen. Insbesondere sind Folgen für die Wahrung menschlicher Entscheidungsfreiheit und sozialer Diskriminierungsfreiheit zu untersuchen.
- Die KI-TFA schließt die Prüfung der Erforderlichkeit einer Datenschutz-Folgenabschätzung (DSFA) gemäß Art. 35 DSGVO und ggf. ihre Durchführung ein. Dabei sind einschlägige Richtlinien wie ISO/IEC 29134 zu berücksichtigen.[600] An der DSFA für KI-Systeme (KI-DSFA) ist ein Assessor zu beteiligen, der über einschlägige rechtliche und technische Kenntnisse verfügt; die technischen Kenntnisse müssen mindestens Grundkenntnisse der eingesetzten KI-Verfahren einschließen. Im Rahmen der KI-DSFA hat grundsätzlich eine Konsultation der interessierten Parteien, wie insbesondere Interessenvertretungen, zu erfolgen.[601]
- Die KI-TFA für Systeme, die im Rahmen eines Beschäftigtenverhältnisses zum Einsatz kommen, muss eine Folgenabschätzung bezüglich der Auswirkungen auf die Arbeitsbedingungen beinhalten. Dazu gehören insbesondere Auswirkungen auf die Personalentwicklung und Bestimmungen für die Datenverarbeitung im Beschäftigtenverhältnis (gemäß Art. 35 und 88 DSGVO sowie § 26 BDSG). Insofern die Systeme als Arbeitsmittel eingesetzt werden, ist grundsätzlich eine prospektive Gefährdungsbeurteilung unter Beachtung einschlägiger Richtlinien des Arbeits- und Gesundheitsschutzes durchzuführen. Hierzu gehören: »Technische Regeln für Arbeitsstätten« (ASR)[602] und die internationale Norm zur »Mensch-Computer-Interaktion« (ISO 9241). Bezüglich der psychischen Gefährdungsbeurteilung sind insb. die »Empfehlungen zur Umsetzung der Gefährdungsbeurteilung psychischer Belastung« der GDA (Gemeinsame Deutsche Arbeitsschutzstrategie) zu beachten.

---

599 Dies betrifft vor allem ADMs auf Basis maschineller Lernverfahren (insbesondere deep learning). Dabei geht es um Verfahren und Applikationen, die dazu dienen, Entscheidungen dieser Systeme nachzuvollziehen und statistisch zu prüfen und so beispielsweise eine »antrainierte« Unfairness oder Diskriminierung aufzudecken. Neben solchen Prüfsystemen (wie LIME) sind allgemeine Toolkits wie Algoneer (*https://algoneer.org*) zu betrachten, die sich solcher Analysesysteme bedienen.

600 Der Titel der Norm lautet: »Information technology – Security techniques – Guidelines for privacy impact assessment«.

601 Diese Anforderung erweitert die Bestimmung von Art. 35 Abs. 9 DSGVO in spezifischer Hinsicht und verbindlicher Form.

602 Die Arbeitsstättenrichtlinien (ASR) werden vom Ausschuss für Arbeitsstätten (ASTA) erarbeitet und treten nach der Veröffentlichung durch das Bundesministerium für Arbeit und Soziales in Kraft.

Evaluation

KI-Systeme sind grundsätzlich im Hinblick auf ihre gesellschaftlichen Auswirkungen, insbesondere der Wahrung der Persönlichkeitsrechte […] zu evaluieren. Ausnahmen betreffen Systeme, die nach den Befunden der KI-TFA voraussichtlich keine erheblichen Auswirkungen haben und aus deren praktischer Anwendung kein begründeter Verdacht auf erhebliche Auswirkungen erwachsen ist.

Methoden, Umfang, Zeitpunkte und Zielsetzungen der Evaluation sind sachgerecht unter besonderer Berücksichtigung der Anwendungsgebiete, der verwandten KI-Methoden, der Risikoeinstufung und Folgenabschätzung sowie diesbezüglicher Standards festzulegen.[603]

Die Evaluation sollte der Überprüfung vorab festgelegter Erfolgskriterien dienen und dabei so offen gestaltet sein, dass neue Erfahrungen und unerwartete Auswirkungen erfasst und bewertet werden können.

Konzeption und Zeitpunkte der Durchführung sollen darauf ausgerichtet sein, rechtzeitig und bedarfsgerecht organisatorische oder technische Maßnahmen treffen zu können, die zur Optimierung des Verfahrens dienen oder notfalls Konsequenzen im Hinblick auf einen ineffizienten oder zu risikohaften Weiterbetrieb des Systems zu ziehen erlauben.

Eine Evaluation sollte grundsätzlich im Rahmen des Pilotbetriebs erfolgen, um erhebliche Mängel im Nutzungskontext frühzeitig im Licht der Praxisanforderungen unter Mitwirkung der Beschäftigten erkennen zu können und die Interessenvertretungen darin zu unterstützen, ihre Beteiligungsrechte zur Gewährleistung einer menschengerechten Gestaltung der Systeme effektiv wahrnehmen zu können.

Sie sollte überdies bedarfsweise im Laufe des weiteren Betriebs durchgeführt werden. Eine Evaluation kann auch vorab auf Grundanforderungen, Bausteine oder Teile des Systems angezeigt sein. Dies gilt vor allem bei der Verwendung vortrainierter Netze, insbesondere auch im Hinblick auf potenziell sozial diskriminierende Verzerrungen in Trainingsdatensätzen für Deep-Learning-Systeme oder andere künstliche neuronale Netze.[604]

Bei der Evaluation sind Änderungen der Systeme und ihres Nutzungskontexts zu beachten. Insbesondere bei Systemen, die maschinelle Lernverfahren einsetzen und aufgrund dessen einer ständigen Adaption unterliegen, sollten grundsätzlich anwendungsbegleitende Evaluationen unter Verwendung automatisierter Prüftools durchgeführt werden.

---

603 Zu denken ist hierbei insbesondere an technische Regelwerke, Checklisten, allgemeine Leitlinien, Verfahren bzw. Vorgehensweisen, beispielsweise an Gutachten, moderierte Workshops, Audits.

604 Besonders zu beachten sind in diesem Zusammenhang Vorhersagesysteme (predictive analytics), die beispielsweise im Bereich der Verbrechensbekämpfung oder des Personalmanagements, insbesondere der Personalrekrutierung und Personalentwicklung, eingesetzt werden. Im Hinblick auf potenzielle Verzerrungen bei sprach-/textverarbeitenden KI-Systemen sei hier auch auf die Verwendung von Wortvektoren (word vectors, word embedding) verwiesen. Ob und inwieweit die dazu verwandten Datenquellen »fair« und diskriminierungsfrei sind, erscheint fraglich. Etwaige Verzerrungen in den Datenquellen können sich in die aus ihnen berechneten Wortvektoren und die sich daraus speisenden künstlichen neuronalen Netze fortpflanzen.

Qualifizierung – Handlungsfähigkeit im Umgang mit KI-Systemen

Der sachgerechte Umgang mit KI-Systemen stellt besondere Anforderungen an die Qualifikation aller bei der Planung, Entwicklung, Beschaffung, Prüfung, **Einführung und Anwendung Beteiligten.**

Die Qualifikationsanforderungen können von Fall zu Fall höchst unterschiedlich ausfallen, insbesondere in Abhängigkeit von den verwandten KI-Methoden, den Anwendungsgebieten, den Risiken sowie den Aufgaben, Funktionen oder Rollen der Beteiligten. Um verantwortungsvoll die Möglichkeiten der KI nutzen und ihren Gefahren begegnen zu können ist eine hohe Qualifikation auf vielen Gebieten der Gestaltung, Steuerung und Anwendung erforderlich. Bei Planung und Umsetzung von KI-Vorhaben muss gewährleistet werden, dass alle Beteiligten über die erforderlichen Qualifikationen verfügen, um im Rahmen ihrer Aufgabe zu einer menschengerechten Gestaltung und Anwendung von KI-Systemen beitragen zu können. Insbesondere sind folgende Qualifikationsanforderungen zu erfüllen:

- alle Beteiligten eines KI-Vorhabens sollten mindestens über ein Grundverständnis der Funktionsweise der infrage stehenden Systeme sowie mit ihnen verbundene Potenziale und Risiken verfügen, das sie befähigt ihre Aufgaben im Rahmen des Vorhabens kompetent zu erfüllen;
- Entwicklungsteams von KI-Systemen sollten neben einschlägigen Kenntnissen zu den angewandten Programmiermethoden, Entwicklungs- und Prüfwerkzeugen, einschlägige Kenntnisse über Grundsätze einer menschengerechten Gestaltung, einschließlich diesbezüglicher ethischer Leitlinien, einschlägiger Bestimmungen des Datenschutzes und ergonomischer Richtlinien, verfügen;
- Beschäftigte, die ein KI-System, insbesondere ADM, als Fachanwendung im Rahmen ihrer Aufgabenerfüllung einsetzen, sind umfassend zu schulen. Sie sollten über allgemeine Kenntnisse und Kompetenzen in der Anwendung des Systems hinaus, vertiefte Kenntnisse im kritischen und souveränen Umgang mit ihm haben.[605]

Der Einsatz Künstlicher Intelligenz wird Arbeitswelt und Gesellschaft grundlegend verändern. Die hier aufgeführten Leitlinien und Gestaltungsgrundsätze sollen dazu beitragen, dass dieser Transformationsprozess demokratisch und gemeinwohlorientiert vollzogen und mit ihm ein wichtiges Prinzip etabliert wird: »Gute Arbeit by design.«

---

605 Dies schließt ein Grundverständnis technologisch bedingter grundsätzlicher oder potenzieller Grenzen und Schwachstellen des Systems (bspw. Fehler- oder Diskriminierungswahrscheinlichkeit in Abhängigkeit von Trainingsdaten bei maschinellem Lernen), Fähigkeiten zum Infragestellen, zum Nachvollzug und zur Prüfung von Entscheidungen des Systems mit Hilfe systemeigener oder externer Prüfwerkzeuge ein; es schließt ferner den kompetenten Umgang mit fragwürdigen oder fehlerhaften Schlussfolgerungen und die Fähigkeit mit ein, eigene Erfahrungen und Anforderungen an die Wartung und Weiterentwicklung des Systems in das Änderungsmanagement einbringen zu können.

38.10 Tarifvertragliche Orientierungen

Beispielgebend sind auch mehrere Tarifverträge, die bei der Analyse der Folgen digitaler Innovationen und der sozialverträglichen Bewältigung weiterhelfen. Sie wurden zwar meistens zur sozialvertäglichen Digitalierung insgesamt abgeschlossen, wirken aber auch beim Einsatz von KI-Systemen.

38.10.1 Tarifvertrag zur Zukunft der Arbeit im Rahmen der Digitalisierung im DB-Konzern – EVG

Zum Vorgehen bei der Einführung digitaler Innovationen gibt der Tarifvertrag der Deutschen Bahn AG mit der Eisenbahn- und Verkehrsgewerkschaft vor:

»a) *Die jeweiligen Interessenvertretungen werden frühzeitig in die Planung, Entwicklung bzw. Einführung digitaler Innovationen eingebunden. Die möglichen Auswirkungen der neuen/erweiterten digitalen Prozesse oder Anwendungen werden, soweit möglich, durch den Arbeitgeber aufgezeigt und mit den Interessenvertretungen und ggf. dem Tarifpartner diskutiert.*
b) *Gemeinsame Kriterien (vgl. § 3) zur Bewertung der neuen/erweiterten digitalen Prozesse oder Anwendungen werden erörtert; offene Fragen werden terminiert.*
c) *Die Beteiligten verabreden die konkrete Prozessbegleitung durch die jeweiligen Interessenvertretungen und legen gemeinsam Prüfschritte sowie die Beteiligungsform fest.*
d) *Im Falle einer Pilotierung wird, bevor das Roll-Out der digitalen Innovation erfolgt, der zuständigen Interessenvertretung durch den Arbeitgeber eine Evaluierung und ggf. Nachjustierung der Einschätzung zu den Auswirkungen vorgelegt.*
e) *Um den Beteiligungsprozess mit den jeweiligen Interessenvertretungen abzuschließen, ist eine Einschätzung zu den Auswirkungen der digitalen Innovation in personeller, wirtschaftlicher, struktureller Hinsicht und mit Blick auf den Schutz der Beschäftigten (vgl. § 3 Abs. 4) vorzulegen. Auf dieser Basis ist zu entscheiden, ob und inwieweit Regelungen zum Umgang mit den Folgen des digitalen Innovationsprozesses zu vereinbaren sind.*«

Die Tarifbindung gibt bereits ein prozesshaftes Vorgehen vor und formuliert in § 3 des Tarifvertrages Kriterien zur Bewertung der Auswirkungen von digitalen Innovationen auf die Arbeitswelt:

»1. *Personelle Auswirkungen (z. B. verändertes Aufgabenprofil/Verantwortung, Qualifizierung/Einweisung, Arbeitszeitmodelle, Wertigkeit der Tätigkeit)*
2. *Wirtschaftliche Auswirkungen (z. B. Produktivitätsentwicklung/-gewinne, Personalkapazitäten)*
3. *Strukturelle Auswirkungen (z. B. Arbeitsprozesse, Arbeitsplatzgestaltung, Mobilität)*

4. *Auswirkungen auf den Schutz der Beschäftigten (z. B. Arbeitsschutz/Ergonomie, Datenschutz, Umgang mit technischen Möglichkeiten der Leistungs- und Verhaltenskontrolle)«*

Zur Beschäftigungsfähigkeit gibt § 22 des Tarifvertrages vor:

»Der Erhalt der Beschäftigungsfähigkeit im Kontext der Digitalisierung ist ein wesentlicher Bestandteil der Gestaltung der Beschäftigungsbedingungen. Die individuelle Beschäftigungsfähigkeit zu bewahren, bedeutet, die sich wandelnden Anforderungen der Arbeitswelt einerseits und die individuellen Kompetenzen, die Gesundheit und Arbeitsfähigkeit andererseits langfristig miteinander in Einklang zu halten. Zum Erhalt der Beschäftigungsfähigkeit gehören Bildungsangebote wie auch Maßnahmen zur Gesundheitsförderung und zum Arbeitsschutz.
Im Kontext der Digitalisierung ist dabei insbesondere auf die Vermeidung psychischer (Fehl-) Belastungen zu achten, sowohl vorausschauend bei der Veränderung von Arbeitsorganisation, Arbeitsplätzen, als auch Arbeitszeiten, wie auch laufend bei bestehenden Arbeitsplätzen im Rahmen der Gefährdungsbeurteilung. Die Betriebsparteien sind insbesondere verpflichtet, die geltenden Regelungen zur psychischen Gefährdungsbeurteilung einzuhalten.«

Die Erreichung dieses Ziels verlangt einen Dialog und ein Zusammenwirken von Arbeitnehmern, Führungskräften, Betriebs- und Sozialpartnern in komplexen und langfristigen Prozessen.
§ 23 des Tarifvertrages schafft ein Budget zum Erhalt der Beschäftigungsfähigkeit (Produktivitätsgewinn):

»Auf Grundlage des vereinbarten Prozesses in der Digitalen Roadmap wird ermittelt, ob und in welcher Höhe ein Produktivitätsgewinn durch Digitalisierungsprojekte entsteht, der unter Mitwirkung der Arbeitnehmer realisiert wird. Aus einem entstandenen Produktivitätsgewinn wird ein zusätzliches Budget für betriebliche Maßnahmen zum Erhalt der Beschäftigungsfähigkeit, insbesondere zu Bildungs- oder Gesundheitszwecken, bereitgestellt.
Zweck eines zusätzlichen Bildungsbudgets ist die vorausschauende Umschulung bzw. Anpassungsqualifizierung der Beschäftigten, die aufgrund der Digitalisierung ihre Qualifikation verändern bzw. in ein neues Tätigkeitsfeld wechseln müssen. Höhe und Ausgestaltung der Verteilung des Budgets sind durch die Betriebsparteien zu regeln. Dabei werden Rahmenbedingungen und Verpflichtungen (z. B. Antragsberechtigte, Auswahlkriterien und Konfliktregelungen) von Arbeitgeber, Betriebsrat und Arbeitnehmer festgelegt.«

Tariflich hat sich die Deutsche Bahn bereits 2016 zu gemeinsamen Modellprojekten verstanden, die extern begleitet werden:

»Die Herausforderungen der Digitalisierung und die sich verändernden Rahmenbedingungen werden zum Anlass genommen, gemeinsam an den […] extern beglei-

teten Modellprojekten mitzuarbeiten, um mögliche neue Impulse und Sichtweisen zu erhalten und daraus Ableitungen für eine zukunftsfähige Weiterentwicklung der Beschäftigungsbedingungen zu treffen.«

Diese Tarifvorgaben konditionieren vorausschauend und umsichtig Aspekte, die auch für die Gestaltung von KI-Systemen bedeutsam sind: Prozessorientierung, frühzeitige Beteiligung, soziale Folgenabschätzung, Bindung an Qualitätskriterien, Evaluierung, Umverteilung von Produktivitätsgewinnen und Qualifizierung. Sie dienen dem Schutz der Beschäftigten, helfen aber auch Betriebsräten bei ihrer Gestaltungsarbeit.

38.10.2 Tarifvertrag »Zukunft« bei Eurogate: Automatisierung sozial und mitbestimmt gestalten von ver.di

Der Tarifvertrag hat öffentlich viel Beachtung gefunden, weil er eine paritätisch besetzte Automatisierungskommission auf Konzernebene vorgibt, der ein bindendes Personalkonzept zu Digitalisierungsvorhaben vorgelegt werden muss. Sehr weit- und umsichtig verknüpft der Tarifvertrag Vorgaben zum Dialog, mit Qualifizierungsansprüchen, der Reglementierung von Outsourcing, Arbeitsschutz und der Möglichkeit, durch Arbeitszeitverkürzung Rationalisierungsfolgen zu mindern. Er schließt betriebsbedingte Beendigungskündigungen bis zum 31.12.2025 aus und wird dem selbstgesetzten Anspruch gerecht, Automatisierung sozial und mitbestimmt zu gestalten. Nachfolgend einige Auszüge aus dem Tarifvertrag:

»Definition Automatisierung
Die Automatisierung einer Anlage oder Maschine hat zur Folge, dass diese ganz oder teilweise ohne menschliche Mitwirkung bestimmungsgemäß arbeitet. Unter den Begriff der Automatisierung im Sinne dieses Tarifvertrags fallen daher arbeitgeberseitig veranlasste Änderungen der Arbeitstechnik und/oder der Arbeitsorganisation durch Übertragung von Funktionen vom Menschen auf künstliche Systeme, die zu weniger Personalbedarf, veränderten Arbeitsanforderungen oder geänderten Arbeitsbedingungen für 10 % der von der Automatisierungsmaßnahme direkt oder indirekt betroffenen Arbeitnehmern führen können.
Künstliche Systeme sind technisch gestützte Maschinen, maschinelle Verknüpfungen sowie Digitalisierungsprozesse.

Errichtung und Zusammensetzung der Automatisierungskommission
Um die vertrauensvolle Zusammenarbeit bei der Umsetzung der Automatisierung und die gegenseitige Unterrichtung diesbezüglich abzusichern, wird eine paritätisch besetzte Automatisierungskommission […] auf der Ebene der EUROGATE GmbH & Co. KGaA, KG als ständige Einrichtung gebildet.
Die Kommission besteht aus 4 Arbeitnehmervertretern und aus 4 Arbeitgebervertretern. 2 Arbeitnehmervertreter werden vom Konzernbetriebsrat bestimmt. Es sollte sich hierbei um bereits gemäß § 38 BetrVG freigestellte Betriebsratsmitglieder

handeln. Handelt es sich um freigestellte Betriebsratsmitglieder, erfolgt eine zeitanteilige zusätzliche Freistellung in dem entsendenden Betriebsratsgremium, um in den betroffenen Betriebsratsgremien für die Arbeit in der Kommission einen angemessenen Ausgleich zu ermöglichen.
2 Arbeitnehmervertreter werden durch die Gewerkschaft ver.di bestimmt. Es muss sich hierbei um hauptamtliche Vertreter von ver.di handeln. Die Mitglieder der Kommission sind grundsätzlich für einen Zeitraum von mindestens 2 Jahren zu bestimmen. Die Tätigkeit in der Kommission ist an die Funktion als Betriebsratsmitglied und Mitgliedschaft bei ver.di gebunden.
Im Falle der Vorbereitung und Durchführung von Automatisierungsmaßnahmen bei einem der diesen Tarifvertrag mitabschließenden Gemeinschaftsunternehmen (Joint Venture) wird eine ausreichende Beteiligung des Gemeinschaftsunternehmens in der Kommission durch die Aufnahme je eines zusätzlichen Arbeitgeber- und eines Arbeitnehmervertreters sichergestellt. […]
Die Leitung der Kommission erfolgt gemeinsam durch einen Arbeitnehmervertreter und einen Arbeitgebervertreter. Der Vorsitz wechselt alle 6 Monate. Die Kommission gibt sich eine Geschäftsordnung, in der auch die Administration und Arbeitsfähigkeit geregelt ist (Erreichbarkeit, Anschrift, Verteilung und Ablage von Dokumenten etc.).
Die Kommission fasst Beschlüsse mit einer Mehrheit von 75 % der Stimmen. Eine Beschlussfähigkeit ist bei mind. 6 Mitgliedern gegeben, wobei jede Seite von mindestens 3 Mitgliedern vertreten sein muss […].
Im Falle einer Automatisierungsmaßnahme erstellt der Arbeitgeber ein Nachhaltiges Personalkonzept. […] Die Arbeitgebervertreter bringen das Nachhaltige Personalkonzept in die Kommission ein. Die Kommission berät über das Nachhaltige Personalkonzept und überarbeitet dieses gegebenenfalls, mit dem Ziel, die Instrumente dieses Tarifvertrags zu nutzen, um Beschäftigung so weit wie möglich zu sichern.
Wird in der Kommission ein Nachhaltiges Personalkonzept mit der erforderlichen Mehrheit beschlossen, so ist der Arbeitgeber hieran unter der Voraussetzung gebunden, dass unternehmensübergreifend von allen gemäß Betriebsverfassungsgesetz jeweils zu beteiligenden Betriebsratsgremien die erforderlichen Beschlüsse zeitgleich zu diesem geschlossen werden, die die Maßnahmen aus dem Nachhaltigen Personalkonzept in einer Gesamtschau eins zu eins vereinbarungsgemäß beinhalten. […]
Kommt eine Einigung in der Kommission über ein Nachhaltiges Personalkonzept nicht zustande, ist der Arbeitgeber verpflichtet, dem jeweiligen Betriebsrat die unterschiedlichen Vorschläge zum Nachhaltigen Personalkonzept oder die konkreten Meinungsverschiedenheiten zum Nachhaltigen Personalkonzept im Rahmen der Verhandlungen über einen Interessenausgleich darzulegen

Gestaltungsfelder
Zur Gestaltung der Rahmenbedingungen für eine Automatisierungsmaßnahme im Sinne dieses Tarifvertrags sind folgende Felder von zentraler Bedeutung:
- *Wandel von Arbeitsprofilen,*
- *Arbeitsschutz,*

- *Qualifizierung,*
- *Förderung von Mobilität und Flexibilität,*
- *Arbeitszeitregelungen sowie*
- *Beschäftigungssichernde Maßnahmen.*

Die Automatisierungskommission greift im Rahmen ihrer Arbeit auf die im Tarifvertrag zu diesen Themenfeldern vereinbarten Instrumente zurück, um die Folgen der Automatisierung für die Arbeitnehmer bestmöglich zu gestalten. Die Instrumente können sowohl einzeln als auch kumulativ zur Anwendung gebracht werden. Es gehört zu den wesentlichen Aufgaben der Kommission, die Anwendung der Instrumente im Rahmen des Nachhaltigen Personalkonzeptes sinnvoll aufeinander abzustimmen. Dabei orientiert sich die Kommission an dem Grundsatz zunächst personenungebundene Maßnahmen zu prüfen.

Regelungsinstrumente zur Gestaltung der Arbeitszeit

Zur Sicherung von Beschäftigung gemäß […] soll die Kommission im Rahmen des Nachhaltigen Personalkonzepts auf z. B. folgende Instrumente zurückgreifen, deren konkrete Ausgestaltung und Durchführung auf betrieblicher Ebene […] zu regeln ist:

- *Abbau von Mehrarbeit zur Erhöhung der verfügbaren Pflichtarbeit auch in anderen Konzerngesellschaften.*
- *Angebot gleichwertiger offener Stellen auch in anderen Konzerngesellschaften.*
- *Absenkung der tariflichen Wochenarbeitszeit […] in der von einer Automatisierungsmaßnahme konkret betroffenen Gesellschaft inklusive ihrer Abteilungen für jene Arbeitnehmer, die zum Zeitpunkt einer dauerhaften Reduktion des Personalbedarfes aufgrund einer Automatisierungsmaßnahme beschäftigt sind um bis zu maximal 5 Wochenstunden durch Gewährung von AZV-Tagen, die in der vollständigen Verfügung des Arbeitgebers stehen […]*
- *Schaffung von Teilzeitsystemen mit oder ohne Schichtbezug kongruent zu bestehenden und ggf. geschaffenen Vollzeitsystemen.*
- *Eine Rückkehr von einem Teilzeitvertrag auf einen Vollzeitvertrag ist für die Arbeitnehmer möglich, sofern eine gleichwertige Stelle in Vollzeit zu besetzen ist.*
- *Teilzeit kann bei Bedarf in Kombination mit Qualifizierungsmaßnamen (Bildungsteilzeit gemäß § 9 Absatz 7) oder als Jobsharing erfolgen.*
- *Altersteilzeitangebote […]*

Qualifizierung

Ändert sich durch Automatisierungsmaßnahmen die Tätigkeit eines Arbeitnehmers an seinem bisherigen Arbeitsplatz, so hat dieser Anspruch auf die notwendigen und geeigneten Qualifizierungsmaßnahmen zur Einarbeitung in die geänderte Tätigkeit.

Kann dem Arbeitnehmer auf Basis der vorgenannten Verfahren ein anderer Arbeitsplatz im Unternehmen angeboten werden, der eine Qualifizierungsmaßnahme erfordert, so hat er Anspruch auf die hierfür erforderliche Maßnahme. Bisher erworbene oder nachgewiesene Fähigkeiten und/oder Fertigkeiten müssen nicht erneut nachgewiesen werden. […]

Alle Qualifizierungsmaßnahmen sollen so weit wie möglich im Rahmen der regelmäßigen Arbeitszeit stattfinden. Gehen Maßnahmen über diese Zeit hinaus, ist ein entsprechender Freizeitausgleich zu gewähren. […]
Ferner können für die von Automatisierungsvorhaben betroffenen Arbeitnehmer auch Angebote für eine Qualifizierung für einen Arbeitsplatz außerhalb von EUROGATE bzw. den an diesem Tarifvertrag beteiligten Konzerngesellschaften gemacht werden. Die Annahme dieses Angebotes durch den Arbeitnehmer erfolgt freiwillig. In Zusammenarbeit mit der jeweiligen Agentur für Arbeit oder einem anderen geeigneten Kooperationspartner werden Eignung und Qualifizierungsbedarf des Arbeitnehmers festgelegt.

Betriebsbedingte Kündigungen
Der Arbeitgeber verzichtet bis zum 31. 12. 2025 auf betriebsbedingte Beendigungskündigungen aus Anlass von Automatisierungsmaßnahmen.

Regelung zur Hafenarbeit (Outsourcing)
Die unmittelbare Steuerung von Großgeräten für den Umschlag bleibt Hafenarbeit im Sinne der jeweils gültigen ZDS Eingruppierungstarifverträge. Die unmittelbare Steuerung beinhaltet ebenfalls eine technische Möglichkeit der Fernsteuerung. Die Tarifparteien sind sich einig, dass die vorbezeichneten Arbeitsplätze am jeweiligen Standort im Hafengebiet verbleiben. Verhandlungen über die Frage der Ansiedlung im Hafengebiet werden auf Aufforderung einer Tarifpartei aufgenommen.

Arbeitsschutz ganzheitlich in der Automatisierung
Automatisierung bietet Chancen und Risiken hinsichtlich des Arbeits- und Gesundheitsschutzes am Arbeitsplatz. Arbeitgeber haben im Rahmen der Gefährdungsbeurteilung des Arbeitsplatzes nach § 5 ArbSchG und der fortlaufenden Gefährdungsbeurteilung nach § 12 Absatz 1 Satz 4 ArbSchG Arbeitnehmern auch Auskunft über die Gefahren, die aus Automatisierungsmaßnahmen herrühren, zu geben. Dabei ist der Wechsel in der Tätigkeit und den jeweiligen Anforderungen – einschließlich psychischer Beanspruchungen – besonders zu berücksichtigen. Dies gilt vor allem für den Wechsel von überwiegend körperlicher Tätigkeit hin zu überwachender, steuernder Bildschirmarbeit.«

38.10.3 Tarifvertrag neue Techniken beim Norddeutschen Rundfunk[606]

Ein Klassiker mit Aktualität
Die Tragweite von guten Verabredungen zeigt sich manchmal erst nach Jahren. Der Autor dieses Kapitels durfte Mitte der Neunzigerjahre den ersten bundesweiten Tarifvertrag über Telearbeit verhandeln. Das Ergebnis brachte zunächst mehr Neugierige als Telearbeiter*innen hervor. In den folgenden Jahren haben sich diese Arbeitsformen aber rapide verbreitet, in der Corona Pandemie sogar

606 *https://www.ndr.de/der_ndr/zahlen_und_daten/Regelungen-zu-Arbeit-und-freier-Mitarbeit-im-NDR,regelungen104.html.*

die volkswirtschaftliche Bedeutung der Telearbeit manifestiert. Konditioniert auch mal zu Hause zu arbeiten, ist heute aus der Arbeitswelt nicht mehr wegzudenken. So einen Bedeutungszuwachs wünscht man sich für die dialogische Gestaltung der Einführungsprozesse neuer Techniken.
Als am 13.3.1997 der Tarifvertrag »neue Techniken« beim Norddeutschen Rundfunk in Kraft gesetzt wurde, redete außerhalb der Wissenschaft noch niemand über Künstliche Intelligenz. Das Werk, das IG Medien, die deutsche Angestelltengewerkschaft, der deutsche Journalistenverband, die Deutsche Orchestervereinigung und der Norddeutsche Rundfunk gemeinsam vereinbart haben, hat aber selbst heute noch – insbesondere für das Thema KI – große Bedeutung und kann für die Gestaltungsarbeit der Gegenwart Impulse geben. Vorausschauend wurde zum neuen Einsatz neuer Technik im Norddeutschen Rundfunk festgelegt, dass diese Arbeitsabläufe verbessern und erleichtern sollen, zugleich aber soziale Isolierung am Arbeitsplatz zu vermeiden ist. Die feingliedrige Analyse der potenziellen Wirkungen neuer Techniken auf Arbeitsplätze, lohnt sich nachzulesen. Die Festlegung, wonach die Entwicklung nicht zur Beeinträchtigung der Gesundheit der Beschäftigten oder zu maschineller Leistung oder Verhaltenskontrolle führen darf, verdient auch 25 Jahre später Aufmerksamkeit. Es wurde damals bereits eine dialogische Begleitung zwischen Arbeitgeber und Interessenvertretung zum Planungsprozess und der Einführung neuer Techniken verabredet und festgelegt, welche Informationen für sachkundige Begleitung erforderlich sind. Für die Partizipation der Beschäftigten wurden Festlegungen getroffen, ausführlich wurde deren umfassende Qualifikation vorbereitet.
Wir drucken den weitsichtigen Tarifvertrag fast im vollständigen Wortlaut ab. Er verdient Aufmerksamkeit, weil er Orientierung für die Gestaltungsarbeit von Betriebsräten und Gewerkschaften stiftet, denen es darum geht, Rahmenbedingungen für die Einführung von KI zu verabreden.

Im Wortlaut: Tarifvertrag »neue Techniken« beim Norddeutschen Rundfunk

»Es wird folgender Tarifvertrag »Neue Techniken« abgeschlossen:

1.
Dieser Vertrag gilt für alle Arbeitnehmerinnen und Arbeitnehmer des NDR.
2.
Der Einsatz »Neuer Techniken« im NDR dient der Erfüllung des Programmauftrages. Mit diesem Tarifvertrag werden einvernehmlich die Rahmenregelungen für die Planung, Auswahl, Einführung und Nutzung »Neuer Techniken« festgelegt, die gleichzeitig dem Ziel dienen sollen, das gemeinsame Verständnis, eine einvernehmliche Zielsetzung sowie die Transparenz beim Einsatz »Neuer Techniken« zu fördern.
Der Einsatz »Neuer Techniken« soll Arbeitsinhalte, Arbeitsorganisation und Arbeitsabläufe verbessern und erleichtern. Dabei soll persönliches Erfahrungswissen erhalten, entwickelt und gefördert werden. Der Einsatz »Neuer Techniken« soll

diese Bestrebungen unterstützen und nicht dazu beitragen, solches Wissen zu entwerten. Soziale Isolierung am Arbeitsplatz ist zu vermeiden.

3.

Der Einsatz »Neuer Techniken« kann sich für die Beschäftigten vor allem in folgendem Zusammenhang auswirken:

- *Erleichterung der täglichen Arbeit,*
- *Entfaltung und Entwicklung der Persönlichkeit der Mitarbeiterinnen und Mitarbeiter sowie ihres beruflichen Könnens,*
- *Veränderungen der Eingruppierung sowie der Qualität der Arbeitsplätze,*
- *Veränderungen sozialer Gegebenheiten, wie z. B. der persönlichen Arbeitsumgebung und*
- *zwischenmenschlicher Beziehungen,*
- *Planbarkeit der Arbeitszeiten und Arbeitsorte,*
- *Veränderungen der Abhängigkeiten von technischen Einrichtungen sowie neue Kontrollmöglichkeiten und*
- *Veränderung der betrieblichen Organisation.*

Gleichzeitig dürfen »Neuer Techniken« nicht zu einer Beeinträchtigung der Gesundheit der Beschäftigten führen.

Darüber hinaus dürfen »Neuer Techniken« nicht zur Leistungs- und Verhaltenskontrolle benutzt werden. Von dieser Regelung bleibt der Nachvollzug von Bearbeitungsschritten ausgenommen. Ausnahmen sind nur in Einzelfällen mit Zustimmung des Personalrates zulässig.

Deswegen werden der NDR, die jeweils zuständigen Personalräte und der Gesamtpersonalrat die Auswirkungen der Nutzung »Neuer Techniken« im Personellen, Sozialen und Organisatorischen rechtzeitig vorher sowie ständig begleitend abschätzen und bewerten.

Die Entscheidungsvorlagen für die Entscheidungsgremien des NDR werden in einer Art genereller Weichenstellung in den paritätisch besetzten Kommissionen vorbereitet.

4.

Die jeweils zuständigen örtlichen Personalräte werden an der Entwicklung der Projekte spätestens bei der Entwicklung der technischen Beschreibung (Sollkonzept) beteiligt und der Gesamtpersonalrat entsprechend informiert. Dazu gehört auch die Vorlage der vorhandenen Planungsunterlagen in verständlicher Form, insbesondere

- *sämtliche Planungspapiere einschließlich aller Kriterien und Zielvorgaben für das beabsichtigte Vorhaben,*
- *die Darstellung der veränderten Arbeitsabläufe, Arbeitsplätze (Art, Anzahl und Qualität) sowie Auswirkungen auf den Personalbestand und die Eingruppierungen,*
- *vollständige Angaben über bestehende oder beabsichtigte Schnittstellen, Vernetzung und Verknüpfungen mit anderen Projekten,*
- *die Planung des technischen Datenschutzes unter Einbeziehung des Datenschutzbeauftragten,*
- *die Beurteilung der Arbeitsplätze nach § 5 ArbSchG sowie*

- *die Möglichkeit, im Einzelfall die nach dem Planungsstand vollständigen Ausschreibungsunterlagen sowie vorbereitende Untersuchungen und Gutachten einzusehen*

5.

Die paritätisch besetzten Kommissionen, z B. »Lenkungsausschuss Neue Techniken Hörfunk« und »Lenkungsausschuss Neue Techniken Fernsehen«, bestehen aus bis zu sechs von den Personalvertretungen sowie vom NDR benannter Vertreterinnen und Vertretern. Eine Vertreterin/ein Vertreter des Redakteursausschusses nimmt an den Sitzungen des Lenkungsausschusses teil. Aufgabe dieser Kommissionen ist es,

- *den vollständigen Informationsaustausch einschließlich der Nachfragen der Personalvertretungen zu einzelnen Projekten abzuwickeln,*
- *Anträge für das personalvertretungsrechtlich erforderliche Mitbestimmungsverfahren entscheidungsreif vorzuberaten,*
- *Bedarf für Maßnahmen zur beruflichen Aus- und Fortbildung sowie Schulungsbedarf festzustellen und, soweit erforderlich, Leitlinien (siehe Anlage) für die weitere Behandlung im paritätisch besetzten Bildungsausschuss zu entwickeln,*
- *den Einsatz »Neuer Techniken« sowie die Auswirkungen im Personellen, Sozialen und Organisatorischen (Ziffer 3.) zu begleiten und*
- *an der Auswertung von gegebenenfalls stattfindenden Einführungsphasen mitzuwirken.*

Soweit in den Lenkungsausschüssen Einzelvorhaben beraten werden, die ganz oder teilweise zuvor beratenen Vorhaben entsprechen, soll auf diese Beratungen verwiesen und die Be-handlung im Lenkungsausschuss auf die Besonderheiten des Einzelvorhabens beschränkt werden.

6.

»Neuer Techniken« dürfen grundsätzlich nur innerhalb der Arbeitsstätten des NDR eingesetzt werden. Eine Vernetzung/Verlagerung nach Außerhalb – insbesondere die Einrichtung von Tele-Heimarbeitsplätzen – ist ausgeschlossen, bis ein entsprechender Tarifvertrag »Heimarbeitsplätze« abgeschlossen ist. Mit Zustimmung des jeweils zuständigen Personalrates können einzelne, begrenzte Pilotprojekte durchgeführt werden. Die Tätigkeit von Korrespondenten und Aktivitäten im Außendienst (z. B. der Außenübertragung) mit »Neuer Techniken« werden von diesen Beschränkungen nicht berührt.

7.

»Neuer Techniken« werden in der Regel im Rahmen von Auswahlphasen (Information und Tests), Pilotphasen und Produktionsphasen eingeführt, wenn der zuständige Lenkungsausschuss nichts anderes beschließt und wenn es sich um nicht identische Übernahmen handelt. Dabei werden die Betroffenen beteiligt.

8.

Die jeweils betroffenen Beschäftigten werden auf die Arbeit an den Anlagen und Geräten der »Neuer Techniken« rechtzeitig und umfassend in geeigneter Schulung von Anfang an und fortlaufend vorbereitet sowie ggf. qualifiziert umgeschult.
Die dafür im Einzelnen erforderlichen Maßnahmen sind im paritätisch besetzten Bildungsausschuss zu beraten. An den Beratungen sollen die künftigen Nutzerinnen und Nutzer frühestmöglich beteiligt werden.

Die Kosten der Schulung trägt der NDR. Richtlinien für die Schulung werden von den Lenkungsausschüssen erarbeitet. Bestehende einschlägige Vereinbarungen bleiben unberührt. Die Schulungszeit gilt als Arbeitszeit.
9.
Die »Neuer Techniken« werden bestehende Berufsbilder verändern und voraussichtlich neue Berufsbilder schaffen, ohne dass eine detaillierte Beschreibung gegenwärtig möglich ist. Der NDR und die Gewerkschaften stimmen darin überein, dass die Auswirkungen auf die Berufsbilder sowie Veränderungen in den Arbeitsabläufen, an den Arbeitsplätzen, beim Personalbestand sowie bei den Eingruppierungen im Rahmen von Erprobungsphasen festzustellen sind. Über das Ergebnis dieser Erprobungsphasen einschließlich der Erfahrungen mit allen Schulungsmaßnahmen legt der Lenkungsausschuss jeweils einen Schlussbericht vor.
Der NDR wird spätestens drei Monate nach der abschließenden Behandlung eines Schlussberichtes im Lenkungsausschuss, ... mit den Gewerkschaften über daraus abzuleitende erforderliche Veränderungen in der Vergütungsordnung oder anderen Tarifverträgen verhandeln.
10.
Der NDR wird im Einvernehmen mit der jeweils zuständigen Personalvertretung Arbeits- und Organisationsmodelle erproben mit dem Ziel, allen Berufsgruppen einen gleichberechtigten Anteil an dem Ergebnis gemeinsamer Arbeit zu ermöglichen.
11.
Soweit es Mitarbeiterinnen und Mitarbeiter ablehnen, die für die Nutzung »Neuer Techniken« erforderlichen Kenntnisse und Fähigkeiten zu erwerben, darf ihnen aus dieser Ablehnung kein Nachteil erwachsen. ...
12.
Den Lenkungsausschüssen »Neuer Techniken« wird eine paritätische besetzte Kommission beigeordnet, die über die an den einzelnen Arbeitsplätzen auszuübenden Tätigkeiten und die dafür zu zahlende Vergütung beraten soll. Diese Kommission kann über eine befristete Höhergruppierung entscheiden. Falls darüber keine Einigkeit erzielt wird, ist darüber in Tarifverhandlungen zu beraten ...

Anlage zum Tarifvertrag »Neue Techniken«
1. Alle Arbeitnehmerinnen und Arbeitnehmer, die vom Einsatz »Neuer Techniken« unmittelbar betroffen sind, können sich für die Fortbildungsmaßnahmen bewerben, die Kenntnisse und Fertigkeiten für den Umgang mit »Neuen Techniken« vermitteln. Das weitere Verfahren richtet sich unter Beachtung dieser Leitlinien nach der Dienstvereinbarung über die Ausbildung, Fortbildung, Weiterbildung und Umschulung beim NDR.
2. Die berufliche Fortbildung wird als Einführungsfortbildung, Anpassungsfortbildung oder Umschulung durchgeführt.
3. Die Einführungsfortbildung ergänzt die Einarbeitung am Arbeitsplatz für neu eingestellte oder umgesetzte Arbeitnehmerinnen und Arbeitnehmer. Sie soll die besonderen Aufgaben und Strukturen des jeweiligen Bereiches, dessen Arbeitsweise sowie die erforderlichen Arbeitstechniken vermitteln.

4. Für Arbeitnehmerinnen und Arbeitnehmer, für die sich im gegenwärtigen Aufgabengebiet die Anforderungen verändern oder denen aufgrund von Umsetzungen ein neues Aufgabengebiet übertragen wird, werden Fortbildungsmaßnahmen angeboten, die sie rechtzeitig und umfassend auf die Anforderungen ihres veränderten bzw. neuen Aufgabengebiets vorbereiten sollen (= Anpassungsfortbildung).
5. Ebenso sollen Arbeitnehmerinnen und Arbeitnehmer gefördert werden, deren berufliche Weiterentwicklung wegen fehlender Zukunftsperspektiven eingeschränkt sind. Ziel solcher Maßnahmen ist der Erwerb von zusätzlichen Kenntnissen, Fähigkeiten und Fertigkeiten, die sich an der Aufgaben- und Personalentwicklung des NDR orientieren.
6. Soweit der Erwerb der für das jeweilige bzw., bei einer erforderlichen Umsetzung, für das neue Aufgabengebiet erforderlichen Kenntnisse, Fähigkeiten und Fertigkeiten durch Anpassungsfortbildung nicht möglich ist, werden Umschulungsmaßnahmen angeboten, die den betroffenen Arbeitnehmerinnen und Arbeitnehmern die Befähigung für die Wahrnehmung einer anderen, gleich- oder höherwertigen Berufstätigkeit vermitteln soll.
Abweichungen von dieser Regel bedürfen der Zustimmung der Personalvertretung.«

38.10.4. Ver.di: Erste KI-Tarifregelungen in Filmproduktionen

Nach den ersten Erfolgen von US-Filmgewerkschaften im Rahmen von Streiks im Sommer 2023 hat ver.di zusammen mit der Schauspielgewerkschaft BFFS auch in Deutschland Tarifmaßstäbe zu Pionierregelungen zum Einsatz von generativer KI in Filmproduktionen gesetzt. Mit der im Herbst 2024 erreichten Vereinbarung konnten noch nicht alle Folgen des KI-Einsatzes für Filmschaffende gelöst werden. Allerdings wird ein maßgeblicher Schutz und mehr Mitbestimmung von Filmschaffenden »vor der Kamera« sowie die Pflicht zur Transparenz und auch finanzielle Kompensationen seitens der Filmproduzenten durch verbindliche Tarifansprüche erreicht. Negative Folgen der Transformation in Filmproduktionen sollen verhindert werden. Zunächst gilt dies fürs Schauspiel als nächstes dann mit den Grundlagen aus dieser Vereinbarung dann in einem weiteren Schritt auch für alle weiteren Kreativen hinter der Kamera.
Mit den von ver.di und dem BFFS mit der Produktionsallianz erreichten Vereinbarungen zum Einsatz von generativer Künstlicher Intelligenz (»KI«) werden die speziellen Produktionsbedingungen in der Filmwirtschaft berücksichtigt. Diese sind von Projektarbeit und Beschäftigungen für die Dauer von wenigen Wochen Drehzeit oder auch nur einzelnen Drehtagen für Schauspieler*innen geprägt. Mit den zeitgleichen Neuabschlüsse des TV FFS, dem Manteltarifvertrag für solche auf Produktionsdauer befristet beschäftigten Filmschaffende, und dem erneuerten Schauspieltarifvertrag ist die KI-Anlage zur generativen KI verbunden, erhält aber eigene kürzere Kündigungsmöglichkeiten. Damit wollen die Gewerkschaften handlungsfähig bleiben und schneller auf KI-Entwicklungen reagieren können.
Die »Anlage KI-Einsatz« tritt am 1.3.2025 in Kraft und gilt zunächst bis zum 30.6.2026. Sie soll halbjährlich evaluiert werden, um die erwartbar rasante KI-

Entwicklung in der Filmbranche in der Laufzeit der Vereinbarung analysieren zu können. Filmproduktionen waren schon seit Beginn dieser Kulturtechnik ein eigener Techniktreiber. Die Tarifregelung betrifft genauer gesagt den Einsatz generativer KI, einer Unterform der Künstlichen Intelligenz, die aus Trainingsdaten Muster erlernt und unter Einsatz von Algorithmen neue komplexe audiovisuelle Produkte erzeugt. Herkömmliche KI-Technologie-Anwendungen, die bislang schon umfangreich etwa zur Nachbildung oder Veränderung der Stimme oder der Bildaufnahmen von Filmschaffenden während der Filmaufnahmen oder in der Postproduktion eingesetzt wurden, fallen nicht darunter.

Der erreichte Tarifabschluss betrifft zunächst die schauspielerische Darbietung, also wenn schauspielerische Arbeit mittels generativer KI bearbeitet, umgestaltet oder durch den Einsatz sogenannter Replikate, also digitaler Nachbildungen der Schauspieler*innen, ersetzt wird. Regelungen zu Einwilligung und Vergütung sollen künftig sicherstellen, dass nicht über den Kopf der Schauspieler*innen hinweg, mit ihren digitalen Nachbildungen gearbeitet wird. Auch ein Handel mit Avataren für andere Produktionen, als diejenige für die ein Arbeitsverhältnis geschlossen wurde, sind ausgeschlossen. Wichtig war den Gewerkschaften dabei auch das Kopplungsverbot, also die möglicherweise erzwungene weitegehende Einwilligung in Nutzungen der schauspielerischen Leistungen in Verbindung mit dem Abschluss eines Arbeitsvertrages. Individuelle Vereinbarungen zur KI-Nutzung im Rahmen der tarifvertraglichen zulässigen und vorgesehenen Möglichkeiten müssen als separate vom Arbeitsvertrag losgelöste eigenständige Vereinbarung getroffen werden.

Die Gewerkschaften werden diese Grundsätze des Abschlusses als Grundlage für den Einsatz generativer KI auch für die Beschäftigung und die Arbeit der weiteren Filmgewerke ansetzen.

Anlage zum
Manteltarifvertrag des TV FFS
Einsatz generativer Künstlicher Intelligenz in Filmproduktionen
(»Anlage KI-Einsatz«)

»Vorbemerkung:

Die Tarifparteien regeln in der Anlage KI-Filmproduktion Bedingungen zu Anwendungsmöglichkeiten von generativer Künstlicher Intelligenz (»KI«) in Filmproduktionen, die die speziellen Produktionsbedingungen in der Filmwirtschaft berücksichtigen.

Der Einsatz von generativer KI bei audiovisuellen Produktionen birgt Chancen, aber auch Risiken. Die Tarifparteien sehen die Einsatzpotenziale generativer KI als ein hilfreiches Werkzeug zur Optimierung von Produktionstätigkeiten und -prozessen. Im Bemühen um einen verantwortungsvollen Umgang mit generativer KI soll daher nach dem Willen der Tarifparteien einerseits auf den künstlerischen Gestaltungsspielraum und andererseits auf die Berufsausübungsfreiheit im Interesse der bei der Herstellung des Filmwerkes beteiligten Filmschaffenden und Filmhersteller Rücksicht genommen werden.

Die vertragsschließenden Parteien erkennen zugleich an, dass die Kunstfreiheit – und letztlich auch die Verwendung generativer KI – ihre Grenze insbesondere im Persönlichkeitsrecht der Schauspielerinnen[607] *findet (d. h.v. a. dem Recht am eigenen Bild gemäß der §§ 22ff. KUG). Spielfilme leben von menschlicher Kreativität. Es sind vor allem Schauspielerinnen mit ihrer einzigartigen Fähigkeit, Emotionen und Geschichten zum Leben zu erwecken, die Realfilmen ihre emotionale Tiefe und Authentizität verleihen. Die Tarifparteien betonen daher ausdrücklich die Bedeutung und Einzigartigkeit schauspielerischer Darbietungen bei der audiovisuellen Filmproduktion.*

Die Parteien halten ferner fest, dass mit generativer KI dabei ausdrücklich nicht herkömmliche KI-Technologie-Anwendungen gemeint sind (z. B. CGI, audiovisuelle Effekte), die die Filmhersteller schon bislang etwa zur Nachbildung oder Veränderung der Stimme oder der Bildaufnahmen einer/eines Filmschaffenden in allen Phasen der Filmproduktion (z. B. Pre-Visualisierung, Pre-Production, Produktion, Postproduktion, Vertrieb, Marketing) eingesetzt haben.

Den Tarifparteien ist bewusst, dass die Auswirkungen generativer KI und die potenziellen wirtschaftlichen Folgen sowohl für Schauspielende als auch Filmhersteller derzeit nicht absehbar sind. Sie haben sich daher darauf verständigt, diese Anlage KI-Filmproduktion generativer KI halbjährlich gemeinsam zu evaluieren, um eine rasche Reaktion auf technische Entwicklungen zu ermöglichen.

Dies vorausgeschickt, haben sich die Tarifparteien auf folgende Bestimmungen zum Einsatz generativer KI in Filmproduktionen geeinigt:

1. Laufzeit

Diese Anlage KI-Einsatz unterliegt wie folgt abweichenden Regelungen zur Laufzeit des Manteltarifvertrags sowie qualifizierten Kündigungs- und Nachwirkungsbestimmungen, um auf technische und wirtschaftliche Entwicklungen reagieren zu können.

Diese Anlage KI-Einsatz tritt am 1. 3. 2025 in Kraft. Sie gilt unbefristet und ist frühestens und nach abgeschlossener Evaluation zum 30. 6. 2026 mit einer Frist von 4 Monaten kündbar. Eine Nachwirkung der tarifrechtlichen Regelungen der KI-Anlage besteht, bis die Nachwirkung durch einseitige oder beidseitige Erklärung beendet wird; unbeschadet davon gelten die Regeln der Anlage KI-Einsatz für solche Produktionen fort, die ihren Produktionsbeginn vor Erklärung des Endes der Nachwirkung hatten.

2. Definitionen

2.1. Generative KI

Generative KI ist eine Unterform der Künstlichen Intelligenz, die aus Trainingsdaten Muster erlernt und nach den Gesetzen der Wahrscheinlichkeit unter Einsatz von Algorithmen neue Inhalte wie zum Beispiel digitale Texte, Musik, Stimmen, Bilder oder Videos erzeugt (»generative KI«).

607 Die Bezeichnung Schauspielerin steht im Folgenden für alle Geschlechtsformen.

Mit generativer KI sind dabei ausdrücklich nicht herkömmliche (KI-) Technologie-Anwendungen gemeint (z. B. CGI, VFX/audiovisuelle Effekte), die die Filmhersteller schon bislang etwa zur Nachbildung oder Veränderung der Stimme oder der Bildaufnahmen einer/eines Filmschaffenden in allen Phasen der Filmproduktion (z. B. Pre-Visualisierung, Pre-Production, Produktion, Postproduktion, Vertrieb, Marketing) eingesetzt haben. Die Filmhersteller sollen diese »traditionellen« digitalen (KI-)Technologien auch weiterhin unter Wahrung der gesetzlichen Rechte der beteiligten Filmschaffenden nutzen können.

2.2. Schauspielerische Darbietung
Eine schauspielerischere Darbietung umfasst das körperliche Erscheinungsbild und dessen schauspielerische Gestaltung (etwa durch Mimik, Gestik, Gang, Körperhaltung, aktives wie reaktives Handeln etc.) sowie die akustische Darbietung der Stimme mit einer schauspielerischen Stimm- und Sprachführung. Ziffer 1.3. und Ziffer 1.4. des Schauspieltarifvertrags bleiben unberührt.

2.3. Digitale Veränderung
»Digitale Veränderung« ist die mit generativer KI durchgeführte Bearbeitung und Umgestaltung des Erscheinungsbildes oder der visuellen und/oder akustisch wahrnehmbaren Darbietung einer Schauspielerin.

2.4. Digitale Teilverkörperung
Mittels generativer KI können auch nur bestimmte einzelne Körperteile oder Aspekte des Erscheinungsbildes oder der visuell oder akustisch wahrnehmbaren Darbietung der Schauspielerin bearbeitet oder umgestaltet werden (sog. »Digitale Teilverkörperung«). Dies kann im Rahmen einer audiovisuellen Produktion

2.4.1. mit dem Ziel erfolgen, einzelne Körperbereiche (etwa das Gesicht) einer Schauspielerin auf andere Personen (z. B. Stunt- oder Nacktdouble) zu übertragen

2.4.2. oder mit dem Ziel, die visuell und/oder akustisch wahrnehmbare Darbietung der Schauspielerin teilweise oder ganz mittels generativer KI erzeugte Elemente zu ersetzen (z. B. Hände einer Schauspielerin, die nicht Klavier spielen kann, werden durch generative KI zu virtuosen Klavierhänden).

2.5. Digitale Nachbildung (auch »Digitales Replikat« genannt)
Als »Digitale Nachbildung« wird eine mittels generativer KI erstellte digi*tale Nachbildung der Stimme und/oder des äußeren Erscheinungsbilds einer Schauspielerin bezeichnet, die dazu dient, (i) die Schauspielerin virtuell in Szenen einer audiovisuellen Produktion einzusetzen, die tatsächlich nicht mit ihrer Mitwirkung gedreht wurden und die (ii) den Eindruck erweckt, es handele sich bei der digital nachgebildeten Stimme und/oder der digital nachgebildeten Doppelgängerin um die Schauspielerin selbst.*

2.6. Digitale Bewegungserfassung zur Schaffung einer Digitalen Nachbildung oder einer Digitalen Teilverkörperung
Die »Digitale Bewegungserfassung« ist ein spezielles technisches Verfahren zur Erfassung der Gesichts- und/oder Körperbewegungen einer Schau-

spielerin, um zu Referenz- oder Kompositionszwecken eine Aufzeichnung des jeweiligen Vorbilds zu erstellen. Die im Zuge eines solchen »digitalen Scans« generierten digitalen Daten können ggf. auch in einen generativen KI-Prozess eingespeist werden.

2.7. Durch digitale Vermischung erzeugte »Künstliche Darsteller«

Als »Künstliche Darsteller« bezeichnet werden

(i) mittels generativer KI erzeugte digitale Wesen, die den eindeutigen Eindruck erwecken sollen oder erwecken, dass es sich dabei um eine natürliche Person handelt,

(ii) und bei deren Erschaffung bestehende Bild-/Tonaufnahmen von mehreren Schauspielerinnen zu einem neuen digitalen Wesen vermengt werden, das nicht länger erkennbar ist als irgendeine bestimmte identifizierbare natürliche Person.

3. Schauspielbereich

3.1. Grundsatz

3.1.1. Einwilligung

Die Tarifparteien stellen klar, dass das Anfertigen, Vervielfältigen, Verbreiten oder öffentliche Zurschaustellen der Digitalen Nachbildung einer Schauspielerin, grundsätzlich der Einwilligung im Sinne von § 22 KUG der Schauspielerin bedarf, sofern eine solche nicht ohnehin bereits vertraglich vereinbart wurde oder gemäß diesem Tarifvertrag entbehrlich ist. Auch im Übrigen bleiben stets die gesetzlichen Regelungen, insbesondere § 22 und § 23 KUG, unberührt.

3.1.2. Einwilligung unabhängig von verwendeter Quelle erforderlich

Die Einwilligung gemäß Ziffer 3.1.1. ist unabhängig davon erforderlich, ob die Digitale Nachbildung während des Engagements der Schauspielerin für eine konkrete audiovisuelle Produktion erstellt wird, ob sie unter physischer Mitwirkung der Schauspielerin entsteht (etwa durch sog. »Digitale Bewegungserfassung«) oder ohne eine solche, oder ob sie losgelöst von einer konkreten audiovisuellen Produktion auf Grundlage von vorbestehenden Bild-/Tonaufnahmen erstellt wird.

3.1.3. Vorgaben für die Weiterverwendung der Digitalen Nachbildung in anderen Produktionen

Die Verwendung der mittels generativer KI produzierten Digitalen Nachbildungen für anderweitige audiovisuelle Produktionen (als im Zusammenhang mit der Produktion, für die ursprünglich das jeweilige Engagement erfolgt ist), bedarf der ausdrücklichen Einwilligung der Schauspielerin.

Zum Schutz der Schauspielerinnen muss diese Einwilligung

(i) die Vereinbarung eines separaten Entgelts für die Einwilligung zur anderweitigen Verwendung der Digitalen Nachbildung enthalten,

(ii) schriftlich erfolgen,

(iii) die beabsichtigte anderweitige bestimmte Verwendung der Digitalen Nachbildung darlegen (Zweckbestimmung z. B. welche Produktion und welche Rolle), und

(iv) die erforderliche Einwilligung muss von der Schauspielerin in einer gesonderten Vereinbarung erfolgen, die von der Schauspielerin unterzeichnet wird.

Die Einholung einer Einwilligung (etwa für Serien-, Prequel-, Sequel- oder Remakeproduktionen) bereits mit Abschluss des Vertrages für die initiale Produktion mit der Schauspielerin ist nur zulässig, sofern die Schauspielerin grundsätzlich auch für das anderweitige Projekt engagiert wird. Davon ausgenommen sind die Fälle, in denen die Schauspielerin aufgrund anderweitiger Verpflichtungen ein Engagement nicht eingehen will, oder bei Beginn der Produktion wegen Krankheit oder Tod verhindert ist. Das Folgeengagement ist auch dann entbehrlich, falls sich die jeweiligen Vertragsparteien gegen Zahlung eines Entgelts für die Einwilligung zur anderweitigen Verwendung der Digitalen Nachbildung individualvertraglich verständigen. Vertragliche Regelungen, nach denen dieses Entgelt mit der Vergütung für die initiale Produktion abgegolten oder umfasst sein sollen, sind unzulässig.

3.1.4. Umgehungsverbot

Weiterhin unzulässig sind solche Klauseln oder Vereinbarungen, die der Filmhersteller mit der Schauspielerin abseits vom Arbeitsvertrag, aber im unmittelbaren Zusammenhang mit dem Arbeitsverhältnis schließen will, um das Einwilligungserfordernis und die Vorgaben gemäß der Ziffer 3.1.3. zum Nachteil der Schauspielerin gänzlich abzubedingen.

3.2. Digitale Veränderungen

3.2.1. Digitale Veränderungen im Sinne des Drehbuchs

Jede wesentliche Digitale Veränderung des Alters, des Körpermaßes, des Aussehens und/oder der Stimme der Darbietung einer Schauspielerin, unter Anwendung von generativer KI bedarf grundsätzlich der ausdrücklichen schriftlichen Einwilligung (E-Mail genügt) der Schauspielerin zur konkreten Veränderung, sofern eine solche Einwilligung nicht ohnehin bereits vertraglich vereinbart wurde.

Die Einwilligung ist entbehrlich, (i) wenn mit der Digitalen Veränderung im Wesentlichen dem Sinngehalt oder der jeweiligen Rolle des Drehbuchs gefolgt wird[608] *oder (ii) falls eine der gesetzlichen oder tarifvertraglichen Ausnahmeregelungen gemäß dieser Ziffer 3 Anwendung findet.*

3.2.2. Digitale Veränderungen abweichend vom ursprünglichen Drehbuch

Jede wesentliche Digitale Veränderung des Alters, des Körpermaßes, des Aussehens und/oder der Stimme der Darbietung einer Schauspielerin unter Anwendung von generativer KI abweichend vom ursprünglichen Drehbuch oder schwerwiegende Digitale Veränderungen an der Darbietung unter Anwendung von generativer KI, die wegen einer wesentlichen nachträg-

608 Ohne entsprechende Einwilligung unzulässig wäre es etwa, wenn in schwerwiegender wesentlicher Abweichung von Drehbuch und Vertrag eine Verkehrung ins (visuelle) Gegenteil vorgenommen würde, wenn also mit den Mitteln der Technik beispielsweise die Hautfarbe wesentlich verändert wird, d.h. etwa aus einer dunkelhäutigen Person nachträglich eine hellhäutige Person gemacht würde oder umgekehrt (sog. »Reskinning«).

lichen Änderung der ursprünglich geschriebenen und gedrehten Handlung vorgenommen werden, bedürfen grundsätzlich der ausdrücklichen schriftlichen Einwilligung (E-Mail genügt) der Schauspielerin zur konkreten Veränderung.

Die Einwilligung ist entbehrlich, (i) wenn mit der Digitalen Veränderung im Wesentlichen dem Sinngehalt oder der jeweiligen Rolle des Drehbuchs gefolgt wird, das dem Vertragsschluss zugrunde lag oder (ii) falls eine der gesetzlichen oder tarifvertraglichen Ausnahmeregelungen gemäß dieser Ziffer 3 Anwendung findet.

3.2.3. Zulässige digitale Anpassungen

Die Tarifparteien stellen klar, dass in den Grenzen des gesetzlichen Entstellungsschutzes branchenübliche Bearbeitungen und Umgestaltungen der Darbietungen und Digitalen Nachbildungen und Digitalen Teilverkörperungen ohne gesonderte Einwilligung zulässig sind. Dies gilt insbesondere, soweit es sich um branchenübliche Anpassungen in der Postproduktionsphase handelt wie zum Beispiel Bearbeitungen, Schnitt oder andere Umgestaltungen zum Zwecke

- *der Reparatur oder der qualitativen Verbesserung des aufgenommenen Filmmaterials (z. B. Color Grading),*
- *des Kostüms,*
- *der Kürzung, des Timings oder der Geschwindigkeit,*
- *der »Continuity«,*
- *der Lärmreduzierung,*
- *der Verständlichkeit,*
- *des (O-)Tons, des Sounddesigns, der Tonmischung,*
- *des Hinzufügens von VFX-Effekten oder Filtern,*
- *erforderlicher Änderungen zur Einhaltung sonstiger (strengerer gesetzlicher) Vorgaben und (branchenüblicher) Praktiken,*
- *des (Jugendschutz-) Ratings (für ein größeres Publikum) sowie*
- *unwesentlicher Anpassungen von Dialogen oder Handlung.*

3.2.4. Zulässig ohne gesonderte Einwilligung sind Digitale Veränderungen auch zur Nachsynchronisierung (»Dubbing«), bei Verwendung eines Doubles oder bei Anpassungen der Lippen- und/oder anderen Gesichts- oder Körperveränderungen und/oder der Stimme, die für die Synchronisierung des Filmwerkes in eine andere Sprache und die hierfür erforderliche Anpassung der Gesichtsmimik erforderlich werden (einschließlich ggf. Anpassungen des Dialogs oder der Aufnahmen für den Vertrieb in bestimmte Lizenzmärkte).

3.3. Typischer Einsatz Digitaler Nachbildungen oder Digitaler Teilverkörperungen Anwendungsfälle

Die Tarifparteien erkennen an, dass der Einsatz Digitaler Nachbildungen oder Digitaler Teilverkörperungen im Interesse aller Beteiligten liegen kann, wie insbesondere bei gefahrgeneigten (Stunt-) Szenen, einer (z. B. krankheitsbedingten) Verhinderung der engagierten Schauspielerin oder je nach Einzelfall auch aus künstlerischen Gründen:

3.3.1. Gefahrgeneigte (Stunt-) Szenen:

Der Einsatz Digitaler Nachbildungen oder Digitaler Teilverkörperungen zum Zweck, die Schauspielerin, die für eine Produktion engagiert ist, in gefahrgeneigten Spielsituationen zu zeigen bzw. doubeln zu lassen, ist zulässig. Die Schauspielerin wird angemessen auf die Interessen der Filmhersteller Rücksicht nehmen und darf die Einwilligung in diesen Fällen nicht entgegen Treu und Glauben verweigern, sofern eine solche nicht ohnehin bereits vertraglich vereinbart wurde.

3.3.2. *Verhinderung der engagierten Schauspielerin:*
Die Tarifparteien erkennen ferner an, dass der Einsatz einer Digitalen Nachbildung oder einer Digitalen Teilverkörperung (ggf. auch nur von einzelnen Körperteilen oder nur für einzelne Szenen) auch unter Verwendung generativer KI im Interesse aller Beteiligten liegt und zulässig ist, wenn die Schauspielerin zur Erbringung der vertraglichen Verpflichtungen vor der Kamera verhindert ist (z. B. durch ein gebrochenes Bein während der Dreharbeiten) und eine Einwilligung gemäß Ziffer 3.1.1. vorliegt. Die Einwilligung ist im Falle der Verhinderung entbehrlich, wenn der Einsatz der Digitalen Nachbildung oder Digitalen Teilverkörperung nicht wesentlich über den Umfang der vertraglich vereinbarten realen Mitwirkung der Schauspielerin hinausgeht.

3.4. *Vergütung für Digitale Bewegungserfassung zur Schaffung einer Digitalen Nachbildung*
Stellt sich die Schauspielerin zum Zwecke der Digitalen Bewegungserfassung zur Verfügung, so werden die für diese Tätigkeit aufgewendeten Arbeitstage der Schauspielerin bei der Berechnung der anzurechnenden Drehtage als vergütungspflichtige Drehtage berücksichtigt.
Leistet die Schauspielerin an dem jeweiligen Arbeitstag noch weitere schauspielerische Arbeit vor der Kamera oder anderweitige (vergütete) Tätigkeiten, werden sämtliche Tätigkeiten zusammen als ein anzurechnender Drehtag berücksichtigt.

3.5. *Entgelt für die Verwendung Digitaler Nachbildung oder Digitaler Teilverkörperung*
Für die Einwilligung zur Verwendung der Digitalen Nachbildung oder Digitalen Teilverkörperung einer Schauspielerin ist ein Entgelt zu vereinbaren, es sei denn,

(i) *die Schauspielerin hat bereits einen Anspruch auf eine Gage oder eine Lohnersatzleistung für die Mitwirkung in der Produktion, die durch die Digitale Nachbildung oder Digitale Teilverkörperung ganz oder teilweise ausgetauscht wird, und der Einsatz der Digitalen Nachbildung oder Digitalen Teilverkörperung geht nicht wesentlich über den Umfang der vertraglich vereinbarten Mitwirkung der Schauspielerin hinaus, oder*

(ii) *die Digitale Nachbildung oder Digitale Teilverkörperung wird in einer Szene verwendet, in der die Schauspielerin ohnehin selber auftritt. Davon ausgenommen sind Fälle, in denen die Schauspielerin in der betreffenden Szene eine Doppelrolle oder eine zusätzliche Rolle gespielt hätte.*

Zur Bemessung des Entgelts dienen sogenannte ***»Fiktive Drehtage«***[609] *die für die Herstellung der Produktion erforderlich gewesen wären, hätte die Schauspielerin die Rolle in der betreffenden Szene persönlich erbracht. Die Anzahl dieser Fiktiven Drehtage orientiert sich an objektiven Kriterien wie insbesondere der vom Produzenten nach Treu und Glauben geschätzten Länge der Szene auf Basis des Drehbuchs (sog. »gestoppte Scriptlänge«).*
Die Vereinbarung über die ***Höhe des Entgelts*** *orientiert sich entsprechend und unter Berücksichtigung des Einzelfalles an der gemäß Ziffer 4.1. des Schauspieltarifvertrages individuell verhandelten bzw. zu verhandelnden Drehtagsvergütung.*

3.6. Künstliche Darsteller

3.6.1. Die Tarifparteien unterstreichen die Bedeutung menschlicher Darbietungen in audiovisuellen Produktionen. Sie sind sich der potenziellen Auswirkungen des Einsatzes künstlicher Darsteller auf die Beschäftigungssituation der Filmschaffenden bewusst und werden sich über die technische Entwicklung und insbesondere Art und Umfang des Einsatzes künstlicher Darsteller im Rahmen der Evaluation gemäß nachstehender Ziffer 4. austauschen.

3.6.2. Die Tarifparteien erkennen an, dass es hinsichtlich der Erschaffung und Verwendung Künstlicher Darsteller auf Grundlage der einschlägigen Gesetze und Rechtsprechung der Einwilligung der Schauspielerin bedarf, wenn diese in dem künstlichen Darsteller identifiziert werden kann. Ausreichend hierfür ist bereits eine Erkennbarkeit durch den Bekanntenkreis des Abgebildeten; eine Erkennbarkeit auch durch die allgemeine Öffentlichkeit ist nicht erforderlich.

4. Evaluierung

Die Tarifparteien werden sich jeweils halbjährlich über möglicherweise notwendige Ergänzungen, Änderungen und/oder Zusätze zu dieser Anlage KI-Einsatz austauschen. Dabei werden insbesondere auch zukünftige technologische und wirtschaftliche Entwicklungen, etwaige Änderungen einschlägiger Gesetzgebung und Rechtsprechung sowie im Interesse der Erhaltung der internationalen Wettbewerbsfähigkeit der deutschen Kreativwirtschaft auch Entwicklungen in wesentlichen Filmmärkten berücksichtigt.

Berlin, den 12. Oktober 2024

Allianz Deutscher Produzentinnen und Produzenten – Film, Fernsehen und Audiovisuelle Medien e. V., (Berlin)	*Vereinte Dienstleistungsgewerkschaft – ver.di, Bundesvorstand, (Berlin)«*

609 Drehtage i. S. v. Ziff. 3.1. Satz 1 des Schauspieltarifvertrags. Anstelle eines Entgeltmodells basierend auf den »fiktiven Drehtagen« präferiert die Produktionsallianz den sog. »Screentime Ansatz«. Die Screentime ist die Gesamtdauer der Sicht- und Hörbarkeit der jeweiligen digitalen Nachbildung in virtuellen Szenen der audiovisuellen Produktion, die ohne die tatsächliche Mitwirkung der Schauspielerin erstellt wurde. Die Parteien sind sich einig, das Entgeltmodell gemeinsam im Sinne von Ziffer 4. Weiterzuentwickeln und zu evaluieren.

38.11 Austausch erleichtert Navigation

Die Mannschaften verschiedener Segelboote tauschen sich im Hafen gern beim »Einlaufbier« über ihre Erfahrungen aus, die sie auf der zurückgelegten Strecke gemacht haben. Was sind viel befahrene Routen, die das Kreuzen erschweren, gibt es vielleicht neue Untiefen? Wo machen Wind und Wellengang das Fahren beschwerlich? Tipps von Boot zu Boot weiterzugeben, hilft beim Dazulernen und dabei, seinen Kurs zu justieren. Derartiger Klönschnack ist nicht nur unterhaltsam, sondern auch hilfreich.
Dieses Buch will den Austausch über unterschiedliche Gestaltungsansätze zu KI-Systemen im Betrieb anregen und fördern. Austausch lebt aber nicht nur vom Nachlesen und Zuhören, ohne aktive Beiträge kommt Austausch nicht zustande. Deswegen der Appell, schicken Sie uns anonymisiert ihre betriebliche Verabredung. Auszüge daraus könnten anderen dabei helfen, ihren eigenen Kurs zu bestimmen:

KI-Lagom@t-online.de

> Hier könnte in Auszügen
> Ihre Betriebsvereinbarung stehen

39 Partizipation schafft Vertrauen. Beteiligung von Betriebsräten bei der Einführung und Nutzung von KI-Anwendungen

von *Prof. Dr. Martin Krzywdzinski*

Die zunehmende Verbreitung von Anwendungen Künstlicher Intelligenz (KI) verändert die Arbeitswelt. KI-Anwendungen dringen zunehmend in verschiedene Arbeitsbereiche ein, von Tätigkeiten in der Produktion und Logistik, bis hin zu Arbeitsplätzen in der Planung, Beschaffung, Marketing und Produktentwicklung. Sie schaffen neue Möglichkeiten für Automatisierung und Optimierung von Prozessen, aber auch für die Unterstützung und Begleitung von Beschäftigten bei ihren Arbeitsaufgaben.

Der Einsatz von KI-Anwendungen wird zu einem immer wichtigeren Gestaltungsgegenstand für Management und Betriebsräte, also zu einem zentralen Thema für die Mitbestimmung. Weitere Regulierung fordert die KI-Verordnung der Europäischen Union. Management und Betriebsräte in vielen Unternehmen sind mit der gemeinsamen Beratung, Gestaltung und Aushandlung der Einführung und des Einsatzes dieser Technologien befasst.

Die hier kurz zusammengefassten Ergebnisse der am Weizenbaum-Institut durchgeführten Studie »KI im Betrieb« fokussiert auf die Frage, wie Betriebsräte in die Einführung der KI-Technologien eingebunden werden. Der erste zentrale Befund ist die Existenz von zwei unterschiedlichen »Welten der Mitbestimmung«, selbst in Bereichen mit einer hohen Abdeckung durch Betriebsräte. In der kooperativen Mitbestimmungswelt finden wir eine Einbindung der Betriebsräte in die Planung, Einführung und das Monitoring von KI-Anwendungen sowie ausreichend zeitliche und organisatorische Ressourcen der Betriebsräte, um sich mit den KI-Anwendungen auseinanderzusetzen. In der konflikthaften Mitbestimmungswelt ist die Einbindung der Betriebsräte umstritten. Das Management stellt nicht genügend Informationen bereit, die Betriebsräte haben deutlich weniger zeitliche und organisatorische Ressourcen für die Auseinandersetzung mit der Technologie.

Die hier vorliegende Studie zeigt, dass die Einbindung der Betriebsräte durchaus vorteilhaft für die Unternehmen ist. Die Betriebe der kooperativen Mitbestimmungswelt binden auch die Beschäftigten stärker in die Einführung der neuen Technologien ein, was sich wiederum in einer höheren Akzeptanz der Technologien bei den Beschäftigten auswirkt. Partizipation schafft Vertrauen.

Die Darstellung in diesem Kapitel beruht auf einer Befragung von 385 Betrieben und auf dem Bericht »Zwei Welten der KI in der Arbeitswelt«.[610] In allen Betrieben fanden Interviews mit dem Management statt. Alle befragten Betriebe hatten einen Betriebsrat, dabei konnte ein Betriebsratsinterview (zumeist mit Betriebsratsvorsitzenden) in 224 Fällen durchgeführt werden.
Der Fokus der Befragung lag auf größeren Betrieben (ab 50 Beschäftigten) in Branchen mit einem höheren Potenzial der Nutzung von KI-Anwendungen. Einbezogen wurden das Produzierende Gewerbe und ausgewählte Dienstleistungsbereiche (Handel, Verkehr und Lagerei, Information und Kommunikation, Finanzdienstleistungen, wissenschaftliche und technische Dienstleistungen).

39.1 Einsatz von KI in Betrieben

In unserem auf größere Betriebe und Branchen mit einem höheren Potenzial für die Implementierung von KI-Anwendungen fokussierten Sample finden wir ein relativ hohes Niveau an Einsatz von KI. 49 % der befragten Betriebe im Produzierenden Gewerbe und 51 % der Betriebe in den untersuchten Dienstleistungssektoren berichteten zumindest eine KI-Anwendung im Regelbetrieb. Wenn wir Betriebe hinzuziehen, die zumindest eine KI-Anwendung im Pilotbetrieb haben, steigt der Anteil der Betriebe mit KI auf 61 % im Produzierenden Gewerbe und 67 % in den untersuchten Dienstleistungssektoren.
Am häufigsten ist der Einsatz von KI in der IT, etwa bei der IT-Sicherheit (z. B. Monitoring von Netzwerken und Datenströmen) oder als Unterstützung beim Programmieren – 29 % der befragten Betriebe hatten hier Anwendungen im Regelbetrieb, 9 % in der Pilotphase. Ebenfalls sehr häufig sind Anwendungen in der Verwaltung, etwa in der Automatisierung von Datenverwaltungsprozessen oder der Unterstützung bei der Erstellung von Analysen und Berichten. Das Personalwesen als der Bereich, bei dem die Nutzung von KI am häufigsten in den Medien diskutiert wird, gehört zu den Unternehmensbereichen mit einer bislang geringeren KI-Nutzung. 10 % der befragten Betriebe berichteten über KI-Anwendungen im Regelbetrieb, 7 % hatten sie in der Pilotphase.

---

610 Martin Krzywdzinski (2024), Zwei Welten der KI in der Arbeitswelt. Wie Management und Betriebsräte die Einführung und Nutzung von KI-Anwendungen gestalten, Weizenbaum Discussion Paper #39, Weizenbaum-Institut für die vernetzte Gesellschaft, *https://doi.org/10.34669/WI.DP/39*.

39.2 Rolle von Betriebsräten bei der Einführung von KI in Betrieben

Im Hinblick auf die Zusammenarbeit von Management und Betriebsräten bei der Einführung von KI werden zwei unterschiedliche Welten deutlich, eine kooperative und eine konflikthafte. Beide Welten machen jeweils etwa die Hälfte des Samples der vorliegenden Befragung aus.
Die Betriebsratsinterviews zeigen, dass es eine Gruppe von Betrieben gibt, in denen Betriebsräte und Beschäftigte regelmäßig einbezogen werden, und eine zweite Gruppe, in der das seltener geschieht (Abbildung 1). Wir haben in den Interviews nach der Einbindung in der **Planungsphase**, der **Einführungsphase** und der **Nutzungsphase** gefragt. 53 % der Betriebsräte bestätigen, dass sie immer oder regelmäßig bei der Einführung neuer Technologien, 46 % bei dem Monitoring der Nutzung von Technologien und 40 % bei der Planung der Technologien einbezogen werden. Der Schwerpunkt der Einbeziehung ist also die Implementierung, während in den früheren Phasen der Planung die Einbindung schwächer ist.
53 % der Betriebsräte bestätigen ebenfalls die regelmäßige Einbeziehung der Beschäftigten bei der Einführung von neuen Technologien, sind aber etwas skeptischer inwieweit die Beschäftigten regelmäßig bei der Planung (31 % der Betriebsräte) und bei der Überwachung der Nutzung von Technologien (40 % der Betriebsräte) beteiligt werden.

Abbildung 1: Einbeziehung von Beschäftigten und Betriebsräten aus Betriebsratssicht

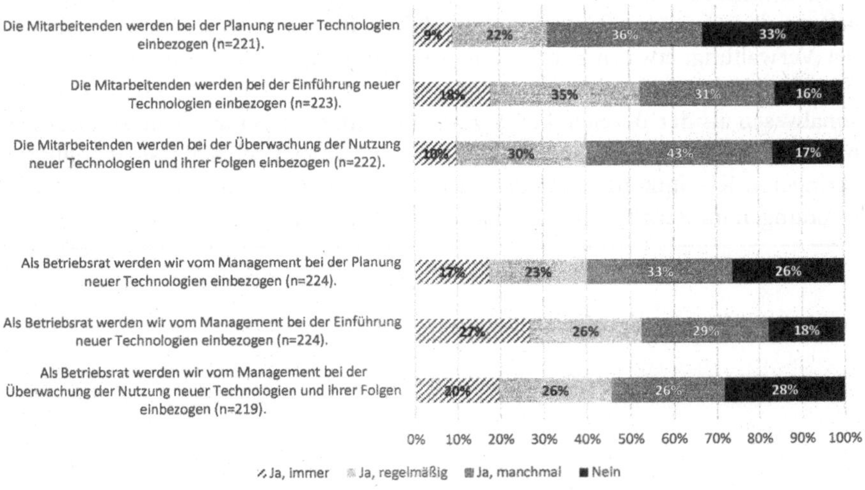

Die beiden »Welten« der Mitbestimmung hängen mit der Betriebsgröße zusammen. Formen der kooperativen Mitbestimmung finden sich etwas häufiger in größeren Betrieben als in Kleineren. Zudem gibt es gewisse sektorale Unterschiede. In unserem Sample war die kooperative Mitbestimmungswelt im Bereich der Informations-, Kommunikations-, Finanz- und technischen Dienstleistungen etwas häufiger vertreten als im Produzierenden Gewerbe sowie dem Bereich Handel und Transport.

Relativ deutlich sind die Branchenunterschiede im Hinblick auf die berichtete Regulierung der Technologieeinführung in Betriebsvereinbarungen (Abbildung 2). 39 % der Betriebsräte im Dienstleistungsbereich und 25 % im Produzierenden Gewerbe berichteten über Betriebsvereinbarungen zur Einführung neuer Technologien. 18 % der Betriebsräte im Dienstleistungsbereich und 7 % im Produzierenden Gewerbe hatten Vereinbarungen über den Einsatz von IT-Systemen, mit denen auch KI-Anwendungen abgedeckt waren. Ein Betrieb im Produzierenden Gewerbe und drei Betriebe im Dienstleistungsbereich hatten eigene Betriebsvereinbarungen über die Einführung von KI-Systemen abgeschlossen. 24 der befragten Betriebsräte hatten bereits die Möglichkeit der Heranziehung von Expertise nach dem neuen Betriebsratsmodernisierungsgesetz genutzt (11 aus Produzierendem Gewerbe, 13 aus Dienstleistungsbereichen).

Der Unterschied zwischen den untersuchten Betrieben im Produzierenden Gewerbe und im Dienstleistungsbereich kann daran liegen, dass die von uns untersuchten Dienstleistungsbereiche seit längerem sehr intensiv IT-Lösungen einsetzen und daher bereits entwickelte Regelungssysteme dafür haben. Auch der Einsatz mobiler Arbeit ist dort besonders stark, was einen weiteren Schub zur Regulierung der Einführung neuer Technologien und der IT-Systeme gegeben haben könnte. Die Frage, inwieweit die Betriebe Teil von Konzernstrukturen sind, in denen die entsprechende Regulierung der Einführung neuer Technologien auf der übergreifenden Konzern- und nicht auf der betrieblichen Ebene stattfindet, kann die stärkere Verbreitung von Betriebsvereinbarungen in den Dienstleistungsbetrieben nicht erklären. Die untersuchten Betriebe des Produzierenden Gewerbes sind zwar häufiger als die Dienstleistungsbetriebe in Konzernstrukturen eingebettet, aber zugleich berichten Betriebe in Konzernstrukturen sogar öfters davon, dass in ihren Betrieben Regelungen zur Einführung neuer Technologien gelten.

Abbildung 2: Betriebsvereinbarungen zur Technologieeinführung (224 befragte Betriebsräte)

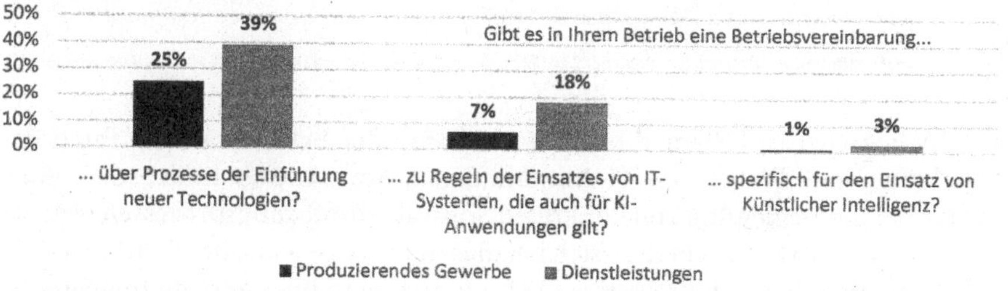

Die zwei »Welten« der Mitbestimmung unterscheiden sich auch deutlich im Hinblick auf die Ressourcen der Betriebsräte (Abbildung 3). Bei einer kooperativen Mitbestimmungspraxis berichteten etwa 60 % der Betriebsräte, dass sie genügend externe Beratung und Weiterbildungsangebote zu KI-Themen haben; etwa 50 % hatten genügend Zeit, um sich mit der neuen Technologie auseinanderzusetzen; etwa 41 % betrachteten die vom Management zur Verfügung gestellten Informationen als ausreichend. Dies impliziert allerdings, dass es auch bei einer kooperativen Mitbestimmungspraxis für eine sehr große Minderheit bzw. fast die Hälfte der Betriebsräte schwierig ist, genügend Expertise und Zeit für die Auseinandersetzung mit KI heranzuziehen.
Bei Betrieben mit einer nicht-kooperativen, konflikthaften Mitbestimmungspraxis werden die Informationen des Managements deutlich kritischer beurteilt. Zudem hat nach eigenen Angaben nur eine Minderheit der Betriebsräte genügend Zeit (21 %) und externe Unterstützung (36 %), um die KI-Technologien zu verstehen.
Am schwächsten ist der Unterschied zwischen der kooperativen und der konflikthaften »Welt« der Mitbestimmung im Hinblick auf die persönliche Expertise der Betriebsräte. In beiden Fällen berichtet nur eine Minderheit der Betriebsräte genügend persönliche Expertise.

Abbildung 3: Ressourcen der Betriebsräte für die Auseinandersetzung mit KI (224 Betriebsräte)

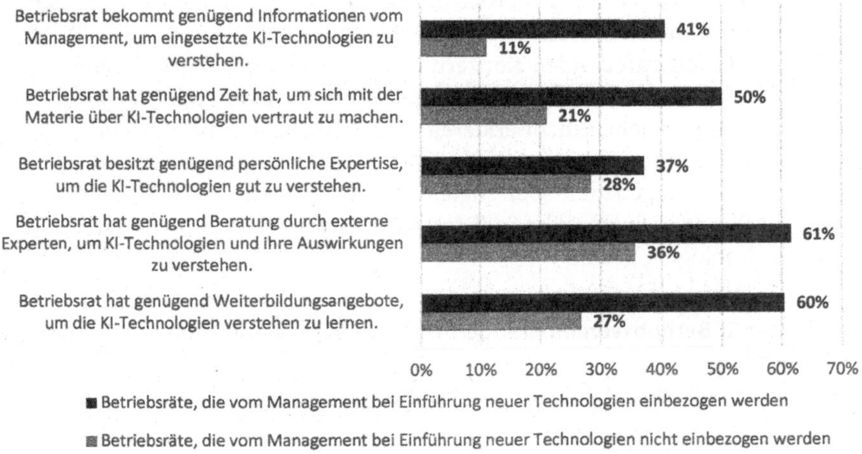

Relativ begrenzt ist bislang die Kommunikation der Betriebsräte mit ihren Belegschaften über Fragen von KI-Anwendungen. Am stärksten findet so ein Austausch bei der Begleitung von konkreten Softwareeinführungsprozessen statt: 44 Betriebsräte (20 %) berichteten, sich bei diesen Prozessen mit Beschäftigten über KI auszutauschen. 26 Betriebsräte (12 %) berichteten über gezielte thematische Veranstaltungen zu KI in ihren Betrieben, 28 Betriebsräte (13 %) haben KI in Betriebsversammlungen thematisiert.

39.3 Auswirkungen von KI auf die Arbeit

Unsere Studie fokussierte auf die Wahrnehmung und Einführung von KI-Technologien im Zusammenspiel von Management und Betriebsräten. Da wir nicht die Beschäftigten selbst befragt haben, können wir keine Auswirkungen der KI auf deren Arbeit direkt messen. In den Interviewdaten zeichnen sich allerdings wichtige Punkte im Hinblick auf die Akzeptanz von KI-Technologien ab.
Erstens schätzen sowohl Betriebsräte als auch das Management in der kooperativen Mitbestimmungswelt die Akzeptanz der Beschäftigten für die Einführung von KI-Anwendungen etwas positiver ein (Abbildung 4) als in der konflikthaften Mitbestimmungswelt. In der kooperativen Mitbestimmungswelt schätzen 24 % der Manager und 36 % der Betriebsräte die Akzeptanz als eher oder sehr gering ein, in der konflikthaften Mitbestimmungswelt sind es 38 % bzw. 47 %. Dies passt zu Befunden der Forschung, dass Partizipationsangebote die Bereitschaft zur Mitwirkung bei technologischen und organisatorischen Veränderungen stärken. In beiden Mitbestimmungswelten sind die Betriebsräte allerdings im Hinblick auf die Akzeptanz von KI-Technologien bei den Beschäftigten etwas skeptischer als das Management.

Abbildung 4: Akzeptanz der Beschäftigten für die Einführung von KI-Systemen

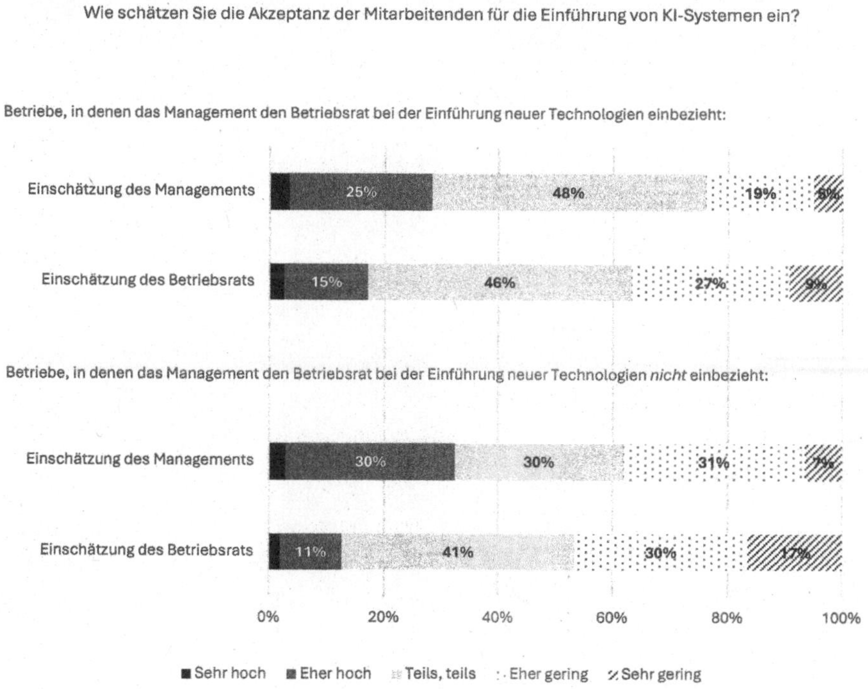

Zweitens gibt es einen klaren Zusammenhang zwischen der Einbeziehung der Betriebsräte und der Beschäftigten in die Einführungsprozesse neuer Technologien. Unter den Betrieben, die den Betriebsrat immer oder häufig in die Technologieeinführung einbinden, berichten etwa zwei Drittel, dass sie auch die Beschäftigten häufig oder immer einbeziehen. Im Vergleich dazu ist die Einbeziehung der Beschäftigten viel schwächer, wenn der Betriebsrat auch nicht einbezogen wird. Nur etwa 40 % der Betriebe, die den Betriebsrat bei der Einführung von KI-Technologien nie oder selten einbeziehen, beziehen dennoch die Beschäftigten immer oder häufig ein. Deutlich wird, dass die Einbeziehung des Betriebsrats das Engagement der Betriebe bei der Einbeziehung der Beschäftigten deutlich erhöht.

40 Künstliche Intelligenz gestalten – nicht nur für, sondern mit den Beschäftigten

Steuert die Maschine den Menschen oder der Mensch die Maschine? Wirkt KI im Job als hilfreiche Assistenz oder als unsensible Autorität? Erobern autonome Maschinen immer mehr Raum im Arbeitsleben oder werden ihnen Grenzen durch die Autonomie der Menschen gesetzt? Das Betriebsverfassungsgesetz gibt eigentlich eine eindeutige Antwort auf diese Fragen, indem es Betriebsräten und Arbeitgebern auferlegt, »die freie Entfaltung der Persönlichkeit der im Betrieb beschäftigten Arbeitnehmer zu schützen und zu fördern«. Das legt das Primat des Menschen über die Maschine fest.

Aber Recht und Praxis stimmen nicht von sich aus überein. Es ist notwendig und sinnvoll, rechtzeitig zur Verbreitung lernender Maschinen daran zu arbeiten, den menschlichen Werten und Interessen Gewicht zu geben. Weil es dabei um die Entfaltung der Persönlichkeiten gehen muss, sollten jene Persönlichkeiten beteiligt werden, die den Betrieb am Laufen halten: die Beschäftigten.

40.1 IG-Metall: Beschäftigtenbeteiligung: Die zu oft vernachlässige Initiative bei der Arbeitsgestaltung

von *Christiane Benner* und *Christian Kühbauch*

Bessere KI durch Partizipation

Die Arbeitswelt verändert sich rasant. Es sind mehrere tiefgreifende Veränderungen, die gleichzeitig wirksam werden. Die Notwendigkeit klimaneutraler Produktion führt vor allem in Branchen, wie der Automobilproduktion inklusive Zulieferbereich oder der Stahlindustrie, zu umfassenden Umwälzungen. Die Digitalisierung umfasst dagegen alle wirtschaftlichen Bereiche. Die öffentliche Debatte darüber hat begonnen, verläuft aber häufig sehr diffus.

Klar ist: Die Gewerkschaften und die betrieblichen Interessenvertretungen stehen vor großen Herausforderungen. Es gibt seriöse Forschungen darüber, wie viele Arbeitsplätze durch Digitalisierung in den kommenden 20 Jahren allein auf dem deutschen Arbeitsmarkt wegfallen und wie viele neue entstehen könnten.

Die Zahlen vermitteln eine Vorstellung davon, wie umfangreich die Transformation ausfällt.

Der Forschungsbericht des »Instituts für Arbeitsmarkt- und Berufsforschung«[611] aus dem Jahr 2021 hat ergeben, dass inzwischen 34 % aller sozialversicherungspflichtig ausgeübten Berufe ein sogenanntes hohes »Substituierungspotenzial« aufweisen. Dies ist gegeben, wenn 70 bis 100 % der dort typischerweise zu erledigenden Tätigkeiten auch von Computern oder computergesteuerten Maschinen übernommen werden können. Welche Rolle der »Künstlichen Intelligenz« dabei zukommt, ist nicht im Einzelnen ausgewiesen.

Weder werden diese in Summe 11,34 Millionen Arbeitsplätze binnen kurzer Zeit entfallen, noch ist gesichert, ob ein Teil von ihnen überhaupt ersetzt wird. Denn nur, weil etwas technisch möglich ist, bedeutet dies nicht, dass es sich auch betriebswirtschaftlich rechnet und sinnvoll in die arbeitsorganisatorischen Abläufe integriert werden kann. Dennoch sind viele Arbeitsplätze potenziell gefährdet. Hinzu kommt, dass viele Unternehmen unzureichend oder gar nicht auf diese Herausforderungen eingestellt sind. 50 % der befragten Betriebsratsmitglieder haben bei der Beschäftigtenbefragung der IG Metall 2020 angegeben, dass ihr Unternehmen oder Betrieb aus ihrer Sicht über keine Strategie der anstehenden Zukunftsherausforderungen verfügt.

Gewerkschaften und betriebliche Interessenvertretungen müssen hier dringend eingreifen, um möglichst vielen Beschäftigten auch mittel- und langfristig eine Arbeitsplatzperspektive zu gewährleisten. Dafür gibt es zwei erfolgversprechende Strategien. Die erste ist Qualifizierung, Qualifizierung, Qualifizierung! Neben einer zeitgemäßen schulischen, beruflichen und universitären Bildung wollen wir durch möglichst frühzeitige Weiterbildung konkrete Perspektiven für Beschäftigte schaffen, deren heutige Arbeitsplätze im Zuge der Digitalisierung oder der Einführung von »Künstlicher Intelligenz« entfallen oder sich grundlegend verändern.

Der zweite Schlüssel zum Erfolg heißt Beteiligung. Wir benötigen dafür einerseits eine zeitgemäße Weiterentwicklung der betrieblichen Mitbestimmung. Spezielle Regelungen benötigen wir gerade für den Umgang mit künstlicher Intelligenz, die in den kommenden Jahren integraler Bestandteil der Arbeits- und Produktionssysteme werden wird. Die Komplexität der damit aufgeworfenen Fragen beim Persönlichkeits- und Datenschutz und der Interaktion und Kollaboration technischer Systeme mit Menschen erfordert Klarstellungen über die Unterrichtungs- und Beratungsrechte bei Anwendung von künstlicher Intelligenz. Ebenso ist ein Anspruch des Betriebsrats auf die Hinzuziehung von Sachverständigen gut begründet, wenn dies erforderlich ist, ohne vorherige Einigung mit dem Arbeitgeber. Dieser Anspruch sollte generell, also auch bei anderen Regelungsgegenständen gelten. Die Beratung des Betriebsrats durch externen Sachverstand wird angesichts immer komplexer werdender Systeme, die sich zudem noch kontinuierlich verändern, besonders relevant. Der Einsatz von KI und sog. »selbstlernender Systeme« ist dafür ein gutes Beispiel. Betriebs-

611 IAB-Kurzbericht 13/2021 vom 13.7.2021.

räte müssen in die Lage versetzt werden, dass sie die eingesetzten technischen Systeme verstehen, um die Auswirkungen auf die Beschäftigten zu antizipieren und in entsprechenden Vereinbarungen mit dem Arbeitgeber zu regeln. Dabei hilft die Ergänzung des Betriebsverfassungsgesetzes, die mit der Anpassung von § 80 Abs. 3 Erleichterung bei der Bestellung von KI-Sachverständigen und mit § 95 Abs. 2a eine Klarstellung bei Personalauswahlrichtlinien gebracht hat, für die KI genutzt wird.

Beteiligung ergänzt repräsentative Mitbestimmung

Ebenso wichtig wie die Stärkung der repräsentativen Mitbestimmung sind alle Formen direkter Beteiligung von Beschäftigten. Sie dient nicht dem Ersatz, sondern der notwendigen Ergänzung etablierter Mitbestimmungsformen. Auch bei allen Fragen rund um »Künstliche Intelligenz« wird das dringend erforderlich sein. Das gilt insbesondere bei Systemen, die, wie z. B. bei der Personalauswahl, auf selbstlernenden Algorithmen basieren.

Nur mit der Kompetenz von Beschäftigten können so in der entscheidenden ersten Phase wesentliche Fehler vermieden werden. Sind beispielsweise bei einer überhasteten Implementierung diskriminierende Auswahlkriterien bei der Personalauswahl eingeführt worden, lassen sie sich im weiteren Verlauf nur schwer wieder beheben. Im Zuge des vom BMAS geförderten Projektes Arbeit und Innovation kristallisierte sich eine zentrale Erkenntnis heraus: Werden Beschäftige in technologischen Veränderungsprozessen zu Akteuren und Akteurinnen und werden frühzeitig in die Gestaltung eingebunden, so steigt auch die Akzeptanz für diese.

Dabei können wir auch beim Umgang mit »Künstlicher Intelligenz« von Erfahrungen lernen, die die IG Metall in den letzten Jahren mit direkten Beteiligungsmöglichkeiten gesammelt hat. So werden beispielsweise in der Lernfabrik an der Ruhr-Universität in Bochum Betriebsratsmitglieder in der Anwendung einfacher künstlicher Intelligenz bei der visuellen Mustererkennung in der Qualitätssicherung geschult. Hier lernen sie sowohl die Chancen und positiven Auswirkungen kennen, die der Einsatz der Technologie für die Durchführung der Arbeitstätigkeiten an einzelnen Arbeitsplätzen haben kann. Auf der anderen Seite verstehen sie aber auch, dass der sinnvolle Einsatz von KI-Anwendungen auch maßgeblich beispielsweise von der Qualität der Daten abhängig ist. Hier spielen die Beschäftigten eine zentrale Rolle, denn die Daten »fallen nicht vom Himmel«, sondern speisen sich teilweise aus Informationen, die von den Beschäftigten selbst eingepflegt werden müssen. Ein Verständnis über die Funktionsweise der Systeme bei den Kolleginnen und Kollegen, die am Ende ja selbst mit diesen interagieren müssen, ist für die Datenqualität und folglich für eine angestrebte Verbesserung der Prozesse durch den Einsatz von KI, zentral. Beschäftigte, die also von Beginn an wissen und nachvollziehen können, welche Ziele mit dem Einsatz von KI verfolgt werden und wie sie funktionieren, sind erfahrungsgemäß auch eher bereit dazu ihr Expert*innenwissen in das System einzubringen. Eine frühzeitige Beteiligung der Beschäftigten hat auch für die sogenannte »Usability« einen zentralen Mehrwert. Denn wer, wenn nicht die Personen, die mit den Systemen arbeiten werden, können beurteilen, ob ein System »nutzerfreundlich« gestaltet ist, oder nicht? Nur sie können genau sagen, was verbessert werden muss. Zudem ist mit Usability nicht nur gemeint, dass Anwendungsoberflächen intuitiv gestaltet sind, sondern der Begriff bezieht sich auch auf die zentrale Frage des tatsächlichen »Nutzens« für die Verbesserung eines Prozesses. Der Einsatz neuer Technologien ist schließlich kein Selbstzweck, sondern soll die Arbeit und Prozesse verbessern. Auch hier ist es aus unternehmerischer Sicht unverantwortlich die jahrelang aufgebaute Expertise der KollegInnen nicht zu nutzen. Sie wissen am besten, ob und wenn ja: wie genau der Einsatz von KI ihre Arbeitsprozesse verbessern kann. Diese und ähnliche Schulungsmaßnahmen der IG Metall tragen dazu bei, die Akzeptanz von neuen Technologien zu erhöhen.

KI wird in verschiedenen Anwendungsbereichen vermehrt eingesetzt werden. Betriebliche Interessenvertretungen müssen auf diese Technikveränderung vorbereitet werden. Aus Sicht der Gewerkschaften ist eine Ausweitung der betrieblichen Mitbestimmung in Fragen der Anwendung von KI erforderlich. Denn Akzeptanz gibt es nicht zum Nulltarif: Betriebsräte müssen frühzeitig eingebunden werden und auf Augenhöhe mitbestimmen können; Beschäftigte müssen frühzeitig beteiligt werden und es muss ihnen glaubhaft vermittelt werden können, dass die »hidden agenda« des KI-Einsatzes nicht die Substitution ihrer Arbeitsplätze ist.

Menschen formulieren seit längerer Zeit den **Anspruch** stärker in Entscheidungsprozesse im Betrieb und in der Gesellschaft eingebunden und an politischen Entscheidungen beteiligt zu werden. Auch die IG Metall hat diese Vorstellungen einer modernen Politik erkannt und ist bereits seit längerem in diesem strategischen Entwicklungsfeld tätig. Seit 2015 werden in sogenannten Erschließungsprojekten systematisch Beteiligungsmethoden angewendet. Die IG Metall schult die Erschließungssekretäre und -sekretärinnen in den gängigen Organizingmethoden. Immer mit der Zielsetzung, möglichst viele Beschäftigte zu Aktiven zu machen, um Konfliktfähigkeit und Lösungskompetenz zu entwickeln. Mit diesen Projekten betreibt die IG Metall eine Organisationsentwicklung hin zur Beteiligungs- und Erschließungsgewerkschaft.[612] Dieser Ansatz wird auch von anderen Gewerkschaften verfolgt und ist stark vom US-amerikanischen Organizing-Ansatz inspiriert.

Wir verstehen unter Beteiligung einen **stufenweisen Prozess**, der je nach Situation skalierende Möglichkeiten der mittelbaren und unmittelbaren Beteiligung von Mitgliedern und Beschäftigten an Inhalten, Vorgehen und Ergebnissen des Prozesses ermöglicht.

In welchem Prozess wie weit beteiligt werden sollte, ist eine Frage, die von vielen Faktoren abhängt: von fachlichen (z. B. wie komplex ist die Materie), von prozessualen (z. B. können mit allen Beteiligten die für die Entscheidung notwendigen Informationen geteilt werden), von sozialen (z. B. ist diese Gruppe eingeübt in

612 IG Metall Bezirk Baden-Württemberg (Hrsg.): Aufrecht gehen. Wie Beschäftigte durch Organizing zu ihrem Recht kommen. Erfahrungen aus dem Gemeinsamen Erschließungsprojekt (GEP) der IG Metall Baden-Württemberg, Hamburg (2018), VSA Verlag.

Mitbestimmung) und von strategischen Gründen (z. B. ist das repräsentative Gremium bereit, die Entscheidungsgewalt zu teilen oder abzugeben). Wir orientieren uns deshalb an der angemessenen Stufe der Beteiligung, nicht an einer sofortigen Demokratisierung aller Prozesse. Die Beteiligungstreppe[613]:

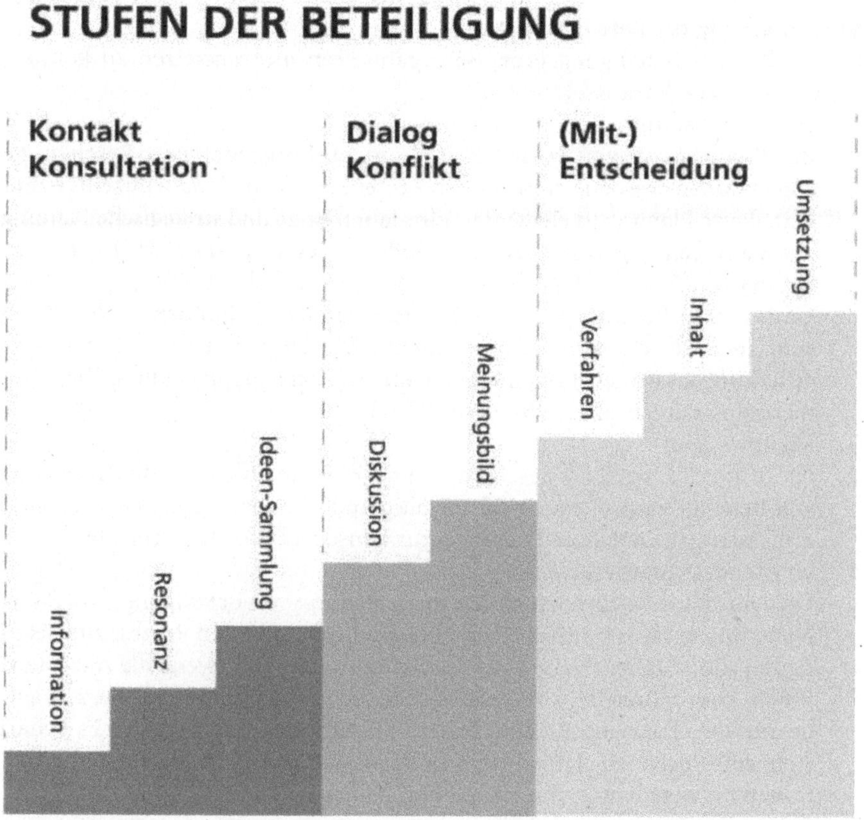

Beteiligung ist dabei kein bloßes Mittel zum Zweck für das bessere Bearbeiten des jeweiligen Themas: es ist ein Ansatz des **Empowerments** von Mitgliedern und Beschäftigten, bei dem diese Selbstwirksamkeit erfahren. Ziel dieser Beteiligungspolitik sind selbsttragende Strukturen und politisch sensible AkteurInnen, die autonom politische Themen und Prozesse im Betrieb im Sinne der Werte der IG Metall sowie in wirtschaftlichen und gesellschaftlichen Zusammenhängen gestalten können. Dabei sollen repräsentative Strukturen und Prozesse der Betriebsverfassung nicht ersetzt, sondern strategisch ergänzt werden.

613 Die Beteiligungstreppe ist eine Übertragung der vom Psychologen Eberhard Stahl entwickelten Zieltreppe auf das Thema Partizipation. Vgl. hierzu: Eberhard Stahl (2004): Die Zieltreppe. Ein Instrument zur Klärung des Situationsverständnisses bei der Leitung von Sitzungen, in: Schulz von Thun, F./Kumbier, D. (Hrsg.): Impulse für Führung und Training, Reinbek bei Hamburg, S. 89–104.

Beteiligung macht Sitzungen und Tagungen interessanter. Viele Ehrenamtliche haben nicht nur den Anspruch etwas Sinnvolles zu tun, sie wollen auch Spaß an der Tätigkeit haben. Hierzu bietet Beteiligung eine wichtige Möglichkeit Zusammentreffen und ehrenamtliche Tätigkeiten aufzuwerten.

Voraussetzung für Beteiligung

Um erfolgreich Beteiligungsprozesse organisieren und umsetzen zu können, braucht es einige **Voraussetzungen**:

1. Zeit und Planung
   Beteiligungsvorhaben kosten Zeit. Je mehr Mitglieder und Beschäftigte eingebunden werden, umso höher ist der Aufwand. Eine frühzeitige und detaillierte Planung ist elementar. Eine langfristige und strategische Planung der jeweiligen Organisationseinheit sollte diesen Umstand berücksichtigen.
2. Ressourcen
   Umfassende Prozesse sind mit Mehraufwänden verbunden. Neben Geld sind auch Personalkapazitäten gemeint. Die Organisation, z. B. von Veranstaltungskaskaden für eine betriebliche Konzeptentwicklung, benötigt mehr Ressourcen als repräsentative Verfahren.
3. Kompetenzen
   Die Anforderungen an Beschäftigte und FunktionärInnen zur Umsetzung von Beteiligungsprojekten sind vielfältig und neu. Deswegen bedarf es eines umfassenden Knowhow-Portfolios zur Umsetzung solcher Projekte.
4. Umstände/Anforderungen
   Die Umstände bestimmen oft die Ausgestaltung von Beteiligungsprozessen. Nicht immer ist es sinnvoll einen hochgradig detaillierten Prozess zur Beteiligung von Mitgliedern und Beschäftigten zu initiieren, wenn die Akzeptanz für ein konventionelles Vorgehen vorhanden ist oder die Umstände, z. B. aufgrund von Zeitmangel, keine andere Verfahrensweise zulassen. Es bedarf stets einer genauen Betrachtung in Bezug auf die Umstände, um die Optionen für Beteiligung abschätzen und planen zu können.
5. Politisches Thema
   Nicht jedes Thema eignet sich für ein aufwendiges Beteiligungsvorhaben. Ein Thema muss eine Relevanzschwelle für die potenziell Beteiligten überspringen. Das ist hochgradig individuell und muss mit politischem Gespür im Einzelfall eingeschätzt werden.
6. Gute Abwägung
   In den meisten Fällen ist Beteiligung ein Mittel, um wichtige Informationen für den Entscheidungsprozess zu erhalten und Entscheidungen zu legitimieren bzw. Konflikte zu beenden.
   Über Beteiligung können bestehende Konflikte aber auch unsichtbare oder schlummernde katalysiert werden. Es bedarf daher einer genauen Abwägung, ob das politische Führungspersonal sich auf den Weg der Beteiligung macht und wie weitgehend dieser ist. Werden die Prozesse schlecht geführt und/oder bricht die örtliche Systemspitze (Führungsebene) einen Betei-

ligungsprozess ab, weil die Ergebnisse nicht erwünscht sind, kann dies stark eskalierend wirken.

7. Haltung
Beteiligungsarbeit ist auch immer einer Haltungsfrage, weil Beteiligung eine politische Überzeugung darstellt. Wer die Basis der Gewerkschaften, die Mitglieder und Beschäftigten, nicht als Zentrum seiner politischen Überlegungen sieht, wird jene nicht in und an politischen Prozessen beteiligen. Darüber hinaus setzt Beteiligung ein positives Menschenbild voraus. Die Menschen bringen alles mit, um in der Politik mitarbeiten zu können. Die Ausgestaltung eines Beteiligungsvorhabens muss so erfolgen, dass die Mitglieder und Beschäftigten ihr größtmögliches Potenzial zur Erreichung des kollektiven Ziels einbringen können.

Erfahrungen der IG Metall
In den letzten Jahren wurden umfangreiche Bemühungen unternommen, um Beteiligungsansätze in unserer gewerkschaftlichen Arbeit und in den Betrieben voranzutreiben und zu verankern. Über verschiedene Kanäle, mit direkter Ansprache und Unterstützung sowie über die Entwicklung eines umfassenden Werkzeug- und Kompetenzkoffers wurden in kleinen und größeren Zusammenhängen positive Ergebnisse erzielt. Als wesentliches Ergebnis lässt sich festhalten: wo Beteiligung erfolgreich eingesetzt wurde, haben sich Arbeits- und Denkweisen geändert und sind modernere Strukturen geschaffen worden. Mitglieder und Beschäftigte sind dauerhaft näher am politischen Geschäft, weil sie über diese Prozesse hinweg eine politische Sensibilität entwickelt haben und selbst zu politischen AkteurInnen geworden sind.
Gleichzeitig sind Beteiligungsprozesse insofern unumkehrbar, als sie Erwartungen für zukünftige Prozesse erzeugen, die von den betrieblichen Akteuren und den Gewerkschaften bedient werden müssen. Wird ein Handlungskollektiv (z. B. eine Belegschaft in einem Betrieb) in eine Entscheidungsfindung einbezogen und kann ihr Wissen einbringen, so ist es schwierig beim nächsten Thema eine ähnliche Entscheidung mit rein repräsentativen Methoden zu erreichen.

Weitere Demokratisierung der Betriebsarbeit
Erweiterte Beteiligungsmöglichkeiten im Betrieb und mehr Elemente direkter Mitglieder- und Beschäftigtenbeteiligung sind ein wichtiger Baustein für mehr Demokratie im Betrieb.
Diese weitergehende Beteiligungs- und Demokratiearbeit kostet Zeit und Ressourcen. Vor allem in mittleren und kleinen Betrieben ist die Aufgabe und Rolle der Vertrauensleute nicht immer klar und eindeutig. Im Zusammenhang mit der Demokratisierung der Betriebsarbeit könnte für Vertrauensleute eine wichtige und systemische Aufgabe und Rolle definiert und ihnen zugeschrieben werden. Darüber hinaus müssen insbesondere Führungspersonen aus BR und VK speziell zu diesen Themen geschult und weitergebildet werden. Letztlich ist Demokratie und Beteiligung immer eine Haltungsfrage. Wenn diese Punkte auf der Führungsebene nicht verhaftet sind, kommt es in der praktischen Arbeit meist

nicht zur Umsetzung. Es gibt bereits durch den § 28a BetrVG für den Betriebsrat die Möglichkeit, Aufgaben auf Arbeitsgruppen zu übertragen. Diese Regelung gilt für Betriebe mit mehr als 100 Beschäftigten und bedarf einer Erweiterung, um betriebliche Partizipation zu stärken.
Auch die gesetzlichen Rahmenbedingungen bedürfen noch einer Weiterentwicklung. So wären verbindliche Demokratiezeiten im Betrieb ein Weg, um einen sicheren Rahmen für das Engagement der Betriebsräte und Vertrauensleute aber auch einzelner engagierter Beschäftigter zu schaffen. Der Abschnitt Mitwirkungs- und Beschwerderecht des Arbeitnehmers in §§ 81ff. BetrVG müsste dafür ergänzt werden. So können Beteiligungszeiten festgelegt werden, die es den Beschäftigten ermöglichen, sich aktiv in Entscheidungsprozesse einzubringen. Diese Forderung ist ein Bestandteil der Mitbestimmungsoffensive des DGB. Das sind wesentliche Schritte für eine zeitgemäße Mitbestimmung. Gleichzeitig böte sich hier eine große Chance, die Beschäftigten mit den oft noch als sehr abstrakt empfundenen Mechanismen der »Künstlichen Intelligenz« vertraut zu machen. Und es wäre geradezu fahrlässig, die vorhandene »Schwarmintelligenz« nicht für eine menschengerechte Implementation von KI-Systemen zu nutzen. Deshalb: KI braucht Mitbestimmung!

40.2 Ver.di: Aus Betroffenen Akteure machen

Spätestens seit dem ver.di-Kongress 2011 hat sich die Gewerkschaft ver.di die Handlungsmaxime »Arbeitspolitik von unten« zu eigen gemacht. Stellvertreterhandeln soll nicht über die Köpfe der Betroffenen hinweg erfolgen, sondern die Beschäftigten sollen bei der Formulierung von Gestaltungszielen und der Verabredung von Gestaltungsinitiativen einbezogen werden. »Beteiligung, als Arbeitspolitik von unten, erweitert und unterstützt repräsentativ vermittelte Formen, insbesondere die Beteiligung durch Betriebs- und Personalräte, aber auch der Tarifpolitik […] Sie wird damit als Konzept zur Demokratisierung der Verfahren der Arbeitsgestaltung ausgewiesen.«[614] Die Gestaltungsmaßstäbe für humane und bedürfnisgerechte Arbeitsbedingungen sollen stärker von den arbeitenden Menschen selbst formuliert werden, das ist der Anspruch.
Eine beteiligungsorientierte Tarifpolitik, eine arbeitnehmerorientierte Arbeitsberichterstattung und zahlreiche Befragungen zu betrieblichen Arbeitsbedingungen und Interessen von Beschäftigten, das sind die Konsequenzen aus der selbstgesetzten ver.di-Maxime. Mit einer Studie der Input Consulting wurden die

614 Nadine Müller/Hans Joachim Schulz/Anke Thorein: Beteiligung als Kernstück der ver.di-Initiative Gute Arbeit. Konzept einer Arbeitspolitik von unten, in: Lothar Schröder/Hans-Jürgen Urban (Hrsg.): Jahrbuch Gute Arbeit, Frankfurt/Main 2014, S. 238, zitiert nach: Christoph Schmitz: Die demokratiepolitische Agenda der Guten Arbeit, in: Ders./Hans-Jürgen Urban (Hrsg.): Demokratie in der Arbeit, Frankfurt 2021, S. 53.

Beschäftigteninteressen zu KI-Systemen sehr differenziert hinterfragt. Kapitel 35 berichtet darüber.

»Die immense Bedeutung von Beteiligung gerade vor dem Hintergrund der Digitalisierung wird negativ am Beispiel einer Umfrage zum DGB-Index Gute Arbeit deutlich: ›Können Sie Einfluss auf die Art und Weise des Einsatzes der digitalen Technik nehmen?‹ 75 % der Beschäftigten im Dienstleistungssektor antworteten darauf ›gar nicht‹ oder ›in geringem Maß‹ […]«.[615] Es besteht also mindestens ein Nachholbedarf zur Änderung bisheriger Gepflogenheiten. Das wird umso drängender, je prägender KI-Systeme für den Arbeitsalltag werden. Sie lösen einen neuen Etappenschritt in Sachen Digitalisierung aus und können Wirkung auf eine Vielzahl von Persönlichkeitsrechten haben.

»Moderne Formen der Unternehmenssteuerung haben bereits dazu geführt, dass Beschäftigte häufig Funktionen und Verantwortungen übernehmen, die traditionell dem Management vorbehalten waren. […] Die Freiräume, wie Arbeit erledigt werden kann, sind nicht für alle, aber für viele gewachsen.«[616] Indirekte Steuerung, agile Arbeitsmethoden, selbstverantwortliche Aufgabenerledigung, selbststeuernde Gruppenarbeit und coronabedingte Orts- und Zeitsouveränität, die den Menschen mehr Autonomie in der Arbeitserledigung gibt – wir kennen und wir schätzen größere Selbstbestimmung in unserer Arbeit, solange sie nicht zur Selbstüberforderung führt.

Entlarvend ist was die Wissenschaftlerin Sarah Nies dazu feststellt: »Ein Blick auf die letzten Jahrzehnte der Entwicklung von Leistungssteuerung macht deutlich, dass sich betriebliche Herrschaft gerade auch durch höhere Freiheitsgrade in der Arbeit durchsetzt […], dass Autonomie – oder zumindest das, was betrieblich als solche bezeichnet wird – also herrschaftlich eingehegt werden kann.«[617]

Freiräume für Selbstbestimmung und Entfaltung der Persönlichkeit, die mit der Digitalisierung entstanden sind, werden für die Beschäftigten stärker durch das unternehmerische Verwertungsinteresse determiniert als durch den emanzipatorischen Anspruch, die eigene Persönlichkeit zu entfalten. Das spüren Beschäftigte, die vergeblich Telearbeitsformen reklamieren oder in die Mühle sogenannter Vertrauensarbeitszeit geraten.

»Demokratie in der Arbeit ist ohne (Neu-) Verhandlung von Autonomie, ohne Auseinandersetzung um das Verhältnis von Fremd- und Selbstbestimmung nicht denkbar.«[618] Wir brauchen eine Gegenbewegung zur betriebswirtschaftlich eingehegten Autonomie. Die Autonomieansprüche sollten die Beschäftigten selbst formulieren.

---

615 Christoph Schmitz: Die demokratiepolitische Agenda der Guten Arbeit, in: Ders./Hans-Jürgen Urban (Hrsg.): Demokratie in der Arbeit, Frankfurt 2021, S. 53f.

616 Kerstin Jerchel, Mehr Demokratie durch mehr Mitbestimmung in der digitalen Arbeitswelt, in: Schmitz, Christoph und Urban, Hans-Jürgen (Hrsg.) (2021) Demokratie in der Arbeit, Bund-Verlag, S. 156.

617 Sahra Nies, Eingehegte Autonomie und Perspektiven der Demokratisierung, in: Schmitz, Christoph und Urban, Hans-Jürgen (Hrsg.) (2021) Demokratie in der Arbeit, Bund-Verlag, S. 89.

618 Ebenda: S. 89.

Die »Möglichkeiten der individuellen Mitwirkung am Arbeitsplatz sind zu erweitern und mit kollektiven Beteiligungsrechten zu verzahnen, ohne Letztere dabei zu schwächen. [...] Die durch die Digitalisierung eröffneten Spielräume für mehr Selbstbestimmung der Beschäftigten sind abzusichern, um sie im Arbeitsalltag wirksam werden zu lassen«,[619] forderte zurecht Kerstin Jerchel, die frühere Bereichsleiterin Mitbestimmung beim ver.di-Bundesvorstand.

40.3 Mehr Demokratie wagen

Gerade weil aber auf verallgemeinerbare Gestaltungserfahrungen und übliche Regulierungsstandards zu Systemen künstlicher Intelligenz noch nicht zurückgegriffen werden kann, gibt es einen weiteren Grund, es in Sachen KI mit einer starken Beteiligungsorientierung zu versuchen. Interessenvertretungen sollten die Beschäftigten fragen, worauf es für sie ankommt. Welche Festlegungen würden ihnen am meisten Vertrauen schenken? Der Schutz welcher Persönlichkeitsrechte ist für sie am bedeutsamsten?

Schlecht vorstellbar ist, dass die Reglementierung maschineller Leistungs- und Verhaltenskontrollen das Einzige ist, was die Beschäftigten erwarten. Zu den Persönlichkeitsrechten gehören nach der Grundrechtecharta nicht ohne Grund Diskriminierungsfreiheit, gesunde und sichere Arbeitsbedingungen, Würde, Inklusion, Freiheit auch der eigenen Gedanken und Meinungen, die Achtung vor dem Privatleben und das Recht auf Kollektivverhandlungen.

Das KI-Qualitätsmodell, das Betriebs- und Personalräte im Betrieb einfordern, sollte auf eine Erhebung der spezifischen Interessen der Beschäftigten abzielen, auch um das eigene Handeln zu priorisieren und zu legitimieren. Wer sonst wäre besser in der Lage, in einem neuen Handlungsfeld Orientierung für kollektives Handeln zu liefern, als die Beschäftigten selbst? Es geht nicht nur darum, Vertrauen in die KI-Anwendung und ihren Kontext zu erzeugen. Auch die Haltung und das Handeln von Interessenvertretungen sollte auf Vertrauensbildung ausgerichtet sein.

Was ist Beschäftigten wie wichtig? Welcher Qualitätsanspruch ist für sie bedeutsamer, welcher weniger? Die Antworten auf diese Fragen helfen die richtigen Schwerpunkte im Dialog mit dem Arbeitgeber zu setzen. Dafür braucht es Rückhalt bei den Beschäftigten für die formulierten Gestaltungsansprüche.

Zudem: Unser demokratisches Gemeinwesen baut darauf auf, dass große Entscheidungen demokratisch legitimiert werden. KI könnte für die Betriebe eine große Dimension annehmen, umso besser, wenn demokratisch geklärt wird, was dabei wichtig ist. Wenn das Vertrauen in viele gesellschaftliche Instanzen und in die Politik erkennbar schwindet und selbst die demokratische Gestaltung unseres

619 Kerstin Jerchel, Mehr Demokratie durch mehr Mitbestimmung in der digitalen Arbeitswelt, Schmitz, Christoph und Urban, Hans-Jürgen (Hrsg.) (2021) Demokratie in der Arbeit, Bund-Verlag, S. 147.

Gemeinwesens Angriffen ausgesetzt ist, dann ist es mehr denn je ein politischer Auftrag, Demokratie in den Betrieben erfahrbar zu machen.

40.4 Mitgestaltende Menschen statt autoritäre Maschinen fördern

Schon länger haben beachtliche Teile der Wirtschaft begriffen, dass besser nicht alle Managemententscheidungen top-down getroffen werden. Sie setzen auch auf bottom-up-Entscheidungsstrukturen, um Vielfalt, Geschwindigkeit und interdisziplinären Sachverstand in Entscheidungen zu verankern. Für viele Berufsanfänger ist es bedeutsam, ob der potenzielle Beschäftigungsbetrieb eine Mitgestaltungskultur bietet. Eine derartige Mentalität dürfen Interessenvertretungen nicht ignorieren. Es braucht Mechanismen, um solche Ansprüche in die Arbeitsgestaltung zu integrieren. Betriebliche Interessenvertretungen sollten auf selbstbewusste und mitgestaltende Beschäftigte, aber trotzdem kollektiv vertretene Menschen setzen.

Ein befürchteter Kontrollverlust durch lernende Maschinen kann am besten im verzahnten Miteinander individueller Interessen mit kollektivem Handeln bearbeitet werden. Es gilt Fach- und Kulturerfahrung der Beschäftigten einzubeziehen, vorhandene Netzwerke der Beschäftigten zu nutzen, um die Beurteilungskompetenz zu Fragen der künstlichen Intelligenz auszubauen. Es geht darum, ein eigenes Deutungsmuster für vertrauenswürdige KI zu entwickeln.

Sarah Nies beklagt: Es fehlt »an eigenständigen Zielvorstellungen von Seiten der Beschäftigten und oftmals auch der Betriebsräte. In unserem Sample begegnen Beschäftigte der Digitalisierung nicht nur pragmatisch, sondern immer auch mit unternehmerischer Perspektive.«[620] Wenn sich diese Beobachtung in vielen Betrieben machen lässt, reicht ein Appell, die eigenen Bedürfnisse und Persönlichkeitsrechte nachdrücklicher zu reklamieren, nicht aus. Es bräuchte in den Betrieben dann mittelfristig angelegter Prozesse, um die Selbstbehauptung gegenüber der Landnahme durch KI zu organisieren. Vorgelebte Transparenz, offene Beteiligungsstrukturen und verständliche Kommunikationsbeiträge könnten ein Anfang sein.

620 Sahra Nies, Eingehegte Autonomie und Perspektiven der Demokratisierung, in: Schmitz, Christoph und Urban, Hans-Jürgen (Hrsg.) (2021) Demokratie in der Arbeit, Bund-Verlag, S. 100.

40.5 Arbeitsrechtliches Vollzugs- und Kontrolldefizit entschärfen

»Das bestehende Vollzugs- und Kontrolldefizit im Arbeitsrecht droht sich in einer digital geprägten Welt weiter zu verschärfen.« Nicht nur, weil die Zahl der paritätisch besetzten Aufsichtsräte in deutschen Unternehmen mit mehr als 2000 Beschäftigten von 2002 bis 2021 von 767 auf 638 zurückgegangen ist, sondern auch, weil derzeit nur in etwa 10 % der betriebsratsfähigen Betriebe Betriebsräte bestehen.[621] Offensichtlich haben damit arbeitsrechtliche und persönlichkeitsrechtliche Vorgaben ein Umsetzungsproblem. Es sind mitbestimmungsfreie Räume entstanden, die mit rationalen, emotionslosen Entscheidungen von KI-Systemen gefüllt werden können. Wenn sich mangelnde Aufsicht mit den Optionen der KI verknüpft, dann entsteht die Gefahr, dass Entscheidungen in der Arbeitswelt ohne Mitgefühl, soziale Verantwortung und Empathie gefällt werden. Das kann sich für die arbeitenden Menschen verheerend auswirken. Trotz der prägenden Wirkung von Betriebs- und Personalräten für die Arbeitsgestaltung: Die Komplexität und Intransparenz mancher KI-Systeme braucht manchmal sogar mehr menschliche Aufsicht, als dies eine betriebliche Interessenvertretung anbieten kann. Deswegen macht es Sinn, die Beschäftigten und deren Vorgesetzte am Entstehen einer KI-Regulierung zu beteiligen. Sie werden als Instanzen der Kontrolle gebraucht, wenn lernende Maschinen sich im Betriebsalltag fortentwickeln. Es braucht den Schutz von Hinweisgeber*innen, die Betriebs- und Personalräte auf nicht regelgerechte Schlussfolgerungen der KI hinweisen und es braucht aufmerksame Beschäftigte, die Fehlanwendungen identifizieren. Es braucht achtsame Mitarbeiter im Betrieb, die ihre eigenen Persönlichkeitsrechte reklamieren – ein KI-System wird dies nicht für sie tun. Es braucht aber auch Programmiererinnen und Programmierer, die KI nach ethischen Maßstäben entwickeln. ver.di setzt auf »Ethik by Design« und hat eine Ethikleitlinie publiziert, die sich an Entwickler, Programmierer und Entscheider, aber auch an Beschäftigte wendet, die an Planung, Entwicklung und Einkauf von KI-Systemen beteiligt sind. Darin geht es unter anderem um Sinn, Nützlichkeit, Nachhaltigkeit, Beschäftigungssicherung, Qualifizierung, Gesundheit und um Persönlichkeitsrechte. Die Vorschläge hierzu finden sich im Kapitel 11.4 dieses Buches wieder.

621 Kerstin Jerchel, Mehr Demokratie durch mehr Mitbestimmung in der digitalen Arbeitswelt, in: Schmitz, Christoph und Urban, Hans-Jürgen (Hrsg.) (2021) Demokratie in der Arbeit, Bund-Verlag, S. 149, 151.

40.6 Grenzen setzen, Kommunikation organisieren, Beteiligungsangebote bieten

In der Arbeitswelt sind kollektivvertragliche Regelungen die Bedingungen dafür, dass sich individuelle Freiräume und humane Arbeitsgestaltung durchsetzen können. Solange die Beschäftigten dem Weisungsanspruch unterworfen sind, gilt in aller Regel, dass Einzelne nur dann Grenzen setzen können, wenn sie ein Recht zur Grenzsetzung haben. Beteiligungsmechanismen sind ein Mittel dafür, Grenzen für das Wirken von lernenden Maschinen zu entwickeln, zu setzen und zu kontrollieren. Kollektive Arbeitsgestaltung braucht dafür Beteiligte und nicht nur Betroffene.

Die dialogische Suche nach einem betrieblichen Ordnungsrahmen für KI-Systeme sollte den Anspruch an Transparenz, Nachvollziehbarkeit und Erklärbarkeit bedienen und zielgerichtet auch auf Kommunikation und Partizipation ausgerichtet werden. Die Erarbeitung einer zur KI-Einführung korrespondierenden Kommunikationsstrategie der betrieblichen Interessenvertretungen stellt zweckmäßigerweise auf die Einführungsphasen der Systeme ab, die in Kapitel 21 dargestellt sind.

Die folgende Liste von Ideen für Beteiligungs- und Kommunikationsinitiativen stellt lediglich eine Auswahl von Optionen dar, die die Bandbreite der Möglichkeiten der Beschäftigtenbeteiligung beschreibt. Für deren Partizipation an der betrieblichen Einführung von Systemen künstlicher Intelligenz und der Schaffung eines geeigneten Regulierungsrahmens kann es je nach betrieblicher Situation hilfreich sein:

- die Beschäftigten zu befragen, welche Aspekte ihnen bei der Einführung von KI-Systemen wichtig und welche weniger wichtig sind,
- Beschäftigte, Auskunftspersonen und betriebliche Interessenvertreter*innen an der Priorisierung der Bedeutung unterschiedlicher Vertrauensfaktoren und Qualitätsindikatoren zu beteiligen,
- im Betrieb eine Befragung durchzuführen, bei der die Beschäftigten die Risikorelevanz unterschiedlicher KI-Anwendungen bewerten können,
- über ein Klausurtreffen der Betriebsratsgremien mit aussagefähigen Auskunftspersonen eine Prioritätenliste für die gestaltende Einflussnahme festzulegen,
- den Beschäftigten und Interessenvertreter*innen den Besuch von Seminaren zum Thema KI zu empfehlen,
- Sachverständige hinzuzuziehen,
- in den verfügbaren Kommunikationsplattformen des Betriebs kurze Erklärtexte zum Thema KI und zum angedachten betrieblichen Ordnungsmodell zu publizieren und um Rückäußerung zu bitten,
- das Thema KI zum Gegenstand von Betriebsversammlungen zu machen,
- während des Trainings von KI-Systemen detaillierte Erhebungen im Rahmen einer Gefährdungsanalyse durchzuführen,

- in den sozialen Netzwerken oder auf betriebsinternen Kommunikationsplattformen Transparenz hinsichtlich der eingesetzten KI-Systeme zu schaffen und das Informationsangebot laufend zu aktualisieren,
- in einem Aufruf die Beschäftigten darum zu bitten, nicht regelgerechte maschinelle Schlussfolgerungen zu identifizieren,
- die Beschäftigten unmittelbar auf ihre Widerspruchsrechte nach dem Bundesdatenschutzgesetz hinzuweisen,
- einen Expertenkreis zur Entwicklung von Regulierungsmechanismen und Verfahren zur Kritikalitätseinstufung von KI-Systemen einzurichten, Beschäftigte über die Ergebnisse informieren,
- ein »Panel der Vielfalt« ins Leben zu rufen, wie dies das Forschungsprojekt KIDD empfiehlt. In diesem Gremium sollten die unterschiedlichen Akteursgruppen, die bei der Einführung von KI-Systemen mitarbeiten oder Interessen zum Ausdruck bringen wollen, an einem runden Tisch Vorschläge zu KI-Gestaltung entwickeln,
- Beschäftigte danach zu fragen, wie ihnen KI-Systeme bei ihrer Arbeitsaufgabe helfen und in welchen Aspekten die Systeme problematische Konsequenzen haben,
- in Teil-Betriebsversammlungen die exemplarische Zuordnung von KI-Systemen zu Kritikalitätsstufen z. B. mittels Wandzeitungen durchzuspielen,
- sich an öffentlichkeitswirksamen Forschungsvorhaben zu beteiligen, die den Betriebseinsatz von KI-Systemen begleiten,
- der Arbeitgeberseite Gelegenheit einzuräumen, im Rahmen einer Betriebsversammlung die betriebliche KI-Strategie darzulegen.

41 Vertrauen in KI muss im Konkreten entstehen – am Arbeitsplatz

von *Yasmin Fahimi*

In den letzten Jahren – auch seit der Erstauflage dieses Handbuchs – wird die politische Debatte über Künstliche Intelligenz (KI) oft noch immer sehr abstrakt über »Chancen und Risiken« geführt. Für viele Beschäftigte in den Betrieben und Verwaltungen wird die Frage, ob und in welchen Bereichen KI-Anwendungen eingesetzt werden sollen, jedoch schon längst konkret. Und genau darum geht es: Die Frage, ob wir »Chancen« tatsächlich realisieren können oder ob KI zum »Risiko« wird, entscheidet sich im Konkreten: Im Betrieb. Und wir können schon heute sehen, dass uns KI neue Möglichkeiten bietet: für bessere Arbeitsbedingungen, für Innovationen und höhere Produktivität, die Sicherheit der Arbeitsplätze – und schließlich auch, um dem demografischen Wandel zu begegnen. KI ist aber alles andere als ein Allheilmittel und macht allerdings nicht automatisch Gute Arbeit. KI ist ein Instrument, das genauso zur Rationalisierung eingesetzt werden kann. Wenn aber Arbeitsplätze zur Disposition gestellt werden oder sich Jobrollen ändern, so ist dies keine Entscheidung einer KI. Selbst wenn KI dafür Empfehlungen abgibt, so sind es immer Menschen, die entscheiden. Dazu kommen Fragen der Überwachung, der Autonomie und Nachvollziehbarkeit von KI-Systemen. Vor allem aber geht es um die Ziele und den Umgang mit möglichen Zielkonflikten. Denn es gibt hier kein Schwarz-Weiß: Ein Assistenzsystem im Callcenter kann sehr hilfreich sein und Agenten entlasten. KI kann aber genauso den Stress erhöhen und zu Kontrollverlusten führen. Es ist also eine Frage der Gestaltung.

Eine wichtige Voraussetzung für den betrieblichen Umgang mit KI ist eine »doppelte Transparenz«. Einerseits Transparenz auf Seiten der Entwickler und Anbieter von KI-Systemen, wie es durch die Europäische KI-Verordnung nun auch künftig gefordert ist. Andererseits braucht es Transparenz im betrieblichen Setting – und leider hapert es oft genau daran. Warum ist das so wichtig? KI führt zu neuen Unsicherheiten – und es gilt, mit diesen neuen Unsicherheiten umzugehen. Es gibt auch nicht die »eine« 08/15-KI. Deshalb sind auch nicht alle KI-Anwendungen gleich zu behandeln. So stellen uns zum Beispiel KI-basierte Bilderkennungssysteme in der Qualitätskontrolle nicht vor die gleichen Herausforderungen wie KI-Tools, die im Personalbereich genutzt werden sollen. Und auch im HR-Bereich gibt es große Unterschiede hinsichtlich der Wirkungsgrade und Auswirkungen für die Beschäftigten. KI erfordert also einen differenzierten Umgang. Und dies setzt sowohl eine vorausschauende Gestaltung als auch eine begleitende Evaluation für eine wirksame Kontrolle voraus. Und genau dafür braucht es ein akzeptiertes gemeinsames Vorgehen – und zwar am besten so verbindlich wie möglich.

Wie das geht, das zeigen uns die guten Beispiele, die sogenannten »Leuchttürme«. Hier sind neue Vorgehensmodelle in der Praxis entstanden, die vor allem ein neues Verständnis von Kooperation und erweiterter Mitbestimmung praktisch umsetzen. Entwickelt wurden innovative betriebliche Vereinbarungen zur KI-Nutzung, tarifpolitische Ansätze und auch Leitfäden und Handlungsempfehlungen aus der angewandten Arbeitsforschung. Der Kern dieser KI-Vorgehensmodelle sind prozessorientierte mitbestimmte Rahmenregelungen für eine Risko-basierte Differenzierung sowie eine betriebliche Folgenabschätzung. Damit soll erreicht werden, Aufwand zu reduzieren, um die Prozesse agiler zu gestalten und dort, wo nötig, besondere Regelungen für kritische Bereiche oder Anwendungen zu vereinbaren. Das gemeinsame und besondere ist, dass die Mitbestimmung von Anfang an einsetzt und im gesamten Prozess am Ball bleibt. Indem alle relevanten Akteure von Anfang an zusammenarbeiten, können Potenziale am besten gehoben und der Regelungsbedarf je nach Risiko der KI-Anwendungen unterschieden werden. Besonders relevant dabei ist natürlich die Frage, wie sich der KI-Einsatz auf die Zahl und Qualität der Arbeitsplätze auswirkt. Wesentliche Aspekte in diesem Vorgehensmodell sind

- grundsätzliche Vereinbarungen vor der Beschaffung und Einführung von kritischen KI-Anwendungen und Anwendungsbereichen – z. B. zur Qualifizierung und Beschäftigungssicherung oder auch zum Schutz vor Abgruppierung bei Simplifizierung von Tätigkeiten,
- Regeln für unkritische KI-Anwendungen und Anwendungsbereiche (»Fast Lane«) und
- spezifische Regelungswege für kritische KI-Anwendungen und Anwendungsbereiche z. B. im Personalbereich.

Die Praxis zeigt also bereits erfolgversprechende Wege für die betriebliche Einführung von KI-Anwendungen auf. Leider gelingt dafür bislang noch nicht die nötige Breitenwirkung, denn es fehlt an Verbindlichkeit. So fordern betriebliche Interessenvertretungen zwar Regelungen zur Durchführung einer Bewertung möglicher Risiken. In der Praxis wird dies jedoch viel zu wenig umgesetzt. Auch werden bis heute nur selten Betriebsvereinbarungen zur Einführung von KI-Anwendungen abgeschlossen. Gleichwohl belegt z. B. der jüngste Bericht der OECD zu »Künstlicher Intelligenz in Deutschland«, dass Arbeitgeber, die Beschäftigte und betriebliche Interessenvertretungen in die Entscheidungs- und Einführungsprozesse rechtzeitig einbeziehen, über positive Auswirkungen berichten: für mehr Produktivität und bessere Arbeitsbedingungen. Warum machen wir also das, was uns die innovative Praxis und Forschung zeigen, eigentlich nicht verbindlich?

Dies ist auch und nicht zuletzt vor dem Hintergrund der Europäischen KI-Verordnung von Bedeutung, die nun nach und nach in Kraft tritt. Die Verordnung ist wichtig, weil sie für mehr Transparenz sorgt – und auch einige roten Linien zieht. Sie regelt aber längst nicht alles, vor allem nicht für die Arbeitswelt – denn sie ist eine Verordnung für die Produktsicherheit auf dem EU-Binnenmarkt. Das

Arbeitsrecht wird durch die KI-Verordnung nicht tangiert. Es gibt zwar einige Vorgaben für Arbeitgeber (als »Betreiber«), wie z. B. die Kennzeichnungspflicht von KI-Anwendungen bei der Interaktion mit Beschäftigten oder die Gewährleistung von Kompetenz für die Beschäftigten, die mit der Nutzung von KI-Systemen befasst sind. Die meisten anderen Vorgaben, nicht zuletzt die Vorgabe für eine Folgenabschätzung, beziehen sich ausschließlich auf den Hochrisiko-Bereich – doch dieser ist nicht rechtssicher konstruiert. So ist zu befürchten, dass diese Regelungen vielfach leerlaufen werden.

Wir haben als DGB deshalb eine Öffnungsklausel für die Arbeitswelt in der Verordnung durchgesetzt. Damit werden die Mitgliedsstaaten buchstäblich aufgefordert, spezifische Regelungen für den Einsatz von KI in der Arbeitswelt zu entwickeln. Hier geht es nicht um einen »Bestandschutz«, wie die Bundesvereinigung der Deutschen Arbeitgeber jüngst formuliert hat. Denn ob von KI-basierten Leistungsprognosen, Empfehlungen oder Entscheidungsvorschlägen ein hohes Risiko ausgeht, regelt die KI-VO eben genau nicht selbst. Diese Fragen zu regeln, ist das originäre Geschäft der Sozialpartner.

Wir sehen vor allem Handlungsbedarf bei der Weiterentwicklung der Mitbestimmung, um die oben skizzierten innovativen Prozessvereinbarungen verbindlicher gestalten zu können. Dazu gehört insbesondere:

- dass Betriebsräte ein Initiativrecht bekommen sollen für alle Fragen, in denen sie mitzubestimmen haben – vor allem auch für Rahmenprozessvereinbarungen,
- dass die Unterrichtungsrechte zu echten Mitbestimmungsrechten ausgebaut werden – z. B. für die Beteiligungsprozesse oder Veränderung der Arbeitsplätze beim Einsatz von KI und
- dass sichergestellt wird, dass keine »Fakten geschaffen« werden, bevor die Verhandlungen über die KI-Nutzung beginnen.

Wir sind überzeugt, dass wir damit eine proaktive und produktive Nutzung von KI in der Arbeitswelt nachhaltig fördern und damit sogar einen neuen Standard setzen für Transformationsprozesse generell. Standards für Vertrauen, Akzeptanz und Sicherheit im Wandel. Das ist es, was wir brauchen – in diesen unsicheren Zeiten. Wir wollen also Rechtssicherheit schaffen für ein Vorgehensmodell, das einen vertrauenswürdigen und gleichzeitig möglichst unbürokratischen Umgang mit KI-Anwendungen fördert. So schaffen wir einen sicheren Raum, um mit neuen Unsicherheiten im Sinne »lernender Vereinbarungen« umgehen zu können.

Vertrauen ist eine wesentliche Grundlage von KI am Arbeitsplatz. Das betrifft auch den Umgang mit den persönlichen Daten der Beschäftigten; nicht zuletzt bei personalisierten Assistenzsystemen. Deshalb sehen wir auch Handlungsbedarf für ein Beschäftigtendatenschutzgesetz. Damit keine Missverständnisse entstehen: Wir wollen nicht die Daten schützen, sondern nutzen. Und genau dafür brauchen wir mehr Sicherheit zum Schutz der Beschäftigten. Wir sind überzeugt, dass mehr Rechtssicherheit dazu beitragen wird, dass Daten und damit hilfreiche KI-Anwendungen am Arbeitsplatz besser genutzt werden können.

Ein weiterer wesentlicher Punkt ist die Frage, ob und in welchen Arbeitsbereichen KI-Anwendungen grundsätzlich als kritisch einzuschätzen sind. Die KI-Verordnung verbietet z. B. die Emotionserkennung am Arbeitsplatz und definiert Anwendungen zum Profiling als Hochrisiko-Bereich mit besonderen Anforderungen. Aus unserer Sicht reicht dies nicht. Der europäische Gesetzgeber verweist in der Europäischen KI-Verordnung selbst auf weiteren Konkretisierungsbedarf: So sollen bis Januar 2026 sogenannte Leitlinien entwickelt werden zu der Frage, wie eine KI menschliche Entscheidungen beeinflusst. Wann bleibt eine Empfehlung z. B. tatsächlich eine unverbindliche Empfehlung – und für wen? Oder kann eine KI praktisch auch eine »Führungsrolle« übernehmen? Wenn ja, unter welchen Bedingungen? Ein anderer Aspekt ist die betriebliche Reichweite einer KI: Die Europäische KI-Verordnung bezeichnet KI-Systeme als unkritisch, wenn sie – Zitat – »eng gefasste Verfahrensaufgaben« durchführen. Doch wie ist dies zu definieren? Auch sollen KI-Anwendungen, die Bewertungen nur vorbereiten, als nicht riskant eingestuft werden. Doch wenn ohnehin der Grundsatz der menschlichen Letzt-Entscheidung gilt: Was gilt dann noch als hochriskant? Ausreichende Rechtssicherheit bietet die KI-VO hier leider nicht.
Da in der Regel der Anwendungskontext entscheidet, sind möglicherweise auch sehr spezifische Fragen zu klären. Doch wir sollten uns auf den Weg machen und ein »KI-Ampelsystem« für die Arbeitswelt insgesamt entwerfen. Ein solches Einstufungssystem unterschiedlicher Kritikalitäten soll einen differenzierten Umgang mit KI-Anwendungen im betrieblichen Anwendungskontext fördern und so auch den Akteuren in den Betrieben und Verwaltungen die Arbeit zu erleichtern. Es geht dabei z. B. um den Wirkungs- und Autonomiegrad von KI-Anwendungen, also der Umgang mit Empfehlungen, der Delegation von Entscheidungen und auch Führung durch KI-basiertes algorithmisches Management. Ein weiterer Punkt betrifft den Umgang mit Optionen zur Leistungssteuerung und -prognose oder Zielkonflikten bei personalisierten Assistenz-, Lern- und Feedbacksystemen. Diese und weitere Fragestellungen wollen wir im Dialog mit den betrieblichen Akteuren, der Wissenschaft und auch mit den Sozialpartnern möglichst zu einer »KI-Ampel« für die Arbeitswelt entwickeln.

Literaturhinweis:

DGB-Diskussionspapier, Für die Nutzung Künstlicher Intelligenz in der Arbeitswelt (2024)

42 KI – eine Frage der Macht?

von *Daniel Kühn*

Machtverhältnisse sind so grundlegend in soziale Prozesse und gesellschaftliche Organisation eingeschrieben, dass sie als fester Bestandteil menschlicher Gesellschaften gelten können. Und ohne zu tief in machttheoretische Konzepte abtauchen zu müssen, kann gelten, dass Macht – zudem übersetzt in Herrschaft – grundsätzlich aus zwei Perspektiven gesehen werden kann. Einerseits kann Macht bedeuten, Interessen auch gegen Widerstand durchsetzen zu können, also konkretes machtbewusstes Handeln bzw. gerade Nicht-Handeln. Andererseits können sich Machtkonstellationen aus der Struktur von sozialen Beziehungen ergeben, also sozusagen passiv durch die geltenden Umstände erzeugt werden.[622] Die Praxis ist hier wie häufig vermutlich dazwischen zu suchen, insbesondere wenn es um die Betrachtung einer konkreten Sache geht, mit der Menschen alltäglich in Berührung kommen: Technologie. Denn Technologie und Gesellschaft stehen in einem konstanten Verhältnis zueinander. Technologie wird von Menschen erzeugt bzw. erfunden, aber die vorhandene Technologie formt durch ihre Anwendung die Gesellschaft auch mit.

Darum ist aus einer Perspektive der betrieblichen Arbeitswelt zu fragen, welche Machtverhältnisse mit KI-Technologien unter Berücksichtigung der beiden angesprochenen Perspektiven einhergehen.[623] Hilfreich dabei ist ein Begriff des Soziologen Heinrich Popitz, der u. a. von einer »datensetzenden Macht« spricht.[624] Damit ist eine Macht gemeint die mit der Möglichkeit einhergeht, Technologie herzustellen und einzusetzen. So sind also natürlich erst einmal diejenigen in einer machtvollen Position, die eine brauchbare Technologie entwickeln können, denn es werden so grundsätzlich Handlungsspielräume für Hersteller und/oder Betreiber von Technologie eröffnet. Zudem werden aber durch technische Dinge, wie z. B. (digitale) Infrastrukturen oder bestimmte Anwendungen wie KI, auch schlicht Realitäten geschaffen und somit die Handlungsspielräume derjenigen

622 Für einen Überblick etwa Imbusch, Peter (2012): Macht und Herrschaft. Sozialwissenschaftliche Theorien und Konzeptionen. Wiesbaden: Springer VS.

623 In diesem Beitrag werden die Auswirkungen auf Arbeitswelt sowie Ökonomie beleuchtet, solange es für den Fokus auf betriebliche Gestaltung interessant ist. Die hiermit verbundene geopolitische Dimension, was algorithmische Kontrolle durch Polizeiapparate im Innern sowie militärische Potenziale im Außen anbelangt, muss an anderer Stelle diskutiert werden.

624 Popitz, Heinrich (1992): Phänomene der Macht: Autorität – Herrschaft – Gewalt – Technik. Tübingen: Mohr Siebeck.

bestimmt, die mit der Technologie alltäglich umgehen müssen. Intention muss hier gar nicht zwangsläufig im Spiel sein, denn was für Nebeneffekte eine in die Welt gestellte Technologie über ihren eigentlichen Zweck hinaus sonst noch hat, ist schlicht nicht abschließend planbar.

42.1 KI und die Macht der Hersteller

Zu Beginn des Jahres 2025 ereigneten sich zwei Umstände, welche die Frage nach Macht- und Herrschaftsverhältnissen in Bezug auf KI-Algorithmen zwar nicht neu gestellt, jedoch brennglasartig aufgezeigt haben. Ein solches Ereignis war der Beginn der erneuten Präsidentschaft von Donald Trump. Symbolisch war dabei seine Amtsantrittsfeier, denn in erster Reihe, direkt bei engstem Stab und Familie, saßen die CEOs aller großen amerikanischen GAFAM-Konzerne,[625] die einen Großteil der digitalen Infrastrukturen herstellen und betreiben. Der Rest der Anwesenden, darunter viele demokratisch gewählte Abgeordnete, saß weiter entfernt und musste während der Feier zu den Big Tech-Unternehmern aufschauen. Öffentlichkeitswirksam hat Trump zudem mit »Stargate« ein 500 Milliarden Dollar schweres Investitions-Programm für die Entwicklung von KI angekündigt: Die privatisierte Infrastruktur der Hersteller erhält also immense Förderung.

Kurz danach dann ein anderes Ereignis: Der zu Microsoft gehörende ChatGPT-Entwickler OpenAI stellte seinen ersten »AI-Agent« namens »Operator« der Öffentlichkeit vor. War ChatGPT als generative KI für kreative Aufgaben wie z. B. Texterstellung bereits ein Meilenstein gewesen, der sofort anfing, die Arbeitswelt umzukrempeln, sind solche Agents noch eine Evolutionsstufe weiter: Sie können bis zu einem gewissen Grad eigenständig handeln, und zwar außerhalb einer definierten, engen Aufgabe. Und das alles, ohne dass eine Schnittstelle programmiert werden oder der Nutzer technisches Know-how mitbringen müssten. Welche Auswirkungen die Zusammenarbeit mit solchen zunehmend autark agierenden KI-Agenten auf Arbeitsprozesse und Beschäftigte haben wird, ist schwer absehbar. Die Sorge, dass solche KI zu Jobverlust oder eingeschränktem Handlungsspielraum für abhängig Beschäftigte führen kann, ist aber sicher berechtigt.

42.2 Auf dem Weg in die Techno-Oligarchie?

Am Beispiel der USA lassen sich Tendenzen nachzeichnen, die eine grundsätzliche Frage für demokratische Gesellschaftsordnungen aufwerfen: Wann wird

625 GAFAM ist ein Akronym für die amerikanischen Tech-/Internetkonzerne Google, Amazon, Facebook, Apple und Microsoft.

Verflechtung von digitaler Ökonomie und Politik so eng, dass sie nicht mehr mit freiheitlichen Grundprinzipien vereinbar ist?

In sozialwissenschaftlichen Kreisen wird aufgrund solcher Entwicklungen darum in den letzten Jahren zunehmend die Frage bearbeitet, ob heutige Formen des digitalen Kapitalismus eigentlich eher wieder als Feudalismus bezeichnet werden sollten: Es wird von einer Neo- bzw. Re-Feudalisierung gesprochen.[626] Denn schon längst sind Daten und Information bzw. Wissen die Nenngrößen heutigen Wirtschaftens geworden.[627] Und wer die entsprechende Infrastruktur zur Datenspeicherung und -verarbeitung besitzt, bei dem vermischen sich in fragwürdiger Weise politische und ökonomische Macht. Dies verweist strukturell auf vormoderne Zeiten des Feudalismus, als es noch keinen bürgerlichen Staat gab, der einen möglichst rechtssicheren Rahmen vorgab, auch zum ökonomischen Handeln. Es verweist auf eine Zeit der Feudalherren, die sich nicht um externe Regulation kümmern mussten, sondern höchstens untereinander im Wettbewerb standen, ohne sich nach innen legitimieren zu müssen. Nicht zu Unrecht wird diese Riege an Unternehmern mittlerweile gerne als moderne Oligarchie bezeichnet[628]: Als Privatherrschaft der reichen Wenigen, die durch den Einsatz von Risikokapital ihre Marktposition durchsetzen, zu Monopolisten aufsteigen und staatliche Regulation ablehnen.[629] Wer in diesem Bild der Neo-Feudalisierung die Neo-Leibeigenen sind, ist leicht auszurechnen.

Sollte hier nicht regulierend eingegriffen werden? Auch die sozialen Nebenfolgen der Industrialisierung mussten durch Sanktionen und Regulationen der Arbeitsbeziehungen abgemildert werden.[630] Programme zur politischen Regulation sind bei global wirkenden Technologien und den Unternehmen, welche sie vorantreiben, natürlich schwer umsetzbar. Die Europäische Union versucht sich durch den AI-Act (s. Kapitel 13) an einem Regulierungsrahmen von KI, der Erfolg wird abzuwarten sein.

Aus rein fortschrittsfixierten Kreisen der Tech-Branche ist aber gegenteiliges zu hören: KI-Regulation hielte den Fortschritt auf und müsse minimiert werden. Mögliche Risiken seien zu vernachlässigen und man beraube sich der Wett-

---

626 Für eine kritische Diskussion über den Feudalisierungsbegriff, siehe »Critique of Techno-Feudal Reason« von Evgeny Morozov. Abgerufen unter *https://newleftreview.org/issues/ii133/articles/evgeny-morozov-critique-of-techno-feudal-reason* am 31. 1. 2025.

627 In den Sozialwissenschaften werden postindustrielle Gesellschaften, in welchen z. B. Dienstleistungen wichtiger werden und Mehrwert vermehrt aus Daten und Informationen generiert wird, heute auch als Wissensgesellschaften bezeichnet.

628 In seiner letzten Rede als US-Präsident auf der Inaugurationsfeier seines Nachfolgers Donald Trump hat z. B. Joe Biden vor einer zu großen Nähe der amerikanischen Regierung und den großen Tech-Unternehmern gewarnt. Dabei hat er sie in die Nähe russischer Oligarchen gerückt.

629 Der digitale Kapitalismus ist sozialwissenschaftlich mittlerweile umfassend kartografiert, für einen ersten einführenden Überblick ist immer noch »Digitaler Kapitalismus. Markt und Herrschaft in der Ökonomie der Unknappheit« von Staab, Philip (2019) aktuell.

630 Während der Industrialisierung etablierte sich der Begriff »Soziale Frage«, da der zu Beginn ungebremste Industriekapitalismus zur Ausbeutung der Arbeiter führte, mit immensen gesundheitlichen und sozialen Folgen.

bewerbsfähigkeit.[631] Wer diese Haltung und ihre Rechtfertigung durchdringen will, muss einen Blick auf den philosophischen Überbau der Silicon Valley-Elite werfen. Befeuert durch Ideengeber wie den rechtslibertären Autor Curtis Yarvin wird der sog. Longtermismus beschworen, eine sozialphilosophische Haltung, welche direkte Auswirkungen von technischem Wandel ignoriert und nur die weit in der Zukunft liegenden Profite und Versprechungen in den Blick nimmt. Die Überzeugung ist hierbei, dass eine künftige überlegene aber menschendienliche KI alle Probleme der Menschheit lösen können wird, von der Zellalterung bis hin zum Klimawandel. Oft ergänzt durch die transhumanistische Idee von der Überwindung des fehlbaren menschlichen Körpers. Aus dieser ideologischen Perspektive betrachtet, stellt politische Regulierung ein illegitimes Ausbremsen der unternehmerischen Freiheit auf dem Weg in eine strahlende Zukunft dar – ein Weg, der zum angeblichen Wohle der Menschheit im Zweifelsfall auch mit autoritärem Zwang durchgesetzt werden sollte.[632] Diese radikale Freiheitsideologie übersieht oder ignoriert aber durch ihre Zukunftsfixierung die Auswirkungen im hier und heute. Deshalb ist auch Vorsicht geboten, wenn Tech-Größen öffentlichkeitswirksam vor der Machtübernahme durch eine übermächtige KI warnen.[633] KI-Ethiker weisen kontrastierend darauf hin, dass das Beschwören dystopischer Zukunftsszenarien hauptsächlich eines zum Zweck hat: Ein nur wenig alltagsnahes Zukunfts-Narrativ aufzubauen und somit den Blick auf die Gegenwart und ihre immanenten Gestaltungsnotwendigkeiten zu verstellen, dass die Entwicklung und Nutzung von KI in erste Linie eine gesellschaftliche Gestaltungsaufgabe ist und kein Naturgesetz einer nicht zu kontrollierenden Macht.[634]

42.3 Algorithmen für die Kybernetisierung 2.0?

Darin, Narrative in die Welt setzen zu können, also mitzugestalten was sich als Wissen oder Nichtwissen (durch Nutzung von digitaler Infrastruktur) gesellschaftlich festschreiben kann, liegt also ein hohes Machtpotenzial. Hinter dem Zugänglichmachen und der Art der Vermittlung von Wissen liegt meist auch ein

631 Die Trilog-Verhandlungen zur KI-Verordnung der Europäischen Union waren immensem Druck durch Lobbying ausgesetzt, in Deutschland etwa durch den KI-Hersteller »Aleph Alpha«.

632 Einen Überblick über diese autoritären transhumanistischen Utopien der Tech-Branche gibt der Soziologe Max Franz Johann Schnetker in seinem 2019 erschienenen Buch »Transhumanistische Mythologie. Rechte Utopien einer technologischen Erlösung durch künstliche Intelligenz.«

633 Große Aufmerksamkeit hat hier das im Mai 2023 veröffentlichte »Statement on AI Risk« des Center for AI Safety erhalten, welches die Risiken durch KI auf eine Stufe mit Pandemien oder Atomkriegen stellte.

634 Ein prominentes Beispiel wäre hier die Informatikerin und Aktivistin Joy Buolamwini mit ihrem 2024 erschienen Buch »Unmasking AI«.

ökonomisches Interesse.[635] Dies gilt umso mehr für die zunehmend KI-gestützten digitalen Dienste, die heute im Grunde wie öffentliche Infrastruktur genutzt werden, aber natürlich so gestaltet sind, wie es den ökonomischen Interessen der Tech-Oligarchie nutzt.
Die Durchdringung des digitalen Alltags mit manipulativen Anrufungen, die durch KI-Algorithmen verfeinert werden und sich dann auf der Ebene der einzelnen Individuen manifestieren, ist ziemlich umfassend. Nicht nur Marketingabteilungen nutzen die Möglichkeiten, etwa durch sog. Nudging, also die Ansprache mit unterschwelligen Anreizen, auch Leistungsanreize im Arbeitsprozess können so gesetzt werden. Entscheidungen werden zunehmend von KI-Algorithmen vorsortiert oder sogar vorgenommen. Dies mag bei stark beschränkten Einsatzgebieten teils sogar sinnvoll sein, wenn es etwa um automatische Sturzerkennung in Gefahrenzonen geht. Umso komplexer und kontextabhängiger ein Prozess aber ist, umso fragwürdiger wird autonomes Handeln von KI. Wenn Algorithmen z. B. die Macht gegeben wird, Bewertung von Personen vorzunehmen, kann KI schnell über Lebenschancen entscheiden. Etwa wenn sie den Zugang zu privaten oder öffentlichen Dienstleistungen einschränken.[636]
Diese alltägliche Machtausübung durch bzw. mithilfe von Algorithmen zeigt sich besonders in den hierarchischen Arbeitsbeziehungen im Betrieb. Unternehmer sind oft effizienz- und zahlengetriebenes Wirtschaften gewohnt, unterstützt durch Benchmarking-Systeme und Controlling-Mechanismen. Entscheidungen fallen unter globalem Marktdruck, gern auf Basis quantitativer Analysen. Das Effizienzversprechen des Einsatzes von KI schließt sich hier wunderbar an, denn die meist auf statistischen Verfahren beruhenden KI-Algorithmen fügen sich in diese Logik der Quantifizierung nahtlos ein. Ein grundlegendes Problem hierbei: Menschen vertrauen angeblich objektiven Zahlen im Zweifelsfall mehr als einer menschlichen Einschätzung.[637] Im Umgang mit rein physikalischen Daten zur Erkennung von Mustern zeitigt dies evtl. nur abstrakte unerwünschte (Neben-) Effekte. Diese werden jedoch spätestens dann problematisch, sobald von soziotechnischen-Systemen zu sprechen ist, also der direkten Einbindung von KI-Algorithmen in mehr oder weniger kooperative Abläufe zwischen Mensch und Technik. So kann im Unternehmen angewandte KI schnell zur Herrschaftstechnologie werden, die Menschen nicht assistiert, sondern ihnen Handlungsspiel-

635 In »Information feudalism. Who owns he Knowledge economy?« von 2002 beschreiben Peter Drahos und John Braithwaite, wie Besitzrechte an Wissensbeständen soziale Ungleichheiten hervorbringen, etwa was Handelsabkommen mit Ländern des globalen Südens anbelangt.

636 Hier gibt es zahlreiche diskriminierende Beispiele: etwa Geschlechterdiskriminierung beim Recruiting, bei der Sanktionierung von Sozialhilfeempfängerinnen im niederländischen Rotterdam oder bei der Einschätzung der Förderfähigkeit von Langzeitarbeitslosen für Arbeitsmarktintegrationsprogramme in Österreich.

637 Unter »Automation Bias« ist in der Sozialpsychologie der Effekt bekannt, dass Menschen einer (zumindest angeblich) objektiven automatisierten Entscheidung eher vertrauen als der durch andere Menschen.

raum nimmt und sie überwacht oder gar diszipliniert.[638] Und dies in zweierlei Hinsicht: Einerseits natürlich, wenn sie gezielt als solche eingesetzt wird. Allerdings muss Macht nicht immer intentional sein, sie kann sich andererseits auch durch Mensch-Technik-Konstellationen von selbst herstellen. Gerade dann, wenn KI-Algorithmen nicht-intendierte Nebeneffekte hervorbringen, weil sie schlecht implementiert werden oder schlicht für die gewünschte Aufgabe nicht passgenau sind. Die Gefahr könnte also gerade nicht von übermächtigen KI-Systemen ausgehen, sondern eher davon, »[…] dass wir voreingenommenen, spröden und konfabulierenden Systemen zu viel Verantwortung zuweisen und damit ein eher schnöde Büchse der Pandora voller schrecklicher, aber vertrauter Probleme öffnen, die mit den Algorithmen anwachsen, die sie verursachen.«[639] Dabei sollte der Aspekt nicht unberücksichtigt bleiben, dass sich Machtgefüge nicht nur zwischen hierarchisch ungleich positionierten Gruppen ergeben oder sich in verfestigten Strukturen wiederfinden. Sie verstärken auch die bestehenden Ungleichheiten zwischen verschiedenen abhängigen Gruppen von Menschen, wie zahlreiche Beispiele an Diskriminierung durch KI belegen. Hier bleibt es aber nicht stehen, sondern Menschen inkorporieren Machtmechanismen unter ständiger digitaler Befeuerung und machen sie zum Teil ihres Selbstverständnisses. Unter den Stichworten von Entgrenzung und Flexibilisierung ist längst zu beobachten, wie die subjektiven Potenziale von Menschen angesprochen werden. Arbeit soll schließlich Berufung, nicht nur schnöder Broterwerb sein. Dies wird seit Jahrzehnten bereits von Managementkonzepten gezielt genutzt, etwa durch indirektes Führen mithilfe von Zielvorgaben. Die arbeitenden Individuen sind angerufen, dass sie Unternehmer ihrer eigenen Arbeitskraft werden und Marktprinzipien internalisieren, obwohl i. d. R. abhängig beschäftigt.[640] Die Effizienzlogik von KI-Algorithmen wird sich zwangsläufig darum auch bei vielen Individuen selbst verfestigen, welche die Mächtigkeit dessen, was KI auch unstrittig zu leisten imstande ist, als Erweiterung der eigenen Fähigkeiten erfahren. Dazu werden sich gleichzeitig aber Abhängigkeits- bzw. Ohnmachtserfahrungen mischen, schließlich produziert digitale Kommunikation auch immer Unschärfe und Unsicherheiten.[641] Akteure des Arbeits- und Gesundheitsschutzes müssen

---

638 Der Leiter des Netzwerkes »Forum Soziale Technikgestaltung« Welf Schröter unterscheidet hierbei zwischen KI als Assistenztechnik und KI als Delegationstechnik: Assistiert KI dem Menschen oder wird Verantwortung vom Menschen weg zur KI delegiert?

639 Garrison Lovely: Can Humanity Survive AI? Abgerufen unter *https://jacobin.com/2024/01/can-humanity-survive-ai* am 31. 1. 2025.

640 Die Soziologen G. Günter Voß und Hans J. Pongratz haben hier bereits 1998 einen Begriff geprägt, der diese Tendenzen bereits damals gekonnt adressierte: Sie identifizierten den Typus des sog. Arbeitskraftunternehmers.

641 Die Politikwissenschaftlerin Jodi Dean spricht in ihrem Beitrag »Neofeudalisierung: Die innere Logik des kommunikativen Kapitalismus« (in »Theorien des digitalen Kapitalismus«, Herausgegeben von Tanja Carstensen, Simon Schaupp und Sebastian Sevignani) vom »Niedergang symbolischer Effizienz«, also dass sog. Neo-Leibeigene zwar wissen, dass sie es mit Hochtechnologie zu tun haben, mit der großer Reichtum einhergeht, dass sie aber selbst wenig davon mitbekommen und sich den multiplen Krisen der Welt durch schnelle digitale Kommunikation eher mehr ausgesetzt sehen.

dies reflektieren, etwa wenn es um Beschleunigung in Arbeitsprozessen in Verbindung mit interessierter Selbstgefährdung geht. Das Einschreiben von Techniklogik in das Selbstverhältnis von Beschäftigten ist bereits passenderweise als Kybernetisierung 2.0 bezeichnet worden und wird durch zeitgenössische KI vermutlich weiter katalysiert werden.[642] Denn »[...] KI entfaltet nicht zuletzt auch dadurch gesellschaftliche Macht, dass die Logik, Strukturmuster und Verhalten von Maschinen und Computern als Vorbild für menschliches Verhalten gelten. Prinzipien wie (Selbst-)Optimierung, Automatisierung, Effizienz, Strukturierung und Standardisierung avancieren zu zentralen Leitwerten auch gerade für individuelles Verhalten [...].«[643]

42.4 Schwindende Solidarität und kollektive Handlungsfähigkeit?

Die Ausbreitung von KI-Algorithmen beeinflusst somit in hohem Maße die durch hierarchische Strukturen vorgestaltete betriebliche Aushandlung von Arbeitnehmer- und Arbeitgeberinteressen. Dabei zeigt sich die Diskussion über KI als neue Diskussion über die Effekte von weitergehender Automatisierung, auch in Bereiche hinein, die bisher nicht als automatisierbar galten. KI als Produktionsform, die also neue Rationalisierungsverheißungen mit sich bringt. Unternehmenssteuerung, Dienstplanung, Personalbedarf bis hin zu konkreten Kontroll- oder Disziplinierungsmaßnahmen bis in die Köpfe der Beschäftigten sollen durch KI-Einsatz möglich und effizienter werden.

Die derzeit prägnanteste Ausprägung solchen entgrenzten Unternehmertums zeigt sich in der sog. Plattformökonomie, vor allem die sog. Essenslieferdienste werden hier seit Jahren intensiv beforscht. Es handelt sich hierbei um Digitalunternehmen, die keinen festen Betriebsort für die meist wie Solo-Selbstständige arbeitenden Neo-Leibeigenen haben, sondern hauptsächlich über eine digitale Plattform Dienstleistungen vermitteln und keine Betriebsstätte betreiben. Deshalb fühlt sich im Zweifelsfall auch keine Berufsgenossenschaft und kein Arbeitsgericht für die Beschäftigten zuständig. Betriebsänderungen können im Extremfall per Mausklick, Anweisungen per algorithmischem Management gegeben werden. Die Beschäftigten haben oft außer einer App auf dem privaten Smartphone keinerlei Ansprechpartner und kennen ihre Kolleg*innen nicht, die

---

642 Der Sozialwissenschaftler Georg Jochum übertrug in seinem 2013 erschienen Aufsatz »Kybernetisierung von Arbeit. Zur Neuformierung der Arbeitssteuerung« das Paradigma der Kybernetik – also die Verstärkung der körperlichen Leistungsfähigkeit von Menschen durch Robotik – auf die Ebene des Geistes, analog zum Wandel von der Vormachtstellung großer Industriemaschinen hin zu Algorithmen.

643 Imbusch, Peter & Steg, Joris (2024) »Künstliche Intelligenz und gesellschaftlicher Wandel – eine Herausforderung für demokratische Macht- und Herrschaftsverhältnisse«. in: Heinlein, Michael & Huchler, Norbert: Künstliche Intelligenz, Mensch und Gesellschaft. Wiesbaden: Springer VS, S. 383.

Dienst- oder Routenplanung ist algorithmisch zu weiten Teilen vorgegeben. Am Beispiel der Plattformökonomie zeigt sich besonders plastisch, in welcher Form sich digitale Unternehmen einem sozialstaatlich-regulativen Kompromiss entziehen können, das Geschäftsmodell verneint Arbeitgeberverantwortung.
Durch solche Geschäftsmodelle wird der Betrieb als sozialer Ort, der mehr ist als nur eine möglichst effiziente Maschinerie zur Herstellung von ökonomischem Mehrwert, zunehmend ausgehöhlt. Das Herstellen von Solidarität mit dem Betrieb und vor allem den anderen Beschäftigten kann über eine zunehmend digitale Organisation nicht hergestellt werden – etwas, woran reine Digitalunternehmen ohnehin eher wenig Interesse haben und durch algorithmisches Management teils auch gezielt verhindern. Wer völlig ungebunden bezüglich Ort und Zeit seiner Arbeit ist und womöglich nur noch mit menschenähnlichen KI-Agenten in Interaktion steht, läuft schnell Gefahr zu vereinzeln. Nicht nur verdeckt dies den Blick auf bestehende Unterschiede und Ungleichheiten bei den Beschäftigten, etwa was Alter, Geschlecht, Ethnie etc. anbelangt, die eigentlich Berücksichtigung finden müssten, es verstärkt sie durch die mangelnde Möglichkeit zum Erkennen von kollektiven Fragestellungen. Somit sinkt das Potenzial für Solidarisierung und das Formulieren von kollektiven Interessen wird nahezu verunmöglicht. Das spezifisch (West-)deutsche Modell der dualen Mitbestimmungskultur, welches die Interessen der Sozial- bzw. Betriebspartner auf tariflicher Ebene mit Tarifverträgen sowie betrieblicher Ebene mit Betriebsvereinbarungen ausgleichen soll, war auf diese Form des Wirtschaftens nicht vorbereitet.
Denn zwar lassen sich auch in stark digitalisierten und algorithmisch gesteuerten Arbeitsprozessen weiterhin Räume für individuellen Widerstand im Arbeitsprozess finden. Auch wenn zunehmende Vernetzung die Gefahr totaler Überwachung bereits heute immer realer werden lässt. Aber ohne Betriebsort und solidarische Strukturen wird das Durchsetzen von kollektiver Gegenmacht schwierig. Gerade deshalb braucht es innerhalb von Betrieben eine beschäftigtenorientiere kollektive Organisationsmacht, welche den unternehmerseitigen Rationalisierungsinteressen durch KI-gestützte Automatisierung entgegensteht. Diese wird traditionell durch Betriebsräte geformt, im Idealfall flankiert durch gewerkschaftliche Unterstützung. Die Quoten von tariflicher Abdeckung sowie die Anzahl von Betrieben mit Betriebsräten befinden sich jedoch auf einem Tiefstand, was sich durch weitere Digitalisierung von Betrieben und Arbeitsprozessen noch verstärken dürfte. Dies speist sich nicht zuletzt aus den bereits genannten zwei Phänomenen: Einerseits eine sich immens im Wachstum befindende digitale Feudalwirtschaft im globalen Wettstreit, die sich an regulativen Strukturen vorbeiorganisiert, wo sie nur kann. Sowie andererseits Neo-Leibeigene, die weder durch die räumlich, zeitlich und sozial zerfaserte betriebliche Organisation, noch aufgrund internalisierter Effizienz- und Selbstoptimierungsgläubigkeit gut erreichbar sind für kollektive Fragestellungen.

42.5 Neue Handlungsspielräume erkennen und nutzen!

Resümierend kann also gesagt werden: Die beiden eingangs angesprochenen Wirkmechanismen von Macht, einerseits als Handlungsressource zur Durchsetzung eigener Interessen und andererseits als latenter Ausfluss einer Infrastruktur, verschärfen sich durch KI. Mit dem Einsatz von KI-Algorithmen gehen direkte Kontroll- und Disziplinarmöglichkeiten einher, Unternehmen können ihre Effizienzorientierung algorithmisch gestützt durchsetzen, was oft zulasten von Beschäftigen geht. Dabei soll nicht unberücksichtigt sein, dass auch Unternehmer abhängig sind von der Ausgestaltung von globalen Märkten. Das digitale Regime der Big Tech-Feudalisten, die sich monopolartig auf dem Markt platzieren, zwingt die Arbeitswelt allgemein in deren Infrastruktur. Das betrifft nicht nur die Beschäftigten und wirkt bis hinein in deren Selbstwahrnehmung, es betrifft auch die Unternehmer. KI stellt sich also als zeitgenössische Version von machtvoller Technik dar. Einerseits verschiebt der Einsatz von KI ganz automatisch Machtgefüge, andererseits kann KI auch als Herrschaftstechnologie eingesetzt werden. Wer am Ende auf jeden Fall davon profitiert, sind die Hersteller.

Auf betrieblicher Ebene lässt sich diese hohe Abhängigkeit von digitalen Infrastrukturen und KI-Algorithmen aber durchaus für neue Potenziale an Mitbestimmung ummünzen, um die weitere Erosion von Solidarität, Teilhabemöglichkeiten und Auswirkungen von digitalisierungsbezogenen Rationalisierungen aufzuhalten. Der durch den schnellen digitalen Wandel und die gestiegene Komplexität hervorgerufene Handlungsdruck auf Unternehmen kann für betriebliche Interessenvertretungen ihrerseits als Machtressource genutzt werden. Wer als Unternehmer schnell und passgenau planen möchte, muss die Interessenvertretung bereits früher auf Augenhöhe an den Tisch lassen, als es das BetrVG vorsieht. Die auf der Gesetzesgrundlage gewachsene deutsche Mitbestimmungskultur kennt kaum gemeinsames proaktives Handeln der Betriebspartner, meist erfährt die Mitbestimmung als letztes von geplanten Digitalisierungsprojekten im Betrieb. Es mehren sich aber die Beispiele von sog. Zukunftstarifverträgen oder Rahmenbetriebsvereinbarungen, wo die Sozial- oder Betriebspartner sich auf gemeinsame Rahmenbedingungen für künftige Projekte einigen.[644]

Nur wenn Interessenvertretungen nicht nur einzelne Technikeinführungen mitbestimmen, sondern Digitalisierung für sich als strategisches Metathema erkennen und zu Co-Innovatoren oder -Digitalisierern werden, können sie bereits die Planung von KI-Systemen mitgestalten, das legen derzeitige Befunde aus der Mitbestimmungsforschung mehr als nahe. Somit wäre für beide Seiten viel gewonnen: Digitalisierungsprojekte laufen nachweislich besser und schneller, zudem werden Systeme nicht erst im Nachhinein auf Beschäftigteninteressen und deren Beteiligungsmöglichkeiten geprüft. Es ist also eines, sich analytische

644 Prägnante Beispiele wären auf tariflicher Ebene der »Tarifvertrag Zukunft« zwischen ver. di und dem Containerterminalbetreiber Eurogate sowie auf betrieblicher Ebene das »KI-Manifest« der Deutsche Telekom AG.

Gedanken über KI-bezogene Machtstrukturen im Betrieb zu machen. Das darf aber erst der Anfang sein. Noch besser ist es, die sich dabei bietenden Gelegenheiten auf eine zeitgemäße Mitbestimmung zu nutzen und Digitalisierungsvorhaben im Sinne Guter Arbeit zu beeinflussen!

43 Eine Leitidee von eigenen Zielen

»Wenn Du ein Schiff bauen willst, dann rufe nicht die Menschen zusammen, um Holz zu sammeln, Aufgaben zu verteilen und die Arbeit einzuteilen, sondern lehre sie die Sehnsucht nach dem großen, weiten Meer.«

Antoine de Saint-Exupéry

Wenn man das Ziel nicht kennt, dann wirkt jeder Streckenabschnitt beschwerlich. Das gilt auch für die Gestaltung von KI-Systemen. Eine unglaubliche Aspektvielfalt, ein neues Terrain, komplexe Wirkungszusammenhänge und der Aufwand, all dies im betrieblichen Dialog zu gestalten – da kann man schon mal die Frage stellen: Wozu das Ganze?
Nun sind wir in unserem Kulturkreis ziemlich gut darin, Chancen und Risiken zu benennen. Offengestanden fällt es oftmals leichter, die Risiken zu benennen, als die Chancen zu beschreiben. Deswegen soll nachstehende Vision dazu anregen, darüber nachzudenken, wo wir eigentlich mit dem KI-Einsatz hinwollen. Die Zukunftsvorstellung drückt eine Vision und keine Utopie aus, denn KI ist von Menschen gemacht und deswegen von Menschen beeinflussbar. Auch die Zwecke, wofür wir KI verwenden, bestimmen wir letztlich selbst.
Wir Kundinnen und Kunden, Beschäftigte, Mitbestimmungsakteur*innen, Gewerkschafter*innen, Personalverantwortliche und Managerinnen und Manager in den Betrieben entscheiden, wie die Zukunft aussehen wird. Nachfolgendes Zukunftsbild ist in der vollendeten Vergangenheit beschrieben, es drückt aus, wie die Zukunft aussehen könnte, wenn unser Gestaltungsdialog zum Erfolg führt.

43.1 KI im Jahr 2030 – eine Vision

»Vertrauensstiftende KI« – das ist ein Markenzeichen dafür geworden, wie man umsichtig mit Systemen Künstlicher Intelligenz umgeht. Weltweit gelten europäische Erfahrungen und Prinzipien dabei als beispielgebend. Sie drücken sowohl Verantwortungsbewusstsein als auch Gemeinwohlverpflichtung, Arbeitnehmerorientierung und eine positive Beschäftigungsbilanz beim Einsatz von Künstlicher Intelligenz aus. Die Bezeichnung »Vertrauensvolle KI« hat jenen Ruf, den lange Jahre das Markenzeichen »Made in Germany« hatte.
Die Souveränität der Menschen wahren, sie zu schützen und zu entlasten, dies sind die zentralen Leitgedanken für die Regeln geworden, die für den Einsatz von lernenden Maschinen in Gesellschaft und Wirtschaft gelten. Auch in der Praxis

unterscheidet sich die Wirtschaft hierzulande positiv vom Handeln anderer Länder. Kontrolle mittels social scoring und rücksichtsloser Datenhandel gelten 2030 nicht mehr als akzeptierte Umgangsformen in einer Welt, in der KI immer mehr dabei hilft, klügere Entscheidungen in der Politik und in den Betrieben zu treffen.

Für Beschäftigte wurde durch den KI-Einsatz im Beruf manche Routine erleichtert. Schon in der Ausbildung wird auf den Umgang mit KI-Systemen vorbereitet. Trotz aller Vorteile, die lernende Maschinen im Betrieb bieten: Wesentliche Entscheidungen sind den Menschen vorbehalten. Menschen kontrollieren die Maschinen, nicht umgekehrt. Ohne Transparenz und Nachvollziehbarkeit wird kein KI-System in Betrieben eingeführt. Tarifverträge und Betriebsvereinbarungen beschreiben die Interventionsmöglichkeiten von Arbeitnehmerinnen und Arbeitnehmern und deren Qualifizierungsanspruch. KI hat dabei geholfen, einige neue Karrierepfade zu eröffnen.

Auch das Gemeinwohl hat von KI profitiert. Verkehrsstaus und überfüllte öffentliche Verkehrsmittel sind seltener geworden. Mit Künstlicher Intelligenz ist Fahren entspannter und die Verkehrssteuerung vorausschauender und wirksamer geworden. Ärzte nutzen Künstliche Intelligenz als Ratgeber bei Diagnose und Therapie. In der Energieversorgung sind die Verbrauchsspitzen deutlich gesunken, denn KI steuert, wann Elektrofahrzeuge be- und enttankt werden können. Multiübersetzersysteme sind ins Telefonnetz integriert und haben den weltweiten Nachrichtenaustausch erleichtert. Der öffentliche Dienst bietet mittels KI-Übersetzung seine Bürgerinformationen vielsprachig an. Die Bundesagentur für Arbeit nutzt Künstliche Intelligenz, um Berufseinsteigern und Arbeitssuchenden Prognosen über die Arbeitsmarktchancen der Zukunft zu geben.

Neben dem Urlaub hat ein Großteil der tarifgebundenen Beschäftigten 12 freie Tage im Jahr, die als »KI-Dividende« bezeichnet werden. In Deutschland ist es 2030 politisch weitgehend unumstritten, dass Effektivitätsgewinne, die mit KI erzielt werden, auch zugunsten einer Verkürzung der Arbeitszeit und eines Gewinns an Möglichkeiten zur unmittelbaren zwischenmenschlichen Kommunikation genutzt werden. Die Beschäftigten im Dienstleistungssektor schätzen die Entwicklung, auch weil sie jetzt mehr Zeit für Bürgerinnen und Bürger, Kundinnen und Kunden, Mandantinnen und Mandanten und Schülerinnen und Schüler haben.

Die Euphorie von »autonomen Maschinen« ist verklungen. Hierzulande spricht man 2030 mehr von »intelligenten Assistenzsystemen«, die unliebsame Arbeiten übernehmen und dem Menschen eine bessere Entscheidungsgrundlage bieten. Die Systeme überschreiten die sensorischen und Kombinationsfähigkeiten der Menschen bei weitem und können viel schneller unübersehbare Datenmengen auswerten, als dies mit der sinnlichen Wahrnehmung und den geistigen Fähigkeiten der Menschen möglich ist.

Die Deutschen haben 2030 ihre Vorsicht beim Umgang mit Künstlicher Intelligenz längst kultiviert. Ein Gesetzesrahmen zwingt zu Training und Evaluation, zur sozialen Folgenabschätzung und zu Bemühungen, die Systeme manipulationsfest zu machen. Die Universitäten haben die KI-Sicherheitsforschung zur angesehenen Disziplin entwickelt. Schule und Hochschule qualifizieren für die Zusammenarbeit mit Systemen Künstlicher Intelligenz. Sie vermitteln Nutzungskompetenz und rechtliche Bedingungen dazu. Auf dem Lehrplan stehen aber auch die Fähigkeiten, die es braucht, um derartige Systemen zu beurteilen und ethische Prinzipien für den Einsatz zu entwickeln.

Die Produktivitätsgewinne durch KI haben auch zu einem Ausbau der Systeme sozialer Sicherheit geführt. Die Sozialversicherungen speisen sich nicht mehr allein aus Lohn für Erwerbsarbeit, Unternehmen haben die Auflage, Teile der Rationalisierungsgewinne, die sie mit KI machen, in die soziale Sicherheit und gute Arbeit zu transferieren.

In Europa wurde die KI-Verordnung umgesetzt. Sie teilt derartige Systeme in verschiedene Risikoklassen ein und schreibt Interventionsmöglichkeiten vor, damit KI-Systeme sich durch ihre Fähigkeit zum Selbstlernen nicht ins Unbeherrschbare entwickeln. Das Gesetz verbietet versteckte Beeinflussung durch KI und Totalüberwachung. Es hat eine Kennzeichnungspflicht für Chat-Bots zur Vorgabe gemacht.

Die deutsche Mitbestimmung wurde weiterentwickelt. Betriebliche Interessenvertretungen haben 2030 wirksame Mitbestimmungsrechte beim Einsatz von KI-Systemen im Betrieb und beim umfassenden Schutz der Persönlichkeitsrechte der Beschäftigten. Ein »KI-Ethik-Kodex« wurde zum Maßstab unternehmerischen Handelns, den Aufsichtsräte reklamieren.

Für Betriebs- und Personalräte gehört die Gestaltung von KI-Systemen zum Alltag. Sie können dabei auf einen Erfahrungsschatz zurückgreifen, den sie sich im Dialog erarbeitet haben.

Literaturverzeichnis

acatech: »KI im Mittelstand: Potenziale erkennen, Voraussetzungen schaffen, Transformation meistern.«, unveröffentlichtes Manuskript. *https://www.plattform-lernende-systeme.de/files/Downloads/Publikationen/PLS_Booklet_KMU.pdf*

Acemoglu Daron, Johnson Simon (2023): Macht und Fortschritt, unser 1000-jähriges Ringen um Technologie und Wohlstand, Campus-Verlag

Asimov, Isaac (1950): Ich der Roboter, Heyne–Verlag

Azeem Azhar (2022): Exponential, Wie wir mit der Technologischen Revolution Schritt halten können, Plassen-Verlag

BAuA: Bundesanstalt für Arbeitsschutz und Arbeitsmedizin (zuletzt abgerufen am 18.11.2020), Ratgeber zur Gefährdungsbeurteilung – Handbuch für Arbeitsschutzfachleute

BAuA: Bundesanstalt für Arbeitsschutz und Arbeitsmedizin, Fraunhofer-Institut für Angewandte Informationstechnik, FIT-Projektgruppe Wirtschaftsinformatik, (27.3.2020): Belastungsfaktoren der digitalen Arbeit – Eine beispielhafte Darstellung der Faktoren, die digitalen Stress hervorrufen – Projekt PräDiTec

Botsman, Rachel (2018): Wem kannst du trauen? Die Antwort auf die vielleicht wichtigste Frage unserer Zeit, Plassen-Verlag

Brones, Anna (2017): Lagom – Das Geheimnis des schwedischen Lebensglücks, Livestyle BusseSeewald

Bundesregierung (2021): Entwurf eines Gesetzes zur Förderung der Betriebsratswahlen und der Betriebsratsarbeit in einer digitalen Arbeitswelt (Betriebsrätemodernisierungsgesetz), Gesetzesentwurf vom 30.3.2021, Berlin, *https://www.bmas.de/SharedDocs/Downloads/DE/Gesetze/Regierungsentwuerfe/reg-betriebsraetemodernisierungsgesetz.pdf?__blob=publicationFile&v=1*

BT-Drs. 19/23700: Bericht der Enquete-Kommission Künstliche Intelligenz – Gesellschaftliche Verantwortung und wirtschaftliche, soziale und ökologische Potenziale

Bundesministerium für Arbeit und Soziales, Deutschlands Vorsitz im Rat der Europäischen Union Juli–Dezember 2020: Neue Arbeitswelt –menschliche Arbeitswelt

Bundesverband Digitale Wirtschaft (BVDW) (2019): Mensch, Moral, Maschine – digitale Ethik, Algorithmen und künstliche Intelligenz

Datenethikkommission (Oktober 2019): Gutachten

Däubler, Wolfgang/Klebe, Thomas/Wedde, Peter (2024): BetrVG – Kommentar für die Praxis, 19. Auflage, Bund-Verlag

Däubler, Wolfgang (2020): Digitalisierung und Arbeitsrecht, Künstliche Intelligenz-Homeoffice-Arbeit, 7. Auflage, Bund-Verlag

Daum, Mario und Hoppe, Markus (2020): Branchenanalyse Zeitungsverlage: Herausforderung digitaler Strukturwandel – Auswirkungen auf Beschäftigung und Mitbestimmung. Working Paper Forschungsförderung, Nr. 177. Düsseldorf, *https://www.boeckler.de/download-proxy-for-faust/download-pdf?url=http%3A%2F%2F217.89.182.78%3A451%2Fabfrage_digi.fau%2Fp_fofoe_WP_177_2020.pdf%3Fprj%3Dhbs-abfrage%26ab_dm%3D1%26ab_zeig%3D8852%26ab_diginr%3D8482*

Dengler, Katharina und Matthes, Britta: »Folgen der Digitalisierung für die Arbeitswelt: Substituierbarkeitspotenziale von Berufen in Deutschland.« IAB Forschungsbericht 11/2015, unveröffentlichtes Manuskript

Dengler, Katharina und Matthes, Britta: »Substituierbarkeitspotenziale von Berufen: Wenige Berufsbilder halten mit der Digitalisierung Schritt.« IAB-Kurzbericht 4/2018, unveröffentlichtes Manuskript

Dengler, Katharina und Matthes, Britta: »Folgen des technologischen Wandels für den Arbeitsmarkt: Auch komplexere Tätigkeiten könnten zunehmend automatisiert werden.« IAB-Kurzbericht 13/2021, unveröffentlichtes Manuskript.

DGB: »Künstliche Intelligenz (KI) für Gute Arbeit: DGB-Konzeptpapier »Gute Arbeit by Design«, unveröffentlichtes Manuskript, zuletzt abgerufen am 20.10.2021: *https://www.dgb.de/++co++c6aec8d8-8473-11ea-9ada-52540088cada*

Die Bundesregierung, »Entwurf eines Gesetzes zur Förderung der Betriebsratswahlen und der Betriebsratsarbeit in einer digitalen Arbeitswelt (Betriebsrätemodernisierungsgesetz): Gesetzesentwurf vom 30.3.2021.«, unveröffentlichtes Manuskript, zuletzt abgerufen am 25.10.2021: *https://www.bmas.de/SharedDocs/Downloads/DE/Gesetze/Regierungsentwuerfe/reg-betriebsraetemodernisierungsgesetz.pdf?__blob=publicationFile&v=1*

DIN/DKE (November 2020): Deutsche Normungsroadmap – Künstliche Intelligenz

DIN: »DIN SPEC 92001-1: Artificial Intelligence – Life Cycle Processes and Quality Requirements – Part 1: Quality Metamodel.«, unveröffentlichtes Manuskript, zuletzt abgerufen am 20.10.2021: *https://www.din.de/resource/blob/327852/d096973d2c9e77719214b22c1b20b19f/din-spec-92001-data.pdf*

Dräger, Jörg und Müller-Eiselt, Ralf (2019): Wir und die intelligenten Maschinen: Wie Algorithmen unser Leben bestimmen und wir sie für uns nutzen können, DVA–Verlag

DSK (6.11.2019): Positionspapier der unabhängigen Datenschutzaufsichtsbehörden des Bundes und der Länder zu empfohlenen technischen und organisatorischen Maßnahmen bei der Entwicklung und dem Betrieb von KI-Systemen

DSK – Konferenz der unabhängigen Datenschutzaufsichtsbehörden des Bundes und der Länder (April 2020): SDM Standard Datenschutzmodell; Eine Methode zur Datenschutzberatung und –prüfung auf Basis einheitlicher Gewährleistungsziele, Version 2.0b

Dukino, Claudia et al. (2019): Künstliche Intelligenz in der Unternehmenspraxis: Studie zu Auswirkungen auf Digitalisierung und Produktion, Stuttgart, Fraunhofer Verlag, S. 28, *http://www.smart-ai-work.de/wp-content/uploads/2020/01/kuenstliche-intelligenz-in-der-unternehmenspraxis.pdf*

Ernst, Gerhard (2020): Dienstleistung und Gesellschaft; Digitale Transformation – Arbeit in Dienstleitungssystemen, Nomos-Verlag

Erben, Roland und Romeike, Frank (2016): Allein auf stürmischer See – Risikomanagement für Einsteiger, Wiley-Verlag

Europäische Kommission: »Weißbuch: Zur Künstlichen Intelligenz – ein europäisches Konzept für Exzellenz und Vertrauen.«, unveröffentlichtes Manuskript, zuletzt abgerufen am 21. 10. 2021: *https://ec.europa.eu/info/sites/default/files/commission-white-paper-artificial-intelligence-feb2020_de.pdf*

Europäische Kommission: Verordnung 2024/1689 vom 13. 6. 2024: Harmonisierte Vorschriften für KI (KI-Verordnung)

European Commission: »Ethik-Leitlinien für eine vertrauenswürdige KI: Unabhängige hochrangige Expertengruppe für künstliche Intelligenz. Eingesetzt von der Europäischen Kommission im Juni 2018.«, unveröffentlichtes Manuskript, zuletzt abgerufen am 31. 1. 2020: *https://ec.europa.eu/newsroom/dae/document.cfm?doc_id=60425*

EU-Kommission (vom 21. 4. 2021): Vorschlag für eine Verordnung zur Festlegung harmonisierter Vorschriften für KI

EU-Kommission (vom 21. 4. 2021): Vorschlag für eine Verordnung für Maschinenprodukte

Europäisches Parlament 2019–2024 (P9_TA (2020) 0275, Rahmen für die ethischen Aspekte von künstlicher Intelligenz, Robotik und damit zusammenhängenden Technologien

eupinions im Auftrag der BertelsmannStiftung (2018): What Europe knows and thinks about Algorithms

Fischer/Müller/Schröder (2020): Künstliche Intelligenz und die Renaissance der Zukunft der Arbeit, Digitale Transformation – Arbeit in Dienstleitungssystemen, Nomos-Verlag

Ford, Martin (2019): Die Intelligenz der Maschinen; Mit Koryphäen der Künstlichen Intelligenz im Gespräch, mitp–Verlag

Fregin, Marie-Christine und Roth, Ines (2020): AKTIV-kommunal. Innovative Arbeitsmodelle gestalten. Forschung – Ideen – Praxisbeispiele, Stuttgart, *https://www.input-consulting.de/files/inpcon-DATA/download/2020_AKTIV-kommunal-Praxishandbuch-Arbeitsmodelle_INPUTConsulting_02-2020.pdf*

Frey, Carl B. und Michael A. Osborne: »The future of employment: how susceptible are jobs to computerisation?«, unveröffentlichtes Manuskript, zuletzt abgerufen am 15. 7. 2019: *http://www.oxfordmartin.ox.ac.uk/downloads/academic/The_Future_of_Employment.pdf*

Frey, Hannah (2018): Hello World: Was Algorithmen können und wie sie unser Leben verändern, Bundeszentrale für die politische Bildung

Frost, Martina/Guhlemann, Kerstin/Cordes, Anja/Zittlau, Katrin/Hasselmann, Oliver (2020): Produktive, sichere und gesunde Arbeitsgestaltung mit digitalen Technologien und Künstlicher Intelligenz – Hintergrundwissen und Gestaltungsempfehlungen. Zeitschrift für Arbeitswissenschaft 74, Nr. 2 (2020): 76–88. *doi:10.1007/s41449-020-00200-3*

Ganz, Walter/Kremer, David/Hoppe, Markus/Tombeil, Anne-Sophie/Dukino, Claudia/Zaiser, Helmut/Zanker, Claus (2021): Arbeits- und Prozessgestaltung für KI-Anwendungen.« Automatisierung und Unterstützung in der Sachbearbeitung mit künstlicher Intelligenz 3, unveröffentlichtes Manuskript, zuletzt abgerufen am 8. 3. 2021: *http://publica.fraunhofer.de/eprints/urn_nbn_de_0011-n-6306036.pdf*

Gartner, Hermann und Stüber, Heiko: »Strukturwandel am Arbeitsmarkt seit den 70er Jahren: Arbeitsplatzverluste werden durch neue Arbeitsplätze immer wieder ausgeglichen.« IAB-Kurzbericht 13/2019, unveröffentlichtes Manuskript, zuletzt abgerufen am 5. 11. 2019: *http://doku.iab.de/kurzber/2019/kb1319.pdf*

Alexander Karp, Jan Hiessenich, Paula Cipiere (2023): Von Artificial zu Augmented Intelligence, Campus – Verlag

Olaf Kolbrück (2017): Gebete an die Cloud, epubli

Gerst, Detlef: »Mitbestimmung in digitalen und agilen Betrieben – das Modell einer prozessualen partnerschaftlichen Konfliktkultur.« In Arbeit in der Data Society, hrsg. von Verena Bader und Stephan Kaiser, 35–56, Wiesbaden: Springer Fachmedien Wiesbaden, 2020

Gouthier, Prof. Dr. *Matthias* (2020): Digitale Transformation – Arbeit in Dienstleitungssystemen, Nomos-Verlag

Grunwald, Armin: Der unterlegene Mensch (2018): Die Zukunft der Menschheit im Angesicht von Algorithmen, künstlicher Intelligenz und Robotern, Ciando library, München: riva

Harari Yuval Noah (2024): Nexus – Eine kurze Geschichte der Informationsnetzwerke von der Steinzeit bis zur künstlichen Intelligenz, Peguin Verlag

Haverkamp, Josef und Brandl, Karl-Heinz (Hrsg.) (2021): Datenschutzpraxis für Betriebs- und Personalräte: DSGVO und BDSG mit Checklisten und Arbeitshilfen, Frankfurt am Main, Bund-Verlag

Herger, Mario (2020): Wenn Affen von Affen lernen – Wie künstliche Intelligenz uns erst richtig zu Menschen macht, Plassen-Verlag

Hirschel, Dierk (2020): Das Gift der Ungleichheit; Wie wir die Gesellschaft vor einem sozial und ökologisch zerstörerischen Kapitalismus schützen können, Dietz–Verlag

HLEG (Juni 2018): unabhängige Expertengruppe für Künstliche Intelligenz, eingesetzt von der Europäischen Kommission, Ethik-Leitlinien für eine vertrauenswürdige KI

Höller, Heinz-Peter und Wedde, Peter: »Die Vermessung der Belegschaft.« MitbestimmungsPraxis 10, unveröffentlichtes Manuskript.

Hoppe, Markus und Hermes, Adrian (2021): Beschäftigteninteressen und Regulierungserfordernisse bei KI-Anwendungen. Automatisierung und Unterstützung in der Sachbearbeitung mit künstlicher Intelligenz, 7. Stuttgart, Fraunhofer Verlag, 2021, *http://publica.fraunhofer.de/documents/N-636155.html*

Hoppe, Markus/Roth, Ines/Zanker, Claus (2021): »Menschenzentrierte Arbeits- und Technikgestaltung mit Künstlicher Intelligenz – Einblicke in die Forschungsmethodik des KI-Experimentierraumprojekts »humAIn work lab«.«In Arbeit humAIne gestalten: Dokumentation des 67. Arbeitswissenschaftlichen Kongresses, hrsg. von Gesellschaft für Arbeitswissenschaft e. V. Dortmund: GfA-Press, 2021

Huchler, Norbert (2020): »Die Mensch-Maschine-Interaktion bei Künstlicher Intelligenz im Sinne der Beschäftigten gestalten – Das HAI-MMI-Konzept und die Idee der Komplementarität.« Digitale Welt, 31. 7. 2020, zuletzt abgerufen am 25. 11. 2020: *https://digitaleweltmagazin.de/2020/07/31/die-mensch-maschine-interaktion-bei-kuenstlicher-intelligenz-im-sinne-der-beschaeftigten-gestalten-das-hai-mmi-konzept-und-die-idee-der-komplementaritaet/*

humAIn work lab: »Projekthomepage«, zuletzt abgerufen am 3. 12. 2020: *http://www.humain-worklab.de/*

IBM Deutschland GmbH und ver.di (Hrsg.) (2020): Künstliche Intelligenz: Ein sozialpartnerschaftliches Forschungsprojekt untersucht die neue Arbeitswelt, Ehningen und Berlin, *https://www.input-consulting.de/files/inpcon-DATA/download/2020_IBMverdi_KI-Brosch%C3%BCre_fin_Nov2020.pdf*

INQA (2021): Mit den Beschäftigten auf Innovationsreise gehen – Ziel: Künstliche Intelligenz (KI), *https://www.inqa.de/DE/wissen/schwerpunkt-ki/mit-den-beschaeftigten-auf-innovationsreise-gehen-ziel-ki.html*

INPUT Consulting (2019): 25 Jahre INPUT Consulting. Ein Vierteljahrhundert Denkfabrikle, Stuttgart, *https://www.input-consulting.de/files/inpcon-DATA/download/2020_INPUT_25-Broschu%CC%88re_web.pdf*

INPUT Consulting (14. 10. 2008): Vortrag: Zur Wirtschaftlichkeit von Reorganisationsmaßnahmen – Vorschläge für eine erweiterte Betrachtungsperspektive

Katko, Peter (2020): Checklisten zur Datenschutz-Grundverordnung (DSGVO); Implementieren – Mitigieren – Auditieren

KI Bundesverband e. V. (2019): »KI Gütesiegel.«, unveröffentlichtes Manuskript, zuletzt abgerufen am 29. 3. 2019: *https://ki-verband.de/wp-content/uploads/2019/02/KIBV_Guetesiegel.pdf?etcc_med=newsletter&etcc_cmp=nl_algoethik_12919&etcc_plc=aufmacher&etcc_grp=*

Klebe, Thomas (2017): »Betriebsrat 4.0 – Digital und global?« NZA Beilage, 2017, S. 77–84

Klebe, Thomas und Wenckebach, Johanna (2020): Künstliche Intelligenz – Handlungsfeld für betriebliche Mitbestimmung und Arbeitsrechtsregulierung, in: Verena Bader und Stephan Kaiser (Hrsg.): Arbeit in der Data Society, Wiesbaden, Springer Fachmedien

Klebe, Thomas/Ratayczak, Jürgen/ Heilmann, Micha/Spoo, Sibylle (2024): Betriebsverfassungsgesetz Basiskommentar, Bund Verlag

Korte, Martin (2019): Wir sind das Gedächtnis: Wie unsere Erinnerungen bestimmen, wer wir sind, Pantheon–Verlag

Kreutzer, Till und Christiansen, Per (Februar 2021): KI in Unternehmen-Ein Praxisleitfaden zu rechtlichen Fragen, iRights law, BertelsmannStiftung

Lobo, Sascha (2017): »HomePod, Alexa und Co.: Bevormundung durch Künstliche Intelligenz.«, Spiegel Online, 7.6.2017: *https://www.spiegel.de/netzwelt/netzpolitik/homepod-alexa-und-co-bevormundung-durch-kuenstliche-intelligenz-kolumne-a-1151017.html*

Loi, Michele (2021): People Analytics muss den Menschen zugutekommen: Eine ethische Analyse datengesteuerter algorithmischer Systeme im Personalmanagement. Study/Hans-Böckler-Stiftung 450 (April 2021), Düsseldorf: Hans-Böckler-Stiftung, 2021, zuletzt abgerufen am 27. 10. 2021

Lenzen, Manuela (2018): Künstliche Intelligenz: Was sie kann & was uns erwartet, C. H. Beck–Verlag

Lovelock, James (2020): Novozän – Das kommende Zeitalter der Hyperintelligenz, C. H. Beck-Verlag

McEvan, Ian (2019): Maschinen wie ich, Diogenes-Verlag

Michalke, Friedhelm: »Gut beraten! Externe Sachverständige für den Betriebsrat: Ratgeber für die Praxis mit rechtlichen Hinweisen und Musterschreiben.« Arbeit, Gesundheit, Umwelt, Technik 87, unveröffentlichtes Manuskript, zuletzt abgerufen am 23. 10. 2018

Miller, Christopher A. und Parasuraman, Raja (2007): designing for flexible interaction between humans and automation: Delegation interface for supervisory control, Human Factors, Vol 49 No. 1

Misseldorf, Catrin (2021): Künstliche Intelligenz und Empathie, Reclam–Verlag

Nemitz, Paul und Pfeffer, Matthias (2020): Prinzip Mensch – Macht, Freiheit und Demokratie im Zeitalter Künstlicher Intelligenz, Dietz-Verlag

OECD (Mai 2019): OECD – Grundsätze für Künstliche Intelligenz, oecd.org, zuletzt abgerufen am 25. 11. 2020

Patscha, Cornelius/Glockner, Holger/Störmer, Eckhard/Klaffke, Thomas: »Kompetenz- und Qualifikationsbedarfe bis 2030: Ein gemeinsames Lagebild der Partnerschaft für Fachkräfte.«, unveröffentlichtes Manuskript

Peissner, Matthias/Kötter, Falko/Zaiser, Helmut (2019): »Künstliche Intelligenz – Anwendungsperspektiven für Arbeit und Qualifizierung.« BWP, Nr. 3 (2019): 9–13

Precht, Richard David (2020): Künstliche Intelligenz und der Sinn des Lebens, Goldmann-Verlag

Ramge, Thomas (2020): Postdigital: Wie wir künstliche Intelligenz schlauer machen, ohne uns von ihr bevormunden zu lassen, Murmann–Verlag

Ramge, Thomas (2020): Augmented Intelligence – Wie wir mit Daten und KI besser entscheiden, Reclam–Verlag

Reinis, Mathias (2018): privacy impact assesment – Datenschutz-Folgenabschätzung nach ISO/IEC 29134 und ihre Anwendung im Rahmen der EU-DSGVO, Herausgeber: Concept Factory

Romeike, Frank (2018): Risikomanagement, Springer-Gabler-Verlag

Rosa, Hartmut (2016): Resonanz – Eine Soziologie der Weltbeziehung, Suhrkamp–Verlag

Rose, Edgar. »Arbeit 4.0 und Beschäftigtendatenschutz: Herausforderungen und rechtlicher Anpassungsbedarf.«, unveröffentlichtes Manuskript

Salot, Marion (2019): Exkurs: Tarifvertrag Zukunft – bei Eurogate soll die Automatisierung sozial und mitbestimmt gestaltet werden, in: Arbeitnehmerkammer Bremen (Hrsg.): Bericht zur Lage der Arbeitnehmerinnen und Arbeitnehmer im Land Bremen 2019, Bremen, S. 88–89, *https://www.arbeitnehmerkammer.de/fileadmin/user_upload/Downloads/Jaehrliche_Publikationen/Lagebericht_2019_01.pdf*

Santner Christoph (2024): Alles KI? Die neue Welt der künstlichen Intelligenz verstehen und nutzen; Goldmann-Verlag

Sautoy, Marcus du (2021): Der Creativity Code – Wie künstliche Intelligenz schreibt, malt und denkt, C. H. Beck-Verlag

Saßmannshausen, Till M. und Heupel, Thomas (2020): Vertrauen in KI – Eine empirische Analyse innerhalb des Produktionsmanagements. In: Rüdiger Buchkremer, Thomas Heupel und Oliver Koch (Hrsg.): Künstliche Intelligenz in Wirtschaft & Gesellschaft, Wiesbaden, Springer Fachmedien

Schmitz, Christoph und Urban, Hans-Jürgen (Hrsg.) (2021): Demokratie in der Arbeit, Bund-Verlag

Schrenk, Jakob (2007): Die Kunst der Selbstausbeutung: Wie wir vor lauter Arbeit unser Leben verpassen, Dumont

Schröder, Lothar (2016): Die digitale Treppe – Wie Digitalisierung unsere Arbeit verändert und wie wir damit umgehen, Bund-Verlag

Schröder, Lothar und Franz, Markus (2019): Eine warme Stimme schleicht sich in dein Ohr, VSA-Verlag

Schröder, Lothar (2021): »Lagom – betrieblicher Ordnungsrahmen für den Einsatz von KI.«, in Datenschutzpraxis für Betriebs- und Personalräte: DSGVO und BDSG mit Checklisten und Arbeitshilfen, hrsg. von Josef Haverkamp und Karl-Heinz Brandl, 117–34, Frankfurt am Main, Bund-Verlag

Schröder, Lothar (2021): Lernende Maschinen im Betrieb, die neue Architektur der Arbeitswelt; in: Künstliche Intelligenz – Maschinen Lernen Menschheitsträume, Deutsches Hygienemuseum Dresden, Wallstein-Verlag

Schwartmann/Jaspers/Thüsing/Kugelmann (2024): Heidelberger Kommentar zur DSGVO, C. F. Müller-Verlag

Schwemmle, Michael und Wedde, Prof. Dr. *Peter* (Februar 2018): Alles unter Kontrolle? Arbeitspolitik und Arbeitsrecht in digitalen Zeiten, Friedrich Ebert Stiftung

Shiller, Robert J. (2019): Narrative Wirtschaft: Wie Geschichten die Wirtschaft beeinflussen – ein revolutionärer Erklärungsansatz, Plassen-Verlag

Simanowski, Roberto (2020): Todesalgorithmus – Das Dilemma der künstlichen Intelligenz, Passagen Verlag

Spiekermann, Sarah (2019): Digitale Ethik: Ein Wertesystem für das 21. Jahrhundert; Droemer-Verlag

Stiller/Jäger/Gießler (März 2020): Automatisierte Entscheidungen und Künstliche Intelligenz im Personalmanagement – Ein Leitfaden zur Überprüfung essenzieller Eigenschaften KI-basierter Systeme für Betriebsräte und andere Personalvertretungen, algorithm watch, Hans Böckler Stiftung

Suchy, Oliver, DGB-Bundesvorstand (2020): DGB Konzeptpapier: Künstliche Intelligenz (KI) für Gute Arbeit

Suleyman Mustafa, Michael Bhaskar (2023): The Coming Wave, Künstliche Intelligenz, Macht und das größte Dilemma des 21. Jahrhunderts, C. H. Beck-Verlag

Taeger/Gabel (2024): BDSG-Kommentar, 4. Auflage, R&W-Verlag, Fachmedien Recht und Wirtschaft

Taeger, Jürgen (11.11.2020): Vortrag im BMAS – Beirat Beschäftigtendatenschutz; Umgang mit automatisierten bzw. KI-basierten Entscheidungsfindungen

Tombeil, Anne-Sophie/Ganz, Walter/Kremer, David (2020): Arbeit und Künstliche Intelligenz in wissensintensiven Dienstleistungen, Digitale Transformation – Arbeit in Dienstleitungssystemen, Nomos-Verlag

TBS NRW: »Gut beraten! Externe Sachverständige für den Betriebsrat: Ratgeber für die Praxis mit rechtlichen Hinweisen und Musterschreiben.« Reihe Arbeit, Gesundheit, Umwelt und Technik 87, unveröffentlichtes Manuskript, zuletzt abgerufen am 13.5.2020: *https://www.tbs-nrw.de/fileadmin/Shop/Broschuren_PDF/externe_sachverstaendige_fuer_den_Betriebsrat.pdf*

TÜV SÜD Datenschutz-Fachportal (*https://datenschutz-fachportal.tuev-sued.de*): zuletzt abgerufen am 20.10.2020: TÜV SÜD Akademie GmbH, Westendstr. 160, 80339 München

Tuck, Jay (2016): Evolution ohne uns – Wird künstliche Intelligenz uns töten? Plassen-Verlag

UNI Global Union (Dezember 2019): Die zehn wichtigsten Grundsätze für ethische Künstliche Intelligenz, *http://www.thefutureworldofwork.org/media/35484/uni-global-union_-kuenstliche-intelligenz.pdf*, zuletzt abgerufen am 25.11.2020

ver.di: »Ethische Leitlinien für die Entwicklung und den Einsatz von Künstlicher Intelligenz (KI): Gemeinwohl und Gute Arbeit by Design: Diskussionspapier.«, unveröffentlichtes Manuskript, zuletzt abgerufen am 20.10.2021: *https://innovation-gute-arbeit.verdi.de/++file++5e561a72452768ee1b1845cd/download/verdi_Ethische_Leitlinien_KI_170220.pdf*

Vitt, Judith/Franz, Peter/Kleinfeld, Annette/Thorns, Matthias (2011): Gesellschaftliche Verantwortung nach DIN ISO 26000

Walsh, Toby (2019): 2062: Das Jahr, in dem die Künstliche Intelligenz uns ebenbürtig sein wird, riva premium-Verlag

Wedde, Peter (2023): Handbuch Datenschutz und Mitbestimmung, 3. Auflage, Bund-Verlag

Wedde, Peter (2019): Gläsernen Belegschaften Grenzen setzen – Datenschutz im Betrieb.«, in: Soziales Recht, Nr. 3, 2019, S. 175–187

Zanker, Claus, Brandl, Karl H. und Daum, Mario (2021): Digitalisierung im Betrieb gestalten: Ortsflexibles Arbeiten, Qualifizierung und Beschäftigtendatenschutz. Stuttgart, *https://www.input-consulting.de/files/inpcon-DATA/*

download/2021_Betriebliche-Gestaltung-Digitalisierung_INPUTConsulting.pdf

Zanker, Claus/Roth, Ines/Hoppe, Markus (2019): ver.di-Innovationsbarometer 2019. Künstliche Intelligenz. Studie im Auftrag der ver.di-Bundesverwaltung, Ressort 13, Bereich Innovation und Gute Arbeit, *https://innovation-gute-arbeit.verdi.de/++file++5dd3f17cd62276747746838b/download/innobaro_KI_RZweb3.pdf*

Zika, Gerd/Schneemann, Christian/Kalinowski, Michael/Maier, Tobias/Winnige, Stefan/Grossmann, Anett/Mönnig, Anke/Parton, Frederik/Wolter, Marc I.: »BMAS-Prognose »Digitalisierte Arbeitswelt«: Kurzbericht.« Forschungsbericht 526/1K, unveröffentlichtes Manuskript

Zweig, Katharina (2019): Ein Algorithmus hat kein Taktgefühl: Wo künstliche Intelligenz sich irrt, warum uns das betrifft und was wir dagegen tun können, Heyne–Verlag

Zweig, Katharina und Kraft, Tobias (2018): Fairness und Qualität algorithmischer Entscheidungen, in: R. Mohabbat Kar, B. E. P. Thapa & P.Parycek, (Un)berechenbar? Algorithmen und Automatisierung in Staat und Gesellschaft, Berlin Fraunhofer-Institut für offene Kommunikationssysteme

Zuboff, Shoshana (2019): Das Zeitalter des Überwachungskapitalismus, Campus–Verlag